Manfred Görtemaker
Deutschland im 19. Jahrhundert

Manfred Görtemaker

Deutschland im 19. Jahrhundert

Entwicklungslinien

2. durchgesehene Auflage

Leske + Budrich, Opladen 1986

CIP-Kurztitelaufnahme der Deutschen Bibliothek

Görtemaker, Manfred:
Deutschland im 19. Jahrhundert. Entwicklungslinien
2. durchgesehene Aufl. / Manfred Görtemaker. — Opladen: Leske und Budrich, 1986.
ISBN: 3-8100-0591-6

Inhalt

Vorbemerkung zur 2. Auflage

Hat uns das 19. Jahrhundert heute noch etwas zu sagen? Können wir überhaupt noch Zugang zu ihm finden?

Wer über diese Fragen nachdenkt, wird zu überraschenden Antworten gelangen. Es gibt kaum eine Phase der Geschichte, die so sehr mit unserem Leben, unserer Politik und den Einrichtungen unserer Gesellschaft verknüpft ist, wie das 19. Jahrhundert. Der Grund dafür ist einfach: An der Wende zum 19. Jahrhundert begann mit der Aufklärung und der Französischen Revolution die Moderne oder – wenn man so will – die Gegenwart. Mit den Revolutionen von 1830 und 1848/49, der Verfassungsentwicklung, der Bildung organisierter Parteien, der Industrialisierung und der Entstehung der Arbeiterbewegung, dem Aufkommen des Nationalismus und territorial gebundener Nationalstaaten sowie der umfassenden Erweiterung politischer Dimensionen zur Weltpolitik setzte sich dieser Prozeß der Herausbildung der Moderne fort. Es war eine Zeit der Erneuerung, des Durchbruchs neuer Ideen und Entwicklungen – ein revolutionäres Zeitalter in vielerlei Hinsicht, allen antirevolutionären Kräften und Beharrungsversuchen zum Trotz. Und die Ergebnisse dieser Umwälzungen prägen und bestimmen unser Denken und Handeln bis heute. Deshalb ist die Beschäftigung mit dem 19. Jahrhundert die Voraussetzung zum Verständnis unserer eigenen Zeit. Deshalb fällt es so leicht, sich das 19. Jahrhundert zu erschließen und der Beschäftigung mit ihm Interesse abzugewinnen.

Das vorliegende Buch behandelt die deutsche und – soweit sie für das Verständnis der deutschen Entwicklung unverzichtbar ist – europäische und außereuropäische Geschichte von der Französischen Revolution bis zum Beginn des Ersten Weltkrieges. Es erhebt nicht den Anspruch, eine lückenlose ereignisgeschichtliche Darstellung dieser Zeit zu liefern, sondern soll die grundlegenden Strömungen und Zusammenhänge aufzeigen und diese in ihrer Bedeutung für unsere Gegenwart deutlich machen. Wo immer dies sinnvoll erschien, wurden dabei Quellen eingefügt, um die Anschaulichkeit und Zeitnähe des Textes zu erhöhen.

Die breit angelegte Konzeption des Buches brachte es mit sich, daß die Differenziertheit der Darstellung – die ausführliche Schilderung von Nebenwegen und Verästelung von Motiven – in Grenzen gehalten werden mußte. Das Buch konzentriert sich daher auf die „großen" Themen: die Französische Revolution und das Zeitalter Napoleons, Restauration und Revolution 1815–1848, Industrialisierung und Arbeiterbewegung, die Ära Bismarck und die Epoche des Wilhelminismus. Besonderes Gewicht wurde dem Zustandekommen und dem Verlauf der Revolution von 1848/49 sowie der Politik in der Ära Bismarck mit der Entstehung des Deutschen Reiches und der Reichsverfassung, dem Bismarckschen Bündnissystem nach 1871, der Parteienentwicklung und den Elementen und Auswirkungen des antiliberalen Obrigkeitsstaates beigemessen. Diese inhaltliche Schwerpunktsetzung erhält ihre Rechtfertigung aus der Tatsache, daß sich in den genannten Zusammenhängen der Konflikt zwischen *Einheit* und *Freiheit*, zwischen der Schaffung eines vereinigten deutschen Nationalstaates innerhalb des europäischen Staatengefüges und dem Aufbau einer freiheitlich-demokratischen Ordnung im Innern dokumentiert, der bis weit in das 20.Jahrhundert hinein die deutsche Politik nachhaltig bestimmt hat und noch heute, angesichts der deutschen Teilung und der Diskussionen über die innere Liberalität unseres politischen Systems, seine Bedeutsamkeit besitzt.

Überdies wurde darauf verzichtet, in jedem Kapitel die Anteile der inneren und äußeren Entwicklung Deutschlands gleichmäßig zu gewichten. So überwiegen zum Beispiel im Kapitel über die Phase zwischen dem Wiener Kongreß und der Revolution von 1848/49 die Innenpolitik und die Verfassungsentwicklung, im Bismarck-Teil ist die Relation von Innen- und Außenpolitik nahezu ausgewogen, während im Wilhelminismus-Kapitel, das die Maßstablosigkeit der Epoche und den Weg in den Ersten Weltkrieg beschreiben soll, die Außenpolitik dominiert, wobei es sogar unterlassen wurde, die Schilderung der Parteien- und Parlamentarismusentwicklung, die im Bismarck-Kapitel (wiederum exemplarisch) erfolgte, für die Zeit nach 1890 fortzuführen. Diese radikale, wenngleich natürlich subjektive Akzentsetzung soll – wie die Wahl der bearbeiteten Themen überhaupt – dazu helfen, wesentliche Tendenzen des 19.Jahrhunderts zu erfassen, ohne sich mit dem unvermeidbaren Faktengeröll einer auf Vollständigkeit angelegten ereignisgeschichtlichen Darstellung mühen zu müssen.

Dementsprechend ist auch der Text in der Formulierung eher schroff und zugespitzt, als glatt und vorsichtig ausgewogen.

Das Bild, das so vom 19.Jahrhundert entsteht, ist also holzschnittartig: Kantig und pointiert, soll es den Leser anregen, sich mit diesem Abschnitt der Geschichte näher und eingehender zu beschäftigen, als es sonst gewöhnlich geschieht. Insofern wendet sich dieses Buch an Schüler und Studenten der Geschichte und Politik ebenso wie an allgemein geschichtlich und politisch Interessierte.

Die umfangreichen Quellen und Materialien, die in diesen Band aufgenommen wurden, dienen dabei einem doppelten Zweck. Zum einen handelt es sich bei ihnen um Belege und Illustrationen für Aussagen, die im Text enthalten sind. Da der Band auf Verweise in Form von Anmerkungen verzichtet, war es notwendig, die erforderlichen Belege in die Darstellung zu integrieren. Zum anderen aber – und darin besteht ihre eigentliche Aufgabe – sollen die Quellen die historische Unmittelbarkeit des Textes erhöhen und dem Leser ein möglichst anschauliches Bild geschichtlicher Abläufe vermitteln. Es war von Anfang an beabsichtigt, den Quellen einen gleichwertigen Rang neben der Darstellung zu verleihen, ihnen sogar, wann immer möglich, Priorität einzuräumen, sie für sich selbst sprechen zu lassen und dem Text einen eher beiläufig verbindenden Charakter zu geben. Dies erklärt auch, warum der Quellenteil derart breiten Raum einnimmt und warum einzelne Dokumente nicht nur in knappen Auszügen, sondern ausführlich, häufig in ihrem vollen Wortlaut wiedergegeben werden.

Für den geschichtlichen Unterricht und für die politische Bildung hat dies den Vorteil, daß der Band unmittelbar als Grundlage für quellenbezogenes Arbeiten benutzt werden kann. Der von der Darstellung deutlich abgesetzte, zweispaltige Druck der Quellen soll diese Verwendungsmöglichkeit noch zusätzlich verbessern. Dies gilt auch für die den Quellen in Kästen beigefügten biographischen Angaben über ihre Verfasser sowie für die den Kapiteln vorangestellten Zeittafeln, die eine rasche Orientierung und zeitliche Zuordnung ermöglichen.

Im übrigen sind die Quellen und Materialien so in der Darstellung verarbeitet, daß sie mit den einführenden, überleitenden und erklärenden Zwischentexten eine Einheit bilden. Auf diese Weise sollen der Entstehungshintergrund und der historische Stellenwert der Quellen ohne weiteres Nachschlagen verständlich werden; zugleich wird der Leser dadurch allerdings gezwungen, die Quellen stets mitzuverfolgen, da der Gedankengang des Buches in seinen Einzelheiten sonst nicht nachzuvollziehen wäre. Es bleibt zu wünschen, daß dieses Verfahren, das die Dokumente besonders leicht zugänglich macht und ihre Benutzung vereinfacht, zu einer verstärkten Beschäftigung mit Quellen überhaupt wie auch zu einer intensiveren Nutzung der vorzüglichen Quellensammlungen, die es gerade zum 19. Jahrhundert gibt, anregt.

Mit der Verbindung von darstellendem Text, Quellen, ergänzenden Materialien, biographischen Kurzinformationen und Zeittafeln zur ersten Vororientierung wird hier also der Versuch unternommen, dem Leser das Verständnis wichtiger historischer Zusammenhänge zu erleichtern und Interesse an einer weitergehenden Beschäftigung mit dem Thema zu wecken. Vor allem aber soll damit einer breiteren Öffentlichkeit die Geschichte des 19. Jahrhunderts auf eine Weise nahegebracht werden, welche die Gegenwartsbezogenheit und Aktualität dieses Jahrhunderts aufzeigt – eines Jahrhunderts, dessen Ereignisse und Gestalten auf vielen Gebieten Weichen gestellt und die Entwicklung in Deutschland, Europa und der Welt in Bahnen gelenkt haben, denen wir noch heute folgen.

Berlin, im März 1986 *Manfred Görtemaker*

I. Das Zeitalter der Französischen Revolution

Zeittafel

1688

Glorious Revolution in England: Jakob II. wird „ohne Schwertstreich“ abgesetzt und flieht nach Frankreich.

1689

Declaration of Rights: Steuerbewilligungsrecht sowie Wahl- und Redefreiheit des Parlaments werden durch die Bill of Rights von Wilhelm III. genehmigt; damit Schaffung der Grundlagen des Parlamentarismus in England.

1690

John Locke veröffentlicht seine Hauptwerke: „An essay concerning human understanding“ und „Two treatises on government“.

1748

Charles de Montesquieu publiziert in Genf sein Werk „De l'esprit des lois“, in der er zur gesetzlichen Sicherung der Freiheit für die Staatsform der konstitutionellen Monarchie mit einer Dreiteilung der Gewalten (gesetzgebende, vollziehende und richterliche) plädiert.

1762

Jean-Jacques Rousseau veröffentlicht in Amsterdam „Du contrat social, ou principes du droit politique“ und fordert darin, der Staat solle aus einem als ideale Norm gemeinten „Gesellschaftsvertrag“ entstehen, durch den der einzelne freiwillig auf seine Freiheit zugunsten der Gesamtheit verzichten solle, deren Mitglied er sei.

1776

4.7. Unabhängigkeitserklärung der 13 englischen Kolonien in Nordamerika durch den Kongreß von Philadelphia: Betonung der ursprünglichen Freiheit und Gleichheit der Menschen.

1789

Januar: Emmanuel-Joseph Sieyès veröffentlicht Flugschrift über Situation und Forderungen des Dritten Standes in Frankreich.

4.3. Proklamation der Verfassung der Vereinigten Staaten von Amerika; Begründung eines modernen demokratischen Bundesstaates.

17.6. Erklärung der französischen Generalstände zur Nationalversammlung; Beginn der Französischen Revolution.

14.7. Sturm auf die Bastille.

4.–11.8. Erlasse der Nationalversammlung zur Beseitigung des Feudalsystems, der grundherrlichen Rechte, des Zehnten, der persönlichen und kollektiven Privilegien, der Ämterkäuflichkeit, der Sonderrechte von Provinzen und Städten sowie der Zollrechte der Häfen.

26.8. Erklärung der Menschen- und Bürgerrechte durch die französische Nationalversammlung.

1791

3.9. Vorlage der Verfassung der konstitutionellen Monarchie in Frankreich; erste geschriebene Verfassung auf dem europäischen Kontinent.

1792

20.4. Kriegserklärung Frankreichs an Österreich; Beginn des 1. Koalitionskrieges (Österreich und Preußen gegen Frankreich).

24./25.4. Entstehung der „Marseillaise“.

10.8. Erstürmung der Tuilerien durch das Volk von Paris; König Ludwig XVI. muß sich in den Schutz der Nationalversammlung begeben, wird suspendiert und festgenommen.

25.9. Errichtung der ersten Französischen Republik.

1793

21.1. Hinrichtung König Ludwigs XVI.

2.6. Verhaftung der Girondisten; Beginn der systematischen Schreckensherrschaft.

24.6. Vorlage der Verfassung der Französischen Republik, die jedoch aufgrund der inneren Wirren und äußeren Bedrohung Frankreichs nicht in Kraft gesetzt werden kann.

1794

27.–29.7. Sturz und Hinrichtung Robespierres und seiner Parteigänger; Ende der Schreckensherrschaft.

1795

5.4. Friede von Basel zwischen Frankreich und Preußen.

23.9. Französische Direktorialverfassung macht Verabsolutierung des Gleichheitsprinzips rückgängig und führt Gewaltenteilung und Zensus wieder ein.

1797

17.10. Friede von Campoformio zwischen Frankreich und Österreich; Ende des 1. Koalitionskrieges.

Kongreß zu Rastatt (1797–1799) erzielt keine Einigung.

1799

März Beginn des 2. Koalitionskrieges (England, Rußland, Österreich, Portugal, Neapel und die Türkei gegen Frankreich).

9.11. Napoleon beseitigt Direktorium, errichtet Militärdiktatur und wird Erster Konsul.

1802

27.3. Friede von Amiens; Ende des 2. Koalitionskrieges.

Aufgrund einer Volksabstimmung Konsulat Napoleons auf Lebenszeit.

1804

18.5. Frankreich wird erbliches Kaisertum.

2.12. Krönung Napoleons zum Kaiser der Franzosen in Nôtre-Dame durch Pius VII.

1805

3. Koalitionskrieg (England, Rußland, Österreich und Schweden gegen Frankreich).

1806

Beginn des Krieges Frankreichs gegen Preußen und Rußland.

Erwachen des deutschen Nationalgefühls; Friedrich von Gentz ruft dazu auf, die nationale Zersplitterung zu beenden und durch Vereinigung des Nationalwillens Deutschland und Europa zu befreien.

1807

7.–9.7. Friede von Tilsit.

Johann Gottlieb Fichte beginnt seine „Reden an die deutsche Nation".

1812

Napoleons Marsch nach Rußland.

1813

28.2. Bündnis zwischen Preußen und Rußland.

16.3. Kriegserklärung Preußens an Frankreich.

17.3. Aufruf König Friedrich Wilhelms III. in Breslau „An mein Volk!"

16.–19.10. Völkerschlacht bei Leipzig.

Rückzug Napoleons über den Rhein.

1814

6.4. Napoleon entsagt der Krone und erhält Insel Elba als Fürstentum.

30.5. 1. Friede von Paris; im wesentlichen Wiederherstellung der französischen Grenzen von 1792.

1815

1.3. Rückkehr Napoleons nach Frankreich; Herrschaft der Hundert Tage.

18.6. Schlacht bei Waterloo.

7.7. Verbannung Napoleons auf die Insel St. Helena.

20.11. 2. Friede von Paris; im großen und ganzen Wiederherstellung der französischen Grenzen von 1790.

In der Betrachtung der Historiker markiert die Französische Revolution von 1789 den Übergang von der Frühen Neuzeit, die mit der Reformation begann, zur Moderne. Sie gilt als bestimmender „Ausgangspunkt der modernen Welt" (Hans Herzfeld) und wird damit in ihrer Bedeutung weit höher veranschlagt als die amerikanische Revolution von 1776, die in der Entwicklung der Demokratie viele Inhalte des französischen Weges vorwegnahm und anregte. Dies mag mit der geographischen und politischen Isolation Amerikas in jener Zeit zusammenhängen, ist jedoch gewiß auch das Ergebnis einer eurozentrischen Weltsicht, die viele Jahrhunderte das europäische Denken bestimmt hat und noch heute – etwa bei der Bewältigung des Nord-Süd-Problems – zu Verständnisschwierigkeiten führt. Immerhin hat schon Johann Gustav Droysen in seiner 1846 erschienenen Geschichte der Freiheitskriege die amerikanische Revolution und die europäische Revolutionsepoche nach 1789 als Einheit zusammengefaßt. Doch dies blieb eine Ausnahme; meist wurde der Blick auf die Französische Revolution und ihre Folgen verengt: auf ein Ereignis, das, von Europa ausgehend, die Welt veränderte.

Nicht anders sah es (allerdings als Zeitgenosse und Augenzeuge) bekanntlich Johann Wolfgang von Goethe am Abend der Kanonade von Valmy, einem Dorf in der Champagne, wo das preußisch-österreichische Koalitionsheer nach Kämpfen mit französischen Revolutionstruppen am 20. September 1792 zum Rückzug gezwungen wurde. In seinem Buch *Campagne in Frankreich* beschrieb Goethe später, 1822, nach Tagebuchnotizen unter dem Datum des 19. bis 22. September 1792 seine damaligen Eindrücke:

So war der Tag hingegangen: unbeweglich standen die Franzosen . . .; unsere Leute zog man aus dem Feuer zurück, und es war eben, als wenn nichts gewesen wäre. Die größte Bestürzung verbreitete sich über die Armee. Noch am Morgen hatte man nicht anders gedacht, als die sämmtlichen Franzosen anzuspießen und aufzuspeisen, ja mich selbst hatte das unbedingte Vertrauen auf ein solches Heer, auf den Herzog von Braunschweig zur Theilnahme an dieser gefährlichen Expedition gelockt; nun aber ging jeder vor sich hin, man sah sich nicht an, oder wenn es geschah, so war es um zu fluchen oder zu verwünschen. Wir hatten, eben als es Nacht werden wollte, zufällig einen Kreis geschlossen, in dessen Mitte nicht einmal wie gewöhnlich ein Feuer konnte angezündet werden; die meisten schwiegen, einige sprachen, und es fehlte doch eigentlich einem jeden Besinnung und Urtheil. Endlich rief man mich auf, was ich dazu denke, denn ich hatte die Schar gewöhnlich mit kurzen Sprüchen erheitert und erquickt; dießmal sagte ich: Von hier und heute geht eine neue Epoche der Weltgeschichte aus, und ihr könnt sagen, ihr seyd dabei gewesen.

(Aus: Goethes Werke. Einundzwanzigster Band, Stuttgart 1867, S. 48f.)

Das war, aus der begrenzten Sicht jenes Tages, eine kühne Feststellung – vorausgesetzt, daß Goethe diese Äußerung tatsächlich bereits 1792 getan und nicht erst bei der Niederschrift der *Campagne in Frankreich* 1822 erfunden und nachträglich eingefügt haben sollte. Doch wie auch immer: Die Bemerkung erwies sich im Militärischen wie im Politischen als richtig. Die Konfrontation der Revolution mit dem *Ancien régime,* hier verkörpert durch den Herzog von Braunschweig und seine Truppen, war zugunsten der Revolution ausgegangen. Und was sich in Valmy im Kleinen ereignet hatte, sollte auch im Großen gelten: Die Kraft und Dynamik des Neuen waren der Macht und dem Beharrungsvermögen des Alten überlegen. Die Ideen und die Realität der Revolution behaupteten sich nicht nur, sondern breiteten sich bald von Frankreich über ganz Europa aus.

Das französische Beispiel war dabei ein wichtigerer Antrieb als das amerikanische, weil die Revolution in Frankreich die absolutistische Monarchie beseitigte, die es in vielen Ländern Europas als Staatsform noch immer gab, während die Revolution in Amerika auf politisch noch unbestelltem Land stattfand, das für Neuerungen offener war als das in starren Herrschaftsstrukturen verkrustete Europa.

Beide Revolutionen hatten jedoch gemeinsame Wurzeln, die bis in das 17. Jahrhundert zurückreichten: das Vorbild der englischen Entwicklung, die 1689 zur „Declaration of Rights" und schließlich zur neuen Staatsform der parlamentarischen Monarchie führte, die Ideen der Aufklärung und die staatstheoretischen Werke von John Locke und Charles de Montesquieu.

Die Eroberung politischer Macht durch das Parlament gegen den Widerstand des Königs in England und die staatsphilosophische Verarbeitung des englischen Modells – und seine theoretische Weiterentwicklung – durch Denker der Aufklärung waren wichtige Elemente im Kampf gegen den Absolutismus. Die Aufklärer wiesen und begründeten den Weg, den man zu gehen hatte, und England lieferte den praktischen Beweis, daß der Kampf erfolgreich sein konnte. Ein Blick auf die Quellen mag diese Entwicklung belegen.

1. Die geistige Vorbereitung der Revolution

Zunächst: Wogegen wandte man sich? Der Absolutismus hatte sich in Europa im 18. Jahrhundert fast überall durchgesetzt. Die einzigen Ausnahmen waren – neben England mit seiner Sonderentwicklung – die Schweiz und die Niederlande. Der französische Theologe und Prinzenerzieher Jacques Bénigne Bossuet beschrieb und verteidigte damals die Staatsform der Monarchie, deren absolutistischer Charakter für ihn so selbstverständlich war, daß er auf eine nähere Bezeichnung verzichtete:

Die Monarchie ist die allgemeinste, die älteste und auch die naturgemäßeste Regierungsform. Wenn man Staaten bildet, sucht man sich zu vereinigen, und man ist nirgends besser geeinigt, als unter einem einzigen Oberhaupt. Man ist daher nirgends stärker, weil alles zum gleichen Ziel zusammenwirkt.

Die königliche Gewalt ist unumschränkt. Der Fürst braucht niemandem Rechenschaft abzulegen über das, was er verfügt. Ohne diese unumschränkte Gewalt kann er das Gute nicht fördern und das Böse nicht unterdrücken. Wenn der Fürst gerichtet hat, gibt es kein anderes Urteil. Gott nur kann über die Entscheidungen der Herrscher und über ihre Person richten. Die Untertanen sind dem Fürsten unbedingten Gehorsam schuldig. Es gibt nur eine Ausnahme hinsichtlich des Gehorsams, den man dem Fürsten schuldig ist, nämlich wenn er etwas gebietet, was gegen Gott ist.

(Aus: Quellen zur allgemeinen Geschichte, hrsg. von G. Guggenbühl und H.C. Huber, Bd. 3, 3. Aufl., Zürich 1965, S. 258f.)

Die Staatslehre der Aufklärung teilte diese Auffassungen eines Gottesgnadentums nicht mehr. Ausgehend vom rationalen naturrechtlichen Denken setzte sich die Überzeugung durch, menschliche Vernunft und „natürliche" Gesetze müßten den Aufbau des Staates und die Politik bestimmen. Eine solche Vorstellung war mit dem Absolutismus nicht vereinbar, sondern stellte seine Fundamente in Frage. Die Revolutionen des späten 18. und des 19. Jahrhunderts wurden damit geistig vorbereitet.

John Locke und das englische Modell

Zu Beginn dieser staatsphilosophischen Entwicklung gab es jedoch eine Wechselwirkung von Theorie und Praxis, wobei die Praxis der Theorie zeitweise auch vorauseilte, besonders in England. Dort führte das Beispiel der beiden Revolutionen des 17. Jahrhunderts und der „Declaration of Rights" des Jahres 1689 den Philosophen John Locke zu Einsichten, die nicht nur in England und Nordamerika, sondern bald auch auf dem europäischen Kontinent, vor allem von den französischen Aufklärern, aufgegriffen und weiterentwickelt wurden. In seiner Begründung einer liberalen Monarchie und der Volkssouveränität gelangte Locke zum Prinzip der Gewaltenteilung, das damals in England bereits ein Element des politischen Systems war und helfen

Jacques Bénigne Bossuet (1627-1704), französischer Theologe und Geschichtsschreiber, seit 1681 Bischof von Meaux; einflußreich besonders durch seine große Begabung als Redner. 1670 mit der Erziehung des Dauphins beauftragt. Verfechter der Freiheit der Gallikanischen Kirche gegenüber dem Papst. Briefwechsel mit Leibniz und dem Abt Molanus über die Möglichkeit einer Vereinigung der christlichen Konfessionen. Werke u.a.: „Discours sur l'histoire universelle" 1681; „Politique tirée des propres paroles de l'Écriture" 1709.

sollte, das Volk vor Willkür der Herrschenden zu schützen. In seinen *Zwei Abhandlungen über die Regierung* (Two treatises on government), die erstmalig im Jahre 1690 erschienen, unterschied er die legislative, exekutive und föderative Gewalt des Staates und schrieb:

§ **143.** Die *legislative* Gewalt ist die Gewalt, die ein Recht hat zu bestimmen, wie die *Macht des Staates* zur Erhaltung der Gemeinschaft und ihrer Glieder gebraucht werden soll . . . Bei der Schwäche der menschlichen Natur, die stets bereit ist, nach der Macht zu greifen, würde es jedoch eine zu große Versuchung sein, wenn dieselben Personen, die die Macht haben, Gesetze zu geben, auch noch die Macht in die Hände bekämen, diese Gesetze zu vollstrecken . . . Deshalb wird in wohlgeordneten Staaten, in denen das Wohl des Ganzen gebührend berücksichtigt wird, die *legislative* Gewalt in die Hände mehrerer Personen gelegt, die nach einer ordnungsgemäßen Versammlung selbst oder mit anderen gemeinsam die Macht haben, Gesetze zu geben, die sich aber, sobald dies geschehen ist, wieder trennen und selbst jenen Gesetzen unterworfen sind, die sie geschaffen haben. Dies ist eine neue und starke Verpflichtung für sie, darauf bedacht zu sein, daß sie ihre Gesetze zum öffentlichen Wohl erlassen.

§ **144.** Da aber die Gesetze, die auf einmal und in kurzer Zeit geschaffen werden, eine immerwährende und dauernde Kraft haben und *beständig vollstreckt* oder befolgt werden sollen, ist es notwendig, daß eine *ständige Gewalt* vorhanden sei, die auf die *Vollziehung* der erlassenen und in Kraft bleibenden Gesetze achten soll. Und so geschieht es, daß die *legislative* und die *exekutive Gewalt* oftmals getrennt sind.

§ **145.** Es gibt in jedem Staat noch eine andere *Gewalt,* die man eine *natürliche* nennen könnte, weil sie in etwa der Gewalt entspricht, die jeder Mensch von Natur aus hatte, bevor er in die Gesellschaft eintrat. Denn obwohl in einem Staate die Glieder in ihrem Verhältnis zueinander immer einzelne Personen bleiben und als solche auch durch die Gesetze der Gesellschaft regiert werden, so bilden sie hinsichtlich der übrigen Menschheit doch nur einen Körper, der sich, wie vorher jedes seiner Glieder, der übrigen Menschheit gegenüber weiterhin im Naturzustand befindet. So kommt es, daß die Streitfälle, die sich zwischen einem Gliede der Gesellschaft und denjenigen erheben, die dieser Gesellschaft nicht angehören, von der Öffentlichkeit in die Hand genommen werden, und der Schaden, der einem Gliede ihres Körpers zugefügt wurde, die Gesamtheit zur Wiedergutmachung verpflichtet . . .

§ **146.** Dies enthält deshalb die Gewalt über Krieg und Frieden, über Bündnisse und all die Abmachungen mit allen Personen und Gemeinschaften außerhalb des Staates, und man kann, wenn man will, von einer *föderativen* Gewalt

John Locke (1632-1704), englischer Philosoph; zeitweise in Staatsämtern tätig, u.a. im Ministerium der Kolonien und (zusammen mit Newton) als Mitglied der königlichen Kommission für die Münzreform. Anhänger der Glorious Revolution und der liberalen Monarchie. Begründer der Philosophie des englischen Empirismus. Formulierung der Grundsätze der Volkssouveränität, der monarchischen Exekutive und des Repräsentativsystems und damit Beeinflussung der europäischen Staatstheorie (Voltaire, Montesquieu) und der amerikanischen Unabhängigkeitserklärung. Werke u.a.: „An essay concerning human understanding" 1690; „Two treatises on government" 1690.

sprechen ...

§ **147.** Obwohl diese beiden Gewalten, die *exekutive* und die *föderative*, in Wirklichkeit voneinander verschieden sind – da die eine die *Vollziehung* der Gesetze *innerhalb* der Gesellschaft gegenüber allen, die ihr angehören, beinhaltet und die andere *für die Sicherheit und die Interessen des Volkes nach außen* allen denen gegenüber, von denen sie Nutzen oder Schaden erwarten könnte, sorgen muß –, so sind sie doch fast immer vereinigt ... Denn da beide zu ihrer Ausübung die Macht der Gesellschaft benötigen, ist es nahezu undurchführbar, die Macht des Staates in verschiedene, einander nicht untergeordnete Hände zu legen.

(Aus: John Locke, Zwei Abhandlungen über die Regierung, hrsg. und eingel. von Walter Euchner, Frankfurt a.M. 1967, S. 298ff.)

In seinen weiteren Ausführungen begründete Locke auch bereits das Recht des Volkes auf Widerstand und zur Abberufung der Legislative:

§ **149.** Obwohl es in einem verfaßten Staat, der auf seiner eigenen Grundlage ruht und der eigenen Natur gemäß handelt, d.h. zur Erhaltung der Gemeinschaft, nur *eine höchste Gewalt* geben kann, nämlich *die Legislative*, der alle übrigen Gewalten untergeordnet sind und auch sein müssen, so ist doch die Legislative nur eine Gewalt, die auf Vertrauen beruht und zu bestimmten Zwecken handelt. Es verbleibt *dem Volk* dennoch *die höchste Gewalt*, die *Legislative* abzuberufen oder *zu ändern*, wenn es der Ansicht ist, daß die *Legislative* dem in sie gesetzten Vertrauen zuwiderhandelt. Denn da alle *Gewalt, die im Vertrauen auf einen bestimmten Zweck übertragen wird*, durch diesen Zweck begrenzt ist, so muß, wenn dieser *Zweck* vernachlässigt oder ihm entgegen gehandelt wird, dieses *Vertrauen* notwendigerweise *verwirkt* sein und die Gewalt in die Hände derjenigen zurückfallen, die sie erteilt haben und die sie nun von neuem vergeben können, wie sie es für ihre Sicherheit und ihren Schutz am besten halten.

(Aus: Locke, a.a.O., S. 301.)

Der Grund aber, weshalb Menschen sich zu einer Gesellschaft vereinigten, schrieb Locke, sei der gegenseitige *Schutz* ihres Lebens, ihrer Freiheiten und ihres Vermögens, was er unter der allgemeinen Bezeichnung *Eigentum* zusammenfaßte. Obwohl nämlich der Mensch im Naturzustand ein Recht auf Freiheit und Selbständigkeit habe, so sei doch die Freude an diesem Recht sehr ungewiß, da er fortwährend den Übergriffen anderer ausgesetzt sei. Denn da jeder im gleichen Maße König sei wie er, da alle Menschen gleich seien und der größere Teil von ihnen nicht genau die Billigkeit und Gerechtigkeit beachte, so sei die Freude an seinem Eigentum, das er in diesem Zustand besitze, sehr ungewiß und sehr unsicher:

§ **124.** Das große und *hauptsächliche Ziel*, weshalb Menschen sich zu einem Staatswesen zusammenschließen und sich unter eine Regierung stellen, *ist* also *die Erhaltung ihres Eigentums*. Dazu fehlt es im Naturzustand an vielen Dingen:

Erstens fehlt es an einem *feststehenden*, geordneten und bekannten *Gesetz*, das durch allgemeine Zustimmung als die Norm für Recht und Unrecht und als der allgemeine Maßstab zur Entscheidung ihrer Streitigkeiten von ihnen allen angenommen und anerkannt ist ...

§ **125.** *Zweitens* fehlt es im Naturzustand an einem *anerkannten und unparteiischen Richter*, mit der Autorität, alle Zwistigkeiten nach dem feststehenden Gesetz zu entscheiden ...

§ **126.** *Drittens* fehlt es im Naturzustand oft an einer *Gewalt*, dem gerechten Urteil einen Rückhalt zu geben, es zu unterstützen und ihm die gebührende *Vollstreckung zu sichern* ...

§ **127.** So sind trotz aller Vorrechte des Naturzustandes die Menschen doch, so lange sie in ihm verbleiben, in einer schlechten Lage und werden deshalb schnell zur Gesellschaft gezwungen ...

§ **131.** Mit ihrem Eintritt in die Gesellschaft verzichten nun die Menschen zwar auf die Gleichheit, Freiheit und exekutive Gewalt des Naturzustandes, um sie in die Hände der Gesellschaft zu legen, damit die Legislative so weit darüber verfügen kann, wie es das Wohl der Gesellschaft erfordert. Doch geschieht das nur mit der Absicht jedes einzelnen, um damit sich selbst, seine Freiheit und sein Eigentum besser zu erhalten (denn man kann von keinem vernünftigen Wesen voraussetzen, daß es seine Lebensbedingungen mit der Absicht ändere, um sie zu verschlechtern). *Man kann deshalb auch nie an-*

nehmen, daß sich die Gewalt der Gesellschaft oder der von ihr eingesetzten *Legislative weiter erstrecken soll als auf das gemeinsame Wohl.* Sie ist vielmehr verpflichtet, das Eigentum eines jeden dadurch zu sichern, indem sie gegen jene drei erwähnten Mängel Vorsorge trifft, die den Naturzustand so unsicher und unbehaglich machten. Wer immer daher die Legislative oder höchste Gewalt eines Staatswesens besitzt, ist verpflichtet, nach festen, *stehenden Gesetzen* zu regieren, die dem Volke verkündet und bekanntgemacht wurden, und nicht nach Beschlüssen des Augenblicks; durch *unparteiische* und aufrechte *Richter,* die Streitigkeiten nach jenen Gesetzen entscheiden müssen. Weiter ist er verpflichtet, die Macht dieser Gemeinschaft im Innern *nur zur Vollziehung dieser Gesetze,* nach außen zur Verhütung und Sühne fremden Unrechts und zum Schutz der Gemeinschaft vor Überfällen und Angriffen zu verwenden. Und all dies darf zu keinem anderen *Ziel* führen als *zum Frieden, zur Sicherheit* und *zum öffentlichen Wohl* des Volkes.

(Aus: Locke, a.a.O., S. 283ff.)

Diese Vorstellungen der englischen Ideenwelt, die nicht nur den Monarchen, sondern auch den Gesetzgeber – das Parlament – dem freien Willen des Volkes unterordneten, fanden zunehmend weitere Verbreitung. Wie sehr England als Vorbild diente, zeigen die Schriften Voltaires, der 1734 in seinen *Philosophischen Briefen über die Engländer* (Lettres philosophiques sur les Anglais) zustimmend feststellte:

Das englische Volk ist das einzige auf dieser Erde, das es geschafft hat, die Macht der Könige durch Widerstand gegen sie zu begrenzen, und das durch immer neue Anstrengungen schließlich jene weise Regierung erreicht hat, in der der Fürst mächtig ist, solange er Gutes tut, aber ohnmächtig, wenn er Böses tun will, und in der die Adligen eine bedeutende Rolle spielen, obwohl sie weder anmaßend sind noch über Lehnsleute verfügen, und in der das Volk an der Regierung teilhat, ohne Verwirrung zu stiften.

Das Haus der Lords und das der Gemeinen sind die Schiedsrichter des Volkes, der König ist der Oberschiedsrichter.

(Aus: Voltaire, Lettres philosophiques sur les Anglais, 8e lettre sur le Parlement, in: Voltaire, Mélanges, Paris 1961, S. 21.)

Voltaire beschrieb hier die Staatsform der konstitutionellen Monarchie, in der das Königtum beibehalten, aber die absolute Macht des Monarchen gebrochen wurde, wie es im England des ausgehenden 17. Jahrhunderts der Fall war. Seine Idealisierung der englischen Verhältnisse, die er als uneingeschränkt positiv betrachtete, mag auch mit seiner eigenen Biographie zusammenhängen, denn er fand nach seiner Ausweisung aus Frankreich Zuflucht in England, wo er von 1726 bis 1729 lebte. Aber gegenüber dem absolutistischen Frankreich mit einem von Gottes Gnaden regierenden König mußte dem Aufklärer Voltaire das auf politische Freiheit und Bewahrung persönlicher Rechte ausgerichtete System Englands zumindest als bedeutender Fortschritt, wenn nicht gar als Ziel erscheinen. Sein Enthusiasmus wird daher verständlich.

Das Bild jedoch, das Voltaire von England zeichnete, war zu harmonisch; er verkannte die Konflikte, die es auch dort – wie in jedem politischen System – gab. Ein Fürst, der nur Gutes tun konnte, am Bösen aber gehindert wurde, ein wohlmeinender Adel und ein Volk, das mitbestimmte, ohne das Land in Chaos zu stürzen: dies waren die Vorstellungen, die der englischen Verfassung zugrunde lagen. Aber war es richtig, die beiden Häuser des Parlaments als „Schiedsrichter" zu bezeichnen, die zwischen den widerstreitenden Interessen des Volkes vermittelten und schlichteten? Und konnte man sagen, der König sei ein „Oberschiedsrichter", der in den Fällen, in denen das Parlament zu keiner Einigung fand, ein klärendes, wohl gar gütiges letztes Wort sprach? Tatsächlich war das englische System nach der Glorious Revolution und der Verkündung der „Declaration of Rights" weniger auf Harmonie als auf eine möglichst rationale Bewältigung der bestehenden Konflikte ausgerichtet. Alle Teile der Gesellschaft – das Volk, das Parlament und der König – wurden dem Gesetz unterworfen. Niemandem war es erlaubt, etwa unter Berufung auf das Gottesgnadentum, wie in den absolutistischen Monarchien, die politische Freiheit zu beseitigen und eine Willkürherrschaft zu errichten. Innerhalb dieser Grenzen des Gesetzes hatte jeder seine Rolle zu spielen – auch die eines Schiedsrichters oder Oberschiedsrichters, wenn es sein mußte, aber unter Bindung an die Regeln der Verfassung, nicht als uneingeschränkte Autorität.

Die staatstheoretischen Vorstellungen Montesquieus und Rousseaus

Ebenfalls mit Blick auf England, wie Voltaire, und unter Anknüpfung an Locke versuchte Charles de Montesquieu, die neuen Formen und Bedingungen politischer Herrschaft staatstheoretisch zu durchdringen. Mit seiner Lehre der Gewaltenteilung zwischen Exekutive, Legislative und Judikative als Garantie der politischen Freiheit gilt er als einer der wichtigsten Denker der modernen Staatstheorie. In seiner Abhandlung *Vom Geist der Gesetze* (De l'esprit des lois), die 1748 erschien, schrieb er (übrigens an unscheinbarer Stelle, nämlich im 6. Kapitel des XI. Buches unter der harmlosen Überschrift „Von der Verfassung Englands"):

In jedem Staat gibt es drei Arten von Gewalt: die *gesetzgebende Gewalt* (im Original: „Puissance législative"; Anm. d. Verf.), *die vollziehende Gewalt in Ansehung der Angelegenheiten, die vom Völkerrechte abhängen, und die vollziehende Gewalt hinsichtlich der Angelegenheiten, die vom bürgerlichen Recht abhängen.*

Vermöge der ersten gibt der Fürst oder Magistrat Gesetze auf Zeit oder für immer, verbessert die bestehenden oder hebt sie auf. Vermöge der zweiten schließt er Frieden oder führt er Krieg, schickt oder empfängt Gesandtschaften, befestigt die Sicherheit, kommt Invasionen zuvor. Vermöge der dritten straft er Verbrechen oder spricht das Urteil in Streitigkeiten der Privatpersonen. Ich werde diese letzte die *richterliche Gewalt* („Puissance de juger"; Anm. d. Verf.) und die andere schlechthin die *vollziehende Gewalt* („Puissance exécutrice"; Anm. d. Verf.) des Staates nennen.

Die politische Freiheit des Bürgers ist jene Ruhe des Gemüts, die aus dem Vertrauen erwächst, das ein jeder zu seiner Sicherheit hat. Damit man diese Freiheit hat, muß die Regierung so eingerichtet sein, daß ein Bürger den anderen nicht zu fürchten braucht.

Wenn in derselben Person oder der gleichen obrigkeitlichen Körperschaft die gesetzgebende Gewalt mit der vollziehenden vereinigt ist, gibt es keine Freiheit; denn es steht zu befürchten, daß derselbe Monarch oder derselbe Senat tyrannische Gesetze macht, um sie tyrannisch zu vollziehen.

Es gibt ferner keine Freiheit, wenn die richterliche Gewalt nicht von der gesetzgebenden und vollziehenden getrennt ist. Ist sie mit der gesetzgebenden Gewalt verbunden, so wäre die Macht über Leben und Freiheit der Bürger willkürlich, weil der Richter Gesetzgeber wäre. Wäre sie mit der vollziehenden Gewalt verknüpft, so würde der Richter die Macht eines Unterdrückers haben.

Alles wäre verloren, wenn derselbe Mensch oder die gleiche Körperschaft der Großen, des Adels oder des Volkes diese drei Gewalten aus-

Voltaire, eigentlich François Marie **Arouet** (1694-1778), französischer Schriftsteller und Philosoph; bedeutender Vertreter und geistiger Führer der Aufklärung. 1726-29 Aufenthalt in England, nachdem er wegen eines Streites mit dem Chevalier de Rohan Frankreich verlassen mußte. 1746 Wahl in die Académie française 1750-53 Aufenthalt in Potsdam auf Einladung Friedrichs des Großen. Seit 1760 Alterssitz im Landschloß Ferney bei Genf. 1778 Rückkehr nach Paris. Werke u.a.: „Histoire de Charles XII" 1731; „Lettres philosophiques sur les Anglais" 1734; „Histoire de la Russie sous Pierre le Grand" 1759-63; „Siécle de Louis XIV" 1751 (endgültige Fassung 1766); sowie Dramen, Romane, Gedichte und Streitschriften.

Charles de Montesquieu (1689-1755), Baron de la Brède et de Montesquieu, französischer Schriftsteller, Rechts- und Staatsphilosoph. 1714 Parlamentsrat. 1716-26 Senatspräsident in Bordeaux. Danach Reisen in fast alle europäischen Länder. 1729-31 Aufenthalt in England. Maßgeblicher Einfluß auf die Französische Revolution bis 1791, die Verfassung der USA und die Herausbildung des modernen Verfassungsstaates durch seine staatswissenschaftlichen Arbeiten (Lehre von der Gewaltenteilung: Legislative, Exekutive, Judikative und ihre institutionelle Verkörperung durch Parlament, Regierung und Gerichte). Werke u.a.: „Lettres Persanes" 1721 (erweitert 1754); „Considérations sur les causes de la grandeur des Romains et de leur décadence" 1734; „De l'esprit des lois" 1748; sowie philosophisch-satirische Romane und tagebuchähnliche Aufzeichnungen.

üben würde: die Macht, Gesetze zu geben, die öffentlichen Beschlüsse zu vollstrecken und die Verbrechen oder die Streitsachen der einzelnen zu richten.

(Aus: Montesquieu, Vom Geist der Gesetze. In neuer Übertragung eingel. und hrsg. von Ernst Forsthoff, Tübingen 1951, Bd. I, S. 214f.)

Dieses System verschiedener Gewalten, die sich gegenseitig kontrollierten und hemmten, wurde erstmals 1787 in der Verfassung der Vereinigten Staaten von Amerika verankert und im 19. und 20. Jahrhundert zunehmend auch in die Verfassungen der europäischen Staaten übernommen. Es wurde damit zum bestimmenden Wesenszug des modernen liberalen Verfassungsstaates.

In der Französischen Revolution mußten die pragmatischen, die Unberechenbarkeit des Menschen einkalkulierenden Staatsvorstellungen Montesquies jedoch noch mit der idealistischen, auf das Gute im Menschen bauenden Konzeption Jean-Jacques Rousseaus konkurrieren. Rousseau formulierte die These der Gleichheit des Menschen und seinem natürlichen Recht auf Freiheit. Ein „Gesellschaftsvertrag", so meinte er, werde in der Praxis die Bedingungen schaffen, unter denen der Mensch sein Recht auf Freiheit und Gleichheit verwirklichen könne – mit der einzigen Verpflichtung, sich „unter die oberste Leitung des allgemeinen Willens" *(volontè gènerale),* der Souveränität des Volkes, zu stellen. In seinem Buch *Der Gesellschaftsvertrag oder Die Grundsätze des Staatsrechtes* (Du contrat social, ou principes du droit politique) aus dem Jahre 1762 heißt es dazu:

„Wie findet man eine Gesellschaftsform, die mit der ganzen gemeinsamen Kraft die Person und das Vermögen jedes Gesellschaftsgliedes verteidigt und schützt, und kraft deren jeder einzelne, obgleich er sich mit allen vereint, gleichwohl nur sich selbst gehorcht und so frei bleibt wie vorher?" Dies ist die Hauptfrage, deren Lösung der Gesellschaftsvertrag gibt.

Die Klauseln dieses Vertrages sind durch die Natur der Verhandlung so bestimmt, daß die geringste Abänderung sie nichtig und wirkungslos machen müßte. Die Folge davon ist, daß sie, wenn sie auch vielleicht nie ausdrücklich ausgesprochen wären, doch überall gleich, überall stillschweigend angenommen und anerkannt sind, bis nach Verletzung des Gesellschaftsvertrages jeder in seine ursprünglichen Rechte zurücktritt und seine natürliche Freiheit zurückerhält, während er zugleich die auf Übereinkommen beruhende Freiheit, für die er auf jene verzichtet, verliert.

Alle diese Klauseln lassen sich, wenn man sie richtig auffaßt, auf eine einzige zurückführen, nämlich auf das gänzliche Aufgehen jedes Gesellschaftsgliedes mit allen seinen Rechten in der Gesamtheit, denn indem sich jeder ganz hingibt, so ist das Verhältnis zunächst für alle gleich, und weil das Verhältnis für alle gleich ist, so hat niemand ein Interesse daran, es den anderen drückend zu machen.

Da ferner dieses Aufgehen ohne allen Vorbehalt geschieht, so ist die Verbindung so vollkommen, wie sie nur sein kann, und kein Gesellschaftsgenosse hat irgend etwas Weiteres zu beanspruchen, denn wenn den einzelnen irgendwelche Rechte blieben, so würde in Ermangelung eines gemeinsamen Oberherrn, der zwischen ihnen und dem Gemeinwesen entscheiden könnte, jeder, der in irgendeinem Punkte sein eigener Richter ist, auch bald verlangen, es in allen zu sein; der Naturzustand würde fortdauern, und die gesellschaftliche Vereinigung tyrannisierend oder zwecklos sein.

Während sich endlich jeder allen übergibt, übergibt er sich damit niemandem, und da man über jeden Gesellschaftsgenossen das nämliche Recht erwirbt, das man ihm über sich gewährt, so gewinnt man für alles, was man verliert, Ersatz und mehr Kraft, das zu bewahren, was man hat.

Scheidet man also vom Gesellschaftsvertrag alles aus, was nicht zu seinem Wesen gehört, so wird man sich überzeugen, daß er sich in folgende Worte zusammenfassen läßt: „Jeder von uns stellt gemeinschaftlich seine Person und seine ganze Kraft unter die oberste Leitung des allgemeinen Willens, und wir nehmen jedes Mitglied als untrennbaren Teil des Ganzen auf."

(Aus: Jean-Jacques Rousseau, Der Gesellschaftsvertrag oder Die Grundsätze des Staatsrechtes. Mit einem Nachwort hrsg. von Heinrich Weinstock, Stuttgart 1971, S. 17ff.)

Das Prinzip, wonach jeder sich und seine Rechte der Gemeinschaft überantwortete – anders formuliert: durch Gesellschaftsvertrag seine ursprüngliche Freiheit auf die Gesamtheit übertrug –, sollte ein Maximum an unmittelbarer Demokratie und Freiheit schaffen. Da ausnahmslos alle Mitglieder der Gemeinschaft in dieser Weise handelten, würde auch die ganze Gemeinschaft frei sein und in der Umkehrung dem einzelnen die Freiheit garantieren. Und da es von diesem Prinzip keine Ausnahmen gab, würde neben der Freiheit auch die Gleichheit verwirklicht.

Diese logisch geschlossene Theorie, die sich an Vorbildern antiker Demokratie und am Genfer Stadtstaat seit den dreißiger und vierziger Jahren des 16. Jahrhunderts orientierte, gewann im absolutistischen vorrevolutionären Frankreich viele Anhänger und beeinflußte damit die Entwicklung nach 1789 ebensosehr wie die Lehren Montesquieus. Die Gefährlichkeit der Rousseauschen Auffassungen, die besonders in den letzten der hier zitierten Sätze aus dem *Contrat social* zum Ausdruck kommt, wurde aber bereits in der Französischen Revolution deutlich, als nach 1792 die radikale Minderheit der Jakobiner unter Führung von Georges Danton, Jean-Paul Marat und Maximilien Robespierre unter Berufung auf den (abstrakten) allgemeinen Willen des Volkes eine unkontrollierte Terrorherrschaft errichtete. Denn Rousseau hatte ja auch erklärt, damit der Gesellschaftsvertrag keine leere Form bleibe, enthalte er stillschweigend jene Verpflichtung, die allein den übrigen Kraft zu verleihen vermöge, nämlich die Verpflichtung, daß, wer auch immer sich weigere, dem allgemeinen Willen zu gehorchen, von der ganzen Gemeinschaft hierzu gezwungen werde; das bedeute nichts anderes, als daß man ihn dazu zwingen werde, frei zu sein. Doch welche Güte des natürlichen Menschen setzte das voraus! Rousseaus Glaube daran erwies sich nun als Illusion. Binnen eines Jahres wurden 16.000 Todesurteile vom Revolutionstribunal gegen

Jean-Jacques Rousseau (1712-1778), französisch-schweizerischer Schriftsteller, Philosoph und Pädagoge. Seit 1741 in Paris Stellungen als Hauslehrer und Privatsekretär. 1762 wegen seiner Lehren, die vom Parlament und dem Erzbischof von Paris verurteilt werden, zur Flucht ins Ausland gezwungen (Stationen u.a. Neuenburg unter dem Schutz Friedrich II. von Preußen sowie England auf Einladung David Humes), um seiner Verhaftung zu entgehen. 1770 Rückkehr nach Paris. Ablehnung von Fortschritt und Aufklärung; Forderung nach Wiederherstellung der natürlichen Rechtsgleichheit aller und nach einer neuen, freien, individuellen Pädagogik. Wegbereiter der Französischen Revolution und der Romantik. Werke u.a.: „Discours sur les sciences et les arts" 1750; „Julie ou La Nouvelle Héloïse" 1761; „Émile ou de l'éducation" 1762; „Du contrat social, ou principes du droit politique" 1762.

„Feinde der Revolution“ verhängt und durch die Guillotine vollstreckt. Unter den Hingerichteten befanden sich nicht nur König Ludwig XVI. und Angehörige des Adels, sondern auch viele Führer der Revolution und schließlich Robespierre selbst, der Hauptverantwortliche für den politischen Terror.

Ähnliches ereignete sich nach der Oktoberrevolution 1917 in Rußland, wo die „Säuberungen“ allerdings über viele Jahre hinweg anhielten und wo die Zahl der Opfer nicht einige Zehntausend, sondern mehrere Millionen betrug, wenn man die Ereignisse in den dreißiger Jahren hinzunimmt. Abgesehen von der Größenordnung der Verluste, lassen sich beide Entwicklungen durchaus vergleichen: In Robespierres „Despotie der Freiheit“ wie in Lenins und Stalins „Diktatur des Proletariats“ herrschte eine Minderheit unter Berufung auf den Mehrheitswillen über die Mehrheit; das Ergebnis war in beiden Fällen ein totalitäres Regime im Namen von Freiheit und Gleichheit.

Sicherlich war dies von Rousseau nicht gewollt. Wer seine Schriften studierte, konnte feststellen, daß für ihn die *volonté générale* nicht Ausdruck des Mehrheitswillens war (oder gar des Willens einer Minderheit, die vorgab, die Mehrheit zu repräsentieren), sondern ein philosophisch gedachter, abstrakter allgemeiner Wille, der die zählbare Willens- und Mehrheitsbildung in der Gemeinschaft überragte und Freiheit und Gleichheit geradezu als Antithese von Diktatur, Terror und Tyrannei begriff. Aber seine Formulierung, daß der einzelne sich dem allgemeinen Willen zu unterwerfen habe und daß man ihn notfalls auch zur Freiheit zwingen müsse, war gefährlich und Mißdeutungen zugänglich. Die politische Praxis hat diese Gefahr nur bestätigt.

2. Soziale und wirtschaftliche Voraussetzungen

Obwohl die geistige Aushöhlung des Absolutismus zu seinem Sturz wesentlich beigetragen hat, ist der Ausbruch der Französischen Revolution nicht nur ideengeschichtlich zu erklären, wie bereits 1850 Alexis de Tocqueville in seinem berühmten Werk *L'Ancien Régime et la Révolution* (deutsch: *Der alte Staat und die Revolution,* Hamburg 1969) und in jüngerer Zeit Albert Soboul in seinem Buch *Précis de l'histoire de la révolution française* (Paris 1962, deutsch: *Die Große Französische Revolution. Ein Abriß ihrer Geschichte 1789-1799,* 2., durchges. Aufl., Frankfurt am Main 1973) gezeigt haben. Ebenso wichtig waren Umschichtungen im Gefüge der alten europäischen Ständegesellschaft: die Dekadenz der Feudalaristokratie, die faktische Entmachtung des Adels durch den absolutistisch herrschenden Monarchen, die Gespaltenheit des Klerus und die wachsende Bedeutung des Bürgertums – des „Dritten Standes" –, vor allem des Großbürgertums der Kaufleute, Ärzte, Rechtsanwälte und Besitzer von Manufakturen.

Da man dem Adel seine ehemaligen Herrschaftspflichten genommen, ihm aber seine Privilegien – hohe Renteneinkommen aus Grundbesitz, Befreiung von Steuerabgaben und Bevorzugung bei der Vergabe einträglicher Staatsämter und Offiziersstellen – belassen hatte, geriet er in die Rolle eines verdienstlosen Nutznießers der Gesellschaft. Der Dritte Stand dagegen, dem im 18. Jahrhundert in Frankreich immerhin 70 Prozent der Bevölkerung angehörten (Adel und Geistlichkeit 5 Prozent; der Rest waren „Standeslose"), bestimmte das wirtschaftliche und kulturelle Leben, trug die Lasten für den Ersten und Zweiten Stand und war dennoch im sozialen Status benachteiligt und von der politischen Verantwortung und Macht ausgeschlossen. Diese Diskriminierung schuf eine explosive Spannung, die sich in der Revolution von 1789 entlud, die deshalb auch eine „bürgerliche" Revolution genannt werden kann.

Die Forderungen des Dritten Standes

Der Abbé Emmanuel Joseph Sieyès hat in seiner im Januar 1789 zunächst anonym erschienenen Flugschrift *Qu'est-ce que le Tiers État?* (Was ist der Dritte Stand?) die Stellung des Dritten Standes in der Gesellschaft beschrieben, seine Bedeutung hervorgehoben und seine Forderungen und Ziele formuliert. Es heißt darin:

Der Plan dieser Schrift ist ganz einfach. Wir haben uns drei Fragen vorzulegen.

1. Was ist der Dritte Stand? **Alles.**
2. Was ist er bis jetzt in der politischen Ordnung gewesen? **Nichts.**
3. Was verlangt er? **Etwas zu sein . . .**

Der Dritte Stand ist eine vollständige Nation

Wer wagte es . . . zu sagen, daß der Dritte Stand nicht alles in sich besitzt, was nötig ist, um eine vollständige Nation zu bilden? Er ist der starke und kraftvolle Mann, der an einem Arm noch angekettet ist. Wenn man den privilegierten Stand wegnähme, wäre die Nation nicht etwas weniger, sondern etwas mehr. Also, was ist der Dritte Stand? Alles, aber ein gefesseltes und unterdrücktes Alles. Was wäre er ohne den privilegierten Stand? Alles, aber ein freies und blühendes Alles. Nichts kann ohne ihn gehen; alles ginge unendlich besser ohne die anderen . . .

Was ist der Dritte Stand bis jetzt gewesen? Nichts.

Wir wollen hier nicht den Zustand der Knechtschaft, in dem das Volk so lange geseufzt hat, untersuchen und ebensowenig den des Zwanges und der Erniedrigung, in dem es noch festgehalten ist. Seine rechtliche Lage hat sich geändert; sie muß sich noch weiter ändern. Es ist ganz unmöglich, daß die Nation als Körperschaft oder selbst irgendein einzelner Stand frei wird, wenn der Dritte Stand es nicht ist. Man ist nicht frei durch Privilegien, sondern durch die Bürgerrechte. Rechte, die allen zustehen . . .

Daher verlange ich nicht den Verlust eines Rechtes, sondern seine Wiederherstellung . . .

Was verlangt der Dritte Stand? Etwas zu werden.

. . . Die bescheidene Absicht des Dritten Standes ist es, auf den Generalständen einen Einfluß zu haben, der dem der Privilegierten *gleich* ist . . . Kann er weniger verlangen? Und wenn sein Einfluß weniger als gleich ist, ist es dann nicht klar, daß keine Hoffnung besteht, daß er seine politische Bedeutungslosigkeit abstreife und *etwas* werde? . . .

Was zu tun bleibt. Entwicklung einiger Grundsätze.

. . . Man beklagt sich über die Heftigkeit einiger Schriftsteller des Dritten Standes. Doch was bedeutet es schon, wenn ein Einzelner für sich denkt? Nichts. Die eigentlichen und authentischsten Vorstöße des Dritten Standes beschränken sich auf Eingaben der Städte und eines Teils der pays d'états. Man vergleiche sie einmal mit der ebenso authentischen Eingabe der Fürsten gegen das Volk, das sich sehr wohl gehütet hat, sie anzugreifen. Welche Bescheidenheit, welche Mäßigung auf der einen Seite! Welche Heftigkeit, welche krasse Ungerechtigkeit auf der anderen Seite! . . .

Aus der Bewegung der Gemüter und aus dem Gang der Dinge muß der Dritte Stand erkennen, daß er nur noch von seiner eigenen Aufklärung und von seinem eigenen Mut etwas zu erhoffen hat. Die Vernunft und die Gerechtigkeit sind für ihn; wenigstens muß er sich ihrer ganzen Kraft versichern. Nein, die Zeit zur Versöhnung zwischen den Parteien ist vorbei.

(Aus: Emmanuel Joseph Sieyès, Politische Schriften 1788-1790, übers. und hrsg. von Eberhard Schmitt und Rolf Reichardt, Darmstadt und Neuwied 1975, S. 119ff. und S. 177.)

Diese politisch-ökonomische Analyse der französischen Gesellschaft in den siebziger Jahren des 18. Jahrhunderts mußte die herrschenden Stände treffen wie ein Keulenschlag. Denn es war eine offene Kampfansage, die um so schwerer wog, weil der französische Staat sich in jenen Jahren finanziell in einer schwierigen Lage befand.

Staatsverschuldung und Verschwendungssucht des Hofes

Die Staatsschuld betrug bereits 1774 annähernd 120 Millionen Francs, zu denen jährlich weitere 20-30 Millionen hinzukamen, da der Staatshaushalt nicht mehr ausge-

Emmanuel Joseph Graf Sieyès (1748-1836, geadelt 1809), französischer (katholischer) Geistlicher, Revolutionär und Politiker. 1788/89 Einfluß auf die Entwicklung zur Französischen Revolution durch mehrere Reformschriften, darunter die Broschüre „Qu'est-ce que le Tiers-État?". 1793 Votum für den Tod des Königs im Konvent. 1799 Unterstützung des Staatsstreichs Napoleon Bonapartes. 1815-30 Verbannung als „Königsmörder". Theoretische Entwicklung und Ausarbeitung der liberalen Repräsentativverfassung, die sich im 19. Jahrhundert zunehmend durchsetzt; maßgebliche inhaltliche Mitgestaltung der französischen Verfassung von 1791.

glichen werden konnte. So wurden zum Beispiel 1774 402 Millionen Francs ausgegeben, wobei allein auf das Heer 130 Millionen und auf das Königliche Haus 40 Millionen entfielen. Diesen Ausgaben standen jedoch nur Einnahmen in Höhe von 382 Millionen Francs gegenüber, die sich aus direkten und indirekten Steuern, speziellen Verbrauchssteuern, Gewinnen der Post, Lotterien, Gaben der Geistlichkeit usw. zusammensetzten. Das Defizit im Staatshaushalt betrug also allein in diesem Jahr 20 Millionen Francs.

Aus dieser zunehmenden Staatsverschuldung gab es nur dann einen Ausweg, wenn es gelang, den zahlenmäßig und in seiner Bedeutung gewachsenen Dritten Stand stärker als bisher in die Verantwortung (auch in die finanzielle!) einzubeziehen. Denn die Steuerlasten waren sehr ungleich verteilt. In der Bretagne zum Beispiel belief sich das jährliche Steueraufkommen in den siebziger und achtziger Jahren des 18. Jahrhunderts auf etwa 1,8 Millionen Francs; 129.000 Francs davon wurden vom Adel aufgebracht, 346.000 von den Städten (also von den Bürgern) und 1.244.000 von den Bauern. Während man offensichtlich den Bauern kaum noch weitere Steuern aufbürden konnte, schienen bei den zumeist wohlhabenden, zum Teil sogar reichen Kaufherren und anderen Bürgern in den Städten durchaus noch Reserven vorhanden.

Dies sahen auch die Bürger selbst durchaus so. Allerdings verbanden sie ihre Bereitschaft zu vermehrter Abgabenentrichtung an den Staat mit Forderungen nach politischer Mitbestimmung. Diese Forderungen waren aus ihrer Sicht um so berechtigter, wenn sie sich die Verschwendungssucht des Hofes vergegenwärtigten, der allein etwa ein Zehntel des Budgets der Nation verschlang, nämlich 40-50 Millionen Francs jährlich. In den Jahren vor der Revolution umfaßte das zivile Hauspersonal des Königs fast 4.000 Personen, das militärische zwischen 9.000 und 10.000 und das Personal seiner Verwandten 2.000; darüber hinaus waren im Stallhof des Königs 1.458 Mann Personal sowie 38 Ehren- und gewöhnliche Stallmeister, 20 Gouverneure, Almoseniers, Professoren, Köche und Lakaien, 30 Doktoren und noch einmal 1.500 Personen für Nebendienste beschäftigt. Man kann sich noch heute leicht den Unmut des Dritten Standes, der selbst durch eigene Leistung und Arbeit den Aufstieg mühsam erkämpfen mußte, über diesen enormen Aufwand, den der König und seine Umgebung trieben, und überhaupt über die exzessive Lebensführung der nur durch Abstammung, also unverdient, bevorrechtigten Mitglieder des Adels vorstellen.

Auch vor diesem Hintergrund muß man die Flugschrift des Abbé Sieyès aus dem Januar 1789 sehen. Jedenfalls gab er damit das Signal zur Revolution; denn die Durchsetzung der von ihm formulierten Forderungen des Dritten Standes (bescheiden angekündigt als „etwas zu werden“) bedeutete nichts anderes als das Ende der uneingeschränkten Macht der Privilegierten und der Krone und damit die Mitbestimmung, wenn auch noch nicht die Herrschaft des Bürgertums.

3. Der Verlauf der Revolution

Mit der Erklärung der Generalstände zur Nationalversammlung am 17. Juni 1789 wurde der entscheidende Schritt vollzogen, der die politischen Machtverhältnisse in Frankreich umstürzte.

Generalstände und Nationalversammlung

König Ludwig XVI. hatte in seiner finanziellen Bedrängnis die Generalstände – diese Versammlung aus Vertretern des Adels, der Geistlichkeit, der Bürger und der Bauern, die seit 1614 nicht mehr zusammengetreten war – Ende Juni 1788 einberufen, um in gemeinsamer Beratung einen Weg zu finden, den Staatsbankrott abzuwenden. Da Ludwig dabei auf die Mithilfe des Dritten Standes angewiesen war, sah dieser nun die Gelegenheit gekommen, seine Forderung nach sozialer und politischer Gleichstellung durchzusetzen. Als der Adel Widerstand leistete und der König keine Bereitschaft erkennen ließ, gegen den Adel zu handeln und dessen Vorrechte einzuschränken, ergriffen die Deputierten der Bürger und Bauern und einige Vertreter des aufgeklärten Adels und der Geistlichkeit die Initiative, erklärten die Generalstände zur Nationalversammlung und leiteten damit die Revolution ein. In der Erklärung vom 17. Juni 1789 heißt es:

Die Versammlung stellt in der an die Wahlprüfung anschließenden Beratung dieser Vollmachten fest, daß diese Versammlung sich nunmehr aus von wenigstens sechsundneunzig Hundertsteln der Nation auf direktem Wege entsandten Repräsentanten zusammensetzt.

Eine so große Zahl von Abgeordneten darf kaum untätig bleiben, nur weil die Abgeordneten einiger Kreise oder Bürgerklassen fehlen; die trotz des an sie ergangenen Rufes Ferngebliebenen können die Anwesenden nicht an der vollen Ausübung ihrer Rechte hindern, besonders wenn die Ausübung dieser Rechte eine gebieterische und dringende Pflicht ist.

Da ferner nur die in ihrer Wahl bestätigten Repräsentanten an der Bildung des Nationalwillens mitzuwirken befugt sind und da alle in ihrer Wahl bestätigten Repräsentanten dieser Versammlung angehören müssen, so folgt hieraus zwingend, daß diese, und nur sie, befugt ist, den Gesamtwillen der Nation auszudrücken und zu vertreten; es darf zwischen dem Thron und dieser Versammlung keinerlei Veto noch Ablehnungsinstanz stehen.

Die Versammlung erklärt demnach, daß das gemeinsame Werk der nationalen Neuordnung unverzüglich von den anwesenden Abgeordneten in Angriff genommen werden kann und muß und daß diese sich ihm ohne Unterbrechung und Behinderung widmen sollen.

Die Bezeichnung *Nationalversammlung* ist die einzige, welche bei der gegenwärtigen Lage der Dinge der Versammlung zukommt, erstens, weil ihre Mitglieder die einzigen öffentlich und gesetzlich anerkannten und in ihrer Wahl bestätigten Repräsentanten des Volkes sind; zweitens,

Eröffnung der Generalstände zu Versailles am 5. Mai 1789

weil sie auf direktem Wege von der überwiegenden Mehrheit der Nation entsandt sind; drittens schließlich, weil bei der einen und unteilbaren Natur der Volksvertretung kein Abgeordneter, innerhalb welches Standes oder welcher Klasse er auch gewählt sei, das Recht hat, seine Funktionen losgelöst von der gegenwärtigen Versammlung auszuüben.

Die Versammlung wird die Hoffnung nie aufgeben, alle heute noch abwesenden Abgeordneten in ihrem Kreise versammelt zu sehen; sie wird nicht müde werden, sie zur Erfüllung der ihnen auferlegten Verpflichtung, an der Abhaltung der Generalstände mitzuwirken, zu ermahnen. Sie erklärt im voraus, daß sie die abwesenden Abgeordneten, wann immer sie im Laufe der jetzt beginnenden Sitzungsperiode zu ihr stoßen, mit Freuden willkommen heißen und nach Prüfung ihrer Vollmachten gemeinsam mit ihnen an der weiteren Durchführung der großen Aufgaben arbeiten wird, die die Erneuerung Frankreichs bewirken sollen.

Die Nationalversammlung beschließt, daß die Beweggründe für den vorliegenden Beschluß unverzüglich schriftlich formuliert werden, um dem König und der Nation vorgelegt zu werden.

(Aus: Die Französische Revolution. Eine Dokumentation, hrsg. von Walter Grab, München 1973, S. 30f.)

Mehr noch als die Erklärung der Generalstände zur Nationalversammlung wurde jedoch der Sturm der Bevölkerung von Paris auf die Bastille am 14. Juli 1789 zum Symbol für den Beginn der Revolution. Noch heute ist der 14. Juli in Frankreich Nationalfeiertag.

Der Angriff auf das Staatsgefängnis in Paris führte zwar nur zur Befreiung von sieben politischen Häftlingen, aber er war ein Zeichen für das Übergreifen der revolutionären Ideen auf das Volk und zugleich ein erster Akt der Gewalt. Wie sehr dieses Ereignis schon damals als Signal empfunden wurde, zeigt die Tatsache, daß unmittelbar nach der Erstürmung der Bastille und der Enthauptung des Gouverneurs de Launay durch die aufgebrachte Volksmenge eine erste Welle von Adligen das Land verließ, unter ihnen der Graf von Artois, der älteste Bruder König Ludwigs XVI.

In der nun folgenden Verwirrung von Emigration, örtlichen Unruhen, Ernteplünderungen und der Gefahr des Eingreifens auswärtiger Mächte ging das *Ancien régime* rasch seinem Ende entgegen. In einer denkwürdigen Nachtsitzung am 4. August 1789 begann die Nationalversammlung mit der Abschaffung des Feudalsystems. Durch eine Reihe von Erlassen vom 4. bis 11. August wurden die grundherrlichen Rechte, die Zehnten, die persönlichen und kollektiven Privilegien, die Ämterkäuflichkeit, Sonderrechte von Provinzen und Städten sowie die Zollrechte der Häfen beseitigt. Parallel dazu wurde mit der Errichtung einer neuen Staatsordnung begonnen, die auf dem Naturrecht beruhte und von dem Verlangen nach Freiheit und Gleichheit geleitet war.

Der Beginn der französischen Verfassungsentwicklung

Kernstück der Neuordnung Frankreichs war die Ausarbeitung einer Verfassung. Zu diesem Zweck wurde von der Nationalversammlung bereits am 7. Juli 1789 ein Ausschuß gebildet, der aus dreißig Mitgliedern bestand und sich sogleich ans Werk machte. Schon wenige Wochen später, am 26. August 1789, konnte er der Nationalversammlung eine *Erklärung der Menschen- und Bürgerrechte* zur Annahme vorlegen, die der späteren Verfassung als eine Art „Katechismus der neuen Ordnung" vorangestellt werden sollte und in der „ein optimistischer Glaube an die Allmacht der Vernunft" sichtbar wurde, „der sich mit dem Geist der Aufklärungszeit ganz in Übereinstimmung befand" (Albert Soboul). Die Erklärung lautete:

Die Erstürmung der Bastille am 14. Juli 1789

Da die Vertreter des französischen Volkes, als Nationalversammlung eingesetzt, erwogen haben, daß die Unkenntnis, das Vergessen oder die Verachtung der Menschenrechte die einzigen Ursachen des öffentlichen Unglücks und der Verderbtheit der Regierungen sind, haben sie beschlossen, die natürlichen, unveräußerlichen und heiligen Rechte der Menschen in einer feierlichen Erklärung darzulegen, damit diese Erklärung allen Mitgliedern der Gesellschaft beständig vor Augen ist und sie unablässig an ihre Rechte und Pflichten erinnert; damit die Handlungen der gesetzgebenden wie der ausübenden Gewalt in jedem Augenblick mit dem Endzweck jeder politischen Einrichtung verglichen werden können und dadurch mehr geachtet werden; damit die Ansprüche der Bürger, fortan auf einfache und unbestreitbare Grundsätze begründet, sich immer auf die Erhaltung der Verfassung und das Allgemeinwohl richten mögen.

Infolgedessen erkennt und erklärt die Nationalversammlung in Gegenwart und unter dem Schutze des Allerhöchsten folgende Menschen- und Bürgerrechte:

Art. 1. Die Menschen sind und bleiben von Geburt frei und gleich an Rechten. Soziale Unterschiede dürfen nur im gemeinen Nutzen begründet sein.

Art. 2. Das Ziel jeder politischen Vereinigung ist die Erhaltung der natürlichen und unveräußerlichen Menschenrechte. Diese Rechte sind Freiheit, Eigentum, Sicherheit und Widerstand gegen Unterdrückung.

Art. 3. Der Ursprung jeder Souveränität ruht letztlich in der Nation. Keine Körperschaften, kein Individuum können eine Gewalt ausüben, die nicht ausdrücklich von ihr ausgeht.

Art. 4. Die Freiheit besteht darin, alles tun zu können, was einem anderen nicht schadet. So hat die Ausübung der natürlichen Rechte eines jeden Menschen nur die Grenzen, die den anderen Gliedern der Gesellschaft den Genuß der gleichen Rechte sichern. Diese Grenzen können allein durch Gesetz festgelegt werden.

Art. 5. Nur das Gesetz hat das Recht, Handlungen, die der Gesellschaft schädlich sind, zu verbieten. Alles, was nicht durch Gesetz verboten ist, kann nicht verhindert werden, und niemand kann gezwungen werden zu tun, was es nicht befiehlt.

Art. 6. Das Gesetz ist der Ausdruck des allgemeinen Willens. Alle Bürger haben das Recht, persönlich oder durch ihre Vertreter an seiner Formung mitzuwirken. Es soll für alle gleich sein, mag es beschützen, mag es bestrafen. Da alle Bürger in seinen Augen gleich sind, sind sie gleicherweise zu allen Würden, Stellungen und Beamtungen nach ihrer Fähigkeit zugelassen ohne einen anderen Unterschied als den ihrer Tugenden und ihrer Talente.

Art. 7. Jeder Mensch kann nur in den durch das Gesetz bestimmten Fällen und in den Formen, die es vorschreibt, angeklagt, verhaftet und gefangengehalten werden. Diejenigen, die willkürliche Befehle betreiben, ausfertigen, ausführen oder ausführen lassen, sollen bestraft werden. Doch jeder Bürger, der auf Grund des Gesetzes vorgeladen oder ergriffen wird, muß sofort gehorchen. Er macht sich durch Widerstand strafbar.

Art. 8. Das Gesetz soll nur solche Strafen festsetzen, die offenbar unbedingt notwendig sind. Und niemand kann auf Grund eines Gesetzes bestraft werden, das nicht vor Begehung der Tat erlassen, verkündet und gesetzlich angewandt worden ist.

Art. 9. Da jeder Mensch so lange für unschuldig gehalten wird, bis er für schuldig erklärt worden ist, soll, wenn seine Verhaftung für unumgänglich erachtet wird, jede Härte, die nicht notwendig ist, um sich seiner Person zu versichern, durch Gesetz streng vermieden sein.

Art. 10. Niemand soll wegen seiner Meinungen, selbst religiöser Art, beunruhigt werden, solange ihre Äußerung nicht die durch das Gesetz festgelegte öffentliche Ordnung stört.

Art. 11. Die freie Mitteilung der Gedanken und Meinungen ist eines der kostbarsten Menschenrechte. Jeder Bürger kann also frei schreiben, reden und drucken unter Vorbehalt der Verantwortlichkeit für den Mißbrauch dieser Freiheit in den durch das Gesetz bestimmten Fällen.

Art. 12. Die Sicherung der Menschen und Bürgerrechte erfordert eine Streitmacht. Diese Macht ist also zum Vorteil aller eingesetzt und nicht für den besonderen Nutzen derer, denen sie anvertraut ist.

Art. 13. Für den Unterhalt der Streitmacht und für die Kosten der Verwaltung ist eine allgemeine Abgabe unumgänglich. Sie muß gleichmäßig auf alle Bürger unter Berücksichtigung ihrer Vermögensumstände verteilt werden.

Art. 14. Alle Bürger haben das Recht, selbst oder durch ihre Abgeordneten die Notwendigkeit der öffentlichen Abgabe festzustellen, sie frei zu bewilligen, ihre Verwendung zu überprüfen und ihre Höhe, ihre Veranlagung, ihre Eintreibung und Dauer zu bestimmen.

Art. 15. Die Gesellschaft hat das Recht, von jedem öffentlichen Beamten Rechenschaft über seine Verwaltung zu fordern.

Art. 16. Eine Gesellschaft, in der die Verbürgerung der Rechte nicht gesichert und die Gewaltenteilung nicht festgelegt ist, hat keine Verfassung.

Art. 17. Da das Eigentum ein unverletzliches und heiliges Recht ist, kann es niemandem genommen werden, wenn es nicht die gesetzlich festgelegte, öffentliche Notwendigkeit augenscheinlich erfordert und unter der Bedingung einer gerechten und vorherigen Entschädigung.

(Aus: Staatsverfassungen. Eine Sammlung wichtiger Verfassungen der Vergangenheit und Gegenwart in Urtext und Übersetzung, hrsg. von Günther Franz, 2. erw. und erg. Aufl., Darmstadt 1964, S. 303ff.)

Schon in der Präambel wurde in dieser Erklärung auf das Naturrecht verwiesen: auf die „natürlichen, unveräußerlichen und heiligen Rechte der Menschen", denen ein universeller Gültigkeitsanspruch zuerkannt wurde. Die französische Menschenrechtserklärung ging damit über die Situationsbedingtheit der englischen Freiheitsentwicklung ebenso hinaus wie über die Erklärungen aus dem amerikanischen Unabhängigkeitskrieg, die zwar die Universalität ihrer Bestimmungen betont, zugleich aber die Zuerkennung natürlicher Rechte mit stark einschränkenden Begrenzungen versehen hatten. Entsprechend der französischen Erklärung vom 26. August 1789 sollten nun alle Menschen von Geburt an „frei und gleich an Rechten" sein; die Ausübung dieser Rechte sollte nur die Grenzen haben, „die den anderen Gliedern der Gesellschaft den Genuß der gleichen Rechte sichern." Mit anderen Worten: Die „Freiheit" sollte darin bestehen, „alles tun zu können, was einem anderen nicht schadet." Ziel jeder politischen Vereinigung sollte es sein, diese „natürlichen und unveräußerlichen Menschenrechte" zu erhalten; der Staat war also kein Selbstzweck, sondern geschaffen, um den Bürgern die Ausübung ihrer Rechte zu sichern.

Auf dieser Grundlage wurden nach dem 26. August die Verfassungsberatungen fortgesetzt. Im Oktober wurden zahlreiche Verfassungsartikel verabschiedet, im Dezember die Wahlordnung. Doch im Verlauf des Jahres 1790 kamen die Beratungen immer wieder ins Stocken. Die Umsetzung der umfassenden, allgemein gehaltenen Bestimmungen der Menschenrechtserklärung in detaillierte verfassungsrechtliche Festlegungen erwies sich als schwierig. Gefahren einer zu weitgehenden Auslegung der Prinzipien von Freiheit und Gleichheit wurden erkennbar. Zumal das Bürgertum sah sich in seiner eben erst errungenen Machtstellung bedroht, falls eine extensive Auslegung des Freiheits- und Gleichheitsbegriffs in der Verfassung die Formulierung der Ansprüche unterbürgerlicher, nicht-besitzender Schichten ungefiltert erlaubte. Änderungen waren daher notwendig; Grenzen mußten gezogen werden.

Im August 1791 wurde schließlich mit der Beratung über den endgültigen Text der Verfassung begonnen, der im Kern weiterhin liberal war und die Souveränität der Nation festlegte, zugleich aber als bürgerliche Verfassung der Bourgeoisie ihre herrschende Stellung im neuen Frankreich sicherte. Am 3. September 1791 wurde die Verfassung als erste geschriebene Verfassung auf dem europäischen Kontinent verabschiedet. Sie machte Frankreich zu einer konstitutionellen Monarchie, wie England, ließ also das Königtum weiter bestehen, unterwarf aber die Handlungen des Königs dem Gesetz („Es gibt in Frankreich keine Autorität, die über dem Gesetze steht. Der König regiert nur durch dieses. Und nur im Namen des Gesetzes kann er Gehorsam verlangen"). Das Gottesgnadentum war damit abgeschafft, der Absolutismus beseitigt.

In dieser auf Gewaltenteilung beruhenden monarchischen *Französischen Verfassung vom 3. September 1791* hieß es:

Da die Nationalversammlung die Französische Verfassung auf den Grundsätzen aufbauen will, die sie eben anerkannt und erklärt hat, schafft sie unwiderruflich die Einrichtungen ab, welche die Freiheit und die Gleichheit der Rechte verletzen.

Es gibt keinen Adel mehr, keinen Hochadel, keine erblichen Unterschiede, keine Standesunterschiede, keine Lehnsherrschaft, keine Patrimonialgerichtsbarkeiten, keine Titel, Benennungen und Vorrechte, die davon herrührten, keinen Ritterorden, keine Körperschaften oder Auszeichnungen, die Adelsproben erforderten oder die auf Unterschieden der Geburt beruhten, und keine andere Überlegenheit als die der öffentlichen Beamten in Ausübung ihres Dienstes.

Kein öffentliches Amt kann mehr gekauft oder ererbt werden.

Für keinen Teil der Nation, für kein Individuum gibt es mehr irgendein Privileg oder eine Ausnahme vom gemeinsamen Recht aller Franzosen.

Es gibt keine Zünfte mehr, keine Körperschaften von Berufen, Künsten oder Handwerken. Das Gesetz anerkennt keine geistlichen Gelübde noch irgendwelche andere Verbindlichkeiten, die den natürlichen Rechten oder der Verfassung entgegenstehen.

Titel I. Grundeinrichtungen, von der Verfassung verbürgt

Die Verfassung verbürgt als natürliche und bürgerliche Rechte:

1. daß alle Staatsbürger zu allen Stellungen und Beamtungen zugelassen sind ohne einen anderen Unterschied als den ihrer Tugenden und ihrer Talente;
2. daß alle Abgaben auf alle Bürger gleichmäßig unter Berücksichtigung ihrer Vermögensverhältnisse verteilt werden;
3. daß dieselben Verbrechen mit denselben Strafen belegt werden ohne irgendeinen Unterschied der Person.

Die Verfassung verbürgt gleichfalls als natürliche und bürgerliche Rechte:

die Freiheit jedes Menschen zu gehen, zu bleiben, zu reisen, ohne verhaftet oder gefangengehalten zu werden als in den durch die Verfassung festgelegten Formen;

die Freiheit jedes Menschen zu reden, zu schreiben, zu drucken und seine Gedanken zu veröffentlichen, ohne daß seine Schriften irgendeiner Zensur oder Aufsicht vor ihrer Veröffentlichung unterworfen sein dürfen, und den religiösen Kult auszuüben, dem er anhängt;

die Freiheit der Bürger, sich friedlich und ohne Waffen zu versammeln in Übereinstimmung mit den Polizeigesetzen;

die Freiheit, an die errichteten Behörden persönlich unterzeichnete Bittschriften zu richten...

Die Verfassung verbürgt die Unverletzlichkeit des Eigentums oder die gerechte und vorherige Entschädigung von dem, was die gesetzlich festgestellte, öffentliche Notwendigkeit als Opfer erfordert . . .

Titel III. Von den öffentlichen Gewalten

Art. 1. Die Souveränität ist einheitlich, unteilbar, unveräußerlich und unverjährbar. Sie gehört der Nation. Kein Teil des Volkes und keine einzelne Person kann sich ihre Ausübung aneignen.

Art. 2. Die Nation, von der allein alle Gewalten ihren Ursprung haben, kann sie nur durch Übertragung ausüben.

Die französische Verfassung ist eine Repräsentativverfassung. Ihre Repräsentanten sind die gesetzgebende Körperschaft und der König.

Art. 3. Die gesetzgebende Gewalt ist einer Nationalversammlung übertragen, die aus Abgeordneten besteht, die durch das Volk frei und auf Zeit gewählt werden, um sie mit Billigung des Königs auf die Art auszuüben, die nachstehend bestimmt wird.

Art. 4. Die Regierung ist monarchisch. Die ausführende Gewalt ist dem König übertragen, um unter seiner Autorität durch die Minister und andere verantwortliche Beamte auf die Art ausgeübt zu werden, die nachstehend bestimmt wird.

Art. 5. Die richterliche Gewalt ist den durch das Volk auf Zeit gewählten Richtern übertragen . . .

Titel VI. Von den Beziehungen der französischen Nation zu fremden Nationen

Die französische Nation verzichtet darauf, einen Krieg zu unternehmen, um Eroberungen zu machen. Sie wird ihre Streitkräfte niemals gegen die Freiheit eines anderen Volkes verwenden . . .

(Aus: Staatsverfassungen, a.a.O., S. 306ff.)

Der Titel VI der Verfassung, der den Verzicht Frankreichs aussprach, einen Eroberungskrieg zu führen, muß vor dem Hintergrund der europäischen Politik des Jahres 1791/92 gesehen werden. Die revolutionäre Entwicklung hatte Frankreich in Europa isoliert. Nicht nur Schweden und Rußland, sondern auch das staatlich vielgestaltige Deutschland mit seinen beiden Großmächten Österreich und Preußen und sogar das England William Pitts waren Gegner der Revolution. In England wurde die Radikalität des französischen Weges – der völlige Bruch mit der Vergangenheit – abgelehnt und als Gefahr für die eigene, eher reformerische, nicht revolutionäre Entwicklung betrachtet. In den übrigen Staaten regierte noch immer der Absolutismus, auch wenn er sich, wie unter Friedrich dem Großen in Preußen und Maria Theresia und Josef II. in Österreich, teilweise zu einem aufgeklärten Absolutismus gewandelt hatte, in dem der Fürst sein Herrscheramt als Dienst am Staat begriff und seine Person dem allgemeinen Wohl unterordnete, so daß Staatswesen entstanden, die in vieler Hinsicht moderner, aufgeschlossener und wandlungsfähiger waren, als es das *Ancien régime* in Frankreich gewesen war. Aber das Gottesgnadentum hatte man beibehalten; einen Parlamentarismus gab es nicht. In diesen Ländern wuchs daher die Angst vor einem Übergreifen der Revolution – übrigens auch die Sorge um das Schicksal der französischen Aristokraten, die in ihrer physischen Existenz bedroht waren, sofern sie nicht das Land verlassen hatten.

Durch sein Versprechen, keinen Eroberungskrieg zu führen, hatte Frankreich diese – im wesentlichen ideologischen – Gegensätze wohl zu entschärfen versucht, denn man konnte daraus schließen, daß es darauf verzichten würde, die Revolution gewaltsam zu exportieren. Doch da das Frankreich von 1791 dazu militärisch ohnehin nicht in der Lage schien, die Gefahr der ideologischen Ansteckung jedoch unabhängig von militärischer Expansion bestand, war dieses Versprechen für die Nachbarstaaten von geringem Wert. So verbündeten sich bald Preußen und Österreich gegen die Revolution, bekräftigt und unterstützt in ihrem Vorgehen von den französischen Emigranten, den Revolutionsflüchtlingen, die ihrerseits eine Gegenrevolution vorbereiteten.

Die Revolutionskriege

In Frankreich reagierte man auf diese äußere Gefahr nicht mit Vorsicht und Beschwichtigung, wie man es angesichts der noch fehlenden inneren Stabilität des Regimes hätte annehmen können, sondern trug sich mit dem Gedanken eines Präventivkrieges: Man wollte dem Angriff des Gegners zuvorkommen. Dieser Gedanke fand Unterstützung sowohl bei den Anhängern der Revolution, die durch den Zusammenstoß mit dem Ausland die politischen Probleme der Revolution und die Leidenschaften der Sansculotten und Bauern nach außen, über die Grenzen Frankreichs hinaus tragen wollten, als auch bei Krone und Adel, die – ohne dies freilich offen zu sagen – auf einen Sieg der Armeen ihrer Vettern und Schwäger und damit auf die Gegenrevolution hofften, die ihnen ihre alten Privilegien zurückbringen würde. Der 1. Koalitionskrieg begann daher 1792 mit der Kriegserklärung Frankreichs an Österreich und Preußen.

Die nun folgenden Revolutionskriege hatten ihren eigenen, neuartigen Charakter: In ihnen ging es – jedenfalls zunächst – nicht um machiavellistisches Machtstreben und nicht um territorialen Zugewinn. Es war ein ideologischer Kampf, auf französischer Seite geführt unter der Losung „Guerre aux Châteaux, Paix aux Chaumières" („Krieg den Palästen, Friede den Hütten"). In dieser Sicht war dieser Krieg unbegrenzt bis zum Sieg der Revolution über die letzte absolutistische Monarchie, und daher universell. Dementsprechend hieß es in einem 1791 in Straßburg verteilten Flugblatt im Angesicht drohender Kriegsgefahr:

Letzter Ruf

der freigewordenen Franken an die unterdrückten Deutschen. Im Monat August 1791, des dritten Jahres der Freyheit. Fühlet eure Sklavery, edle Deutsche! Sehet es endlich ein, daß euch eure Fürsten zu unglücklichen Werkzeugen des Mordes gegen uns Franken brauchen wollen - Franken, die euch Freundschaft angelobten, eure Verfassung nie stören zu wollen, die euch nachbarlich lieben, und die dem ohngeachtet von euren Despoten nur um deswillen bekriegt werden sollen, weil sie die eisernen Ketten abschütteln, die ihr noch tragt.

Wir Franken wollen für diese unsere Freyheit kämpfen – siegen – oder sterben.

Und ihr, verblendete Deutsche, wollt für eure Fürsten, die euer Mark aussaugen, eurer Söhne, Gatten und Freunde Blut aufopfern, um nach zweideutigem Siege euch in festere Ketten schmieden zu lassen . . . Zerreißt die Sklavenketten eurer verschwenderischen Fürsten und ihrer raubgierigen Minister; wir bieten euch die Hand; fechten und sterben mit für euch; schützen eure Freyheit, euer Eigentum und sichern euren Herd . . . Ihr seyd mit uns frey und unsere Brüder!

Zudem hatten die Girondisten mit der Erklärung, das „Vaterland" sei in Gefahr, die allgemeine Volksbewaffnung und die Todesstrafe gegen Hochverräter durchgesetzt. Ideologischer Sendungsglaube wurde verbunden mit der Weckung nationaler Leidenschaft. Die breite Masse der Bevölkerung wurde auf diese Weise veranlaßt, sich mit dem Schicksal des Staates zu identifizieren und sich in ihn zu integrieren, wodurch – erst jetzt – in Frankreich die erste moderne Nation entstand. Zum anderen war der Krieg nun nicht länger eine Angelegenheit der Kabinettsstrategie von Fürsten, sondern eine Tat des Volkes: Der Krieg wurde „demokratisiert". Die moderne Form der Kriegsführung mit Volksbewaffnung und Massenheeren begann hier – in den Kriegen der Französischen Revolution.

Leidenschaft und Nationalgefühl fanden ihren Ausdruck auch in dem am 24./25. April 1792 in Straßburg von dem Pionieroffizier Rouget de l'Isle komponierten und gedichteten Kampflied der demokratisch-republikanischen Kräfte der Revolution *Chant de guerre pour l'armée du Rhin,* das am 30. Juli 1792 von einem Marseiller Freiwilligenbataillon beim Einzug in Paris gesungen und daher kurz „Marseillaise" genannt wurde. Melodie und Text des Liedes wurden bald volkstümlich und später zur französischen Nationalhymne erhoben:

Allons, enfants de la patrie,
Le jour de gloire est arrivé
Contre nous de la tyrannie
L'étendard sanglant est levé.
Entendez-vous dans les campagnes,
Mugir ces féroces soldats?
Ils viennent jusque dans vos bras.
Égorger vos fils, vos compagnes,

Aux armes, citoyens! Formez vos bataillons
Marchons, marchons!
Qu'un sang impur abreuve nos sillons!

Der Glaube an die eigene Sendung und die nationale Begeisterung, die in der „Marseillaise" ihren Niederschlag fanden, halfen zunächst jedoch wenig, da die militärische Ausbildung fehlte. Der Krieg brachte die Revolution an den Rand der Niederlage. Die preußischen und österreichischen Truppen rückten auf Paris vor. Am 3. August 1792 rief Karl Wilhelm Ferdinand, der Herzog von Braunschweig und Oberbefehlshaber der Koalitionsarmeen, in einem Manifest das französische Volk auf, „ohne Verzug zur Vernunft, zur Gerechtigkeit, zur Ordnung und zum Frieden zurückzukehren." Die Generale, Offiziere, Unteroffiziere und Soldaten des französischen Linienheeres sollten „zu ihrer alten Treue" zurückfinden und sich auf der Stelle dem König, „ihrem rechtmäßigen Herrn", unterwerfen. Das gleiche forderte der Herzog von der Stadt Paris und ihren Bewohnern und drohte „eine exemplarische und für alle Zeiten denkwürdige Rache" an, falls das Schloß der Tuilerien gestürmt oder dem König und seiner Familie Gewalt angetan werde; dann werde „die Stadt Paris einer militärischen Exekution und einer gänzlichen Vernichtung" überliefert werden.

Doch dieser Versuch der Einschüchterung bewirkte das genaue Gegenteil dessen, wozu er dienen sollte: nicht Beruhigung, sondern die Radikalisierung der Revolution. Am 10. August wurden die Tuilerien tatsächlich gestürmt; der König mußte sich mit seiner Familie in den Schutz der Nationalversammlung begeben und wurde dort „suspendiert" und festgenommen.

Diese Entwicklung, die zum Sturz der Monarchie und am 25. September 1792 zur Errichtung der Republik führte, war allerdings nicht nur den äußeren Wirren, der militärischen Bedrohung und dem Manifest des Herzogs von Braunschweig zuzuschreiben, sondern hatte auch eine innenpolitische Vorgeschichte. Bereits am 20. Juni 1792 hatte die Bevölkerung zum ersten Mal die Tuilerien angegriffen und damit ihre anti-monarchistische Haltung erkennen lassen. Damals hatte der König noch widerstanden, war aber am darauffolgenden Tage in Richtung Deutschland geflohen und kurz vor der Grenze, in Varennes, erkannt und aufgehalten worden. Das Zeichen der Schwäche, das Ludwig mit seiner Flucht gesetzt hatte, trug zur weiteren Aushöhlung der Monarchie bei, zumal man ihm nun eine Verschwörung mit seinen deutschen Verwandten und den Emigranten außerhalb der Grenzen Frankreichs unterstellen konnte. Der Ruf nach der Republik wurde lauter, und es bedurfte nur noch eines geringen Anstoßes, um die Erhebung gegen die Krone auszulösen. Diesen Anstoß lieferte Karl Wilhelm Ferdinand mit seinem unglücklichen Manifest.

Die Radikalisierung der Revolution: „Despotie der Freiheit"

Die neue Richtung der Revolution zeigte sich bereits in den Septembermorden 1792, als unter dem Einfluß von Danton und Marat erstmals der *terreur* (Schrecken) als politisches Mittel eingesetzt wurde, um die Bevölkerung zum Zusammenhalt zu zwingen, und wurde am 2. Juni 1793 mit der Verhaftung der Girondisten zu einer systematischen Schreckensherrschaft ausgedehnt. In ihr wurde nicht nach Gesetz, sondern nach politischen Gesichtspunkten geurteilt.

Die königliche Familie während des Aufstandes in Versailles. Am Fenster knieend: Ludwig XVI. und Marie-Antoinette. Nach einer Zeichnung von E. Brüning

Der neuen Phase der Revolution fiel als einer der ersten König Ludwig XVI. zum Opfer, der am 21. Januar 1793 durch die Guillotine hingerichtet wurde. Die Anklagerede Robespierres im Nationalkonvent am 3. Dezember 1792 machte das Muster deutlich, nach der künftig vor dem Revolutionstribunal verfahren werden würde:

Maximilien de Robespierre (1758-1794), französischer Anwalt, Politiker und Revolutionär, 1789 Mitglied der Generalstände als Vertreter des Dritten Standes. Nach der Revolution Mitglied der Nationalversammlung. Führer im Club der Jakobiner. Seit 1792 Führer der Bergpartei im Konvent. Seit Juli 1793 als Mitglied des Wohlfahrtsausschusses Ausweitung der persönlichen Machtstellung bis zur nahezu unumschränkten Herrschaft. Verfechter des „terreur“ als Mittel zur Überwindung der Krise von 1793. Nach erneuter Verschärfung des Terrors im Juli 1794 Sturz und Hinrichtung durch die Guillotine.

Hinrichtung Ludwigs XVI. am 21. Januar 1793. Zeitgenössischer Stich

Hier ist kein Prozeß zu führen. Ludwig ist kein Angeklagter, Ihr seid keine Richter. Ihr seid nur Staatsmänner und Vertreter der Nation und könnt nichts anderes sein. Ihr habt kein Urteil für oder gegen einen Menschen zu fällen, sondern eine Maßnahme der öffentlichen Wohlfahrt zu treffen, einen Akt nationaler Vorsehung zu vollziehen ... Ludwig wurde entthront durch seine Verbrechen; Ludwig klagte das französische Volk als Rebellen an; um es zu züchtigen, hat er die Waffen der Tyrannen, seiner Mitbrüder, herbeigerufen. Der Sieg und das Volk haben entschieden, daß er der Rebell war. Der König kann also nicht gerichtet werden, denn er ist schon verurteilt. Er ist verurteilt, oder aber die Nation ist nicht freigesprochen... Wenn Ludwig tatsächlich noch Gegenstand eines Prozesses sein kann, so kann er auch freigesprochen werden, er kann unschuldig sein; was sage ich? Er wird als unschuldig angenommen, bis er gerichtet ist. Wenn aber Ludwig als unschuldig angenommen werden kann, was wird dann aus der Revolution? Ist sie dann nicht noch in Ungewißheit und Zweifel? Wenn Ludwig unschuldig ist, werden alle Verteidiger der Freiheit zu Verleumdern, und die Rebellen waren die Freunde der Wahrheit und die Verteidiger der unterdrückten Unschuld; alle Manifeste der fremden Höfe sind nur gerechte Beschwerden gegen die Gewaltherrschaft einer Partei; die Haft sogar, die Ludwig bisher erlitten hat, ist eine ungerechte Quälerei; das Volk von Paris, alle Patrioten des französischen Reiches sind strafbar, und der große Prozeß, der vor dem Gerichtshof der Natur anhängig ist zwischen Verbrechen und Tugend, Freiheit und Tyrannei ist endlich entschieden zugunsten des Verbrechens und der Tyrannei ... Was mich angeht, so verabscheue ich die Todesstrafe, und für Ludwig habe ich weder Haß noch Liebe; nur seine Missetaten hasse ich ... Aber ein entthronter König im Schoße einer Revolution, die noch weit davon entfernt ist, durch gerechte Gesetze verankert zu sein, ein König, dessen Name allein schon die Geißel des Krieges auf die erregte Nation herabbeschwört: dessen Dasein kann weder durch Haft noch Verbannung für das öffentliche Wohl gleichgültig werden. Mit Schmerz spreche ich die verhängnisvolle Wahrheit aus: es ist besser, daß Ludwig stirbt, als daß 100 000 tugendhafte Bürger umkommen: Ludwig muß sterben, weil das Vaterland leben muß.

(Aus Buchez et Roux, Histoire parlamentaire de la Rèvolution francaise, Paris 1834-1838, Bd. XXI, S. 162f.)

Der Kampf gegen Ludwig, gegen die Monarchie, wie auch danach die Auseinandersetzungen der demokratisch-republikanischen Kräfte der Revolution untereinander – der gemäßigten Girondisten und der radikalen Jakobiner – waren teilweise von der Dynamik verursacht, die jeder Revolution innewohnt und zur Anwendung von Gewalt und zur Radikalisierung führen kann. Vor allem waren die Kämpfe aber ein Streit um ideologische Grundsatzfragen. Vereinfacht gesagt, stritten die Anhänger Montesquieus mit denjenigen Rousseaus, die sich zunächst durchsetzten. Die Verfassung der Französischen Republik vom 24. Juni 1793, die aufgrund der inneren und äußeren Bedrohung des Landes jedoch nie in Kraft gesetzt wurde, war ganz vom Geiste Rousseaus durchdrungen: dem Grundsatz der Volkssouveränität und dem Streben nach völliger gesellschaftlicher Gleichheit. Die staatliche Organisation des Landes sollte zentralistisch ausgerichtet und die Gewaltenteilung abgeschafft werden, und das Volk sollte über alle wichtigen Gesetze in Volksentscheiden abstimmen.

Doch die Übersteigerung der „demokratischen Diktatur“, dieser „Despotie der Freiheit“, deren innere Widersprüchlichkeit schon in der Zusammenstellung sich ausschließender Begriffe zum Ausdruck kommt, stürzte das Frankreich der Jahre 1793/94 in Chaos und immer größere Schrecken. Erst als Robespierre sich nach der Hinrichtung Dantons am 5. April 1794 zum alleinigen Herrscher und totalitären Diktator erhob, wurde der Bogen überspannt. Denn nun war buchstäblich niemand mehr seines Lebens sicher. Abgeordnete aller Richtungen verbündeten sich im Nationalkonvent gegen Robespierre und ließen ihn hinrichten. Zwar regierte der Konvent auch danach noch bis 1795 diktatorisch und ohne Grundlage einer Verfassung. Aber die Schrekkensherrschaft wurde beseitigt und durch ein gemäßigtes Regime ersetzt. Am 23. September 1795 machte schließlich eine neue Verfassung – die Direktorialverfassung – die Verabsolutierung des Gleichheitsprinzips rückgängig und setzte den politischen Ansprüchen der klein- und unterbürgerlichen Sansculotten Grenzen, indem sie die Gewaltenteilung und den Zensus wieder einführte.

4. Napoleon Bonaparte und das Erwachen des deutschen Nationalgefühls

Die Beruhigung, die nach Überwindung der Jakobiner-Herrschaft hätte eintreten können, wurde nun vor allem durch die andauernde Bedrohung von außen verhindert. Seit dem 20. April 1792 befand sich Frankreich im Krieg. Zwar hatte Preußen, abgelenkt durch die zweite polnische Teilung und die Erhebung der Polen unter Kosciusko, seit 1794 Sonderverhandlungen mit Frankreich geführt, das preußisch-österreichische Bündnis gelöst und sich aus dem Krieg zurückgezogen. Aber dafür hatten sich im Februar 1793 zunächst England (nach der französischen Besetzung Belgiens) und dann auch Spanien, der Papst, Neapel, die Toskana, Venedig, Sardinien und Portugal dem Koalitionskrieg angeschlossen. Aus dem Konflikt zwischen Frankreich, Österreich und Preußen war ein europäischer Krieg geworden, in dem Frankreich alleine stand, sich aber durch die Mobilisierung aller Reserven behauptete.

Der Aufstieg Napoleons

Dem Ende des 1. Koalitionskrieges, der nicht zuletzt durch die Siege des Generals Napoleon Bonaparte in Italien zugunsten Frankreichs entschieden wurde, folgte bereits im März 1799 der 2. Koalitionskrieg, der bis 1802 dauerte und Frankreich wiederum nicht zur Ruhe kommen ließ. Allerdings war Frankreich an dieser Entwicklung nicht schuldlos, denn der Verteidigungskrieg, den es 1792 begonnen hatte, war Mitte der neunziger Jahre allmählich in einen nationalen Eroberungskrieg umgeschlagen. Zwischen dem 1. und dem 2. Koalitionskrieg hatte Frankreich die Gelegenheit genutzt, Belgien und das linke Rheinufer dem französischen Staatsverband anzugliedern; außerdem hatte es in der Schweiz interveniert und die Errichtung der Helvetischen Republik unterstützt, wie auch die Errichtung der Römischen Republik. Der ideologische Messianismus der Revolution verband sich mit dem französischen Nationalinteresse und veränderte die politische Landkarte Europas. Die Befürchtung der alten Mächte, daß die revolutionäre Dynamik Frankreichs zu einem Motor für die Überwindung des Status quo werden könne, mochte 1792 noch mehr von der Vorstellungskraft als von den tatsächlichen Ereignissen genährt worden sein. Nun hatte sie reale Gestalt angenommen – vor allem in Napoleon Bonaparte, dieser „Revolution in Reiterstiefeln", wie man ihn bald nannte.

Gestützt auf seine militärischen Erfolge und seine daraus erwachsene Popularität, verschaffte Napoleon auch seinem politischen Ehrgeiz Geltung, beseitigte am 9. November 1799 das Direktorium und errichtete eine Militärdiktatur. Er selbst wurde Erster Konsul, 1802 sogar Konsul auf Lebenszeit und schließlich 1804 – nach Grün-

Napoleon I.

dung des Kaiserreiches – Kaiser der Franzosen. Über seine Motive und Absichten erklärte er später in einer Selbstrechtfertigung:

Ich habe den Abgrund der Anarchie zugeschüttet, ich habe Ordnung in ein Chaos gebracht. Ich habe die Revolution geläutert, habe die Völker veredelt, die Könige auf ihrem Thron gesichert. Ich habe die guten Bestrebungen gefördert, jedes Verdienst belohnt, die Grenzen des Ruhmes erweitert. Das ist doch immerhin etwas! Und dann ... wie könnte man mich angreifen, ohne daß der Historiker imstande wäre, mich zu verteidigen? Handelt es sich um meine Absichten? Er ist in der Lage, mich freizusprechen! Ist von meinem Despotismus die Rede?

Nun, so kann er ja leicht nachweisen, daß meine Diktatur eine Notwendigkeit war. Will man behaupten, daß ich der Freiheit hinderlich war? Er wird darauf hinzuweisen haben, daß Anarchie, Unordnung, Zügellosigkeit nah vor dem Tore waren. Will man mich beschuldigen, den Krieg zu sehr geliebt zu haben, so braucht er nur nachzuweisen, daß ich stets der Angegriffene war... Die Universalmonarchie hätte ich erstrebt! ...Nun, sie war mir vielleicht aufgenötigt, die Feinde führten mich ihr Schritt für Schritt näher. Wird der Vorwurf des Ehrgeizes erhoben, so sage man, daß mein Ehrgeiz der edelste, reinste war, den es nur geben kann: ich wollte der Vernunft zur Herrschaft verhelfen, den menschlichen Fähigkeiten und Talenten die Bahn frei machen – hier wäre für den Historiker der Ausdruck eines Bedauerns am Platz, daß ein solcher Ehrgeiz nicht mehr hat erreichen können.

(Aus: Historisch-politisches Arbeitsbuch. Quellenband II: Vom Zeitalter der Aufklärung bis zur Gegenwart, bearb. von Hermann Meyer und Wilhelm Langenbeck, 5. Aufl., Frankfurt a.M. 1972, S. 30f.)

Vieles von dem, was Napoleon sich hier zugute hielt, war richtig. Er verschaffte dem Land im Innern die Ruhe, nach der sich die Bevölkerung seit langem sehnte, und setzte mit seinen Verwaltungsreformen und vor allem dem *Code civil,* einem neuen bürgerlichen Gesetzbuch, das die Errungenschaften der Revolution rechtlich festschrieb und die Rechtssicherheit wiederherstellte, Maßstäbe, die vorbildlich waren und zum Teil noch heute gelten.

Gleichzeitig aber blieb Napoleon der General, als der er angetreten war. Von der Republik und von Demokratie hielt er nichts. Der Ruhm Frankreichs stand für ihn im Mittelpunkt. Diesen Ruhm wollte er mehren und damit seine Herrschaft begründen, wie er bereits am 1. Juli 1797 dem französischen Gesandten in der Toskana, Miot de Mélito, vertraulich erklärte:

Glauben Sie vielleicht, daß ich eine Republik begründen will? Welcher Gedanke!...Das ist eine Wahnvorstellung, in die die Franzosen vernarrt sind, die aber auch wie so manches andere vergehen wird. Was sie brauchen, ist Ruhm, die Befriedigung ihrer Eitelkeit, aber von der Freiheit verstehen sie nichts. Blicken Sie auf die Armee! Die Erfolge und die Triumphe, die wir soeben davongetragen haben, die haben den wahren Charakter des französischen Soldaten wieder hervortreten lassen. Für ihn bin ich alles. Das Direktorium soll es sich nur einfallen lassen, mir das Kommando über die Armee abzunehmen! Dann wird man sehen, wer der Herr ist. Die Nation braucht einen Führer..., aber keine Theorien über Regierung, keine großen Worte, keine Reden von Ideologien, die die Franzosen nicht verstehen.

(Aus: Miot de Mélito, Mémoires, Paris 1858, Bd. I, S. 163f.)

Napoleon Bonaparte (1769-1821), Kaiser der Franzosen. Erziehung in den Militärschulen von Brienne 1779-84 und Paris 1784/85. Seit 1785 Leutnant der Artillerie. 1794 General. 1796 siegreicher französischer Oberbefehlshaber der Italienarmee. 1798/99 Zug nach Ägypten. 9. November 1799 (18. Brumaire) Sturz des Direktoriums; Erster Konsul. 1802 Konsul auf Lebenszeit. 1804-14 französischer Kaiser. Niederwerfung Österreichs 1805 und Preußens 1806. Bündnis mit Alexander I. von Rußland 1807 und Ausdehnung des Einflusses auf Spanien, wo es jedoch in der Folge zu Aufständen kommt, die Napoleons Macht und Ansehen untergraben. 1812 Bruch mit Alexander I. und Feldzug nach Rußland; Vernichtung der Großen Armee im russischen Winter. In den Freiheitskriegen 1813/14 wird Napoleon zum Rückzug nach Frankreich gezwungen, wird dort schließlich durch den Senat abgesetzt und erhält die Mittelmeerinsel Elba als Fürstentum, was jedoch praktisch einer Verbannung gleichkommt. 1815 Rückkehr nach Frankreich (Herrschaft der Hundert Tage); Niederlage bei Waterloo und Verbannung nach St. Helena, einer kleinen Insel im Atlantik, etwa 1900 Kilometer vor der Küste Angolas.

Einzug Napoleons in Berlin 1806

Auf dem Höhepunkt seiner Macht, zwischen dem Frieden von Tilsit 1807 und dem Marsch nach Rußland 1812, herrschte Napoleon über fast ganz Europa: von Spanien im Westen bis zur russischen Grenze im Osten, von Neapel im Süden bis zur dänischen Grenze im Norden. Erst der Untergang der „Großen Armee" in Hunger und Kälte in Rußland brachte die Wende: den Niedergang der französischen Hegemonie und damit auch – durchaus in der Logik dessen, was Napoleon dem französischen Gesandten in der Toskana im Juli 1797 erklärt hatte – den Zusammenbruch der napoleonischen Herrschaft.

Widerstand gegen die französische Fremdherrschaft

Obwohl Napoleon in den von ihm eroberten Ländern manches tat, um die Beziehungen erträglich zu gestalten, die Völker von den Errungenschaften der Französischen Revolution profitieren zu lassen, und zum Beispiel auch hier den *Code civil* einführte, wurde die Hegemonie Frankreichs in Europa doch weithin als Fremdherrschaft empfunden. Zunächst vor allem in Spanien, wo man sich 1808 nicht nur für den König, sondern auch für Gott erhob: für den eigenen (katholischen) Glauben gegen das Frankreich der Aufklärung und der Revolution. Die französischen Truppen machten hier erstmals Bekanntschaft mit einem zermürbenden Kleinkrieg, einer frühen Form der Guerilla, gegen die herkömmliche Formen der Kriegführung wenig auszurichten vermochten. Und als zudem England, der Hauptgegner Napoleons, den dieser durch eine „Kontinentalsperre“, also durch eine Wirtschaftsblockade, zu isolieren versuchte, die Spanier über das von Frankreich nicht kontrollierte Portugal materiell unterstützte, entwickelte sich hier ein militärischer Dauerkonflikt, der den erfolgsgewohnten Napoleon zunehmend stärker belastete. Auf dem Erfurter Kongreß von 1808, auf dem übrigens auch Johann Wolfgang von Goethe von Napoleon empfangen wurde, mußte deshalb der Kaiser der Franzosen – unmittelbar vor seiner Abreise nach Spanien – um Unterstützung *werben,* anstatt, wie gewohnt, zu befehlen und Gefolgschaft zu verlangen.

Denn die Lage war ja nicht nur in Spanien kritisch. Überall in den besetzten oder mit Frankreich (zwangsweise) verbündeten Gebieten schlug die Stimmung allmählich um oder war bereits umgeschlagen, war sie oder wurde franzosenfeindlich. 1809 erhob sich Österreich zum Befreiungskampf und brachte Napoleon in der Schlacht bei Aspern sogar eine Niederlage bei, bevor es aus innerer Zerstrittenheit unterlag und den Frieden von Schönbrunn schließen mußte, zumal in Norddeutschland die von Stein, Scharnhorst und Gneisenau bereits vorbereitete Erhebung am Widerstand des preußischen Königs scheiterte und daher unterblieb – von versprengten Aktionen, wie derjenigen des Majors Schill, einmal abgesehen. Zu einem Volkskrieg nach spanischem Vorbild kam es lediglich in Tirol unter der Führung Andreas Hofers; allerdings waren die logistischen und politischen Voraussetzungen hier wesentlich schlechter als in Spanien, so daß diesem Aufstand nur eine kurze Dauer beschieden war. Hofer wurde, noch im Jahre 1809, besiegt, gefangengenommen und in Mantua standrechtlich erschossen.

Immerhin bewiesen diese Erhebungen – so gering, isoliert oder erfolglos sie im einzelnen anfangs auch sein mochten –, daß unter den Bevölkerungen der besetzten Länder die Bereitschaft zum Widerstand gegen die französische Fremdherrschaft gewachsen war. Die Anwesenheit der Franzosen stärkte das Nationalgefühl, geschürt durch Publizisten, wie Friedrich Gentz in Preußen und Österreich, der bereits 1806 dazu aufgerufen hatte, die nationale Zersplitterung zu beenden und durch Vereinigung des Nationalwillens Deutschland und Europa zu befreien:

Vergeßt nie, daß da, wo Ihr Euch befindet, der wahre Mittelpunkt aller Unternehmungen ist, wodurch, früher oder später, Europa von der Knechtschaft erlöset, das Gesetzbuch der Willkür zerrissen, der hochmütige Luftbau vergänglicher Übermacht gestürzt und ein neuer unsterblicher Bund zwischen Freiheit, Ordnung und Friede, für eine glücklichere Nachwelt gegründet werden muß. Nicht England, nicht Rußland vermögen es. Als Bundesgenossen beide erwünscht, als Gegengewicht oder Hilfsmächte unschätzbar; aber das eigentliche Werk der Befreiung muß auf deutschem Boden gedeihen. Von hier muß die Wiederherstellung ausgehen. So wie hier die Zerrüttung entschieden, das Verderben zur Vollendung gebracht war. *Europa ist durch Deutschland gefallen; durch Deutschland muß es wieder emporsteigen.* Nicht Frankreichs Energie oder Kunst, nicht die wildkonvulsivische Kraft, die aus dem giftigen Schlund der Revolution, eine vorüberziehende Wetterwolke, hervorbrach, nicht irgendeines Geschöpfes dieser Revolution persönliches Übergewicht oder Geschick hat die Welt aus ihren Angeln gehoben, die *selbstverschuldete Wehrlosigkeit* Deutschlands hat es getan. Unser innerer unseliger Zwiespalt, die Zersplitterung unsrer herrlichen Kräfte, die wechselseitige Eifersucht unserer Fürsten, die wechselseitige Entfremdung ihrer Völker, das Verlöschen jedes echten Gefühls für das gemeinschaftliche Interesse der Nation, die Erschlaffung des vaterländischen Geistes – das sind die Zerstörer unserer Freiheit, das sind unsere tödlichen Feinde und die Feinde Europas gewesen. Wenn wir uns vereinigen, wenn wir unsere Familienfehden vergessen, wenn wir in der Stunde der Gefahr, in der Stunde gemeinschaftlicher Not uns entschließen konnten, Deutsche zu sein, so trotzten wir jeglichem Sturme, so wurde nie eine Fußbreite deutschen Gebietes den übermütigen Fremden zum Raube, so fiel nicht ein einziges Glied, nein, auch nicht das geschiedenste und schwächste von dem wohlgebauten lebensvollen Körper des europäischen Staatensystems ab...

Wenn aus diesem Abgrunde der Ohnmacht, worin wir heute unsere Vergehungen büßen, noch irgend etwas uns zu reißen vermag, so ist es immer nur derselbe Entschluß, wodurch wir früher ihm entgangen sein würden. Getrennt wurden wir niedergeworfen; nur vereint können wir uns wieder erheben. Diesen einzigen Rettungsweg zu betreten, ist freilich jetzt viel schwerer noch als sonst; aber soviel ist unumstößlich gewiß: sollen die Staatskräfte Deutschlands je eins werden, so muß zuvor der Nationalwille eins sein.

(Aus: Friedrich von Gentz, Werke, Wien 1911.)

Solche Gedanken kamen nicht von ungefähr. Schon seit einem halben Jahrhundert hatten sie sich in Deutschland geistig vorbereitet, waren also nicht lediglich Nachahmung oder Übertragung des revolutionären Nationalismus französischer Prägung. Die Auflehnung gegen fremde Vorbilder, die sich ab 1750 vor allem in der Literatur und im Theater bemerkbar gemacht hatte – bei Klopstock, bei Lessing, der 1767 Dramaturg am soeben begründeten „Nationaltheater" in Hamburg wurde, und auch bei Schiller, der 1781 seine „Räuber" und 1784 „Kabale und Liebe" für das kurfürstliche Nationaltheater in Mannheim schrieb –, war keineswegs unpolitisch gewesen, wie viele anfangs hatten glauben mögen. Nach dem Zusammenbruch der Jahre 1806/07, der Auflösung des 900 Jahre alten Reiches der Deutschen und der Unterwerfung durch Napoleon, wurde das neu erwachte Nationalbewußtsein zum entscheidenden Antrieb der Freiheitsbewegung. Lessing hatte noch – enttäuscht über den sich abzeichnenden Mißerfolg seines Hamburger Unternehmens – gespottet „über den gutherzigen Einfall, den Deutschen ein Nationaltheater zu verschaffen, da wir Deutsche noch keine Nation" seien, „noch immer die geschworenen Nachahmer alles Ausländischen sind." Und Mozart hatte gar nach vielen Rückschlägen in seinem Bemühen um die deutsche Nationaloper das Versagen der „teutschen Nation" konstatiert und ironisch erklärt, es „wäre ja ein ewiger Schandfleck für Teutschland, wenn wir Teutsche einmal mit Ernst anfingen teutsch zu denken – teutsch zu handeln – teutsch zu reden, und gar teutsch – zu singen!!!" Doch nun, einige Jahrzehnte später, im Moment der vollständigen Niederlage, begehrte man nicht nur im Theater gegen die Unterdrückung der nationalen Identität auf, sondern auch auf der politischen Bühne. Im deutschen Idealismus und in der Romantik verbanden sich philosophische, literarische und politische Strömungen zum Drang nach Freiheit und Einheit. Was bei dem eher konservativen, monarchisch gesonnenen Publizisten Friedrich von Gentz noch ein taktisch bestimmter Aufruf gewesen sein mochte, um Europa von Napoleon und der französischen Hegemonie zu befreien, wuchs sich bereits ein Jahr später bei dem Philosophen Johann Gottlieb Fichte zum ausgeprägten Nationalismus aus.

Friedrich von Gentz (1764-1832, geadelt durch schwedischen Orden 1804). Seit 1785 im preußischen Staatsdienst. Zunächst Anhänger der Französischen Revolution; seit 1793 zunehmend deren Gegner. Eintreten für ein österreichisch-preußisches Zusammengehen im Kampf gegen Napoleon zur Wiederherstellung des europäischen Gleichgewichts, weniger mit dem Ziel der nationalen Einheit. Seit 1802 konservativer, antinapoleonischer Publizist in Wien. Seit 1810 Mitarbeiter Metternichs und publizistischer Verfechter des konservativ-legitimistischen Prinzips.

Fichtes „Reden an die deutsche Nation“

Wie Gentz, so war auch Fichte zunächst ein Anhänger der Französischen Revolution gewesen, des Jakobinismus sogar, und wurde dann, wie jener, ein erbitterter Gegner Napoleons. In den Jahren 1807 und 1808 schrieb er seine *Reden an die deutsche Nation,* in denen er vor der Gewöhnung „an jede mögliche Ordnung der Dinge“ warnte, mit der er die französische Besatzung meinte, und das Volk aufforderte, sich „Charakter“ anzuschaffen, also sich auf das Eigene zu besinnen; „denn“, so Fichte in seiner berühmt gewordenen Formulierung in der Zwölften Rede, „Charakter haben, und deutsch sein, ist ohne Zweifel gleichbedeutend.“

In seiner Achten Rede hatte Fichte zuvor ausführlich den Kampf der Germanen gegen die „herandringende Weltherrschaft der Römer“ dargestellt, der nicht nur gegen die feindlichen Heere, sondern auch gegen die Verlockungen der römischen Zivilisation geführt worden sei, gegen das Angebot der Römer, an ihren Genüssen, am Luxus und am Überfluß teilzuhaben, wenn man sich nur unterwerfe, mit ihnen kooperiere. Und war es nicht – so konnte der Leser sich nun fragen – mit den Franzosen jetzt ebenso wie damals mit den Römern? War nicht die Unterwerfung der Preis für den Fortschritt der Gesetze und des Wohlstands?

Doch Fichte beschrieb ja nicht die Unterwerfung der Germanen, sondern – da mochte wiederum jeder seine Parallelen ziehen – ihren *Widerstand* gegen die Fremdherrschaft im Glauben an die „Verheißung ewigen Lebens“, die allein es sei, „die bis zum Tode fürs Vaterland begeistern kann“:

In diesem Glauben setzten unsre ältesten gemeinsamen Vorfahren, das Stammvolk der neuen Bildung, die von den Römern Germanier genannten Deutschen, sich der herandringenden Weltherrschaft der Römer mutig entgegen. Sahen sie denn nicht vor Augen den höhern Flor der römischen Provinzen neben sich, die feinern Genüsse in denselben, dabei Gesetze, Richterstühle, Rutenbündel, und Beile in Überfluß? Waren die Römer nicht bereitwillig genug, sie an allen diesen Segnungen teilnehmen zu lassen?... Wofür haben sie denn also mehrere Menschenalter hindurch gekämpft im blutigen, immer mit derselben Kraft sich wieder erneuernden Kriege? Ein römischer Schriftsteller läßt es ihre Anführer also aussprechen: „ob ihnen denn etwas anderes übrigbleibe, als entweder die Freiheit zu behaupten, oder zu sterben, bevor sie Sklaven würden“. Freiheit war ihnen, daß sie eben Deutsche blieben, daß sie fortführen, ihre Angelegenheiten selbständig, und ursprünglich, ihrem eignen Geiste gemäß, zu entscheiden, und diesem gleichfalls gemäß auch in ihrer Fortbildung vorwärtszurücken, und daß sie diese Selbständigkeit auch auf ihre Nachkommenschaft fortpflanzten: Sklaverei hießen ihnen alle jene Segnungen, die ihnen die Römer antrugen, weil sie dabei etwas anderes, denn Deutsche, weil sie halbe Römer werden müßten. Es verstehe sich von selbst, setzten sie voraus, daß jeder, ehe er dies werde, lieber sterbe, und daß ein wahrhafter Deutscher nur könne leben wollen, um eben Deutscher zu sein, und zu bleiben, und die Seinigen zu ebensolchen zu bilden.

Sie sind nicht alle gestorben, sie haben die Sklaverei nicht gesehen, sie haben die Freiheit hinterlassen ihren Kindern... Ihnen verdanken wir, die nächsten Erben ihres Bodens, ihrer Sprache, und ihrer Gesinnung, daß wir noch Deutsche sind...

Diese, und alle andere in der Weltgeschichte, die ihres Sinnes waren, haben gesiegt, weil das Ewige sie begeisterte, und so siegt immer und notwendig diese Begeisterung über den, der nicht begeistert ist. Nicht die Gewalt der Arme, noch die Tüchtigkeit der Waffen, sondern die Kraft des Gemüts ist es, welche Siege erkämpft.

(Aus Johann Gottlieb Fichte, Reden an die deutsche Nation, Mit einem Geleitwort von Eduard Spranger, Leipzig 1944, S. 135ff.)

In seiner Zwölften Rede zog Fichte sodann unter der Überschrift „Moralische Wiederaufrichtung“ einige Schlußfolgerungen aus seinen vorhergehenden Betrachtungen:

Johann Gottlieb Fichte (1762-1814), Philosoph. Seit 1794 Professor in Jena. 1799 des Atheismus verdächtigt und abgesetzt. In Berlin Kontakt zu Romantikerkreisen. Seit 1805 Professor in Erlangen. Seit 1810 Professor in Berlin und erster gewählter Rektor der dortigen Universität. Als Philosoph Weiterbildung Kantischer Gedanken auf der Grundlage eines ethisch-metaphysischen Idealismus. Als Staatsdenker und Politiker einer der Wegbereiter des deutschen Nationalbewußtseins. Seit 1806 Eintreten für eine Erhebung gegen Napoleon, seit 1807 auch für die allgemeine Volksbewaffnung. Werke u.a.: „Über den Begriff der Wissenschaftslehre" 1794; „Grundlage der gesamten Wissenschaftslehre" 1794/95; „Das System der Sittenlehre nach den Prinzipien der Wissenschaftslehre" 1798; „Die Bestimmung des Menschen" 1800; „Anweisung zum seligen Leben oder auch die Religionslehre" 1806; „Reden an die deutsche Nation" 1807/08.

Wer sich, ohne Aufmerksamkeit auf sich selbst, gehen läßt, und von den Umständen sich gestalten, wie sie wollen, der gewöhnt sich bald an jede mögliche Ordnung der Dinge. So sehr auch sein Auge durch etwas beleidiget werden mochte, als er es das erste Mal erblickte, laßt es nur täglich auf dieselbe Weise wiederkehren, so gewöhnt er sich daran, und findet es späterhin natürlich, und als eben so sein müssend, gewinnt es zuletzt gar lieb, und es würde ihm mit der Herstellung des erstern bessern Zustandes wenig gedient sein, weil dieser ihn aus seiner nun einmal gewohnten Weise zu sein herausrisse. Auf diese Weise gewöhnt man sich sogar an Sklaverei. . .

Laßt uns auf der Hut sein gegen diese Überraschung der Süßigkeit des Dienens . . . Machen wir uns mit demjenigen, was ohne Zweifel unserm Ermessen frei bleiben muß, mit unserm Gemüte, zum Vorbilde, zur Weissagung, zum Bürgen desjenigen, was nach uns Wirklichkeit werden wird. Lassen wir nur nicht mit unserm Körper zugleich auch unsern Geist niedergebeugt und unterworfen, und in die Gefangenschaft gebracht werden!

Fragt man mich, wie dies zu erreichen sei, so ist darauf die einzige, alles in sich fassende Antwort diese: wir müssen eben zur Stelle werden, was wir ohnedies sein sollten, Deutsche. Wir sollen unsern Geist nicht unterwerfen. . . Leben und Denken muß bei uns aus einem Stücke sein, und ein sich durchdringendes und gediegenes Ganzes; wir müssen in beiden der Natur und der Wahrheit gemäß werden, und die fremden Kunststücke von uns werfen; wir müssen, um es mit einem Worte zu sagen, uns Charakter anschaffen; denn Charakter haben, und deutsch sein, ist ohne Zweifel gleichbedeutend. . .

(Aus: Fichte, a.a.O., S. 192 f.)

Beide bisher zitierten (in ihrer politischen Zielsetzung durchaus unterschiedlichen) Zeugnisse der deutschen Nationalbewegung – jene von Friedrich von Gentz wie die von Johann Gottlieb Fichte – stammen aus den Jahren 1806 bis 1808, als die Herrschaft Napoleons noch ungebrochen war. Sie wurden daher – bei aller schon vorhandenen Deutlichkeit – entsprechend vorsichtig formuliert.

Die Befreiungskriege

Sehr viel weiter konnte man gehen, als die „Große Armee" Napoleons – ein Heer von 600.000 Mann, das nur zu einem Drittel aus Franzosen bestand, im übrigen aus Preußen, Österreichern und Soldaten der anderen, zur Kriegsfolge verpflichteten europäischen Länder im französischen Hegemonialbereich (an die 30.000 bei diesem Feldzug umgekommenen Bayern erinnert noch heute ein Obelisk auf dem Münchener Karolinenplatz) – in den Weiten Rußlands vernichtet war und Napoleon den Nimbus der Unbesiegbarkeit verloren hatte. Nun brach sich der deutsche Nationalismus in seiner ganzen Schärfe Bahn, wie bei Ernst Moritz Arndt in einem Abschnitt *Über den Volkshaß* 1813:

Jedes Volk hat seine Tugenden und Gebrechen, ja wie der Zustand der menschlichen Dinge ist, liegen gewisse Tugenden desselben sogar notwendig gewissen Mängeln ganz nahe. Aber es gibt Stufen und Grade, und ich schäme mich nicht, den Glauben zu bekennen, daß das deutsche Volk in der Weltgeschichte mehr bedeutet hat und mehr bedeuten wird als das französische... Im allgemeinen ist die Frage töricht, welches Volk besser sei, weil die Vergleichungen gewöhnlich einen lächerlichen Streit der Eitelkeit ergeben, so wie es töricht ist, wenn ich frage: ist die Eiche besser als der Dornstrauch, die Distel als der Rosenstrauch? Aber wie, wenn es den Disteln einfiele, sich mit den edlen Kindern des Rosenbusches vermählen zu wollen? Wie wenn wir der Rosenbusch wären und die Franzosen die Disteln? . . . Ich will den Haß gegen die Franzosen, nicht bloß für diesen Krieg, ich will ihn für lange Zeit, ich will ihn für immer. Dann werden Deutschlands Grenzen auch ohne künstliche Wehren sicher sein, denn das Volk wird immer einen Vereinigungspunkt haben, sobald die unruhigen und räuberischen Nachbarn überlaufen wollen. Dieser Haß glühe als die Religion des deutschen Volkes, als ein heiliger Wahn in allen Herzen und erhalte uns immer in unsrer Treue, Redlichkeit und Tapferkeit.
(Aus: Nationalismus gestern und heute, hrsg. von H. Vogt, Opladen 1967, S. 103f.)

Arndt war zu der Zeit, als er dies schrieb, nicht irgendwer, sondern immerhin Privatsekretär des Freiherrn vom und zum Stein. Dieser war nach dem Tilsiter Frieden 1807 zum preußischen Staatsminister berufen worden und hatte als Leiter der preußischen Politik sogleich mit der Durchführung der von ihm bereits früher geplanten und in mehreren Denkschriften (z. B. „Nassauer Denkschrift" 1807) skizzierten Reformen begonnen, die einer „Revolution von oben" gleichkamen und eine größere Beteiligung der Bürger an den staatlichen Entscheidungen und Mitgestaltung des Staatslebens durch Selbstverwaltung auf der Ebene der Gemeinden, Kreise und Pro-

Ernst Moritz Arndt (1769-1860), Historiker, Philosoph und Schriftsteller. Seit 1800 Lehrtätigkeit an der Universität Greifswald, 1806-09 in Stockholm. 1812-15 Privatsekretär des Freiherrn vom Stein. Beeinflussung und Förderung der deutschen Befreiungskriege durch Lieder und politische Schriften. 1818-20 und seit 1840 Professor für Geschichte an der Universität Bonn, dazwischen wegen seiner politischen Auffassungen amtsenthoben. 1848/49 Mitglied der Frankfurter Nationalversammlung. Werke u.a.: „Fragmente über Menschenbildung", 3 Bde. 1806-19; „Geist der Zeit", zunächst 4 Bde. 1806-18, 5. Bd. 1854; „Lieder für Teutsche" 1813; „Schriften für und an seine lieben Deutschen", 4 Bde. 1845-55; „Meine Wanderungen und Wandelungen mit dem Reichsfreiherrn H.K.F. vom Stein" 1858.

„Das Hallesche Tor am Morgen des 4. März 1813". Die Nachhut der ausmarschierenden Franzosen wird von den Kosaken angegriffen. Gemälde von Knötel

vinzen vorsahen, um die Verankerung des Staates im Volk zu festigen und die Staatsgewalt zu stärken. Doch schon im November 1808 war Stein wegen Widerstandsvorbereitungen gegen Napoleon wieder entlassen und von Napoleon geächtet worden, hatte sich schließlich, stets auf der Flucht, nach Stationen in Brünn, Troppau und Prag auf Veranlassung Zar Alexanders I. nach Rußland begeben, von wo er seinen Kampf gegen Napoleon fortsetzen konnte. Von Rußland aus und in russischem Auftrag auch kehrte er im Januar 1813 nach Königsberg zurück und rief die ostpreußischen Stände zur Erhebung gegen Napoleon auf, nachdem General Yorck, Befehlshaber des preußischen Hilfskorps im russischen Feldzug Napoleons, bereits im Dezember 1812 eigenmächtig einen Neutralitätsvertrag mit den Russen geschlossen hatte (Konvention von Tauroggen). Gemeinsam forderten Yorck und Stein die allgemeine Volksbewaffnung und beschlossen die Errichtung einer Landwehr.

Dieses Vorgehen der beiden bildete den Auftakt der preußischen Erhebung gegen Napoleon, markierte den Beginn der Befreiungskriege. Es war, nach Lage der Dinge, ein gewagtes Unternehmen, zu dem sich der auf eigene Faust handelnde preußische General und der ins Exil getriebene und nun in Diensten einer fremden Macht stehende Politiker hier verbanden. Denn sie handelten gegen den Willen des schwankenden, unentschlossenen Königs, dem das alles viel zu kompliziert, unsicher und abenteuerlich erschien. Immerhin bewiesen Yorck und Stein zumindest ihre Courage. Und die Entwicklung gab ihnen recht. Eine Welle nationaler Begeisterung überrollte das Land, von der bald sogar der König mitgerissen wurde. Am 3. Februar rief er zur Bildung freiwilliger Jägerkorps auf, hob alle Befreiungen von der allgemeinen Wehrpflicht auf, schloß am 28. Februar ein Bündnis mit dem Zaren gegen Napoleon, erließ am 17. März – ganz auf der Linie der früheren Landwehrforderung Yorcks und Steins – ein Landwehrgesetz und appellierte noch am gleichen Tage an das Nationalgefühl der Preußen-Deutschen, den Kampf gegen die Franzosen zu beginnen. In seinem Aufruf *An mein Volk!*, der den ersten direkten Appell eines preußischen Königs an die Bevölkerung überhaupt darstellte, erklärte Friedrich Wilhelm III. am 17. März 1813 von Breslau aus, wohin er sich inzwischen begeben hatte, da Berlin immer noch von den Franzosen besetzt war:

> Große Opfer werden von allen Ständen gefordert werden, denn unser Beginnen ist groß und nicht gering die Zahl und die Mittel unserer Feinde. . . Aber welche Opfer auch vom einzelnen gefordert werden mögen, sie wiegen die heiligen Güter nicht auf, für die wir sie hingeben, für die wir streiten und siegen müssen, wenn wir nicht aufhören wollen, Preußen und Deutsche zu sein. Es ist der letzte, entscheidende Kampf, den wir bestehen für unsere Existenz, unsere Unabhängigkeit, unseren Wohlstand; keinen anderen Ausweg gibt es als einen ehrenvollen Frieden oder einen ruhmvollen Untergang. Auch diesem würdet Ihr getrost entgegengehen um der Ehre willen, weil ehrlos der Preuße und der Deutsche nicht zu leben vermag.

Die Entfachung nationaler Leidenschaften, die die Französische Revolution vor dem Untergang bewahrt und Frankreich zur europäischen Hegemonialmacht emporgehoben hatte, wurde jetzt gegen das Frankreich Napoleons gekehrt. Zwar siegte Napoleon noch einmal bei Großgörschen und Bautzen. Doch in der Völkerschlacht bei Leipzig vom 16. bis 19. Oktober 1813 unterlag er der Koalition, der sich inzwischen außer Preußen und Rußland auch Österreich und Schweden angeschlossen hatten und zu der England einen materiellen Beitrag leistete. Die napoleonische Herrschaft zerfiel; Bayern rückte von der französischen Vormacht ab, der Rheinbund löste sich auf. Napoleon selbst wurde mit dem Rest seiner Truppen zum Rückzug hinter den Rhein gezwungen. Und als er sich auch danach immer noch weigerte, Frieden zu schließen, marschierten die Koalitionsarmeen in Frankreich ein und besetzten schließlich im Frühjahr 1814 Paris. Der daraufhin am 30. Mai 1814 geschlossene

Friedrich Wilhelm III. (1770-1840), seit 1797 König von Preußen. Nach dem Zusammenbruch von 1806/07 Ermöglichung der inneren Reformen unter Stein und Hardenberg sowie der Militärreformen Scharnhorsts, Gneisenaus und Boyens. Seit 1807 Anlehnung an Rußland. 1813 Zögern im Kampf gegen Napoleon. Nach dem Wiederaufstieg Preußens Abbruch der Reformen. 1819 Entlassung Wilhelm von Humboldts und Boyens. Beitritt zum Metternichschen System der Restauration und zur Heiligen Allianz. Nichteinlösung des (zwischen 1810 und 1820) wiederholten Versprechens einer „Nationalrepräsentation".

Die Völkerschlacht bei Leipzig am 19. Oktober 1813. Lithographie von L. Oeser

Friede von Paris fiel für Frankreich erstaunlich milde aus. Die Sieger hielten sich an dem nunmehr besiegten Land, das bis zu den Befreiungskriegen nahezu ganz Europa beherrscht hatte, keineswegs schadlos, sondern billigten im wesentlichen die Wiederherstellung der französischen Grenzen von 1792. Sogar Napoleon wurde vornehm abgefunden. Nachdem er auf innerfranzösischen Druck bereits am 6. April der Krone entsagt hatte, erhielt er die Mittelmeerinsel Elba als Fürstentum, wo man dem damals vierundvierzigjährigen politischen Frührentner immerhin einen beschaulichen Lebensabend in angenehmer Umgebung am Rande des Weltgeschehens gestatten wollte.

Die französische Hegemonie über Europa war zu Ende. Der Nationalismus jedoch, der von der Französischen Revolution seinen Ausgang genommen hatte, blieb fortan ein ständiges – und in seiner Bedeutung zunehmendes – Element in der Geschichte des 19. Jahrhunderts. In Wien trafen sich nun die Staatsmänner Europas, um über eine möglichst dauerhafte politische Neuordnung des Kontinents zu beraten, der durch die Ereignisse seit 1789 aufgewühlt und in Unruhe versetzt worden war. Neue Ideen hatten die Bürger verstört, Überliefertes war plötzlich nicht mehr selbstverständlich. Das geistige und territorial-politische Chaos, das die Französische Revolution und Napoleons „Revolution in Reiterstiefeln" hinterlassen hatten, bedurfte sorgsamer und vernünftiger Regelung. Doch in welche Richtung sollte sie erfolgen? Sollte man die neuen Gedanken aus Frankreich gemäßigt weiterdenken und damit Europa neu beginnen? Oder sollte man sie als einen in die Irre führenden Nebenweg betrachten, hinter 1789 zurückgehen und das Alte restaurieren, um es in neuem Glanz wiedererstrahlen zu lassen? Der Wiener Kongreß von 1814/15 mußte darüber Aufschluß geben.

II. Restauration und Revolution 1815-1848

Zeittafel

1814

November Beginn des Wiener Kongresses mit Vertretern von etwa 200 Staaten, Städten, Herrschaften und Körperschaften, darunter vor allem die Bevollmächtigten der acht Signatarmächte des 1. Pariser Friedens: Österreich, Preußen, Rußland, England, Frankreich, Spanien, Portugal und Schweden.

1815

8.5. Unterzeichnung der Wiener Kongreßakte. Gründung des Deutschen Bundes (ein Staatenbund mit 35 souveränen Fürsten und vier Freien Städten) unter Österreichs Leitung mit der „Deutschen Bundesakte" als Grundgesetz.

Ende des Wiener Kongresses.

12.6. Gründung der „Allgemeinen Deutschen Burschenschaft" in Jena.

26.9. „Heilige Allianz" zwischen Rußland, Österreich und Preußen, der alle europäischen Mächte mit Ausnahme des Papsttums und der Türkei beitreten; für England allerdings unterzeichnet nur der Prinzregent persönlich.

1817

18.10. Wartburgfest mit 500 Abgesandten von zwölf deutschen Universitäten zum Gedenken des Reformationsjahres 1517 und der Völkerschlacht bei Leipzig 1813.

1818

19.10. Verabschiedung der Verfassung der Allgemeinen Deutschen Burschenschaft.

1819

23.3. Ermordung August von Kotzebues durch Karl Ludwig Sand, einen Theologie-Studenten und Jenaer Burschenschaftler.

20.9. „Karlsbader Beschlüsse" (Maßnahmen gegen „demagogische Umtriebe", u.a. strenge Überwachung der Universitäten und verschärfte Zensur zur Bekämpfung der nationalen und liberalen Bewegung im Deutschen Bund; gültig bis 1848).

1820

15.5. Wiener Schlußakte (Ergänzung und Kodifizierung der Deutschen Bundesakte von 1815).

1830

27.–29.7. Juli-Revolution in Frankreich; der Herzog Louis Philippe von Orléans legt als neuer „Bürgerkönig" einen Eid auf die Verfassung ab.

Übergreifen der Revolution auf Belgien, die Schweiz, die mitteldeutschen Staaten, Polen und Mittelitalien.

1832

22.3. Tod Johann Wolfgang von Goethes in Weimar.

27.5. Hambacher Fest.

1833

3.4. Erstürmung der Frankfurter Hauptwache durch Burschenschaftler und Bürger.

1834

1.1. Inkrafttreten der Bestimmungen über den Deutschen Zollverein.

1837

1.11. Aufhebung der hannoverschen Verfassung durch König Ernst August.

18.11. Protest der „Göttinger Sieben" gegen die Aufhebung der hannoverschen Verfassung.

1839–41

Orientalische Krise. Krieg zwischen der Türkei und Ägypten, dabei Unterstützung Ägyptens durch Frankreich und der Türkei durch England und Rußland. Nach Verständigung zwischen

England, Rußland, Österreich und Preußen Ausschaltung und diplomatische Niederlage Frankreichs und Forderung des Ministerpräsidenten Thiers, als „Ablenkungsmanöver" das linke Rheinufer zu annektieren.

1840

Juni Friedrich Wilhelm IV. wird König von Preußen.

1841

26.8. Hoffmann von Fallersleben dichtet auf Helgoland das „Lied der Deutschen".

1844

Juni Aufstand der schlesischen Weber in Peterswaldau und Langenbielau.

1846

8.7. „Offener Brief" König Christians VIII. von Dänemark, in dem dieser erklärt, zur Sicherung des dänischen Gesamtstaates sei Schleswig (entgegen dem alten Recht der Herzogtümer Schleswig und Holstein) der Erbfolge des dänischen Königsgesetzes unterworfen und untrennbar mit Dänemark verbunden. Erregung in Schleswig-Holstein und ganz Deutschland.

1847

11.4. Eröffnung des Vereinigten Landtags in Preußen.

1848

22.–24.2. Februar-Revolution in Frankreich.

März Übergreifen der Revolution auf Deutschland. In den Mittelstaaten Berufung von Politikern der liberalen und nationalen Opposition in die Regierungen („Märzminister").

5.3. Heidelberger Versammlung; Führer der Opposition beschließen Einberufung eines „Vorparlaments" nach Frankfurt.

12.3. Revolution in Wien. Sturz Metternichs (13.3.).

18./19.3. Revolutionskämpfe in Berlin. Einlenken Friedrich Wilhelms IV.: Proklamation „An meine lieben Berliner!"

21.3. Proklamation des preußischen Königs „An Mein Volk und an die deutsche Nation!" mit der Feststellung, Preußen gehe fortan in Deutschland auf.

22.3. Proklamation Friedrich Wilhelms IV. mit dem Versprechen, Preußen zu einem liberalen Verfassungsstaat auszubauen. Verneigung des Königs vor den März-Gefallenen.

22.3. Berufung eines neuen Ministeriums durch den neuen König von Dänemark, Friedrich VII., mit maßgeblicher Beteiligung der Eiderdänen. Gefahr der Eingliederung Schleswigs in den dänischen Staatsverband.

24.3. Bildung einer Provisorischen Regierung der Schleswig-Holsteiner in Kiel; Bekenntnis zu den „Einheits- und Freiheitsbestrebungen Deutschlands".

31.3.–3.4. Beratungen des Vorparlaments in Frankfurt.

4.4. Verkündung der Beschlüsse des Vorparlaments; Einberufung einer verfassunggebenden Versammlung nach Frankfurt.

12.4. Anerkennung der Provisorischen Regierung in Kiel durch den deutschen Bundestag.

12.–20.4. Republikanische Erhebung unter Struve und Hecker in Baden.

28.4. Vorlage eines „Entwurfs des deutschen Reichsgrundgesetzes" durch 17 Vertrauensmänner der Bundesversammlung.

12.5. Beschluß des deutschen Bundestages, Schleswig in den Deutschen Bund aufzunehmen, und Aufforderung an die deutschen Fürsten, dem Beschluß mit Waffengewalt zur Ausführung zu verhelfen; Einmarsch preußischer Truppen in Jütland.

18.5. Eröffnung der Nationalversammlung in der Frankfurter Paulskirche.

19.5. Wahl Heinrich von Gagerns zum Präsidenten der Nationalversammlung.

22.5. Zusammentritt der preußischen Nationalversammlung.

23.–26.6. Blutige Straßenkämpfe in Paris (4000-5000 Tote).

Ende Juli Ferdinand Freiligrath verfaßt sein Gedicht „Die Todten an die Lebenden".

26.8. Waffenstillstand von Malmö.

18.9. Erhebung der Linken gegen die Frankfurter Nationalversammlung; Ermordung zweier Abgeordneter der Rechten.
Aufstände im Rheinland sowie in Hessen, Thüringen, in der Pfalz und in Baden.

21.9. Ausrufung der „Deutschen Republik" durch Gustav von Struve in Lörrach.

24.9. Niederlage der Freischärler Struves bei Staufen.

19.10. Beginn der Verfassungsberatungen in der Paulskirche.

8.11. Vertagung der preußischen Nationalversammlung in Berlin und Verlegung nach Brandenburg.

12.11. Verhängung des Belagerungszustandes in Berlin.

5.12. Königlicher Erlaß zur Gewährung einer Verfassung in Preußen. Auflösung der preußischen Nationalversammlung.

1849

27.3. Annahme der Reichsverfassung durch die Nationalversammlung in Frankfurt.

28.3. Ausfertigung der Reichsverfassung durch den Präsidenten der Nationalversammlung und Verkündung im Reichsgesetzblatt. Wahl König Friedrich Wilhelms IV. zum Deutschen Kaiser.

3.4. Ablehnung der ihm durch eine Deputation der Nationalversammlung angetragenen Kaiserkrone durch Friedrich Wilhelm IV.

14.4. Annahme der Reichsverfassung durch 28 kleinere deutsche Staaten.

4.5. Appell der Nationalversammlung an die Regierungen, die Reichsverfassung in Kraft zu setzen.

7.5. Ablehnung der Reichsverfassung durch Preußen; Androhung von Sanktionen für den Fall ihrer Inkraftsetzung gegen den Willen Preußens.

14.5. Abberufung der preußischen Abgeordneten aus der Nationalversammlung. Abgeordnete anderer Länder folgen dem preußischen Beispiel und ziehen ebenfalls aus der Paulskirche aus.

26.5. Appell der Nationalversammlung an das deutsche Volk, die Beschlüsse der Versammlung zu verwirklichen.

30.5. Revision der preußischen Verfassung von 1848; Ersetzung des allgemeinen, geheimen und gleichen Wahlrechts durch ein Dreiklassenwahlrecht.

31.5. Verlegung des Rumpfparlaments nach Stuttgart.

6. u. 16.6. Beschlüsse der Stuttgarter Versammlung über die Absetzung des Reichsverwesers Johann und die Einsetzung einer Reichsregentschaft mit dem Ziel, die Reichsverfassung durchzuführen, ein Reichsheer aufzustellen und die Volksbewaffnung zu organisieren.

17.6. Ausweisungsbeschluß der württembergischen Regierung an die Nationalversammlung.

Mit dem Sieg über Napoleon stand Europa am Beginn einer neuen Epoche. Der Kampf gegen die französische Vorherrschaft hatte elementare, bis dahin in dieser Form und in diesem Ausmaß unbekannte Leidenschaften der Völker entfesselt und – als Ergebnis des Ausgreifens der Französischen Revolution – die Legitimität des dynastischen Prinzips (der Herrschaft der Fürsten) grundlegend in Frage gestellt. Die Antworten, die nun gefunden wurden, fielen in den einzelnen europäischen Ländern jedoch höchst verschieden aus.

Einheitlich war allenfalls das allgemeine Anwachsen des Nationalismus in ganz Europa. Aber die dieser Bewegung zugrunde liegende geistige Orientierung drängte in beinahe gegensätzliche Richtungen, wobei sich eine Kluft vor allem zwischen Deutschland auf der einen und den westeuropäischen Ländern auf der anderen Seite auftat, die sich im Laufe des 19. Jahrhunderts immer mehr vertiefte. Zwar konnte man um 1800 auch in England und Frankreich eine Abkehr vom Rationalismus der Aufklärung beobachten; auch hier wandte man sich wieder traditionellen Werten zu, die dem Leben in der Gemeinschaft nach den Störungen der Revolutionszeit neuen Halt geben sollten, entdeckte gar, wie Hans Herzfeld einmal in Bezug auf den jugendlichen Chateaubriand gesagt hat, „die poetische und moralische ‚Schönheit' des Christentums gegenüber der abstrakten Vernunft". Aber man bewahrte hier im politischen Denken doch auch die Ideen von Liberalismus und Demokratie und behielt die Überzeugung, daß die Führung der Staatsgeschäfte nach Vernunftgesetzen geschehen und auf dem Prinzip der Autonomie des Verstandes beruhen müsse.

In Deutschland hingegen führte das philosophische und staatsphilosophische Denken im 19. Jahrhundert zu neuen, überrationalen Auffassungen des Zusammenhangs von Persönlichkeit, Staat, Nation und Religion. Dieses Denken war einerseits in seinem Menschheits- und Bildungsideal nicht national beschränkt, sondern universal – von der „letzten Einheit" des Universalen und Nationalen überzeugt, wie Friedrich Meinecke in seinem 1908 erschienenen Buch *Weltbürgertum und Nationalstaat* nachgewiesen hat –, hielt andererseits aber die Nation für „entscheidend in der Vertretung allgemeingültiger menschlicher Werte". Das war eine komplizierte philosophische Konstruktion, die es erforderlich machte, dialektisch *beides in einem* zu denken, was sich in der zur Verkürzung neigenden, zur Vereinfachung drängenden politischen Praxis bald als unmöglich erwies. Weil die Erhebung gegen das revolutionäre und napoleonische Frankreich das nationale Denken in Deutschland nachhaltig gefördert hatte und auch nach dem Sieg ideologisch-politisch fortwirkte, und weil die Restauration nach 1815 den Gegensatz zwischen Deutschland und dem sich liberaler entwickelnden europäischen Westen im weiteren Verlauf des 19. Jahrhunderts und bis in das 20. Jahrhundert hinein noch verstärkte, wurde der Gedankengang auf die Überbetonung des Nationalen reduziert; das Element des Universalen rückte in den Hintergrund und wurde am Ende nahezu völlig vergessen.

Am Beginn des 19. Jahrhunderts waren die spätere Übersteigerung des Nationalismus und seine totalitäre Entartung im Nationalsozialismus natürlich noch nicht abzusehen. Nach dem Sieg über Napoleon hoffte man zunächst in den 38 deutschen Einzelstaaten einfach auf *Einheit und Freiheit,* ohne damit in der Regel weitergehende ideologische Ansprüche oder gar Großmachtstreben zu verbinden. Erwartungsvoll blickte man daher 1814 nach Wien, als dort im Herbst ein Kongreß der europäischen Fürsten und Staatsmänner eröffnet wurde, der Europa nach den Umwälzungen der Französischen Revolution und der napoleonischen Kriege territorial und politisch neu ordnen und in diesem Zusammenhang auch die „deutsche Frage" klären sollte.

1. Der Wiener Kongreß

Als der Kongreß 1814/15 in Wien tagte, schien es, als habe es die Französische Revolution, die doch die eigentliche Ursache dieses Zusammentreffens gewesen war, nie gegeben. Nur vorübergehend, von März bis Juni 1815, nach der Rückkehr Napoleons aus seiner Verbannung nach Elba, lag hundert Tage lang ein Schatten über dem politischen und gesellschaftlichen Ereignis in der österreichischen Hauptstadt. Man erinnerte sich wieder der Gefahren und Bedrohungen der vorangegangenen Jahre. Ansonsten war es eher beschwingt und festlich. „Das alte und fürstliche Europa" habe aufgeatmet, schrieb daher Heinrich von Treitschke über den Kongreß: „Der große Plebejer war gefallen, der einmal doch den Hochgeborenen bewiesen hatte, was eines Mannes ungezähmte Kraft selbst in einer alten Welt vermag . . . Wie Würmer nach dem Regen krochen die kleinen Talente des Boudoirs und der Antichambres aus

Der Wiener Kongreß 1814/15. Vorn links sitzend: Fürst Hardenberg (Preußen). Hinter ihm stehend: Wellington (England). Vorn links stehend: Fürst Metternich (Österreich). Vorn links sitzend: Palmella (Portugal), daneben: Castlereagh (England). Vorn rechts am Tisch sitzend: Talleyrand (Frankreich), hinter ihm stehend: Wilhelm von Humboldt (Preußen). Vorn rechts im Vordergrund sitzend: Graf Stackelberg (Rußland).

ihren Verstecken hervor und reckten sich behaglich aus. Die vornehme Welt war wieder ganz ungestört, ganz unter sich."

Wie es vor der Eröffnung des Kongresses in Wien aussah, schilderte dessen Generalsekretär, Friedrich von Gentz, in einem Brief vom 27. September 1814 an den Fürsten der Walachei, Caradja:

Die Stadt Wien bietet gegenwärtig einen überraschenden Anblick dar; alles was Europa an erlauchten Persönlichkeiten umfaßt, ist hier in hervorragender Weise vertreten. Der Kaiser, die Kaiserin und die Großfürstinnen von Rußland, der König von Preußen und mehrere Prinzen seines Hauses, der König von Dänemark, der König und der Kronprinz von Bayern, der König und der Kronprinz von Württemberg, der Herzog und die Prinzen der Fürstenhäuser von Mecklenburg, Sachsen-Weimar, Sachsen-Koburg, Hessen usw., die Hälfte der früheren Reichsfürsten und Reichsgrafen, endlich die Unzahl von Bevollmächtigten der großen und kleinen Mächte von Europa – dies alles erzeugt eine Bewegung und eine solche Verschiedenheit von Bildern und Interessen, daß nur die außerordentliche Epoche, in der wir leben, etwas Ähnliches hervorbringen konnte. Die politischen Angelegenheiten, welche der Hintergrund dieses Bildes sind, haben indessen noch keinen wirklichen Fortschritt gemacht. . .

In den fünf oder sechs Konferenzen, die beim Fürsten Metternich abgehalten wurden und denen bloß Lord Castlereagh, der Staatskanzler Fürst Hardenberg, Graf Nesselrode und Herr von Humboldt beiwohnten, beschäftigte man sich ausschließlich mit der den Beratungen zu gebenden Form. Die vier verbündeten Mächte hatten unstreitig das Recht, bei dieser Erörterung die Initiative zu ergreifen. Der Kongreß wäre niemals vorwärtsgekommen, wenn man schon im Beginne alle großen und kleinen Bevollmächtigten hätte versammeln wollen. . .

Die förmliche Eröffnung der Verhandlungen soll am 1. Oktober stattfinden. Nach dem, was man bis jetzt über die den französischen Bevollmächtigten erteilten Verhaltungsbefehle weiß, zielen dieselben ganz und gar auf die Feststellung eines dauerhaften Friedens und eines gerechten Gleichgewichtes der Macht ab. Sie werden sich in sehr entschiedener Weise jedem Projekt der Vergrößerung oder Neuerung widersetzen, von welcher Macht ein solches auch ausgehen mag. Diesen Grundsatz werden sie besonders auf jene Pläne in Anwendung bringen, die Rußland bezüglich Polens gefaßt hatte; nicht minder werden sie, wie es scheint, die Absichten Preußens in betreff Sachsens bekämpfen. Es ist sehr wahrscheinlich, daß Frankreich und England in diesen beiden wichtigen Fragen mit Österreich Hand in Hand gehen werden.

(Aus: Der Wiener Kongreß 1814-1815. Die Neuordnung Europas, hrsg. von Hans-Dieter Dyroff, München 1966, S. 37f.)

Friedrich von Gentz sollte mit seinen Vermutungen recht behalten; zum Teil wurden seine negativen Erwartungen sogar noch übertroffen, zumindest in der Form: Eine Gesamtsitzung aller Teilnehmer zum Beispiel hat nie stattgefunden. Und nennenswerte Vergrößerungen oder Neuerungen gingen von diesem Kongreß tatsächlich nicht aus. Italien, Polen und Deutschland blieben zerstückelt; die Mächte, die schon im 18. Jahrhundert weithin die Geschicke Europas bestimmt hatten – England, Frankreich, Österreich, Preußen und Rußland –, wurden in dieser Rolle bestätigt oder sogar noch gefestigt, wie Preußen. Frankreich wurde trotz seiner Niederlage geschont und behielt seine Großmachtposition. England stieg endgültig zur Weltmacht auf und sollte zudem künftig ausgleichend auf dem europäischen Kontinent wirken. Gegen Rußland, dessen Grenzen durch die Bestätigung seiner Gewinne in Polen, Finnland und Bessarabien weiter nach Westen verschoben wurden, sollten das gestärkte Preußen, Österreich und das in seinem Gewicht erhaltene Frankreich eine Gegenkraft bilden.

Dennoch beinhaltete die Fixierung dieser im Kern bereits seit dem 18. Jahrhundert bestehenden Mächtekonstellation eine Leistung von geschichtlichem Rang. Gerade weil man auf dem Vorhandenen aufbaute, gelang es, die Beziehungen zwischen den Staaten so zu gewichten, daß eine Balance zwischen ihnen entstand, ja daß sich im Falle von Störungen die Balance sogar von selbst wiederherstellte oder doch wiederherstellen ließ. Schöpfer dieses am Gleichgewicht der Mächte und am Ausgleich ihrer Interessen orientierten Staatensystems war der österreichische Staatskanzler Klemens Fürst von Metternich.

Das Metternichsche System des europäischen Gleichgewichts

Dieses System eines europäischen Mächtegleichgewichts, in dem jedes Streben eines Staates nach Vorherrschaft durch Maßnahmen der anderen Staaten des „Europäischen Konzerts" so rechtzeitig unterlaufen werden sollte, daß das System insgesamt nicht in Gefahr geriet, hat die zwischenstaatlichen Beziehungen in Europa nahezu während des gesamten 19. Jahrhunderts geprägt und für jene *Stabilität* gesorgt, die Metternich seiner Konstruktion zu geben versucht hatte. Erst die ab etwa 1890 sich ausbreitende Übersteigerung des Nationalismus, das sich verschärfende Wettrüsten und der Kolonialismus, der sich nun zum gefährlich eskalierenden Imperialismus entwickelte, der die europäischen Mächte nicht mehr länger nur in Europa, sondern auch in weiten Teilen der übrigen Welt miteinander konkurrieren ließ – also nicht mehr krisen*ent*schärfend, sondern krisen*ver*schärfend wirkte (und damit ein wichtiges Ventil schloß, durch das bis dahin Aggressionen hatten abgeleitet werden können) –, höhlten dieses System aus und bewirkten schließlich 1914 seinen Zusammenbruch. Sie beseitigten die *Solidarität* der Monarchien, die neben den Grundsätzen der *Restauration* und der *Legitimität* eine Voraussetzung und ein Eckpfeiler des Metternichschen Systems gewesen war.

Was war damit gemeint? Wie Metternich für Österreich, so waren sich auch die Vertreter der anderen Großmächte – Hardenberg für Preußen, Castlereagh für England, Talleyrand für Frankreich und Nesselrode für Rußland – in Wien einig, daß die alte Ordnung in Europa wiederhergestellt werden müsse („Restauration"), daß die Herrschaft auf dem monarchischen Prinzip, also dem Gottesgnadentum, oder mindestens einer allmählich gewachsenen und damit historisch begründeten Form der Rechtfertigung – wie in England – beruhen sollte („Legitimität"), und daß

Klemens Wenzel Fürst von Metternich (1773-1859), österreichischer Diplomat und Staatsmann. Nach diplomatischen Stationen in Dresden, Berlin und Paris seit 1809 österreichischer Außenminister. 1814/15 maßgebliche Rolle bei der Neuordnung Europas auf dem Wiener Kongreß; Schöpfer des nach ihm benannten Systems einer europäischen Gleichgewichtspolitik. 1815 Befürworter des Zustandekommens der „Heiligen Allianz" zwischen Rußland, Österreich und Preußen. 1819 Urheber der „Karlsbader Beschlüsse" zur Wiederherstellung von Ruhe und Ordnung an den Universitäten und zur Unterdrückung der freien Presse in Deutschland. Seit 1821 Haus-, Hof- und Staatskanzler. Danach allmähliche Verringerung seines Einflusses auf die europäische und (seit der Ernennung des Grafen Kolowrat-Liebsteinsky zum Staatsminister 1826) österreichische Politik. Seit 1836 Mitglied der „Staatskonferenz", die für den unter körperlicher und geistiger Schwäche leidenden Kaiser Ferdinand I. die Regentschaft führte. Während der Revolution in Wien am 13. März 1848 gestürzt und zur Flucht nach London veranlaßt. 1851 Rückkehr nach Wien.

die legitimen Monarchien bei der Abwehr revolutionärer Bestrebungen zusammenzustehen hätten („Solidarität"). Metternich war sich zwar darüber im klaren, daß eine solche Politik dem Zeitgeist der geschichtlichen Entwicklung zuwiderlief; er fühlte, wie er selbst sagte, „daß das alte Europa am Anfang seines Endes ist". Aber da das neue Europa noch im Werden sei, und da es zwischen Ende und Anfang ein Chaos geben werde, müsse man, meinte Metternich, dem drohenden Chaos so lange wie möglich entgegenwirken, indem man die nationalstaatliche Gliederung, die Emanzipation und politische Mitbestimmung des liberalen Bürgertums und die Ausrichtung der Herrschaftsordnungen nach parlamentarisch-demokratischen Grundsätzen bekämpfte.

In einer Instruktion für den österreichischen Gesandten in der Schweiz, Baron von Binder, beschrieb Metternich später, unter dem Datum des 9. Juni 1826, diese von ihm vertretene Politik und begründete sie:

Das erste Ziel der Bemühungen unserer Regierung und aller seit der Wiederherstellung der Unabhängigkeit Europas mit ihr verbündeten Regierungen ist die Aufrechterhaltung der gesetzlichen Ordnung, die das glückliche Ergebnis dieser Wiederherstellung ist; eines Zustandes der Ruhe, der allen die Früchte eines so teuer erkauften Friedens sichert und dadurch allein die für die Zukunft gesäten Keime des Guten fruchtbar zu machen vermag. Seit einigen Jahren sehen wir zu unserer Genugtuung, wie mehrere der Regierungen, die am spätesten die Notwendigkeit der zur Erreichung dieses Zieles geeigneten Maßnahmen einsahen, sich endlich zu der Überzeugung durchrangen, daß die Unterdrückung des noch bestehenden Übels die erste und unerläßlichste Vorbedingung dafür ist. Dieses Übel, man kann es nicht verhehlen, hat gerade seit der allgemeinen Befriedung erschreckende Fortschritte gemacht. Es ist allumfassend in seiner unheilvollen Betätigung, es äußert sich in allen möglichen Formen, in fast allen Ländern. Da es in seiner destruktiven Betätigung allumfassend ist, kann es nur durch einen allumfassenden Widerstand bekämpft und besiegt werden. Dieses Übel ist der revolutionäre Geist, geboren aus jener ordnungswidrigen Unruhe, welche die Umwälzungen der Epoche der heutigen Generation aufgeprägt haben, gespeist durch begehrliche Leidenschaften und tiefe Entsittlichung der einen, begrüßt durch den Fanatismus der anderen. Systematisch in ihren Plänen, streng folgerichtig in ihrem lichtscheuen Treiben finden die Führer dieser gottlosen Sekte, die sich zum Umsturz der Altäre und Throne zusammenschloß, von einem Ende Europas zum andern Verbündete für die Durchführung ihrer verbrecherischen Unternehmungen, überall da, wo dieselben Leidenschaften, dieselben sozialen Verhältnisse in gleicher Weise auf die Geister sich auswirken. Wo sie im Augenblick ihre Brandfackel noch nicht schleudern können, bauen sie ihre Batterien für die Zukunft auf; durch Unglauben und Freigeisterei korrumpieren sie die Gesinnung einer irregeleiteten Jugend, um ihr im günstigen Augenblick die Waffen in die Hand zu drücken. Durch räumliche Entfernungen, durch Unterschiede in Lebensgewohnheiten und Sprache läßt sich ihre verbrecherische Kühnheit nicht beirren; und es fehlte wenig daran, so sah die bestürzte Welt in Rußland eine Revolution ausbrechen, in getreuer Nachahmung jener Umwälzungen, deren unheilvolles Ergebnis in Italien und Spanien diese beiden Halbinseln an den Rand des Abgrundes gebracht hat.

Es ist Zeit, daß alle Regierungen Europas, welches auch immer ihre Verfassungsform sein mag, zu der Einsicht gelangen, daß isolierte Maßnahmen der Schwere des Übels nicht mehr gewachsen sind; daß es um ihrer aller gemeinsame Sache geht; daß sie handeln müssen, im gleichen Geist und durch gemeinsame Maßnahmen gegen ein Übel, das sie alle in gleicher Weise bedroht, und daß die Notwendigkeit ihrer Selbsterhaltung ihnen die Pflicht auferlegt, einander aus freien Stücken zu helfen, um eine destruktive Kraft auszutilgen, welche das Schicksal der Staaten in Frage stellt, die Jahrhunderte voller Kriege und politischer Stürme unerschüttert überstanden haben.

(Frz. Text aus: Europapolitik zu Beginn des 19. Jahrhunderts. Quellen zur neueren Geschichte, hrsg. von Werner Näf, Heft 2, Bern 1953, S. 47. Übers. nach: Das bürgerliche Zeitalter 1815-1914, bearb. von Günter Schönbrunn, München 1980, S. 36 f.)

Die Heilige Allianz

Ein bedeutendes Instrument dieser von Metternich und seinen europäischen Bundesgenossen vertretenen Politik der Restauration war die auf Initiative Zar Alexanders I. am 26. September 1815 geschlossene Heilige Allianz zwischen Österreich, Preußen und Rußland. In ihr kamen die Monarchen der drei Länder überein, sich in christlicher Brüderlichkeit „als Landsleute" anzusehen, „als Glieder der einen christlichen Nation", gar als „drei Zweige einer und derselben Familie" zu betrachten und sich „bei jeder Gelegenheit Hilfe und Beistand" zu leisten, wie es in der Gründungsurkunde dieser Allianz vom 26. September (dem 14. September nach alter russischer Zählung) 1815 heißt:

Im Namen der heiligen und unteilbaren Dreieinigkeit. Ihre Majestäten der Kaiser von Österreich, der König von Preußen und der Kaiser von Rußland haben infolge der großen Ereignisse der letzten Jahre und insbesondere der Wohltaten, welche die göttliche Vorsehung den Staaten erwiesen hat, die ihr Vertrauen und ihre Hoffnung allein auf sie setzten, die innige Überzeugung von der Notwendigkeit gewonnen, ihre gegenseitigen Beziehungen auf die erhabenen Wahrheiten zu gründen, welche uns die Religion des göttlichen Heilandes lehrt. Sie erklären feierlich, daß der gegenwärtige Akt nur den Zweck hat, im Angesicht der ganzen Welt ihren unerschütterlichen Beschluß zu bekunden, zur Richtschnur ihres Verhaltens im Innern ihrer Staaten wie nach außen nur die Vorschriften dieser heiligen Religion, die Vorschriften der Gerechtigkeit, Liebe und Friedseligkeit zu nehmen, welche weit entfernt nur für das Privatleben bestimmt zu sein, im Gegenteil besonders die Entschlüsse der Fürsten beeinflussen und alle ihre Pläne bewahren müssen, nur ein Mittel zu sein zur Befestigung der menschlichen Einrichtung und zur Heilung ihrer Unvollkommenheiten. Infolgedessen haben Ihre Majestäten sich über folgende Artikel geeinigt:

Art. I. In Gemäßheit der Worte der Heiligen Schrift, welche allen Menschen befiehlt, sich als Brüder zu betrachten, werden die drei Monarchen vereinigt bleiben durch die Bande einer wahren und unauflöslichen Brüderlichkeit, sich als Landsleute ansehen, und sich bei jeder Gelegenheit Hilfe und Beistand leisten; sie werden sich ihren Untertanen und Armeen gegenüber als Familienväter betrachten und dieselben im Geiste der Brüderlichkeit lenken, um Religion, Frieden und Gerechtigkeit zu schützen.

Art. II. Infolgedessen soll als der einzige Grundsatz, sei es zwischen den genannten Regierungen, sei es zwischen ihren Untertanen, gelten, sich gegenseitige Dienste zu erweisen, durch ein unveränderliches Wohlwollen die Zuneigung zu bezeugen, zu der sie sich verpflichtet haben, sich nur als Glieder der einen christlichen Nation zu betrachten. Die drei verbündeten Fürsten sehen sich nur an als die Bevollmächtigten der Vorsehung, um drei Zweige einer und derselben Familie zu regieren: Österreich, Preußen und Rußland, damit bekennend, daß die christliche Nation, zu der sie und ihre Völker gehören, in Wahrheit keinen andern Souverän hat als den, dem allein die Macht gehört, weil in ihm allein alle Schätze der Liebe, der Erkenntnis und der unbegrenzten Weisheit liegen, d.h. Gott, unsern göttlichen Erlöser Jesus Christus, das Wort des Höchsten, das Wort des Lebens. Ihre Majestäten empfehlen daher ihren Völkern mit der pünktlichsten Sorgfalt als das einzige Mittel dieses Friedens teilhaftig zu werden, welcher aus dem guten Gewissen entspringt und allein von Dauer ist, sich täglich mehr zu befestigen in den Grundsätzen und der Erfüllung der Pflichten, welche der göttliche Heiland die Menschen gelehrt hat.

Art. III. Alle Mächte, welche sich feierlich zu diesen heiligen Grundsätzen bekennen wollen und erkennen, von welchem Einfluß es auf das Glück der so lange beunruhigten Nationen ist, daß diese Wahrheiten fortan ihren ganzen gebührenden Einfluß auf die menschlichen Geschicke ausüben, werden mit großer Freude in diese Heilige Allianz aufgenommen werden.

Paris im Jahre der Gnade 1815, den 14./26. September.

Franz – Friedrich Wilhelm – Alexander

(Aus: Auswahl wichtiger Aktenstücke zur Geschichte des neunzehnten Jahrhunderts, hrsg. von Oskar Jäger und Franz Moldenhauer, Berlin 1893, S. 38f.)

Das war alles andere als klar formuliert. Die religiös-humanitäre, gefühlsselige Verschwommenheit des Dokuments war daher auch ein Grund für England, die Allianz abzulehnen, ihr erst recht nicht, wie die anderen europäischen Länder mit Ausnahme des Papstes und der Türkei, beizutreten (abgesehen vom Prinzregenten, der sich zu einem Alleingang entschloß und die Urkunde als Einzelperson unterzeichnete). Sie paßte an sich auch nicht zu der realpolitischen Vernünftigkeit, die Metternich bei der Konstruktion seines Systems des europäischen Gleichgewichts aufgebracht hatte, sondern trug ganz die Handschrift Alexanders. Ja, sie mochte sogar das Prinzip der nüchternen Balance-Politik stören. Doch der Inhalt der Heiligen Allianz – die Zusammenschließung der alten Monarchien auf christlicher Grundlage – entsprach so sehr den Metternichschen Ordnungs- und Staatsvorstellungen, daß man die Gründungsurkunde der Allianz als „Manifest der europäischen Restauration" bezeichnen kann, die mit dem Namen Metternichs untrennbar verbunden ist.

Der Deutsche Bund

Von „Deutschland" war darin wiederum nicht die Rede. Schon vor dem Wiener Kongreß hatte sich der national gesinnte preußische General Graf Neidhardt von Gneisenau in einem Brief an Ernst Moritz Arndt vom 28. August 1814 pessimistisch über die Aussichten Deutschlands dort geäußert: Gern werde er mit nach Wien gehen, wenn er hoffen dürfte, daß seine Stimme dort gehört werde. Aber er würde dort nicht durchdringen, würde von den fremden und selbst von den eigenen Diplomaten nicht gehört werden. Österreich sei gleichgültig gegen die deutschen Angelegenheiten und richte seine Erwerbungspläne nur gegen Italien und sein Mißtrauen gegen Rußland; Rußland trachte ganz Polen zu vereinigen und als Nebenreich sich anzueignen, dabei aber Österreichs Vergrößerung zu verhindern und die von Preußen nur zu dulden; und England schließlich sorge nur für die Festigung des neuen niederländischen Staates und würde gern von Deutschland mehr abreißen, um die neue Schöpfung zu verstärken. Wer solle sich da noch um Deutschlands Wohl bekümmern?

Gneisenaus Skepsis war berechtigt. Zwar wurde am 8. Juni 1815 durch die Bevollmächtigten der deutschen Könige, Fürsten und Städte die *Deutsche Bundesakte* unterzeichnet. Aber die von vielen erhoffte Verwirklichung der deutschen Einheit wurde damit nicht erreicht; das alte Deutsche Reich wurde nicht wiederhergestellt. Der *Deutsche Bund* war nicht mehr als ein loser Staatenbund ohne gemeinsames Oberhaupt bzw. Bundesexekutive, ohne gesetzgebende Versammlung, ohne Gerichtshöfe und ohne eine gemeinsame innere Verfassung, lediglich schwach verbunden mit dem Ziel der „Erhaltung der äußeren und inneren Sicherheit Deutschlands und der Unabhängigkeit und Unverletzbarkeit der einzelnen deutschen Staaten", wie es in der Akte von 1815 hieß:

Art. 1. Die souveränen Fürsten und freien Städte Deutschlands, mit Einschluß I. I. M. M. des Kaisers von Österreich und der Könige von Preußen, von Dänemark und der Niederlande; und zwar der Kaiser von Österreich, der König von Preußen, beide für ihre gesamten vormals zum Deutschen Reiche gehörigen Besitzungen; der König von Dänemark für Holstein, der König der Niederlande für das Großherzogtum Luxemburg, vereinigen sich zu einem beständigen Bunde, welcher der Deutsche Bund heißen soll.

Art. 2. Der Zweck desselben ist: Erhaltung der äußeren und inneren Sicherheit Deutschlands und der Unabhängigkeit und Unverletzbarkeit der einzelnen deutschen Staaten.

Art. 3. Alle Bundesglieder haben als solche

gleiche Rechte; sie verpflichten sich alle gleichmäßig, die Bundesakte unverbrüchlich zu halten.

Art. 4. Die Angelegenheiten des Bundes werden durch eine Bundesversammlung besorgt, in welcher alle Glieder desselben durch ihre Bevollmächtigen teils einzelne, teils Gesamtstimmen ... führen ...

Art. 5. Österreich hat bei der Bundesversammlung den Vorsitz ...

Art. 9. Die Bundesversammlung hat ihren Sitz zu Frankfurt am Main ...

Art. 11. Alle Mitglieder des Bundes versprechen, sowohl ganz Deutschland als jeden einzelnen Bundesstaat gegen jeden Angriff in Schutz zu nehmen, und garantieren sich gegenseitig ihre sämtlichen unter dem Bunde begriffenen Besitzungen.

Bei einmal erklärtem Bundeskrieg darf kein Mitglied einseitige Unterhandlungen mit dem Feinde eingehen, noch einseitig Waffenstillstand oder Frieden schließen.

Die Bundesglieder behalten zwar das Recht der Bündnisse aller Art, verpflichten sich jedoch, in keine Verbindungen einzugehen, welche gegen die Sicherheit des Bundes oder einzelner Bundesstaaten gerichtet wären.

Die Bundesglieder machen sich ebenfalls verbindlich, einander unter keinerlei Vorwand zu bekriegen, noch ihre Streitigkeiten mit Gewalt zu verfolgen, sondern sie bei der Bundesversammlung anzubringen ...

Art. 13. In allen Bundesstaaten wird eine landständische Verfassung stattfinden.

(Aus: Staatsverfassungen, a.a.O., S. 121 ff.)

Das einzige Organ des Bundes war also die Bundesversammlung mit Sitz in Frankfurt am Main, in der Österreich den Vorsitz führte – ganz im Sinne Metternichs, der so von Wien aus die Politik des Bundes kontrollieren konnte. Das war auch nötig, wie er fand, damit der Deutsche Bund nicht überraschend zu einem nationalstaatlichen Zusammenschluß Deutschlands und einer weiteren Aufwertung des Nationalgedankens führte, der für den Vielvölkerstaat Österreich-Ungarn eine große Gefahr darstellte – ihn ja sogar leicht sprengen konnte, wie jedermann sah (und wie es 1918 schließlich geschah). Außerdem befand sich Metternich den Rheinbundfürsten gegenüber im Wort, denen er bereits 1813 Besitzstand und Souveränität garantiert hatte.

Der preußische Minister Reichsfreiherr Karl vom und zum Stein kommentierte angesichts dieser Situation – mit deutlichem Blick auf Österreich – in einer Denkschrift vom 24. Juni 1815 die Bundesakte mit den Worten, „von einer so fehlerhaften Verfassung" lasse sich „nur ein sehr schwacher Einfluß auf das öffentliche Glück Deutschlands erwarten", und man müsse „hoffen, daß die despotischen Grundsätze, von denen mehrere Kabinette sich noch nicht losmachen können, nach und nach durch die öffentliche Meinung, die Freiheit der Presse und das Beispiel zerstört werden, welches mehrere Fürsten, besonders Preußen, geben zu wollen scheinen, indem sie ihren Untertanen eine weise und wohltätige Verfassung erteilen."

Stein deutete in seiner Denkschrift also bereits die kommenden Probleme innerhalb des Bundes an: die staatsinternen Konflikte, die sich aus den Forderungen nach mehr Freiheit und verfassungsmäßig garantierten Rechten ergaben, und den Dualismus zwischen Österreich und Preußen. Tatsächlich hingen Erfolg und Blockierung der Politik des Deutschen Bundes künftig weitgehend vom Verhalten der beiden deutschen Großmächte ab.

In der Wiener Schlußakte vom 15. Mai 1820, die die Bundesakte von 1815 ergänzte und mit der Kodifizierung des Bundesrechts der Verfassung des Deutschen Bundes die endgültige Form gab, wurden die Bestimmungen der Bundesakte noch einmal eingehend interpretiert und erläutert:

Art. 1. Der deutsche Bund ist ein völkerrechtlicher Verein der deutschen souveränen Fürsten und Freien Städte, zur Bewahrung der Unabhängigkeit und Unverletzbarkeit ihrer im Bunde begriffenen Staaten und zur Erhaltung der inneren und äußeren Sicherheit Deutschlands.

Art. 2. Dieser Verein besteht in seinem Inneren als eine Gemeinschaft selbständiger unter sich unabhängiger Staaten, mit wechselseitigen gleichen Vertragsrechten und Vertragsobliegenheiten, in seinen äußeren Verhältnissen aber als eine in politischer Einheit verbundene Gesamtmacht...

Art. 5. Der Bund ist als ein unauflöslicher Verein gegründet, und es kann daher der Austritt aus diesem Verein keinem Mitgliede desselben freistehen...

Art. 35. Der Bund hat als Gesamtmacht das Recht, Krieg, Frieden, Bündnisse und andere Verträge zu beschließen...

Art. 36. Da in dem elften Artikel der Bundesakte alle Mitglieder des Bundes sich verbindlich gemacht haben, sowohl ganz Deutschland als jeden einzelnen Bundesstaat gegen jeden Angriff in Schutz zu nehmen und sich gegenseitig ihre sämtlichen unter dem Bunde begriffenen Besitzungen zu garantieren, so kann kein einzelner Bundesstaat von Auswärtigen verletzt werden, ohne daß die Verletzung zugleich und in demselben Maße die Gesamtheit des Bundes treffe...

Art. 46. Beginnt ein Bundesstaat, der zugleich außerhalb des Bundesgebietes Besitzungen hat, in seiner Eigenschaft als europäische Macht einen Krieg, so bleibt ein solcher, die Verhältnisse und Verpflichtungen des Bundes nicht berührender Krieg dem Bunde ganz fremd...

Art. 53. Die durch die Bundesakte den einzelnen Bundesstaaten garantierte Unabhängigkeit schließt zwar im allgemeinen jede Einwirkung des Bundes in die innere Staatseinrichtung und Staatsverwaltung aus. Da aber die Bundesglieder sich in dem zweiten Abschnitt der Bundesakte über einige besondere Bestimmungen vereinigt haben, welche sich teils auf Gewährleistung zugesicherter Rechte, teils auf bestimmte Verhältnisse der Untertanen beziehen, so liegt der Bundesversammlung ob, die Erfüllung der durch diese Bestimmungen übernommenen Verbindlichkeiten ... zu bewirken. – Die Anwendung der in Gemäßheit dieser Verbindlichkeit getroffenen allgemeinen Anordnungen auf die einzelnen Fälle bleibt jedoch den Regierungen allein überlassen...

Art. 57. Da der deutsche Bund, mit Ausnahme der Freien Städte, aus souveränen Fürsten besteht, so muß, dem hierdurch gegebenen Grundbegriffe zufolge, die gesamte Staatsgewalt in dem Oberhaupt des Staates vereinigt bleiben, und der Souverän kann durch eine ständische Verfassung nur in der Ausübung bestimmter Rechte an die Mitwirkung der Stände gebunden werden...

Art. 59. Wo die Öffentlichkeit landständischer Verhandlungen durch die Verfassung gestattet ist, muß durch die Geschäftsordnung dafür gesorgt werden, daß die gesetzlichen Grenzen der freien Äußerung weder bei den Verhandlungen selbst noch bei deren Bekanntmachung durch den Druck auf eine die Ruhe des einzelnen Bundesstaates oder des gesamten Deutschlands gefährdende Weise überschritten werden.

(Aus: Quellen zum Staatsrecht der Neuzeit, Bd. 1, Tübingen 1949, S. 29 ff.)

Der Deutsche Bund war demnach in seiner Bedeutung im wesentlichen auf auswärtige Angelegenheiten beschränkt, vor allem auf eine gemeinsame Verteidigungspolitik. Die innere Entwicklung wurde den Staaten weitgehend selbst überlassen – von einigen „besonderen Bestimmungen" abgesehen, in denen es ein Interventionsrecht der Bundesversammlung gab, um „die Erfüllung der durch diese Bestimmungen übernommenen Verbindlichkeiten ... zu bewirken." Allerdings wurde dieses Interventionsrecht in Artikel 53 der Wiener Schlußakte wieder eingeschränkt, indem die „Anwendung der in Gemäßheit dieser Verbindlichkeit getroffenen allgemeinen Anordnungen auf die einzelnen Fälle" den Regierungen allein überlassen blieb. Die Bundesversammlung selbst konnte also nicht tätig werden; die konkrete Ausgestaltung der Politik im Bund hing weiterhin vom Willen der Einzelstaaten ab.

Aber immerhin: Es gab nun ein solches Interventionsrecht. Und es gab die Verpflichtung, in den Staaten landständische Verfassungen zu erlassen, womit zumindest ein wichtiger Diskussionsprozeß in Gang gesetzt wurde. Das waren zweifellos Fortschritte. Die Vereinigung Deutschlands jedoch, die in den Befreiungskriegen gegen Napoleon bereits zum Greifen nahe schien, war damit ebensowenig erreicht wie die Liberalisierung der politischen Verhältnisse in Deutschland. Insofern bedeutete der Wiener Kongreß für viele „Freisinnige" damals eine große Enttäuschung.

„Die Nation ist betrogen!" notierte deshalb Gerd Eilers, von 1813 bis 1817 Hauslehrer in der Familie des Frankfurter Kaufmanns Friedrich Schmidt, später in seinen

Memoiren, seiner *Wanderung durchs Leben* in sechs Bänden, und führte dazu aus:

Fast alle Staatsmänner und Offiziere höherer wissenschaftlicher und politischer Bildung, mit denen ich in Frankfurt und später in Bremen und in der Rheinprovinz verkehrte, erblickten die nächsten Ursachen der stets zunehmenden Unzufriedenheit des Volkes mit den Regierungen darin, daß man die Jugend erst für die Befreiung Deutschlands und seiner Fürsten aus schmachvoller Knechtschaft begeistert und ins Feld geführt, dann aber, nachdem das Werk in nie gesehener Einigkeit einer allgemeinen patriotischen Erhebung mit Strömen unschuldigen Bluts vollbracht worden und das ganze deutsche Volk mit geheiligtem Rechte eine neue einheitliche Einrichtung der staatsbürgerlichen Lebensverhältnisse erwarten durfte, der Wiener Fürstenkongreß nur zu deutlich die Tendenz verriet, jene dynastischen und hierarchischen Zustände zurückzuführen, die ein halbes Jahrhundert hindurch vor den Freiheitskriegen von der großen Mehrheit des deutschen Volks verabscheut und verhöhnt worden waren... Die mit mir gleichaltrigen Zeitgenossen werden sich noch erinnern, daß schon damals durch Deutschland die Wehklage erscholl: „Die Nation ist betrogen!" Hier liegt, sagten die freisinnigen Staatsmänner meiner Bekanntschaft einstimmig, die stets fortsprudelnde Quelle allen Unheils, welches seit den Freiheitskriegen über Deutschland gekommen ist und noch kommen wird, bis die Zeit zu einer völligen Verwandlung der heillosen Vielheit und Zerrissenheit in eine nationale Einheit reif ist.

(Aus: Gerd Eilers, Meine Wanderung durchs Leben, Leipzig 1856 ff., Bd. 5, S. 118f.)

Diese Stimmung war damals, nach dem Wiener Kongreß, in den zwanziger, dreißiger und vierziger Jahren des 19. Jahrhunderts, in ganz Deutschland weit verbreitet – nicht nur unter freisinnigen Politikern, sondern auch (selbst wenn sie es nicht öffentlich zugeben mochten) bei vielen Bürgern und besonders unter Studenten. Unter dem Druck der Restauration zog sich die große Mehrheit der deutschen Bevölkerung nach 1815 jedoch wieder ins Privatleben zurück. In der vordergründigen Harmonie der Biedermeierzeit war der Elan der Befreiungskriege rasch dahin. Man war mit der neuen Entwicklung zwar unzufrieden, aber lehnte sich nicht auf. Von einer breiten Nationalbewegung konnte bald keine Rede mehr sein.

2. Erhebung an den Universitäten

Die Burschenschaften

An den Universitäten war dies anders. Dort suchte man die landsmannschaftliche Zersplitterung zu überwinden. Unter dem Wahlspruch „Ehre, Freiheit, Vaterland" gründeten Jenaer Studenten 1815 die *Allgemeine Deutsche Burschenschaft,* die bald auch an anderen Universitäten Unterstützung und Anhänger fand. Der Student der Rechte und spätere Präsident der deutschen Nationalversammlung in der Paulskirche, Heinrich von Gagern, berichtete in einem Brief vom 17. Juni 1818 aus Jena seinem Vater über die politischen Ziele der Jenaer Burschenschaft:

Wir wünschen unter den einzelnen Staaten Deutschlands einen größeren Gemeinsinn, größere Einheit in ihrer Politik und in ihren Staatsmaximen; keine eigene Politik der einzelnen Staaten, sondern das engste Bundesverhältnis; überhaupt, wir wünschen, daß Deutschland als *ein* Land und das deutsche Volk als *ein* Volk angesehen werden könne. So wie wir dies so sehr als möglich in der Wirklichkeit wünschen, so zeigen wir dies in der Form unsres Burschenlebens. Landsmannschaftliche Parteien sind verbannt, und wir leben in einer deutschen Burschenschaft, im Geiste als ein Volk, wie wir es in ganz Deutschland gerne in der Wirklichkeit täten. Wir geben uns die freieste Verfassung, so wie wir sie gerne in Deutschland möglichst frei hätten, insoweit es dem deutschen Volke angemessen ist. Wir wünschen eine Verfassung für das Volk nach dem Zeitgeiste und nach der Aufklärung desselben, nicht daß jeder Fürst seinem Volke gibt, was er Lust hat und wie es seinem Privatinteresse dienlich ist. Überhaupt wünschen wir, daß die Fürsten davon ausgehen und überzeugt sein möchten, daß sie des Landes wegen, nicht aber das Land ihretwegen existiere. Die bestehende Meinung ist auch, daß überhaupt die Verfassung nicht von den einzelnen Staaten ausgehen solle, sondern daß die eigentlichen Grundzüge der deutschen Verfassung gemeinschaftlich sein sollten, ausgesprochen durch die Deutsche Bundesversammlung.

(Aus: Deutscher Liberalismus im Vormärz. Heinrich von Gagern, Briefe und Reden 1815-1848, hrsg. von Paul Wentzcke und Wolfgang Klötzer, Göttingen 1959, S. 60.)

Wilhelm Heinrich August Freiherr von Gagern (1799-1880), deutscher Politiker. Seit seinem Studium in Jena Mitglied der Burschenschaft. 1820-33 Dienst in Hessen-Darmstadt. Führer der Liberalen im Großherzogtum Hessen. 1848 Mitglied des Vorparlaments. Seit dem 19. Mai 1848 Präsident der Frankfurter Nationalversammlung. Seit dem 18. Dezember 1848 Vorsitzender des Reichsministeriums. Versuch einer Vermittlung zwischen den Anhängern einer kleindeutschen Lösung und den Vertretern einer großdeutschen Lösung im Rahmen eines nach ihm benannten „Programms des engeren und weiteren Bundes". Nach dessen Scheitern Mitwirkung an der Ausarbeitung der kleindeutschen Verfassung vom März 1849 und der Schaffung eines kleindeutschen Bundesstaats unter preußischer Führung, der aber aufgrund der ablehnenden Haltung Friedrich Wilhelms IV. nicht zustandekam. Seit 1862 Gegner Bismarcks und Verfechter einer österreichisch-großdeutschen Politik mit dem Ziel einer Reform des Deutschen Bundes.

Jubiläum der deutschen Burschenschaft zu Jena. Das Fest auf dem Forst 1865. Originalzeichnung von A. Willers

Die Studenten selbst gingen dieser Forderung nach Einheit mit eigenem Beispiel voran: Am 19. Oktober 1818 gab sich die Allgemeine Deutsche Burschenschaft eine Verfassung, in der landsmannschaftliche Bezüge völlig fehlten und statt dessen ausdrücklich festgestellt wurde, die Burschenschaft sei „die freie und natürliche Verbindung der gesamten auf den Hochschulen sich bildenden deutschen Jugend zu einem Ganzen". In der Urkunde hieß es:

Die allgemeine deutsche Burschenschaft ist die freie und natürliche Verbindung der gesamten auf den Hochschulen sich bildenden deutschen Jugend zu einem Ganzen, gegründet auf das Verhältnis der deutschen Jugend zur werdenden Einheit des deutschen Volkes.

Die allgemeine deutsche Burschenschaft als freies Gemeinwesen stellt als den Mittelpunkt ihres Wirkens folgende, allgemein anerkannte Sätze auf:

a) Einheit, Gleichheit und Freiheit aller Burschen untereinander, Gleichheit aller Rechte und Pflichten.

b) Christlich deutsche Ausbildung jeder geistigen und leiblichen Kraft zum Dienste des Vaterlandes.

Das Zusammenleben aller deutschen Burschen in dem Geiste dieser Sätze stellt die höchste Idee der allgemeinen deutschen Burschenschaft, die allgemeine Einheit aller deutschen Burschen im Geiste wie im Leben dar.

Die allgemeine deutsche Burschenschaft tritt ins Leben ein dadurch, daß sie sich je länger je mehr darstellt als ein Bild ihres in Freiheit und Einheit erblühenden Volkes, daß sie ein volkstümliches Burschenleben in der Ausbildung einer jeden geistigen und leiblichen Kraft erhält und in freiem, gleichem und geordnetem Gemeinwesen ihre Glieder vorbereitet zum Volksleben, so daß jedes derselben zu einer solchen Stufe des Selbstbewußtseins erhoben werde, daß es in seiner reinen Eigentümlichkeit den Glanz der Herrlichkeit deutschen Volkslebens darstelle.

(Aus: Paul Wentzcke, Geschichte der Deutschen Burschenschaft, Bd. 1: Vor- und Frühzeit bis zu den Karlsbader Beschlüssen, Heidelberg 1919, S. 288.)

Man beließ es durchaus nicht bei papiernen Erklärungen. Bereits ein Jahr vor der Verabschiedung der Burschenschaftsverfassung, zwei Jahre nach der Gründung der Allgemeinen Deutschen Burschenschaft in Jena, im Oktober 1817, zum 4. Jahrestag des Sieges in der Völkerschlacht bei Leipzig, versammelten sich Studenten aus ganz Deutschland in Eisenach, um der Völkerschlacht und der Reformation zu gedenken und gleichzeitig ihre politischen Forderungen nach Einheit und Freiheit an geschichtlichem Ort, auf der Wartburg, in einer großen Demonstration öffentlich vorzutragen. Sie taten dies unter schwarz-rot-goldenen Fahnen – jenen Farben, die sie (fälschlicherweise) für die Farben des alten Deutschen Reiches hielten und die später in der Revolution von 1848/49, nach dem Ersten Weltkrieg in der Weimarer Republik und schließlich nach dem Ende des Hitler-Reiches ironischerweise in *zwei* deutschen Staaten als Symbole eines einigen, freien und demokratischen Deutschland wiederkehrten.

Einer der Augenzeugen des Wartburgfestes, Professor Lorenz Oken, berichtete damals in der Zeitschrift *Isis* über das Ereignis:

... Am 18. (Oktober) zogen die auf dem Markt um 9 Uhr versammelten Studenten auf die Burg, die Fahne und Musik voraus. Wir mit ihnen...

Als alles zur Ruhe gekommen war, hielt ein Student ungefähr diese Rede; über den Zweck der Zusammenkunft der gebildeten Jünglinge aus allen Kreisen und Volksstämmen des deutschen Vaterlandes, über das verkehrte Leben früher, über den Aufschwung und die erfaßte Idee des deutschen Volkes jetzt, über verfehlte und getäuschte Hoffnungen, über die Bestimmung des Studierenden und die gerechten Erwartungen, welche das Vaterland an sie mache, über die Verwaistheit und gar Verfolgtheit der sich den Wissenschaften widmenden Jugend; endlich wie sie selbst bedacht sein müsse, unter sich Ordnung, Regel und Sitte, kurz Burschenbrauch einzuführen, ernstlich und gemeinschaftlich bedacht sein müsse auf die Mittel und Wege, ihrer Bestimmung mit Würde entgegenzugehen, die Blicke des *erwachsenen* Volkes, das leider nichts mehr zu erreichen vermag, getröstet und aufmunternd auf sie zu lenken, und ihm einst zu werden, was es will, daß sie soll. – Die Anwesenden, und wir Männer waren zu Tränen gerührt – aus Scham, daß wir nicht so getan, aus Schmerz, daß wir an solcher Trauer schuld sind, aus Freude über diesen schönen, reinen und klaren Sinn, und unsere Söhne so erzogen zu haben, daß sie einst erringen werden, was wir verscherzten.

Von diesem und jenem wurde noch ein und das andere Ermunternde gesprochen; dann ging man auf den Burghof, bis die Tafeln gedeckt wären. Da bildeten sich hier Gruppen, dort Haufen, die gingen, jene standen. Was soeben in einem kirchlichen Akt vorgetragen worden, wiederholte sich nun im freundlichen, geselligen Kreise. Jeder war begeistert, jeder war zur Annäherung, jeder zur Aussöhnung, jeder zur Vereinigung gestimmt. Eine große Masse Menschen wirkt ... aufeinander und regt das Gefühl der Ohnmacht des Einzelnen, die Kraft der Menge auf und spricht mit Ungestüm in die Seele: *Nur im Ganzen ist Heil!*...

Nach Tische, es mochte 3 Uhr sein, ging der Zug den Berg herunter und mit dem Landsturm freundschaftlich und gleichen Ranges in die Stadtkirche, wo die Predigt allgemeine Wirkung hervorbrachte.

Darauf wurden Turnübungen auf dem Markte angestellt – und darauf wurde es dunkel. – So ist jede Minute in löblicher Tätigkeit zugebracht worden.

Nach 7 Uhr zogen die Studenten, jeder mit einer Fackel, also deren etwa an 600 auf den Berg zu den Siegesfeuern, wo der Landsturm schon versammelt war. Oben wurden Lieder gesungen und wieder eine Rede von einem Studenten gehalten, die wir nicht gehört, die aber allgemein als besonders kräftig gerühmt worden ist. Darauf wurde Feuergericht gehalten über folgende Stücke, die zuerst an einer Mistgabel hoch in die Höhe gehalten dem versammelten Volke gezeigt und dann unter Verwünschungen in die Flamme geworfen wurden.

Es waren aber die *Abgebrannten* diese:
ein hessischer Zopf, ein Ulanenschnürleib, ein österreichischer Korporalstock ... K. L. v.

Treffen auf der Wartburg am 18. Oktober 1817

Haller: Restauration der Staatswissenschaft ...
Kotzebue: Geschichte des deutschen Reiches
...Der Code Napoléon...

(Aus: Hans Blum, Die deutsche Revolution 1848-49, Florenz und Leipzig 1898, S. 16.)

Eine solche Demonstration mit öffentlichen Reden, in denen der Umsturz des bestehenden Systems und die Schaffung eines einigen und freien Deutschlands gefordert wurde, dazu Turnübungen auf dem Marktplatz, die als glatte Provokation gelten konnten, und sogar ein „Feuergericht" mit Bücherverbrennungen – dies alles mußte die Regierenden erregen und herausfordern, die sich auf dem Wiener Kongreß eben erst für die Erhaltung der Monarchien und der staatlichen Vielgestaltigkeit Deutschlands ausgesprochen hatten. Vor allem Metternich sah dadurch sein politisches Werk bedroht. Denn das Wartburgfest war ja nur ein Ausdruck der Gärung an den deutschen Universitäten, die zudem in der Bevölkerung stillen, aber herzlichen Beifall fand. Die Worte Professor Okens konnten hier für viele stehen: „Die Anwesenden, und wir

Lorenz Oken, eigentlich **Ockenfuß** (1779-1851), Naturphilosoph und Mediziner; einer der Begründer der exakten Entwicklungslehre in Deutschland. Seit 1807 Professor in Jena. Seit 1817 Herausgeber der Zeitschrift „Isis" (bis 1848). 1819 wegen der in seiner Zeitschrift veröffentlichten politischen Aufsätze zur Aufgabe seiner Professur in Jena gezwungen. 1822 Gründung der „Gesellschaft Deutscher Naturforscher und Ärzte e.V.". Seit 1828 Professor in München, seit 1833 in Zürich. Werke: „Lehrbuch des Systems der Naturphilosophie", 3 Bde. 1809-11; „Lehrbuch der Naturgeschichte", 3 Bde. 1812-26; „Allgemeine Naturgeschichte für alle Stände", 13 Bde. 1833-45.

Männer waren zu Tränen gerührt – aus Scham, daß wir nicht so getan . . . , aus Freude, . . . unsere Söhne so erzogen zu haben, daß sie einst erringen werden, was wir verscherzten.“ Viel emotionale Zuneigung also, aber auch gefährliche Zuversicht.

Die Karlsbader Beschlüsse

Es bedurfte angesichts dieser Entwicklung nur eines Anlasses, um die staatliche Autorität zum Handeln zu bewegen. Ein solcher Anlaß bot sich, als Karl Ludwig Sand, ein Theologie-Student und Jenaer Burschenschaftler, am 23. März 1819 August von Kotzebue ermordete, der früher, von 1781 bis 1790, in russischem Staatsdienst gestanden hatte, als Verfasser von 200 Unterhaltungsdramen einen Namen besaß (neben August Wilhelm Iffland dieses Genre zu seiner Zeit geradezu beherrschte) und seit 1818 außerdem noch Herausgeber des *Literarischen Wochenblattes* war, in dem er regelmäßig die liberalen Ideen und das patriotische Gehabe der Burschenschaftler verspottete. Schon deshalb war er diesen Verbindungsstudenten natürlich ein Dorn im Auge. Aber seine Gegner behaupteten darüber hinaus von ihm, daß er seine frühere Loyalität zum russischen Staat beibehalten habe, also ein russischer Spion sei, und dem Zaren Alexander I. Mitteilungen über die deutschen Verhältnisse zukommen lasse.

Doch das war für Metternich nur am Rande von Bedeutung. Entscheidend war für ihn, daß Kotzebue von einem Studenten erdolcht, ja daß die Tat unmittelbar aus den Reihen der zunehmend lästiger werdenden, protestierenden und demonstrierenden, nach Einheit und Freiheit verlangenden Burschenschaftler verübt worden war; ihr verbaler Radikalismus war hier erstmals in gewaltsamen Terrorismus umgeschlagen. Um eine weitere Eskalation der Gewalt zu verhüten, so konnte Metternich nun argumentieren, mußte man ihre Ursachen bekämpfen: die Protestbewegung an den Universitäten und die freie Presse, welche die liberale Bewegung unterstützt und geschürt hatte und die daher an dem Mord eine indirekte Mitschuld traf.

Nach einem vorhergehenden Treffen mit dem preußischen König Friedrich Wilhelm III. in Teplitz setzte Metternich daraufhin am 20. September 1819 im Deutschen Bund die *Karlsbader Beschlüsse* durch (nämlich die Entwürfe von vier Bundesgesetzen: des Universitätsgesetzes, des Preßgesetzes, des Untersuchungsgesetzes und der vorläufigen Exekutionsordnung), mit denen vor allem an den Universitäten Ruhe und Ordnung wiederhergestellt werden sollten. Die Burschenschaften wurden verboten, die Universitäten überwacht, die Pressezensur wiedereingeführt bzw. verschärft und eine Zentral-Untersuchungs-Kommission eingesetzt, um die „revolutionären Umtriebe und demagogischen Verbindungen“ aufzuhellen, wie es in den Beschlüssen hieß:

Universitätsgesetz

§ **1.** Es soll bei jeder Universität ein mit zweckmäßigen Instructionen und ausgedehnten Befugnissen versehener, am Orte der Universität residirender, außerordentlicher landesherrlicher Bevollmächtigter, entweder in der Person des bisherigen Curators oder eines andern, von der Regierung dazu tüchtig befundenen Mannes angestellt werden.

Das Amt dieses Bevollmächtigten soll sein, über die strengste Vollziehung der bestehenden Gesetze und Disciplinar-Vorschriften zu wachen, den Geist, in welchem die akademischen Lehrer bei ihren öffentlichen und Privatvorträgen verfahren, sorgfältig zu beobachten, und demselben, jedoch ohne unmittelbare Einmischung in das Wissenschaftliche und die Lehrmethoden eine heilsame, auf die künftige Bestimmung der studierenden Jugend berechnete Richtung zu geben, endlich Allem, was zur Beförderung der Sittlichkeit, der guten Ordnung und des äußern Anstandes unter den Studierenden dienen kann, seine unausgesetzte Aufmerksamkeit zu widmen...

§ 2. Die Bundesregierungen verpflichten sich gegeneinander, Universitäts- und andere öffentliche Lehrer, die durch erweisliche Abweichung von ihrer Pflicht oder Ueberschreitung der Grenzen ihres Berufes, durch Mißbrauch ihres rechtmäßigen Einflusses auf die Gemüther der Jugend, durch Verbreitung verderblicher, der öffentlichen Ordnung und Ruhe feindseliger oder die Grundlagen der bestehenden Staatseinrichtungen untergrabender Lehren, ihre Unfähigkeit zu Verwaltung des ihnen anvertrauten wichtigen Amtes unverkennbar an den Tag gelegt haben, von den Universitäten und sonstigen Lehranstalten zu entfernen...

Ein auf solche Weise ausgeschlossener Lehrer darf in keinem andern Bundesstaate bei irgend einem öffentlichen Lehr-Institute wieder angestellt werden.

§ 3. Die seit langer Zeit bestehenden Gesetze gegen geheime oder nicht autorisirte Verbindungen auf den Universitäten sollen in ihrer ganzen Kraft und Strenge aufrechterhalten, und insbesondere auf den seit einigen Jahren gestifteten, unter dem Namen der allgemeinen Burschenschaft bekannten Verein um so bestimmter ausgedehnt werden, als diesem Verein die schlechterdings unzulässige Voraussetzung einer fortdauernden Gemeinschaft und Correspondenz zwischen den verschiedenen Universitäten zum Grunde liegt. Den Regierungs-Bevollmächtigten soll in Ansehung dieses Punktes eine vorzügliche Wachsamkeit zur Pflicht gemacht werden.

Die Regierungen vereinigen sich darüber, daß Individuen, die nach Bekanntmachung des gegenwärtigen Beschlusses erweislich in geheimen oder nicht autorisirten Verbindungen geblieben oder in solche getreten sind, bei keinem öffentlichen Amte zugelassen werden sollen.

§ 4. Kein Studierender, der durch einen von dem Regierungs-Bevollmächtigten bestätigten oder auf dessen Antrag erfolgten Beschluß eines akademischen Senats von einer Universität verwiesen worden ist, oder der, um einem solchen Beschlusse zu entgehen, sich von der Universität entfernt hat, soll auf einer andern Universität zugelassen, auch überhaupt kein Studierender ohne ein befriedigendes Zeugniß seines Wohlverhaltens auf der von ihm verlassenen Universität von irgend einer andern Universität aufgenommen werden.

Preßgesetz

§ 1. Solange als der gegenwärtige Beschluß in Kraft bleiben wird, dürfen Schriften, die in der Form täglicher Blätter oder heftweise erscheinen, deßgleichen solche, die nicht über 20 Bogen im Druck stark sind, in keinem deutschen Bundesstaate ohne Vorwissen und vorgängige Genehmhaltung der Landesbehörden zum Druck befördert werden...

§ 4. Jeder Bundesstaat ist für die unter seiner Oberaufsicht erscheinenden, mithin für sämmtliche unter der Hauptbestimmung des § 1 begriffenen Druckschriften, in so fern dadurch die Würde oder Sicherheit anderer Bundesstaaten verletzt, die Verfassung oder Verwaltung derselben angegriffen wird, nicht nur den unmittelbaren Beleidigten, sondern auch der Gesammtheit des Bundes verantwortlich...

§ 6. ... Die Bundesversammlung soll ... befugt sein, die zu ihrer Kenntniß gelangenden, unter der Hauptbestimmung des § 1 begriffenen Schriften, in welchem deutschen Staate sie auch erscheinen mögen, wenn solche, nach dem Gutachten einer von ihr ernannten Commission, der Würde des Bundes, der Sicherheit einzelner Bundesstaaten oder der Erhaltung des Friedens und der Ruhe in Deutschland zuwiderlaufen, ohne vorhergegangene Aufforderung, aus eigener Autorität, durch einen Ausspruch, von welchem keine Appellation stattfindet, zu unterdrücken, und die betreffenden Regierungen sind verpflichtet, diesen Ausspruch zu vollziehen.

Untersuchungsgesetz

Art. 1. Innerhalb vierzehn Tagen, von der Fassung gegenwärtigen Beschlusses an zu rechnen, versammelt sich in der Stadt und Bundesfestung Mainz eine aus sieben Mitgliedern, mit Einschluß eines Vorsitzenden, zusammengesetzte, außerordentliche, von dem Bunde ausgehende Central-Untersuchungs-Commission.

Art. 2. Der Zweck dieser Commission ist gemeinschaftliche, möglichst gründliche und umfassende Untersuchung und Feststellung des Thatbestandes, des Urprungs und der mannigfachen Verzweigungen der gegen die bestehende Verfassung und innere Ruhe, sowohl des ganzen Bundes, als einzelner Bundesstaaten, gerichteten revolutionären Umtriebe und demagogischen Verbindungen, von welchen nähere oder entferntere Indicien bereits vorliegen, oder sich in dem Laufe der Untersuchung ergeben möchten.

(Aus: Dokumente zur deutschen Verfassungsgeschichte, hrsg. von Ernst Rudolf Huber, Bd. 1, Stuttgart 1961, S. 90 ff.)

Die Ausführung dieser Beschlüsse geschah in den Staaten des Deutschen Bundes jedoch auf höchst unterschiedliche Weise. In Mittel- und Süddeutschland, wo in Nassau und Sachsen-Weimar, in Bayern, Baden und Württemberg zwischen 1814 und 1818/19 eine Entwicklung zu konstitutionellen Monarchien – also die Abkehr vom Absolutismus – begonnen hatte, widersetzte man sich zwar nicht direkt den Karlsbader Beschlüssen, hielt aber an den inzwischen verfassungsmäßig gewährten Rechten fest und legte daher die Beschlüsse recht großzügig aus. In Österreich hingegen und vor allem in Preußen kam es zu einer Periode der *Reaktion.* Nationalisten, Freisinnige und „Demagogen" – was immer man darunter verstehen mochte – wurden überwacht und verfolgt, teilweise auch verhaftet und verurteilt, wie „Turnvater" Friedrich Ludwig Jahn, oder zur Flucht ins Ausland gezwungen, wie der Publizist Joseph von Görres. Zu den Verdächtigten und Gemaßregelten gehörten selbst so bekannte Persönlichkeiten wie Ernst Moritz Arndt, Freiherr vom Stein, Graf Neidhardt von Gneisenau und der Philosoph Friedrich Schleiermacher.

Die Pressezensur veranlaßte 1826 einen der bedeutendsten Journalisten deutscher Sprache, Ludwig Börne, der immer wieder Wohnort und Arbeitsplatz wechselte, um der Zensur zu entgehen, zu einem heftigen, ironischen Kommentar:

Wer von uns den Jüngsten Tag erlebt, wird viel zu lachen bekommen. Was Gott unter zwanzig Bogen spricht, wird zensiert werden, und wenn die Welt brennt und das Fett schmilzt von den Ständern herab, wird die Polizei bekanntmachen: „Unruhestifter haben das Gerücht verbreitet, es sei heiß in der Welt; aber das ist eine hämische Lüge, das Wetter war nie kühler und schöner gewesen. Man warnt jedermann vor unvorsichtigen Reden und müßigem Umherschweifen auf der Straße. Eltern sollen ihre Kinder, Lehrer ihre Schüler, Meister ihre Gesellen im Hause behalten. Man bleibe ruhig. Ruhe ist die erste Bürgerpflicht." Und dann wird die Welt untergehen und ruhig werden, und dann wird die Welt deutsch sein.

(Aus: Teubners Quellensammlung, Heft „Vormärz", Leipzig 1927, S. 56.)

Doch die staatlich verordnete, von Börne ironisierte Ruhe war trügerisch. Börnes Artikel selbst war ein Beweis dafür. Mit der Juli-Revolution 1830 in Frankreich begann eine neue Zeit der Umwälzungen, welche die alten Ordnungen Europas erschütterten und schließlich 1848/49 in eine umfassende Revolutionswelle mündeten.

Ludwig Börne, eigentlich **Juda Löb Baruch** (1786-1837), Journalist und Schriftsteller. Studium der Medizin und Staatswissenschaften. Seit 1811 Polizeiaktuar im Großherzogtum Frankfurt; 1813 als Jude entlassen. 1817 Übertritt zum Christentum und Namensänderung. Herausgeber der Zeitschrift „Die Zeitschwingen", die 1818 verboten wird. Danach Herausgeber der Zeitschrift „Die Wage, Blätter für Bürgerleben, Wissenschaft und Kultur". 1830 nach der Juli-Revolution Umzug nach Paris. Vermittler des radikalen französischen Liberalismus. 1836 Erneuerung der Zeitschrift „Die Wage" unter dem Namen „Balance". Eintreten für eine deutsch-französische Verständigung mit dem gemeinsamen Ziel der Durchsetzung umfassender Freiheitsrechte. Werke: „Briefe aus Paris", 2 Bde. 1832-34; „Sämtliche Schriften", hrsg. von Inge und P. Rippmann, 3 Bde. 1964-68.

3. Die Juli-Revolution in Frankreich und der deutsche Vormärz

Dort, wo 1789 das Zeitalter der europäischen Revolution angefangen hatte, wurde auch das Signal zu ihrer zweiten Phase gegeben: in Frankreich. Die Juli-Revolution setzte hier 1830 eine neue Dynamik der europäischen Entwicklung in Gang, die bald auf andere Länder übergriff, „den mühsam errichteten Damm in Europa" brechen ließ, wie Metternich feststellte, und den liberalen und freiheitlichen Kräften neuen Auftrieb gab.

Die Entwicklung in Frankreich bis 1830

König Ludwig XVIII., der Frankreich von 1814 bis 1824 regiert hatte, war vorsichtig genug gewesen, dem Land eine Verfassung *(Charte constitutionelle)* mit Gewaltenteilung, Zweikammersystem und Zensuswahlrecht zuzugestehen und einen Mittelkurs zwischen den Ansprüchen des Adels und den Erwartungen des Bürgertums zu steuern. Sein Nachfolger Karl X. jedoch drängte die Errungenschaften der Revolution allmählich immer weiter zurück und schloß sich dem restaurativen Verhalten der Monarchen in den Nachbarstaaten an. Das Wahlrecht wurde eingeschränkt, die Pressezensur verschärft und die Stellung der (katholischen) Kirche im Sinne der Heiligen Allianz so sehr gestärkt, daß Comtesse de Boigne in ihren Memoiren berichtete, die klerikale Reaktion laufe auf eine „Wiedereinsetzung der alten drei Stände im Staat" hinaus: „an der Spitze eine grundbesitzende Geistlichkeit, nur vom Papst, d.h. von niemand abhängig; der Adel, als geschlossener Stand anerkannt und ausgestattet mit so vielen der alten Rechte, wie man nur irgend wieder zum Leben erwecken könnte. Die Pairskammer, ausschließlich aus dem Adel gewählt, der durch sie als Bestandteil des Staates verkörpert würde. Eine Deputiertenkammer, die als ausgezeichnetes Werkzeug für Geldbewilligungen zu erhalten wäre, aber unter einem Wahlgesetz, das den oberen Klassen einen beträchtlichen Einfluß zu sichern hätte".

Mit dieser Politik jedoch geriet Karl X. in Gegensatz zur tragenden Schicht der französischen Gesellschaft, dem Bürgertum, und dessen politischen Vertretern, deren Unzufriedenheit wuchs. Umgekehrt sah man in der Umgebung des Königs Frankreich von Chaos und Untergang bedroht, als die Liberalen bei Kammerwahlen im Juli 1830 eine Mehrheit gewannen. Dem Monarchen wurde nun sogar empfohlen, zu Maßnahmen „außerhalb der gesetzlichen Ordnung" Zuflucht zu nehmen, wie es in einem Bericht des Ministerrats an König Karl X. vom 25. Juli 1830 über die innere Situation Frankreichs hieß:

Seit fünfzehn Jahren hat sich diese Lage nie unter einer so ernsten und betrübenden Gestalt gezeigt. Trotz eines materiellen Wohlstandes, wovon unsere Annalen kein Beispiel aufweisen, geben sich fast auf allen Punkten des Königreichs Zeichen der Desorganisation und der Anarchie kund . . ., verderbliche, auf Umsturz hinzielende Lehren verbreiten und pflanzen sich fort unter allen Klassen der Nation. . .

Ein tätiger, heftiger, unermüdlicher Übelsinn arbeitet daran, alle Grundlagen der Ordnung zu untergraben, und Frankreich das Glück zu rauben, dessen es unter dem Szepter seiner Könige genießt. Geschickt, jede Unzufriedenheit zu benutzen, jeden Haß zu beleben, unterhält derselbe unter dem Volke einen Geist des Mißtrauens und der Feindseligkeit gegen die höchste Macht und sucht allenthalben die Keime der Unruhe und des Bürgerkrieges auszusäen. . .

Der Augenblick ist gekommen, zu Maßregeln Zuflucht zu nehmen, die im Geiste der Charte, aber außerhalb der gesetzlichen Ordnung liegen. . .

(Aus: Auswahl wichtiger Aktenstücke zur Geschichte des neunzehnten Jahrhunderts, a.a.O., S. 124 ff.)

Man rief also den König praktisch zu einem „Staatsstreich von oben“ auf. Und Karl folgte fatalerweise diesem Rat, löste die Kammer auf, schränkte das Wahlrecht ein und beschnitt erneut die Freiheit der Presse.

Damit überspannte er den Bogen, schürte er den Widerstand gegen sich, statt ihn zu brechen. Die Unruhe unter Bürgern, Intellektuellen, Studenten und Arbeitern brach sich in einer neuen Revolution Bahn. Zwischen dem 27. und 29. Juli 1830 kam es in Paris zu Straßenkämpfen. Der König mußte fliehen; die Regierung unter Armand Duc de Polignac wurde zum Rücktritt gezwungen. An die Stelle Karls X. rückte der Herzog Louis Philippe von Orléans, der als neuer „Bürgerkönig“ einen Eid auf die Verfassung ablegte und von nun an in der parlamentarischen Monarchie Frankreichs „herrschte, aber nicht regierte“ *(le roi régne, mais ne gouverne pas)*. Das Lilienbanner der Bourbonen wurde wieder durch die Flagge der Revolution, die Trikolore, ersetzt. Eine Änderung der Charte von 1814 erweiterte das Wahlrecht, so daß von den 30 Millionen Franzosen statt bisher 100 000 nun etwa 200 000 Bürger wahlberechtigt waren.

Auswirkungen der französischen Juli-Revolution auf Europa

Wie in Frankreich, so gärte es 1830 auch in vielen anderen Ländern Europas hinter einer trügerischen Fassade äußerer Ruhe. Die Erhebung in Paris wirkte daher wie eine Initialzündung. Bereits im August griff die Revolution auf Belgien über, das sich von den Vereinigten Niederlanden trennte, im Spätsommer und Herbst auf die Schweiz, im September auf die mitteldeutschen Staaten, im November auf Polen und sogar – wenn auch weniger spektakulär – auf England, wo die Tory-Regierung unter dem Herzog von Wellington stürzte und die anschließende Whig-Regierung durch eine Wahlrechtsreform (Verdoppelung der Zahl der Wahlberechtigten auf eine Million) und die Öffnung des Parlaments für das mittlere Bürgertum einer Revolution durch Reform zuvorkam, und im Februar 1831 schließlich auf die Staaten Mittelitaliens.

In Polen und Italien, wo die Agrarordnung stagnierte und die Stellung von Adel und Kirche noch stark war, blieben die Aufstände erfolglos. Besonders tragisch war die Entwicklung in Polen, das ja nicht nur für Freiheit, sondern auch gegen die russische Fremdherrschaft kämpfte – ein Vorgang, der bis in unsere Tage hinein bemerkenswerte Parallelen aufweist. Die russischen Maßnahmen zur Unterdrückung der polnischen Erhebung wurden dabei schon damals von einem Teil Deutschlands – nämlich

Preußen, das um seine Provinz Posen fürchtete – gedeckt. Immerhin führten der Aufstand und seine Niederwerfung zu einem weiteren Anwachsen des polnischen Nationalismus, aber auch zu einer tiefen Sympathie bei vielen Deutschen (wie insgesamt bei den europäischen Liberalen) für die polnischen Patrioten, wie sich beispielsweise auf dem Hambacher Fest wenig später zeigen sollte.

Nach 1830 kann man von einem deutlichen West-Ost-Gefälle der Freiheitsrechte sprechen: In den wirtschaftlich am weitesten entwickelten Ländern Westeuropas machte auch die Liberalisierung der politischen Ordnung die größten Fortschritte; im rückständigen Rußland herrschte weiterhin – bis in das 20. Jahrhundert hinein – Stillstand und Reaktion. Deutschland befand sich geographisch wie politisch in einer Mittellage. Die Einheits- und Freiheitsbewegung erhielt durch die französische Juli-Revolution neuen Auftrieb. Hauptzentren waren dabei die Staaten, in denen es bereits Volksvertretungen gab, besonders in Süddeutschland. Unruhen und Aufstände in den größeren Städten Kurhessens, Braunschweigs, Hannovers und Sachsens führten jedoch auch in diesen Ländern dazu, daß Verfassungen zugestanden wurden; in Braunschweig mußte sogar der Herzog weichen.

Hambacher Fest und „Göttinger Sieben“

Das Hambacher Fest am 27. Mai 1832, zu dem die liberalen Publizisten Johann Georg August Wirth und Philipp Jakob Siebenpfeiffer eingeladen hatten, war ein Ausdruck der wiedererwachten Einheits- und Freiheitsbewegung. Wirth war zunächst Anwalt in Bayreuth gewesen und hatte Anfang der dreißiger Jahre in München die Zeitung „Tribüne“ gegründet (später wurde er Mitglied der Frankfurter Nationalversammlung und starb, mitten in den Beratungen, am 28. Juli 1848); Siebenpfeiffer hatte 1830 die Redaktion des rheinpfälzischen „Westfalenboten“ übernommen, nachdem er als Jurist aus dem bayerischen Staatsdienst, nämlich als Landkommissär, ausgeschieden war. Nun setzten sich beide publizistisch für die Verwirklichung eines freiheitlichen Rechtsstaates in Deutschland ein, gingen jedoch mit ihrer Einladung nach Hambach noch einen Schritt weiter und betraten mit beträchtlichem Wirbel und nicht geringer Wirkung die Bühne nationaler Politik. Ihr Fest war eine radikal-liberale parteipolitische Volkskundgebung (die erste auf deutschem Boden) mit mehr als 30 000 Teilnehmern – für damalige Verhältnisse eine gewaltige Zahl. Anders als 1817 beim Treffen auf der Wartburg, das ganz unmittelbar im Zeichen der studentischen Vereinigungsbewegung der Burschenschaften gestanden hatte, blieb es in Hambach zwar bei der Rhetorik. Aber der Tenor der Reden war nicht minder eindrucksvoll. So erklärte dort Siebenpfeiffer in seiner Ansprache:

> Ja, er wird kommen, der Tag, wo ein gemeinsames deutsches Vaterland sich erhebt. . .! Es lebe das freie, das einige Deutschland! . . . Hoch lebe jedes Volk, das seine Ketten bricht und mit uns den Bund der Freiheit schwört! . . .
>
> Ha, Ihr zürnet, deutsche Männer und Frauen, über die dunklen Schlagschatten im Gemälde der Zeitbewegung: wohl Euch, wohl dem Vaterlande, daß Ihr zürnet! In diesem edlen Zorn ist die Eigenschaft gegeben, daß einst ein Deutschland wieder erstehe aus den Trümmern, worunter die Gewalt der Zeit und der Verrat der Fürsten es begraben. Leuchtende Strahlen der Hoffnung zucken auf, die Strahlen der Morgenröte deutscher Freiheit, und bald, bald wird ein Deutschland sich erheben, herrlicher als es jemals gewesen. . .
>
> Ja, es wird kommen der Tag, wo ein gemeinsames deutsches Vaterland sich erhebt, das alle Söhne als Bürger begrüßt und alle Bürger

Der Zug auf das Hambacher Schloß am 27. Mai 1832. Zeitgenössische Radierung. Original: Historisches Museum, Frankfurt am Main

mit gleicher Liebe, mit gleichem Schutz umfaßt; wo die erhabene Germania dasteht auf dem erzenen Piedestal der Freiheit und des Rechts, in der einen Hand die Fackel der Aufklärung, welche zivilisierend hinausleuchtet in die fernsten Winkel der Erde, in der anderen die Waage des Schiedsrichteramts, streitenden Völkern das selbst erbetene Gesetz des Friedens spendend, jenen Völkern, von welchen wir jetzt das Gesetz der Gewalt und den Fußtritt höhnender Verachtung empfangen. . .

Wir selbst wollen, wir selbst müssen vollenden das Werk, und ich ahne, bald, bald muß es geschehen, soll die deutsche, soll die europäische Freiheit nicht erdrosselt werden von den Mörderhänden der Aristokratie. . .

O lasset . . . uns aller Spaltungen vergessen, alle Marken und Abscheidungen beseitigen; lasset uns nur eine Farbe tragen, damit sie uns stündlich erinnere, was wir sollen und wollen, die Farbe des deutschen Vaterlandes; auf ein Gesetz nur lasset im Geiste uns schwören, auf das heilige Gesetz deutscher Freiheit; auf ein Ziel nur lasset uns blicken, auf das leuchtende Ziel deutscher Nationaleinheit, deutscher Größe, deutscher Macht. Und wenn einst alle deutschen Männer dieser eine Gedanke voll und lebendig durchdringt, . . . dann wird in strahlendster Gestalt sich erheben, wonach wir alle ringen und wozu wir heute den Grundstein legen: ein freies deutsches Vaterland.

(Aus: Eberhard Orthbandt, Illustrierte Deutsche Geschichte, München 1963, S. 294 ff.)

Das waren Aufrufe und Ankündigungen, die die Vertreter der alten Ordnung nicht ungerührt lassen konnten. Vieles erinnerte hier an das Wartburgfest: die patriotische Begeisterung, der Freiheitsdrang, die allgemeine Entschlossenheit, für die Erringung von Einheit und Freiheit gegen die Fürsten zu kämpfen. Auch die Farben, unter denen man sich versammelte, waren die gleichen wie 1817: schwarz-got-gold. Allerdings wurde der Antrag, sofort eine provisorische Regierung für ein einiges, freies Deutschland zu bilden, abgelehnt

Philipp Jakob Siebenpfeiffer (1789 bis 1845), Jurist und Publizist. Bis 1830 bayerischer Landkommissär. Danach Herausgabe der Zeitung „Bote aus dem Westen" in Oggersheim (Rheinpfalz); Eintreten für freiheitliche Forderungen. Mit Johann Georg August Wirth 1832 Initiator und Held des Hambacher Festes. Während längerer Gefängnishaft für politische Vergehen Anzeichen einer Geisteskrankheit. Nach zeitweiliger Genesung Flucht in die Schweiz. 1834 Professor der juristischen Fakultät an der Universität Bern. 1840 Sekretär der Justizdirektion. Nach erneuter Erkrankung 1845 Tod in einer Irrenanstalt.

Dennoch: Das Fanal, das mit dem Hambacher Fest, seinen 30 000 Teilnehmern (statt der 500 auf der Wartburg) gesetzt wurde, durfte nach Ansicht der Fürsten nicht ohne Widerstand hingenommen werden. Und wie die Ermordung Kotzebues 1819 Gelegenheit gegeben hatte, Maßnahmen gegen Nationale und Liberale zu rechtfertigen, bot sich auch jetzt wieder ein Anlaß, tätig zu werden: der „Frankfurter Studentenputsch" vom 3. April 1833, bei dem Burschenschaftler und einige Bürger die Frankfurter Hauptwache stürmten und die Sturmglocke läuteten, bis Truppen anrückten. Metternich, der bereits vor dem Hambacher Fest angesichts der wiederauflebenden Einheits- und Freiheitsbewegung Maßnahmen zur Sicherung der Monarchien gefordert hatte, gelang es daraufhin, im Deutschen Bund Beschlüsse durchzusetzen, die weitgehend denen von Karlsbad im Jahre 1819 entsprachen. Wieder wurde die Presse geknebelt, wurde eine Zentraluntersuchungskommission eingesetzt und wurden Liberale, Demokraten, Patrioten verhaftet und verurteilt.

Ein Beispiel für den nun folgenden Konflikt zwischen liberalen Kräften, die für eine freiheitliche Entwicklung auf verfassungsmäßiger Grundlage eintraten, und den Kräften der Restauration, die sich dieser Entwicklung entgegenstemmten, war die Auseinandersetzung zwischen König Ernst August von Hannover und den Göttinger Professoren Dahlmann, Albrecht, Jacob und Wilhelm Grimm, Gervinus, Ewald und Weber – den „Göttinger Sieben", wie man sie bald nannte. Der Streit entzündete sich, als König Ernst August durch Patent vom 1. November 1837 die hannoversche Verfassung von 1833 aufhob:

Das Staats-Grundgesetz vom 26. September 1833 können Wir als ein Uns verbindendes Gesetz *nicht* betrachten, da es auf eine völlig ungültige Weise errichtet worden ist.

Die allgemeine, durch das Patent vom 7. Dezember 1819 entstandene Ständeversammlung sprach, wie sie in ihrem Schreiben vom 30. April 1831 an das Kabinetts-Ministerium die Errichtung eines Staats-Grundgesetzes beantragte, den Grundsatz aus: daß ein solches hochwichtiges Werk *nur durch einhelliges Zusammenwirken des Königs und der Stände zustande gebracht werden könne.*

Die Regierung nahm diesen Grundsatz an, und mithin war nicht von einer dem Lande *vom Könige zu gebenden, sondern* von einer *vertragsmäßig* zwischen dem Regenten und seinen Ständen zu errichtenden Verfassung die Rede.

Allein, der Grundsatz der vertragsmäßigen Errichtung ist auf mehrfache Weise verletzt worden. Denn mehrere der von der allgemeinen Stände-Versammlung in Beziehung auf das neue Staats-Grundgesetz gemachten Anträge erhielten nicht die Genehmigung der Königlichen Regierung, sondern es wurde dasselbe mit den von dieser für notwendig oder nützlich gehaltenen Abänderungen vom 26. September 1833 vom Könige verkündigt, ohne daß diese zuvor den allgemeinen Ständen mitgeteilt und von ihnen wären genehmigt worden.

Offenbar fehlt es also an dem *einhelligen* Zusammenwirken des Regenten und seiner Stände in Hinsicht der in dem Staats-Grundgesetze enthaltenen Bestimmungen, wodurch die bis dahin in anerkannter Wirksamkeit gestandene Verfassung vom Jahre 1819 aufgehoben werden sollte ...

Allein nicht nur ungültig und folglich für Uns unverbindlich ist überhaupt das Staats-Grundgesetz, wenn man dessen Entstehung betrachtet, sondern es enthält dasselbe auch mehrere Vorschriften und Bestimmungen, welche sich als vollkommen ungültig und für Uns unverbindlich aus dem Grunde darstellen, weil sie . . . Unsere *Regierungsrechte* wesentlich verletzen . . .

Ist nun das bisherige Staats-Grundgesetz von Uns für aufgehoben erklärt, so ergibt sich daraus von selbst, daß die sämtlichen königlichen Diener . . . ihrer auf das Staats-Grundgesetz ausgedehnten eidlichen Verpflichtung vollkommen enthoben sind.

(Aus: Auswahl wichtiger Aktenstücke zur Geschichte des neunzehnten Jahrhunderts, a.a.O., S. 173ff.)

In dem Schreiben, das die genannten Professoren daraufhin an das Kuratorium der Göttinger Universität richteten, verteidigten sie die Verfassung gegen die Macht des Staates. Da sie von der Gültigkeit des Staatsgrundgesetzes überzeugt seien, könnten sie es „nicht stillschweigend geschehen lassen, daß dasselbe ohne weitere Untersuchung und Verteidigung von seiten der Berechtigten allein auf dem Wege der Macht zu Grunde gehe“. Die Professoren betonten, sie würden ihren Rückhalt bei der Jugend, ja die Jugend überhaupt, verlieren, wenn sie sich in dieser Angelegenheit dem König beugten.

Wörtlich hieß es in dem Schreiben der Professoren vom 18. November 1837 weiter:

Ihre unabweisliche Pflicht vielmehr bleibt, was sie hiermit tun, offen zu erklären, daß sie sich durch ihren auf das Staatsgrundgesetz geleisteten Eid fortwährend verpflichtet halten müssen . . . Sie sind sich bewußt, bei treuer Bewahrung ihres amtlichen Berufs die studierende Jugend stets vor politischen Extremen gewarnt und so weit an ihnen lag, in der Anhängigkeit an ihre Landesregierung befestigt zu haben; allein das ganze Gelingen ihrer Wirksamkeit ruht nicht so sehr auf dem wissenschaftlichen Wert ihrer Lehre, als auf ihrer persönlichen Unbescholtenheit. Sobald sie vor ihrer studierenden Jugend als Männer erscheinen, welche mit ihrem Eide ein leichtes Spiel treiben, so bald ist der Segen ihrer Wirksamkeit dahin. Und was würde Sr. Majestät dem Könige der Eid unserer Treue und Huldigung bedeuten, wenn er von Männern ausginge, die eben erst ihre eidliche Versicherung freventlich verletzt haben?

(Aus: Auswahl wichtiger Aktenstücke zur Geschichte des neunzehnten Jahrhunderts, a.a.O., S. 176 f.)

Die sieben Göttinger Professoren wurden nach diesem Schreiben ihrer Ämter enthoben und mußten fliehen. Ein Porträt des Königs Ernst August aber hängt noch heute in der Aula der Göttinger Universität: Deutschland hat sich stets schwer damit getan, seinen Demokraten Denkmäler zu setzen, wohingegen es seine Fürsten meist großzügig bedachte.

Die Einheits- und Freiheitsbewegung und die nationale Frage

Eine ähnliche Bedeutung für die Mobilisierung der öffentlichen Meinung gegen die Kräfte der Restauration, wie das Verhalten der Göttinger Sieben, hatten in Hessen der Verfassungskampf Sylvester Jordans gegen den Kurfürsten Friedrich Wilhelm

Ernst August (1771-1851), seit 1837 König von Hannover. Sohn König Georgs III. von Großbritannien, der zugleich Kurfürst und seit 1814 (obwohl seit 1810 geisteskrank) König von Hannover war. Mit dem Regierungsantritt Ernst Augusts endete die Personalunion Hannovers mit Großbritannien. 1837 Aufhebung des Staatsgrundgesetzes, der hannoverschen Verfassung von 1833; Entlassung der „Göttinger Sieben“. 1848 Berufung des liberalen Ministeriums Stüve unter dem Druck der Freiheitsbewegung und der drohenden Revolution.

und der Kölner Kirchenstreit ab 1837 in Preußen. Dabei zeichnete sich in ganz Deutschland immer deutlicher eine Spaltung der Opposition in Liberale und Radikale ab, die es in ähnlicher Form schon in den französischen Revolutionen von 1789 und 1830 gegeben hatte. Außerdem trat bei den Überlegungen, wie eigentlich die deutsche Einheit zu verwirklichen sei, die Frage hinzu, ob diese Einigung Österreich einschließen (großdeutsche Lösung) oder ausschließen (kleindeutsche Lösung) sollte. Bei der Gründung des Deutschen Zollvereins – dem angesichts der internationalen, vor allem englischen, Konkurrenz dringend notwendigen Versuch, in Deutschland eine wirtschaftliche Einheit herzustellen und politische Erschwernisse des freien Warenverkehrs zu mindern –, mit dem zur Jahreswende 1833/34 in großen Teilen Deutschlands die Zollschranken fielen, war Österreich jedenfalls nicht beteiligt.

Auch politisch stagnierte Österreich unter Metternich stärker als das übrige Deutschland. Selbst in Preußen kam die Einheits- und Freiheitsbewegung unter König Friedrich Wilhelm IV., der Preußen ab Juni 1840 regierte, allmählich besser zur Geltung. Das christlich-konservative Denken des Königs und sein beharrliches Festhalten am Gottesgnadentum bei gleichzeitig unsicherem politischen Taktieren förderte die Unruhe und Gärung im Lande, zumal sich Friedrich Wilhelm bis 1848 nicht entschließen konnte, auch in Preußen eine Verfassung zuzulassen. Noch bei der Eröffnung des Vereinigten Landtags, zu dessen Einberufung er sich wiederum erst nach langem Zögern bereitgefunden hatte, erklärte er am 11. April 1847, es werde „keiner Macht der Erde je gelingen“, ihn zu bewegen, das Verhältnis zwischen Fürst und Volk „in ein konventionelles, konstitutionelles zu wandeln.“ Niemals werde er es zulassen, „daß sich zwischen unserm Herr Gott im Himmel und diesem Lande ein beschriebenes Blatt ... eindrängte, um uns mit seinen Paragraphen zu regieren und durch sie die alte heilige Treue zu ersetzen.“ Im einzelnen führte Friedrich Wilhelm dort aus:

Edle Herren und getreue Stände!

... Ein Teil der Presse ... fordert von Mir und Meiner Regierung geradezu Revolution in Kirche und Staat, und von Ihnen, meine Herren, Akte zudringlicher Undankbarkeit, der Ungesetzlichkeit, ja des Ungehorsams. Es sehen auch viele, unter ihnen sehr redliche Männer, Unser Heil in der Verwandlung des natürlichen Verhältnisses zwischen Fürst und Volk in ein konventionelles Wesen durch Urkunden verbrieft, durch Eide besiegelt. Möchte doch das Beispiel des einen glücklichen Landes, dessen Verfassung die Jahrhunderte und eine Erbweisheit ohnegleichen, aber kein Stück Papier gemacht haben, für uns unverloren sein und die Achtung finden, die es verdient! – Finden andere Länder auf anderem Wege als jenes Volk und wir, nämlich auf dem Wege „gemachter und gegebener“ Konstitutionen ihr Glück, so müssen und wollen Wir ihr Glück aufrichtig und brüderlich mit ihnen preisen ... Preußen aber, meine Herren, kann diese Zustände nicht ertragen. Frage Sie mich: Warum? so antworte Ich: Werfen Sie einen Blick auf die Karte von Europa, auf die Lage unseres Landes, auf unsere Zusammensetzung, folgen Sie den Linien unserer Grenzen, wägen Sie die Macht unserer Nachbarn, vor allem tun Sie einen geistigen Blick in unsere Geschichte! Es ist Gottes Wohlgefallen gewesen, Preußen durch das Schwert groß zu machen, durch das Schwert des Krieges nach außen, durch das Schwert des Geistes nach innen. Aber wahrlich nicht des verneinenden Geistes, sondern des Geistes der Ordnung und der Zucht. Ich sprech' es aus, meine Herren. Wie im Feldlager ohne die allerdringendste Gefahr und größte Torheit nur Ein Wille gebieten darf, so können dieses Landes Geschicke, soll es nicht augenblicklich von seiner Höhe fallen, nur von Einem Willen geleitet werden...

Edle Herren und getreue Stände! Es drängt Mich zu der feierlichen Erklärung, daß es keiner Macht der Erde je gelingen soll, Mich zu bewegen, das natürliche, gerade bei uns durch seine innere Wahrheit so mächtig machende Verhältnis zwischen Fürst und Volk in ein konventionelles, konstitutionelles zu wandeln, und daß Ich es nun und nimmermehr zugeben werde, daß *sich zwischen un-*

Friedrich Wilhelm IV. (1795-1861), seit 1840 König von Preußen. In seinem Denken maßgeblich beeinflußt durch die Romantik, wissenschaftlich und künstlerisch begabt und orientiert; Vertreter einer konservativen und pietistischen Weltanschauung. In der Führung der Politik häufig widerspruchsvoll. 1847 Berufung des Vereinigten Landtags. 1848 in der Berliner März-Revolution zum Nachgeben gezwungen; doch bald darauf Zurückdrängung der liberalen Bewegung und Oktroyierung einer Verfassung. Am 3. März 1849 Ablehnung der ihm von der Frankfurter Nationalversammlung angetragenen deutschen Kaiserkrone. Am 31. Januar 1850 konservative Revidierung der preußischen Verfassung von 1848. In der Olmützer Punktation vom November 1850 Aufgabe der von Radowitz betriebenen kleindeutschen Unionspolitik. Beginn der Reaktion unter dem Ministerium Manteuffel. Aufgrund einer sich immer deutlicher bemerkbar machenden Geisteskrankheit ab Mitte der fünfziger Jahre zur Amtsführung zunehmend weniger imstande. Seit Oktober 1857 Vertretung durch seinen Bruder Wilhelm, der 1858 die Regentschaft übernimmt.

serm Herr Gott im Himmel und diesem Lande ein beschriebenes Blatt, gleichsam als eine zweite Vorsehung eindrängte, um uns mit seinen Paragraphen zu regieren und durch sie die alte heilige Treue zu ersetzen. – Zwischen uns sei Wahrheit. Von einer Schwäche weiß Ich Mich gänzlich frei. Ich strebe nicht nach eitler Volksgunst (und wer könnte das, der sich durch die Geschichte hat belehren lassen?). Ich strebe allein danach, Meine Pflicht nach bestem Willen und nach Meinem Gewissen zu erfüllen und den Dank Meines Volkes zu verdienen, sollte er Mir auch nimmer zuteil werden...

(Aus: Auswahl wichtiger Aktenstücke zur Geschichte des neunzehnten Jahrhunderts, a.a.O., S. 194f.)

Während Friedrich Wilhelm also auf der einen Seite mit der Einberufung des Vereinigten Landtags die Diskussion über die natürlich sofort auf der Tagesordnung stehende Verfassungsfrage zuließ, sie geradezu heraufbeschwor, widersetzte er sich auf der anderen den Konsequenzen dieser Entwicklung und trug so zur weiteren Zuspitzung der Situation selbst bei.

Auch die nationale Frage wurde nun, in den vierziger Jahren, immer drängender. Als im Herbst 1840 als Folge einer Krise im Nahen Osten ein europäischer Krieg drohte und in Frankreich Forderungen nach Inbesitznahme des linken Rheinufers erhoben wurden, erhöhte dies die Solidarität der nach wie vor in staatlicher Vielfalt lebenden Deutschen. Die nationale Begeisterung gewann neuen Auftrieb und wurde dahingehend politisch ausgeweitet, Deutschland müsse die ihm zustehende Bedeutung in der Welt wiedererlangen; dieses Land, „dessen Kaiser einst dem Abendland geboten“, müsse aufhören, „der Hohn und Spott der Nationen zu sein“, und die Stelle wieder einnehmen, „welche ihm gebührt vermöge seiner Lage, und mehr noch vermöge seiner Kulturstufe und vermöge der Tugenden seines Volkes“, wie es Marquard Barth in der Paulskirche formulierte: „Macht ist es, was die Nation von uns verlangt.“

Auf anderer Ebene war es Hoffmann von Fallersleben, der freiheitlich-patriotisch gesonnene Professor der deutschen Literatur und Sprache in Breslau, der dieser Stimmung mit den ihm eigenen Mitteln der Lyrik und des Liedes Ausdruck verlieh und am 26. August 1841 auf der damals noch britischen Insel Helgoland das „Deutschlandlied“ dichtete:

Helgoland, 26. Aug. '41

Das Lied der Deutschen.

Deutschland, Deutschland über Alles,
Über Alles in der Welt,
Wenn es stets zu Schutz und Trutze
Brüderlich zusammenhält,
Von der Maas bis an die Memel,
Von der Etsch bis an den Belt –
Deutschland, Deutschland über Alles,
Über Alles in der Welt!

Deutsche Frauen, deutsche Treue,
Deutscher Wein und deutscher Sang
Sollen in der Welt behalten
Ihren alten schönen Klang,
Uns zu edler That begeistern
Unser ganzes Leben lang –
Deutsche Frauen, deutsche Treue,
Deutscher Wein und deutscher Sang!

Einigkeit und Recht und Freiheit
Für das deutsche Vaterland!
Danach laßt uns alle streben
Brüderlich mit Herz und Hand!
Einigkeit und Recht und Freiheit
Sind des Glückes Unterpfand –
Blüh' im Glanze dieses Glückes,
Blühe deutsches Vaterland!

Dieses Bekenntnis Hoffmanns zu seinem Vaterland, das er in seiner ganzen geographischen Ausdehnung – „von der Maas bis an die Memel, von der Etsch bis an den Belt" – „über alles" liebte und dessen „Einigkeit und Recht und Freiheit" er sich sehnlichst wünschte, sollte nicht als Aufruf zur Überbetonung des Nationalismus oder gar als eine Aufforderung zum außenpolitischen Expansionismus verstanden werden. Vielmehr wollte Hoffmann damit an die Deutschen appellieren, „brüderlich" zusammenzustehen, um endlich die Spaltung und Unterdrückung des Volkes zu überwinden. Nicht zufällig entstand ja dieses „Lied der Deutschen" im Ausland, war es geschrieben von einem Deutschen (einem Professor der deutschen Literatur und Sprache obendrein), den die Mächtigen kurz darauf aus dem Lande jagten und zur Emigration trieben.

August Heinrich Hoffmann, nach seinem Geburtsort Fallersleben bei Braunschweig genannt **Hoffmann von Fallersleben** (1798-1874), Dichter und Germanist. Seit 1830 Professor der deutschen Sprache und Literatur in Breslau. 1841 Verfasser des „Deutschlandliedes". Aufgrund seiner „Unpolitischen Lieder" (2 Bde., erschienen 1840/41) 1842 entlassen und aus dem Lande verwiesen. Seit 1860 Bibliothekar des Herzogs von Ratibor auf Schloß Corvey. Werke: „Gesammelte Werke", 8 Bde. 1890-93; „Mein Leben", 2 Bde. 1892-94.

Das Lied wurde in Deutschland rasch bekannt, als man den Text mit der Melodie des zweiten Satzes aus dem Streichquartett C-Dur op. 76 Nr. 3 von Franz Joseph Haydn verband, das den Beinamen „Kaiser-Quartett“ trägt. Haydn hatte das Werk komponiert, nachdem er in England die Hymne „God save the King“ gehört hatte, und den feierlich-getragenen zweiten Satz („Un poco adagio, cantabile“) mit einem Text von Lorenz Leopold Hascha unterlegt: „Gott erhalte Franz den Kaiser“. In dieser Form war das Werk dann erstmals am 12. Februar 1797 im Wiener Burgtheater vom dort versammelten Publikum zu Ehren des kaiserlichen Geburtstages gesungen worden. Doch auch mit dem Hoffmannschen Text paßte Haydns Komposition vorzüglich zusammen.

Der Erfolg des Deutschlandliedes von Hoffmann mit der Melodie von Haydn führte dazu, daß man es 1922 durch Verordnung des damaligen Reichspräsidenten Friedrich Ebert zur Nationalhymne bestimmte, wobei die *drei* Strophen des Liedes zunächst so verstanden wurden, wie sie vom Dichter gemeint gewesen waren: als Bekenntnis zu einem freien und einigen Deutschland. Nach der Erfahrung des Dritten Reiches war zumindest die erste Strophe Mißdeutungen zugänglich geworden, so daß man in der Bundesrepublik zwar das Deutschlandlied als Nationalhymne beibehielt, sich aber auf das Absingen der dritten Strophe beschränkte.

Enttäuschte Hoffnungen im Bereich der Verfassungsentwicklung und Forderungen nach staatlicher Einheit und Freiheit kennzeichneten also – wie schon seit 1815, doch nun gesteigert durch viele Jahre erfolglosen Drängens und unerfüllten Wartens – die Situation Deutschlands im Vormärz. Hinzu kamen zunehmende soziale Spannungen, die von der Industrialisierung ausgingen und 1844 zu ersten Aufständen unter den schlesischen Webern führten. So war der Boden für die Revolution von 1848 bereitet, auch wenn es des äußeren Anstoßes – der Erhebung der Pariser Kleinbürger und Arbeiter gegen den Bürgerkönig Louis Philippe – bedurfte, um die latenten Konflikte in offenen Aufruhr umschlagen zu lassen.

4. Die Revolution von 1848/49

Die Februar-Revolution in Frankreich

Die Revolutionswelle von 1848/49 begann im Februar 1848 in Frankreich, nachdem Demonstrationen für die Einführung eines allgemeinen Wahlrechts von der Regierung verboten worden waren. Diesmal handelte es sich nicht um eine Revolution des Bürgertums, sondern um eine Erhebung der Unterschichten, die schon 1830 die Hauptlast der Kämpfe getragen hatten, damals aber bei der politischen Ausschöpfung der Revolutionserfolge vom Bürgertum überspielt und in den Hintergrund gedrängt worden waren. Der „Vierte Stand" – das *Proletariat* – zwang den Bürgerkönig zur Abdankung und zur Flucht nach England und setzte das allgemeine Wahlrecht durch. Sogar die Anerkennung eines „Menschenrechts auf Arbeit" und die Beschäftigung von Arbeitslosen in sogenannten „Nationalwerkstätten" wurden erreicht: Entwicklungen, die deutlich zu Lasten des besitzenden, die Wirtschaft kontrollierenden Bürgertums gingen. Die Kleinbürger und Arbeiter kämpften also in der Februar-Revolution nicht nur *für* die Rechte des Vierten Standes, sondern auch *gegen* die Vorrechte, die der Dritte Stand, das Bürgertum, sich in den Revolutionen von 1789 und 1830 unter Mißachtung (oder Zurückstellung) des Gleichheitsprinzips erworben hatte. Alexis de Tocqueville hat diese Auseinandersetzung zwischen Proletariat und Bourgeoisie während der Februar-Revolution 1848 in seinen *Erinnerungen* eindringlich beschrieben:

Als ich nach Paris zurückkam, war sein Anblick nicht etwa lächerlich, sondern finster und furchterregend. Ich fand in der Stadt hunderttausend Arbeiter, die bewaffnet, zu Regimentern vereinigt, arbeitslos und dem Hungertode nahe waren, aber den Kopf voll eitler Theorien und unsinniger Hoffnungen hatten. Die Gesellschaft war in zwei Teile zerfallen: diejenigen, die nichts hatten, waren von einer gemeinsamen Begehrlichkeit, die noch etwas hatten, von einer gemeinsamen Angst besessen. Zwischen diesen beiden großen Klassen gab es keine Verbindung und keine Gemeinschaft mehr, beide wurden von der Vorstellung beherrscht, daß der Kampf unvermeidlich sei und nahe bevorstehe. Schon waren die Bürger und das Volk, denn man hatte diese alten Kampfbezeichnungen wieder aufgenommen, in Rouen, Limoges und Paris mit wechselndem Glücke handgemein gewor-

Charles Alexis Henri Clérel de Tocqueville (1805-1859), französischer Historiker, Staatsdenker und Politiker. Seit 1827 Richter in Versailles. 1831-32 Reise in die USA zum Studium des dortigen Strafvollzugs; Niederlegung des Richteramtes. Seit 1839 Mitglied der Kammer; Eintreten für Presse- und Koalitionsfreiheit und eine dezentralisierte Verwaltung. 1841 Aufnahme in die Académie française. Seit der Februar-Revolution 1848 Mitglied der Nationalversammlung und von Juni bis Oktober 1849 Außenminister. Nach dem Staatsstreich Napoleons III. 1851 Ausscheiden aus der Politik. Werke: „De la démocratie en Amérique", 4 Bde. 1835-40; L'Ancien Régime et la Révolution" 1850 (unvollendet).

den. Kaum ein Tag ging vorüber, an dem die Besitzenden nicht in ihrem Kapital oder in ihrem Einkommen angegriffen oder bedroht wurden; bald verlangte man von ihnen, daß sie die Arbeit in Gang hielten, ohne verkaufen zu können, bald, daß sie ihren Mietern den Zins erlassen sollten, ohne selbst andere Einkünfte zum Leben zu haben...

Eine düstere Verzweiflung hatte sich der unterdrückten und bedrohten Bourgeoisie bemächtigt, aber diese Verzweiflung wandelte sich unmerklich in Mut. Ich war immer der Ansicht, daß man nicht darauf hoffen dürfe, die revolutionäre Februar-Bewegung stufenweise und auf friedlichem Wege in geordnete Bahnen zu lenken, sondern daß sie nur mit einem Schlage durch eine große Schlacht in den Straßen von Paris aufgehalten werden könne. Ich hatte das schon am Tage nach dem 24. Februar ausgesprochen; was ich jetzt sah, überzeugte mich vollends davon, daß diese Schlacht nicht nur unvermeidlich sei, sondern unmittelbar bevorstehe.

(Aus: Alexis de Tocqueville, Erinnerungen. Mit einer Einleitung von Carl J. Burckhardt, Stuttgart 1962, S. 155ff.)

Zu dieser Schlacht kam es im Juni 1848. Sie endete mit dem erneuten Sieg des Bürgertums, das mit Hilfe der Armee den Juni-Aufstand des Proletariats niederschlug, wobei an den viertägigen Kämpfen mehrere hunderttausend Mann beteiligt waren. Tocqueville bezeichnete als Ziel des Aufstandes „die Änderung nicht der Regierungsform, sondern der Gesellschaft. Es war nicht im eigentlichen Sinne ... ein politischer, sondern ein Klassenkampf, eine Art von Sklavenaufstand. Er führte die Februar-Revolution, die von den sozialistischen Theorien geprägt war, zu ihrem äußeren Höhepunkt, oder vielmehr, er ging aus ihr hervor wie das Kind aus der Mutter. Er war ein brutaler und blinder, aber machtvoller Versuch der Arbeiter, sich aus ihrer Notlage, die man ihnen als eine rechtswidrige Bedrückung geschildert hatte, zu befreien und sich mit Gewalt einen Weg zu dem imaginären Wohlergehen zu bahnen, das man ihnen vorgespiegelt hatte." In dieser Sicht waren also die französischen Ereignisse zwischen Februar und Juni 1848 als Klassenauseinandersetzung zwischen Proletariat und Bourgeoisie ein ausgesprochen moderner Vorgang, der im weiteren Verlauf der Geschichte des 19. und 20. Jahrhunderts in der Entwicklung der Arbeiterbewegung seine politische und soziale Fortsetzung fand.

Das Übergreifen der Revolution auf Deutschland

Im März 1848 erfaßte die Revolution auch Deutschland. In den Mittelstaaten leisteten die Fürsten keinen Widerstand, sondern zogen es vor, Politiker der liberalen und nationalen Opposition in die Regierungen zu berufen („Märzminister"), um den revolutionären Forderungen die Schärfe zu nehmen und einem völligen Zusammenbruch ihrer monarchischen Herrschaft vorzubeugen. Allerdings ließ sich nicht verhindern, daß Führer der Opposition sich am 5. März 1848 in Heidelberg versammelten und dort über die Einberufung eines „Vorparlaments" nach Frankfurt – dem Sitz der Bundesversammlung – berieten, das ein „deutsches Parlament" vorbereiten sollte.

Dann erreichte die Revolution Wien. Klemens Fürst von Metternich, der Schöpfer des europäischen Gleichgewichtssystems auf dem Wiener Kongreß und Urheber der Restauration nach 1815, wurde gestürzt und zur Flucht nach London veranlaßt. Er hatte zwar den Höhepunkt seiner Macht längst überschritten, hatte seit 1826 durch die Ernennung des Grafen Kolowrat-Liebsteinsky zum Staatsminister sogar in der österreichischen Innenpolitik viel von seinem früheren Einfluß verloren, doch galt er noch immer als eine Symbolfigur reaktionärer Politik. Der Sturz Metternichs sollte nun das Ende dieser Politik signalisieren.

Wie überall in Deutschland, so ging es auch in Wien um nationale Einheit und Freiheit. Doch in dem Vielvölkerstaat Österreich-Ungarn verbanden sich die Forderungen nach Liberalisierung und verfassungsmäßig garantierten Rechten mit Autonomiebestrebungen der Ungarn und Italiener, während die Deutsch-Österreicher die Vereinigung Deutschlands verlangten. Es drohte also die Sprengung des Habsburger-Reiches. Viel hing daher vom weiteren Verlauf der Revolution in Deutschland ab, vor allem von der Entwicklung in Berlin, wo es am 18. März zum Volksaufstand kam. Ein Flugblatt, das Ende März in Wien gedruckt und verteilt wurde, berichtete über diese Berliner Ereignisse des 18./19. März:

Der Sturm, der mit wachsender Gewalt das königliche Schloß umbrauste, konnte nicht länger überhört werden, und hätte man die Ohren verstopfen wollen, der Ruf von Österreich wäre hindurchgedrungen, daß Preußen jetzt vereinzelt in Deutschland dastehe, daß es die Gewalt der Ereignisse bei weitem überholt, und seine Stellung gänzlich unhaltbar geworden sei. Aus diesem Gefühle ging auch der Entschluß hervor, es zum Kampf auf Tod und Leben kommen zu lassen, und dieser gänzliche Wechsel in der inneren Gesinnung prägte sich auch blitzschnell in der äußeren Erscheinung der Stadt aus. Es wurden sogleich Barrikaden, die sich in wenigen Stunden über die ganze Stadt ausdehnten, bis zur Zahl von 5000 errichtet, dann wurde mit allen Glocken Sturm geläutet, das Straßenpflaster aufgerissen, mehrere Straßen mit Glasscherben bestreut, spitziges Eisen in den Boden getrieben, um der Reiterei den Weg unmöglich zu machen. Steine wurden auf die Dächer geschafft und sogar abgedeckt, siedendes Wasser und Öl war in Bereitschaft. Leute jeden Alters, Geschlechts und Standes waren dabei, und nur beim Heranrücken des Militärs entfernten sich Frauen, Kinder, Greise in die Häuser, alles Bereitgehaltene herabzuschleudern. Mit der Beleuchtung der Häuser verfuhr man in der Weise, daß die Fenster des zweiten Stockes beleuchtet wurden, sobald die Kämpfer Licht oder Dunkelheit bedürften, wenn ihr Rückzug sie den Blicken des verfolgenden Feindes entziehen sollte. Die Kämpfer anlangend, so erblicken wir unter ihnen Studenten, Schriftsteller, Künstler, junge Beamte und Arbeiter; Polen mögen wenige als Mitkämpfer gefehlt haben. Die Schützen-Gilde machte eine, am besten bewaffnet und im Gebrauch der Gewehre große Wirkung. Eines der hitzigsten Gefechte war bei der Barrikade in der Breitenstraße, unfern des köllnischen Rathauses! Der Kampf währte drei Stunden, fünfmal lief das Militär dagegen Sturm, 4 Offiziere und 30 Mann wurden getötet; es wurde mit Kartätschen dagegen geschossen, aber erst, nachdem fortwährend neue Truppen herbeigezogen waren, wurden die Verteidiger überwältigt. Jedoch im Rücken waren neue Barrikaden errichtet, und die ihnen nachdrängenden Truppen mit Steinhagel vom köllnischen Rathause empfangen. Und als Mangel an Waffen wurde, so sind gleich mehrere Kasernen, Waffenläden und wo man nur Waffen hoffte, erstürmt worden. Die einzeln auf der Straße getroffenen Offiziere und Soldaten wurden entwaffnet. Am mörderischsten war der Kampf am Landwehrzeughaus in der Lindenstraße, bei dessen Verteidigung sich besonders zwanzig Offiziere auszeichneten, welche von den Fenstern aus ein wohlgezieltes Feuer gegen die Anstürmenden unterhielten. Letztere wurden von einem Arbeiter aus Halle, namens Hesse, angeführt, der, jede Gefahr kühn verachtend, den Kampf unnachlassend fortsetzte. Da es seinem Haufen jedoch gänzlich an Feuerwaffen fehlte, so wurden mehrere Bürgerschützen herbeigeholt, welche die Verteidiger von den Fenstern vertrieben und es dem braven Hesse und seinen Gefährten möglich machten, die Türen zu sprengen und in das Innere einzudringen. Fast durch die ganze Nacht hat der Streit gedauert, und der vorgefundene Waffenvorrat kam schon zu spät, um bei dem bald beendeten Blutbad noch wirksame Dienste zu leisten. Nun wurde das Militär von allen Posten entfernt, Bürger, Studenten und Arbeiter besetzten das Schloß und alle öffentlichen Gebäude. Einen schauerlichen Eindruck machten die Leichen der Gefallenen, jedes Haupt mußte sich entblößen. Die Zahl der Gefallenen, die öffentlich bestattet wurden, war 155; viele Familien beerdigten die ihrigen abgesondert; die Verwundeten wurden im Schloßgebäude unter der Königin Aufsicht aufs

Revolution 1848: „Barricade am Cölnischen Rathaus in der Nacht vom 18.-19. März 1848 (von einem Augenzeugen)“

beste verpflegt, 700 verwundet, von denen viele starben. Der Verlust des Militärs wird auf 1590 gerechnet. Den 22. März ertönten alle Glocken der Stadt zum Aufbruch des Zuges, der sich um 2 Uhr in Bewegung setzte, wobei die Särge von Jungfrauen mit Blumen und Kränzen, Bürgergarden, Studenten, Arbeitern mit Fahnen begleitet wurden. Tränen waren in aller Augen. *(Aus: Österreichische Nationalbibliothek, Wien, zit. nach: Die Revolution von 1848/49. Eine Dokumentation, hrsg. von Walter Grab, München 1980, S. 55f)*

Die in diesem Flugblatt genannte Zahl getöteter Soldaten war zwar maßlos übertrieben; die tatsächlichen Verluste des Militärs betrugen wahrscheinlich nicht mehr als 50, während sie unter der Zivilbevölkerung sehr viel höher lagen: vermutlich über 200. Doch es war auch so schon schlimm genug. Die Revolution hatte Berlin nicht verschont. Wann hatte es so etwas je gegeben: eine Revolution in Preußen!

Das Einlenken Friedrich Wilhelms IV.

Friedrich Wilhelm IV. mochte es gar nicht glauben. Natürlich hatte er von der Revolution in Paris gehört und ihr Übergreifen auf Wien verfolgt. Zwischen dem 13. und 16. März hatte es sogar einige kleinere Zwischenfälle in Berlin gegeben: „Auseinandersetzungen“ zwischen Militärs und Zivilisten, wenn man ein paar Schimpfworte, Beleidigungen und Provokationen so nennen konnte. Aber es schien doch alles unter Kontrolle, zumal der König am Morgen des 18. März den Vereinigten Landtag für den 2. April einberufen und sich für Preußen und Deutschland zum Verfassungsgedanken bekannt hatte. Wie in den Mittelstaaten, so hätte es also auch in Preußen ruhig abgehen können, mit einigen Reformen von oben, die der Bewegung unten die

Stoßkraft nahmen. Selbst die Revolution, die vor dem Berliner Schloß begann, war ja zunächst eine Versammlung friedlicher Menschen gewesen, die dem König für das am Morgen erlassene Patent danken wollten. Erst einige Zwischenrufe gegen das Militär und zwei versehentlich gelöste Schüsse (die niemanden trafen) hatten die Stimmung in der Menge plötzlich umschlagen lassen, hatten aus einer disziplinierten, beifällig gestimmten Versammlung eine aufbegehrende, kampfbereite Masse gemacht.

Nun war die revolutionäre Situation da, aus heiterem Himmel und unerwartet. Und Friedrich Wilhelm, immer noch im Glauben an das Treueverhältnis von Fürst und Volk, sah keinen anderen Ausweg, als nachzugeben. Er versprach, die Truppen, die in den 16stündigen Kämpfen die Oberhand behielten, abrücken zu lassen. In seiner in der Nacht vom 18. zum 19. März geschriebenen Proklamation „An meine lieben Berliner" wurde die tiefe Enttäuschung des Königs über die eingetretene Entwicklung sichtbar, zumal er meinte, mit der Einberufung des Vereinigten Landtags für den 2. April seinen guten Willen bewiesen zu haben:

An meine lieben Berliner!

Durch mein Einberufungs-Patent vom heutigen Tage habt Ihr das Pfand der treuen Gesinnung Eures Königs zu Euch und zum gesammten teutschen Vaterlande empfangen. Noch war der Jubel mit dem unzählige treue Herzen mich begrüßt hatten nicht verhallt, so mischte ein Haufe Ruhestörer aufrührische und freche Forderungen ein und vergrößerte sich in dem Maaße als die Wohlgesinnten sich entfernten. Da ihr ungestühmes Vordringen bis in's Portal des Schlosses mit Recht arge Absichten befürchten ließ und Beleidigungen wider meine tapfern und treuen Soldaten ausgestoßen wurden, mußte der Platz durch Cavallerie *im Schritt* und mit *eingesteckter Waffe* gesäubert werden und *2* Gewehre der Infanterie entluden sich von selbst, Gottlob! ohne irgend Jemand zu treffen. Eine Rotte von Bösewichtern, meist aus Fremden bestehend, die sich seit einer Woche, obgleich aufgesucht, doch zu verbergen gewußt hatten, haben diesen Umstand im Sinne ihrer argen Pläne, durch augenscheinliche Lüge verdreht und die erhitzten Gemüther von Vielen meiner treuen und lieben Berliner mit Rache-Gedanken um vermeintlich vergossenes Blut! erfüllt und sind so die gräulichen Urheber von Blutvergießen geworden. Meine Truppen, Eure Brüder und Landsleute, haben erst dann von der Waffe Gebrauch gemacht, als sie durch viele Schüsse aus der Königstraße dazu gezwungen wurden. Das siegreiche Vordringen der Truppen war die nothwendige Folge davon.

An Euch, Einwohner meiner geliebten Vaterstadt ist es jetzt, größerem Unheil vorzubeugen. Erkennt, Euer König und treuster Freund beschwört Euch darum, bei Allem was Euch heilig ist, den unseeligen Irrthum! kehrt zum Frieden zurück, räumt die Barricaden die noch stehen hinweg, und entsendet an mich Männer, voll des ächten alten Berliner Geistes mit Worten wie sie sich Eurem König gegenüber geziemen, und ich gebe Euch mein Königliches Wort, daß alle Straßen und Plätze sogleich von den Truppen geräumt werden sollen und die militärische Besetzung nur auf die nothwendigen Gebäude, des Schlosses, des Zeughauses und weniger anderer, und auch da nur auf kurze Zeit beschränkt werden wird. Hört die väterliche Stimme Eures Königs, Bewohner meines treuen und schönen Berlins und vergesset das Geschehene, wie ich es vergessen will und werde in meinem Herzen, um der großen Zukunft Willen, die unter dem Friedens-Seegen Gottes, für Preußen und durch Preußen für Teutschland anbrechen wird.

Eure liebreiche Königinn und wahrhaft treue Mutter und Freundinn, die sehr leidend darniederliegt, vereint ihre innigen, thränenreichen Bitten mit den Meinigen. – Geschrieben in der Nacht vom 18-19. März 1848.

Friedrich Wilhelm.

(Aus: Berlin Museum, Berlin.)

Der preußische König beließ es jedoch nicht bei Worten des Bedauerns und Appellen an das Volk, sondern äußerte sich auch inhaltlich. In einer Proklamation vom

21. März 1848 wandte sich Friedrich Wilhelm IV. „An Mein Volk und an die deutsche Nation" und stellte fest, Preußen gehe fortan in Deutschland auf:

An Mein Volk und an die deutsche Nation!

Mit Vertrauen sprach der König vor fünfunddreißig Jahren in den Tagen hoher Gefahr zu seinem Volke, und sein Vertrauen ward nicht zu Schanden; der König, mit seinem Volke vereint, rettete Preußen und Deutschland vor Schmach und Erniedrigung.

Mit Vertrauen spreche Ich heute, im Augenblick, wo das Vaterland in höchster Gefahr schwebt, zu der deutschen Nation, unter deren edelste Stämme Mein Volk sich mit Stolz rechnen darf. Deutschland ist von innerer Gärung ergriffen und kann durch äußere Gefahr von mehr als einer Seite bedroht werden. Rettung aus dieser doppelten, dringenden Gefahr kann nur aus der innigsten Vereinigung der deutschen Fürsten und Völker unter einer Leitung hervorgehen.

Ich übernehme heute diese Leitung für die Tage der Gefahr. Mein Volk, das die Gefahr nicht scheut, wird Mich nicht verlassen und Deutschland wird sich Mir mit Vertrauen anschließen. Ich habe heute die alten deutschen Farben angenommen und Mich und Mein Volk unter das ehrwürdige Banner des deutschen Reiches gestellt. *Preußen geht fortan in Deutschland auf.*

Als Mittel und gesetzliches Organ, um die Vereine mit Meinem Volke zur Rettung und Beruhigung Deutschlands voranzugehen, bietet sich der auf den 2. April einberufene Landtag dar. Ich beabsichtige, in einer unverzüglich näher zu erwägenden Form den Fürsten und Ständen Deutschlands die Gelegenheit zu eröffnen, mit Organen dieses Landtages zu einer gemeinschaftlichen Versammlung zusammenzutreten.

Die auf diese Weise zeitweilig sich bildende deutsche Stände-Versammlung wird in gemeinsamer, freier Beratung das Erforderliche in der gemeinsamen inneren und äußeren Gefahr ohne Verzug vorkehren.

Was heute vor allem Not tut ist

1. Aufstellung eines allgemeinen deutschen, volkstümlichen Bundesheeres,
2. Bewaffnete Neutralitäts-Erklärung.

Solche vaterländische Rüstung und Erklärung werden Europa Achtung einflößen vor der Heiligkeit und Unverletzlichkeit des Gebietes deutscher Zunge und deutschen Namens. Nur Eintracht und Stärke vermögen heute den Frieden in unserem schönen, durch Handel und Gewerbe blühenden Gesamt-Vaterlande zu erhalten.

Gleichzeitig mit den Maßregeln zur Abwendung der augenblicklichen Gefahr wird die deutsche Stände-Versammlung über die Wiedergeburt und Gründung eines neuen Deutschlands beraten, eines einigen, nicht einförmigen Deutschlands, einer Einheit in der Verschiedenheit, einer Einheit mit Freiheit.

Allgemeine Einführung wahrer konstitutioneller Verfassungen, mit Verantwortlichkeit der Minister in allen Einzelstaaten, öffentliche und mündliche Rechtspflege, in Strafsachen auf Geschworenengerichte gestützt, gleiche politische und bürgerliche Rechte für alle religiösen Glaubensbekenntnisse und eine wahrhaft volkstümliche, freisinnige Verwaltung werden allein solche sichere und innere Einheit zu bewirken und zu befestigen im Stande sein.

Berlin, den 21. März 1848.

Friedrich Wilhelm.

Graf Arnim. v. Rohr. Graf Schwerin.
Bornemann. v. Arnim. Kühne.

(Aus: Die Revolution von 1848/49, a.a.O., S. 59 f.)

Am Tage darauf, dem 22. März, folgte schließlich die Proklamation über Volksvertretung und Bürgerrechte, die das Versprechen enthielt, Preußen zum liberalen Verfassungsstaat auszubauen:

Nachdem Ich eine konstitutionelle Verfassung auf den breitesten Grundlagen verheißen habe, ist es Mein Wille, ein volkstümliches Wahlgesetz zu erlassen, welches eine, auf Urwahlen begründete, alle Interessen des Volkes, ohne Unterschied der religiösen Glaubensbekenntnisse umfassende Vertretung herbeizuführen geeignet ist, und dieses Gesetz vorher dem Vereinigten Landtage zur Begutachtung vorzulegen, dessen schleunige Berufung Ich, nach allen bisher Mir zugegangenen Anträgen für den allgemeinen Wunsch des Landes halten muß. Diesem bisher kundgegebenen Wunsch des Landes würde Ich entschieden zuwiderhandeln, wenn ich nach Ihrem Antrag (dem Antrag der Deputationen von Breslau und Liegnitz, das Wahlgesetz ohne Befragung des Vereinigten Landtages zu erlassen, d. Verf.) das neue Wahlgesetz ohne ständischen Beirat erlassen wollte. Sie werden daher, wie Ich zu Ihrer Loyalität vertraue, sich selbst überzeugen und Ihre Kommittenten davon zu überzeugen wissen, daß Ich auf Ihren gedachten Antrag für jetzt und so lange nicht der allgemeine Wunsch des Landes sich dem Ihrigen anschließt, nicht eingehen kann.

Der auf diese Weise zu bildenden neuen Vertretung Meines Volkes werden dann auch, Meinen bereits kundgegebenen Entschließungen entsprechend, Vorschläge über folgende Punkte vorgelegt werden:

1. über Sicherstellung der persönlichen Freiheit;
2. über freies Vereinigungs- und Versammlungsrecht;
3. über eine allgemeine Bürgerwehrverfassung mit freier Wahl der Führer;
4. über Verantwortlichkeit der Minister;
5. über die Einführung von Schwurgerichten für Strafsachen, namentlich für alle politischen und Preßvergehen;
6. über die Unabhängigkeit des Richterstandes;
7. über Aufhebung des eximierten Gerichtsstandes, der Patrimonial-Gerichtsbarkeit und der Dominial-Polizeigewalt.

Außerdem werde Ich das stehende Heer auf die neue Verfassung vereidigen lassen.

Berlin, den 22. März 1848.

Friedrich Wilhelm.

Graf Arnim. v. Rohr. Graf Schwerin.
Bornemann. v. Arnim. I. Kühne.

(Aus: Die Revolution von 1848/49, a.a.O., S. 60 f.)

Am gleichen 22. März, an dem diese Proklamation verkündet wurde, bewegte sich der Beisetzungszug der Toten des 18. März durch Berlin, vorbei am königlichen Schloß, wo Friedrich Wilhelm IV. sich vor den Särgen verneigte. Vielen erschien es wie eine Verbeugung vor der Revolution. Aber die Nachgiebigkeit des Königs bewahrte Berlin vor weiteren Kämpfen. Wenige Monate später, Ende Juli 1848, als die Entwicklung bereits wieder einen gegenteiligen, für die Revolution negativen Verlauf genommen hatte und der preußische König von seinen März-Versprechungen nichts mehr wissen wollte, beschrieb Ferdinand Freiligrath in seinem Gedicht *Die Todten an die Lebenden*, von dem an anderer Stelle noch ausführlich die Rede sein wird, diese Szene mit der Bitterkeit eines zutiefst Enttäuschten:

So war's! Die Kugel in der Brust, die Stirne breit gespalten,
So habt ihr uns auf schwankem Brett auf zum Altan gehalten!
„Herunter!" – und er kam gewankt – gewankt an unser Bette;
„Hut ab!" – er zog – er neigte sich! (so sank zur Marionette,
Der erst ein Komödiante war!) bleich stand er und beklommen!
Das Heer indeß verließ die Stadt, die sterbend wir genommen!
Dann „Jesus meine Zuversicht!", wie ihr's im Buch könnt lesen;
Ein „Eisen meine Zuversicht!" wär' paßlicher gewesen!

Das Frankfurter Vorparlament

Doch nun, im März 1848, war man von dieser Enttäuschung noch weit entfernt, richtete sich die Aufmerksamkeit zunächst nach Frankfurt, wo auf Einladung der Heidelberger Versammlung von 51 Oppositionspolitikern aus Preußen, Bayern, Württemberg, Baden, Hessen, Nassau und Frankfurt am 31. März das sogenannte „Vorparlament" zusammentrat.

Die Heidelberger Versammlung vom 5. März hatte beschlossen, „ihre betreffenden Regierungen auf das Dringendste anzugehen, sobald und so vollständig, als nur immer möglich ist, das gesamte deutsche Vaterland und die Throne mit (einem) kräftigen Schutzwalle zu umgeben", und verabredet, „dahin zu wirken, daß baldmöglichst eine vollständigere Versammlung von Vertrauensmännern aller deutschen Volksstämme zusammentrete, um diese wichtigste Angelegenheit weiter zu beraten und dem Vaterlande wie den Regierungen ihre Mitwirkung anzubieten". Sieben Mitglieder der Heidelberger Versammlung waren schließlich ersucht worden, „hinsichtlich der Wahl und der Einrichtungen einer angemessenen Nationalvertretung Vorschläge vorzubereiten, und die Einladung zu einer Versammlung deutscher Männer schleunigst zu besorgen", wie es in der Erklärung der Versammlung vom 5. März hieß.

Die Beratungen des Vorparlaments begannen am 31. März und dauerten bis zum 3. April. Bereits in der ersten Sitzung meldete sich Gustav von Struve aus Baden mit Forderungen zu Wort, die zur Aufhebung der erblichen Monarchie und zur Schaffung eines parlamentarischen Systems im Rahmen einer „föderativen Bundesverfassung nach dem Muster der nordamerikanischen Freistaaten" geführt hätten. Das Vorparlament, so Struve, solle nicht nur die Wahl einer Nationalversammlung vorbereiten, sondern so lange „in Frankfurt am Main vereinigt bleiben, bis ein frei gewähltes Parlament die Geschicke Deutschlands leiten kann". Struve fürchtete offenbar um den Bestand der Revolution, wenn man das Instrument des Vorparlaments nicht nutzte, um den Weg der Parlamentarisierung bis zu ihrer Vollendung zu sichern; er wollte daher in Frankfurt bleiben, um die Entwicklung zu kontrollieren, sie abzuschirmen gegen jene, die von dem, was dort geschah, nichts wissen wollten.

In dem Antrag Gustav von Struves an das Vorparlament vom 31. März 1848 hieß es:

Wir Endesunterzeichneten stellen den Antrag an das deutsche Parlament zu Frankfurt am Main, dasselbe wolle sofort folgender Zusammenstellung der Rechte des deutschen Volks ihre Anerkennung erteilen und über deren Verwirklichung wachen . . .:

Sicherheit des Eigentums und der Person, Wohlstand, Bildung und Freiheit für alle ohne Unterschied der Geburt, des Standes und des Glaubens ist das Ziel, nach welchem das deutsche Volk strebt. Die Mittel, zu demselben zu gelangen, sind:

1. Aufhebung des stehenden Soldatenheeres und Verschmelzung desselben mit der Bürgerwehr zum Behufe der Bildung einer wahren, alle waffenfähigen Männer umfassenden Volkswehr . . .
4. Abschaffung aller Vorrechte, welchen Namen dieselben tragen mögen, insbesondere des Adels, der Privilegien des Reichtums, Zensus, der bevorzugten Gerichtsstände, und Ersetzung derselben durch ein allgemeines deutsches Staatsbürgerrecht . . .
6. Aufhebung aller Klöster und klösterlichen Einrichtungen.
7. Auflösung des Bundes, welcher bisher bestand zwischen Kirche und Staat und Kirche und Schule . . .
8. Abschaffung der Zensur, Konzessionen und Kautionen und Ersetzung dieser Zwangsanstalten durch den Grundsatz der Preßfreiheit in seiner weitesten Ausdehnung.
9. Abschaffung der geheimen und schriftlichen Inquisitionsgerichte und Ersetzung derselben durch öffentlich und mündlich gepflogene Schwurgerichte . . .
11. Beseitigung des Notstandes der arbeitenden Klassen und des Mittelstandes, Hebung des Handels, des Gewerbestandes und der Landwirtschaft . . .
12. Ausgleichung des Mißverhältnisses zwischen Arbeit und Kapital vermittelst eines besonderen Arbeiter-Ministeriums, welches dem Wucher steuert, die Arbeit schützt und derselben namentlich einen Anteil an dem Arbeitsgewinne sichert . . .
14. Aufhebung der Zerrissenheit Deutschlands und Wiederherstellung der Einteilung in Reichskreise mit billiger Berücksichtigung der Zeitverhältnisse.
15. Aufhebung der erblichen Monarchie (Einherrschaft) und Ersetzung derselben durch

Das merkwürdige Jahr 1848. — Eine neue Bilderzeitung. — 33stes Bild.

Mißhandlung der Demokraten in Charlottenburg am 20. August 1848.

„Ruhe ist die erste Bürgerpflicht!“

ist ein altes aber auch ein wahres Wort, und nur in Ruhe, d. h. unter Gesetz und Ordnung, kann die Wohlfahrt der Einzelnen und des ganzen Staates gedeihen, jeder also der Unruhen erregt, verdient von Rechts wegen gestraft zu werden, sei er Republikaner oder Reaktionair. Oft aber verdienen auch diejenigen harte Strafe, welche durch ihre Wühlereien das Volk aufregen und zu Tumult und Aufruhr verleiten, doch steht eine solche Bestrafung nur der rechtmäßigen Obrigkeit zu, und der ganze Staat würde am Ende zu Grunde gehen, wenn ein Jeder sein Recht selbst suchen wollte. Dies beweisen klar die betrübenden unruhigen Auftritte in Charlottenburg, mit denen es folgende Bewandniß hat. Es war in Charlottenburg schon am 12. August eine Gesellschaft junger Männer zusammengetreten, um einen demokratischen Verein zu stiften und weil Andern dies gefährlich und für ihre Wohlfahrt nachtheilig erschien, da durch solche Vereine das Volk im höchsten Grade aufgeregt wird, so sandten sie von allen Seiten geheim: Drohungen und Warnungen an die genannten jungen Männer, die sie aber nicht beachteten. Da kam denn die Sache am 20. August zum Ausbruch. An diesem Tage nämlich sollte eine Versammlung des Vereins an einem öffentlichen Orte stattfinden und schon einige Stunden vor der anberaumten Zusammenkunft ließ der Wirth den Vorstehern sagen: „man habe ihm gedroht, sein ganzes Haus zu zerstören, wenn er die gotteslästerlichen Republikaner bei sich aufnähme.“ Es wurde also bei dem Buchhändler Egbert Bauer, in dessen Wohnung sich mehrere Mitglieder befanden, der Beschluß gefaßt, die Sitzung für den Tag und so lange auszusetzen, bis sich ein passender Versammlungsort für den Verein gefunden haben würde. Doch schon war es zu spät. Der wilde Schwarm, der zur Bestrafung jener Demokraten gedungen und durch Branntwein auf's Aeußerste erhitzt war, war bereits im Anmarsche, mißhandelte im sogenannten Jägerhäuschen mehrere Mitglieder des Vereins mit Stuhlfüßen, Stöcken und andern dergleichen Werkzeuge auf grauenhafte Weise und rückte nun auf die Stadt selbst zu, um die Republikaner in ihrem Hauptquartier, der Bauerschen Buchhandlung, aufzusuchen. In Hemdärmeln und mit Knütteln bewaffnet drangen sie in den Laden ein und sämmtliche, darin befindliche Republikaner wurden unter wildem Geschrei bei den Haaren hinausgeschleift, auf der Straße niedergeworfen und mit Knütteln und Fäusten recht derb zerarbeitet. Einige der Aermsten suchten sich durch eilige Flucht zu retten, allein die wilde Rotte verfolgte sie und mißhandelte sie vor den Augen der Truppen, die zum Apell versammelt waren, fürchterlich. Weder Polizei noch Bürgerwehr, die doch für Ordnung und Ruhe sorgen sollten, ließ sich sehen, um die Verfolgten in Schutz zu nehmen und als die letztere endlich durch Generalmarsch zusammengerufen war, sah sie es mit an, wie die Rotte in die Häuser eindrang und einen Demokraten nach dem andern leichenblaß und blutig geschlagen mit zerrissenen Kleidern herausholte und durch die Straßen führte. Nur wenige ehrenwerthe Bürger nahmen sich der Mißhandelten an, ohne jedoch dem Unfuge ein Ziel setzen zu können, der bis gegen Abend währte. So weit und zu solchen Frevelthaten kann blinder Eifer verleiten und diejenigen durch Geld und Genuß hitziger Getränke zu den rasendsten Handlungen verführen, welche ohne Ueberlegung, ob sie recht oder unrecht handeln, sich jedem der sie dingt, hingeben.

Wie der Mensch im Erdenleben,
Alles Gute meist erkennt,
Das der Vater ihm gegeben,
Wenn er nicht mehr sein es nennt.

Also kann man jetzt ermessen,
Wie so schön der Friede war,
Der nun tief in Nacht vergessen
Uns geleuchtet sonnenklar.

Wie er aller Menschen Herzen
Mit der gold'nen Ruh' gekrönt,
Sie befreit von tausend Schmerzen,
Segnend unsern Staat verschönt.

Aber ach! er ist entschwunden,
Zu des Hocherhabnen Thron,
Seit in blutgetränkten Stunden
Fromme Eintracht uns entflohn.

Wie der Hauch der Morgenröthe
Mild am blauen Himmel wallt,
Wie die Klage sanfter Flöte
Lieblich durch die Wälder hallt.

Also zieht ein banges Sehnen
Durch die schmerzerfüllte Brust,
Und erpresset heiße Thränen,
Schnell verscheuchend unsre Lust.

Kehrte mit der Freiheit Segen
Doch die alte Ruh' zurück,
Es begleit' auf allen Wegen
Freundlich uns ihr strahlend Glück.

Doch der Friede schütze Jeden,
Von der Hütte bis zum Thron;
Denn die Heimath ist ein Eden
Für des Vaterlandes Sohn.

Ein Blatt aus dem „Neuruppiner Bilderbogen“ über das „Merkwürdige Jahr 1848“

frei gewählte Parlamente, an deren Spitze frei gewählte Präsidenten stehen, alle vereint in der föderativen Bundesverfassung nach dem Muster der nordamerikanischen Freistaaten.

Deutsches Volk, dieses sind die Grundsätze, mit deren Hilfe allein unseres Erachtens Deutschland glücklich, geachtet und frei werden kann.

Deutsche Brüder in Ost und West, wir fordern euch auf, uns in dem Bestreben zu unterstützen, euch die einigen und unveräußerlichen Menschenrechte zu verschaffen.

Wir werden in Frankfurt am Main vereinigt bleiben, bis ein frei gewähltes Parlament die Geschicke Deutschlands leiten kann. Mittlerweile werden wir die erforderlichen Gesetzesvorlagen entwerfen und durch einen freigewählten Vollziehungsausschuß das große Werk der Wiederherstellung Deutschlands vorbereiten.

(Aus: Offizieller Bericht über die Verhandlungen zur Gründung eines deutschen Parlaments, 1. Sitzung am 31. März 1848, Antrag Struve und Debatte darüber, in: Verhandlungen des deutschen Parlaments, 1. Lieferung, Frankfurt am Main 1848, S. 5ff.)

Dieser Antrag erhielt jedoch nicht die Zustimmung der Mehrheit der Delegierten. Struves Forderungen – so gemäßigt, ja geradezu selbstverständlich die meisten von ihnen aus heutiger Sicht auch erscheinen mögen – wurden für allzu radikal befunden. Die Errichtung einer Republik lag weit jenseits der Vorstellungen und Absichten des überwiegenden Teils der Frankfurter Vorparlamentarier – ganz abgesehen davon, daß so etwas ohnehin nicht mit friedlichen Mitteln zu bewerkstelligen gewesen wäre, da die Fürsten ihre Machtstellung schwerlich kampflos preisgegeben hätten. An Revolutionswirren aber, französischen Verhältnissen in Deutschland, waren die Frankfurter nicht interessiert; sie hofften, die Einheit und Freiheit auf dem Wege der Konstitutionalisierung und Parlamentarisierung nach englischem Muster zu verwirklichen, also durch Verhandlungslösungen, Kompromisse und Reformen statt durch Revolution. Jedenfalls konnten Struve und seine Anhänger auf die gemäßigten Liberalen und Konservativen des Vorparlaments nicht rechnen.

Struve kehrte deshalb nach Baden zurück und versuchte dort, gemeinsam mit Friedrich Hecker, die geforderte Republik im Handstreich gewaltsam zu erzwingen, um sie vom Südwesten aus auf ganz Deutschland auszudehnen. Ihr Aufstand im April 1848 endete allerdings bereits nach acht Tagen, am 20. April, mit der Niederlage der republikanischen Freischärler gegen badische Truppen bei Kandern. Auch Georg Herweghs Versuch, mit seiner republikanischen „Deutschen Legion" von der Schweiz her den badischen Aufständischen zu Hilfe zu kommen, scheiterte; nachdem er am 24. April den Rhein überquert und sich zum Kampf gestellt hatte, unterlag er am 27. April im Gefecht bei Dossenbach. Hecker und Struve flohen nun ebenso in die Schweiz wie Herwegh, der sich nach seiner Niederlage sofort wieder über den Rhein zurückzog, um der weiteren Verfolgung zu entgehen.

Das Vorparlament beschloß unterdessen die Bildung einer konstituierenden Nationalversammlung, ohne selbst Einzelheiten der künftigen deutschen Verfassung zu präjudizieren, wie Struve es verlangt hatte. Der Nationalversammlung sollten nicht nur Abgeordnete der *bisherigen* Länder des Deutschen Bundes angehören, sondern auch Vertreter Schleswigs sowie Ost- und Westpreußens, die „unverzüglich in den deutschen Bund aufzunehmen" seien. Als Sitzungsort wurde wiederum Frankfurt am Main bestimmt – genauer: die Paulskirche, mit deren Namen daher die Entstehung des deutschen Parlamentarismus eng verknüpft ist.

Am 3. April löste sich das Vorparlament nach vier Sitzungen selbst auf und wich einem Fünfziger-Ausschuß, in dessen Namen am 4. April die *Beschlüsse des Vorparlaments* verkündet wurden:

Gustav von Struve (1805-1870), Rechtsanwalt und Politiker. Im Vormärz publizistisches Eintreten für Einheit und Freiheit. 1848 Mitglied des Vorparlaments. Im April 1848 mit Friedrich Hecker Führer des 1. badischen Aufstandes. Nach dessen Scheitern Flucht in die Schweiz. Am 21. September 1848 Ausrufung der deutschen Republik in Lörrach; Beginn des 2. badischen Aufstandes. Am 24. September Niederlage der Freischärler Struves im Gefecht bei Staufen; Ergreifung Struves und Verbringung in die Festung Bruchsal. Zu Beginn der badischen Reichsverfassungskampagne im Mai 1849 Befreiung und Teilnahme am 3. badischen Aufstand. Nach dem Sieg der preußischen Interventionstruppen Flucht in die Schweiz und 1851 Emigration in die USA. Seit 1861 Teilnahme am amerikanischen Sezessionskrieg auf der Seite der Nordstaaten. 1863 Amnestierung und Rückkehr nach Deutschland.

Der Zug des deutschen Parlaments nach der Paulskirche in Frankfurt am Main am 18. Mai 1848

Aufgabe der Versammlung

Die Versammlung hat ihre Aufgabe darin erkannt, die Art und Weise festzustellen, in welcher die konstituierende Nationalversammlung gebildet werden soll. Sie hat dabei ausdrücklich ausgesprochen, daß die Beschlußnahme über die künftige Verfassung Deutschlands einzig und allein dieser vom Volke zu erwählenden konstituierenden Versammlung zu überlassen sei.

Das Bundesgebiet

Schleswig, staatlich und national mit Holstein unzertrennlich verbunden, ist unverzüglich in den deutschen Bund aufzunehmen und in der konstituierenden Versammlung gleich jedem anderen deutschen Bundesstaate durch freigewählte Abgeordnete zu vertreten.

Ost- und Westpreußen ist auf gleiche Weise in den deutschen Bund aufzunehmen . . .

Zahl der Volksvertreter in der deutschen konstituierenden Versammlung

Auf je 50000 Seelen wird ein Vertreter zur deutschen konstituierenden Versammlung gewählt.

Ein Staat mit weniger als 50000 Seelen wählt einen Deputierten . . .

Wahlart der Abgeordneten zur deutschen konstituierenden Versammlung

In Betreff der Wahlart gelten für jedes der deutschen Länder folgende Bedingungen:

Die Wahlberechtigung und Wählbarkeit darf nicht beschränkt werden durch einen Wahlzensus, durch Bevorrechtung einer Religion, durch eine Wahl nach bestimmten Ständen.

Jeder volljährige selbständige Staatsangehörige ist wahlberechtigt und wählbar . . .

Ort der konstituierenden Nationalversammlung

Die konstituierende Nationalversammlung hält ihre Sitzungen in Frankfurt am Main.

Zeit des Zusammentritts

Das Wahlgeschäft ist von den einzelnen Staaten in der Art anzuordnen, daß die Nationalversammlung am 1. Mai d.J. ihre erste Sitzung halten kann.

Permanenter Ausschuß der Versammlung

Die gegenwärtige Versammlung wählt einen permanenten Ausschuß von fünfzig Mitgliedern, der bis zum Zusammentritt der konstituierenden Versammlung in Frankfurt am Main verweilt. . .

Dieser Fünfziger-Ausschuß ist beauftragt:
die Bundesversammlung einzuladen, mit ihm bis zum Zusammentritte der konstituierenden Versammlung in Vernehmen zu treten;

er ist beauftragt:
die Bundesversammlung bei Wahrung der Interessen der Nation und bei der Verwaltung der Bundesangelegenheiten bis zum Zusammentritte der konstituierenden Versammlung selbständig zu beraten, und die nötigen Anträge an die Bundesversammlung zu bringen;

er ist beauftragt:
bei eintretender Gefahr des Vaterlandes die gegenwärtige Versammlung sofort wieder einzuberufen.

Der Ausschuß wird bei den Regierungen dahin wirken, daß die allgemeine Volksbewaffnung in allen deutschen Ländern schleunigst in's Leben gerufen werde . . .

Grundrechte und Forderungen des deutschen Volkes

Die Versammlung empfiehlt, mit ihrer grundsätzlichen Zustimmung, dem konstituierenden Parlamente zur Prüfung und geeigneten Berücksichtigung die nachstehenden Anträge, welche bestimmte Grundrechte als geringstes Maß deutscher Volksfreiheit verlangen, und die im deutschen Volke lebenden Wünsche und Forderungen aussprechen.

Gleichstellung der politischen Rechte, ohne Unterschied des Glaubensbekenntnisses, und Unabhängigkeit der Kirche vom Staate.

Volle Preßfreiheit.

Freies Vereinigungsrecht.

Petitionsrecht.

Eine freie volksvertretende Landesverfassung mit entscheidender Stimme des Volksabgeordneten in der Gesetzgebung und Besteuerung und mit Verantwortlichkeit der Minister.

Gerechtes Maß der Steuerpflicht nach der Steuerkraft.

Gleichheit der Wehrpflicht und des Wehrrechts.

Gleiche Berechtigung aller Bürger zu Gemeinde- und Staatsämtern.

Unbedingtes Auswanderungsrecht.

Allgemeines deutsches Staatsbürgerrecht.

Lehr- und Lernfreiheit.

Schutz der persönlichen Freiheit.

Schutz gegen Justizverweigerungen.

Unabhängigkeit der Justiz.

Öffentlichkeit und Mündlichkeit der Rechtspflege und Schwurgerichte in Strafsachen.

Ferner:

Ein vollständiges Kreditsystem mit Ackerbau- und Arbeiterklassen.

Schutz der Arbeit durch Einrichtungen und Maßregeln, um Arbeitsunfähige vor Mangel zu bewahren, Erwerblosen lohnende Beschäftigung zu verschaffen, die Verfassung des Gewerb- und Fabrikwesens den Bedürfnissen der Zeit anzupassen.

Schulunterricht für alle Klassen, Gewerbe und Berufe aus Staatsmitteln.

Anerkennung endlich der Auswanderung als Nationalangelegenheit und Regelung derselben zum Schutze der Auswanderer . . .

(Aus: Verhandlungen des Deutschen Parlaments. Offizielle Ausgabe. Mit einer geschichtlichen Einleitung über die Entstehung der Vertretung des ganzen deutschen Volkes von Karl Jucho, Frankfurt 1848, Bd. I, S. 172ff.)

Bis zum 1. Mai 1848 – dem dafür in den Beschlüssen des Vorparlaments vorgesehenen Termin – schaffte man es nicht, die verfassunggebende Nationalversammlung nach Frankfurt einzuberufen. Die Auswahl der Delegierten, ihre Anreise nach Frankfurt und die inhaltliche Vorbereitung der Beratungen brauchte Zeit. Doch endlich, am 18. Mai, zogen die Abgeordneten durch ein Spalier von Menschen und unter schwarz-rot-goldenen Fahnen in die Paulskirche ein.

Die verfassunggebende Nationalversammlung und die politischen „Klubs" in der Paulskirche

Die Paulskirchen-Versammlung war eine Versammlung von Angehörigen des gebildeten, besitzenden Bürgertums: Professoren, Juristen, höhere Verwaltungsbeamte, auch Literaten, Kaufleute, Gutsbesitzer; nur wenige Handwerker; und keine Arbeiter. Ein einziger Kleinbauer.

Die Stimmung war würdevoll. Von Revolution keine Spur, wenn man darunter nur einen Akt der Gewalt verstand. Stolz, Hoffnung und Zuversicht kennzeichneten die Atmosphäre. Lange hatte man auf diesen Moment gewartet, hatte seit mehr als einem halben Jahrhundert zäh und beharrlich auf ihn hingearbeitet. Die Geschichte Deutschlands sollte in der Paulskirche eine entscheidende Wendung erhalten: Nach westeuropäischem und teilweise auch amerikanischem Vorbild, doch ohne die eruptiven Begleiterscheinungen und Entgleisungen der französischen Revolutionen, wollte man Deutschland zu einem modernen Verfassungsstaat entwickeln und zugleich die nationale Frage der Herstellung der deutschen Einheit lösen.

Bei den Beratungen über Grundzüge und Verfassung des neuen Staatswesens prallten unterschiedliche Kräfte und Meinungen aus allen Teilen des Landes und verschiedenen Schichten der Bevölkerung aufeinander. Herkunft, Erziehung, Besitz und politische Überzeugung spielten eine Rolle. Denn die Abgeordneten waren zumeist als individuelle Persönlichkeiten, nicht als Funktionäre oder Abgesandte politischer oder wirtschaftlicher Gruppierungen nach Frankfurt gereist. Sie vertraten daher ihre persönliche Meinung, nicht die Auffassung einer Institution, eines Verbandes oder einer „Partei".

Eine enge, auf formalen Zugehörigkeiten beruhende Verbindung gab es unter den Abgeordneten aus diesen Gründen zunächst nicht. Erst allmählich, im Alltag der Beratungen, fanden sich die einen oder anderen zusammen, entdeckten gemeinsame Überzeugungen und gemeinsame Ziele. Man verbündete sich, um sich abzusprechen, abzu-

Tabelle: Die berufsständische Zusammensetzung der Frankfurter Nationalversammlung

1. *Geistige und freie Berufe*	
a) Universitätsprofessoren	49
b) Lehrer	57
c) Geistliche (ev. 16; kath. 16; dtkath. 1)	33
d) Advokaten	66
e) Ärzte	18
f) Bibliothekare	5
g) Verleger, Buchhändler	6
h) Schriftsteller	43
	277
2. *Staats- und Gemeindediener*	
a) Offiziere	16
b) Diplomaten	3
c) Richter, Staatsanwälte	157
d) Höhere Verwaltungsbeamte	118
e) Bürgermeister	20
f) Mittlere Beamte	11
	325
3. *Wirtschaftsstände*	
a) Landwirte	60
b) Kaufleute	46
c) Handwerker	4
	110

Insgesamt:	
1. Geistige und freie Berufe	227
2. Staats- und Gemeindediener	325
3. Wirtschaftsstände	110
4. Berufslose	118
	830

Davon akademisch gebildet:	
1. Geistige und freie Berufe	rd. 250
2. Staats- und Gemeindediener	rd. 275
3. Berufslose (mindestens 25 von 118)	rd. 25
	rd. 550

(Aus: Ernst Rudolf Huber, Deutsche Verfassungsgeschichte seit 1789, Bd. II, Stuttgart 1960, S. 610 f.)

stimmen und durch gemeinsames Vorgehen eine bessere Chance zu erhalten, die eigenen Vorstellungen durchzusetzen, traf sich dazu in Wirtshäusern und Hotels, organisierte sich in „Klubs“ und benannte diese nicht nach ihrer politischen Couleur, sondern nach dem Orte, an dem sie ihre Treffen abhielten, wie Robert von Mohl, der dem Frankfurter Parlament als Vertreter des linken Zentrums angehörte, in seinen *Lebenserinnerungen* berichtet:

Diese Klubs erhielten eine so große Bedeutung und wurden ein so wesentlicher Teil des Lebens der Nationalversammlung, daß sich bald die Presse mit denselben vielfach beschäftigte. Nicht nur ihre Zahl und Benennung, ihre Vereinigungen und Spaltungen in neue selbständige Vereine, ihre Mitglieder und Satzungen wurden in Zeitungen und Büchern aufgeführt, sondern es fanden auch bei einzelnen wichtigen Vorfällen die Verhandlungen in denselben ihren Weg in die Öffentlichkeit. So konnte jedermann in Deutschland wissen, daß ursprünglich vier verschiedene Klubs waren, gebildet nach den hauptsächlichen politischen Richtungen: der der Linken, also der mehr oder weniger republikanischen Richtung, im Deutschen Hause; der der linken Mitte, also der liberalen Konstitutionellen, im Württemberger Hofe; der der konservativen Konstitutionellen, das heißt der rechten Mitte, im Kasino; der der Konservativen im Steinernen Hause; daß sich allmählich vom Deutschen Hause eine äußerste Partei abzweigte und im Donnersberg zusammentrat; der Württemberger Hof einen Teil nach links ausschied in die

Das erste deutsche Parlament in Frankfurt am Main. Erste Sitzung des Parlaments in der Paulskirche 1848

Westendhalle, eine andere nach rechts in den Augsburger Hof; aus dem Kasino der etwas unbestimmtere, sich mehr links lehnende Landsberg hervorging. Daß bei großen Hauptfragen, zum Beispiel über Österreichs Teilnahme und über die Kaiserwahl, die gewöhnliche Klubeinteilung vorübergehend verlassen und größere Gesamtverbindungen gebildet wurden, wie die der Vereinigten Linken, der Großdeutschen im Hotel Schröder, der Kaiserlichen im Weidenbusche.

Diese Parteiversammlungen waren denn in der Tat ein sehr hervorragender Teil des politischen Lebens in Frankfurt, bedeutend für gute, aber freilich auch für schlimme Folgen. Ein Klub gewährte das Zusammensein mit politisch Gleichgesinnten, von denen manche wirkliche Freun-

Robert von Mohl (1799-1875, geadelt 1871), Hochschullehrer und Politiker. Seit 1824 Professor der Staatswissenschaften in Tübingen, seit 1836 zugleich Oberbibliothekar. 1845 in einem Wahlaufruf Kritik an politischen Regierungsmaßnahmen; danach Austritt aus dem Staatsdienst und Abgeordneter im württembergischen Landtag. Seit 1847 Professor der Rechte in Heidelberg. Mitglied des Frankfurter Parlaments 1848/49; seit dem 23. September 1848 Leiter des Reichsministeriums der Justiz. Seit 1857 Vertreter der Universität Heidelberg in der Ersten Kammer. 1861-66 Bundestagsgesandter in Frankfurt am Main. 1867-71 Gesandter Badens in München. Seit 1871 Präsident der Oberrechnungskammer in Karlsruhe. Als Mitglied der liberalen Reichspartei Abgeordneter des Deutschen Reichstags; Unterstützung der Politik Bismarcks. Seit 1844 Herausgeber der „Zeitschrift für die gesamte Staatswissenschaft". Werke: „Staatsrecht des Königreichs Württemberg", 2 Bde. 1829-31; „Die deutsche Polizeiwissenschaft nach den Grundsätzen des Rechtsstaats", 3 Bde. 1832-34; „Die Verantwortlichkeit der Minister" 1837; „Geschichte und Literatur der Staatswissenschaften" 1859; „Staatsrecht, Völkerrecht und Politik", 3 Bde. 1860-69; „Das deutsche Reichsstaatsrecht" 1873; „Lebenserinnerungen", 2 Bde. 1902.

de wurden; eine lebendige Beratung aller wichtigen Fragen, einen alsbaldigen Entschluß und in nächster Folge vielleicht einen Erfolg in der vollen Versammlung. Es war zwar zuweilen etwas viel, auf die lange, lange Sitzung in der Kirche, auf die anstrengende Beratung in einem Ausschusse oder im Ministerium noch bis Mitternacht und darüber wieder politischen Erörterungen folgen zu sollen; allein es geschah in lässigerer Form und Haltung, unter lauter freundlich gesinnten Männern, in der Regel bei Speise und Trank, wenigstens mit dem Troste der Zigarre. So konnte es von allen wenigstens ertragen werden; für die amtlich weniger Beschäftigten war es der ansprechendste und vielleicht auch wichtigste Teil ihrer Tätigkeit . . . Die Formen des Zusammenseins waren in den einzelnen Klubs etwas verschieden, namentlich je nachdem es an sich möglich und nach den Satzungen des Vereins gestattet war, in dem Beratungszimmer und während der Verhandlung sich Speisen und Getränke reichen zu lassen. Allein darin waren alle übereinstimmend, daß eine regelmäßige Beratung unter einem Vorsitzenden stattfand; daß befreundete Klubs mit dem Ergebnisse der Beschlüsse durch Abordnungen in Kenntnis gesetzt und dieselben zum Beitritte eingeladen wurden; endlich daß besonders wichtige Gegenstände zu „Parteifragen" gemacht wurden, so daß es keinem Mitgliede der Gesellschaft freistand, nach eignem Gutdünken zu stimmen, sondern jeder sich der Ansicht der Mehrheit zu fügen oder alsbald aus dem Klub auszuscheiden hatte.
(Aus: Robert von Mohl, Lebenserinnerungen, hrsg. von Dietrich Kerler, Stuttgart und Leipzig 1902, Bd. 2, S. 66ff.)

Die Klubs besaßen also durchaus etwas vom Charakter heutiger politischer Parteien. Auch die Gruppierungen klingen nach heutigen Begriffen durchaus nicht fremd: linke Republikaner, Linksliberale, Liberalkonservative und konservative Rechte. Überdies gab es Abspaltungen, Neu- und Umgründungen, Listenverbindungen und Vereinigungen. Und auch Parteidisziplin, Parteiwechsel und Parteiausschlüsse waren nicht mehr fremd.

Sogar der Ablauf der Sitzungen in den politischen Klubs ist mit heutigem Konferieren und Finassieren in Parteien und Gremien durchaus vergleichbar. So mancher Ortsvereins- oder Ausschußvorsitzende wird sich in dem Bericht wiedererkennen, den Robert von Mohl von einer Sitzung des „Augsburger Hofes", einer der Fraktionen der Mitte in der Paulskirche, gibt:

In einem kaum acht Fuß breiten Winkelgäßchen im ältesten Stadtteile von Frankfurt steht ein Gasthaus sechsten, siebenten Ranges, dessen Entdeckung dem mit der Beschaffung eines Versammlungsortes beauftragten Mitgliede in der Tat alle Ehre machte und das wohl kaum einer der übrigen Genossen jemals bei Tage sah oder gar betrat. Hierher suchten in einer Dezembernacht gegen neun Uhr durch knietiefe Schnee- und Schmutzmassen einige Dutzende von Männern aus allen Gegenden Deutschlands ihren Weg; selbst eine aristokratische Droschke wagt, auf die Gefahr hin, zwischen den gegenüberstehenden Häusern stecken zu bleiben, in das Gäßchen einzudringen; sie bringt einen Teil des Reichsministeriums, den Justizminister und zwei Unterstaatssekretäre, aus einer Sitzung in den vergoldeten und mit Gobelins behängten Sälen des Taxisschen Palastes zur Zusammenkunft in diese Rauchkammer . . .

Die Versammlung ist vollzählig, denn es handelt sich um die Besprechung eines wichtigen, am nächsten Morgen in der Paulskirche bevorstehenden Antrages, von welchem Kunde geworden ist. So setzen sich denn allmählich an den zwei auf beiden Seiten mit Stühlen versehenen Tischen, welche der Länge nach durch den kleinen, niedrigen Saal laufen, manche der bekanntesten Mitglieder des Reichstages . . .

In den ersten Minuten bietet die Versammlung das gewöhnliche Bild einer süddeutschen Wirtshausgesellschaft dar. Man setzt sich, wählt aus der sehr bescheidenen Speisekarte ein Nachtessen, läßt sich von den bayrischen Freunden ein Gutachten über das heutige Bier stellen, erzählt die neuesten boshaften Einfälle Detmolds, oder hält auch wohl, der Verhandlung vorgreifend, eine heftige Winkelbesprechung. Da ertönt die Glocke des Vorsitzenden; es wird ruhig; die Zigarren kommen in Brand, den Kellnern werden noch schleunigst verspätete Befehle zugeherrscht. Biedermann, als Geschäftsleiter, trägt den Gegenstand kurz vor, der in der morgenden Sitzung beabsichtigte Antrag wird langsam zum Behufe des Niederschreibens verlesen, und nun eröffnet sich die Beratung, in regelmäßiger Abwechslung der „Für“ und „Gegen“ Sprechenden. Die Reden sind natürlich einfacher und schmuckloser als in der Paulskirche. Es sind ja keine Zuhörer, Zuhörerinnen und Zeitungsberichterstatter anwesend; sie sind kürzer, da die sämtlichen Mitglieder der Versammlung auf demselben politischen Standpunkte stehen, somit es weder eines Beweises der Vordersätze, noch einer Bekämpfung ganz fremdartiger Gedanken und feindlicher Pläne bedarf; sie sind aber deshalb nicht weniger warm und durchdacht. Die Mitglieder des Ministeriums Mohl, Wiedenmann und Fallati, geben Aufschluß über den Stand der auf die Frage sich beziehenden Angelegenheiten; offener als auf der Rednerbühne, doch immer mit Vorsicht, da natürlich von Bewahrung eines Geheimnisses nicht die Rede wäre bei so zahlreichen Vertrauten. Manchmal tauchen unregelmäßige Gelüste von Zwischenreden auf, werden aber vom Vorsitzenden schnell niedergeschlagen; oder es ist ein contrebandes Flüstern mit dem Wirte zu rügen; auch wird wohl dem einen oder andern des Sitzens zu viel, und er sucht ein Steheplätzchen in einem Winkel, wo nicht gar in der Mitte. Im ganzen aber ist große Ruhe und Aufmerksamkeit, und die Verhandlung bietet ein sehr befriedigendes Beispiel anständigen, kenntnis- und geistreichen, ernsten und ehrlichen Meinungsaustausches dar. Jeder, der sich zum Worte gemeldet hatte, ist gehört worden, und es muß nun zur Abstimmung geschritten werden. Vor allem wird durch Handwehr entschieden, daß es Parteifrage sei, also der Klub wie ein Mann stimmen werde; und nun soll es an die Abstimmung über die einzelnen Fragen gehen, als der Ruf ertönt: „Eine Deputation!“ Der Vorstand und die an auffallenderen Plätzen Sitzenden erheben sich grüßend, und es treten allmählich aus der dichten Tabakwolke, welche das Zimmer, unparlamentarisch genug, erfüllt, zwei wohlbekannte Mitglieder des Kasinos hervor, welche in kurzen, höflichen Worten die Mitteilung machen, daß man sich im Kasino mit bevorstehender Frage beschäftigt habe, zu diesem oder jenem Beschlusse gekommen sei und nun sehr wünsche, daß die im Augsburger Hofe vereinigten Herren auch dieselbe Meinung teilen möchten. Ebenso lakonisch und artig wird hierauf von dem Vorsteher geantwortet: man sei soeben in der Beratung begriffen, werde sich beeilen, das Ergebnis in das Kasino gelangen zu lassen, und bitte, dort bis zum Eintreffen dieser Nachricht versammelt zu bleiben. Hierauf entfernen sich die Gesandten, und die Abstimmung nimmt ihren Fortgang.

Ist endlich alles bereinigt – es kann halb elf Uhr geworden sein –, so werden noch auf Vorschlag des Vorsitzenden diejenigen zwei Redner für die morgende Beratung bezeichnet, welche als Vertreter der Ansicht des Augsburger Hofes aufzutreten haben (natürlich ohne Beeinträchtigung anderer Mitglieder, welche sich auch noch zum Wort melden möchten); und nun entsteht noch die Frage, wer den näher stehenden Klubs die Mitteilung von den gefaßten Beschlüssen machen wolle? Es melden sich Freiwillige für das Kasino, für den Landsberg; etwas langsamer für den Württemberger Hof. Die Frage, ob auch der Westendhalle eine Abordnung zuzusenden sei, wird, weil es doch zu nichts führen würde, verneint. Die freiwilligen Botschafter nehmen Mäntel und Pelzmützen und treten den weiten, kalten Weg an. Die übrigen werden vom Vorsitzenden dringend ermahnt, doch ja die Rückkunft der Deputation zu erwarten, weil vielleicht noch etwas zu beschließen sei; allein die Geduld und der Gehorsam haben ihre Grenzen, alles drängt der halsbrechenden Wendeltreppe zu; man wird es ja schon morgen in der Kirche hören, was in den andern Klubs beschlossen worden ist ...

(Aus: Mohl, a.a.O., S. 66ff.)

So skurril diese Beschreibung Robert von Mohls in manchen Passagen auch anmuten mag – sie dürfte doch eine zutreffende Momentaufnahme des politischen Alltags im Umkreis der Frankfurter Nationalversammlung bieten. Viel Menschliches, das darin zum Ausdruck kommt, ist in den Partei-Großorganisationen unserer Zeit leider verlorengegangen, einiges aber auch – zum Glück – erhalten geblieben.

Doch der Parlamentarier Mohl beobachtete nicht nur, sondern analysierte auch. Die Klubs hätten ihre Nachteile gehabt: Manches Gewissen sei durch die Parteidisziplin beschwert, mancher gute Vorschlag in den Vorberatungen der Klubs unter den Teppich gekehrt worden; und die Zersplitterung in zahlreiche Abteilungen und Unterabteilungen stehe der Bildung großer einheitlicher Parteien im Wege, namentlich in Deutschland, wo die Neigung zur Absonderung und zu eigensinnigem Festhalten ganz subjektiver Standpunkte ohnehin im Blute stecke. Große und regierungsfähige Parteien aber –

so Mohl in seinem abschließenden Urteil – seien „die Grundlage und Bedingung eines regelmäßigen parlamentarischen Lebens".

Aus damaliger Sicht waren dies ganz gewiß überaus bemerkenswerte, ja originelle und weitsichtige Feststellungen. Noch heute möchte man sie manchen kurzatmigen Parteivertretern gern ins Stammbuch schreiben.

Doch zurück zu den Inhalten der Paulskirchen-Arbeit. Freiheit und Einheit waren die Forderungen im Vormärz und in der Revolution im Frühjahr 1848 gewesen. Und die deutsche Nationalversammlung, die am 18. Mai 1848 zu ihrer konstituierenden Sitzung zusammentrat, sollte zu ihrer Verwirklichung beitragen.

Nachdem der hessische Märzminister und Burschenschaftler Heinrich von Gagern am 19. Mai zum Präsidenten der Frankfurter Nationalversammlung gewählt worden war, erklärte er zu diesen beiden Zielen in seiner Antrittsrede:

Wir sollen schaffen eine Verfassung für Deutschland, für das gesamte Reich. Der Beruf und die Vollmacht zu dieser Schaffung, sie liegen in der Souveränität der Nation . . . Die Schwierigkeit, eine Verständigung unter den Regierungen zustande zu bringen, hat das Vorparlament richtig vorgefühlt und uns den Charakter einer constituirenden Versammlung vindiziert. Deutschland will eins sein, ein Reich, regiert vom Willen des Volkes, unter der Mitwirkung aller seiner Gliederungen; diese Mitwirkung auch der Staaten-Regierungen zu erwirken, liegt mit in dem Beruf dieser Versammlung. Wenn über manches Zweifel besteht und Ansichten auseinandergehen, über die Forderung der Einheit ist kein Zweifel, es ist die Forderung der ganzen Nation. Die Einheit will sie, die Einheit wird sie haben, sie befestigen; sie allein wird schützen vor allen Schwierigkeiten, die von außen kommen mögen, die im Innern drohen . . .
(Aus: Stenographischer Bericht über die Verhandlungen der deutschen constituirenden Nationalversammlung zu Frankfurt am Main, hrsg. von Franz Wigard, Bd. 1, Frankfurt a.M. 1848, S. 17.)

Gagern war also realistisch genug, die Gefahren zu sehen, die dem Werk der Paulskirchen-Versammlung von Anfang an drohten. Im Innern hatten die Kräfte der Reaktion zwar zeitweilig dem Druck der März-Ereignisse nachgeben müssen, wie Friedrich Wilhelm IV. in Preußen; aber die Monarchisten hatten deswegen natürlich ihre Überzeugungen nicht grundlegend geändert, waren nicht über Nacht zu Demokraten und Parlamentaristen geworden, sondern warteten nur auf eine Gelegenheit, den Frankfurtern ein Bein zu stellen und die politische Entwicklung erneut, wie nach dem Wiener Kongreß, in ihrem Sinne zurückzudrehen. Und diese Gelegenheit sollte sich allzu bald ergeben.

Von außen war die Arbeit der Paulskirche bedroht, weil die nationale Einigung, insbesondere die Aufnahme Schleswigs in den Deutschen Bund, internationale Verwicklungen heraufbeschwören mußte. Der revolutionäre Nationalismus, der bereits Frankreich in Europa isoliert und in verlustreiche Kämpfe verstrickt hatte, konnte nun auch Deutschland leicht in gefährliche Abenteuer stürzen.

Das waren keineswegs ferne Bedrohungen, von denen man gelassen annehmen konnte, daß sie im Laufe der Zeit von selbst verschwinden würden, sondern aktuelle Probleme, die von den Delegierten in Frankfurt eine sofortige Stellungnahme verlangten. Dies galt vor allem für die schleswig-holsteinische Frage.

Der Konflikt um Schleswig und Holstein

Der Versuch Dänemarks im Januar 1848, Schleswig, das seit 1640 dänisches Lehen und zugleich in Realunion mit Holstein, das zu Deutschland gehörte, verbunden war („up ewig ungedeelt", wie es in einem Freibrief des Königs von Dänemark gegenüber den Ständen von Schleswig-Holstein hieß), in den dänischen Staatsverband einzugliedern, ließ die beiden Herzogtümer im März 1848 an der deutschen Revolution teilnehmen und darauf hinwirken, sich von Dänemark zu lösen. Der Beschluß des Vorparlaments vom 4. April, Schleswig „unverzüglich in den deutschen Bund aufzunehmen", ist vor diesem Hintergrund zu sehen; er markierte die Entschlossenheit der nationalen Kräfte, die schleswig-holsteinische Frage nicht den Länderregierungen zu überlassen, sondern sie auf nationaler Ebene und im nationalen Sinne zu lösen. Der Deutsche Bund, dem die Mittel zu eigener Kriegführung fehlten, beauftragte daher seine Mitglieder, vor allem Preußen, militärisch gegen Dänemark vorzugehen.

Doch was war das für ein Krieg, den der Deutsche Bund da forderte? Hatten sich in Schleswig nicht Revolutionäre gegen ihren legitimen Fürsten erhoben? Und waren es nicht ähnlich gesonnene „Volksvertreter" – Herren ohne ausgewiesene Legitimität –, die hier zum Kampf gegen einen legitimen Monarchen, den dänischen König, aufriefen? Nein, erklärte daher der hannoversche Gesandte auf einer Zusammenkunft des Bundestages, seine Regierung werde das 10. Armeekorps trotz des Bundesbeschlusses nicht zum Krieg gegen Dänemark stellen. Preußen folgte zwar zunächst dem Beschluß, ließ sich aber am 26. August 1848 zum Waffenstillstand von Malmö bewegen, der keine Lösung für die in Schleswig und Holstein lebenden Deutschen enthielt, obwohl der Krieg gegen Dänemark auf dem Schlachtfeld siegreich geführt worden war.

Das Zurückweichen Preußens, das bei den deutschen Nationalisten – gerade auch bei jenen, die die Träger der Revolution waren – Enttäuschung und Empörung auslöste, hatte jedoch gute Gründe: Vor allem England und Rußland, die keine preußische Kontrolle der Ostsee-Zugänge wünschten, aber auch Frankreich und Schweden unterstützten Dänemark, wobei eine deutliche Abneigung gegen das deutsche Einheitsstreben – zumal wenn es mit Machterweiterung auf Kosten von Nachbarstaaten verbunden war – erkennbar wurde, die langfristig eine Gefahr für die äußere Sicherheit Preußens und Deutschlands darstellen konnte. Unmißverständlich äußerte sich in diesem Sinne Frankreichs Außenminister Bastide am 31. Juli 1848 in einem Schreiben an den französischen Bevollmächtigten in Berlin, Arago: Er schätze, „daß die Einigung Deutschlands aus diesem 40-Millionen-Volk eine für seine Nachbarn ganz anders beunruhigende Macht entwickeln wird, als Deutschland es heute ist"; von diesem Augenblicke an wisse er nicht, „welches Interesse wir haben, diese Einigung zu wünschen, geschweige denn zu fördern". Und der russische Außenminister Nesselrode meinte später gar (in einem Schreiben an Meyendorff vom 22. Mai 1849), man habe keinen Anlaß mehr, auf Preußen einzuwirken: „Diese Leute sind vollkommen verrückt; ich verstehe sie nicht mehr . . . Solange das Wort Bundesstaat nicht aus dem Wörterbuch ausgelöscht ist, zweifle ich an der Rettung Deutschlands."

In der Frankfurter Nationalversammlung jedoch, der Bastide in seinem Schreiben an Arago unter Hinweis auf Schleswig „ein recht trauriges Schauspiel politischer Moral" bescheinigt hatte, war man über die Entscheidung Preußens, dem Waffenstillstand von Malmö zuzustimmen, zwar entrüstet, mußte sie aber hinnehmen, da man selbst nicht über die erforderlichen Mittel verfügte, um die gewünschte Entwicklung herbeizuführen. Anspruch und Wirklichkeit klafften eben auseinander. Wer mit Blick auf Frankfurt

Ausrufung der Deutschen Republik durch Gustav von Struve in Lörrach am 21. September 1848

meinte, die Revolution habe gesiegt, wurde in der schleswig-holsteinischen Frage eines anderen belehrt: Noch immer lag die reale Macht dort, wo sie auch vor dem März 1848 schon gelegen hatte – in den nach wie vor souveränen Einzelstaaten, bei den Fürsten.

Der Ausgang des Konflikts um Schleswig-Holstein schädigte daher das Ansehen der Revolution nachhaltig, spaltete sie sogar, als die radikale Linke sich in ihrer Entrüstung (freilich nicht nur wegen des „Verrats" an Schleswig-Holstein) am 18. September 1848 in Frankfurt gegen die Nationalversammlung erhob – bis hin zum Sturm auf die Paulskirche und zur Ermordung zweier Abgeordneter der Rechten, Felix Fürst Lichnowsky und General Hans von Auerswald. Die Autorität der Nationalversammlung wurde dadurch schwer erschüttert, zumal die Frankfurter Ereignisse begleitet waren von einer Welle radikaler Aufstände im Rheinland, in Hessen und Thüringen, in der Pfalz und wiederum in Baden, wo Struve ein weiteres Mal vergeblich versuchte, seine Vorstellungen von der Errichtung einer Republik zu verwirklichen, sogar am 21. September in Lörrach eine „Deutsche Republik" ausrief.

Die linke Kritik an der Nationalversammlung

Auf der Linken hatte man die Nationalversammlung schon früh scharf kritisiert. Bereits zwei Wochen nach dem Zusammentritt der Paulskirchen-Versammlung, Anfang Juni 1848, ließ Friedrich Hecker, der nach dem Scheitern seines Aufstandsversuchs in Baden im April 1848 in die Schweiz geflohen war, in der Nationalversammlung ein Flugblatt verteilen, in dem er an die Abgeordneten appellierte, nicht zu *unterhandeln,* sondern zu *handeln.* Wörtlich hieß es dort:

. . . Volksrepräsentanten zu Frankfurt a.M., zerreißt das Papier der Unterhandlung mit der Monarchie und werdet selbst die lebendige Volkstat! Rufet dem Volke, das euch gesendet hat, zu: Hannibal steht vor den Toren! ruft ihm zu, daß es gilt ein Volk oder Knecht. Erhebt euch, Bürgerrepräsentanten, zu dem Stolz und der Vollkraft, die in jedem wohnen muß, der reden und handeln soll für fünfzig Tausende, für vierzig Millionen! Sprecht es aus, das große Wort: *Deutsche Republik, deutscher Volksstaat!* . . Und habt ihr in der Mehrzahl nicht den Mut und die Kraft, nicht die Entschlossenheit, das Schiff zu steuern durch den Sturm, so legt euer Mandat nieder in die Hände kühnerer Männer, oder du, gedrücktes Volk, das hinsiechen soll in Reden und Tatlosigkeit, rufe du ihnen zu, ihre Vollmacht zurückzugeben in deine Hand, damit du Männer senden könnest, die nicht *unterhandeln* mit den Fürsten, sondern *handeln* in deinem Namen, im Namen des *souveränen* Volkes.

Friedrich Hecker

(Aus: Österreichische Nationalbibliothek, Wien, zit. nach: Die Revolution von 1848/49, a.a.O., S. 118ff.)

Ein anderes, noch berühmteres Beispiel der linken Kritik jener Zeit an der Nationalversammlung wie am Verlauf der Revolution insgesamt ist das schon erwähnte Gedicht von Ferdinand Freiligrath *Die Todten an die Lebenden* vom Juli 1848, das in der von Karl Marx redigierten *Neuen Rheinischen Zeitung* in Köln erschien und darüber hinaus als Flugblatt in ganz Deutschland Verbreitung fand. Ausgehend von den März-Kämpfen in Berlin und der Verneigung des preußischen Königs vor den Gefallenen des 18. März beschrieb Freiligrath darin die Enttäuschung vier Monate nach der Revolution („Weh' euch, wir haben uns getäuscht! Vier Monden erst vergangen, / Und Alles feig durch euch verscherzt, was trotzig wir errangen!"), gab darin aber auch – als Mahnung der Toten an die Lebenden – seiner Hoffnung Ausdruck, daß die Revolution am Ende siegen werde, ja siegen müsse („Euch muß der Grimm geblieben sein – o, glaubt es uns, den Todten! / Er blieb euch! ja, und er erwacht! er wird und muß erwachen! / Die halbe Revolution zur ganzen wird er machen!").

Freiligrath wurde wegen dieses Gedichts, das in Preußen sofort verboten wurde, Ende August verhaftet und fünf Wochen in Untersuchungshaft gehalten. Danach wurde er allerdings am 3. Oktober 1848 von der Anklage, „die Bürger zu hochverräterischen Unternehmungen aufgereizt zu haben, um sich gegen die landesherrliche Macht zu bewaffnen und die bestehende Verfassung umzustürzen", von einem Düsseldorfer Schwurgericht freigesprochen.

Das Gedicht lautet:

1

Die Kugel mitten in der Brust, die Stirne breit gespalten,
So habt ihr uns auf blut'gem Brett hoch in die Luft gehalten!
Hoch in die Luft mit wildem Schrei, daß unsre Schmerzgebärde

Friedrich Hecker (1811-1881), Politiker; Demokrat und Republikaner. Seit 1842 Mitglied der badischen 2. Kammer. Zusammenarbeit mit Gustav von Struve. Nach dem gescheiterten Versuch, republikanische Vorstellungen im Frankfurter Vorparlament zur Geltung zu bringen, mit Struve am 12. April 1848 Anführer eines republikanischen Aufstandes in Baden, der bereits am 20. April mit der Niederlage der Aufständischen bei Kandern endet; Flucht in die Schweiz. Bemühungen um Einflußnahme auf die deutsche Entwicklung durch Flugblattaktionen. Beteiligung an weiteren fehlgeschlagenen Erhebungen in Südwestdeutschland im September 1848 und Juni 1849. Danach Emigration in die USA.

Dem, der zu tödten uns befahl, ein Fluch auf ewig werde!
Daß er sie sehe Tag und Nacht, im Wachen und im Traume –
Im Oeffnen seines Bibelbuchs wie im Champagnerschaume!
Daß wie ein Brandmal sie sich tief in seine Seele brenne,
Daß nirgendwo und nimmermehr er vor ihr fliehen könne!
Daß jeder qualverzogne Mund, daß jede rothe Wunde
Ihn schrecke noch, ihn ängste noch in seiner letzten Stunde!
Daß jedes Schluchzen um uns her dem Sterbenden noch schalle,
Daß jede todte Faust sich noch nach seinem Haupte balle –
Mög' er das Haupt nun auf ein Bett, wie andre Leute pflegen,
Mög' er es auf ein Blutgerüst zum letzten Athmen legen!

So war's! Die Kugel in der Brust, die Stirne breit gespalten,
So habt ihr uns auf schwankem Brett auf zum Altan gehalten!
„Herunter!" – und er kam gewankt – gewankt an unser Bette;
„Hut ab!" – er zog – er neigte sich! (so sank zur Marionette,
Der erst ein Komödiante war!) bleich stand er und beklommen!
Das Heer indeß verließ die Stadt, die sterbend wir genommen!
Dann „Jesus meine Zuversicht!", wie ihr's im Buch könnt lesen;
Ein „Eisen meine Zuversicht!" wär' paßlicher gewesen!

Das war den Morgen auf die Nacht, in der man uns erschlagen;
So habt ihr triumphirend uns in unsre Gruft getragen!
Und wir – wohl war der Schädel uns zerschossen und zerhauen,
Doch lag des Sieges froher Stolz auf unsern grimmen Brauen.
Wir dachten: hoch zwar ist der Preis, doch ächt auch ist die Waare,
Und legten uns in Frieden drum zurecht auf unsrer Bahre.

2

Weh' euch, wir haben uns getäuscht! Vier Monden erst vergangen,
Und Alles feig durch euch verscherzt, was trotzig wir errangen!
Was unser Tod euch zugewandt, verlottert und verloren –
O, Alles, Alles hörten wir mit leisen Geisterohren!
Wie Wellen braust' an uns heran, was sich begab im Lande:
Der Aberwitz des Dänenkriegs, die letzte Polenschande;
Das rüde Toben der Vendée in stockigen Provinzen;
Der Soldateska Wiederkehr, die Wiederkehr des Prinzen;
Die Schmach zu Mainz, die Schmach zu Trier,
das Hänseln, das Entwaffnen
Allüberall der Bürgerwehr, der eben erst geschaffnen;
Die Tücke, die den Zeughaussturm zu einem Diebszug machte,
Die selber uns, die selbst das Grab noch zu begeifern dachte:
So weit es Barrikaden gab, der Druck auf Schrift und Rede;
Mit der Versammlung freiem Recht die täglich frechre Fehde;
Der Kerkerthore dumpf Geknarr im Norden und im Süden;
Für Jeden, der zum Volke steht, das alte Kettenschmieden;
Der Bund mit dem Kosackenthum; das Brechen jedes Stabes,
Ach, über euch, die werth ihr seid des lorbeerreichsten Grabes:
Ihr von des Zukunftdranges Sturm am weitesten Getragnen!
Ihr – Juni-Kämpfer von Paris! Ihr fliegenden Geschlagnen!

Dann der Verrath, hier und am Main im Taglohn unterhalten –
O Volk, und immer Friede nur in deines Schurzfells Falten?
Sag' an, birgt es nicht auch den Krieg? den Krieg herausgeschüttelt?
Den zweiten Krieg, den letzten Krieg mit Allem, was dich büttelt!
Laß deinen Ruf: „Die Republik!" die Glocken überdröhnen,
Die diesem allerneusten Johannesschwindel tönen!

Umsonst! Es thäte Noth, daß ihr uns aus der Erde grübet,
Uns wiederum auf blut'gem Brett hoch in die Luft erhübet!
Nicht, jenem abgethanen Mann, wie damals uns zu zeigen –
Nein, zu den Zelten, auf den Markt, in's Land mit uns zu steigen!
Hinaus in's Land, soweit es reicht! Und dann die Insurgenten
Auf ihren Bahren hingestellt in beiden Parlamenten!
O ernste Schau! Da lägen wir, im Haupthaar Erd' und Gräser,
Das Antlitz fleckig, halbverwest – die rechten Reichsverweser!
Da lägen wir und sagten aus: Eh' wir verfaulen konnten,
Ist eure Freiheit schon verfault, ihr trefflichen Archonten!
Schon fiel das Korn, das keimend stand, als wir im Märze starben:
Der Freiheit Märzsaat ward gemäht noch vor den andern Garben!
Ein Mohn im Felde hier und dort entging der Sense Hieben –
O, wär' der Grimm, der rothe Grimm im Lande so geblieben!

3

Und doch, er blieb! Es ist ein Trost im Schelten uns gekommen:
Zu viel schon hattet ihr erreicht, zu viel ward euch genommen!
Zu viel des Hohns, zu viel der Schmach wird täglich euch geboten:
Euch muß der Grimm geblieben sein – o, glaubt es uns, den Todten!
Er blieb euch! ja, und er erwacht! er wird und muß erwachen!
Die halbe Revolution zur ganzen wird er machen!
Er wartet nur des Augenblicks: dann springt er auf allmächtig!
Gehobnen Armes, weh'nden Haars dasteht er wild und prächtig!
Die rost'ge Büchse legt er an, mit Fensterblei geladen;
Die rothe Fahne läßt er wehn hoch auf den Barrikaden!

Ferdinand Freiligrath (1810-1876), Dichter. Zunächst Kaufmannslehrling und Bankangestellter. 1838 erfolgreiche Veröffentlichung einer ersten Lyrik-Sammlung; danach ausschließliche Widmung der Dichtkunst. 1842 Verleihung eines Ehrengehalts durch Friedrich Wilhelm IV. 1844 Verzicht auf das Ehrengehalt; Veröffentlichung des politischen Gedichtbandes „Glaubensbekenntnis" mit sozialer und freiheitlich-demokratischer Ausrichtung. Ausweichung vor politischer Verfolgung nach Belgien und in die Schweiz. 1848 Rückkehr nach Deutschland. Verhaftung wegen des Gedichts „Die Todten an die Lebenden", nach fünf Wochen Untersuchungshaft im Oktober 1848 Freispruch. Eintritt in die Redaktion der unter der Schriftleitung von Karl Marx stehenden „Neuen Rheinischen Zeitung". 1851 erneute politische Verfolgung und Weggang nach England. Allmähliche Wandlung des Revolutionärs zum patriotischen Dichter. 1868 Rückkehr nach Deutschland. 1870 Veröffentlichung vaterländischer Kriegslieder. Werke: „Glaubensbekenntnis" 1844; „Neue politische und soziale Gedichte" 1849/50; „Sämtliche Werke", 10 Bde. 1907.

Sie fliegt voran der Bürgerwehr, sie fliegt voran dem Heere –
Die Throne gehn in Flammen auf, die Fürsten fliehn zum Meere!
Die Adler fliehn, die Löwen fliehn; die Klauen und die Zähne!
Und seine Zukunft bildet selbst das Volk, das souveraine!
Indessen, bis die Stunde schlägt, hat dieses unser Grollen
Euch, die ihr vieles schon versäumt, das Herz ergreifen wollen!
O, steht gerüstet! seid bereit! o, schaffet, daß die Erde,
Darin wir liegen starck und starr, ganz eine freie werde!
Daß fürder der Gedanke nicht uns stören kann im Schlafen:
Sie waren frei: doch wieder jetzt – und ewig! – sind sie Sklaven!

(Aus: Die Revolution von 1848/49, a.a.O., S. 143ff.)

Die Verfassungsdebatte und die Verfassung des Deutschen Reiches vom März 1849

Die außenpolitische Krise und die Auseinandersetzungen der Mehrheit der Paulskirche mit der radikalen Linken, die bis in den September 1848 hinein andauerten und sich in jenem Monat noch einmal zu einem dramatischen Höhepunkt steigerten, hinderten das Parlament immer wieder daran, mit seiner eigentlichen, wichtigsten Aufgabe zu beginnen: der Debatte über die Verfassung. Ein „Entwurf des deutschen Reichsgrundgesetzes" lag seit dem 26. April 1848 bereits vor. Er war von 17 Vertrauensmännern der Bundesversammlung ausgearbeitet worden, unter ihnen Dr. Dahlmann aus Bonn (für Preußen), Dr. Uhland aus Tübingen (für Württemberg), Bassermann aus Mannheim (für Baden), Dr. Droysen aus Kiel (für Holstein), von Gagern aus Wiesbaden (für Braunschweig und Nassau) und Dr. Gervinus aus Heidelberg (für die Freien Städte). In das Vorwort zu ihrem Entwurf hatten sie aufrichtig hineingeschrieben, „daß wir die ungeheure Kühnheit, ja Vermessenheit empfanden, durch wenige scharf einschneidende Paragraphen tausendjährige Schäden heilen zu wollen". Doch gleichzeitig hatten sie nachdrücklich ihre einmütige Überzeugung bekundet, „Deutschland, welches die vielhundertjährigen Strafen seiner Entzweiung getragen" habe, müsse „seine Volks- und Staatseinheit jetzt erreichen, unverzüglich, bevor noch das zweite Jahrhundert seit jenem Frieden abläuft, welcher seine Schwäche heilig spricht" (gemeint war der Westfälische Frieden von 1648). Und in der Präambel zu ihrem Entwurf des deutschen Reichsgrundgesetzes hatten sie ähnlich formuliert, wenn auch nicht unter Berufung auf 1648, sondern auf die Entwicklung seit den napoleonischen Kriegen: „Da nach der Erfahrung eines ganzen Menschenalters der Mangel an Einheit in dem deutschen Staatsleben innere Zerrüttung und Herabwürdigung der Volksfreiheit, gepaart mit Ohnmacht nach außen hin, über die deutsche Nation gebracht hat, so soll nunmehr an die Stelle des bisherigen Deutschen Bundes eine auf Nationaleinheit gebaute Verfassung treten."

Die Beratungen über diesen Entwurf in der Nationalversammlung, der allerdings lediglich das Gerüst einer Verfassung, noch nicht seine bis in das Detail ausformulierte Form enthielt, konnten also nach den vorangegangenen Stürmen erst am 19. Oktober 1848 aufgenommen werden. Sie dauerten bis zum Frühjahr des darauffolgenden Jahres.

Dabei ging es nicht nur darum, sich über die „Grundrechte des deutschen Volkes" (vgl. Abschnitt VI der Verfassung des Deutschen Reiches vom 28. März 1849) zu verständigen, obwohl gerade dieser Teil der Verfassung eine herausragende Leistung darstellt, die bis heute – vergleicht man den Abschnitt VI beispielsweise mit dem Grundrechtekatalog im Grundgesetz der Bundesrepublik Deutschland vom 23. Mai 1949 – Bestand hat. Politisch kontrovers und daher schwieriger war die Verständigung über Fragen der politischen Struktur des künftigen Deutschland: die Regelung des preußisch-österreichischen Problems (klein- oder großdeutsche Lösung), die Stellung Preußens im künftigen Staatsverband, das Ausmaß des demokratischen Gehalts der Verfassung, die Frage von Wahlkaisertum oder erblichem Kaisertum, den Umfang der Befugnisse der Zentralgewalt und das Verhältnis von Parlament und Krone.

Den Kern der Verfassungsdebatte im Winter 1848/49 bildete aber das österreichisch-preußische Problem. Es war seiner Natur nach auf einvernehmliche Weise kaum lösbar, obwohl immer wieder Versuche in dieser Richtung unternommen wurden – so durch Heinrich von Gagern, der die Idee eines weiteren und engeren Bundes vertrat.

Tatsächlich ging es in dieser Frage um nichts Geringeres als um die Vorherrschaft Preußens oder Österreichs in Deutschland, wobei das Habsburger-Reich mit der Hypothek belastet war, daß zwar seine österreichischen Gebiete sowie Böhmen und Mähren, nicht aber die übrigen Teile des Reiches, wie etwa das Königreich Ungarn, zum Deutschen Bund gehörten. Man konnte sich also fragen, ob die deutsche Option mit der Aufrechterhaltung des Vielvölkerstaates Österreich-Ungarn, an dem Wien offensichtlich festhalten wollte, überhaupt vereinbar war.

Jedenfalls spaltete sich in dieser Angelegenheit die Frankfurter Nationalversammlung in ein großdeutsches und ein kleindeutsches Lager. Die Großdeutschen wollten Österreich im deutschen Staatsverband halten, die Kleindeutschen Österreich hinausdrängen und unter preußischer Führung eine Lösung mit klaren Abgrenzungen und eindeutigen inneren Machtverhältnissen herbeiführen. Erst im März 1849 jedoch setzten sich die Kleindeutschen nach langen und schweren Beratungen und mit viel Mühe gegen den Protest des österreichischen Ministerpräsidenten Felix Fürst zu Schwarzenberg durch und entschieden zugunsten des erblichen preußischen Kaisertums, votierte also die Nationalversammlung gegen Österreich.

Nach Abschluß der Beratungen wurde die Reichsverfassung am 27. März 1849 von der Nationalversammlung angenommen und am darauffolgenden Tage, dem 28. März, vom Präsidenten der Nationalversammlung ausgefertigt und im Reichsgesetzblatt verkündet. Sie sah auf der Grundlage der kleindeutschen Lösung ein Erbkaisertum mit einer starken Einheitsgewalt vor, die sich insbesondere auf die Außenpolitik, das Heer, die Gesetzgebung und die Wirtschaft erstrecken sollte. Dem Kaiser wurde lediglich ein suspensives Vetorecht zugestanden; Beschlüsse des Reichstages bedurften zwar der Zustimmung der Reichsregierung – also derjenigen des Kaisers –, aber wenn der Reichstag in drei sich unmittelbar folgenden ordentlichen Sitzungsperioden denselben Beschluß unverändert faßte, wurde dieser Beschluß auch dann zum Gesetz, wenn die Zustimmung der Reichsregierung nicht erfolgte (§ 101). Der Reichstag sollte aus zwei Kammern bestehen: einem aus Vertretern der deutschen Länder zusammengesetzten Staatenhaus sowie einem Volkshaus, vergleichbar dem heutigen Bundestag und wie dieser gewählt auf der Grundlage des allgemeinen, geheimen Stimmrechts. Der Kaiser erhielt das Recht, das Volkshaus aufzulösen (§ 79).

Anders als im Grundgesetz der Bundesrepublik Deutschland, in dem die Grundrechte am Beginn der Verfassung niedergelegt sind, um ihre Bedeutung zu unterstreichen, wurden sie in der Reichsverfassung vom 28. März 1849 in Abschnitt VI den Bestimmungen über Reich (Abschnitt I), Reichsgewalt (II), Reichsoberhaupt (III), Reichstag (IV) und Reichsgericht (V) nachgeordnet, stehen also fast am Ende, nur noch gefolgt vom Abschnitt VII über die Gewähr der Verfassung. Aber die Grundrechte wurden hier erstmals formuliert und festgeschrieben. Sowohl die Weimarer Verfassung von 1919 als auch das Grundgesetz der Bundesrepublik von 1949 knüpften daran an.

In der Verfassung des Deutschen Reiches vom 28. März 1849 heißt es:

Die deutsche verfassunggebende Nationalversammlung hat beschlossen, und verkündigt als Reichsverfassung:

Verfassung des deutschen Reiches

Abschnitt I. Das Reich.

Artikel I.

§1. Das deutsche Reich besteht aus dem Gebiete des bisherigen Deutschen Bundes.

Die Festsetzung der Verhältnisse des Herzogtums Schleswig bleibt vorbehalten...

§ 5. Die einzelnen deutschen Staaten behalten ihre Selbständigkeit, soweit dieselbe nicht durch die Reichsverfassung beschränkt ist; sie haben alle staatlichen Hoheiten und Rechte, soweit diese nicht der Reichsgewalt ausdrücklich übertragen sind.

Abschnitt II. Die Reichsgewalt.

Artikel I.

§ 6. Die Reichsgewalt ausschließlich übt dem Auslande gegenüber die völkerrechtliche Vertretung Deutschlands und der einzelnen deutschen Staaten aus...

§ 8. Die einzelnen deutschen Regierungen sind befugt, Verträge mit anderen deutschen Regierungen abzuschließen. Ihre Befugnis zu Verträgen mit nichtdeutschen Regierungen beschränkt sich auf Gegenstände des Privatrechts, des nachbarlichen Verkehrs und der Polizei...

Artikel II.

§ 10. Der Reichsgewalt ausschließlich steht das Recht des Krieges und Friedens zu.

Artikel III.

§ 11. Der Reichsgewalt steht die gesamte bewaffnete Macht Deutschlands zur Verfügung...

Artikel VII.

§ 33. Das deutsche Reich soll ein Zoll- und Handelsgebiet bilden, umgeben von gemeinschaftlicher Zollgrenze, mit Wegfall aller Binnengrenzzölle...

Abschnitt III. Das Reichsoberhaupt.

Artikel I.

§ 68. Die Würde des Reichsoberhauptes wird einem der regierenden deutschen Fürsten übertragen.

§ 69. Diese Würde ist erblich im Hause des Fürsten, dem sie übertragen worden. Sie vererbt im Mannesstamm nach dem Rechte der Erstgeburt.

§ 70. Das Reichsoberhaupt führt den Titel: Kaiser der Deutschen...

Artikel II.

§ 73. Die Person des Kaisers ist unverletzlich. Der Kaiser übt die ihm übertragene Gewalt durch verantwortliche von ihm ernannte Minister aus...

Abschnitt IV. Der Reichstag.

Artikel I.

§ 85. Der Reichstag besteht aus zwei Häusern, dem Staatenhaus und dem Volkshaus.

Artikel II.

§ 86. Das Staatenhaus wird gebildet aus den Vertretern der deutschen Staaten...

Artikel III.

§ 93. Das Volkshaus besteht aus den Abgeordneten des deutschen Volkes...

Abschnitt V. Das Reichsgericht.

Artikel I.

§ 125. Die dem Reiche zustehende Gerichtsbarkeit wird durch ein Reichsgericht ausgeübt.

Abschnitt VI. Die Grundrechte des deutschen Volkes.

§ 130. Dem deutschen Volke sollen die nachstehenden Grundrechte gewährleistet sein. Sie sollen den Verfassungen der deutschen Einzelstaaten zur Norm dienen, und keine Verfassung oder Gesetzgebung eines deutschen Einzelstaates soll dieselben je aufheben oder beschränken können.

Artikel I.

§ 131. Das deutsche Volk besteht aus den

Angehörigen der Staaten, welche das deutsche Reich bilden.

§ 132. Jeder Deutsche hat das deutsche Reichsbürgerrecht. Die ihm kraft dessen zustehenden Rechte kann er in jedem deutschen Lande ausüben. Über das Recht, zur deutschen Reichsversammlung zu wählen, verfügt das Reichswahlgesetz.

§ 133. Jeder Deutsche hat das Recht, an jedem Orte des Reichsgebietes seinen Aufenthalt und Wohnsitz zu nehmen, Liegenschaften jeder Art zu erwerben und darüber zu verfügen, jeden Nahrungszweig zu betreiben, das Gemeindebürgerrecht zu gewinnen...

§134. Kein deutscher Staat darf zwischen seinen Angehörigen und anderen Deutschen einen Unterschied im bürgerlichen, peinlichen und Prozeß-Rechte machen, welcher die letzteren als Ausländer zurücksetzt.

§ 135. Die Strafe des bürgerlichen Todes soll nicht stattfinden, und da, wo sie bereits ausgesprochen ist, in ihren Wirkungen aufhören, soweit nicht hierdurch erworbene Privatrechte verletzt werden.

§ 136. Die Auswanderungsfreiheit ist von Staats wegen nicht beschränkt; Abzugsgelder dürfen nicht erhoben werden.

Die Auswanderungsangelegenheit steht unter dem Schutze und der Fürsorge des Reiches.

Artikel II.

§ 137. Vor dem Gesetze gilt kein Unterschied der Stände. Der Adel als Stand ist aufgehoben.

Alle Standesvorrechte sind abgeschafft.

Die Deutschen sind vor dem Gesetze gleich.

Alle Titel, soweit sie nicht mit einem Amte verbunden sind, sind aufgehoben und dürfen nie wieder eingeführt werden.

Kein Staatsbürger darf von einem auswärtigen Staate einen Orden annehmen.

Die öffentlichen Ämter sind für alle Befähigten gleich zugänglich.

Die Wehrpflicht ist für Alle gleich; Stellvertretung bei derselben findet nicht statt.

Artikel III.

§ 138. Die Freiheit der Person ist unverletzlich...

§ 139. Die Todesstrafe, ausgenommen wo das Kriegsgericht sie vorschreibt, oder das Seerecht im Falle von Meutereien sie zuläßt, sowie die Strafen des Prangers, der Brandmarkung und der körperlichen Züchtigung sind abgeschafft.

§ 140. Die Wohnung ist unverletzlich...

§ 141. Die Beschlagnahme von Briefen und Papieren darf, außer bei einer Verhaftung oder Haussuchung, nur in Kraft eines richterlichen, mit Gründen versehenen Befehls vorgenommen werden, welcher sofort oder innerhalb der nächsten vierundzwanzig Stunden den Beteiligten zugestellt werden soll.

§ 142. Das Briefgeheimnis ist gewährleistet...

Artikel IV.

§ 143. Jeder Deutsche hat das Recht, durch Wort, Schrift, Druck und bildliche Darstellung seine Meinung frei zu äußern.

Die Preßfreiheit darf unter keinen Umständen und in keiner Weise durch vorbeugende Maßnahmen, namentlich Zensur, Koncessionen, Sicherheitsbestellungen, Staatsauflagen, Beschränkungen der Druckereien oder des Buchhandels, Postverbote oder andere Hemmungen des freien Verkehrs beschränkt, suspendiert oder aufgehoben werden...

Artikel V.

§ 144. Jeder Deutsche hat volle Glaubens- und Gewissensfreiheit...

Artikel VI.

§ 152. Die Wissenschaft und ihre Lehre ist frei.

§ 153. Das Unterrichts- und Erziehungswesen steht unter der Oberaufsicht des Staates, und ist, abgesehen vom Religionsunterricht, der Beaufsichtigung der Geistlichkeit als solcher enthoben...

§ 158. Es steht einem Jeden frei, seinen Beruf zu wählen und sich für denselben auszubilden, wie und wo er will.

Artikel VII.

§ 159. Jeder Deutsche hat das Recht, sich mit Bitten und Beschwerden schriftlich an die Behörden, an die Volksvertretungen und an den Reichstag zu wenden...

Artikel VIII.

§ 161. Die Deutschen haben das Recht, sich friedlich und ohne Waffen zu versammeln; einer besonderen Erlaubnis dazu bedarf es nicht...

Artikel IX.

§ 164. Das Eigentum ist unverletzlich.

Eine Enteignung kann nur aus Rücksichten des gemeinen Besten, nur auf Grund eines Gesetzes und gegen gerechte Entschädigung vorgenommen werden...

Artikel X.

§ 174. Alle Gerichtsbarkeit geht vom Staate aus. Es sollen keine Patrimonialgerichte bestehen...

§ 177. Kein Richter darf, außer durch Urteil und Recht, von seinem Amte entfernt, oder an Rang und Gehalt beeinträchtigt werden...

Artikel XIII.

§ 188. Den nicht deutsch redenden Volksstämmen Deutschlands ist ihre volkstümliche Entwicklung gewährleistet, namentlich die Gleichberechtigung ihrer Sprachen, soweit deren Gebiete reichen, in dem Kirchenwesen, dem Unterrichte der inneren Verwaltung und der Rechtspflege.

Artikel XIV.

§ 189. Jeder deutsche Staatsbürger steht unter dem Schutze des Reiches...

(Aus: Verfassung des Deutschen Reiches vom 28. März 1849. Amtliche Ausgabe, Frankfurt a. M. 1849, zit. nach: Dokumente der Deutschen Politik und Geschichte von 1848 bis zur Gegenwart, hrsg. von Johannes Hohlfeld, Bd. I, Berlin und München 1951, S. 47 ff.)

Bevor diese Verfassung am 28. März 1849 vom Präsidenten der Nationalversammlung ausgefertigt und im Reichsgesetzblatt verkündet wurde, erfolgte am selben Tage in der Paulskirche mit 290 Stimmen bei 240 Enthaltungen die Wahl König Friedrich Wilhelms IV. von Preußen zum Deutschen Kaiser. Mit dieser Wahl und der Annahme der Verfassung und der Kaiserwürde durch den preußischen König sollte das Werk der Paulskirchen-Versammlung seine staatspolitische Verwirklichung und Krönung erfahren.

Die Entwicklung in Preußen 1848/49

In Preußen hatte der König inzwischen seine Macht wieder festigen können, die er in den März-Ereignissen des Jahres 1848 vorübergehend eingebüßt hatte. Am 22. Mai 1848 war auch hier eine Nationalversammlung zusammengetreten, die eine neue Verfassung für das Königreich Preußen ausarbeiten sollte. Aber anders als in Frankfurt, wo die Beratungen trotz der inneren Streitigkeiten und langwierigen Verhandlungen zu einem glücklichen Abschluß gebracht werden konnten, hatten erneute gewalttätige Unruhen in Berlin am 14. Juni 1848 bei den Bürgern das Bedürfnis nach Ruhe und Sicherheit geweckt, das, wie sie meinten, am besten durch den König erfüllt werden könnte. Und am Ende des Jahres 1848 war die Position des Monarchen bereits so weit wiederhergestellt, daß er im November die Rückkehr der Truppen in die Kasernen Berlins, die sie am 18. März hatten räumen müssen, anordnen und die Suspendierung der Sitzungen der preußischen Nationalversammlung bis zur Verlegung der Versammlung in die Provinz, nach Brandenburg, verkünden konnte.

Nachdem schon früher zu wiederholten Malen einzelne Mitglieder der zur Vereinbarung der Verfassung berufenen Versammlung wegen ihrer Abstimmung tätlich „gemißhandelt" worden seien, hieß es (scheinheilig) in der entsprechenden Botschaft der preußischen Regierung vom 8. November, sei am 31. Oktober „von aufgeregten Volkshaufen" das Sitzungslokal der Verhandlungen förmlich belagert worden; unter Entfaltung der Zeichen der Republik habe man versucht, die Versammlung durch verbrecherische Demonstrationen einzuschüchtern. Solche beklagenswerten Ereignisse bewiesen nur zu deutlich, „daß die zur Vereinbarung der Verfassung berufene Versammlung, aus deren Schoße die Grundlage einer wahren, die allgemeine Wohlfahrt bedingenden Freiheit hervorgehen soll, der eignen Freiheit entbehrt, und daß die Mitglieder dieser Versammlung bei den zu Unserem tiefen Schmerze nicht selten wiederkehrenden anarchischen Bewegungen in Unserer Haupt- und Residenzstadt Berlin nicht denjenigen Schutz finden, welcher erforderlich ist, um ihre Beratungen vor dem Scheine der Einschüchterung zu bewahren." Um „in gesetzlichem Wege die Ruhe und Ordnung in der Hauptstadt wieder herbeizuführen", wurde daher die Vertagung der Beratungen und die Verlegung der Versammlung nach Brandenburg angeordnet. Als sich Widerstand gegen diesen Beschluß, der vom Konstitutionellen Club glatt als „Staatsstreich" qualifiziert wurde, erhob, wurde am 12. November in Berlin der Belagerungszustand verhängt.

Angesichts der Zuspitzung der Lage hatte sich König Friedrich Wilhelm IV. bereits am 11. November, also am Vortage, mit einer Proklamation direkt an die Bevölkerung, an seine Preußen, gewandt und sie zur Ruhe und Besonnenheit aufgefordert und um Vertrauen gebeten, aber auch „nochmals die unverbrüchliche Versicherung" abgegeben, „ein guter konstitutioneller König" sein zu wollen, wie es in der Proklamation hieß:

... Preußen! Ihr, die Ihr noch feststeht in dem alten guten Vertrauen zu Mir, Ihr, die Ihr noch ein Gedächtniß habt für die Geschichte Meines Königlichen Hauses und Seiner Stellung zum Volke, Euch bitte Ich, daran ferner festzuhalten, in guten wie in bösen Tagen! – Ihr aber, die Ihr schon darin zu wanken beginnt, Euch beschwöre Ich Halt zu machen auf dem betretenen jähen Pfade, und abzuwarten die Thaten die da folgen werden! – Euch Allen aber gebe Ich nochmals die unverbrüchliche Versicherung, daß Euch nichts verkümmert werden soll an Euren konstitutionellen Freiheiten, daß es Mein heiligstes Bestreben sein wird, Euch mit Gottes Hülfe ein guter konstitutioneller König zu sein, auf daß Wir gemeinsam ein stattliches und haltbares Gebäude errichten, unter dessen Dache zum Frommen Unseres Preußischen und ganzen Deutschen Vaterlandes, Unsere Nachkommen sich ruhig und einträchtig der Seegnungen einer echten wahren Freiheit Jahrhunderte lang erfreuen mögen! –

Dazu wolle Gott Seinen Seegen verleihen! –
Sanssouci, den 11. November 1848
gez. Friedrich Wilhelm.
contras. Graf v. Brandenburg. v. Ladenberg. v. Strotha. v. Manteuffel.
(Aus: Berlin Museum. Berlin.)

Die preußische Regierung ließ demnach die Unruhen nicht nur durch Armee und Polizei niederhalten, sondern suchte ihnen auch auf politischem Wege beizukommen: durch ein Verfassungsversprechen des Königs, das dieser schließlich am 5. Dezember 1848 einlöste, als er, ohne es eigentlich recht zu wollen, Preußen durch königlichen Erlaß eine Verfassung dekretierte, die sich – zum Entsetzen seiner konservativen Berater – weitgehend an Entwürfen und Vorüberlegungen der preußischen Nationalversammlung orientierte. Gleichzeitig wurde freilich die Auflösung dieser Nationalversammlung verfügt, die ja nun, wie man argumentieren konnte, ihrer Hauptaufgabe, der Ausarbeitung einer Verfassung, enthoben war.

Die preußische Verfassung enthielt zwar nicht jenes Maß an Freiheitssicherungen und demokratisch-parlamentarischen Einrichtungen wie die spätere Reichsverfassung vom 28. März 1849, aber sie war aus der begrenzten Sicht Preußens ein großer Fortschritt. Die „Rechte der Preußen" wurden in einem Grundrechte-Katalog definiert und festgeschrieben; für die Gesetzgebung wurde ein Zweikammersystem eingeführt; die Abgeordneten der Volksvertretung sollten in allgemeinen, geheimen und gleichen Wahlen bestimmt werden; die richterliche Gewalt wurde als „unabhängig, keiner anderen Autorität als der des Gesetzes unterworfen" verankert; und die Staatsfinanzen wurden der Kontrolle der Volksvertretung unterstellt, die am Beginn jedes Finanzjahres über den Etat zu beschließen hatte. Preußen war damit – trotz aller Bedenken und Einwände, die man gegen diese Verfassungsurkunde vorbringen mochte – per Dekret zu einer konstitutionellen Monarchie geworden.

Allerdings drängte der schwache, stets schwankende Friedrich Wilhelm IV. bald auf eine Revision der Verfassung, die seiner Meinung nach doch allzusehr vom Zeitgeist des Liberalismus durchdrungen war: Durch Verordnung vom Mai 1849 wurde das allgemeine Wahlrecht durch ein Dreiklassenwahlrecht ersetzt. Und im Januar 1850 erhielt die erste Kammer den Charakter einer Pairskammer, bestehend aus erblichen Mitgliedern – Prinzen des Königshauses und Oberhäuptern bestimmter Adelsfamilien – und einer kleineren Anzahl vom König auf Lebenszeit ernannter Persönlichkeiten. Beide Änderungen waren bis 1918 gültig. Sie prägten maßgeblich das politische System des preußischen Staates und blieben nicht ohne Einfluß auf das politische Klima in Deutschland.

Doch diese Rücknahmen politischer Mitbestimmungsrechte waren natürlich Ende 1848 noch nicht vorauszusehen. Vorerst stärkte die für preußische Verhältnisse erstaunlich liberale Verfassung die Stellung des Königs, da nun auch ehemalige innenpolitische Gegner auf die Reformfähigkeit des preußischen Staates hoffen konnten.

Ablehnung der Kaiserkrone durch Friedrich Wilhelm IV.

Im Hinblick auf die Frankfurter Beratungen war die Erstarkung des preußischen Königs eher ein Nachteil – vor allem wenn man daran dachte, daß derselbe Friedrich Wilhelm IV., der gerade erst die preußische Verfassung übellaunig und ohne innere Zustimmung akzeptiert hatte, wenig später die viel weitergehende Reichsverfassung anerkennen und aus der Hand von Abgeordneten der Frankfurter Nationalversammlung die deutsche Kaiserkrone entgegennehmen sollte. Aber das erschien Friedrich Wilhelm IV. ohnehin völlig absurd, wie er bereits am 23. Dezember 1848 in einem Brief an General Joseph von Radowitz, einem vertrauten Freund seit Kronprinzentagen, der seit 1836 preußischer Militärbevollmächtigter am Frankfurter Bundestag und nun Abgeordneter der Nationalversammlung war, schrieb:

> Jeder deutsche Edelmann, der ein Kreuz oder einen Strich im Wappen führt, ist hundertmal zu gut dazu, um solch ein Diadem! aus Dreck und Letten der Revolution, des Treubruchs und des Hochverrats geschmiedet, anzunehmen. Die alte, legitime, seit 1806 ruhende Krone deutscher Nation, das Diadem von Gottes Gnaden, das den, der es trägt, zur höchsten Obrigkeit Deutschlands macht, der man Gehorsam schuldet um des Gewissens willen, das *kann* man annehmen, *wenn* man in sich die Kraft dazu fühlt und die *angeborenen* Pflichten es zulassen. *Die* Krone aber vergibt keiner als Kaiser Franz Joseph, *ich* und unseresgleichen und wehe dem! der es ohne uns versucht und wehe dem! der sie annimmt, wenn ihr Preis der Verlust eines Drittels von Deutschland und der edelsten Stämme unseres deutschen Volkes ist. Gott helf uns! Amen.
> *(Aus: Friedrich Meinecke, Radowitz und die deutsche Revolution, Berlin 1913, S. 197.)*

Doch was sollte man in Frankfurt tun? Daß Österreich der ganzen Entwicklung seit dem Sieg der Kleindeutschen feindselig gegenüberstand, ließ sich nicht ändern. Aber wenn man den Weg nach Berlin nicht wagte, das Angebot an Friedrich Wilhelm IV. nicht unternahm, konnte man die Revolution getrost vergessen, die Paulskirchen-Versammlung feierlich für beendet und gescheitert erklären. Alles wäre dann umsonst gewesen. Wenigstens den Versuch mußte man also machen.

Die Nationalversammlung tat daher auf ihrer Sitzung am 28. März 1849, als gäbe es das Problem Friedrich Wilhelm IV. gar nicht, wählte ihn zum Deutschen Kaiser und entsandte anschließend eine Deputation unter der Leitung des Präsidenten der Nationalversammlung, Eduard von Simson, nach Berlin. Beim Empfang durch den

Kaiserdeputation von Friedrich Wilhelm IV. im Rittersaal des Königlichen Schlosses in Berlin am 2. April 1849, Zeitgenössischer Holzstich.

König im Rittersaal des königlichen Schlosses am 3. April 1849 überbrachte Simson den Beschluß, „den erwählten Kaiser . . . ehrfurchtsvoll einzuladen, die auf Ihn gefallene Wahl auf Grundlage der Verfassung annehmen zu wollen." In einem Zusatz erklärte der Präsident, er hege mit den zweiunddreißig Mitgliedern der Deputation die Zuversicht, „daß Euere Majestät geruhen werden, die begeisterten Erwartungen des Vaterlandes, welches Euer Majestät als den Schirm und Schutz seiner Einheit, Freiheit und Macht zum Oberhaupt des Reiches erkoren hat, durch einen gesegneten Entschluß zu glücklicher Erfüllung zu führen."

Doch der König dachte gar nicht daran. Zwar antwortete er „freundlich, ja verbindlich", „in flittergestickte Windeln gehüllt", wie er selbst später sagte. Aber im Kern lehnte er das Angebot ab, auch wenn er den Frankfurter Trupp „des preußischen Schildes und Schwertes gegen äußere und innere Feinde" versicherte und deutsche „Ehre und Treue" beschwor:

Meine Herren!

Die Botschaft, als deren Träger Sie zu mir gekommen sind, hat mich tief ergriffen, sie hat meinen Blick auf den König der Könige gelenkt und auf die heiligen und unantastbaren Pflichten, welche mir als dem Könige meines Volkes und als einem der mächtigsten deutschen Fürsten obliegen. Solch ein Blick, meine Herren, macht das Auge klar und das Herz gewiß.

In dem Beschluß der deutschen Nationalversammlung, welchen Sie, meine Herren, mir überbringen, erkenne ich die Stimme der Vertreter des deutschen Volkes. Dieser Ruf gibt mir ein Anrecht, dessen Wert ich zu schätzen weiß, er fordert, wenn ich ihm folge, unermeßliche Opfer von mir; er legt mir die schwersten Pflichten auf.

Die deutsche Nationalversammlung hat auf mich vor allem gezählt, wo es gilt, Deutschlands Einheit und Kraft zu gründen. Ich ehre ihr Vertrauen, sprechen Sie ihr meinen Dank dafür aus. Ich bin bereit, durch die Tat zu beweisen, daß die Männer sich nicht geirrt haben, welche ihre Zuversicht auf meine Hingebung, auf meine Treue, auf meine Liebe zum gemeinsamen deutschen Vaterlande stützen.

Aber, meine Herren, ich würde Ihr Vertrauen nicht rechtfertigen, ich würde dem Sinne des deutschen Volks nicht entsprechen, ich würde Deutschlands Einheit nicht aufrichten, wollte ich mit Verletzung heiliger Rechte und meiner früheren ausdrücklichen und feierlichen Versicherung, ohne das freie Einverständnis der gekrönten Häupter, der Fürsten und der freien Städte Deutschlands eine Entschließung fassen, welche für sie und die von ihnen regierten deutschen Stämme die entschiedensten Folgen haben muß.

An den Regierungen der einzelnen deutschen Staaten wird es daher jetzt sein, in gemeinsamer Beratung zu prüfen, ob die Verfassung dem Einzelnen, wie dem Ganzen, frommt, ob die mir zugedachten Rechte mich in den Stand setzen würden, mit starker Hand, wie ein solcher Beruf es von mir fordert, die Geschicke des großen deutschen Vaterlandes zu leiten und die Hoffnungen seiner Völker zu erfüllen.

Dessen aber möge Deutschland gewiß sein und das, meine Herren, verkündigen Sie in allen seinen Gauen: bedarf es des preußischen Schildes und Schwertes gegen äußere und innere Feinde, so werde ich auch ohne Ruf nicht fehlen; ich werde dann getrost den Weg meines Hauses und meines Volkes gehen, den Weg der deutschen Ehre und Treue.

(Aus: Simson, a.a.O., S. 183 f.)

Wie er wirklich über das Angebot dachte, teilte Friedrich Wilhelm IV. zwei Tage später, am 5. April, in einem Brief König Ernst August von Hannover mit. Diesmal nahm er, wie schon gegenüber General von Radowitz, kein Blatt vor den Mund, sondern schrieb offen:

Ich habe alles, was ich konnte, getan, um die *affreuse Deputation* von Berlin abzuhalten. Das Ministerium stimmte *leider!!!* nicht mit mir. Der offizielle Weg war also verschränkt. Dennoch schrieb ich 2 Antworten an den alten Arndt und an Herrn von Beckerath auf dringende Briefe. Diese Antworten waren (was man sagt) geharnischt und deutlich, und ich erklärte ihnen, von einer *eigentlichen Antwort* könne notwendigerweise gar nicht die Rede gegenüber dieser Deputation sein. Man nähme nur das an und schlüge nur das aus, was angeboten werden könne. Die Paulskirche aber *habe keine Krone anzubieten* und ich folglich keine auszuschlagen und anzunehmen. Diese sogenannte Krone sei aber schon an sich keine Krone, wohl aber ein Hundehalsband, mit dem man *mich* an die Revolution von 48 ketten wolle. Und dazu wäre ich zu gut. Die Herren möchten also alles, was sie könnten, tun, um das Skandal dieser Deputation abzuwenden. Wie Sie, gnädigster König, es so richtig sagen, alle die zu Frankfurt tagen, sind verdreht, in Souveränitätsschwindel besoffen. Die Herren haben nicht getan, was ich sie bat, und so ist diese inqualifiable Deputation gekommen. Jetzt war Holland in Not, denn ich bin von vorn bis hinten in dieser Sache ganz wie Sie gestimmt. Ich wollte eine *derbe* Antwort geben. Da aber die Sachen nun einmal wirklich bis zu dem Punkt gediehen waren, so hab' ich dem Rat des Ministerii nachgegeben und freundlich, ja verbindlich geantwortet und das *Nein* in flittergestickte Windeln gehüllt. Die braven Frankfurter sind aber nicht dumm und haben die Windeln weggeworfen und das *Nein* allein herausgenommen, woran sie ganz recht getan und *mir eine große Freude* gemacht haben...

(Aus: Revolutionsbriefe 1848. Ungedrucktes aus dem Nachlaß König Friedrich Wilhelms IV. von Preußen, hrsg. von Karl Haenchen, Leipzig 1930, S. 436.)

Damit war das Ende des in der Frankfurter Paulskirche unternommenen Anlaufs zur Schaffung eines parlamentarisch-monarchischen Verfassungsstaates in einem vereinigten Deutschland praktisch schon besiegelt. Die Ablehnung durch das mächtige Preußen konnte weder durch die Akzeptierung der Reichsverfassung durch 28 kleine Teilstaaten Deutschlands am 14. April 1849 noch durch die Aufforderung der Nationalversammlung an die Regierungen vom 4. Mai 1849, die Reichsverfassung „zur Anerkennung und Geltung zu bringen", wettgemacht werden. Auch die in der Aufforderung vom 4. Mai enthaltene Bestimmung des 22. August „als den Tag, an welchem der erste Reichstag auf Grund der Verfassung in Frankfurt a.M. zusammenzutreten hat", und des 15. Juli „als den Tag, an welchem im deutschen Reiche die Wahlen für das

Volkshaus vorzunehmen sind", konnte nur als letzte Verzweiflungstat gelten.

In seiner endgültigen Ablehnung der Frankfurter Beschlüsse nahm das preußische Staatsministerium in einem Erlaß vom 7. Mai 1849 jedoch ausdrücklich Bezug auf diesen Vorstoß der Nationalversammlung: Falls die Versammlung weiterhin versuche, „die Verfassung selbständig und ohne die Sanktion der Regierungen, also auf dem Wege der Gewalt und der Revolution, zur Ausführung zu bringen", sei die königliche Regierung ihrerseits entschlossen, allen daraus „direkt oder indirekt hervorgehenden gesetzwidrigen Bestrebungen, von welcher Seite sie auch kommen mögen, mit dem vollen Ernst des Gesetzes entgegenzutreten."

Folgerichtig berief Preußen danach am 14. Mai 1849 seine Abgeordneten aus der Nationalversammlung ab. Auch viele andere Abgeordnete kehrten nun enttäuscht nach Hause zurück oder wurden von ihren Regierungen abberufen.

Die Auflösung der Paulskirchen-Versammlung

Mit einem Aufruf wandte sich die Nationalversammlung nach dem Massenaustritt am 26. Mai 1849 noch einmal an das deutsche Volk, um, beinahe entschuldigend, zu erklären, was man am Vortage beschlossen hatte: daß nämlich die Versammlung nun schon mit 100 Mitgliedern (statt der früheren 150) beschlußfähig sei – „nicht als ob wir eine so stark herabgeschmolzene Zahl für keinen Übelstand ansähen, oder dadurch den Sieg einer ausharrenden Partei erringen wollten, sondern darum, daß nicht das letzte Band der deutschen Volkseinheit reiße, daß jedenfalls ein Kern verbleibe, um den bald wieder ein vollerer Kreis sich ansetzen könne." Und resignierend fügte man hinzu: „Sollte aber auch nicht der ernste Ruf des Vaterlandes seine Kraft bewähren, so gedenken wir doch, wenn auch in kleiner Zahl und großer Mühsal, die Vollmacht, die wir vom deutschen Volke empfangen, die zerfetzte Fahne, treugewahrt in die Hände des Reichstages niederzulegen, der, nach den Beschlüssen vom 4. d. M., am 15. August zusammentreten soll, und für dessen Volkshaus die Wahlen am 15. Juli vorzunehmen sind."

Um seiner polizeilichen Auflösung in Frankfurt vorzubeugen, wurde das Rumpfparlament am 31. Mai nach Stuttgart verlegt – freilich ohne die württembergische Regierung vorher zu fragen, ob eine solche Übersiedlung überhaupt erwünscht sei. Das entsprechende Notifikationsschreiben erreichte die dortige Regierung erst am 3. Juni, als die noch verbliebenen Mitglieder der Versammlung bereits in Stuttgart eintrafen und sogleich ihre Beratungen aufnahmen – was die Württemberger in nicht geringe Verlegenheit brachte, zumal am 6. und 16. Juni weitreichende Beschlüsse über die Absetzung des Reichsverwesers Johann und die Einsetzung einer Reichsregentschaft mit dem Ziel gefaßt wurden, die Reichsverfassung durchzuführen und zu diesem Zweck sogar ein Reichsheer aufzustellen und die Volksbewaffnung zu organisieren. An sich war man in Württemberg den Bemühungen der Paulskirche freundlich gesinnt gewesen (war es wohl immer noch) und hatte sie nach besten Kräften unterstützt. Aber nun war eine neue Situation entstanden: Die Nationalversammlung war isoliert, gespalten, auseinandergebrochen; an einen Erfolg war nicht mehr zu denken. Wenn Stuttgart in dieser Lage das Rumpfparlament in seinen Mauern duldete, würde es sich den Zorn aller anderen Länder zuziehen, vor allem denjenigen des mächtigen Preußen. Mit Schreiben vom 17. Juni 1849 wandte sich daher der württembergische Innenminister, Friedrich Römer, an den Präsidenten des Stuttgarter

Rumpfparlaments, Wilhelm Loewe/Calbe, um ihm („eine peinliche Pflicht“) den Ausweisungsbeschluß seiner Regierung mitzuteilen und die Gründe zu erläutern, die zu diesem Beschluß geführt hatten:

Geehrter Herr Präsident!

Ich erfülle im Auftrage des hiesigen Gesamtministeriums eine peinliche Pflicht, indem ich Ihnen anzeige, daß die württembergische Regierung sich in der Lage befindet, das Tagen der hierher übergesiedelten Nationalversammlung und das Schalten der von ihr am 6. d. M. gewählten Reichsregentschaft in Stuttgart und Württemberg nicht mehr länger dulden zu können...

Herr Präsident! Ich will mit Ihnen nicht streiten über den rechtmäßigen Bestand der bis auf hundert Mitglieder herabgesunkenen Nationalversammlung. Ich für meine Person erkenne an, daß der Nationalversammlung zusteht, ihre Geschäftsordnung hinsichtlich der Beschlußfähigkeit der Versammlung abzuändern und nach und nach selbst bis auf drei Mitglieder herabzusetzen. Aber wenn es sich um Anerkennung der Beschlüsse einer solchen Versammlung handelt, so muß man nach meiner Überzeugung, einen andern als den bloß juristischen Maßstab der Beurteilung anlegen... Nun hat man Ihnen vielleicht gesagt, das württembergische Volk brenne vor Begierde, für die Reichsverfassung jedes Opfer zu bringen, Bürgerwehren und Turner haben geschworen, Gut und Blut für diesen Zweck hinzugeben, und das stehende Heer sei von demselben Geiste beseelt. Glauben Sie mir, Herr Präsident, man hat Sie getäuscht. Allerdings bestehen für die Reichsverfassung und Nationalversammlung starke Sympathien im Volk; aber so begeistert ist denn doch die große Mehrzahl nicht, daß sie bereit wäre, sich bei einem so unwahrscheinlichen Erfolge in einen so ungleichen und verderblichen Kampf zu stürzen...

(Aus: Die Revolution von 1848/49, a.a.O., S. 295 ff.)

Damit war das Ende gekommen. Ein hoffnungsvoll begonnener Versuch war gescheitert. Ein Aufstand, mit dem man im Mai 1849 in Dresden die Einführung der Reichsverfassung und die Anerkennung der Volkssouveränität hatte erzwingen wollen, war zuvor in erbittertem und blutigem Barrikadenkampf mit Hilfe preußischer Truppen niedergeworfen worden; an diesem Aufstand hatte auch der Hofkapellmeister Richard Wagner teilgenommen, der anschließend fliehen mußte und sich in die Schweiz absetzte. Nicht besser als dem Dresdner Aufstand erging es Erhebungen mit Unterstützung von Teilen des Heeres in Baden und in der bayerischen Pfalz, wo man im Juni 1849 sogar Provisorische Regierungen gebildet hatte, um das Schicksal noch einmal zu wenden. Preußische und deutsche Bundestruppen, die auf Bitten des nach Frankfurt geflohenen Großherzogs Leopold von Baden eingriffen, stellten auch hier die alte Ordnung wieder her, wobei die von Aufständischen verteidigte Festung Rastatt erst nach Belagerung und heftigem Artilleriebeschuß kapitulierte.

Die deutschen Liberalen und Demokraten erholten sich von dieser Niederlage während des gesamten 19. Jahrhunderts nicht mehr. Die Verfassungsentwicklung und die zögernde Bildung politischer Parteien, die in der Paulskirche begonnen hatten und trotz des Rückschlags nach 1849 ihren Fortgang nahmen, konnten darüber nicht hinwegtäuschen. Auch die Reichseinigung vollzog sich nun unter anderen Bedingungen, als die Generation von 1848 sie sich vorgestellt hatte. Erst im 20. Jahrhundert, nach langen politischen Irrwegen und schweren militärischen Katastrophen, gelang es, an das Erbe von 1848/49 anzuknüpfen.

III. Industrialisierung und Arbeiterbewegung

Zeittafel

1733
Erfindung des Fliegenden Weberschiffchens.

1760
Erste Benutzung von Eisenschienen in englischen Bergwerken.

1764
Erfindung der Jenny-Spinnmaschine (Spinnrad mit mehreren Spindeln) durch James Hargraves.

1765
Konstruktion der Niederdruckdampfmaschine mit getrenntem Kondensator durch James Watt.

1769
Erfindung der Flügelspinnmaschine für feste Fäden durch Sir Richard Arkwright (Maschine mit Streckenwalzen zur automatischen Garnzuführung und Flügelspindeln zur Garnbildung und Aufwicklung). Dadurch Anstoß zur Entwicklung der Textilgroßindustrie.
Konstruktion eines dreirädrigen Dampfkraftwagens zum Transport von Kanonen durch N.J. Cugnot.

1781
Aufhebung der Leibeigenschaft in Böhmen, Mähren und Schlesien durch Joseph II.

1783
Erfindung des Puddel- und Walzverfahrens für die Eisenerzeugung. Beginn der modernen Walzwerktechnik.
Aufhebung der Leibeigenschaft in Baden und anderen Teilen Süddeutschlands.

1785
Erfindung des ersten brauchbaren mechanischen Webstuhls durch Edmund Cartwright. Einsatz von Dampfmaschinen in der Textilindustrie.

1788
Aufstellung der ersten Dampfmaschine in Preußen.

1789
Französische Revolution.

1799
Beginn der Bauernbefreiung auf den staatlichen Domänen in Preußen.

1803/04
Bau der ersten Schienendampflokomotive für Roheisentransporte durch Richard Trevithick (wegen zu schwacher Schienen nur kurze Zeit verwendbar).

1806/07
Niederlage und Zusammenbruch Preußens im Kampf gegen Napoleon.

1807
Juni Freiherr vom Steins Nassauer Denkschrift „Über die zweckmäßige Bildung der obersten und der Provinzial-, Finanz- und Polizei-Behörden in der preußischen Monarchie".
Konstruktion des ersten brauchbaren Dampfschiffes, der „Clermont", durch Robert Fulton.

17.8. Erste Fahrt der „Clermont" auf dem Hudson River von New York nach Albany.

12.9. Freiherr von Hardenbergs Rigaer Denkschrift „Über die Reorganisation des Preußischen Staats, verfaßt auf höchsten Befehl Sr. Majestät des Königs".

9.10. Edikt König Friedrich Wilhelms III. von Preußen, „den erleichterten Besitz und den freien Gebrauch des Grundeigentums sowie die persönlichen Verhältnisse der Landbewohner betreffend".

1808
19.11. Erlaß einer Städteordnung in Preußen.

1811
14.9. Edikt zur Regulierung der gutsherrlichen und bäuerlichen Verhältnisse (Zugeständnisse an den Adel im Vergleich zum Edikt von 1807).

1814

Konstruktion der ersten brauchbaren durch Dampfkraft angetriebenen Zugmaschine, der „Lokomotive", durch George Stephenson.
Bau des ersten mit Dampf betriebenen Kriegsschiffes durch Robert Fulton in den USA.

1814/15

Wiener Kongreß.

1816

19.5. Deklaration zur weiteren Einschränkung der Bauernbefreiung in Preußen.

29.6. Kiellegung des ersten Dampfbootes in Deutschland an der Spree nahe Spandau.

1817

Konstruktion des Laufrades (Draisine) durch Karl Friedrich Freiherr Drais von Sauerbronn (hölzernes Zweirad mit Lenkstange; Vorläufer des Fahrrades).

1818

26.5. Vertrag über die Schaffung eines einheitlichen Zoll- und Handelsgebietes in Preußen.

1819

20.4. Einreichung einer Bittschrift zur Aufhebung der Zölle im Innern Deutschlands und zur Schaffung eines Zollsystems nach außen an die Bundesversammlung in Frankfurt durch den Bevollmächtigten des Allgemeinen Deutschen Handels- und Gewerbevereins, Friedrich List.
Überquerung des Atlantik zwischen New York und Liverpool mit dem Dampfschiff „Savannah".

1820

18.1. Zusammenschluß Bayerns und Württembergs zur Zolleinheit.

14.2. Zoll- und Handelsvertrag zwischen Preußen und Hessen-Darmstadt.

1823

Erfindung des ersten praktisch verwendbaren Verbrennungsmotors durch S. Brown.

1825

Erfindung der automatischen Selfaktor-Feinspinnmaschine.
Eröffnung der ersten Eisenbahnstrecke für den Personenverkehr zwischen Stockton und Darlington (61 Kilometer) in England.

1827

Erfindung des Zündnadelgewehrs durch Johann Nikolaus Dreyse.

1831

Rheinschiffahrtsakte (gewährt allen Nationen zwischen Basel und dem offenen Meer freies Schiffahrtsrecht).

1833

22.3. Vertrag zur Gründung des Deutschen Zollvereins.
Herstellung einer elektromagnetischen Telegraphenverbindung in Göttingen durch Carl Friedrich Gauß und Wilhelm Eduard Weber.

1834

1.1. Inkrafttreten des Vertrages über den Deutschen Zollverein.
Gründung des politischen Geheimbundes „Neues Deutschland" (später „Junges Deutschland") in Bern.
Gründung des „Bundes der Geächteten" in Paris.

1835

7.12. Eröffnung der ersten deutschen Dampfeisenbahnstrecke zwischen Nürnberg und Fürth (6,1 Kilometer).

1837

Erfindung des ersten brauchbaren Schreibtelegraphen durch Samuel Morse.

Gründung des „Bundes der Gerechten" durch Abspaltung vom „Bund der Geächteten" in Paris (1847 Umbenennung in „Bund der Kommunisten).

1839

Verbesserung und Vollendung des von Joseph Nicéphore Niepce erfundenen Verfahrens der Photographie durch Louis Jacques Mandé Daguerre.

1841

Bau der ersten deutschen Lokomotive durch August Borsig in Berlin.

1844

Aufstand der schlesischen Weber in Peterswaldau und Langenbielau.

1846

Gründung des Katholischen Handwerksgesellenvereins (seit Mai 1847 mit Adolf Kolping als geistlichem Präses).

1848

Februar Veröffentlichung des von Karl Marx und Friedrich Engels verfaßten „Manifests der kommunistischen Partei".

März Beginn der Revolution in Deutschland.

23.8. Einberufung eines „Allgemeinen deutschen Arbeiter-Kongresses" (bis 3.9.) durch Stephan Born. Gründung der „Allgemeinen deutschen Arbeiter-Verbrüderung".

1848-54

Bau des ersten Alpentunnels am Semmering (Länge 1430 m).

1849

Gründung der ersten Rohstoffassoziation der Schuhmacher und Tischler durch Hermann Schulze-Delitzsch.
Erfindung der Hochdruckwasserturbine durch James Bicheno Francis.

1850

Gründung der ersten Kreditgenossenschaft („Vorschußverein") durch Hermann Schulze-Delitzsch.

1859-69

Bau des Suez-Kanals.

1861

Konstruktion des ersten Fernsprechers durch Johann Philipp Reis.

1863

23.5. Gründung des „Allgemeinen deutschen Arbeitervereins" (erste Parteibildung der deutschen Sozialdemokratie); Wahl Ferdinand Lassalles zum Präsidenten.
Erfindung der Rotationsdruckmaschine für den Buchdruck durch W. Bullock.

1864

Bildung der „Internationalen Arbeiterassoziation", der „Ersten Internationale", in London; programmatische Grundlage durch „Inauguraladresse" von Karl Marx (Befreiung der Arbeiterklasse aus eigener Kraft).

1869

8.8. Gründung der „Sozialdemokratischen Arbeiterpartei" unter Wilhelm Liebknecht und August Bebel in Eisenach.
Selbstauflösung des Verbandes Deutscher Arbeitervereine.
Gründung der Internationalen Gewerkschaftsgenossenschaften.

1875

22.–27.5. Gründung der „Sozialistischen Arbeiterpartei Deutschlands" in Gotha.

1876

Erfindung des elektromagnetischen Fernsprechers durch Alexander Graham Bell.

1877

Entwicklung eines Schallaufzeichnungsgeräts (Phonographen) durch Thomas Alva Edison.

1878

21.10. „Gesetz gegen die gemeingefährlichen Bestrebungen der Sozialdemokratie" (bis 1890 in Kraft).
Erfindung des ersten brauchbaren Elektromotors durch die Firma Siemens & Halske in Berlin.

1880/81

Eröffnung des Fernsprechverkehrs in Deutschland.

1883

14.3. Tod von Karl Marx.
Erfindung eines gebrauchsfähigen Benzinmotors durch Gottlieb Daimler und Wilhelm Maybach.

1885

Konstruktion eines dreirädrigen Automobils mit Viertaktmotor und elektrischer Zündung durch Carl Benz.

1890

Einweihung der ersten elektrischen Untergrundbahn in London.

1890-96

Gleitflugversuche durch Otto Lilienthal in Lichterfelde bei Berlin.

1893-97

Entwicklung des Dieselmotors durch Rudolf Diesel.

Die deutsche Revolution von 1848/49 war – wie die französische von 1789 – keine proletarische, sondern eine bürgerliche Revolution. In ihr verlieh das Bürgertum seinem Verlangen nach politischer Freiheit und nationaler Einheit Ausdruck. Nicht zufällig saßen in der Frankfurter Nationalversammlung in der Paulskirche vor allem Professoren, Advokaten und höhere Verwaltungsbeamte – und keine Arbeiter.

Dieses Erwachen des Bürgertums, ja der Anbruch eines bürgerlichen Zeitalters, war nicht nur das Ergebnis eines geistigen Wandels, der mit der Aufklärung begonnen und die Menschen aus den engen religiösen Bindungen des Mittelalters und der Frühen Neuzeit befreit hatte, sondern auch die Folge grundlegender wirtschaftlicher Veränderungen. Die zunehmende Industrialisierung griff tief in den Alltag und die Lebensumstände der Menschen im 19. Jahrhundert ein und weckte ein neues Bewußtsein für Freiheit, Unabhängigkeit und individuelle wie kollektive Rechtssicherheit, die zugleich Voraussetzungen für das Funktionieren der neuartigen wirtschaftlichen Tätigkeiten innerhalb des Systems der entstehenden kapitalistischen Gesellschaft waren. Sogar die Forderung nach nationaler Einheit läßt sich aus diesem Blickwinkel betrachten; denn Kleinstaaterei und die damit verbundenen Zoll- und Verkehrsschranken stellten Hemmnisse für die wirtschaftliche Expansion dar, die bei der rasch voranschreitenden Entwicklung jener Jahre bald zu einer inakzeptablen Bürde werden mußten, die es durch die Schaffung möglichst umfassender politischer und wirtschaftlicher Einheit zu beseitigen galt.

Der soziale und politische Umbruch, der sich hier vollzog, war allerdings von schwer erträglichen Erscheinungen menschlichen Elends begleitet. Oft wurden Menschen aus alten Bindungen gerissen, ohne zunächst in eine sichere oder auch nur menschenwürdige Zukunft einzutreten. Sie kamen vom Lande, aus dem Verband von Großfamilien, die ein hohes Maß an sozialer Kontrolle ausgeübt, aber auch existentiellen Schutz gewährt hatten, in die Anonymität der städtischen Arbeitersiedlungen, in den Raum der Kleinfamilie, und mußten nicht selten um ihr einfaches materielles Auskommen und Überleben ringen. Die frühkapitalistische Gesellschaft war jahrzehntelang nicht in der Lage, die Probleme und sozialen Folgen dieses Umbruchs zu bewältigen. Zum Teil beruhte ja sogar der Erfolg der Unternehmen auf der Ausbeutung billiger menschlicher Arbeitskraft.

Erst in der zweiten Hälfte des 19. Jahrhunderts wurde manches allmählich besser – nicht zuletzt unter dem Druck der Arbeiterbewegung, die angesichts des überall sichtbaren Elends der Arbeiterschaft entstand und sich für die Verbesserung der Arbeitsbedingungen und die soziale Sicherung der Arbeiter einsetzte. Der wirtschaftliche Aufschwung, der nach der Überwindung der wirtschaftlichen Zersplitterung und besonders nach der Reichsgründung mit ihrer Beendigung der politischen Unsicherheit ganz Deutschland erfaßte, erlaubte dann auch der Unternehmerseite Zugeständnisse in diesem Bereich.

Doch nur langsam bildete sich die Einsicht heraus, daß es notwendig sei, in der menschlichen Arbeitskraft nicht nur einen Produktionsfaktor, sondern den unersetzbaren Teil einer nur gemeinsam zu erbringenden Leistung zu sehen. Noch die Sozialgesetzgebung Bismarcks war stärker von dem Wunsch nach sozialer Befriedung als von dem Bedürfnis nach sozialer Gerechtigkeit geprägt. Und auch die Arbeiterbewegung und der Aufstieg der Sozialdemokratie nach 1871 waren wesentlich durch die Weigerung des Bürgertums mitbegründet, die neue Klasse des Industrieproletariats als gleichberechtigte gesellschaftliche Gruppierung anzuerkennen und ihr die politische Mitbestimmung und soziale Besserstellung zu gewähren.

1. Voraussetzungen und Beginn der Industrialisierung

Die Industrielle Revolution, die sich nach Auffassung des Wirtschaftshistorikers Wilhelm Treue im 19. Jahrhundert „als ein sehr viel größeres, komplizierteres und gefährlicheres Problem (erwies) als die Person Napoleons, der im Vergleich mit ihr eine traditionelle und leicht begreifbare Erscheinung war", „etwas Erstmaliges" darstellte und „voller Unermeßlichkeiten" war, begann im späten 18. Jahrhundert in England mit wichtigen Erfindungen auf der Grundlage einer vorangegangenen agrarischen Revolution, die zu einer kapital- und arbeitsintensiveren Bodenbearbeitung, einer Besitzumschichtung und zur Entwicklung eines ländlichen Proletariats von Lohnarbeitern führte, das dann von den neu entstehenden städtischen Industriebetrieben übernommen werden konnte.

Erfindungen und ihre Bedeutung

Besonders die Erfindungen, die in dieser Zeit gemacht wurden – das Fliegende Weberschiffchen (1733), das Spinnrad mit mehreren Spindeln (1764), die Dampfmaschine (1765), die Spinnmaschine (1769), der mechanische Webstuhl (1786) und schließlich die automatische Selfaktor-Feinspinnmaschine (1825) sowie die für die Produktion großer Mengen von Stabeisen wichtige Entdeckung des Puddel- und Walzverfahrens für die Eisenerzeugung (1783) –, verschafften England einen Industrialisierungsvorsprung vor den Ländern auf dem europäischen Festland. In England auch wurden um 1760 erstmals Eisenschienen in Bergwerken benutzt, auf denen das Erz in Karren befördert wurde, für die 1803/04 Richard Trevithick und 1814 George Stephenson durch Dampfkraft angetriebene Zugmaschinen konstruierten – Lokomotiven –, wobei erst die Stephensonsche Maschine wirklich brauchbar war und 1825 auch als Antrieb für die erste Eisenbahn im Personenverkehr diente, deren Strecke von Stockton nach Darlington führte.

Über die Bedeutung dieser Erfindungen schrieb später, die Erfindung der Dampfmaschine mit der Erfindung der Buchdruckerkunst und des Schießpulvers gleichsetzend (wobei man die allzu positive Bewertung der Auswirkungen des Schießpulvers wie der Dampfmaschine – und manche werden sagen: erst recht der Buchdruckerkunst! – in Frage stellen mag), der Ingenieur und Schriftsteller Max Maria von Weber, ein Sohn des Komponisten Carl Maria von Weber:

Jedem bedeutsamen Abschnitte in der Kulturgeschichte geht fast immer eine Erfindung im Bereiche der Technik voraus, ohne die der Eintritt jener Epoche, wo nicht unmöglich gemacht, so doch verzögert worden wäre. So ist die Reformation undenkbar ohne die Buchdruckerkunst, die Finsternis des faustrechtlichen Mittelalters flieht vor dem Blitze des

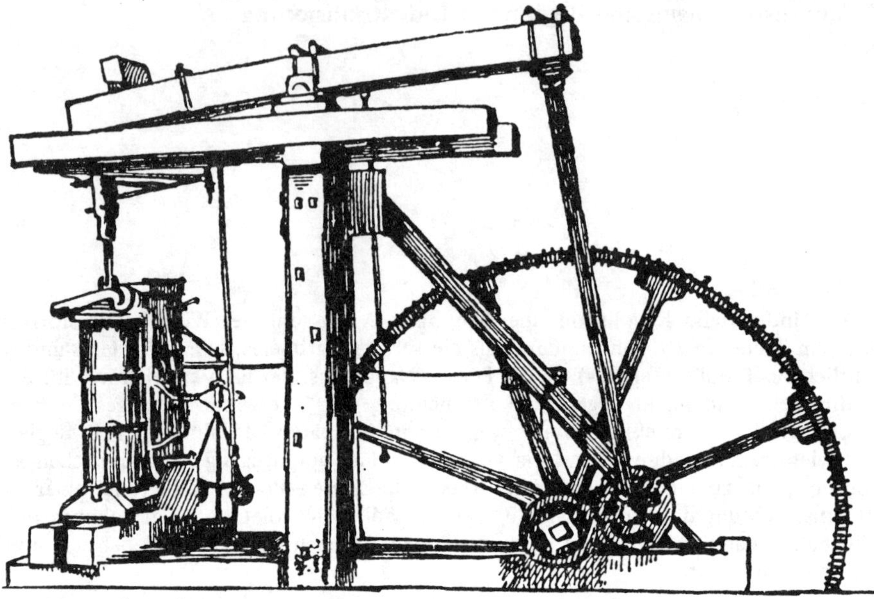

Erste Dampfmaschine von James Watt 1788

Schießpulvers, und die Dampfmaschine führt die Ära der Völkerverbrüderung und Gemeinsamkeit der Interessen herauf. Aber nicht bloß bei den großen weltgeschichtlichen Erscheinungen ist dies der Fall, auch die speziellen Erfordernisse der Zivilisation werfen ihre Schatten in Gestalt von Erfindungen voraus, durch die es möglich ist, jenen zu genügen.
(Aus: Max Maria von Weber, Werke und Tage, Weimar 1869, S. 129.)

Doch die Übernahme der englischen Erfindungen auf dem Kontinent bereitete anfangs Schwierigkeiten. England hatte, um seinen Vorsprung zu sichern, strenge Verbote gegen die Ausfuhr von Maschinen erlassen und die Auswanderung von Mechanikern unter Strafe gestellt. Dennoch gelang es, nicht nur Konstruktionszeichnungen der neuerfundenen Maschinen, sondern sogar die Maschinen selbst auf Schleichpfaden und Schmuggelschiffen aus England auszuführen. Die Mechaniker, die zur Aufstellung, Unterhaltung und Reparatur – aber auch zum Nachbau – der Maschinen erforderlich waren, kamen trotz der hohen Strafen, mit denen man sie bedrohte, zunächst ebenfalls zum großen Teil aus England. Die Ausbreitung der Technik war also durch staatliche Maßnahmen zwar zu bremsen, aber nicht aufzuhalten.

Zu den aus England übernommenen Maschinen gehörten vor allem mechanische Webstühle, Spinnmaschinen und natürlich Dampfmaschinen. Doch schon bald bemühte man sich auf dem Kontinent aus eigener Anstrengung um den Nachbau und die Weiterentwicklung, wie Franz Dinnendahl, ein rheinischer Unternehmer, der um die Jahrhundertwende lebte, in seiner Selbstbiographie berichtet:

Im Jahre 1801, ehe die Stifter Essen und Werden noch mit den preußischen Landen vereinigt waren, baute ich den Gewerken der ... Zeche Wohlgemuth im Werdenschen die erste Feuermaschine nach altem Prinzip. Das ganze Personal am Märkischen Bergamte (und) ... selbst fremde Bergleute, welche Dampfmaschinen zu sehen Gelegenheit gehabt hatten, zweifelten daran, daß ich ein solches Werk zustande bringen würde. Einige schwuren geradezu, daß es unmöglich sei, und andere prophezeiten mir, weil es mir als gemeinem Handwerker jetzt wohl ging, meinen Untergang, weil ich mich in Dinge einließ, die über meine Sphäre hinausgingen. Freilich war es ein wichtiges Unternehmen, besonders, weil in der hiesigen Gegend nicht einmal ein Schmied war, der imstande gewesen wäre, eine ordentliche Schraube zu machen, geschweige andere zur Maschine gehörige Schmiedeteile, als Steuerung, Zylinderstange und Kesselarbeit pp. hätte verfertigen können oder Bohren und Drechseln verstanden hätte. Schreiner- und Zimmermannsarbeiten verstand ich selbst; aber nun mußte ich auch Schmiedearbeiten machen, ohne sie jemals gelernt zu haben. Indessen schmiedete ich fast die ganze Maschine mit eigener Hand, selbst den Kessel; so daß ich 1-1,5 Jahre fast nichts anderes als Schmiedearbeiten verfertigte und ersetzte also den Mangel an Arbeitern der Art selbst... Während dieser Zeit hörte ich, daß man auch Maschinen nach einem neuen Prinzip oder nach Watt und Boulton baue, hatte aber davon jemals weder etwas gelesen noch gesehen und sann daher Tag und Nacht darüber nach, ob und wie ich diese zustande bringen könnte. Endlich vernahm ich, daß eine solche Maschine auf der Saline zu Königsborn bei Unna gebaut wäre. Ich ging also dahin, nahm die Maschine in Augenschein, und kaum hatte ich dieselbe eine Stunde betrachtet, so war ich mit derselben so bekannt, daß ich mich stark genug fühlte, eine ebensolche Maschine zu bauen.

Durch die erste Maschine, welche ich hier nach dem alten Prinzip erbaute, hatte ich mir das Zutrauen des Publikums erworben; denn dieses wußte wohl wenig oder gar nichts davon, daß zwischen einer Maschine nach altem und einer anderen nach neuem Prinzip ein Unterschied sei . . . Ich arbeitete selbst mit meinen Gesellen und einem Bruder Tag und Nacht, bis die Maschine fertig war. Um sicher zu sein, hatte ich diese Maschine nach altem und neuem Prinzip zugleich vorgerichtet und setzte sie deshalb zuerst, damit ich im ersten Augenblick meinen Kredit nicht verlieren möchte, nach altem Prinzip in Bewegung. Sie ging vortrefflich und tat gleich im Anfange die beste Wirkung. Das Zutrauen zu mir wuchs nun mit jedem Tage, und nachdem dieses gehörig begründet war, wagte ich es, die Maschine auch nach neuem Prinzip gehen zu lassen. Ich schraubte also oben den Zylinder zu, setzte die Luftpumpen in Bewegung, machte die Dampfröhre in Ordnung und ließ das Werk nun auch nach dem neuen Prinzip gehen. Welche Freude es mir machte, da ich sah, daß die Maschine ebenfalls ihre Wirkung tat, kann ich unmöglich schildern. Dieses war im Jahre 1803 und 1804, zur nämlichen Zeit, als die Stifter Essen und Werden preußisch wurden.

(Aus: Conrad Matschoß, Franz Dinnendahl, in: Beiträge zur Geschichte von Stadt und Stift Essen, H. 28, 1905, S. 17 ff.)

Die erste Dampfmaschine in Preußen wurde bereits 1788 aufgestellt. Doch während es in England 1819 schon über 5000 derartige Maschinen gab, stieg ihre Zahl in Deutschland nur langsam an. Sie betrug in Preußen 1837 noch immer nicht mehr als 423; 1840 waren es 634, 1843 immerhin bereits 1090, im Jahre 1846 sogar 1491 und 1849 schließlich 1964. Danach ging es immer rascher aufwärts. Allein in den drei Jahren zwischen 1849 und 1852 stieg die Zahl von 1964 auf 2832 Maschinen, die nun ein Energiepotential von 92461,6 PS erzeugten. Und 1888 betrug das gesamte, von Dampfmaschinen erzeugte Energiepotential in Deutschland 6 200 000 PS.

Politische Hemmnisse und Industrialisierungsverlauf

Doch bis dahin war es ein weiter Weg. Denn die Industrialisierung vollzog sich auf dem Kontinent nicht nur wegen des englischen technologischen Vorsprungs, sondern auch wegen der politischen Wirren im Gefolge der Französischen Revolution und der napoleonischen Kriege sowie aufgrund der – im Vergleich zu England – ungünstigeren sozio-kulturellen Bedingungen nur langsam bzw. mit zeitlicher Verzögerung. In Frank-

Eisengießerei in Gleiwitz. Erbaut 1796

reich, das bereits seit dem Merkantilismus über einen einheitlichen Wirtschaftsraum verfügte und daher am Anfang des 19. Jahrhunderts ein größeres industrielles Wirtschaftsvolumen aufwies als Deutschland, wurde erst mit Beginn des 2. Kaiserreiches unter Napoleon III. ab 1848 die Industrialisierung systematisch gefördert. In Deutschland bedurfte es zunächst der Beseitigung der feudalen Agrarstruktur und der Überwindung der zollpolitischen Zersplitterung durch die Gründung des Deutschen Zollvereins, von dem im folgenden Kapitel noch ausführlich die Rede sein wird, bevor auch hier die Industrialisierung in vollem Umfang und mit größerem Tempo einsetzen konnte.

Der unterschiedliche Industrialisierungsbeginn und -verlauf läßt sich an den Daten der industriellen Produktion jener Jahre ablesen:

Tabelle: Die industrielle Produktion 1780-1888 (in Millionen englischen Pfund)

Land	1780	1800	1820	1840	1860	1888
England	177	230	290	387	577	820
Frankreich	147	190	220	264	380	485
Deutschland	50	60	85	150	310	583
Österreich	30	50	80	142	200	253
USA	15	25	55	96	392	1443
Rußland	10	15	20	40	155	363

Von einer „Industrialisierung“ konnte man in Deutschland bis 1840 also kaum sprechen. Sie begann erst um die Jahrhundertmitte, wie auch das Beispiel der Roheisenproduktion zeigt:

Tabelle: Roheisenproduktion (in Millionen Tonnen)

Land	1820	1830	1850	1860	1870	1880	1890	1910
England	0,4	0,7	2,3	3,9	6,0	7,8	8,3	10,2
Deutschland	–	–	0,2	0,5	1,4	2,7	4,7	14,8
Frankreich	–	0,3	0,4	0,9	1,2	1,7	2,0	4,0
Rußland	–	–	–	–	–	–	0,5	0,9
USA	–	–	0,6	0,8	1,7	3,9	9,4	27,7

Die Industrialisierung war von verschiedenen Voraussetzungen abhängig, keineswegs nur von technischen Erfindungen und deren systematischer Anwendung. In Deutschland gehörten dazu die schnelle Zunahme der Bevölkerung seit Beginn des 19. Jahrhunderts und die Entwicklung der Landwirtschaft, die Arbeitskräfte für die Industrie freisetzten, der Ausbau des Verkehrswesens sowie die politische Entscheidung, den Austausch von Gütern durch den Abbau von Zollschranken zwischen den deutschen Ländern zu erleichtern.

Bauernbefreiung und Entwicklung der Landwirtschaft

In der deutschen Landwirtschaft begann die Reform der mittelalterlichen feudalen Agrarverhältnisse, die in England bereits zwischen dem 16. und 18. Jahrhundert stattgefunden hatte, erst am Anfang des 19. Jahrhunderts mit der „Bauernbefreiung". Sie war hier nicht die Folge einer politischen Revolution, wie in Frankreich, sondern das Ergebnis staatlicher Reformen. Nachdem die Leibeigenschaft in einigen Teilen Süddeutschlands schon Ende des 18. Jahrhunderts aufgehoben worden war – in Baden zum Beispiel 1783 –, erließen die süd- und südwestdeutschen Staaten zwischen 1806 und 1821 Gesetze, nach denen abhängige Bauern die Grundlasten (das Obereigentum der Grundherren) durch Zahlung einer bestimmten Geldsumme ablösen konnten. In den von Frankreich besetzten Gebieten wurde das Land oft sogar entschädigungslos enteignet und an die Kleinbauern vergeben, die es ohnehin bereits bewirtschaftet hatten, auf diese Weise nun aber zu selbständigen Grundherren wurden.

Allerdings hatte die Bauernbefreiung im Süden und Westen auch ihre Kehrseite: Durch die Ablösegesetze, das Prinzip der Realteilung und die Agrarkrise in den zwanziger Jahren verschuldeten viele Kleinbauern in Südwestdeutschland und im Rheinland so stark, daß sie ihre Höfe nicht mehr halten konnten. Nicht wenigen von ihnen blieb keine andere Wahl, als mit ihren Familien auszuwandern: nach Rußland – vor allem in die Ukraine – oder nach Amerika. Andere, die ausharrten, fanden eine neue oder zusätzliche Beschäftigung in den Fabriken der allmählich entstehenden Industrie.

In Preußen lagen die Dinge anders als im Westen Deutschlands, wo der Grundherr zwar Renten, Grundzinsen und Geldabgaben erhielt, aber selbst keine eigene Wirtschaft betrieb. Im Osten gab es bis in das 19. Jahrhundert hinein vorwiegend die Gutsherrschaft mit abhängigen Bauern, die nicht nur Abgaben zu entrichten hatten, sondern auch auf den Gütern ihrer Herren arbeiten mußten. Die Güter dieser „Junker" waren auf die billige Arbeitsleistung der nahezu rechtlosen Pächter angewiesen und schienen auf sie nur um den Preis des eigenen Untergangs verzichten zu können. Weil die Bauernbefreiung hier also mit einer grundlegenden Umgestaltung der Agrarstruk-

Industrialisierung in Preußen: Maschinenbauanstalt und Eisengießerei Borsig vor dem Oranienburger Tor. Gemälde von E. Biermann 1847

tur einhergehen mußte, war sie entsprechend schwieriger zu verwirklichen als im Westen. Sie konnte daher zwischen 1799 und 1805 auch nur auf den staatlichen preußischen Domänen erfolgen, während die Rechtsstellung der abhängigen Bauern auf den Gütern der adligen Junker noch unverändert blieb. Erst der Zusammenbruch Preußens 1806/07 und die Notwendigkeit, im Kampf gegen Napoleon alle Kräfte des Landes zu vereinigen – wozu auch die allgemeine Wehrpflicht und die Forderung des freien Soldaten gehörte –, gab den notwendigen Impuls zu einer umfassenden Befreiung der Bauern.

Als Carl Freiherr vom und zum Stein im Juli 1807, kurz nach dem Frieden von Tilsit, zum preußischen Staatskanzler berufen wurde (ironischerweise auf Empfehlung Napoleons, der dem König erklärte: „Prenez le baron de Stein, c'est un homme d'esprit"), begann er sogleich mit der Verwirklichung seines Reformprogramms, das er zuvor, unter anderem in seiner Nassauer Denkschrift vom Juni 1807, mit dem Ziel der Steigerung der Wohlfahrt und der Stärkung der Staatsgewalt im Innern und nach außen niedergelegt hatte. Am 9. Oktober 1807 wurde das „Edikt den erleichterten Besitz und den freien Gebrauch des Grundeigentums sowie die persönlichen Verhältnisse der Landbewohner betreffend" erlassen, in dem es zur Abschaffung des erbuntertänigen Bauerntums hieß:

Mit dem Martinitage eintausendachthundertundzehn (1810) hört alle Gutsuntertänigkeit in Unsern sämtlichen Staaten auf. Nach dem Martinitage 1810 gibt es nur freie Leute, so wie solches auf den Domänen in allen Unseren Provinzen schon der Fall ist; bei denen aber, wie sich von selbst versteht, alle Verbindlichkeiten, die ihnen als freien Leuten vermöge eines Grundstücks oder vermöge eines besonderen Vertrages obliegen, in Kraft bleiben.

(Aus: Wilhelm Altmann, Ausgewählte Urkunden zur Brandenburgisch-Preußischen Verfassungs- und Verwaltungsgeschichte, 2. Teil, 1. Hälfte, Berlin 1915, S. 26ff.)

Doch Freiherr vom Stein gelang es nicht, sein Werk zu Ende zu führen. Auf Betreiben Napoleons, der seinen Irrtum bald einsah, als ihm ein Brief Steins in die Hände fiel, in dem dieser den Fürsten Wittgenstein im Königreich Westfalen zum Widerstand und zur Kriegsvorbereitung gegen Frankreich aufgerufen hatte, wurde dieser Patriot („Ich habe nur ein Vaterland, das heißt Deutschland") bereits 1808 wieder entlassen und zur Flucht nach Österreich, später nach Rußland gezwungen, von wo er seinen Kampf gegen Napoleon fortsetzte. Karl August Freiherr von Hardenberg, der 1814 in den Fürstenstand erhoben wurde, knüpfte nach seiner Ernennung zum Staatskanzler im Jahre 1810 an die Arbeit Steins an; die Säkularisation der Kirchengüter, die Einführung einer Verbrauchs- und Luxussteuer und der Gewerbefreiheit, die Auflösung des Zunftwesens sowie die Verleihung des Bürgerrechts an die Juden waren Schritte auf dem Wege zur Liberalisierung des preußischen Staates. In der Bauernfrage fiel er jedoch unter dem Druck des Adels bereits mit dem Regulierungsedikt vom 14. September 1811 hinter die Forderungen Steins zurück: Die Bauern erhielten zwar ihre Bauernstellen als freies Eigentum, konnten dafür aber die Grundbesitzer nicht, wie die Bauern im Westen, mit Geldleistungen finanziell entschädigen, sondern mußten einen Teil ihres Landes dem Gutsherrn abtreten.

Nach dem Wiener Kongreß und dem Beginn der Reaktion in Preußen wurde die Bauernbefreiung durch die Deklaration vom 19. Mai 1816 noch weiter zugunsten der adligen Großgrundbesitzer eingeschränkt: Bauern mit erblichem Nutzungsrecht mußten ein Drittel, Pachtbauern die Hälfte des Bodens an den Grundherren abtreten, um freie Eigentümer zu werden. Wenn es überhaupt zu einer Regulierung kommen sollte, mußte sie erst beantragt werden; der preußische Staat führte sie also nicht auf breiter Front von Amts wegen durch, wie dies im Westen geschehen war. Und kleine, nicht spannfähige Stellen durften überhaupt nicht reguliert werden, sondern behielten ihren bisherigen Status bei, so daß die Bauern, die diese Stellen bewirtschafteten, weiterhin handdienstpflichtig und damit unfrei waren bzw. zu unselbständigen Landarbeitern wurden. Die Deklaration von 1816 führte so nicht nur zu einer Ausweitung des schon früher bestehenden ostelbischen Großgrundbesitzes der adligen Junker, sondern auch zur Bildung einer Schicht unselbständiger Landarbeiter, von denen später, nach Beginn der Industrialisierung, viele in die Städte abwanderten, um sich dort Arbeit und Brot zu suchen.

Verbesserung der Ernährungslage und Bevölkerungswachstum

Doch die Veränderungen in der Landwirtschaft betrafen nicht allein die Agrarstruktur, sondern auch Anbauweise und Tierhaltung, bei denen naturwissenschaftliche Erkenntnisse in zunehmendem Maße Berücksichtigung fanden. Die Dreifelderwirtschaft, die im Mittelalter von den Bauern betrieben worden war, wurde durch die Fruchtwechselwirtschaft abgelöst, die eine ununterbrochene Nutzung der Felder ermöglichte. Und durch eine verbesserte Düngung mit Gründünger, Guano-Importen und seit den vierziger Jahren schließlich auch durch die Verwendung von Mineraldünger konnten die Erträge erheblich gesteigert werden.

Im Jahre 1800 waren noch vier Bauern nötig, um einen nichtlandwirtschaftlichen Verbraucher zu ernähren, um 1900 versorgte ein Bauer bereits vier Verbraucher, und heute ist ein einziger Bauer in der Lage, mehr als 20 Verbraucher zu ernähren. Schon im 19. Jahrhundert stiegen also die Erträge erheblich an (siehe Tabelle), obwohl der

Einsatz von Mineraldünger noch immer begrenzt war und zum Beispiel um 1900 nur 8 kg/ha betrug, während er heute bei 250 kg/ha liegt.

Tabelle: Zunahme der ha-Erträge in Deutschland

Jahr (Durchschnittswerte)	Weizen		Roggen		Kartoffeln		Wiesenheu	
	dz	%	dz	%	dz	%	dz	%
um 1800	10,3	100	9,0	100	80	100	25	100
1860	13,0	126	11,2	124	–	–	–	–
1895	16,9	164	13,9	154	117	146	35,9	144
1910	20,7	201	17,8	198	133,4	167	42,1	168

Auch in der Tierhaltung gab es wesentliche Fortschritte. Die Bestände wurden vergrößert (siehe Tabelle) und durch Züchtung leistungsfähigerer Tiere verbessert. Die durchschnittliche jährliche Milchleistung einer Kuh stieg von 1 000 l im Jahre 1800

Tabelle: Entwicklung der Viehbestände in Deutschland (in 1000 Stück)

Zeit	Pferde	Rindvieh	Schweine	Schafe
1800	2 700	10 150	3 800	16 190
1861	3 194	15 000	6 463	28 017
1913	4 558	20 994	25 659	5 521

auf 2 200 l 1913. Insgesamt wurde die Milcherzeugung in diesem Zeitraum verfünffacht, die Fleischproduktion verneunfacht. Der Fleischverbrauch je Kopf der Bevölkerung stieg von 17 kg im Jahre 1800 über 35 kg 1880 auf 53 kg 1912 (heute beträgt er über 70 kg pro Kopf und Jahr).

Die Verbesserung der Ernährungslage war – neben Fortschritten in der Medizin und der Verbesserung der Hygiene – eine der Ursachen für die starke Zunahme der Bevölkerung. Diese Entwicklung war nicht auf Deutschland und Europa beschränkt, verlief hier aber besonders dramatisch. Trotz Millionen von Auswanderern, die sich in Nordamerika, Südamerika oder Australien eine neue Heimat suchten, wuchs die Bevölkerung Europas zwischen 1750 und 1850 von 140 auf 266 Millionen und allein in dem halben Jahrhundert zwischen 1850 und 1900 von 266 auf 401 Millionen (einschließlich Rußland). Auf dem Gebiet des späteren Deutschen Reiches, auf dem 1816 erst 24,8 Millionen Menschen zu Hause waren, lebten 1852 bereits 35,9 Millionen und bei der Reichsgründung 1871 sogar 40,9 Millionen; um 1900 hatte sich die Zahl der Menschen hier mit 56,0 Millionen gegenüber 1825 mehr als verdoppelt und 1915 mit 67,9 Millionen sogar beinahe verdreifacht!

Die Verbesserung des Verkehrswesens: Dampfboote und Eisenbahnen

Eine weitere wichtige Voraussetzung für die Industrialisierung – neben den Erfindungen, den Verbesserungen in der Landwirtschaft und in der Ernährungslage sowie dem Zuwachs der Bevölkerung – war die Schaffung von Verkehrsverbindun-

Abfahrt der ersten deutschen Eisenbahn von Nürnberg nach Fürth am 7. Dezember 1835

gen, die einen raschen und sicheren Transport von Gütern ermöglichten. Die Einführung von Dampfbooten und vor allem die verkehrstechnische Erschließung des Landes durch Eisenbahnen wurden dabei zu Schrittmachern der Entwicklung, die das Tempo der Industrialisierung diktierten.

Der Bau des ersten Dampfbootes in Deutschland auf einer eigens dazu errichteten provisorischen Werft am Ufer der Spree nahe Spandau, einer damals noch selbständigen Kleinstadt westlich Berlins, im Sommer 1816 gab dem Reporter der *Spenerschen Zeitung* in einer Meldung vom 6. Juli Anlaß zu einer erklärenden und kommentierenden Betrachtung:

Am verwichenen Sonnabend (den 29. Junius) ward auf der jenseits Spandau dazu eingerichteten Schiffswerft, der Kiel des ersten Dampfbootes gelegt, mit deren Bau und Ausrüstung ein unternehmender und fachkundiger Engländer, Herr Humphrey, jetzt eifrig beschäftigt ist . . .

Bei der Menge von Gegenständen, welche zu Wasser fortgeschafft zu werden pflegen, wird die Einführung der Dampfboote dem bisherigen Verkehr der Kahnschiffer gar keinen Abbruch tun, sie werden wahrscheinlich eine lange Reihe von Jahren hindurch keine Abnahme in ihrem Gewerbe verspüren, wohl aber könnten die Fuhrleute es in dem ihrigen gewahr werden, weil die Dampfboote, wegen Schnelligkeit ihrer Fahrt (die Tag und Nacht hindurch fortgeht, ohne daß Wind und Wetter es zu hindern im Stande sind) nun den längeren Weg zu Wasser, in eben so kurzer Zeit und mit geringeren Kosten als bisher die Fuhrleute den kürzeren Landweg werden zurücklegen, folglich kostbarere Waren als man sonst dem Wassertransport anvertrauen konnte, zum Beispiel Ballen Seide, und eben so alle Waren, deren Transport großer Eile bedarf, mit den Fuhrleuten um die Wette werden herbeischaffen können.

Wenn auf diese Weise der Ackerbürger, so wie er zur Zeit des Kontinental-Tarifs mitunter zum Fuhrmann ward, im Winter, wo die Schiffahrt ruht und die Ackerbestellung ihm Muße dazu läßt, Landfrachten übernehmen, dasselbe Gespann aber, bei Wiedereröffnung der Schiffahrt, zur Feldarbeit anwenden möchte, so würde ein

Teil des Zugviehs, welches jetzt die Frachtfuhren wegnehmen, zu desto fleißiger oder ausgebreiteter Bearbeitung des Feldes angewendet werden können, und hieraus dem Lande gewiß Vorteil erwachsen. Herrn Humphrey ist daher jegliche Art von Unterstützung anzuwünschen; er hat bei seiner kostbaren Unternehmung außer der eigentümlichen Beschaffenheit unserer Ströme auch die Unkunde der inländischen Arbeiter, das Vorurteil und die übelverstandene Eifersucht zu bekämpfen, um das angefangene Werk zustande zu bringen, dessen Gelingen wohl nicht zu bezweifeln steht, dessen Vorteile aber vorerst mit großer Mühe und mit großem Aufwande errungen werden müssen ...

(Aus: Spenersche Zeitung, Berlin, 6. Juli 1816, zit. nach: Karl-Heinz Ludwig, Der Aufstieg der Technik im 19. Jahrhundert, Stuttgart 1974, S. 27f.)

Die Bedeutung der Dampfboote wurde jedoch noch weit übertroffen von derjenigen der Eisenbahnen. Nachdem 1814 Stephenson die erste brauchbare Lokomotive gebaut und 1825 die erste Eisenbahn für den Personenverkehr in England den Betrieb aufgenommen hatte, regte der rheinische Unternehmer Friedrich Harkort, ermuntert durch das englische Beispiel, noch 1825 den Bau solcher Eisenbahnen auch in Deutschland an und pries in einem Bericht in der in Hagen erscheinenden Zeitschrift *Hermann* die Vorteile dieses neuen Verkehrsmittels für den Gütertransport und die wirtschaftliche Entwicklung. In der Nummer 26 dieser Zeitschrift vom 30. März 1825 konnte man lesen:

Durch die rasche und wohlfeile Fortschaffung der Güter wird der Wohlstand eines Landes bedeutend vermehrt, welches Kanäle, schiffbare Ströme und gute Landstraßen hinlänglich bewähren. Der Staat sollte aus diesem Grunde die Weggelder nicht als eine Finanzquelle betrachten, sondern nur die Kosten einer vorzüglichen Unterhaltung erheben.

Größere Vorteile wie die bisherigen Mittel scheinen Eisenbahnen zu bieten. In England sind bereits zu diesem Behuf über 150 Millionen Preußische Taler gezeichnet: Ein Beweis, daß die Unternehmungen die öffentliche Meinung in einem hohen Grade für sich haben. Auch in Deutschland fängt man an, über dergleichen Dinge wenigstens zu reden, und folgende Bemerkungen liefern vielleicht einige Beiträge dazu. Meine Absicht ist nicht, in die Einzelheiten der Sache einzugehen; vorläufig genügen wohl einige allgemeine Umrisse ...

Versuche, welche ... in Killingworth angestellt wurden, ergaben, daß eine Maschine von 8 Pferde Kraft ein Gewicht von 48 Tonnen mit einer Geschwindigkeit von 7 Meilen pro Stunde auf einer Ebene bewegte. Denken wir uns nun eine solche Fläche von Elberfeld nach Düsseldorf, so würden 1000 Zentner in 2 1/2 Stunden von einem Orte zum anderen geschafft werden, mit einem Kohlenaufwande von 5 Scheffel für die Reise. Eine Maschine von 8 Pferde Kraft würde innerhalb 3 Stunden 1000 Scheffel Kohlen von Steele nach dem Rhein schaffen, das heißt die Ruhrschiffahrts-Cassa völlig aufs Trockene setzen. Die sämtlichen Ruhrzechen erhielten durch eine Eisenbahn den unschätzbaren Vorteil eines raschen, regelmäßigen Absatzes unter großen Frachtersparungen. Innerhalb 10 Stunden könnten 1000 Zentner von Duisburg nach Arnheim geschafft werden ...

Die Eisenbahnen werden manche Revolutionen in der Handelswelt hervorbringen. Man verbinde Elberfeld, Köln und Duisburg mit Bremen oder Emden und Hollands Zölle sind nicht mehr! Die Rheinisch-Westindische Compagnie darf Elberfeld als einen Hafen betrachten, sobald der Zentner für 10 Silbergroschen binnen

Friedrich Harkort (1793-1880), Industrieller. 1819 Gründung der „Mechanischen Werkstätte Harkort & Co." in Wetter an der Ruhr (aus der später die DEMAG AG hervorging). Errichtung von Kupfer- und Eisenwerken. Einführung des britischen Maschinenbaus durch britische Ingenieure und Arbeiter in Deutschland. Förderung des Eisenbahn- und Binnenschiffahrtsverkehrs. Führender rheinischer Liberaler. Mitglied des preußischen Abgeordnetenhauses, des Norddeutschen Reichstages und 1871-74 auch des ersten Deutschen Reichstages. Bemühung um soziale Einrichtungen in seinen Betrieben.

2 Tagen an Bord des Seeschiffes in Bremen zu legen ist. Zu diesem Preise ist es für die Holländer unmöglich, selbst vermittelst Dampfbooten, die Güter zu übernehmen.

Wie glänzend würden die Gewerbe von Rheinland-Westfalen bei einer solchen Verbindung mit dem Meere sich gestalten! Möge auch im Vaterland bald die Zeit kommen, wo der Triumphwagen des Gewerbefleißes mit rauchenden Kolossen bespannt ist und dem Gemeinsinne die Wege bahnet!

(Aus: Hermann, Nr. 26, 30. März 1825, zit. nach: Ludwig, a.a.O., S. 31f.)

Harkorts Appell verhallte nicht ungehört; die Vorteile dieser Erfindung lagen zu deutlich auf der Hand. Dennoch vergingen noch weitere zehn Jahre, ehe am 7. Dezember 1835 die erste deutsche, mit einer Lokomotive betriebene Eisenbahn auf einer 6,1 Kilometer langen Strecke zwischen Nürnberg und Fürth eröffnet werden konnte.

Am darauffolgenden Tag las man in einer Reportage des *Stuttgarter Morgenblattes* über dieses Ereignis:

Schon um sieben Uhr machte sich Nürnberg zu Fuß, zu Pferd und zu Wagen auf den Weg, um zur rechten Zeit an Ort und Stelle zu sein. Gegen acht Uhr waren bereits die meisten Aktionäre und Direktoren sowie die zu der Feierlichkeit eingeladenen Gäste von nah und fern versammelt. Man betrachtete lange Zeit den soliden Bau der Bahn, die zum Teil elegant gebauten Passagierwagen, neun an der Zahl; aber die freudigste und nicht zu erschöpfende Aufmerksamkeit widmete man dem Dampfwagen selbst, an welchem jeder so viel Ungewöhnliches, Rätselhaftes zu bemerken hat, den aber in seiner speziellen Struktur nach äußerem Ansehen, selbst ein Kenner nicht zu enträtseln vermag . . .

Das Schnauben und Qualmen des ausgestoßenen Dampfes, der sich sogleich als Wolke in die Höhe zieht, verfehlt auch seine Wirkung nicht. Pferde auf der nahen Chaussee sind daher beim Herannahen des Ungetüms scheu geworden, Kinder haben zu weinen angefangen und manche Menschen, die nicht alle zu den ungebildeten gerechnet werden dürfen, haben ein leises Beben nicht unterdrücken können. Ja, es möchte wohl keiner, der nicht völlig phantasielos ist, ganz ruhigen Gemütes und ohne Staunen beim ersten Anblick des wunderwürdigen Phänomens geblieben sein. Diesem Staunen folgt dann ein freilich erst durch Reflexion vermitteltes, wohltuendes Gefühl, das Gefühl des Triumphes menschlicher Erfindungs- und Geisteskraft über die Elemente, denen nach Schillers treffendem Ausdruck eigen ist, zu „hassen das Gebilde der Menschenhand". Und seltsam! Dieses erhebende Gefühl bewirkt dieser Anblick in Hunderten und Tausenden, die kaum ahnen, welche Kenntnisse, Erfahrungen, Experimente, Kombinationen, wieviel Scharfsinn, Genie und – Glück zusammenwirken mußten, um solche Maschinen zu ersinnen, zu konstruieren. Für diese bleibt das Ganze ein Wunder, an das sie glauben, weil sie es sahen; und kein exotischer Skeptiker wird imstande sein, ihnen diesen neuen Glauben an den menschlichen Geist und seine Macht zu erschüttern, umso weniger, da er ein freudiger, ein erhebender ist.

(Aus: Stuttgarter Morgenblatt, 8. Dez. 1835.)

Das war der Beginn: sechs Kilometer. Doch unaufhörlich wurde in den folgenden Jahren und Jahrzehnten der Ausbau der Schienenstränge und des Fahrzeugparks vorangetrieben. Zwischen 1837 und 1840 wurden die Strecken Leipzig-Dresden, Berlin-Potsdam, München-Augsburg, Heidelberg-Mannheim, Frankfurt-Mainz und Bonn-Köln gebaut, danach auch überregionale Strecken, wie Berlin-Stettin, Berlin-Anhalt, Köln-Aachen und Berlin-Hamburg: Aus Einzelstrecken entwickelte sich allmählich ein Netz. Die Erweiterung der Betriebslänge läßt sich an der Tabelle auf der folgenden Seite ablesen.

Heute beträgt die Streckenlänge der Deutschen Bundesbahn weniger als 30 000 Kilometer. Auch dieser Vergleich macht deutlich, welche Bedeutung den Eisenbahnen im 19. Jahrhundert zukam. Sie waren ein zuverlässiges und preiswertes Verkehrsmittel, das außerdem die Reisedauer entscheidend verkürzte. Während die Schnellpost am Anfang des 19. Jahrhunderts z.B. für die Strecke Berlin-Hamburg 36 Stunden (reine Fahrtzeit, ohne Übernachtung) benötigt hatte, schrumpfte die Reisedauer am Ende des Jahrhunderts durch die Eisenbahn auf nur fünf Stunden. Bei längeren Strecken war die Verkürzung der Reisezeit noch größer: Auf der Strecke Berlin-Köln zum Beispiel verminderte sich die Fahrtzeit von 82 auf 10 Stunden!

Tabelle: Betriebslänge der deutschen Eisenbahnen 1835-1915

Jahr	Betriebslänge
1835	6 km
1845	2 300 km
1855	8 290 km
1865	14 690 km
1875	27 960 km
1885	37 650 km
1895	46 560 km
1905	56 980 km
1915	62 410 km

(Aus: Gustav Stolper, Deutsche Wirtschaft seit 1870. Fortgef. v. Karl Häuser u. Knut Borchardt, 2. Aufl., Tübingen 1966, S. 46.)

Zu Lande war die Eisenbahn damit bis zur Erfindung des Automobils praktisch konkurrenzlos, zumal der Straßenverkehr in jener Zeit nicht nur durch schlechte Wegstrekken und den Mangel an geeigneten Fahrzeugen, sondern auch durch Gebühren und Auflagen behindert war. So verlangte ein Vertrag zwischen einem Unternehmer und den preußischen Behörden noch 1865 für den Transport einer Dreschmaschine mit Hilfe eines Dampfwagens 3 Silbergroschen Straßenbenutzungsgebühr pro Meile und schrieb darüber hinaus vor, auf den Fahrten dürfe „die Geschwindigkeit der Züge im freien Felde und durch bewohnte Straßen 60 und 30 Minuten pro Meile nicht übersteigen", und außer dem zur Lenkung und Bedienung des Zuges erforderlichen Personal müsse „jedem Zug noch ein Mann beigegeben werden, um scheu werdende Pferde zu beruhigen, (und bei) Wegräumung von Hindernissen etc. hilfreiche Hand zu leisten".

Da war es mit der Eisenbahn leichter. Mit ihr hatte die Industrialisierung freie Fahrt, soweit auch die politischen Verhältnisse dies zuließen.

2. Der Deutsche Zollverein

Ließen sie es zu? Lange sah es nicht danach aus. Denn die staatliche Zersplitterung des Landes war ein besonders schwerwiegendes Hindernis für die Industrialisierung in Deutschland. Jeder der 39 Staaten des Deutschen Bundes besaß seine eigenen rechtlichen Bestimmungen über die Herstellung und den Vertrieb von Waren, errichtete Zollgrenzen und erhob sogar Durchgangszölle für Güter, die nicht in den jeweiligen Staat eingeführt, sondern lediglich im Transitverfahren durch ihn hindurchgeleitet werden sollten. Das war für den Handel nicht nur teuer, sondern auch zeitraubend und umständlich. Und den Staaten bereitete dies hohe Verwaltungskosten und Verluste durch den ausgedehnten Schmuggel, der angesichts der zahlreichen und langen Grenzen praktisch nicht zu unterbinden war. Hinzu kam nach Aufhebung der Kontinentalsperre 1815 das Problem, daß Deutschland sich – im Gegensatz zu Frankreich – aufgrund der fehlenden Wirtschaftseinheit nicht durch einen hohen Schutzzoll gegen die angestauten und deshalb zu Dumping-Preisen verkauften englischen Waren (vor allem Textilien) sichern konnte.

Das Preußische Zollgesetz von 1818

Es war ein absurder, unter allen denkbaren Gesichtspunkten unvernünftiger Zustand, unter dem die Beteiligten – mit Ausnahme natürlich der Schmuggler – litten und der die Entwicklung der Wirtschaft aufs schwerste behinderte. Das in sich zersplitterte und von Enklaven durchsetzte Preußen war dabei besonders benachteiligt und erließ daher bereits am 26. Mai 1818 ein neues Zollgesetz, in dem Preußen zu einem einheitlichen Zoll- und Handelsgebiet erklärt wurde.

In gewissem Sinne gab Preußen damit ein Beispiel. Allerdings galten die Regelungen nur für den Handelsverkehr *innerhalb* des preußischen Staatsgebietes. Nach *außen* hin behielt Preußen seine Zollgrenzen bei; auf die Einfuhr fremder Waren wurde nach wie vor ein Zoll erhoben, ebenso für Gegenstände, die nicht im Lande blieben, sondern „bloß durchgeführt" wurden. Der Fortschritt bestand also lediglich darin, daß Preußen auf seinem Territorium vom Rheinland bis Ostpreußen, von Aachen bis Königsberg, den Gedanken der Zollfreiheit akzeptierte und verwirklichte. Immerhin. Ein Anfang war gesetzt.

Doch die deutschen Kaufleute und Fabrikanten wollten mehr. Diejenigen unter ihnen, die sich 1819 zur Ostermesse in Frankfurt am Main versammelten, verabschiedeten unter dem Datum des 14. April eine „Bittschrift an die Bundesversammlung", in der sie die Aufhebung der Zölle im Innern Deutschlands und die Schaffung eines Zollsystems nach außen forderten. Als Bevollmächtigter des Allgemeinen Deutschen

Handels- und Gewerbevereins reichte Friedrich List diese Bittschrift am 20. April 1819 der Bundesversammlung ein. In ihr hieß es:

In einem Lande, wo notorisch die Mehrzahl der Fabriken entweder eingegangen ist oder ein sieches Leben kümmerlich dahinschleppt, wo die Messen und Märkte mit Waren fremder Nationen überschwemmt sind, wo die Mehrzahl der Kaufleute fast untätig geworden ist, bedarf es da noch näheren Beweises, daß das Übel den höchsten Grad erreicht habe? ... Einzig in den Mängeln der gesellschaftlichen Ordnung in Deutschland suchen und finden wir die Ursache des Übels ...

Achtunddreißig Zoll- und Mautlinien in Deutschland lähmen den Verkehr im Innern und bringen ungefähr dieselbe Wirkung hervor, wie wenn jedes Glied des menschlichen Körpers unterbunden wird, damit das Blut ja nicht in ein anderes überfließe. Um von Hamburg nach Österreich, von Berlin in die Schweiz zu handeln, hat man zehn Staaten zu durchschneiden, zehn Zoll- und Mautordnungen zu studieren, zehnmal Durchgangszoll zu bezahlen. Wer aber das Unglück hat, auf einer Grenze zu wohnen, wo drei oder vier Staaten zusammenstoßen, der verlebt sein ganzes Leben mitten unter feindlich gesinnten Zöllnern und Mautnern, der hat kein Vaterland.

Trostlos ist dieser Zustand für Männer, welche wirken und handeln möchten; mit neidischen Blicken sehen sie hinüber über den Rhein, wo ein großes Volk vom Kanal bis an das Mittelländische Meer, vom Rhein bis an die Pyrenäen, von der Grenze Hollands bis Italien auf freien Flüssen und offenen Landstraßen Handel treibt, ohne einem Mautner zu begegnen. Zoll und Maut können, wie der Krieg, nur als Verteidigung gerechtfertigt werden. Je kleiner aber der Staat ist, welcher eine Maut errichtet, desto größer das Übel, desto mehr würgt sie die Regsamkeit des Volkes, desto größer die Erhebungskosten; denn kleine Staaten liegen überall an der Grenze ...

Die alleruntertänigst Unterzeichneten ... wagen es demnach, einer hohen Bundesversammlung die alleruntertänigste Bitte vorzutragen:

1. Daß die Zölle und Mauten im Innern Deutschlands aufgehoben, dagegen aber
2. ein auf dem Grundsatz der Retorsion beruhendes Zollsystem gegen fremde Nationen aufgestellt werden möchte, bis auch sie den Grundsatz der europäischen Handelsfreiheit anerkennen ...

(Aus: Friedrich List, Schriften, Reden, Briefe, hrsg. von Erwin von Beckerath u.a., Bd. I, Berlin 1929, S. 492ff.)

Zollfreiheit im Innern und die Erhebung von „Vergeltungs"-Zöllen auf Waren aus den Staaten, die ihrerseits Zollschranken errichteten, waren also die Forderungen, die diese Bittschrift enthielt. Ihr Verfasser war derselbe Friedrich List, der sie namens der auf der Frankfurter Ostermesse anwesenden Kaufleute und Fabrikanten an die Bundesversammlung weitergeleitet hatte. Wer war dieser Mann? Und was wollte er?

Friedrich List und seine Bemühungen um den Freihandel

List war Schwabe: fleißig, tüchtig und einfallsreich. Schon mit 28 Jahren wurde er Professor der Staatswissenschaft und Staatspraxis an der Universität Tübingen, obwohl er überhaupt keinen akademischen Abschluß besaß, kein geregeltes Studium nachweisen konnte. Doch früh hatte er die Möglichkeiten erkannt, die sich einem Lande boten, wenn keine künstlich errichteten Barrieren seine Wirtschaft hemmten. Er verabscheute das Merkantilsystem Englands und Frankreichs und dessen politisch bestimmte Handelsregulierung (ein „unglückseliger Wahn", der „einen ewigen Wohlstandskrieg nährt") und pries in immer neuen Schriften und Wendungen wortreich den Freihandel, von dem er hoffte, daß er dem Wohlbefinden der ganzen Menschheit zugute kommen werde – eine Auffassung, mit der er bei den Anhängern des liberalen Kapitalismus auch heute noch gut bestehen könnte.

Damals waren derartige Vorstellungen keineswegs ein selbstverständlicher Bestandteil wirtschaftspolitischen Denkens, sondern eine revolutionäre Verirrung, da ihre Verwirklichung tief in bestehende staatliche und wirtschaftliche Strukturen eingreifen mußte. So veröffentlichte List im November 1819 seine *Briefe über den ökonomischen Zustand Deutschlands,* in denen er ein eindeutiges Bekenntnis zum Freihandel ablegte, zunächst anonym. Darin heißt es:

Nichts ist auf Erden, was der Freiheit und der Wohlfahrt der Völker so großen Abbruch getan, wie der unglückselige Wahn, der die Nationen verführte, ihre Freiheit auf die Unterdrückung, ihren Reichtum auf die Armut anderer Staaten zu gründen. Diesem Wahn hat das Merkantilsystem seine Entstehung zu danken, das unter den Völkern, welche eine gütige Vorsehung bestimmt hat, sich gegenseitig die Last des Lebens zu erleichtern und angenehm zu machen, einen ewigen Wohlstandskrieg nährt. Dank sei es der politischen Aufklärung unseres Zeitalters! Endlich steht dieser Wahn – entlarvt – in seiner ganzen Nichtigkeit und Abscheulichkeit vor uns, keine Macht der Erde wird ihn retten . . .

Dem einen Land hat die Natur Salzquellen gegeben, dem anderen Wein, dem dritten Flachs und Korn, einem vierten Wolle, Eisen usw. Sie alle sind nur wohlhabend durch eigenen Fleiß und durch Fleiß und Wohlhabenheit ihrer Nachbarn. In Bayern verschafft man sich Wein, Fabrikate usw. für das überflüssige Salz, Getreide und Vieh. Die Schweiz nährt sich von den Fruchtfeldern Schwabens und liefert dagegen ihre Fabrikate. Das Rheintal und das Neckartal beziehen ihr nötiges Holz aus den Gebirgen und bezahlen mit Wein und Früchten ihres üppigeren Bodens. Es wäre ein törichtes Beginnen, wenn eine Gegend auf Kosten der anderen sich bereichern wollte, denn sie würde sich dadurch außerstande setzen, den Überfluß ihrer Produkte und ihres Kunstfleißes gegen die Erzeugnisse des Bodens und des Fleißes jener Gegenden umzutauschen. Was von Provinzen gilt, das ist auch bei ganzen Ländern und Weltteilen der Fall. Jede Vermehrung des Wohlstandes einer Nation, welche sie durch vermehrte Industrie, durch neue Erfindungen usw. erringt, ist auch eine Wohlstandsquelle für die benachbarten Völker, wenn nämlich dem natürlichen Verkehr keine Fesseln angelegt werden. Gott hat die Weine Frankreichs nicht bloß den Franzosen, Zucker und Kaffee nicht bloß den Amerikanern, und die Gewürze nicht bloß den Indiern gegeben . . . Ich bin innig überzeugt, daß die Menschheit den höchsten Gipfel des physischen Wohlbefindens, gleichwie der geistigen Vervollkommnung, nur dadurch zu erreichen vermag, wenn auf der ganzen Oberfläche der Erde zivilisierte Völker der Natur ihre Schätze abgewinnen und den Überfluß ihrer Erzeugnisse im freien Verkehr gegenseitig austauschen.

(Aus: List, a. a. O., Bd. I, S. 571.)

List dachte also weit über Deutschland hinaus. Dennoch lag ihm sein eigenes Vaterland natürlich besonders am Herzen. In einer *Eingabe an den König von Preußen,* wiederum im Namen des Deutschen Handels- und Gewerbevereins, forderte er noch im gleichen Monat, unter dem Datum des 22. November 1819, die Aufhebung der Zölle im Innern Deutschlands, wie er dies schon in der Bittschrift an die Bundesversammlung vom 20. April getan hatte, die nicht zuletzt wegen der zögernden, desinteressierten, ja ablehnenden Haltung Österreichs folgenlos geblieben war. Realistisch setzte er nun seine Hoffnungen auf das mächtige Preußen, das für sich selbst 1818 die Zoll- und Handelseinheit bereits eingeführt hatte und von dem man daher eine gewisse Aufgeschlossenheit für den Freihandelsgedanken erwarten konnte.

Realistisch war List aber auch, wenn er unter Hinweis auf die Probleme der deutschen Wirtschaft seit Aufhebung der Kontinentalsperre nicht nur die Aufhebung der Zölle im Innern, sondern darüber hinaus den Schutz der deutschen Industrie gegen den Andrang fremder Fabrikate verlangte. Ein „Erziehungszoll", wie List ihn an anderer Stelle nannte, sollte den deutschen Unternehmern die Chance eröffnen, eine wettbewerbsfähige Wirtschaft aufzubauen, ehe man dem unbegrenzten Freihandel, der stets das letzte Ziel blieb, nähertreten konnte.

List schrieb daher in seiner Eingabe vom 22. November:

Friedrich List (1789-1846), Volkswirtschaftler. 1817 Professor der Staatswirtschaft und Staatspraxis in Tübingen. 1819 Mitbegründer des „Deutschen Handels- und Gewerbevereins" zur Förderung der Zolleinigung. 1820 wegen seines Wirkens für die Zolleinheit zur Niederlegung seiner Professur gezwungen. Abgeordneter der Stadt Reutlingen in der württembergischen Kammer; Eintreten für demokratische Verwaltungsreformen. 1822 wegen „staatsfeindlicher Aufreizung" zu Festungshaft verurteilt und nur gegen das Versprechen, in die USA auszuwandern, freigelassen. 1830 als amerikanischer Konsul in Leipzig Rückkehr nach Deutschland. Eintreten für die Errichtung eines deutschen Eisenbahnnetzes (Gründung der Leipzig-Dresdner Eisenbahn). Vergebliches Hoffen auf eine langfristig sichere Stellung. Freie schriftstellerische Tätigkeit in Paris und Augsburg. 1846 Selbstmord in Kufstein. Werke: „Briefe über den ökonomischen Zustand Deutschlands" 1819; „Das nationale System der politischen Ökonomie" 1841; „Schriften, Reden, Briefe", 10 Bde. 1927-36.

Betrachtet man Deutschland in seinem gegenwärtigen Handelsverhältnis zu fremden Nationen, so wird man auf den ersten Anblick gewahr, daß es an einem tiefen Abgrund steht. Unsern Erzeugnissen sind die Grenzen aller europäischen Staaten verschlossen, wir aber werden durch die Douanen der einzelnen Lande vor Überschwemmung fremder Fabrikate nicht geschützt, vielmehr wird dadurch nur jeder höhere Aufschwung unserer Industrie gehemmt, weil Handel und Gewerbe nur in dem Maße aufblühen können, als ihnen freier Spielraum auf weiten Erdflächen, ungehinderte Befahrung der Flüsse und freie Ausfahrt in die Meere eröffnet ist. Dadurch wird der innere Verkehr in Deutschland unsicher, beschwerlich, ja man darf sagen, ein verdrießliches Geschäft . . .

Von gänzlicher Verarmung der Nation . . . steht aber das Ärgste zu fürchten, und dagegen ist keine andere Hilfe, als wenn beizeiten das Übel in der Quelle verstopft, wenn der deutschen Industrie durch Aufhebung der Zölle im Innern freier Spielraum verschafft und Deutschland gegen den Andrang ausländischer Fabrikate durch Retorsionsmaßregeln geschützt wird.
(Aus: List, a. a. O., Bd. I, S. 508f.)

Was List hier so eindringlich beschrieb und forderte, entsprach durchaus preußischen Vorstellungen, kam den Absichten Preußens geradezu entgegen: die Schaffung eines großen einheitlichen Wirtschaftsraumes auf deutschem Boden unter preußischer Führung. Die Initiative des preußischen Zollgesetzes vom Mai 1818 hatte bereits zum Anschluß mitteldeutscher Enklavengebiete, wie Schwarzburg-Sondershausen, an den Preußischen Zollverein geführt; das Modell für einen weiteren Ausbau war also vorhanden. Aber es gab starke Gegenkräfte, die sich gegen die preußische Vorherrschaft zur Wehr setzten. Nicht nur Österreich, sondern auch viele Kleinstaaten wollten eine wirtschaftspolitische Führung Preußens verhindern. England und Frankreich war der Gedanke eines Deutschen Zollvereins überhaupt zuwider, da er ihnen nur schaden konnte.

List selbst geriet durch seine Unternehmungen, den Freihandel in Deutschland durchzusetzen, in den Verdacht, ein Radikaler zu sein, der versuche, die Ordnung des Deutschen Bundes umzustürzen. Bereits 1822 mußte er seine Professur in Tübingen, die er seit 1817 innehatte, wieder niederlegen. Als er dann als Reutlinger Abgeordneter in der württembergischen Kammer demokratische Verwaltungsreformen forderte und in diesem Zusammenhang die Regierung kritisierte, wurde er sogar inhaftiert und erst aufgrund seines Versprechens wieder freigelassen, nach Amerika auszuwandern. Von dort kehrte er 1832, inzwischen zu Ansehen und Wohlstand gelangt, als amerikanischer Konsul nach Deutschland zurück. Von Leipzig aus, wohin die USA ihn entsandt hatten, arbeitete er dann als „unbesoldeter Anwalt des deutschen Volkes", wie er gern von sich behauptete, für die Zolleinigung und den Freihandel sowie für die Errichtung eines deutschen Eisenbahnnetzes.

Die Gründung des Deutschen Zollvereins von 1834

Seit 1820 aber wurde auf verschiedenen Ebenen über die Schaffung größerer Zolleinheiten in Deutschland verhandelt. Die süddeutschen Staaten bemühten sich auf den Darmstädter Konferenzen 1820 und den Stuttgarter Konferenzen 1824 um die Schaffung eines Süddeutschen Zoll- und Handelsvereins; Preußen suchte das Gespräch mit Einzelstaaten, um zum Abschluß bilateraler Anschlußverträge zu gelangen. Doch erst 1828, dann aber beinahe gleichzeitig, kamen beide Seiten zu ersten Erfolgen: Am 18. Januar schlossen sich Bayern und Württemberg zur Zolleinheit zusammen, und am 14. Februar wurde zwischen Preußen und Hessen-Darmstadt ein Zoll- und Handelsvertrag geschlossen, dessen Hauptbestimmungen lauteten:

Artikel 1

Die großherzoglich hessische Regierung vereinigt sich mit der königlich preußischen Regierung zu einem gemeinschaftlichen Zoll- und Handelssystem in dem durch die nachstehenden Artikel näher bezeichneten Umfange und tritt zu diesem Zweck der dermalen bestehenden königlich preußischen Gesetzgebung über die Eingangs-, Ausgangs- und Durchgangsabgaben, welche in dieser Übereinkunft unter dem gemeinschaftlichen Namen „Zoll" verstanden werden sollen, in der Art bei, daß diese Gesetzgebung, nachdem solche im Namen des Großherzogs von Hessen, Königliche Hoheit, in dem Großherzogtum verkündigt sein wird, die Stelle der bisherigen großherzoglich hessischen Zoll- und Verbrauchssteuergesetzgebung einnimmt und von den großherzoglich hessischen Behörden an den Grenzen und im Innern des Großherzogtums für gemeinschaftliche königlich preußische und großherzoglich hessische Rechnung pünktlich vollzogen werden soll.

Artikel 2

Die Zollverwaltung im Großherzogtum Hessen bleibt der großherzoglich hessischen Regierung überlassen, wird jedoch gleichförmig mit der königlich preußischen Zollverwaltung organisiert . . .

Artikel 4

Etwaige künftige Abänderungen des Zolltarifs oder anderer das Zollwesen betreffender gesetzlicher oder reglementärer Bestimmungen sollen nur in gegenseitigem Einvernehmen beider Regierungen verfügt und von jeder derselben ihrerseits verkündigt werden.

Artikel 5

Ebenso sollen etwaige Handelsverträge zwischen der königlich preußischen Regierung und anderen Staaten, welche die Interessen des Großherzogtums und der westlichen preußischen Provinzen berühren, unter Mitwirkung und Zustimmung der großherzoglich hessischen Regierung abgeschlossen werden und in ihren Folgen den großherzoglich hessischen Untertanen dieselben Vorteile wie den königlich preußischen gewähren . . .

Artikel 8

Jede der beiden Regierungen bezieht in dem ganzen Umfang ihres Gebiets nach wie vor für eigene Rechnung die dermalen bestehenden Konsumtions- und indirekten Abgaben, welche im Innern eines jeden der beiderseitigen Staaten ohne Rücksicht auf den inländischen oder ausländischen Ursprung des besteuerten Gegenstandes erhoben werden . . .

Dagegen soll der Ertrag der Eingangs-, Ausgangs- und Durchgangsabgaben, soweit sie in den beiderseitigen Staaten Anwendung finden, jährlich zwischen beiden Regierungen nach Verhältnis der Seelenzahl geteilt werden.

(Aus: Vorgeschichte und Begründung des Deutschen Zollvereins 1815-1834. Akten der Staaten des Deutschen Bundes und der europäischen Mächte, hrsg. von W. von Eisenhart Rothe und A. Ritthaler, Berlin 1934, Bd. 2, S. 196ff.)

Als Reaktion auf den Vertragsabschluß zwischen Preußen und Hessen-Darmstadt gründeten mittel- und norddeutsche Staaten unter Führung von Sachsen und Hannover noch im gleichen Jahr den Mitteldeutschen Handelsverein, woraufhin der preußische Finanzminister Friedrich von Motz sich unter Vermittlung des Stuttgarter Buchhändlers und Verlegers Johann Friedrich Cotta, der seit 1815 auch Mitglied der württembergischen Ständekammer und seit 1824 dessen Vizepräsident war, mit Bayern und Württemberg über eine Zusammenlegung der zwischen Preußen und Hessen-Darmstadt sowie zwischen Bayern und Württemberg bestehenden Zollvereine verständigte. Dieser Zollvereinigungs-Vertrag, der in der Neujahrsnacht 1833/34 in Kraft trat und damit den Deutschen Zollverein begründete, trägt das Datum des 22. März 1833. In dem Vertrag heißt es:

Seine Majestät der König von Preußen, Seine Hoheit der Kurprinz und Mitregent von Hessen und Seine Königliche Hoheit der Großherzog von Hessen einerseits, und Seine Majestät der König von Bayern und Seine Majestät der König von Württemberg andererseits, haben in fortgesetzter Fürsorge für die Beförderung der Freiheit des Handels und gewerblichen Verkehrs zwischen ihren Staaten und hierdurch zugleich in Deutschland überhaupt, über die weitere Entwicklung der zwischen ihnen bestehenden diesfälligen Verträge Unterhandlungen eröffnen lassen . . .

Art. 1. Die dermalen zwischen den genannten Staaten bestehenden Zollvereine werden für die Zukunft einen durch ein gemeinsames Zoll- und Handelssystem verbundenen und alle darin begriffenen Länder umfassenden Gesamtverein bilden . . .

Art. 6. Mit der Ausführung des gegenwärtigen Vertrages tritt zwischen den contrahierenden Staaten Freiheit des Handels und Verkehrs und zugleich Gemeinschaft der Einnahmen an Zöllen ein . . .

Art. 14. Die contrahierenden Regierungen wollen dahin wirken, daß in ihren Landen ein gleiches Münz-, Maß- und Gewichtssystem in Anwendung komme, hierfür sofort besondere Unterhandlungen einleiten lassen, und die nächste Sorge auf die Annahme eines gemeinschaftlichen Zollgewichts richten . . .

Art. 18. Die contrahierenden Staaten wollen auch ferner gemeinschaftlich dahin wirken, daß durch Annahme gleichförmiger Grundsätze die Gewerbefreiheit befördert und der Befugnis der Untertanen des einen Staates, in dem anderen Arbeit und Erwerb zu suchen, möglichst freier Spielraum gegeben werde . . .

Art. 38. Für den Fall, daß andere deutsche Staaten den Wunsch zu erkennen geben sollten, in dem durch gegenwärtigen Vertrag errichteten Zollverein aufgenommen zu werden, erklären sich die Contrahenten bereit, diesem Wunsche, so weit es unter gehöriger Berücksichtigung der besonderen Interessen der Vereinsmitglieder möglich erscheint, durch desfalls abzuschließende Verträge Folge zu geben.

(Aus: Gesetz-Sammlung für die Königlich-Preußischen Staaten 1833, S. 145ff, zit. nach: Ludwig, a.a.O., S. 47.)

Der Mitteldeutsche Handelsverein blieb praktisch ohne große Bedeutung. Die Thüringischen Staaten und Sachsen traten dem Deutschen Zollverein noch 1834 bei; Baden folgte 1835, Nassau 1836. Hannover und Oldenburg widerstanden dem Anschluß bis 1854, Mecklenburg und Holstein bis 1867 und Hamburg und Bremen sogar bis 1888.

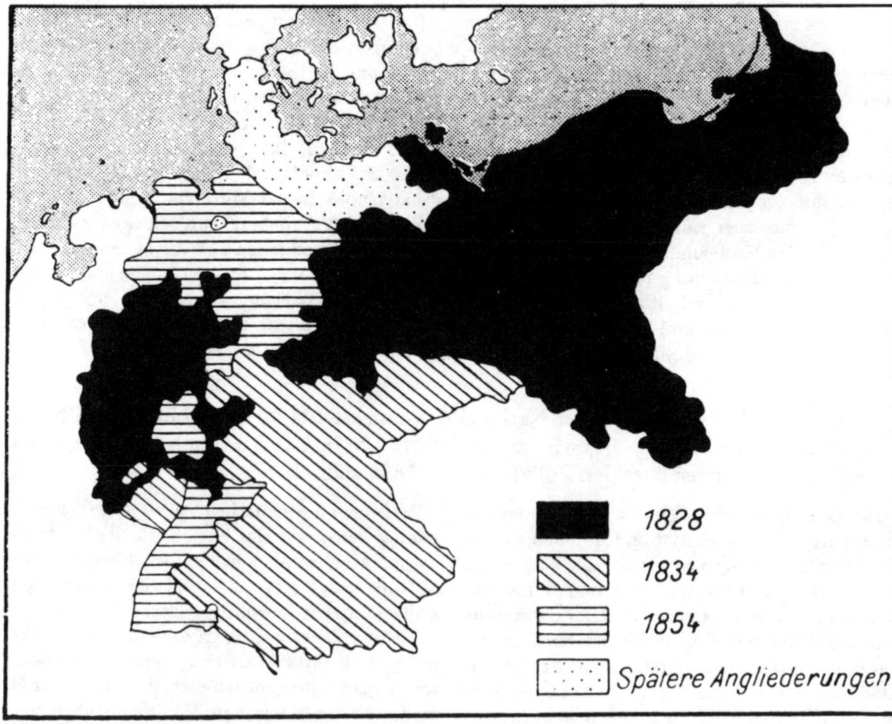

Der zollpolitische Zusammenschluß Deutschlands

Wirtschaftseinheit als Vorstufe zur politischen Vereinigung?

Ungeachtet dieser zunächst noch bestehenden Lücken war die Gründung des Deutschen Zollvereins jedoch ein wichtiger Schritt zur Herstellung der wirtschaftlichen Einheit Deutschlands. Unter Ausschluß Österreichs – und unter Führung Preußens. Der österreichische Kanzler Fürst Metternich hatte dies von Anfang an so gesehen und deshalb seinen Widerstand geltend gemacht. In einem Bericht an Kaiser Franz I. schrieb er im Juni 1833 über die Verträge Preußens mit den deutschen Staaten:

Die Grundidee ist in allen diesen Verträgen dieselbe, wenngleich die Details der Ausführung nach den Lokalitäten durch die einzelnen Konventionen verschieden geregelt sind. Sie besteht in vollkommener gegenseitiger Freiheit des Handels zwischen den Vereinsstaaten, einem übereinstimmenden Zollsystem nach gleichen Tarifsätzen; endlich in Gemeinschaftlichkeit der Schutzmaßregeln für die einheimische Produktion der im Vereine begriffenen Länder gegen die Konkurrenz der dem Vereine fremden Gebiete: *Alles dieses aber unter preußischem Schutze und preußischer Präponderanz . . .*
(Aus: Aus Metternichs nachgelassenen Papieren, hrsg. von Fürst Richard von Metternich-Winneburg, Wien 1880ff, Bd. 5, S. 504.)

Preußen aber ging es nicht nur um die wirtschaftliche, sondern auch um die politische Einigung. Finanzminister Friedrich von Motz wies in einer Denkschrift an den König vom Juni 1829 bereits auf diesen Zusammenhang hin:

Wenn es staatswissenschaftliche Wahrheit ist, daß Ein-, Aus- und Durchgangszölle nur die Folge politischer Trennung verschiedener Staaten sind (und das ist wahr), so muß es umgewandt auch Wahrheit sein, daß Einigung dieser Staaten zu einem Zoll- und Handelsverbande zugleich Einigung zu einem und demselben politischen System mit sich führt.

Und je natürlicher jene Verbindung zu *einem* kommerziellen Zoll- und Handelssystem ist – nachdem sie auf der einzig festen und dauerhaften Grundlage wechselseitig gleicher Vorteile ruht –, desto inniger und fester wird auch die Verbindung zu *einem* politischen System unter diesen Staaten sein.

Denn es erscheint ganz unnatürlich, daß solche Staaten in der Politik divergierende Ansichten hegen und verfolgen sollten, deren Völker zu *einem* Kommerzialsystem gebunden sind und in diesem System sich wohl befinden...

Und in dieser auf gleichem Interesse und natürlicher Grundlage beruhenden und sich notwendig noch in der Mitte von Deutschland erweiternden Verbindung wird erst wieder ein real verbündetes, von innen und von außen wahrhaft freies Deutschland unter dem Schutz und Schirm von Preußen erstehen und glücklich sein . . .

(Aus: Vorgeschichte und Begründung des Deutschen Zollvereins, a. a. O., Bd. 3, S. 534.)

Und sogar Friedrich List, der Nationalökonom, dachte an den politischen Zusammenschluß Deutschlands, als er in seiner Schrift *Die politisch-ökonomische Nationaleinheit der Deutschen* über den Zollverein von 1834 schrieb:

Der Zollverein soll die Deutschen ökonomisch und materiell zu einer Nation verbinden; er soll in dieser Beziehung nach außen die Nation als ein Ganzes kräftigst vertreten und durch die Wahrung seiner auswärtigen Gesamtinteressen wie durch Beschützung seiner inneren Gesamtproduktivkräfte die materielle Kraft der Nation stärken; er soll durch Verschmelzung der einzelnen Provinzialinteressen zu einem Nationalinteresse das Nationalgefühl wecken und heben; er soll nicht bloß die Gegenwart, sondern auch die Zukunft der Nation im Auge haben; die einzelnen deutschen Provinzen sollen stets des Spruchs eingedenk sein: „Was hülfe es dir, so du die ganze Welt gewännest und nähmest doch Schaden an deiner – Nationalität" . . .

Fassen wir die deutschen Völker in ein Gesamtbild, so sehen wir eine Nation, die, im Besitz aller moralischen und materiellen Elemente zur Stiftung einer großen Nationalität, durch den Zollverein zum Bewußtsein ihrer Kraft und zur Einsicht gelangt ist, es sei die höchste Zeit für sie, mit all ihrer Kraft eine politisch-ökonomische Organisation anzustreben, die, von anderen großen Nationen schon zur Vollkommenheit ausgebildet, ihr mit jedem Jahr weniger erreichbar werde, auf deren Erstrebung aber gleichwohl ihre ganze künftige Größe, ja ihre Unabhängigkeit und Existenz beruhe.

(Aus: List, a. a. O., Bd. VII, S. 444ff.)

Trotz solcher optimistischen Zukunftserwartungen war es 1834 jedoch keineswegs ausgemacht, daß am Ende des Weges zum Deutschen Zollverein neben der wirtschaftlichen auch die politische Einigung Deutschlands verwirklicht würde. Mochte der Zollverein auch Weichen in diese Richtung gestellt haben, so zeigt doch die Entwicklung bis 1866, wie Hans Herzfeld bemerkt, „daß die Mitgliedschaft im Zollverein politische Gegnerschaft gegen den Aufstieg Preußens bis zur Kriegsteilnahme an der Seite Öster-

Friedrich von Motz (1775-1830), preußischer Politiker und Staatsmann. Studium der Rechts- und Staatswissenschaften in Marburg. 1795 Auskultator in Halberstadt. Seit 1801 Landrat in Eichsfeld. 1806 und 1807 Deputierter der Ritterschaft bei der Landesdeputation. Direktor der direkten Steuern im Harzdepartement und Mitglied der Reichsversammlung des Königreichs Westfalen. Vizepräsident der preußischen Regierung in Erfurt und seit 1818 deren Chefpräsident. 1820 Regierungspräsident in Magdeburg. Seit 1825 preußischer Finanzminister. 1828 federführend beim Abschluß des Zollvertrages mit Hessen-Darmstadt. Danach erfolgreiche Bemühungen um die Schaffung des Deutschen Zollvereins, der als sein Hauptwerk gilt.

reichs nicht gehindert hat“ und „daß sich politische Geschichte aus wirtschaftlichen Voraussetzungen nicht einfach zwangsläufig ableiten läßt“. Auch die Schwierigkeiten eineinhalb Jahrhunderte später, das westliche Europa aus der Talsohle einer zänkischen Wirtschaftsgemeinschaft zu den Gipfeln einer strahlenden politischen Union zu befördern, kann ja als Beleg für diese These herangezogen werden.

3. Soziale Folgen der Industrialisierung: Strukturwandel und Arbeiterelend

Unmittelbar diente der Zollverein nur der Entwicklung und Entfaltung der deutschen Wirtschaft, die – erst jetzt – die Industrialisierung nachholen konnte, die in anderen Ländern, wie England und Frankreich, längst begonnen und zu erheblichen Fortschritten in der Wirtschaftskraft dieser Länder geführt hatte. Allerdings besaß dieser Fortschritt auch eine häßliche Kehrseite: gesellschaftliche Entwurzelung, Kinderarbeit in Fabriken und unter Tage, Massenelend der abhängigen Lohnarbeiter und menschenunwürdige Wohnverhältnisse in den rasch wachsenden Städten, um nur einige der negativen Aspekte zu nennen. Das kapitalistische Wirtschaftssystem und seine Repräsentanten im liberalen Bürgertum waren lange Zeit entweder nicht fähig oder nicht willens, diese sozialen Begleiterscheinungen der wirtschaftlichen Entwicklung auf eine für die Betroffenen annehmbare, humane Weise zu regeln. Karl Marx meinte sogar, die Verelendung des Proletariats in den kapitalistischen Gesellschaften sei ein unaufhaltsam fortschreitender Prozeß, der nur durch eine sozialistische Revolution überwunden werden könne. Zwar sollte sich dies – wie so vieles in seinem Werk – als Irrtum herausstellen. Doch es bedurfte des Anstoßes der Arbeiterbewegung, zu der auch Marx seinen Beitrag leistete, um die kapitalistischen Ordnungen wandlungsgeneigter und menschlicher zu gestalten, als sie es in ihrer Frühzeit zweifellos waren.

Maschinen statt menschlicher Arbeitskraft?

Anfangs gingen die Bedenken gegen die Industrialisierung freilich in eine andere Richtung: Nicht die Umstände der Arbeit und ihre politische Organisation wurden kritisiert, sondern man befürchtete (wie im heutigen Zeitalter der Automation bei der Einführung von Robotern zur Erledigung monoton wiederkehrender Arbeitsvorgänge am Band), die Maschinen könnten die menschliche Arbeitskraft ersetzen, würden also die Menschen aus der Produktion verdrängen und damit Arbeitslosigkeit und Not heraufbeschwören. Millionen von Bettlern, so stand zu vermuten, würden dann Deutschland bevölkern. So jedenfalls konnte man im Jahre 1818 in einem Artikel der *Kölnischen Zeitung* lesen, in dem vor den sozialen Folgen der Einführung der Dampfmaschine gewarnt wurde:

Eine Maschine macht oft die Arbeiten von tausend Menschen entbehrlich und bringt den Gewinn, den sonst alle dieser Arbeiter teilen, in die Hände eines einzigen. Mit jeder abermaligen Vervollkommnung einer Maschine werden neue Familien brotlos; jede neuerbaute Dampfmaschine vermehrt die Zahl der Bettler, und es steht zu erwarten, daß sich bald alles Vermögen in den Händen einiger tausend Familien befindet und der übrige Teil des Volkes als Bettler in ihre Dienstbarkeit geraten werden. Muß nicht jeder Menschenfreund schmerzlich ergriffen werden von dem Gedanken, daß es dahin kommen kann und aller Wahrscheinlichkeit dahin kommen muß? Wir sind der Meinung, daß der Schaden, den unsere Gewerbe durch das englische Maschinenwesen erleiden, obwohl er sehr fühlbar ist, bei weitem leichter ertragen werden kann als der Druck, der aus dem Flor der zu sehr durch Maschinen vervollkommneten Fabriken erwachsen würde, die Deutschland mit drei bis vier Millionen Bettlern bevölkern würden.

(Aus: Horst Mönnich, Aufbruch ins Revier – Aufbruch nach Europa. Hoesch 1871-1971. Jubiläumsschrift der Hoesch-AG. Dortmund, München 1971, S. 54.)

Leider sollte es sich in den darauffolgenden Jahren erweisen, daß das eine das andere keineswegs ausschloß: Die verzögerte Industrialisierung setzte das deutsche Gewerbe dem Ansturm „des englischen Maschinenwesens“ aus und stürzte das Land in den zwanziger Jahren in tiefe wirtschaftliche Not. Und als dann die Industrialisierung begann, waren die Folgen für die Bevölkerung nicht weniger schlimm – allerdings weniger aus Mangel an Arbeit, sondern hauptsächlich wegen der Bedingungen, unter denen diese Arbeit nun geleistet werden mußte.

Binnenwanderung und Verstädterung

Wenn man heute sagt, daß im Zuge der Industrialisierung die Städte in Deutschland aufblühten, so ist das eine ziemlich beschönigende Umschreibung dessen, was wirklich geschah. Richtig ist, daß die Binnenwanderung der Bevölkerung innerhalb Deutschlands aus dem agrarischen Osten in den industriellen Westen (vornehmlich in das expandierende Ruhrgebiet) wie überhaupt der Wechsel vieler Menschen vom Land in die Städte, die zum Teil erst jetzt um neu errichtete Fabriken entstanden, die Einwohnerzahl der Städte stark ansteigen ließen. Ein Beispiel dafür ist Essen, das 1851 erst 10000 Einwohner zählte, 1905 jedoch 230000! Und wie in Essen war es überall, wo sich Industrien ansiedelten: Um 1800 hatte es in Deutschland erst zwei Städte mit mehr als 100000 Einwohnern gegeben (Berlin mit 172000 und Hamburg mit 130000), um 1850 waren es immer noch nicht mehr als drei (Berlin hatte jetzt 419000, Hamburg 132000 Einwohner; hinzugekommen war München mit 110000). Doch 1871 gab es bereits acht Großstädte mit mehr als 100000 Einwohnern, 1880 sogar 14 und 1914 schließlich 48. Dennoch betrug der Anteil der Landbevölkerung an der Gesamtzahl der Deutschen auch zur Zeit der Reichsgründung 1871 noch 65 Prozent (heute sind es weniger als 40 Prozent – immerhin, trotz allem!).

Und obwohl sich die Größe der deutschen Städte im internationalen Vergleich immer noch bescheiden ausnahm (London, die größte Stadt Europas, zählte 1860 bereits 2,8 Millionen Einwohner, 1870 3,2 und 1878 sogar 3,6 Millionen; in Paris lebten 1860 1,7 und 1880 2 Millionen Menschen), führten Binnenwanderung und Verstädterung auch in Deutschland – wie in allen anderen Ländern im Stadium der Frühindustrialisierung – zu großen Wohnungsproblemen. Die Umsetzung der Arbeitskräfte war Voraussetzung, Folge und Gradmesser der Industrialisierung zugleich. Aber da der Wohnungsbau mit dem Tempo der industriellen Entwicklung nicht Schritt hielt, kam es zu Engpässen in der Wohnungsversorgung und zu Mißständen, die es in der früheren Agrargesellschaft kaum gegeben hatte. In dem Bericht eines alleinstehenden Arbeiters um 1870 heißt es dementsprechend über seine Wohnungssorgen:

Mit der Zeit gefiel es mir nicht mehr in meinem Quartier, denn mein Wirth hatte während des Sommers noch zwei Kostgänger angenommen, oder gar drei. Anfänglich hatte ich lange Zeit in einem Bett allein geschlafen, aber schließlich mußten wir in einem breiten Bett unter dem Dache drei Mann zusammen schlafen, und zeitweise kam auch noch der Lehrling

Wohnungselend einer Berliner Arbeiterfamilie um 1910

hinzu. Da graute Einem bei der Hitze, wenn man zu Bett mußte, und konnte schlecht schlafen, und Abends war man froh, wenn Feierabend war, und des Morgens war man noch viel froher, wenn man, ganz in Schweiß gebadet, wieder aus dem Bett konnte. Und war mir unerträglich, und war das gar nicht gewohnt von zu Hause her, denn wie groß auch das Elend manchmal gewesen war, aber meine Mutter hatte soviel Betten gehabt, daß wir allezeit Jedes allein schlafen konnten. Da hatte der Schlesier ein schlimmes Bein gekriegt, und der Lehrling auch, da mochte ich nicht mehr dabei schlafen, und wußte keinen Rath um andere Schlafstelle, und hörte, daß es überall eben so voll war, wie bei uns. Da konnte ich das nicht ändern, und entschloß mich, in Vohwinkel aufzuhören und nach der Eifel zu machen, und wollte mir viel lieber wieder eine Bude bauen, und darin wohnen, als in solcher Schlafstelle schlafen.

(Aus: Denkwürdigkeiten und Erinnerungen eines Arbeiters, hrsg. von Paul Göhre, 2. Aufl., Leipzig 1903, S. 197.)

Das Leid, das diese „Schlafburschen", wie man die Untermieter damals nannte, ertragen mußten, setzte sich bis in die Familien hinein fort, die ihnen die Schlafstelle gewährten. Denn die meisten Familien der unteren Schichten lebten selbst bereits außerordentlich beengt. Trotzdem blieb ihnen oft keine andere Wahl, als ihr karges Einkommen durch Untervermietung aufzubessern. Die unerträglichen Auswirkungen dieser Wohnungsmisere auf Frauen und Kinder, auf das Leben in den Familien insgesamt, schilderte August Bebel 1883 in seinem Buch *Die Frau und der Sozialismus:*

Da . . . die Wohnungsmieten im Vergleich zum Einkommen des Arbeiters, des niederen Beamten und des kleinen Mannes viel zu hoch sind, müssen sie sich aufs äußerste einschränken. Es werden Schlafburschen oder Logiermädchen in die Wohnung genommen, öfter auch beide zugleich. Alte und Junge wohnen auf engstem Raume, ohne Scheidung der Geschlechter zusammengepfercht, oft Zeuge der intimsten Vorgänge. Wie dabei Schamgefühl und Sittlichkeit fahren, darüber gibt es schauerliche Tatsachen . . .

Die immer mehr zunehmende industrielle Beschäftigung auch der verheirateten Frau ist namentlich bei Schwangerschaften, Geburten und in der ersten Lebenszeit der Kinder, während diese auf die mütterliche Nahrung angewiesen sind, von den verhängnisvollsten Folgen. Es entstehen während der Schwangerschaft eine Menge Krankheiten, die sowohl auf die Leibesfrucht als auf den Organismus der Frau zerstörend wirken und Früh- und Totgeburten hervorrufen. Ist das Kind zur Welt, so ist die Mutter gezwungen, wieder so rasch als möglich zur Fabrik zurückzukehren, damit ihr Platz nicht von einer Konkurrentin besetzt wird. Die unausbleiblichen Folgen für die kleinen Würmer sind: vernachlässigte Pflege, unpassende Nahrung, auch gänzlicher Mangel an Nahrung; sie werden, um ruhig zu sein, mit Opiaten gefüttert. Und die weiteren Folgen sind: massenhaftes Sterben oder Siechtum und Verkümmerung, mit einem Worte: Degeneration der Rasse. Vielfach wachsen die Kinder auf, ohne rechte mütterliche oder väterliche Liebe genossen und wahre Elternliebe empfunden zu haben. So gebiert, lebt und stirbt das Proletariat. Und Staat und Gesellschaft wundern sich, daß sich Roheit, Sittenlosigkeit und Verbrechen häufen.

(Aus: August Bebel, Die Frau und der Sozialismus, 63. Aufl., Ost-Berlin 1974, S. 160f.)

August Bebel (1840-1913), sozialdemokratischer Politiker. Seit 1865 Vorsitzender des Arbeiterbildungsvereins Leipzig. Seit 1867 Abgeordneter des Norddeutschen Reichstages und Vorsitzender des Verbandes der deutschen Arbeitervereine. 1869 mit Wilhelm Liebknecht Gründung der Sozialdemokratischen Arbeiterpartei. 1872 mit Wilhelm Liebknecht wegen Vorbereitung des Hochverrats und Majestätsbeleidigung und 1886 wegen Geheimbündelei verurteilt. 1881-91 Mitglied des Landtages in Sachsen. Im Richtungskampf innerhalb der Sozialdemokratie Eintreten für die Gedanken des Klassenkampfs und der internationalen Solidarität und Ablehnung des Revisionismus. Seit 1890 in Berlin. Beteiligung an der Ausarbeitung des Erfurter Programms von 1891 und an der Redaktion der sozialdemokratischen Wochenzeitung „Vorwärts". Werke: „Unsere Ziele" 1870; „Die Frau und der Sozialismus" 1883; „Aus meinem Leben", 3 Bde. 1910-14.

Wandel der Familienstruktur und Machtverlust des Staates

Die Industrialisierung veränderte aber nicht nur die Lebensbedingungen des einzelnen, machte nicht nur aus Bauern Industriearbeiter und aus Landbewohnern Stadtmenschen, sondern griff auch tief in die sozialen Beziehungen der Gesellschaft ein. Bereits am Ende des 19. Jahrhunderts war die überlieferte Form der Familie in weiten Kreisen der großstädtischen Industriebevölkerung nicht mehr vorhanden, wie Paul Göhre, der eine Zeitlang als Fabrikarbeiter und Handwerksbursche lebte und danach seine Beobachtungen und Erfahrungen niederschrieb, im Jahre 1891 berichtete:

Der alte, auf der Blutsverwandtschaft von Eltern und Kindern ruhende und aus allein solchen blutsverwandten Gliedern zusammengesetzte Organismus der Familie . . . hat in der Tat in jener Bevölkerungsschicht heute bereits mehr oder weniger einem erweiterten, auf den rein wirtschaftlichen Bedürfnissen gemeinschaftlichen Wohnens und Lebens aufgebauten, in der Zusammensetzung seiner Glieder durch Zufälligkeiten gebildeten Kreise von Blutsverwandten und Fremden Platz gemacht. Deutlich treten hier die verwandtschaftlichen Neigungen vor den wirtschaftlichen Verpflichtungen zurück. Aus der Mutter wird der Haushaltsvorstand, der von dem eigenen Manne, den erwachsenen Kindern und den Fremden eine fest bestimmte Summe erhält und dafür verpflichtet ist, die Ausgaben für Wohnungsmiete, Nahrung, Wäsche und ähnliches zu bestreiten, während für die Kleidung ein jeder für sich zu sorgen pflegt.

(Aus: Paul Göhre, Drei Monate Fabrikarbeiter und Handwerksbursche, Leipzig 1891, zit. nach: Quellen zur Geschichte der industriellen Revolution, Göttingen 1966, S. 156f.)

Natürlich kann man dies alles auch anders, nämlich abstrakter und positiver, sehen: als Entwicklung zu mehr Unabhängigkeit, Freiheit und Menschenwürde – auch wenn es damit für den Augenblick noch schlecht bestellt war. Unbestreitbar ist immerhin, daß die Überwindung der Ständegesellschaft eine Befreiung der Menschen aus persönlichen Fesseln, beruflichen Beschränkungen und langfristig sogar aus der Vorenthaltung politischer Mitbestimmungsrechte bedeutete. Franz F. Wurm hat dazu in seinem Buch *Wirtschaft und Gesellschaft in Deutschland 1848-1948* festgestellt:

Der Kampfruf der Französischen Revolution: „Freiheit, Gleichheit, Brüderlichkeit!" hatte tatsächlich weit mehr als deklamatorische Bedeutung. Die Ausstrahlung der Ereignisse von 1789 lösten nicht nur die Bindungen des einzelnen an seinen Stand und die Bindungen der einzelnen Stände innerhalb der überkommenen Sozialhierarchie. Vor allem wurde der ideologische „Überbau" (Marx), der die vorrevolutionäre Sozialordnung getragen hatte, in Paris für alle Zukunft zerschlagen. Das neue Freiheits- und Persönlichkeitsideal machte es hinfort den Nichtprivilegierten unmöglich, die Standeszugehörigkeit und die damit gegebenen Lebensumstände als unabänderliches Schicksal hinzunehmen. Im Mittelalter hatte die kirchliche Disziplin und im 17. und 18. Jh. außerdem noch die Gehorsamspflicht gegenüber der Obrigkeit ein Aufbegehren des unterdrückten Einzelnen oder ganzer unterdrückter Gruppen gegen die sozialen Gegebenheiten zu Ausnahmefällen gemacht. Im Deutschland des frühen 19. Jh. waren es zu-

Paul Göhre (1864-1928), evangelischer Theologe und Sozialpolitiker. Redakteur. Seit 1891 Generalsekretär des „Evangelisch-sozialen Kongresses" zur Bekämpfung sozialer Mißstände und Gefahren. 1894 Pfarrer in Frankfurt a.d. Oder. 1896 mit Friedrich Naumann Gründung des „Nationalsozialen Vereins", der für ein demokratisches und soziales Kaisertum eintritt. 1901 Übertritt zur Sozialdemokratie. 1903-18 Mitglied des Reichstages. 1906 Austritt aus der Kirche. 1918 Unterstaatssekretär, 1919-23 Staatssekretär im Preußischen Staatsministerium, u.a. zur Bearbeitung kirchlicher Angelegenheiten.

nächst weniger neue soziale und wirtschaftliche Sachverhalte als vielmehr die neue kritische Einstellung der Menschen zu ihren Lebensumständen, die eine rasch wachsende gesellschaftliche Unruhe, Ausgangspunkt jeder sozialen Dynamik, verursachten. Trotz aller Hemmnisse und Widerläufe führte dann die Entwicklung der industriellen Arbeit mit unaufhaltsamer Folgerichtigkeit zu einer neuen Gruppierung und damit im Verlauf einer einzigen Generation zu einer Schichtung der Menschen, die durch den Begriff „Klassengesellschaft“ charakterisiert war.

(Aus: Franz F. Wurm, Wirtschaft und Gesellschaft in Deutschland 1848-1948, Opladen 1969, S. 16f.)

Mit dieser Entwicklung eng verbunden war ein Machtverlust des Staates. Wirtschaftliche Kräfte, aber auch gesellschaftliche Organisationen und Gruppierungen errangen eine Bedeutung, die sie in der vorindustriellen Zeit nicht gehabt hatten. Das relative Eigenleben, das der Staat mit seinen Instrumenten der Diplomatie, der Bürokratie, der Polizei und der Armee noch in der Ständegesellschaft geführt hatte, abgehoben vom Volk, das den Staat (damals wie heute) trug, auf das dieser sich aber nicht berief, sondern das er nur als Quelle seiner Macht durch die Einziehung von Steuern nutzte, wich nun einer unauflöslichen Verbindung von Staat und industrieller Gesellschaft. Beide waren aufeinander angewiesen, voneinander abhängig – der Staat von der Gesellschaft vielleicht sogar mehr, als umgekehrt die Gesellschaft vom Staat, wenn man zum Beispiel an die Volksheere seit der Französischen Revolution von 1789, die Komplexität des arbeitsteiligen Wirtschaftsablaufs mit dem Zusammenspiel der Unternehmen, die Bedeutung einer funktionierenden Infrastruktur mit Energieversorgung, Verkehrswesen usw. oder an die Notwendigkeit der Erhaltung des Arbeitsfriedens denkt.

Doch wie immer man die Entwicklung zur industriellen Gesellschaft auf der staatstheoretischen Ebene beurteilen mag -- für die Menschen des 19. Jahrhunderts, zumal wenn sie der Industriearbeiterschaft angehörten, bedeutete die Industrialisierung zunächst einmal vor allem Elend und Not, nicht nur in Deutschland, sondern auch in England und Frankreich, überhaupt dort, wo der Frühkapitalismus seine Manufakturen und Fabriken in eine bis dahin vorwiegend agrarisch bestimmte Landschaft pflanzte. Georg Büchner, der Verfasser des „Hessischen Landboten“, empfand eine tiefe Bitterkeit über die mit dieser Entwicklung verbundenen Verhältnisse, wie er aus Straßburg in einem Brief vom 1. Januar 1836 „an die Familie“ schrieb:

Ich komme vom Christkindelsmarkt: überall Haufen zerlumpter, frierender Kinder, die mit aufgerissenen Augen und traurigen Gesichtern vor den Herrlichkeiten aus Wasser und Mehl, Dreck und Goldpapier standen. Der Gedanke, daß für die meisten Menschen auch die armseligsten Genüsse und Freuden unerreichbare Kostbarkeiten sind, machte mich sehr bitter.

(Aus: Georg Büchner, Werke und Briefe. Mit einem Nachwort von Fritz Bergemann, 3. Aufl., München 1968, S. 188.)

Kinderarbeit und Kinderschutz

Der durch Armut erzwungene Konsumverzicht war jedoch nur der äußerlich sichtbare Ausdruck der furchtbaren, auch heute noch zutiefst betroffen machenden Bedingungen, unter denen die Menschen der unteren Schichten in jener Zeit zu leben hatten. Selbst Kinder genossen damals nicht den Schutz des Staates. Früh wurden sie in den Arbeitsprozeß eingespannt, ohne je eine Schule besucht zu haben und meist ohne je eine Chance zu erhalten, die ihnen aufgezwungene Lebensbahn eines Fabrik- oder Bergarbeiters zu verlassen. Ihr Zuverdienst wurde in den Familien dringend benötigt,

Arbeitende Kinder in einer englischen Fabrik um 1875

und die Firmeninhaber hatten gegen die billigen Arbeitskräfte nichts einzuwenden, sondern meinten sogar, mit der Beschäftigung von Kindern einen sozial positiven Zweck zu erfüllen, weil sie auf diese Weise die Kinder von den moralischen Gefahren ziellosen Umherschweifens, drohender Kriminalität und Bettelei fernhielten.

Als der Berliner Geheime Regierungsrat Keller im September 1833 die preußische Rheinprovinz besuchte, beschäftigte er sich dort auch mit dem Problem der Kinderarbeit. In seinen Aufzeichnungen, die er später, unter dem Datum des 1. Februar 1834, über diese Reise anfertigte, heißt es dazu:

Ich besuchte sogleich noch am Abend den Professor Kaufmann ... Wir blieben mehrere Stunden beisammen und auf den folgenden Tag sicherte er mir seine Begleitung in die Baumwoll-Manufaktur des Kommerzienrats aus dem Werth zu, welche Spinnerei, Weberei, Färberei und Druckerei miteinander verbindet, im ganzen fünfthalbhundert Arbeiter beschäftigt, davon anderthalbhundert in seinem Lokale und unter diesen wieder 60 bis 70 Kinder von 8 Jahren und darüber ... Die Kinder sind täglich von 5 Uhr morgens bis 12 Uhr mittags, nachmittags von 1 Uhr bis zum späten Abend, im Winter natürlich bei Lichte, beschäftigt. Schulunterricht genießen sie gar nicht, weder in früheren Jahren, noch während der Zeit, in welcher sie hier Arbeit finden; nicht einmal in Sonntagsschulen, die man überhaupt in Bonn nicht kennt ...

Ich befragte gelegentlich einige Kinder, die uns hie und da in den Korridoren aufstießen und mir besonders offen und geweckt schienen, nach einzelnen Gegenständen des alltäglichen Lebens und des gewöhnlichen Wissens. Allein sie waren entweder ganz leer und entblößt von Vorstellungen und Begriffen oder ganz roh im Ausdrucke derselben. Der Professor Kaufmann und ich machten hierüber dem Werkmeister einige anregende Vorhaltungen. Der Mann wußte aber keinen Rat und keine Mittel gegen diese vor Augen drohende Verwilderung der nächsten Generation. Er versicherte, daß in Bonn überhaupt auf den regelmäßigen Schulbesuch der Kinder gar nicht gehalten werde, daß die Geistlichen nur darauf sähen, daß sie zu ihrer Zeit konfirmiert würden, und dazu die Kinder lieber unwissend in dem Unterricht erhielten als zum Selbstdenken fähig und vorgebildet. Die Kinder armer Leute gingen ohnedies nicht in die Schule, sie möchten in Fabriken arbeiten oder nicht. Die in Fabriken arbeitenden seien daher immer noch die sittsamsten und anständigsten. Die anderen gingen durch Bettelwesen, den Einfluß der Witterung und die äußerste Unregelmäßigkeit zu Grunde ... Der Prof. Kaufmann bestätigte im allgemeinen die Zuchtlosigkeit, Bettelhaftigkeit und Verwilderung der Jugend der niedrigen Volksklassen in Bonn und beklagte mir die Ratlosigkeit der Polizei. Er versicherte, schon seit Jahren unablässig bemüht gewesen zu sein, die gebildeten Stände für diesen Gegenstand für das Bedürfnis nach Armen- und Sonntagsschulen, Unterstützungsvereinen pp. zu interessieren; allein den Eingeborenen fehle hierin der Sinn für das Bessere, da das Bettelwesen und seine Folgen Krankheiten aller früher katholisch-geistlichen Länder und Lande, und daher auch sie daran gewöhnt seien; die Universität allein vermöge aber dem Unwesen nicht zu steuern ...

(Aus: Bad Wildunger Beiträge zur Gemeinschaftskunde, Bd. 1: Die Wirtschaftsgesellschaft, hrsg. von Josef Mück, Wiesbaden 1969, S. 135ff.)

So konnte es wirklich nicht weitergehen. Man begann einzusehen, daß der Staat einschreiten mußte, um derartige Folgen der Industrialisierung zu beseitigen oder wenigstens zu begrenzen. 1835 begann daher der preußische Landtag mit Beratungen über Kinderschutz. 1839 wurde in Preußen die Beschäftigung von Kindern unter neun Jahren verboten; die Arbeitszeit von Neun- bis Sechzehnjährigen durfte zehn Stunden täglich nicht mehr überschreiten. Nachtarbeit sowie Sonn- und Feiertagsarbeit, die dem religiösen Empfinden widersprachen, waren schon früher untersagt worden. Die Möglichkeiten des Staates, die Einhaltung dieser Vorschriften und Verbote zu überwachen, waren allerdings zunächst gering; eine dafür verantwortliche Aufsichtsbehörde gab es bis 1853 nicht. Dann wurde ein neues Schutzgesetz erlassen, das die Beschäftigung von Kindern unter zwölf Jahren verbot, für Zwölf- bis Vierzehnjährige aber eine Arbeitszeit von zwölf Stunden zuließ, und Gewerbeinspektoren einsetzte, die in den Fabriken Kontrollen durchführten, um die Beachtung des Gesetzes zu erwirken.

Ein Mittel, das diesem Zweck – der Verhinderung von unzulässiger Kinderarbeit – ebenfalls diente, war die allgemeine Schulpflicht. Bereits in der Weimarischen Schulordnung von 1619 war sie enthalten; 1649 führte auch Württemberg sie ein, 1717 schließlich auch Brandenburg-Preußen. Aber das wollte noch nicht viel besagen. Denn im preußischen Erlaß von 1717 hieß es einschränkend und vieldeutig, die Schulpflicht solle dort durchgeführt werden, „wo Schulen sein". Diese und die dazugehörigen Lehrer aber gab es bis weit in das 19. Jahrhundert hinein viel zu wenig. „1825 mußten deswegen in Aachen 4403 Kinder ohne Unterricht bleiben, nur 2965 konnten die Schulen besuchen. Im Jahre 1841 war entsprechend der Zunahme der Bevölkerung die Zahl der Kinder, die allen Unterricht entbehrten, auf 5247 gestiegen. Erst 1861 waren genügend Schulen vorhanden, um alle schulpflichtigen Kinder aufnehmen zu können", heißt es dementsprechend in der von Günther K. Anton verfaßten *Geschichte der preußischen Fabrikgesetzgebung bis zu ihrer Aufnahme durch die Reichsgewerbeordnung* aus dem Jahre 1953. Im gesamten Regierungsbezirk Aachen – also unter Einbeziehung der ländlichen Gebiete – besuchten 1824 von 66611 Schulpflichtigen sogar nur etwa die Hälfte, nämlich 34140, die Schule, während es in der Stadt Aachen doch immerhin fast zwei Drittel waren.

Auf dem Lande verhinderte die ökonomische Notwendigkeit, Kinder zur Landarbeit oder zum Viehhüten einzusetzen, oft einen regelmäßigen Schulbesuch, der, wenn überhaupt, nur im Winter stattfinden konnte. Der § 4 des preußischen Generallandschulreglements von 1763, der bestimmte, daß von der Gemeinde möglichst ein eige-

Frauen und Kinder arbeiten in der Kohlengrube. Zeitgenössische Darstellung aus dem 19. Jahrhundert

ner Hirte anzustellen sei, änderte daran wenig. Auch die wiederholten, heftigen Klagen von Lehrern, Pfarrern und Bürgermeistern über Schulversäumnisse halfen nicht, ebensowenig der Erlaß immer neuer Verordnungen mit Strafandrohungen durch die Schulbehörden. Allzu viele Schüler blieben dem Unterricht zeitweilig – Tage, Wochen, Monate – oder ständig fern, selbst wenn genügend Räume und Lehrpersonal zur Verfügung standen, um alle schulpflichtigen Kinder zu unterrichten, was aber ja bis zur Mitte des 19. Jahrhunderts keineswegs durchgängig der Fall war. Besonders bei den unteren Schichten der Bevölkerung war der regelmäßige Schulbesuch ihrer Kinder nur zögernd durchzusetzen. „Die Kinder armer Leute gingen ohnedies nicht in die Schule, sie möchten in Fabriken arbeiten oder nicht", schrieb der Geheime Regierungsrat Keller deshalb noch in seinem Bericht vom 1. Februar 1834 in Berlin.

Von einer wirklichen Durchsetzung der allgemeinen Schulpflicht konnte daher lange Zeit gar keine Rede sein. Erst die allmählich einsetzende Kinderschutzgesetzgebung, die die Beschäftigung von Kindern untersagte bzw. nur unter bestimmten Bedingungen und Auflagen zuließ, sowie die bessere Schulversorgung mit Räumen und Personal trugen um die Mitte des 19. Jahrhunderts dazu bei, daß der Schulbesuch zur Regel und Schulversäumnisse zur Ausnahme wurden, statt umgekehrt, und daß die Kinder nun zunächst eine gewisse Schulbildung – wie gering sie in vielen Fällen auch noch sein mochte – erhielten, anstatt von vornherein als billige Arbeitskräfte verbraucht zu werden.

Auch danach blieben die Rechte der Kinder und Jugendlichen im Berufsleben jedoch bescheiden. Mit heutigen Maßstäben lassen sie sich kaum messen.

Lebensbedingungen der Industriearbeiter

Auch für die erwachsenen Fabrikarbeiter waren Rechte und Einschränkungen der persönlichen Freiheit am Arbeitsplatz zur Zeit der Frühindustrialisierung eigentlich noch kein Thema. Für sie ging es zumeist einfach nur darum, das tägliche Brot zu verdienen. Viele waren demoralisiert und konnten ihre entwürdigenden Lebensumstände nur durch ständiges Branntweintrinken ertragen, wie Friedrich Engels in seinen *Briefen aus dem Wuppertal* vom März und April 1839 berichtete, in denen er sich nicht damit begnügte, die Verhältnisse zu beschreiben und seine Beobachtungen mitzuteilen, sondern in denen er auch die seiner Meinung nach dafür Verantwortlichen benannte: die Fabrikherren, die sich um des Profits willen „ein weites Gewissen" zulegten und nichts taten, um in ihren Betrieben menschenwürdige Arbeitsbedingungen zu schaffen:

Alle Kneipen sind, besonders Sonnabend und Sonntag, überfüllt, und abends elf Uhr, wenn sie geschlossen werden, entströmen ihnen die Betrunkenen und schlafen ihren Rausch meistens im Chausseegraben aus. Die gemeinsten unter diesen sind die sogenannten Karrenbinder, ein gänzlich demoralisiertes Volk, ohne Obdach und sichern Erwerb, die mit Tagesanbruch aus ihren Schlupfwinkeln, Heuböden, Ställen usw. hervorkriechen, wenn sie nicht auf Düngerhaufen oder den Treppen der Häuser die Nacht überstanden hatten...

Die Gründe dieses Treibens liegen auf der Hand. Zuvörderst trägt das Fabrikarbeiten sehr viel dazu bei. Das Arbeiten in den niedrigen Räumen, wo die Leute mehr Kohlendampf und Staub einatmen als Sauerstoff, und das meistens schon von ihrem sechsten Jahre an, ist grade dazu gemacht, ihnen alle Kraft und Lebenslust zu rauben. Die Weber, die einzelne Stühle in ihren Häusern haben, sitzen vom Morgen bis in die Nacht gebückt dabei und lassen sich vom heißen Ofen das Rückenmark ausdörren. Was von diesen Leuten dem Mystizismus nicht in die Hände gerät, verfällt ins Branntweintrinken. Dieser Mystizismus muß in der frechen und widerwärtigen Gestalt, wie er dort herrscht, notwendig das entgegengesetzte Extrem hervorrufen, und daher kommt es hauptsächlich, daß das Volk dort nur aus „Feinen" (so heißen die Mystiker) und liederlichem Gesindel besteht ... Von fünf Menschen sterben drei an der Schwindsucht, und alles das kommt vom Branntweintrinken. Dies aber hätte wahrlich nicht auf eine so furchtbare Weise überhand genommen, wenn nicht der Betrieb der Fabriken auf eine so unsinnige Weise von den Inhabern gehandhabt würde, und wenn der Mystizismus nicht in der Art bestände, wie er besteht, und wie er immer mehr um sich zu greifen droht. Aber es herrscht ein schreckliches Elend unter den niedern Klassen, besonders bei den Fabrikarbeitern in Wuppertal; syphilitische und Brustkrankheiten herrschen in einer Ausdehnung, die kaum zu glauben ist; in Elberfeld allein werden von 2500 schulpflichtigen Kindern 1200 dem Unterricht entzogen und wachsen in den Fabriken auf, bloß damit der Fabrikherr nicht einem Erwachsenen, dessen Stelle sie vertreten, das Doppelte des Lohnes zu geben nötig hat, das er einem Kinde gibt. Die reichen Fabrikanten aber haben ein weites Gewissen, und ein Kind mehr oder weniger verkommen zu lassen, bringt keine Pietistenseele in die Hölle, besonders, wenn sie alle Sonntage zweimal in die Kirche geht.

(Aus: Auguste Cornu, Karl Marx und Friedrich Engels. Leben und Werk, Bd. 1, Berlin 1954, S. 185 f.)

Ein differenzierteres Bild als Engels vermittelte der Ingenieur und Schriftsteller Max Eyth in Briefen an seine Eltern vom 11. August und 22. September 1861 aus England. Eyth übersah nicht das Elend des Proletariats, räumte jedoch ein, daß ohne die Industrie manches vielleicht noch schlimmer sein würde, ja daß ohne sie die (stark angewachsene) Bevölkerung wohl kaum ernährt werden könnte und daß es im übrigen durchaus Hoffnung auf eine Zukunft ohne „Schmutz" gebe:

Was die Industrie Gutes und Böses leistet, lernt man in Manchester kennen.

Den Hauptreichtum des Bezirks erzeugen die Millionen Spindeln seiner Baumwollindustrie.

Friedrich Engels (1820-1895), Kaufmann; politischer Publizist; mit Karl Marx Begründer des wissenschaftlichen Sozialismus. Sohn eines Spinnereibesitzers. 1842 erste Begegnung mit Marx in Köln. 1842-44 Tätigkeit im väterlichen Zweiggeschäft in Manchester; Konfrontation mit der Arbeiterfrage in England und Mitarbeit an den Zeitschriften des Kreises um Robert Owen und des Chartismus. Seit 1844 Mitarbeiter an den „Deutsch-Französischen Jahrbüchern". Bruch mit dem Linkshegelianismus und, gemeinsam mit Marx, Beitritt zum „Bund der Kommunisten". 1847/48 mit Marx Verfasser des „Kommunistischen Manifests". 1848 Redakteur der „Neuen Rheinischen Zeitung". 1849 Teilnahme am pfälzischen Aufstand; danach Rückkehr nach Manchester. Seit 1870 Sekretär der „Internationalen Arbeiterassoziation". Werke: „Die Lage der arbeitenden Klassen in England" 1845; „Der deutsche Bauernkrieg" 1850; „Herrn Eugen Dührings Umwälzung der Wissenschaft" 1878; „Die Entwicklung des Sozialismus von der Utopie zur Wissenschaft" 1882; „Der Ursprung der Familie, des Privateigentums und des Staates" 1884; „Ludwig Feuerbach und der Ausgang der deutschen Philosophie" 1886; „Revolution und Konterrevolution" 1896.

Reichtum! Nirgends in England habe ich bis jetzt eine so bleiche, kranke, von Elend und Unglück angefressene Bevölkerung gesehen, wie sie hier aus den niedern, rauchigen Häusern herausgrinst oder auf den engen, staubigen Gassen der ärmeren Viertel herumliegt. Freilich ist das nur die Hefe des Volkes, aber die Hefe umfaßt drei Viertel des Ganzen. Wenn die Engländer, selbst die ärmsten, nicht jenen eigentümlichen Reinlichkeitssinn in betreff der Wohnungen hätten, der nach unten hinsichtlich des Körpers und der Kleidung nur zu rasch verschwindet: es wäre ein Bild bodenlosen „Fortschritts"! Töricht wäre es trotzdem, der Industrie einen Vorwurf daraus zu machen. Sie ist und bleibt das einzige Mittel, die 500000 Menschen hier, die Millionen in England auch nur auf dieser Stufe des Lebens zu erhalten. Nicht die Industrie hat das Häßliche geschaffen, das ihr anhaftet. Es ist eine Zukunft denkbar, in der sie sich auch aus diesem Schmutz herausarbeiten wird . . .

Die Arbeitszeit in englischen Maschinenfabriken ist zehn Stunden, zwei weniger als in den meisten süddeutschen, von 6–8, von 81/2–12 und von 1–51/2 Uhr. Gewöhnlich arbeiten die Leute dann noch abends von 6–8 Uhr bei erhöhtem Lohn. Ich wollte dies nicht tun, um meine Abende für technische und sprachliche Studien freizuhalten. Ein boshaftes Geschick mußte mich aber einer Arbeitsgruppe zuteilen, die mit einer drängenden Arbeit betraut war, und so hatte ich das Vergnügen, gleich in der ersten Woche, in der mir noch alle Rippen krachten, „Überzeit" arbeiten zu dürfen. Ein leichtes gastrisches Fieber, das ich gleichzeitig mit mir herumtrug, vielleicht die Folge der ungewohnten Kost, machte dies nicht angenehmer. Doch erhielt mich eine Schlosserportion Rhabarber auf den Beinen.

(Aus: Max Eyth, Im Strom unserer Zeit, Frankfurt a.M. 1954, S. 41f. und S. 46.)

Max von Eyth (1836-1906, geadelt 1896), Ingenieur und Schriftsteller. Seit 1861 Mitwirkung bei John Fowlers Konstruktion des nach ihm benannten Dampfpflugs in England. Einführung des Dampfpflugs in Ägypten, Nordamerika, fast allen europäischen Ländern sowie in Westindien, Peru und Kalifornien. 1885 Gründung der „Deutschen Landwirtschaftsgesellschaft“ in Berlin. Werke: „Wanderbuch eines Ingenieurs“, 3 Bde. 1871-84; „Hinter Pflug und Schraubstock“, 2 Bde. 1899; „Der Kampf um die Cheopspyramide“, 2 Bde. 1902; „Im Strom der Zeit“, 3 Bde. 1903/04; „Der Schneider von Ulm“, 2 Bde. 1906; „Gesammelte Schriften“, 6 Bde. 1909f.; „Tagebücher 1882-1896“ 1975.

Mit einer „Schlosserportion Rhabarber“ allein war den sozialen Problemen der Industrialisierung in den meisten Fällen freilich nicht beizukommen. Mochte sie bei Eyth auch Gutes bewirkt haben, so war insgesamt doch mehr vonnöten: die Lösung der Wohnungsfrage, die Verbesserung der Arbeitsbedingungen, die Verkürzung der Arbeitszeit, die Erhöhung der Löhne und die Herstellung einer vernünftigen Relation von Löhnen und Preisen sowie die rechtliche und politische Gleichstellung der Arbeiter in der an Besitz und Einkommen orientierten Struktur der kapitalistischen Gesellschaft. Einzeln, so konnte man schon früh vermuten, würden die Arbeiter bei der Durchsetzung dieser Forderungen scheitern; nur als Organisation hatten sie vielleicht eine Chance, die Kraft zu ihrer Verwirklichung aufzubringen.

4. Die Entstehung der Arbeiterbewegung

Arbeitervereine im Vormärz

Erste Arbeitervereine, die sich um die Linderung der größten Not und um die Vertretung von Arbeiterinteressen bemühten, bildeten sich in Deutschland bereits im Vormärz. Einer der Anlässe hierfür war der Aufstand der schlesischen Weber 1844, der 1892 von Gerhart Hauptmann in dem naturalistischen sozialen Drama *Die Weber* dichterisch beschrieben wurde, wobei die Weber – als leidende, dem Scheitern preisgegebene Kreatur – den Menschen schlechthin verkörpern. Bereits 1848 jedoch berichtete *Die Gegenwart* (eine „Enzyklopädische Darstellung der neuesten Zeitgeschichte", wie es im Untertitel heißt) über die Ereignisse in den schlesischen Ortschaften Peterswaldau und Langenbielau:

Inmitten der politischen Kämpfe trat zum erstenmal in Preußen ein Ereignis ein, welches die tiefen Mißverhältnisse und die Gährung des gesellschaftlichen Lebens enthüllte – ein Aufstand der Weber im schlesischen Gebirge. Die Leinwandweberei, sonst einer der blühendsten Industriezweige Schlesiens, ging von Jahr zu Jahr einem gänzlichen Verfall entgegen. Mangel an Absatzquellen, verursacht durch Unterbrechung diplomatischer Verbindungen mit Ländern, welche sonst starken Verbrauch von schlesischer Leinwand gewährten, z.B. Spanien und Portugal, schlechte Schiffahrtsgesetze, welche den überseeischen Verkehr hemmten, besonders aber das feindselige Absperrungssystem Rußlands, hatten außer den allgemeinen Conjunkturen die Fabrikherren veranlaßt, die Arbeiten bedeutend zu beschränken. Die Folge davon war, daß eine Menge von Arbeitern unbeschäftigt, brotlos umhergingen. Dazu kam nun, daß viele Fabrikherren auch die beibehaltenen Arbeiter der höchsten Not preisgaben, indem sie den Arbeitslohn fort und fort herabdrückten. Ferner trug das sogenannte Trucksystem dazu bei, den Unmut der Arbeiter zu erregen. Dasselbe bestand darin, daß die Arbeiter genötigt waren, statt der Bezahlung in barem Gelde, Lebensmittel im Tausch zu nehmen. Unbarmherzige Arbeitgeber gaben ihnen dann ungesunde oder schlechte Eßwaren zu Preisen, welche deren Wert zuweilen um das Doppelte überstiegen. Vergebens wurden die Fabrikherren auf das Harte dieses Verfahrens aufmerksam gemacht, vergebens wurde die Regierung ersucht, sich der unglücklichen Arbeiter in Etwas anzunehmen. Die Behörden waren nicht minder taub als die Fabrikanten, es geschah nichts, der Not dieser Leute abzuhelfen. Bedrohliche Symptome der Unzufriedenheit zeigten sich bereits Ende des Winters 1843. Besonders war es ein Handlungshaus in Peterswaldau, welches trotz seines wachsenden Reichtums sich durch Herabsetzung des Arbeitslohnes und schlechte Behandlung der Arbeiter hervortat. Einer der Fabrikunternehmer sollte außerdem geäußert haben: „Man werde es noch dahin bringen, das die Arbeiter das Stück um den Quarkkäse weben müßten." Ein Pamphlet, betitelt „Das Blutgericht von Peterswaldau im Jahre 1844" war die mittelbare Veranlassung zum Ausbruche des Aufstandes. Dies Gedicht schilderte alle Klagen der Weber in ergreifenden Bildern und malte andererseits den Reichtum und die Üppigkeit des erwähnten Handelshauses aus; von Haus zu Haus wanderte es und regte die Gemüter auf. Man heftete es an das Etablissement und sang es vor den Fenstern der Herren ab. Bei dieser Gelegenheit, am 4. Juni, wurde einer der Sänger ergriffen und ins Gefängnis geführt. Die anderen verlangten dessen Auslieferung und stürmten, da ihrem Verlangen nicht entsprochen werden konnte, das Fabrikgebäude. Im Nu waren die Massen eingedrungen und es begann nun das Werk der Zerstörung und der Rache. Gleiche Behandlung erlitten noch einige andere Etablissements. Einige wollten die Gebäude durch Feuer zerstören, wurden jedoch von den Übrigen daran gehindert, indem diese einwandten, sie wollten ja die Fabrikherren arm machen, während diese in Folge des Brandes aus den Feuerkassen Entschädigungsgelder erhalten würden. Von Peterswaldau zogen sie nach dem eine Stunde weit entfernten Langenbielau, wo sich dieselben Szenen erneuerten. Wie es gewöhnlich geschieht, mußten auch hier viele Unschuldige für die Schuldigen büßen. Unterdessen war Militär von Schweidnitz herbeigeeilt, um die Ruhe wieder herzustellen. Dies gelang indessen erst, nachdem dasselbe von der Schußwaffe Gebrauch gemacht, wobei es viele Tote und Verwundete gab. Somit war die äußere gesetzliche Ordnung freilich hergestellt, die Ursache des Übels dauerte aber fort. Doch hatten diese Vorfälle wenigstens das Resultat, daß sich an verschiedenen Orten bereits Vereine zur Abhülfe der Not der arbeitenden Klassen zu bilden anfingen ...

(Aus: Die Gegenwart. Enzyklopädische Darstellung der neuesten Zeitgeschichte, Leipzig 1848.)

Der Organisationsgrad dieser in den vierziger Jahren gegründeten Vereine blieb jedoch bescheiden; eine politische Arbeiterbewegung fehlte in Deutschland aufgrund des Verbots politischer Vereinsbildungen und der strengen Zensurbestimmungen bis 1848 völlig, wie Helga Grebing in ihrer *Geschichte der deutschen Arbeiterbewegung* betont, während sich Ansätze dazu vor allem in England, wo 1824/25 das Koalitionsverbot aufgehoben worden war, durchaus hatten entwickeln können. Vereinzelte Streiks seit Ende des 18. Jahrhunderts, soziale Selbsthilfeorganisationen (zum Beispiel Kranken-, Hilfs- und Sterbekassen der Handwerker), die es seit Anfang des 19. Jahrhunderts gab, und die Entstehung von Bildungsvereinen in den dreißiger Jahren lassen sich kaum als Ansätze zur Entstehung einer politischen Arbeiterbewegung deuten. Erst auf dem Umweg über das Ausland kamen entsprechende Ideen und Gedanken nach Deutschland zurück: über den 1834 in Bern gegründeten politischen Geheimbund „Neues Deutschland" (später „Junges Deutschland"), den im gleichen Jahr in Paris entstandenen „Bund der Geächteten" sowie vor allem über den „Bund der Gerechten", der sich 1837 vom „Bund der Geächteten" abspaltete, bald seine Aktivität mehr und mehr von Paris nach London verlagerte, sich dort mit Karl Marx und Friedrich Engels verband und schließlich auf einem Kongreß im Juni 1847 in „Bund der Kommunisten" umbenannte.

Das „Kommunistische Manifest"

Vor diesem Hintergrund muß man auch das *Manifest der kommunistischen Partei* sehen, das Marx und Engels in der Zeit von Dezember 1847 bis Januar 1848 verfaßten und im Februar 1848 in London veröffentlichten. Es ist das wohl bedeutendste Dokument aus der Frühgeschichte der Arbeiterbewegung – Programm, ideologische Rechtfertigung und Appell zugleich, endend und gipfelnd in dem Ruf „Proletarier aller Länder, vereinigt euch!" –, das bis heute nichts von seiner Aktualität eingebüßt hat. In diesem Manifest heißt es:

Ein Gespenst geht um in Europa – das Gespenst des Kommunismus. Alle Mächte des alten Europa haben sich zu einer heiligen Hetzjagd gegen dies Gespenst verbündet, der Papst und der Zar, Metternich und Guizot, französische Radikale und deutsche Polizisten ...

Der Kommunismus wird bereits von allen europäischen Mächten als eine Macht anerkannt.

Es ist hohe Zeit, daß die Kommunisten ihre Anschauungsweise, ihre Zwecke, ihre Tendenzen vor der ganzen Welt offen darlegen und dem Märchen vom Gespenst des Kommunismus

Manifest

der

Kommunistischen Partei.

Veröffentlicht im Februar 1848.

Proletarier aller Länder vereinigt euch.

London.

Gedruckt in der Office der „Bildungs-Gesellschaft für Arbeiter"

von J. E. Burghard

46, Liverpool Street, Bishopsgate.

Manifest der Kommunistischen Partei. Umschlag der ersten Ausgabe

ein Manifest der Partei selbst entgegenstellen.

Zu diesem Zweck haben sich Kommunisten der verschiedensten Nationalität in London versammelt und das folgende Manifest entworfen, das in englischer, französischer, deutscher, italienischer, flämischer und dänischer Sprache veröffentlicht wird:

Die Geschichte aller bisherigen Gesellschaft ist die Geschichte von Klassenkämpfen.

Freier und Sklave, Patrizier und Plebejer, Baron und Leibeigner, Zunftbürger und Gesell, kurz, Unterdrücker und Unterdrückte standen in stetem Gegensatz zueinander, führten einen ununterbrochenen, bald versteckten, bald offenen Kampf, einen Kampf, der jedesmal mit einer revolutionären Umgestaltung der ganzen Gesellschaft endete oder mit dem gemeinsamen Untergang der kämpfenden Klassen . . .

Karl Heinrich Marx (1818-1883), Philosoph und Nationalökonom. Mit Friedrich Engels Begründer des wissenschaftlichen Sozialismus und Marxismus. Studium der Staatswissenschaften, Philosophie und Geschichte in Bonn und Berlin. 1842/43 Redakteur der linksliberalen „Rheinischen Zeitung". Seit 1843 in Paris mit Arnold Ruge Herausgeber der „Deutsch-Französischen Jahrbücher". Freundschaft und Zusammenarbeit mit Friedrich Engels. 1847 mit Engels Gründung des „Deutschen Arbeiter-Bildungsvereins" und der „Association démocratique" in Brüssel. Verbindung zum „Bund der Gerechten" bzw. „Bund der Kommunisten". 1848/49 Chefredakteur der „Neuen Rheinischen Zeitung". Nach dem Scheitern der deutschen Revolution Emigration nach London. Seit 1864 führende Tätigkeit in der „Ersten Internationale". 1875 scharfe Kritik am Gothaer Programm der SPD. Zugleich Kampf gegen anarchistische Strömungen in der Arbeiterbewegung. Werke: „Kritik der Hegelschen Rechtsphilosophie" 1844; „Deutsche Ideologie" (mit Friedrich Engels) 1845, von der zunächst nur der Abschnitt „Die Heilige Familie" veröffentlicht wird; „Misère de la Philosophie" 1847; „Manifest der kommunistischen Partei" (mit Friedrich Engels) 1848; „Der 18. Brumaire des Louis-Napoleon" 1852; „Zur Kritik der politischen Ökonomie" 1859; „Das Kapital", erster Band 1867 (zweiter und dritter Band hrsg. von Friedrich Engels 1885-94); „Der Bürgerkrieg in Frankreich" 1871; „Kritik des Gothaer Programms" 1875.

Die aus dem Untergange der feudalen Gesellschaft hervorgegangene moderne bürgerliche Gesellschaft hat die Klassengegensätze nicht aufgehoben. Sie hat nur neue Klassen, neue Bedingungen der Unterdrückung, neue Gestaltungen des Kampfes an die Stelle der alten gesetzt.

Unsere Epoche, die Epoche der Bourgeoisie, zeichnet sich jedoch dadurch aus, daß sie die Klassengegensätze vereinfacht hat. Die ganze Gesellschaft spaltet sich mehr und mehr in zwei große feindliche Lager, in zwei große, einander direkt gegenüberstehende Klassen: Bourgeoisie und Proletariat . . .

In demselben Maße, worin sich die Bourgeoisie, d.h. das Kapital, entwickelt, in demselben Maße entwickelt sich das Proletariat, die Klasse der modernen Arbeiter, die nur so lange leben, als sie Arbeit finden, und die nur so lange Arbeit finden, als ihre Arbeit das Kapital vermehrt. Diese Arbeiter, die sich stückweis verkaufen müssen, sind eine Ware wie jeder andere Handelsartikel und daher gleichmäßig allen Wechselfällen der Konkurrenz, allen Schwankungen des Marktes ausgesetzt.

Die Arbeit der Proletarier hat durch die Ausdehnung der Maschinerie und die Teilung der Arbeit allen selbständigen Charakter und damit allen Reiz für den Arbeiter verloren. Er wird ein bloßes Zubehör der Maschine, von dem nur der einfachste, eintönigste, am leichtesten erlernbare Handgriff verlangt wird. Die Kosten, die der Arbeiter verursacht, beschränken sich daher fast nur auf die Lebensmittel, die er zu seinem Unterhalt und zur Fortpflanzung seiner Rasse bedarf. Der Preis einer Ware, also auch der Arbeit, ist aber gleich ihren Produktionskosten. In demselben Maße, in dem die Widerwärtigkeit der Arbeit wächst, nimmt daher der Lohn ab. Noch mehr, in demselben Maße, wie Maschinerie und Teilung der Arbeit zunehmen, in demselben Maße nimmt auch die Masse der Arbeit zu, sei es durch Vermehrung der Arbeitsstunden, sei es durch Vermehrung der in einer gegebenen Zeit geforderten Arbeit, beschleunigten Lauf der Maschinen usw. . .

Von allen Klassen, welche heutzutage der Bourgeoisie gegenüberstehen, ist nur das Proletariat eine wirklich revolutionäre Klasse. Die übrigen Klassen verkommen und gehen unter mit der großen Industrie, das Proletariat ist ihr eigenstes Produkt.

Die Mittelstände, der kleine Industrielle, der kleine Kaufmann, der Handwerker, der Bauer, sie alle bekämpfen die Bourgeoisie, um ihre Existenz als Mittelstände vor dem Untergang zu sichern. Sie sind also nicht revolutionär, sondern konservativ. Noch mehr, sie sind reaktionär, denn sie suchen das Rad der Geschichte zurückzudrehen. Sind sie revolutionär, so sind sie es im Hinblick auf den ihnen bevorstehenden Übergang ins Proletariat, so verteidigen sie nicht ihre gegenwärtigen, sondern ihre zukünftigen Interessen, so verlassen sie ihren eigenen Standpunkt, um sich auf den des Proletariats zu stellen . . .

Alle bisherigen Bewegungen waren Bewegungen von Minoritäten oder im Interesse von Minoritäten. Die proletarische Bewegung ist die selbständige Bewegung der ungeheuren Mehrzahl im Interesse der ungeheuren Mehrzahl. Das Proletariat, die unterste Schicht der jetzigen Gesellschaft, kann sich nicht erheben, nicht aufrichten, ohne daß der ganze Überbau der Schichten, die die offizielle Gesellschaft bilden, in die Luft gesprengt wird . . .

Das Proletariat wird seine politische Herrschaft dazu benutzen, der Bourgeoisie nach und nach alles Kapital zu entreißen, alle Produktionsinstrumente in den Händen des Staats, d.h. des als herrschende Klasse organisierten Proletariats, zu zentralisieren und die Masse der Produktionskräfte möglichst rasch zu vermehren.

Es kann dies natürlich nur geschehen vermittels despotischer Eingriffe in das Eigentumsrecht und in die bürgerlichen Produktionsverhältnisse, durch Maßregeln also, die ökonomisch unzureichend und unhaltbar erscheinen, die aber im Lauf der Bewegung über sich selbst hinaustreiben und als Mittel zur Umwälzung der ganzen Produktionsweise unvermeidlich sind.

Diese Maßregeln werden natürlich je nach den verschiedenen Ländern verschieden sein. Für die fortgeschrittenen Länder werden jedoch die folgenden ziemlich allgemein in Anwendung kommen können: 1. Expropriation des Grundeigentums und Verwendung der Grundrente zu Staatsausgaben. 2. Starke Progressivsteuer. 3. Abschaffung des Erbrechts. 4. Konfiskation des Eigentums aller Emigranten und Rebellen. 5. Zentralisation des Kredits in den Händen des Staates durch eine Nationalbank mit Staatskapital und ausschließlichem Monopol. 6. Zentralisation des Transportwesens in den Händen des Staates. 7. Vermehrung der Nationalfabriken, Produktionsinstrumente, Urbarmachung und Verbesserung der Ländereien nach einem gemeinschaftlichen Plan. 8. Gleicher Arbeitszwang für alle, Errichtung industrieller Armeen, besonders für den Ackerbau. 9. Vereinigung des Betriebs von Ackerbau und Industrie. Hinwirken auf die allmähliche Beseitigung des Unterschieds von Stadt und Land. 10. Öffentliche und unentgeltliche Erziehung aller Kinder. Beseitigung der Fabrikarbeit der Kinder in ihrer heutigen Form. Vereinigung der Erziehung mit der materiellen Produktion usw. . .

Sind im Laufe der Entwicklung die Klassenunterschiede verschwunden und ist alle Produktion in den Händen der assoziierten Individuen konzentriert, so verliert die öffentliche Gewalt den politischen Charakter. Die politische Gewalt im eigentlichen Sinne ist die organisierte Gewalt einer Klasse zur Unterdrückung einer andern. Wenn das Proletariat im Kampfe gegen die Bourgeoisie sich notwendig zur Klasse vereint, durch eine Revolution sich zur herrschenden Klasse macht und als herrschende Klasse gewaltsam die alten Produktionsverhältnisse aufhebt, so hebt es mit diesen Produktionsverhältnissen die Existenzbedingungen des Klassengegensatzes, der Klassen überhaupt, und damit seine eigene Herrschaft als Klasse auf . . .

Auf Deutschland richten die Kommunisten ihre Hauptaufmerksamkeit, weil Deutschland am Vorabend einer bürgerlichen Revolution steht, und weil es diese Umwälzung unter fortgeschrittneren Bedingungen der europäischen Zivilisation überhaupt, und mit einem viel weiter entwickelten Proletariat vollbringt als England im siebzehnten und Frankreich im achtzehnten Jahrhundert, die deutsche bürgerliche Revolution also nur das unmittelbare Vorspiel einer proletarischen Revolution sein kann . . .

Die Kommunisten verschmähen es, ihre Ansichten und Absichten zu verheimlichen. Sie erklären es offen, daß ihre Zwecke nur erreicht werden können durch den gewaltsamen Umsturz aller bisherigen Gesellschaftsordnung. Mögen die herrschenden Klassen vor einer Kommunistischen Revolution zittern. Die Proletarier haben nichts in ihr zu verlieren als ihre Ketten. Sie haben eine Welt zu gewinnen. *Proletarier aller Länder, vereinigt euch!*

(Aus: Karl Marx und Friedrich Engels, Werke, hrsg. vom Institut für Marxismus-Leninismus beim ZK der SED, Bd. 4, Ost-Berlin 1964, S. 461 ff.)

Diesem Manifest waren umfangreiche Studien voraufgegangen, unter anderem die Arbeit an dem Werk *Die deutsche Ideologie*, das in den vierziger Jahren aufgrund der politischen Verhältnisse in Deutschland nicht publiziert werden durfte. Da „veränderte Umstände den Druck nicht erlaubten", überließen Marx und Engels das Manuskript, wie Marx später schrieb, „der nagenden Kritik der Mäuse". Engels hatte sich zuvor bereits ausführlich mit der *Lage der arbeitenden Klassen in England* (so der Titel seines Buches aus dem Jahre 1845) beschäftigt, Marx eine *Kritik der Hegelschen Rechtsphilosophie* (1844) unternommen. Diese Arbeit hatte für Marx einen wichtigen Schritt in der Entwicklung seiner Theorien über Staat und Gesellschaft dargestellt, wie er in seinem im Januar 1859 in London verfaßten Vorwort zu seinem Buch *Zur Kritik der Politischen Ökonomie* berichtete:

Die erste Arbeit, unternommen zur Lösung der Zweifel, die mich bestürmten, war eine kritische Revision der Hegelschen Rechtsphilosophie, eine Arbeit, wovon die Einleitung in den 1844 in Paris herausgegebenen ‚Deutsch-Französischen Jahrbüchern' erschien. Meine Untersuchung mündete in dem Ergebnis, daß Rechtsverhältnisse wie Staatsformen weder aus sich selbst zu begreifen sind noch aus der sogenannten allgemeinen Entwicklung des menschlichen Geistes, sondern vielmehr in den materiellen Lebensverhältnissen wurzeln, deren Gesamtheit Hegel, nach dem Vorgang der Engländer und Franzosen des 18. Jahrhunderts, unter dem Namen ‚bürgerliche Gesellschaft' zusammenfaßt, daß aber die Anatomie der bürgerlichen Gesellschaft in der politischen Ökonomie zu suchen sei . . .

(Aus: Karl Marx, Zur Kritik der Politischen Ökonomie. Erstes Heft, Berlin 1859, zit. nach: Marx und Engels, a.a.O., Bd. 13, S. 8.)

In diesem Vorwort nannte Marx übrigens an anderer Stelle das „Manifest der kommunistischen Partei" eine „von den zerstreuten Arbeiten, worin wir damals nach der einen oder anderen Seite hin unsre Ansichten dem Publikum vorlegten" – was den Wert des Manifests nicht schmälert, aber unterstreicht, daß es für Marx keineswegs im Mittelpunkt seines im Kern als wissenschaftlich begriffenen Wirkens gestanden hat. Doch 1848, nach dem Erscheinen des Manifests, drängte die publizistische Tagesarbeit vorübergehend in den Vordergrund. Die März-Revolution veranlaßte Marx und Engels zur Rückkehr nach Deutschland, wo Marx die Chefredaktion der *Neuen Rheinischen Zeitung* übernahm, die ein Forum liberalen Geistes darstellen und der bürgerlichen Revolution – als Vorstufe zur proletarischen Revolution – zum Sieg verhelfen sollte. In die praktische Politik aber schalteten sie sich damals noch nicht ein.

Stephan Born und die „Allgemeine deutsche Arbeiter-Verbrüderung"

Marx und Engels unterstützten auch nicht die Initiative eines ihrer Anhänger, Stephan Borns, der am 23. August 1848 einen „Allgemeinen deutschen Arbeiter-Kongreß" einberief, der bis zum 3. September 1848 in Berlin tagte und auf dem die erste deutsche politische Arbeiterorganisation, die „Allgemeine deutsche Arbeiter-Verbrüderung", gegründet wurde. Sie umfaßte bald 170 örtliche Vereine und Bezirksorganisationen, richtete ein Zentralkomitee in Leipzig ein und gab eine Verbandszeitschrift, *Die Verbrüderung*, heraus.

Bei der Abfassung der Statuten eines „Central Comités für Arbeiter" in Berlin im April 1848 hatte Born bereits selbstbewußt auf den Zusammenschluß der Arbeiter gedrängt:

. . . Der Sturz des Polizeistaats, der Bevormundung hat auch uns, den Kindern der Not und Entbehrung, die Mündigkeit gegeben, wir nehmen unsere Angelegenheiten selbst in unsere Hände und niemand soll sie uns wieder entreißen. Aber neben diesem Gefühl unserer Stärke wissen wir auch, daß es in unserem Vaterlande noch keineswegs zwei scharf getrenn-

Stephan Born, eigentlich **Simon Buttermilch** (1824-1898), sozialistischer Politiker und Publizist. Seit 1847 Mitglied des „Bundes der Kommunisten". Im Auftrage von Friedrich Engels Agitator in Südfrankreich und in der Schweiz. 1848 Mitarbeiter von Karl Marx in Paris. Herausgeber der Zeitung „Das Volk". Einberufung des ersten „Allgemeinen deutschen Arbeiter-Kongresses" und Gründung der „Allgemeinen deutschen Arbeiter-Verbrüderung", der ersten deutschen politischen Arbeiterorganisation mit sozialistischer Orientierung. Redakteur der Zeitschrift „Die Verbrüderung" in Leipzig. 1849 mit Michael Bakunin Beteiligung am bewaffneten Aufstand in Dresden. Danach Flucht in die Schweiz. Dort Studium, Redakteur der „Basler Nachrichten" und Honorarprofessor für deutsche und französische Literatur in Basel. Werke: „Der Verein zur Hebung der arbeitenden Klassen und die Volksstimmen über ihn" 1845; „Der Heinzensche Staat. Eine Kritik" 1847; „Die Romantische Schule in Deutschland und Frankreich" 1880; „Erinnerungen eines Achtundvierzigers" 1890.

te Volksklassen, Kapitalisten und Arbeiter gibt, sondern daß in demselben sich noch andere Elemente geltend machen, die weder der einen, noch der anderen dieser beiden Klassen angehören, sich immer noch eine bedeutende Selbständigkeit erhalten haben. Wir wissen, daß das deutsche Volk in seiner geschichtlichen Entwicklung abhängig ist von der Entwicklung der Völker, die diesen Prozeß schon durchgemacht, daß in einem Volke, wo es zwar Arbeiter, Arme, Bedrückte und Belastete, aber noch keine arbeitende Klasse gibt, auch keine Revolution von einer solchen zuerst ausgehen kann. Wir wissen sehr wohl, daß wir bei dem unklugen Versuch einer neuen Revolution in die sehr nahe Gefahr kommen würden, alles das noch zu verlieren, was wir eben erst errungen, und Deutschland in eine Anarchie zu versetzen, in welcher aber, wissen wir es wer?, zur Herrschaft gelangen kann. Hier begegnen sich unsere Interessen mit den Interessen der Kapitalisten, wir wollen beide den Frieden, wir müssen ihn wollen ... Wollen wir es dahin bringen, daß wir als Arbeiterklasse, als eine Macht im Staate dastehen, daß jeder von uns sich als ein Mitglied derselben erkläre und betätige, so wird die Organisation der Arbeiter für uns zur ersten Notwendigkeit, sie ist unsere erste Aufgabe ... Deutschland ist noch nicht so arm, daß ein Teil seiner Kinder notwendig darben muß. Wir, die wir zu denen gehören, die in Not und Entbehrung groß geworden, wir werden unsern Brüdern Hilfe bringen ...

(Aus: Harald von Koenigswald, Preußisches Lesebuch. Zeugnis aus drei Jahrhunderten, Bergisch Gladbach 1981, S. 233ff.)

Das klang vernünftig. Und war es auch. Denn Born war kein illusionärer Schwärmer. Während Marx und Engels analog zu ihren theoretischen Vorstellungen des Geschichtsablaufs die bürgerliche Revolution unterstützten, der später – wie sie meinten – mit naturgesetzlicher Notwendigkeit die proletarische nachfolgen würde, auf die sie ja eigentlich hinauswollten, ging Born praktisch ans Werk, um den Arbeitern ihr Los zu erleichtern. Er scheute sich dabei auch nicht, Gemeinsamkeiten zwischen Kapitalisten und Arbeiterklasse zu beschwören, nach Veränderungen *innerhalb* der bestehenden Gesellschaftsordnung zu streben.

Born war damit ein früher Vertreter des reformistischen Zweigs der deutschen Arbeiterbewegung; soziale Reform, nicht soziale Revolution war sein Ziel. Dieser Zweig entstand in Deutschland selbst; seine Träger waren nicht die ungelernten Arbeiter, Tagelöhner, „Proletarier" im weitesten Sinne, wie Marx und Engels sie sahen, sondern Handwerksgesellen, qualifizierte Fabrikarbeiter, sogar Meister, die sich gegenseitig stolz mit „Herr" anredeten, ihrem Selbstverständnis nach Bürger unter Bürgern waren, zwar Arbeiter, aber keine Proletarier sein wollten, sondern – in heutiger Terminologie – Arbeitnehmer, die in der Gesellschaft, in der sie nun einmal lebten, Auskommen und Anerkennung suchten. Sie hatten daher auch nicht viel gemein mit jenen wandernden Handwerksgesellen im Ausland, die, frei, unabhängig und ungesichert umherschweifend, leichthin von Revolution und Kommunismus träumten und redeten, sich den Bünden von Bern, Paris oder London anschlossen und bei alldem recht wenig Gedanken daran verschwendeten, wie ihre Träume Gestalt annehmen sollten, wenn es erst einmal praktisch werden würde. Dies war das Publikum von Marx und Engels, nicht dasjenige Borns, obwohl dieser die Analysen der beiden durchaus schätzte, vieles von ihnen übernahm, sich sogar zu ihren Anhängern und Mitstreitern rechnete. Doch von den Auslandsgesellen, von Marx und Engels trennten Born und die deutschen Arbeiter von 1848 „die realistische Einsicht in ihre konkreten politischen Aufgaben", wie Helga Grebing schreibt: „in solidarischer Aktion, bei gesicherter organisatorischer Basis ihre politischen und sozialen Forderungen auf dem Boden der gegebenen Verhältnisse durchzusetzen und auf diesem Wege einen neuen Staat und eine neue Gesellschaft zu gestalten". Schon 1848 gab es daher den „Dualismus von sozialer Revolution und sozialer Reform, von proletarischem Klassenbewußtsein und bürgerlich geprägtem Standesbewußtsein, der sich später widerspiegelte in den ständigen Auseinandersetzungen zwischen den verschiedenen Lagern innerhalb der sozialdemokratischen Arbeiterbewegung".

Aber zunächst stand beides ziemlich unvermittelt nebeneinander, und gelegentlich ging beides auch ineinander über, wie bei Gustav von Struve, dessen radikaldemokratische Forderungen an das Vorparlament vom 31. März 1848 ja unter anderem die „Beseitigung des Notstandes der arbeitenden Klassen und des Mittelstandes" sowie die „Ausgleichung des Mißverhältnisses zwischen Arbeit und Kapital vermittelst eines besonderen Arbeiter-Ministeriums, welches dem Wucher steuert, die Arbeit schätzt und derselben namentlich einen Anteil an dem Arbeitsgewinne sichert", verlangten.

Reaktionszeit nach 1849

Mit dem Scheitern der Revolution von 1848/49 erlitt auch die politische Arbeiterbewegung in Deutschland einen Rückschlag. Borns „Arbeiter-Verbrüderung" wurde 1854 durch Bundesgesetz verboten; nur unpolitische und konfessionelle Arbeitervereine, wie der im Herbst 1846 gegründete „Katholische Handwerksgesellenverein", in dem seit Mai 1847 der ehemalige Schustergeselle und 1845 zum Priester geweihte Adolf Kolping als geistlicher Präses wirkte, durften ihre Arbeit fortsetzen. Die Bewegung insgesamt war durch staatliche Zwangsmaßnahmen allerdings nicht mehr zu unterdrücken. Zu drängend war ihr Anliegen, zu stark inzwischen ihr Antrieb.

Während Karl Marx sich, aus Deutschland ausgewiesen, erneut nach London zurückzog, um dort seine wissenschaftliche Arbeit fortzusetzen, gingen in Deutschland trotz der staatlichen Behinderungen die Diskussionen und Auseinandersetzungen über geeignete Formen der Arbeiterorganisation weiter. Einen neuen, vor allem zwischen 1853 und 1863 einflußreichen und bedeutsamen Ansatz entwickelte Hermann Schulze-Delitzsch. Um den kleinen Mittelstand gegen die aufkommende Großindustrie zu schützen, so meinte er, sollten sich die Handwerker und Geschäftsleute genossenschaftlich organisieren und unabhängig vom Staat, liberalen Grundsätzen entsprechend, Assoziationen der Selbsthilfe aufbauen. In einer seiner Schriften hieß es dazu 1858:

Alle Bestrebungen zum Wohl der arbeitenden Klassen müssen auf die innere sittliche und wirtschaftliche Stärkung derselben, auf die Erwekkung und Hebung der eignen Kraft, auf die Selbsthilfe der Beteiligten gegründet sein, wenn die Aufgabe ernstlich der Lösung zugeführt werden soll.

Von allen bisher praktisch in Anwendung gebrachten Mitteln gibt es nun bloß ein einziges, welches den Widerspruch löst, in dem wir uns zu finden scheinen, wenn wir einerseits nur dem Großbetrieb eine gewerbliche Zukunft vindizierten, andererseits das Vorhandensein der Bedingungen dazu bei den Arbeitern bestritten. Faßt man freilich die Aufgabe so, daß jeder einzelne Handwerker oder Arbeiter in einen großen Unternehmer umgewandelt werden solle, so fehlt es bei der großen Mehrzahl dieser Leute an nicht weniger als allen Erfordernissen dazu, das ist sicher. Allein diese Sachlage ändert sich sofort, sobald sich die Leute entschließen, die Vereinzelung aufzugeben, welche sie den großen Etablissements gegenüber zu solcher Ohnmacht herabdrückt. Und dies geschieht mittels der Assoziation, der Vergesellschaftung im Erwerb. „Mehrere kleine Kräfte vereint bilden eine große, und was man nicht allein durchsetzen kann, dazu soll man sich mit andern verbinden", dies der einfache, uralte Satz, auf welchem sie beruht, dessen Anwendung wir, seitdem es eine Geschichte gibt, überall, wo Menschen auftreten, eine Menge der großartigsten Schöpfungen verdanken. Und dieser Weg ist es auch allein, der die Handwerker und Arbeiter in den Stand setzt, zur Selbständigkeit in geschäftlicher Beziehung zu gelangen und die Schranken der Dienstbarkeit, wenn sie allzu hart werden, zu durchbrechen. Denn das, woran es den einzelnen unter ihnen hierzu gebricht, das erforderliche Maß von Intelligenz und Kapital, wird durch ihren Zusammentritt zu einer eng verbündeten Gesamtheit alsbald ergänzt . . .

Zur Assoziation also drängt alles, sie ist das einzige Rettungsmittel für die unbemittelten Arbeiter und Handwerker.

(Aus: Deutsche Parteiprogramme, hrsg. von Wilhelm Mommsen und Günther Franz, Berlin 1932.)

Im Mittelstand erwies sich diese Konzeption tatsächlich als erfolgreich; Handwerker und kleine Kaufleute konnten mit fremdem Kapital, das sie von Kreditgenossenschaften erhielten, ihre Betriebe und Unternehmen modernisieren und sich so dem Konkurrenzdruck der Industrie erwehren. Für die Fabrikarbeiter, die Schulze-Delitzsch verbal ja ebenfalls ansprach, ließ sich Gleiches nicht behaupten; ihre Probleme konnte man durch genossenschaftliche Organisierung nicht lösen. Denn wie hätte sie aussehen sollen? Die Übernahme oder Neugründung von Fabriken durch genossenschaftlich miteinander verbundene Arbeiter, von eigenen Kreditgenossenschaften, wie bei Handwerkern und Kaufleuten, finanziert, schien kaum ein praktikabler, gangbarer Weg zu sein; es fehlte dazu an allen Voraussetzungen: an Kapital, Ausbildung und Erfahrung. Und überdies war es fraglich, ob solche Arbeiter-Unternehmen – vorausgesetzt, es würde gelingen, sie ins Leben zu rufen – angesichts des zu erwartenden Widerstandes der traditionellen Unternehmer, die im Falle einer derartigen Entwicklung langfristig um den Bestand der bürgerlich-kapitalistischen Gesellschaft fürchten mußten, überhaupt eine Chance haben oder sich nicht vielmehr bald in der aussichtslosen Lage eines Verdrängungswettbewerbs befinden würden.

Ferdinand Lassalle und der „Allgemeine Deutsche Arbeiter-Verein"

Ferdinand Lassalle, Sohn eines jüdischen Kaufmanns, Rechtsanwalt, Mitglied des „Bundes der Kommunisten" und vor allem in seinen letzten Lebensjahren um den Aufbau der Arbeiterbewegung in Deutschland bemüht, wobei er immer stärker in Gegensatz zu Marx und Engels geriet, lehnte die von Schulze-Delitzsch vorgeschlagenen Arbeiterassoziationen, die ohne Hilfe von außen, nur durch den Zusammenschluß der Arbeiter, entstehen sollten, ab. Unter den Verhältnissen des liberalen Kapitalismus

Franz Hermann Schulze-Delitzsch (1808 bis 1883), Jurist und Genossenschaftsführer. Seit 1841 Patrimonial-Kreisrichter in Delitzsch. Seit 1848 Mitglied der preußischen Nationalversammlung (linkes Zentrum), dann des preußischen Abgeordnetenhauses, später des Norddeutschen Reichstags und des Deutschen Reichstags. 1849 Gründung der ersten Rohstoffassoziation der Schuhmacher und Tischler in Delitzsch. 1850 Gründung der ersten Kreditgenossenschaft („Vorschußverein") in Delitzsch. Verbreitung von Vorstellungen zur Lösung der sozialen Frage durch genossenschaftliche Selbsthilfe in Form von Produktionsgenossenschaften; Ablehnung von Staatshilfe (im Gegensatz zu Friedrich Wilhelm Raiffeisen). 1859 Zusammenschluß der Genossenschaften zum „Allgemeinen Verband der deutschen Erwerbs- und Wirtschaftsgenossenschaften". Im gleichen Jahr mit Rudolf von Bennigsen Gründung des „Deutschen Nationalvereins". 1861 Beteiligung an der Gründung der „Deutschen Fortschrittspartei". Gegner Bismarcks. Seit 1866 Herausgeber des Fachblattes „Innung der Zukunft". Werke: „Assoziationsbuch für deutsche Handwerker und Arbeiter" 1853; „Vorschuß- und Kreditvereine als Volksbanken" 1855; „Schriften und Reden", 5 Bde. 1901-13.

hielt er sie von vornherein für zum Scheitern verurteilt. In seinem *Offnen Antwortschreiben an das Zentralkomitee zur Berufung eines allgemeinen deutschen Arbeiterkongresses zu Leipzig* vom 1. März 1863 („Offnes Antwortschreiben" deshalb, weil das in Leipzig entstandene „Central Comité zur Berufung eines Allgemeinen Deutschen Arbeiter-Congresses" Lassalle im Februar 1863 um einen Programmentwurf gebeten hatte; dieser Bitte kam Lassalle mit diesem Antwortschreiben nunmehr nach) begründete er zunächst theoretisch seine Position, wobei er sich auf das von David Ricardo entwickelte „Eherne Lohngesetz" stützte, nach dem der Arbeitslohn nur vorübergehend vom Existenzminimum abweichen kann, da sich die Arbeiterbevölkerung notwendig vermehren muß, wenn der Lohn das Existenzminimum übersteigt und das vermehrte Angebot an Arbeitskräften den Lohn dann wieder auf das Existenzminimum herabdrückt. Lassalle bemerkte dazu:

Das eherne ökonomische Gesetz, welches unter den heutigen Verhältnissen, unter der Herrschaft von Angebot und Nachfrage nach Arbeit, den Arbeitslohn bestimmt, ist dieses: daß der durchschnittliche Arbeitslohn immer auf den notwendigen Lebensunterhalt reduziert bleibt, der in einem Volke gewohnheitsgemäß zur Fristung der Existenz und zur Fortpflanzung erforderlich ist. Dies ist der Punkt, um welchen der wirkliche Tageslohn in Pendelschwingungen jederzeit herum gravitiert, ohne sich jemals lange weder über denselben erheben noch unter denselben hinunterfallen zu können. Er kann sich nicht dauernd über diesen Durchschnitt erheben – denn sonst entstände durch die leichtere, bessere Lage der Arbeiter eine Vermehrung der Arbeiterehen und der Arbeiterfortpflanzung, eine Vermehrung der Arbeiterbevölkerung und somit des Angebots von Händen, welche den Arbeitslohn wieder auf und unter seinen früheren Stand herabdrücken würde.

Der Arbeitslohn kann auch nicht dauernd tief unter diesen notwendigen Lebensunterhalt fallen, denn dann entstehen – Auswanderungen, Ehelosigkeit, Enthaltung von der Kindererzeugung und endlich eine durch Elend erzeugte Verminderung der Arbeiterzahl, welche somit das Angebot von Arbeiterhänden noch verringert und den Arbeitslohn daher wieder auf den früheren Stand zurückbringt.

(Aus: Ferdinand Lassalle, Gesammelte Reden und Schriften, hrsg. und eingel. von Eduard Bernstein, Bd. III, Berlin 1919, S. 58f.)

Dann wandte sich Lassalle den Vorschlägen von Schulze-Delitzsch zu, die er verwarf, und fuhr fort:

Ferdinand Lassalle, bis zu seinem Aufenthalt in Paris 1845/46 **Lassal** (1825 bis 1864), Publizist und Politiker. Studium der Philologie, Geschichte und Philosophie in Breslau und Berlin. 1848/49 Mitarbeit an der „Neuen Rheinischen Zeitung" unter Karl Marx. Im Mai 1849 wegen Aufreizung gegen die Staatsgewalt angeklagt und freigesprochen, dann nochmals verhaftet und zu sechs Monaten Gefängnis verurteilt. In den fünfziger Jahren Fortsetzung seiner wissenschaftlichen Studien. In politischen Schriften Vertreter der kleindeutschen Lösung und sozialistischer Ideen. 1863 Verfasser eines Programmentwurfs für einen allgemeinen deutschen Arbeiterkongreß in Leipzig („Offnes Antwortschreiben"), der am 23. Mai 1863 zur Gründung des „Allgemeinen Deutschen Arbeitervereins" – der ersten Parteibildung der deutschen Sozialdemokratie – führt; Wahl Lassalles zum Präsidenten. Juni 1863 Bruch der Beziehungen zu Marx. 1863/64 Gespräche zwischen Lassalle und Bismarck (übereinstimmende antiliberale Haltung, doch keine Basis für gemeinsames politisches Handeln). 1864 Tod infolge eines von Lassalle selbst provozierten Duells. Werke: „Die Philosophie des Herakleitos", 2 Bde. 1858; „Das System der erworbenen Rechte", 2 Bde. 1861; „Offnes Antwortschreiben an das Zentralkomitee zur Berufung eines allgemeinen deutschen Arbeiterkongresses zu Leipzig" 1863.

Sie sehen also meine Herren, daß es geradezu eine mathematische Unmöglichkeit ist, den Arbeiterstand auf diesem Wege durch die Anstrengungen seiner Mitglieder als bloß isolierte Individuen zu befreien; daß nur ganz unklare unkritische Vorstellungen sich diesen Illusionen hingeben können und daß der einzige Weg hierzu, der einzige Weg zur Aufhebung jenes grausamen, den Arbeitslohn bestimmenden Gesetzes, an welches der Arbeiterstand wie an einen Marterpfahl geschmiedet ist, die Förderung und Entwicklung der freien, individuellen Arbeiterassoziationen durch die helfende Hand des Staates ist . . .

Wie aber den Staat zu dieser Intervention vermögen?

Und hier wird nun sofort sonnenhell die Antwort vor Ihrer aller Augen stehen: dies wird nur durch das allgemeine und direkte Wahlrecht möglich sein. Wenn die gesetzgebenden Körper Deutschlands aus dem allgemeinen und direkten Wahlrecht hervorgehen – dann und nur dann werden Sie den Staat bestimmen können, sich dieser seiner Pflicht zu unterziehen . . .

Wie nun aber die Einführung des allgemeinen und direkten Wahlrechts bewirken? . . .

Organisieren Sie sich als ein allgemeiner deutscher Arbeiterverein zu dem Zweck einer gesetzlichen und friedlichen, aber unermüdlichen, unablässigen Agitation für die Einführung des allgemeinen und direkten Wahlrechts in allen deutschen Ländern. Von dem Augenblicke an, wo dieser Verein auch nur 100000 deutsche Arbeiter umfaßt, wird er bereits eine Macht sein, mit welcher jeder rechnen muß . . .

Stiften Sie Kassen, zu welchen jedes Mitglied des deutschen Arbeitervereins Beiträge zahlen muß, und zu denen Ihnen Organisationsentwürfe vorgelegt werden können. Gründen Sie mit diesen Kassen, die trotz der Kleinheit der Beiträge eine für Agitationszwecke gewaltige finanzielle Macht bilden würden . . . , öffentliche Blätter, welche täglich dieselbe Forderung erheben und die Begründung derselben aus den sozialen Zuständen nachweisen. Verbreiten Sie mit denselben Mitteln Flugschriften zu demselben Zweck. Besolden Sie aus den Mitteln dieses Vereins Agenten, welche dieselbe Einsicht in jeden Winkel des Landes tragen, das Herz eines jeden Arbeiters, eines jeden Häuslers und Ackerknechts mit demselben Ruf durchdringen. Entschädigen Sie aus den Mitteln dieses Vereins alle solche Arbeiter, welche wegen ihrer Tätigkeit für denselben Schaden und Verfolgung erlitten haben. Wiederholen Sie täglich, unermüdlich dasselbe, wieder dasselbe, immer dasselbe! Je mehr es wiederholt wird, desto mehr greift es um sich, desto gewaltiger wächst seine Macht . . .

Wenn Sie diesen Ruf – was Ihnen binnen wenigen Jahren gelingen kann – wirklich durch die 89 bis 96 Prozent der Gesamtbevölkerung fortgepflanzt haben werden, welche, wie ich Ihnen gezeigt habe, die armen und unbemittelten Klassen der Gesellschaft bilden, dann wird man – seien Sie unbesorgt – Ihrem Wunsch nicht lange widerstehen! Man kann von seiten der Regierungen mit der Bourgeoisie über politische Rechte schmollen und hadern. Man kann selbst Ihnen politische Rechte und somit auch das allgemeine Wahlrecht verweigern, bei der Lauheit, mit welcher politische Rechte aufgefaßt werden. Aber das allgemeine Wahlrecht von 89 bis 96 Prozent der Bevölkerung als Magenfrage aufgefaßt und daher auch mit der Magenwärme durch den ganzen nationalen Körper hinverbreitet – seien Sie ganz unbesorgt, meine Herren, es gibt keine Macht, die sich dem lange widersetzen würde!

Dies ist das Zeichen, das Sie aufpflanzen müssen. Dies ist das Zeichen, in dem Sie siegen werden! Es gibt kein anderes für Sie!

(Aus: Lassalle, a.a.O., Bd. III, S. 87ff.)

Die Gründung einer deutschen Arbeiterpartei mit festen Mitgliedsbeiträgen, die Herausgabe von Zeitungen und Flugschriften, Agitation, der Kampf um das allgemeine Stimmrecht mit dem Ziel der Eroberung der parlamentarischen Mehrheit und Assoziationen, „ermöglicht durch die stützende und fördernde Hand des Staates“ – das also war es, was Lassalle forderte. Am 23. Mai 1863 wurde auf der Grundlage des Lassalleschen Programmentwurfs der „Allgemeine Deutsche Arbeiterverein“ (ADAV), die erste deutsche Arbeiterpartei, gegründet. Georg Herwegh dichtete für sie das Bundeslied:

Mann der Arbeit, aufgewacht!
Und erkenne Deine Macht!
Alle Räder stehen still,
wenn Dein starker Arm es will . . .

Brecht das Doppeljoch entzwei!
Brecht die Not der Sklaverei!
Brecht die Sklaverei der Not!
Brot ist Freiheit, Freiheit Brot!

Georg Herwegh (1817-1875), Dichter. 1839 Emigration in die Schweiz. 1841 Veröffentlichung des ersten Bandes seiner „Gedichte eines Lebendigen“ (zweiter Band 1844), in denen er schwungvoll und energisch für Freiheit und Vaterland Partei ergreift und mit denen er die Revolution geistig vorbereiten hilft. Seit 1843 in Paris; Bekanntschaft mit Heinrich Heine (der ihn die „eiserne Lerche“ der Revolution nennt) und Karl Marx. Im April 1848 mit seiner „Deutschen Legion“ Teilnahme am Aufstand in Baden zur Unterstützung von Friedrich Hecker und Gustav von Struve. Nach seiner Niederlage Flucht in die Schweiz. Seit 1866 in Baden-Baden. Übersetzungen von Lamartine und Shakespeare. Werke: „Werke“, 3 Bde. 1909.

Doch der erwartete Erfolg blieb aus. Drei Monate nach der Gründung des ADAV hatte dieser erst etwa 1000 Mitglieder, und Lassalle schrieb:

Nicht wahr, diese Apathie der Massen ist zum Verzweifeln! Solche Apathie bei einer Bewegung, die rein für sie ist, rein in ihrem politischen Interesse stattfindet, und bei den in geistiger Beziehung immensen Agitationsmitteln, die schon aufgewendet worden sind und die bei einem Volke wie dem französischen schon Riesenresultate gehabt haben würde?! Wann wird dies stumpfe Volk endlich seine Lethargie abschütteln?

Lassalle erlebte es nicht mehr. Als er im Sommer 1864 starb, zählte seine Bewegung noch immer nicht mehr als 4600 Mitglieder und war damit weit von den „nur 100000 deutschen Arbeitern" entfernt, die er als offenbar leicht erreichbare Marge angesehen hatte, von der an der ADAV eine Macht sein werde, „mit welcher jeder rechnen" müsse. Lassalle wurde zwar zum „Idol der deutschen Arbeiter" (Helga Grebing), zu einem Führer der Arbeiterbewegung, dessen Name sogar in die damals entstandene „Arbeiter-Marseillaise" Eingang fand („Nicht zählen wir den Feind, / Nicht die Gefahren alle! / Der Bahn, der kühnen folgen wir, / Die uns geführt Lassalle!"). Aber die Organisation des ADAV blieb weit hinter den hohen Erfolgserwartungen zurück. Es war ein Anfang; nicht mehr.

Dies lag gewiß nicht nur an der oft unzulänglichen Führung des ADAV, sondern auch an der Konzeption, die Lassalle dem Verein aufgeprägt hatte. Hauptgegner war nicht der preußische Obrigkeitsstaat, sondern das liberale Bürgertum, das 1848, wie Lassalle meinte, die Revolution habe scheitern lassen. Dieses Bürgertum sollte nun in einer Zangenbewegung, ausgeführt von der Arbeiterbewegung und dem Staat, aufgerieben werden, um den Ansprüchen der Arbeiterschaft zum Erfolg zu verhelfen. Lassalle ließ sich also auf ein – zumindest taktisches – Bündnis mit der preußischen Monarchie ein, war überhaupt ein Anhänger der kleindeutschen Lösung und hoffte, der Staat werde es ihm und der Arbeiterbewegung danken und beim Aufbau der angestrebten Arbeiterassoziationen seine Unterstützung gewähren. Marx und Engels sahen daher die deutschen Arbeiter schon als „Pensionäre des preußischen Polizeistaates".

Wilhelm Liebknecht, August Bebel und die Sozialdemokratische Arbeiterpartei

Eine solche Auffassung, ein solches Bündnis mußten viele Arbeiter und besonders ihre Führer und Theoretiker mißbilligen, ablehnen, ja bekämpfen. Daß Marx und Engels sich dagegen erhoben, verwundert noch am wenigsten: Sie wollten das Bürgertum unterstützen, solange es gegen die Reaktion kämpfte (das war schon die Position der beiden im Jahre 1848 gewesen), aber niemals die Arbeiterklasse an die Seite der Reaktion führen, um aus unterschiedlichen Motiven gemeinsam Liberalismus und Bürgertum zu überspielen!

Doch auch Wilhelm Liebknecht und August Bebel hielten Lassalles Strategie und Bündnisvorstellungen für fragwürdig und falsch. Anders als Lassalle, suchten sie das Bündnis mit den Liberalen, um eine gemeinsame Front der freiheitlichen Kräfte zu errichten und so eine bessere Chance im Kampf gegen den preußischen Obrigkeitsstaat zu haben. Liebknecht und Bebel teilten auch nicht die Vorliebe Lassalles für eine kleindeutsche Lösung; sie fürchteten vielmehr das Übergewicht Preußens, waren daher großdeutsch und antipreußisch eingestellt und versprachen sich viel von einer Zusammenarbeit mit den Liberalen Süddeutschlands, um deren Bundesgenossenschaft sie sich bemühten, um durch den „Fall Preußens" den „Sieg der deutschen Revolution" zu vollenden.

Lassalle auf der einen, Bebel und Liebknecht auf der anderen Seite wollten jedoch – im Gegensatz zu Marx und Engels – ihre politisch-ökonomischen Ziele nicht durch Revolution, sondern auf dem Wege der Reform erreichen: durch Demokratisierung des Staates, die Eroberung parlamentarischer Mehrheiten und Aufklärungsarbeit im Volk.

Als Bebel und Liebknecht 1869 in Eisenach eine zweite deutsche Arbeiterpartei – die „Sozialdemokratische Arbeiterpartei" – gründeten, waren daran auch einige frühere Lassalleaner beteiligt, während Marx und Engels weiterhin ohne bestimmenden Einfluß auf die deutsche Arbeiterbewegung blieben. Obwohl Marx in der 1864 in London gebildeten „Internationalen Arbeiterassoziation", der „Ersten Internationale", Sekretär für Deutschland war, spielten damals weder er selbst (in seiner politischen Funktion) noch seine Schriften und Lehren eine nennenswerte Rolle. Den meisten Arbeiterführern der sechziger und siebziger Jahre waren seine Schriften nur unsystematisch und bruchstückhaft bekannt – wenn überhaupt. Der Gedanke einer proletarischen Revolution lag den meisten deutschen Arbeitern noch gänzlich fern. Alltagssorgen prägten ihre Haltung, so daß selbst die vergleichsweise pragmatische Sozialdemokratische Arbeiterpartei Schwierigkeiten hatte, unter den Arbeitern Fuß zu fassen, wie man Aufzeichnungen einer Enquête-Kommission über die Lage der Arbeiter im Ruhrgebiet in den siebziger Jahren des 19. Jahrhunderts entnehmen kann. Über ein Gespräch mit dem Unternehmer Leopold Hoesch aus dem Jahre 1878, in dem die Lage der deutschen Arbeiter, die niedrigen Löhne, die Arbeitszeiten sowie Streiks und sozialdemokratische Einflüsse angeschnitten wurden, heißt es darin:

Frage: Leidet die ... Bevölkerung Mangel an Arbeit oder fällt es Ihnen umgekehrt schwer, die nötigen Arbeitskräfte zu erhalten?
Herr Hoesch: Nein, wir haben keine Last, Arbeitskräfte zu schaffen, um so weniger, als in den letzten Jahren Mangel an Arbeit gewesen ist.
Herr Stumm: Sie beschäftigen heute mehr Arbeiter als im Jahre 1873?
Herr Hoesch: Ja, im Jahre 1873 hatten wir die Durchschnittszahl von 424, und jetzt ist sie 600. Wir exportieren jetzt mehr.
Frage: Wie haben sich die Löhne seit 1869 bei Ihnen entwickelt?
Herr Hoesch: Der ungefähre Durchschnitt pro Kopf (und Tag) war im Jahre 1872: 4 M, 1873: 4 M, 10 Pf., 1874: 4 M, 1875: 3 M, 92 Pf., 1876: 3 M, 44 Pf., 1877: 2 M, 99 Pf., 1878: nur 2 M, 68 Pf. Im Jahre 1875 wurde ein Jahreslohn pro Kopf bei uns bezahlt: 924 M, im Jahre 1876: 1025 M, im Jahre 1877: 890 M, im Jahre 1878: 872 M. Dieses sind die Durchschnittsziffern ...
Herr Stumm: Fangen Sie Sonntag Abend wieder an zu arbeiten, und arbeiten Sie auch bis Sonntag früh, wenn Bestellungen genug vorhanden sind?
Herr Hoesch: Ja. Regel ist, daß wir am Montag Morgen 6 Uhr anfangen und Samstag 6 Uhr Abends aufhören.
Frage: Können die heutigen Löhne füglich herabgesetzt werden oder erheischen dieselben vielmehr eine Erhöhung!
Herr Hoesch: Die heutigen Löhne können nicht mehr herabgesetzt werden aus zwei Gründen, die Arbeiter würden erstens sonst Mangel und Hunger leiden; zweitens ist ein für uns Fabrikanten sehr bedenklicher Grund, daß wir keinen Nachwuchs so recht mehr haben, da die junge Welt sich Beschäftigungen zuwendet, die weniger mühselig sind. denn der jetzige Stand der Dinge treibt die Leute förmlich vom Eisengewerbe weg. Ersparnisse haben die Arbeiter bei uns in der letzten Zeit nicht mehr gemacht. Einlagen in Sparkassen oder sonstige Ankäufe in Grundeigentum, dieses Lieblingsprojekt des

August Bebel

deutschen Arbeiters, sind in der letzten Zeit nicht mehr gemacht worden.
Frage: Welche Vorteile und Nachteile haben bisher Lohnerhöhungen auf die Arbeitsleistung sowie auf die Moralität der Arbeiter gehabt?
Herr Hoesch: Die hohen Löhne sind ein Unglück gewesen. Der hohe Lohn in den Jahren 1873 und 1874 ist niemals der Familie zugute gekommen, nur dem Wirtshause. Die wahnsinnig hohen Löhne brachten eine große Demoralisierung unter die Arbeiter. Bei uns war, wie gesagt, der Durchschnitt 4,10 M. Die hohen Löhne dienten der Verzehrungs- und Zerstreuungssucht der Arbeiter und im Grunde

genommen nur dem Wirtshause.
Herr v. Schloer: Würden Sie einer allmählichen Lohnsteigerung auch dieselbe demoralisierende Wirkung zuschreiben?
Herr Hoesch: Nein, nur eine allmähliche Steigerung würde der Familie zugute kommen. Die Tendenz des Arbeiters, Grundbesitzer zu werden, würde befördert werden, der Arbeiter hält an der Frau und wird nicht heimatlos. Die Heimatlosigkeit ist der Grund, daß der englische Arbeiter so böse ist. Eine Steigerung der Löhne von 15–20 Prozent halten wir für sehr wünschenswert.
Frage: Haben Streiks oder sozialdemokratische Agitationen Einfluß auf die Arbeiterverhältnisse Ihrer Gegend ausgeübt?
Herr Hoesch: Wir haben einen Streik gehabt im Jahre 1874 und haben die Streikenden entlassen. Sozialdemokratische Bestrebungen haben so recht kein Fundament bei uns gefunden. Mit großer Freude aber haben wir das Sozialistengesetz begrüßt. Agitatoren gibt es überall. Der Arbeiter denkt nirgends selbständig, er ist aber immer das blinde Werkzeug in der Hand geschickter Agitatoren.
(Aus: Mönnich, a.a.O., S. 183f.)

Das war 1878. Die Gründung der Sozialdemokratischen Arbeiterpartei lag neun, die des ADAV fünfzehn Jahre zurück. Doch die allgemeine Anerkennung war ihnen bislang versagt geblieben. So wie Leopold Hoesch dachten damals noch die meisten Unternehmer. Mit der Industrialisierung waren die soziale Frage und die Arbeiterbewegung entstanden; zwischen ihnen gab es einen untrennbaren inneren Zusammenhang. Aber dieser Zusammenhang wurde lange Zeit weder von staatlicher Seite noch von den Trägern der Industrialisierung im liberalen Bürgertum akzeptiert. Das von Bebel und Liebknecht versuchte Bündnis zwischen Bürgertum und Arbeiterschaft zerbrach daher bald an der sozialen Frage, ohne daß es jemals über bescheidene Ansätze hinausgekommen wäre. Für die Arbeiterschaft blieb von nun an nur noch der Weg, Gleichberechtigung, Mitbestimmung und soziale Besserstellung gegen den Widerstand des Staates und der führenden gesellschaftlichen Gruppen zu erkämpfen. Dieser Kampf begann im Kaiserreich nach 1871 mit dem Ausbau der parlamentarischen Machtbasis der Sozialdemokratie und dauert in den Auseinandersetzungen um Tarifabschlüsse und Mitbestimmungsforderungen bis heute an.

IV. Die Ära Bismarck

Zeittafel

1814/15

Wiener Kongreß.

1815

1.4. Geburt Otto von Bismarcks in Schönhausen bei Tangermünde in der Altmark.

1817/18

Studenten der Universität Jena verfassen die politische Denkschrift „Die Grundsätze und Beschlüsse des achtzehnten Oktober", das erste (liberale) „Parteiprogramm" in Deutschland.

1847

Bismarck wird Abgeordneter des preußischen Vereinigten Landtags.

1848

März Beginn der Revolution in Deutschland.

18.5. Konstituierende Sitzung der deutschen Nationalversammlung in der Frankfurter Paulskirche.

1849

3.4. Ablehnung der deutschen Kaiserkrone durch König Friedrich Wilhelm IV. von Preußen.

18.6. Auflösung des „Rumpfparlaments" – der noch verbliebenen Mitglieder der Nationalversammlung – in Stuttgart durch die württembergische Regierung.

1850

20.3. Konstituierung des Erfurter Parlaments (Versuch Preußens, eine deutsche Union unter Ausschluß Österreichs zu schaffen).

1.9. Wiedereröffnung des Frankfurter Bundestags (Gegeninitiative Österreichs gegen die preußischen Unionsbemühungen).

29.11. Vertrag von Olmütz zwischen Österreich und Preußen (Beilegung der Kriegsgefahr wegen Kurhessen; Aufgabe der preußischen Unionspolitik).

1851

Wiederherstellung des Deutschen Bundes.
Entsendung Bismarcks als preußischer Gesandter zum Bundestag nach Frankfurt.

1858

Erkrankung Friedrich Wilhelms IV. zwingt ihn zur Übertragung der Regentschaft auf seinen Bruder Wilhelm.
Beginn der „Neuen Ära" in Preußen.

1859

Krieg Sardiniens und Frankreichs gegen Österreich.
Abberufung Bismarcks als preußischer Bundestagsgesandter (wegen seiner anti-österreichischen Haltung in der italienischen Frage) und Versetzung nach Petersburg.
Gründung des „Deutschen Nationalvereins" in Frankfurt am Main.

10.11. Schiller-Feiern aus Anlaß des 100. Geburtstages Friedrich von Schillers (Ruf nach Einheit, Reform der Bundesverfassung und einem auf Volkswahlen begründeten Parlament).

10.11. Friede von Zürich zwischen Österreich, Sardinien und Frankreich.

1860

Februar Gesetzesvorlage zur Heeresreform in Preußen; Ablehnung durch das Abgeordnetenhaus des Landtags.
Landung der Freischärler unter Führung Giuseppe Garibaldis auf Sizilien, Einzug in Palermo und Vertreibung König Franz II. aus Neapel.

1861

14.3. Viktor Emanuel II. von Sardinien wird König von Italien.

6.6. Gründung der „Deutschen Fortschrittspartei".

1862

Versetzung Bismarcks als Gesandter nach Paris.
Abgeordnete des preußischen Landtags verwei-

gern dem König Mittel für das Heer; Auflösung der Abgeordnetenkammer und Ausschreibung von Neuwahlen, aus denen die Liberalen gestärkt hervorgehen.

23.9. Ernennung Bismarcks zum preußischen Ministerpräsidenten.

30.9. „Eisen-und-Blut"-Rede Bismarcks in der Budgetkommission des Landtags.

1863

Februar Alvenslebensche Konvention zwischen Preußen und Rußland (gegenseitige Unterstützung bei der Niederwerfung des polnischen Aufstands).

23.5. Gründung des „Allgemeinen Deutschen Arbeitervereins" (ADAV).

November Eingliederung Schleswigs in den dänischen Staatsverband durch Christian IX., den neuen König von Dänemark.

1864

Krieg Österreichs und Preußens gegen Dänemark.

18.4. Erstürmung der Düppeler Schanzen durch preußische Truppen.

31.8. Tod Ferdinand Lassalles infolge eines Duells.

30.10. Friede von Wien zwischen Österreich, Preußen und Dänemark (Abtretung der Herzogtümer Schleswig, Holstein und Lauenburg durch Dänemark).

1865

14.8. Vertrag von Gastein zwischen Österreich und Preußen (Einigung über die Verwaltung Schleswigs und Holsteins; Lauenburg fällt gegen Entschädigung an Preußen; Kiel wird Bundeshafen, Rendsburg Bundesfestung).

1866

9.4. Antrag Preußens auf Bundesreform unter Ausschluß Österreichs.

15.6.–26.7. Krieg zwischen Österreich (im Bündnis mit Bayern, Württemberg, Sachsen und Hannover sowie Baden, Kurhessen, Hessen-Darmstadt, Nassau, Meiningen, Reuß ä. L. und Frankfurt) und Preußen (im Bündnis mit den kleineren norddeutschen Staaten) um die Vorherrschaft in Deutschland.

3.7. Schlacht bei Königgrätz (preußischer Sieg gegen das österreichische Hauptheer).

26.7. Vorfrieden von Nikolsburg (preußisches Entgegenkommen gegenüber Österreich zur Abwendung französischer Kompensationsforderungen).

23.8. Friede von Prag zwischen Preußen und Österreich (Auflösung des Deutschen Bundes; österreichische Zustimmung zur Schaffung eines Norddeutschen Bundes unter preußischer Führung).

3.9. Annahme der Indemnitätsvorlage durch das preußische Abgeordnetenhaus. Beendigung des Verfassungskonflikts in Preußen.

20.9. Annektierung Hannovers, Kurhessens, Nassaus und Frankfurts durch Preußen. Gründung des Norddeutschen Bundes.

1867

12.2. Wahl des verfassunggebenden norddeutschen Reichstags; Eduard Simson wird Reichstagspräsident, Bismarck Bundeskanzler.

17.4. Annahme der Verfassung des Norddeutschen Bundes.

12.6. Gründung der „Nationalliberalen Partei".

1868

Beseitigung der Bourbonenherrschaft in Spanien und Vertreibung der Königin Isabella II.

1869

7.–9.8. Eisenacher Kongreß. Gründung der „Sozialdemokratischen Arbeiterpartei".

1870

2.7. Annahme der spanischen Krone durch Prinz Leopold von Hohenzollern-Sigmaringen. Widerstand Frankreichs gegen die Bewerbung des Hohenzollern um die spanische Krone. Zurückweichen Prinz Leopolds (mit Einverständnis König Wilhelms I. von Preußen) vor der französischen Drohung.

13.7. Emser Depesche.

19.7. Kriegserklärung Frankreichs an Preußen. Die süddeutschen Staaten stellen sich – entgegen den Erwartungen Frankreichs – auf die Seite des Norddeutschen Bundes. Beginn des deutsch-französischen Krieges.

1.9. Schlacht bei Sedan. Gefangennahme Napoleons III.

4.9. Sturz des französischen Kaisertums. Ausrufung der Republik.

1871

18.1. Proklamation des Königs von Preußen zum Deutschen Kaiser im Spiegelsaal des Schlosses von Versailles.

28.1. Kapitulation von Paris. Vereinbarung eines allgemeinen Waffenstillstandes.

10.5. Frankfurter Frieden zwischen Deutschland und Frankreich (Verpflichtung Frankreichs zur Abtretung Elsaß-Lothringens mit der Festung Metz und zur Zahlung von fünf Milliarden Francs Reparationen).

1871-87

„Kulturkampf" in Preußen, der zum Teil auf Deutschland ausgedehnt wird, zwischen dem preußischen Staat und der katholischen Kirche (Kanzelparagraph 1871, Jesuitengesetz 1872, Maigesetze 1873, Sperrgesetz zur Einstellung aller staatlichen Leistungen an die katholische Kirche, Klostergesetz sowie Einführung der Zivilehe 1875).

1873

25.5./22.10. Drei-Kaiser-Abkommen zwischen Rußland, Österreich-Ungarn und Deutschland.

1875

8.4. „Krieg-in-Sicht"-Krise nach einem von Bismarck angeregten, gleichnamigen Artikel in der deutschen Zeitung „Post".

22.–27.5. Gothaer Kongreß der Sozialdemokraten. Einigung zwischen Lassalleanern und Sozialdemokraten. Gründung der „Sozialistischen Arbeiterpartei Deutschlands".
Aufstand in der Herzegowina. Beginn einer mehrere Jahre dauernden Orient-Krise.

1876

5.1. Geburt Konrad Adenauers in Köln.

1877

24.4. Kriegserklärung Rußlands an die Türkei.

15.6. „Kissinger Diktat" Bismarcks.

1878

3.3. Friede von San Stefano zwischen der Türkei und Rußland (auf russischen Druck Schaffung eines Großbulgarien).

11.5. Attentat auf Kaiser Wilhelm I.

20.5. Entwurf eines Ausnahmegesetzes „zur Abwehr sozialdemokratischer Ausschreitungen" („Sozialistengesetz").

2.6. Erneutes Attentat auf Kaiser Wilhelm I.

13.6.–13.7. Berliner Kongreß (Versuch Bismarcks, als „ehrlicher Makler" zwischen England und Österreich-Ungarn einerseits und Rußland andererseits zu vermitteln; Revision des Friedens von San Stefano und Beseitigung der russischen Vorherrschaft auf dem Balkan).

21.10. Verabschiedung des „Gesetzes gegen die gemeingefährlichen Bestrebungen der Sozialdemokratie" („Sozialistengesetz"; bis 1890 in Kraft).

1879

7.10. Zweibund zwischen Österreich-Ungarn und Deutschland.

1880

30.8. Austritt von 25 Abgeordneten aus der nationalliberalen Fraktion des Reichstages und des preußischen Abgeordnetenhauses.
Gründung der „Deutschen Freisinnigen Partei“.

1883

15.6. Gesetz über die Krankenversicherung der Arbeiter.

1884

6.7. Unfallversicherungsgesetz.

1887

18.6. Rückversicherungsvertrag zwischen Deutschland und Rußland.

1888

9.3. Tod Kaiser Wilhelms I.
Friedrich III. neuer Deutscher Kaiser; er stirbt jedoch nur 99 Tage später.

15.6. Thronbesteigung Wilhelms II.

1889

Gründung der „Antisemitischen Deutsch-sozialen Partei“ auf dem Bochumer Antisemitentag.

22.6. Gesetz über die Invaliditäts- und Altersversicherung der Arbeiter.

1890

20.3. Rücktritt Bismarcks (wegen sachlicher und persönlicher Differenzen von Kaiser Wilhelm II. entlassen).

1898

30.7. Tod Bismarcks in Friedrichsruh im Sachsenwald.

1899

10./11.9. Hamburger Parteitag der Antisemitischen Deutschsozialen Partei. Forderung nach einer „Endlösung“ der Judenfrage.

Beinahe drei Jahrzehnte, vom September 1862 bis zum März 1890, diktierte ein Mann als preußischer Ministerpräsident, Kanzler des Norddeutschen Bundes und Reichskanzler die preußische und deutsche Politik in der zweiten Hälfte des 19. Jahrhunderts: Otto von Bismarck. Ein ostelbischer Junker, wie er im Buche stand, jedoch von der unliebenswürdigen, ganz und gar dominierenden Mutter („eine schöne Frau, die äußere Pracht liebte, von hellem lebhaften Verstande, aber wenig von dem, was der Berliner Gemüt nennt") zur Bildung gezwungen, später preußischer Gesandter in Frankfurt, Petersburg und Paris, und daher ohne die provinziellen Begrenztheiten, die bei Vertretern des preußischen Landadels nicht ungewöhnlich waren. Konservativ und modern in einem, ein progressiver Reaktionär, falls es das gibt. Monarchisch gesonnen, aber gar kein Untertan. Vielmehr unabhängig und stolz, dabei ehrgeizig und empfindlich, herrscherlich und selbstherrlich.

Am 1. April 1815 als Sohn eines altmärkischen Landedelmannes geboren, fühlte Bismarck sich auf seinen Gütern ein Leben lang mehr zu Hause, als in den Salons und Regierungsstuben Berlins, obgleich er auch diese nicht missen wollte. Häufiger als die Geschäfte es vielleicht erlaubten, zog er sich aufs Land zurück, oft wochenlang, monatelang, vor allem im Sommer, zuerst nach Schönhausen, wo er geboren war, später nach Friedrichsruh im Sachsenwald oder Varzin in Pommern, im Kreis Rummelsburg, wo er aus seiner Dotation nach 1866 einen großen Besitz erworben hatte – „prachtvolle große Wälder, eine vorbildlich geleitete Landwirtschaft", wie Marion Gräfin Dönhoff, die Anfang Februar 1945 auf ihrer Flucht aus Ostpreußen vor den heranrückenden Russen dort Station machte, dabei die Schwiegertochter Bismarcks, „eine kleine, feingliedrige, höchst amüsante uralte Dame, die in ihrer Jugend oft Anlaß zu mancherlei Stirnrunzeln gewesen war" (sie hatte „Jagden geritten, Zigarren geraucht und sich durch Witz und Schlagfertigkeit ausgezeichnet"), noch antraf und sah, wie gerade das Bismarcksche Archiv zur Evakuierung verladen wurde, in ihrem Buch *Namen die keiner mehr nennt* berichtet. Dort hatte Bismarck, fern der Welt, residiert. Wer es eilig hatte, konnte sich ja zu ihm hinausbemühen. Aber was hieß das schon: eilig? Bereits die Reisen von Berlin waren beträchtliche Unterfangen, führten Pferde, Kutschen und Fahrgäste stundenlang über Sand und Kopfsteinpflaster durch Felder und Wälder. Wer hektisch im lebhaften Berlin aufgebrochen war, dem mangelte es auf der Fahrt nicht an Muße, sich zu beruhigen.

Durch seine Herkunft und diese Abgeschiedenheit war Bismarck geprägt. Natürlich gehörte er, als er 1847 seine politische Laufbahn als Abgeordneter des preußischen Vereinigten Landtags spät, nach Jahren unsteten Umherschweifens und zurückgezogener Gutsarbeit, als Zweiunddreißigjähriger begann, der Junkerpartei an, mithin der äußersten Rechten. Daß er überhaupt in die Politik geriet, war nicht am wenigsten die Folge einer „inneren Wandlung" des „tollen Bismarck" nach Erkrankung und Tod seiner Freundin Marie von Thadden-Trieglaff, der Braut und schließlichen Frau seines Freundes aus gemeinsamen Schülertagen am Grauen Kloster in Berlin, Moritz von Blankenburg, seiner Hinwendung zum Christentum, wenn auch nicht zur evangelischen Kirche, und seiner Heirat mit der pietistisch-frommen Johanna von Puttkamer aus hinterpommerschem Adel, die seinem Leben äußere Ruhe verlieh. Erst seit dieser Wandlung betrieb Bismarck sein Werk mit Ernst und tiefer innerer Überzeugung, war zum ersten Mal zu kontinuierlicher Arbeit imstande.

1848 bekämpfte er als unerbittlicher und unnachgiebiger Interessenvertreter seines Standes die Revolution und ging 1851 als preußischer Bundestagsgesandter nach Frankfurt, wo er bald mit dem Problem des preußisch-österreichischen Dualismus im Deutschen Bund konfrontiert wurde und seine Auffassung entwickelte, daß Österreich eines Tages werde ausscheiden müssen. Nach Ausbruch des österreichisch-italienischen Krieges wurde er 1859 wegen seiner anti-österreichischen Einstellung vom Prinzregenten Wilhelm abberufen und nach Petersburg versetzt („kaltgestellt“, wie Bismarck selbst meinte), wurde 1862 schließlich Gesandter in Paris, bevor König Wilhelm I. ihn wenig später zum Ministerpräsidenten berief, als sich in Berlin der Konflikt zwischen Krone und Parlament immer mehr zuspitzte und eine neue Revolution nicht länger ausgeschlossen schien.

Die Beurteilung Bismarcks zu dieser Zeit war durchweg negativ, seine Berufung zum Ministerpräsidenten – um das mindeste zu sagen – umstritten. So hieß es in der *Kölnischen Zeitung* vom 26. September 1862, Bismarck sei „jedenfalls unter den Junkern unserer östlichen Provinzen ein seltener Vogel, ein Mann von Geist und Bildung, dem es weder an persönlicher Liebenswürdigkeit fehlt noch an Beredsamkeit und Unternehmungsgeist, kein unfähiger, aber noch weniger ein ungefährlicher Mann“. Und der Historiker und Publizist Heinrich von Treitschke, in Sachsen geboren, aber ein glühender Verehrer Preußens und später langjähriger Herausgeber der *Preußischen Jahrbücher,* meinte gar am 29. September 1862 in einem Brief an Wilhelm Nokk, den Juristen und späteren liberalen Landtagsabgeordneten, Kultusminister und Ministerpräsidenten Badens:

Du weißt, wie leidenschaftlich ich Preußen liebe; höre ich aber einen so flachen Junker, wie diesen Bismarck, von dem „Eisen und Blut“ prahlen, womit er Deutschland unterjochen will, so scheint mir die Gemeinheit nur noch durch die Lächerlichkeit überboten.

(Aus: Heinrich von Treitschkes Briefe, hrsg. von Max Cornicelius, Leipzig 1914, Bd. 2, S. 238.)

Besonders kritisch sahen ihn natürlich Liberale und Sozialisten. In der *Wochenschrift des Nationalvereins,* der politischen Vereinigung der deutschen Liberalen mit dem Programm eines deutschen Bundesstaates unter preußischer Führung, konnte man am 3. Oktober 1862 lesen, mit der „Verwendung dieses Mannes“ sei „der schärfste und letzte Bolzen der Reaktion von Gottes Gnaden verschossen. Wenn er auch manches gelernt und verlernt haben mag, ein vollgültiger Staatsmann ist er keinesfalls, sondern nur ein Abenteurer vom allergewöhnlichsten Schnitt, dem es lediglich um den nächsten Tag zu tun ist“. Und Ferdinand Lassalle schrieb in einem Brief an Sophie von Hatzfeld am 27. September 1862 unter Anspielung auf Bismarcks Geburtsort Schönhausen kurz, bündig und streitbar:

Gegen Bismarck-Schönehose ist hier alle Welt natürlich wütend und oppositionslustig bis zur Krawatte. In der Tat bleibt er, Sie mögen sagen, was Sie wollen, ein durchaus reaktionärer Bursche und Junker, von dem nur reaktionäre Versuche zu erwarten sind.

Nach der Schlacht bei Königgrätz am 3. Juli 1866 änderte sich diese Beurteilung völlig, zumindest unter Konservativen und Liberalen. Heinrich von Treitschke meinte nun, Bismarck sei „augenblicklich der populärste Mann in Preußen". Schon vorher, in einem Brief an Frau L. Brockhaus vom 1. Oktober 1865, hatte er – den allmählichen Wandel seiner Einstellung zu Bismarck dokumentierend – geschrieben, die Bismarcksche Politik erscheine ihm „nicht bloß verständig, sondern auch sittlich. Sie will, was uns not tut, sie will einen Schritt vorwärts tun nach dem hohen Ziele der deutschen Einheit, und wer ein Mann ist, soll dazu helfen".

Den Wandel der Liberalen in ihrer Einstellung zu Bismarck hat besonders eindringlich der Historiker und Publizist Hermann Baumgarten dargestellt. In seiner *Selbstkritik des deutschen Liberalismus* aus dem Jahre 1866 bemerkte er:

Ich erinnere mich 1859 und 1860 von sehr vielen sehr liberalen Männern in Preußen oft genug das Geständnis gehört zu haben: wirklich weiter kommen werden wir erst dann, wenn einmal das preußische Schwert die widerspenstigen Könige zur Raison bringt und das Netz der österreichischen Intrigen durchhaut...

Wie lange hatte man in liberalen Kreisen nach einem Mann geseufzt, der endlich Preußen kühn vorwärtsführen werde! Nun, jetzt war er nicht nur da, sondern er stand bereits an der richtigen Stelle, er hatte schon ein gutes Stück Weges hinter sich. Freilich hatte er ein anderes Gesicht als die liberale Phantasie sich ausgemalt. Dafür stürmte er aber auch die steile Bahn des Sieges mit einer Gewalt herauf, die weit über allen liberalen Phantasien war...

Wir würden diese Belehrung schwer akzeptieren, wenn sie mit unserem Unglück verknüpft wäre. Aber uns ist das fast Beispiellose widerfahren, daß unser Sieg unser Elend gewesen wäre, unsere Niederlage aber uns überschwengliches Heil gebracht hat...

(Aus: Hermann Baumgarten, Der deutsche Liberalismus. Eine Selbstkritik, hrsg. und eingel. von Adolf M. Birke, Frankfurt am Main u.a. 1974, S. 130 und S. 146f.)

Man konnte es auch knapper sagen, wie der Rechtslehrer Rudolf von Ihering, Professor in Göttingen, der beim Kriegsausbruch wider die „empörende Schamlosigkeit" und „grauenhafte Frivolität" gewettert hatte und nach der Entscheidung erklärte:

Ich beuge mich vor dem Genie eines Bismarck... Ich gebe für einen solchen Mann der Tat... hundert Männer der machtlosen Ehrlichkeit.

(Aus: Erich Eyck, Bismarck. Leben und Werk, Bd. II, Erlenbach-Zürich 1943, S. 318.)

Selbst im Ausland erkannte man die Tatkraft und Entschlossenheit Bismarcks nun an. So schrieb die Londoner *Times* in ihrer Ausgabe vom 3. Juli 1866, Bismarck sei „der einzige Mensch in Deutschland, der wußte, was er wollte; ohne ihn würden bei dem sittlich-schüchternen Volk der Deutschen die Einheitsbestrebungen niemals Wirklichkeit geworden sein".

Lediglich für die Sozialisten im In- und Ausland blieb Bismarck der reaktionäre Junker, der Zugeständnisse an die Arbeiter nur dann machte, wenn sie ihm abgepreßt wurden. Wilhelm Liebknecht bemängelte im *Volksstaat* vom 16. April 1875, das Volk werde nicht gefragt, die Existenz von Millionen, das Leben von Hunderttausenden hänge ab „von einem Nervenzucken des nervenkranken Fürst Bismarck". Und August Bebel schrieb am 22. September 1880 in einem Brief an Friedrich Engels über „die unruhige Vielgeschäftigkeit und zerstörerische Tätigkeit Bismarcks" und forderte, man müsse „die Löcher, die jener gräbt, weiter schaufeln und die Unzufriedenheit, die seine Tätigkeit wie die fortdauernde allgemeine Misere erzeugt, nach Kräften schüren", um ihn zu „ruinieren".

Bis heute ist die Diskussion über Größe und Werk Bismarcks nicht verstummt. Sie reicht von grenzenloser Bewunderung für seine Realpolitik, die zur deutschen Einheit führte und Deutschland nach 1871 ein Zeitalter des Friedens bescherte, sogar über den deutschen Rahmen hinaus (zum Beispiel mit dem Berliner Kongreß von 1878) für einen Ausgleich nationalstaatlicher Gegensätze auf europäischer Bühne sorgte, bis zur Verdämmung Bismarcks als Gewaltpolitiker und Machiavellisten, wobei man ihn – besonders im Ausland – nach 1945 gelegentlich in eine Reihe mit Friedrich dem Großen und Adolf Hitler stellte: gewissermaßen als Vertreter preußischen und deutschen Hegemoniestrebens vom 18. bis zum 20. Jahrhundert und mittelbar Verantwortlichen der Katastrophe von 1933–45, in die Deutschland aufgrund dieser Tradition aggressiver Gewaltpolitik zwangsläufig habe geraten müssen (und demzufolge auch zu Recht geraten sei). Von liberaler und linker Seite wurde Bismarck die Unterdrückung der demokratischen Kräfte in Deutschland vorgeworfen, die dazu beigetragen habe, daß eine demokratische Tradition zur Abwehr totalitärer Bestrebungen sich nicht habe herausbilden können. Und die Nationalsozialisten wiederum sahen in Bismarck vor allem den „volksfremden Junker" und Verfechter einer „ziellosen Friedenspolitik", der die außenpolitischen Energien der Nation habe verkümmern lassen.

Auch die historische Forschung ist von der Parteilichkeit, die zu solchen, im Positiven wie im Negativen, einseitigen Beurteilungen führte, nicht gänzlich frei geblieben. Aber sie hat doch im Laufe der Zeit die Elemente der Bismarckschen Politik deutlich herausgearbeitet, so daß man heute in der Lage ist, Person und Wirken dieses Mannes nüchterner als am Ende des 19. Jahrhunderts oder noch in der unruhigen ersten Hälfte unseres Jahrhunderts zu betrachten. Dabei wird man – bei aller Kritik, die man auch Bismarck (wie allen Politikern, ja allen Menschen) natürlich entgegenhalten kann – nicht umhin können, seine Größe und Leistungen zu würdigen, wie Lothar Gall dies unlängst in einer neuen Biographie *(Bismarck. Der weiße Revolutionär,* Frankfurt am Main u.a. 1980) getan hat.

Doch schon im März 1890, als der greise Kanzler im Zerwürfnis mit dem jungen Kaiser Wilhelm II. zurücktrat, waren sich viele über die Verdienste Bismarcks im klaren. Es bestand der Eindruck, ein Lotse gehe von Bord, der das Staatsschiff jahrzehntelang an Klippen und Sandbänken vorbei sicher durch gleichmäßig tiefes Fahrwasser geleitet habe – ein Bild, mit dem damals eine englische Zeitung den Rücktritt des Kanzlers illustrierte und das später in einer Tagebucheintragung der Baronin Spitzemberg, einer vertrauten Freundin Bismarcks, unter dem Datum des 31. Dezember 1890 wiederkehrte:

1890 zu Ende, das Jahr, da Bismarck vom Weltenschauplatz abtrat, nicht vom Tode abgerufen, sondern weggeschickt gegen seinen Willen! Das ist schon genug, um es zu einem unvergeßlichen zu machen; wer weiß, ob nicht mit der Zeit dieses Ereignis, das Jahr, das vergangen, zu einem Markstein unserer deutschen Geschichte wird!? Mir wird es immer unendlich schwer bleiben, mich damit zurecht zu finden, daß es so hat kommen müssen! Mit dem Begründer des Reiches im selben Jahre ist auch die alte Kaiserin geschieden, und das letzte Jahrzehnt des Jahrhunderts treten wir an im Zeichen der jungen Generation, die, mit ihrem stürmischen Kaiser unerwartet früh ans Ruder gekommen, mit vollen Segeln in das wild bewegte Zeitenmeer hinaustreibt. Wohin? Das werden wir an uns selbst vielleicht allzu frühe bemerken, oder besser allzu spät, wenn die Klippen drohend vor uns aufsteigen und kein erfahrener Lotse am Steuer steht. Das Beste ist, daß der alte treue Gott noch lebt, der über Bitten und Verstehen helfen kann.

(Aus: Das Tagebuch der Baronin Spitzemberg, geb. Freiin von Varnbüler. Aufzeichnungen aus der Hofgesellschaft des Hohenzollernreiches, hrsg. von Rudolf Vierhaus, Göttingen 1960, S. 284.)

Zunächst jedoch, im März 1890, hatten bei der Baronin Zorn und Trauer geherrscht, daß „des deutschen Volkes größter Mann" nun ging. So notierte sie unter dem 19. März in ihr Tagebuch:

Oh wie mir Zorn und Schmerz das Wasser in die Augen trieben, als ich in diesen Räumen mich umsah, in die nun bald Fremde ziehen werden, wo ich soviel Freundschaft und Treue genossen! Worte sind arm, das zu sagen, was die Erinnerung am inneren Auge vorüberziehen läßt am Tage, da des deutschen Volkes größter Mann sich zurückzieht. Ein deutsches Reich, eine Wilhelmstraße 77 ohne Bismarck – das kann unser Geschlecht nicht fassen.
(Aus: Das Tagebuch der Baronin Spitzemberg, a.a.O., S. 271.)

Am 20. März, dem Tage des Rücktritts, fand sie allerdings auch kritische Worte für den Fürsten – bei aller Anerkennung seiner Größe:

...mein Schmerz ist der menschliche um das Sinken und Überleben des Großen, um die Vergänglichkeit alles Irdischen. Habe ich von jeher darunter gelitten, daß meinem mächtigen Freunde so viel Kleines und Kleinliches anhaftete, so stehe ich tief erschüttert vor der Tatsache, daß an diesem Meister und Werk zugrunde zu gehen drohen! Leider ist es ja nicht zu leugnen, daß seit Jahren im Innern ein furchtbarer Marasmus eingerissen war: eine Reihe der notwendigsten Gesetze fiel einfach unter den Tisch, weil sie dem Fürsten für seine privaten Gutsinteressen nicht paßten oder er keine Zeit für sie hatte. Dies sagen Leute wie Erffa, Rottenburg usw. Dann seine notwendigen langen Abwesenheiten, welche für den tatendurstigen, ungestümen Kaiser eine schreckliche Erschwerung waren und ihn notgedrungen dazu treiben mußten, mit andern Rats zu pflegen, was der Alte nicht ertragen konnte. Ein schwerer Vorwurf trifft den Fürsten durch die Art, wie er die Absichten des Kaisers in der Arbeitergesetzgebung im Dunkeln hintertrieb, nachdem er sich hatte fügen müssen..., und daraus entstand ein gegenseitiges Schikanieren, das zum Bruch führen mußte, eigentlich je bälder desto besser für die Würde der Regierung. – Was nun die Familie betrifft, so bricht über sie nicht ungerecht die Nemesis herein für die Brutalität und Unbarmherzigkeit, mit der sie so viele Menschen, groß und klein, in den Staub getreten; aber der Anblick wird nicht erfreulich sein. Mein Gott, diese Gemeinheit, die sich nun zeigen wird nach dem byzantinischen Kriechen früherer Tage! Gut, daß die Familie geht, da muß man's wenigstens nicht mit ansehen.
(Aus: Das Tagebuch der Baronin Spitzemberg, a.a.O., S. 271f.)

Vor diesem, in seinem Zustandekommen und Verlauf von vielen (keineswegs nur den Anhängern Bismarcks) als unwürdig empfundenen Rücktritt am 20. März 1890 lagen beinahe 28 Jahre äußerlich erfolgreichen Regierens. Diese lange Amtszeit begann 1862 in einer völlig verfahrenen inneren Situation Preußens und, wie wir gesehen haben, gegen weite Teile der öffentlichen Meinung. Seinen Aufstieg zum respektierten, wenngleich niemals unumstrittenen Führer der preußischen und deutschen Politik verdankte Bismarck dabei vor allem seinen außenpolitischen Erfolgen nach 1864. Denn innenpolitisch war in dieser Zeit für einen preußischen Ministerpräsidenten im Kampf gegen eine Mehrheit des Landtages, also des Parlaments, in den Fragen der Heeresreform und – damit zusammenhängend – der Haushaltsbewilligung wenig zu gewinnen. Der Verfassungskonflikt zwischen Krone und Parlament, der daraus 1862 erwuchs und bis 1866 andauerte, ließ jedoch bereits die Energie, Härte und Unnachgiebigkeit der Bismarckschen Amtsführung erkennen, die ihm später, als die Erfolge auf dem Schlachtfeld hinzukamen, das Etikett eines „eisernen Kanzlers" eintragen sollten.

1. Der preußische Verfassungskonflikt

Wer heute auf die Zeit von 1848 bis 1871 zurückblickt und dabei insbesondere die Rolle Bismarcks ins Auge faßt, wird leicht versucht sein, den Aufstieg Preußens zur ebenbürtigen europäischen Großmacht und die preußische Führungsrolle bei der Einigung Deutschlands als etwas Zwangsläufiges, nämlich als eine in der Natur der inneren – vor allem militärischen – Stärke Preußens angelegte Entwicklung anzunehmen. Doch so selbstverständlich, wie sich der Gang der Dinge im nachhinein darstellt, war er keineswegs. Abgesehen vom wirtschaftlichen Bereich, in dem Preußen früher als andere Staaten in Deutschland die Voraussetzungen für den Aufschwung der Industrie schuf und mit der Durchsetzung des Deutschen Zollvereins auch wirtschaftspolitisch wegweisend wurde, gab es – zumal in den fünfziger Jahren – kaum Anzeichen für Impulse aus Berlin, die auf eine grundlegende Umgestaltung der politischen Verhältnisse in Deutschland hätten schließen lassen.

Reaktion in Preußen und „Neue Ära"

Nach dem Scheitern der Revolution von 1848/49 war die preußische Politik zunächst ein Jahrzehnt lang nicht nach vorne gerichtet, sondern rückwärtsgewandt. Unter demselben König Friedrich Wilhelm IV., der im März 1848 dem Druck der Straße nachgegeben und erklärt hatte, Preußen gehe „fortan in Deutschland auf", und der noch im November 1848 versprach, „ein guter konstitutioneller König" sein zu wollen, trat sie in eine Periode der Reaktion ein, bemüht, die Ideen der Revolution niederzuhalten und ihre Errungenschaften zu beseitigen. Die Einführung des Dreiklassenwahlrechts und die Umwandlung der ersten Kammer in ein Herrenhaus fallen in diese Phase. Personen, die sozialistischer oder sozialdemokratischer Vorstellungen verdächtig waren, wurden verfolgt und ins Gefängnis geworfen; Zeitungen und Bücher wurden verboten, und die Meinungsfreiheit wurde unterdrückt, wobei sich das Polizeisystem des Ministeriums Otto von Manteuffel als ein wirksames Instrument der herrschenden Klassen des Adels und der Großgrundbesitzer erwies.

Auch in der Außenpolitik gab es viel Verwirrung und Unsicherheit. Während des Krim-Krieges schwankte Preußen zwischen Ost und West, wirkte konzeptions- und hilflos zwischen den europäischen Mächten, die ihre Interessen verfochten und dabei Preußen in seiner Orientierungs- und Machtlosigkeit gar nicht wahrzunehmen schienen. Preußen neutralisierte sich als europäische Macht somit selbst, was ihm die Verachtung des Westens und das Mißtrauen Rußlands eintrug. Einen größeren Gegensatz als den zwischen dem Preußen der fünfziger und der sechziger und siebziger Jahre kann man sich kaum denken. Der nationale Elan, der – neben dem liberalen Begehren – ein Element der Revolution von 1848/49 gewesen war, würde durch dieses Preußen – so konnte man in den fünfziger Jahren vermuten und mußte man fürchten – schwerlich weitergetragen und fortentwickelt werden.

Die Hoffnung darauf wurde nicht größer, als Friedrich Wilhelm IV. nervlich erkrankte und 1858 seinem Bruder Wilhelm die Regentschaft überließ. Denn der altpreußisch-soldatische Wilhelm, 1858 immerhin bereits 61 Jahre alt, galt als Repräsentant des konservativ-monarchischen Preußens, als ein Mann des 18. mehr als des 19. Jahrhunderts. Trotzdem begann mit ihm in Preußen eine „neue Ära". Die Knebelung der Publizistik und der öffentlichen Meinung wurde schrittweise gelockert; die kleindeutsche Lösung (ein deutscher Bundesstaat unter preußischer Führung und unter Ausschluß Österreichs) erhielt nach der österreichischen Niederlage im Krieg mit Italien 1859 neue Nahrung; und zahlreiche Kundgebungen und Veranstaltungen – zum Teil über Preußen hinaus, wie die Schiller-Feiern 1859 – mündeten in den erneuten Ruf nach Einheit, Reform der Bundesverfassung und einem auf Volkswahlen begründeten deutschen Parlament.

Als der österreichische Dichter Franz Grillparzer 1862 Deutschland besuchte – Wilhelm war inzwischen nach dem Tode seines Bruders 1861 zum König von Preußen gekrönt worden –, empfand er die Situation in Berlin sogar als wohltuend, verglichen mit der Lage in seinem eigenen Lande. Unter dem Datum des 6. September 1862 notierte er in sein *Tagebuch auf der Reise nach Deutschland* über die preußische Hauptstadt und ihre Bewohner:

> Diese Stadt gefällt mir immer besser, je länger ich mich darin aufhalte. Das ist schon ein gutes Zeichen. Wien dürfte auf manchen leicht die entgegengesetzte Wirkung hervorbringen. Alles hat hier einen Anstrich von Großartigkeit, Geistigkeit und Liberalität, der einem armen Teufel von Österreicher schon des Kontrastes wegen wohltut...
>
> Wie bald diese Preußen ihre Konstitutionslust verloren haben. Sie vergöttern ihren König, als ob er nicht mehr der von Anno 1806 wäre und als ob sie alles erhalten, was sie im Jahr 1816 so heiß zu wünschen schienen. Aber am Ende ist er ihr König und sie wollen nicht Wort haben, daß etwas an dem ihrigen mangelhaft sei. Man muß aber auch gestehen, daß die hiesige Residenz, wenn sie einmal im wesentlichen nichts aufgeben will, sich in Bezug auf das Zufällige musterhaft benimmt und Österreich könnte und sollte sich daran ein Beispiel nehmen. Eine Beengung des einzelnen ist hier nirgends sichtbar. Die Polizeivorkehrungen stören nirgends. Kunst und Wissenschaft sind frei und man müßte weit gehen, wenn man sich an den gezogenen Schranken irgend verletzend stoßen sollte. Daher haben die Preußen ihre politischen Anforderungen auch so bald vergessen. Der Geist hat auf soviel Seiten freie Bahn, daß er am Ende die einzige verschlossene kaum mehr vermißt.
>
> *(Aus: Franz Grillparzer, Gesammelte Werke, Leipzig 1902.)*

Das war sehr positiv gesehen. Allzu schmeichelhaft für dieses Preußen des Jahres 1862, in dem Bismarck zum Ministerpräsidenten berufen wurde und sogleich daran ging, im Konflikt mit dem Landtag das antiliberale Element in der preußischen Politik zu stärken und die geistige Freiheit, soweit sie seine Absichten behinderte, zu beschränken.

Aber auch Wilhelm war – schon seit jeher und nicht erst seit Bismarcks Amtsantritt – keineswegs ein überzeugter und konsequenter Verfechter der Freiheitsidee, sondern widersprüchlich in seinen Absichten und Taten. Wohl hatte er viel guten Willen, sein Land ordentlich und anständig zu regieren; er war schlicht und vornehm, ganz und gar Preuße, schätzte Toleranz, verabscheute Unterdrückung und Polizeistaatsmethoden und verwarf auch die testamentarische Aufforderung seines Bruders und Vorgängers Friedrich Wilhelm, den Thronwechsel zu benutzen, die Verfassung aufzuheben. Jedoch war er Soldat: ein König gewordener „Kartätschen-Prinz", der vornehmlich in militärischen Kategorien dachte. Die „neue Ära", die er eingeleitet hatte (die ihm zum Teil durch den Druck äußerer Ereignisse, wie des österreichisch-italienischen Krieges und der dadurch wiederbelebten Vereinigungsbestrebungen und Freiheitsregungen, aber auch aufgedrängt worden war), wurde ihm daher bald unheimlich. Immer stärker quälte ihn die Furcht vor einer neuen Revolution, einer Wiederholung der Ereignisse von 1848, an die er sich nur mit Schaudern erinnerte. Aus diesem Grunde holte er Bismarck und war „seit 1862 vornehmlich nur noch der Monarch, der Bismarck im Amte hielt und seine Wirksamkeit ermöglichte" (Hans Herzfeld), ohne dessen Bestrebungen selbst nennenswert beeinflussen oder gar steuern zu können.

Die Heeresreform

Doch schon vor der Ernennung Bismarcks hatte Wilhelm bewiesen, daß er nicht geneigt war, den liberalen Strömungen im Lande allzu weit nachzugeben. Ein Beispiel dafür war die Heeresreform.

Die Verbesserung der preußischen Militärorganisation war für den König, der als Soldat erzogen und aufgewachsen war und daher die Probleme der Armee aus eigener Anschauung und Erfahrung bestens kannte, ein Grundanliegen. Wilhelm wollte die militärische Macht Preußens verstärken, um für die zu erwartenden Aufgaben in Deutschland und Europa gerüstet zu sein. Er wußte – das italienische Verhalten von 1859 hatte daran gerade noch einmal erinnert –, daß die nationale Einigung in Deutschland nicht kampflos zu erreichen, ja daß selbst die bisherige Stellung Preußens gefährdet sein würde, wenn es seinen Einfluß nicht hinreichend militärisch geltend machen konnte.

Eine Gesetzesvorlage vom Februar 1860 sah daher vor, die regulären Streitkräfte zu verdoppeln, die Wehrdienstzeit von zwei auf drei Jahre zu verlängern und die Bedeutung und Selbständigkeit der Landwehr, deren militärische Schlagkraft Experten bezweifelten, zu verringern. Vor allem aber sollten die Militärausgaben erhöht werden, da in den Vorjahren aufgrund der finanziellen Notlage nur etwa zwei Drittel der Wehrpflichtigen hatten eingezogen werden können, so daß die allgemeine Wehrpflicht nur mehr auf dem Papier existierte.

Die Mitglieder des mehrheitlich aus Liberalen – Angehörigen des preußischen Mittelstandes – zusammengesetzten Abgeordnetenhauses des Landtages, die nach der Verfassung diese Mittel bewilligen mußten, waren nicht grundsätzlich gegen eine Heeresreform oder gegen die Erhöhung der Militärausgaben. Aber sie wandten sich sofort mit aller Schärfe gegen die Richtung, in die diese Reform nun gehen sollte. Sie fürchteten, daß vor allem die Verlängerung der Wehrdienstzeit und die Bedeutungsverminderung der Landwehr – seit den napoleonischen Kriegen ein Symbol der demokratischen Erhebung und nationalen Befreiung und ein bürgerliches Element im aristokratischen Militärstaat Preußens – eine restaurative Kehrtwende beinhalten, also die liberalen Züge jener Heeresordnung ausschalten könnten, die der preußische Reformer Generalfeldmarschall Hermann von Boyen als Kriegsminister in den Wehrgesetzen vom 3. September 1814 und 21. November 1815 mit der Allgemeinen Wehrpflicht und der Einführung der Landwehr und des Landsturms verankert hatte. Manche Abgeordnete meinten sogar (und sagten es auch), daß die Heeresvergrößerung nur der Bekämpfung der bürgerlichen Freiheiten dienen solle.

Am Ende der Beratungen wurde die Gesetzesvorlage mit so vielen Änderungsanträgen versehen, daß die Regierung die gesamte Vorlage zurückzog. Zwar wurde eine direkte Konfrontation zunächst noch vermieden, indem der Landtag der Vermehrung der Truppen zustimmte und dafür auch eine Summe von neun Millionen Talern bewilligte. Doch als die Annahme der Abgeordneten, der König werde im Gegenzug auf die Durchführung der von ihm vorgeschlagenen Reformen verzichten, sich als falsch erwies und Wilhelm begann, Veränderungen in seinem Sinne einzuleiten, kam es zum offenen Konflikt. Die liberalen Abgeordneten verlangten die Vorlage eines neuen, verbesserten Heeresreformprogramms und verweigerten dem König schließlich 1862 die Bewilligung weiterer Mittel, nachdem Wilhelm ihre Forderung nur mit der Wiedervorlage des (kaum veränderten) Entwurfs von 1860 beantwortet hatte. Der König löste daraufhin die Kammer auf und ließ für den Mai 1862 Neuwahlen ausschreiben, aus denen die Liberalen freilich nicht – wie Wilhelm gehofft hatte – geschwächt, sondern gestärkt hervorgingen, so daß sie nun noch nachdrücklicher auf ihren Forderungen beharrten, diese sogar erweiterten und auf alle Bereiche der staatlichen Verwaltung ausdehnten.

Die preußische Monarchie schien an ihrem Ende angelangt. Wilhelm wußte keinen Ausweg mehr und erwog abzudanken. Doch sein Kriegsminister, Albrecht Graf von Roon, bewegte ihn zum Ausharren und schlug die Ernennung Otto von Bismarcks als Ministerpräsidenten vor, da dieser vielleicht über die nötige Härte verfüge, mit den widerspenstigen Abgeordneten fertigzuwerden und die Lähmung der preußischen Politik zu überwinden.

Die Berufung Bismarcks und die Ausweitung des Heereskonflikts zum Verfassungskonflikt

Bismarck nahm den Ruf an, akzeptierte also die Herausforderung, die damit verbunden war, und erklärte bereits wenige Tage nach seiner Ernennung am 23. September 1862 in einer Programmrede in der Budgetkommission des Hauses der Abgeordneten vom 30. September, wie er sich angesichts des Verhaltens der Liberalen das Regieren vorstellte:

Nicht auf Preußens Liberalismus sieht Deutschland, sondern auf seine Macht; Bayern, Württemberg, Baden mögen dem Liberalismus indulgieren, darum wird ihnen doch keiner Preußens Rolle anweisen; Preußen muß seine Kraft zusammenfassen und zusammenhalten auf den günstigen Augenblick, der schon einige Male verpaßt ist; Preußens Grenzen nach den Wiener Verträgen sind zu einem gesunden Staatsleben nicht günstig; nicht durch Reden und Majoritätsbeschlüsse werden die großen Fragen der Zeit entschieden – das ist der große Fehler von 1848 und 1849 gewesen – sondern durch Eisen und Blut.

(Aus: Otto von Bismarck, Die gesammelten Werke, Friedrichsruher Ausgabe, Berlin 1924ff, Bd. 10, S. 140.)

Und diese Machtdemonstration nach außen, die Bismarck hier ankündigte, bewies er bald auch im Innern: Er regierte ohne Budget weiter, knebelte die Presse, wenn sie seine Maßnahmen kritisierte, und drohte liberalen Beamten, die seine Politik zu unterlaufen suchten, mit Maßregelung, verwies ihnen gegenüber sogar auf das Regreßedikt und erklärte, er werde sie notfalls persönlich haftbar machen.

Als das Abgeordnetenhaus des Landtages am 27. Januar 1863 über eine von Rudolf Virchow entworfene Adresse an den König beriet, die die budgetlose Regierung Bis-

Otto Eduard Leopold von Bismarck (1815-1898), seit 1865 Graf von Bismarck-Schönhausen, seit 1871 Fürst, seit 1890 Herzog von Lauenburg. 1832-35 Studium der Rechtswissenschaft in Göttingen und Berlin. 1836-39 Referendarzeit in Aachen und Potsdam. Danach Bewirtschaftung der Güter Kniephof und Schönhausen. Kontakt zu pommerschen Pietistenkreisen und Heirat mit der streng religiösen Johanna von Puttkamer. Reisen nach England, Frankreich und in die Schweiz. 1847/48 konservatives Mitglied des preußischen Vereinigten Landtags. Seit 1849 Abgeordneter in der Zweiten Kammer und 1850 im Erfurter Parlament. Seit 1851 preußischer Gesandter am Frankfurter Bundestag. 1859-62 Gesandter in Petersburg, 1862 für kurze Zeit auch in Paris. Am 23. September 1862 (endgültige Bestätigung erst am 8. Oktober) Berufung zum preußischen Ministerpräsidenten, 1867 Bundeskanzler des Norddeutschen Bundes und 1871 Reichskanzler. Am 20. März 1890 wegen persönlicher und sachlicher Differenzen von Kaiser Wilhelm II. entlassen. Werke: „Bismarck-Briefe (1836-73)", hrsg. von Horst Kohl 1876; „Die politischen Reden", hrsg. von Horst Kohl, 14 Bde. 1892-1905; „Briefe an den General Leopold von Gerlach" 1896; „Gedanken und Erinnerungen", 2 Bde. 1898; „Briefwechsel mit Kaiser Wilhelm I." 1900; „Gesammelte Werke" (Friedrichsruher Ausgabe), 19 Bde. 1924-35.

marck als verfassungswidrig bezeichnete, den Mißbrauch der Regierungsgewalt gegenüber der Presse und die Behandlung der liberalen Beamten verurteilte und die Wiederherstellung eines verfassungsmäßigen Zustandes forderte, begründete Bismarck sein Vorgehen im Konflikt zwischen Krone und Parlament mit einer „Verfassungslücke", die es seiner Meinung nach der Regierung nicht nur erlaubte, sondern ihr sogar zwingend gebot, im Falle eines durch das Parlament nicht genehmigten Haushalts die bestehenden Steuern nach Artikel 106 der Verfassung weiter zu erheben, um die Handlungsfähigkeit des Staates zu erhalten.

Wörtlich erklärte Bismarck zur Virchow-Adresse:

In dieser Adresse werden dem Hause der Abgeordneten Rechte vindiziert, welche das Haus entweder gar nicht oder doch nicht allein besitzt. Wenn Sie, meine Herren, das Recht hätten, durch Ihren alleinigen Beschluß das Budget in seiner Hauptsumme und in seinen Einzelheiten endgültig festzustellen, wenn Sie das Recht hätten, von Seiner Majestät dem König die Entlassung derjenigen Minister, welche Ihr Vertrauen nicht haben, zu fordern, wenn Sie das Recht hätten, durch Ihre Beschlüsse über den Staatshaushaltsetat den Bestand und die Organisation der Armee festzustellen, wenn Sie das Recht hätten, wie Sie es verfassungsmäßig nicht haben, in der Adresse aber beanspruchen, die Beziehungen der Exekutivgewalt der Staatsregierung zu ihren Beamten maßgebend zu kontrollieren, – dann wären Sie in der Tat im Besitz der vollen Regierungsgewalt in diesem Lande. Auf der Basis dieser Ansprüche beruht Ihre Adresse, wenn sie überhaupt eine Basis hat. Ich glaube daher, die praktische Bedeutung derselben mit kurzen Worten dahin bezeichnen zu können: durch diese Adresse werden dem königlichen Hause der Hohenzollern seine verfassungsmäßigen Regierungsrechte abgefordert, um sie der Majorität dieses Hauses zu übertragen. (Große Unruhe und Rufe: Ganz richtig!) ... Sie finden die Verfassungsverletzung in specie bei Artikel 99. Artikel 99 lautet, wenn ich mich der Worte erinnere: „Alle Einnahmen und Ausgaben des Staates müssen für jedes Jahr im voraus und auf den Staatshaushaltsetat gebracht werden." Wenn darauf folgte: „Letzterer wird jährlich durch das Haus der Abgeordneten festgestellt", dann hätten Sie in Ihren Beschwerden in der Adresse vollkommen recht, dann wäre die Verfassung verletzt. Es folgt aber im Text: „Letzterer, der Staatshaushaltsetat, wird jährlich durch ein Gesetz festgestellt." Wie nun ein Gesetz zustande kommt, sagt Artikel 62 mit unwiderleglicher Klarheit. Er sagt, daß zum Zustandekommen eines Gesetzes, also auch des Budgetgesetzes, die Übereinstimmung der Krone und der beiden

Kammern erforderlich ist. Daß das Herrenhaus berechtigt ist, ein von der Zweiten Kammer beschlossenes und ihm nicht konvenierendes Budget zu verwerfen, ist außerdem noch in dem Artikel hervorgehoben ...

Wenn eine Vereinbarung zwischen den drei Gewalten nicht stattfindet, so fehlt es in der Verfassung an jeglicher Bestimmung darüber, welche von ihnen nachgeben muß.

(Aus: Bismarck, Die gesammelten Werke, a.a.O., Bd. 10, S. 151ff.)

Diese „Lückentheorie" war verfassungsrechtlich kaum haltbar. Aber Bismarck konnte seine Regierung auf sie stützen, weil nur eine Revolution oder der König ihn von seinem Wege hätten abbringen können, und weil ihm weder von der einen noch von der anderen Seite ernsthafte Gefahr drohte. Denn die Opposition war zu schwach und unentschlossen, um die Staatsgewalt an sich zu reißen. Und der König stand auf Bismarcks Seite – nicht nur, weil er ihn gerade erst als Retter der preußischen Monarchie berufen hatte, sondern auch, weil er fürchtete, ein Nachgeben in dieser Frage werde zu einer Verschiebung der politischen Kräfteverhältnisse in Preußen zugunsten des Parlaments und zum Nachteil der Krone führen.

Wilhelm stützte seine Argumentation gegenüber dem Abgeordnetenhaus ironischerweise auf die Verfassung von 1849, deren Beseitigung ihm nicht nur sein Bruder Friedrich Wilhelm IV., sondern immer wieder auch viele konservative Berater nachdrücklich empfohlen hatten. In einem Erlaß des Königs vom 3. Februar 1863 auf eine Adresse des Abgeordnetenhauses vom 29. Januar 1863 hieß es dementsprechend:

Das Haus der Abgeordneten wird die in der Verfassung den verschiedenen Gewalten gesetzten Schranken anzuerkennen haben; denn nur auf dieser Grundlage ist eine Verständigung hinsichtlich derjenigen Gebiete möglich, auf welchem ein Zusammenwirken meiner Regierung mit der Landesvertretung erforderlich ist. Ich beklage tief den Widerstreit der Ansichten, der in betreff der Festsetzung des Staatshaushaltsetats sich entwickelt hat. Es kann aber eine Vereinbarung über den Etat nicht durch Preisgebung der verfassungsmäßigen Rechte der Krone und des Herrenhauses erwirkt, es kann nicht, der Verfassung entgegen, das Recht der Bewilligung und Verweigerung der Staatsausgaben ausschließlich auf das Haus der Abgeordneten übertragen werden. Es ist meine landesherrliche Pflicht, die auf mich vererbten und verfassungsmäßigen Machtbefugnisse der Krone ungeschmälert zu bewahren, weil ich darin eine notwendige Bedingung für die Erhaltung des inneren Friedens, für die Wohlfahrt des Landes und für das Ansehen Preußens in seiner europäischen Stellung erkenne.

Nachdem ich seit einem Jahre durch verminderte Anforderungen an die Leistungen des Volkes, von nahezu vier Millionen, sowie durch bereitwilliges Eingehen auf die ausführbaren Wünsche der Vertretung desselben bewiesen habe, daß es mir wahrhaft darum zu tun ist, eine Ausgleichung des Widerspruches herbeizuführen, den meine Regierungsmaßregeln im großen wie im kleinen gefunden haben, erwarte ich, daß das Haus der Abgeordneten diese Beweise des Entgegenkommens nicht ferner unbeachtet lassen wird, und fordere dasselbe nunmehr auf, seinerseits meinen landesväterlichen Absichten sein Entgegenkommen in einer Art zu beweisen, daß das Werk der Verständigung ermöglicht wird, welches meinem Herzen ein Bedürfnis ist, meinem Herzen, dessen einziges Verlangen darauf gerichtet ist, das Wohl des preußischen Volkes zu fördern und dem Lande die Stellung zu erhalten, die eine glorreiche Geschichte durch treues Zusammengehen von König und Volk demselben angewiesen hat.

(Aus: Briefe Kaiser Wilhelms des Ersten, hrsg. von Erich Brandenburg, Leipzig 1911, S. 169f.)

Doch der königliche Appell an die Abgeordneten – eine Mischung aus Belehrung, Rüge, Zurechtweisung und Befehl, wenn auch in freundlichere Worte gekleidet als die ruppige, kompromißfeindliche Erklärung Bismarcks eine Woche zuvor – blieb lange unbeachtet. Erst 1866, nach außenpolitischen Erfolgen, die auch die Parlamentarier nicht unbeeindruckt ließen, konnte dieser innenpolitische Konflikt in Preußen endlich beigelegt werden. Bis dahin regierte Bismarck ohne, ja gegen das Parlament und verstärkte damit den durch die Entwicklung Preußens nach 1849 ohnehin bereits vorhan-

Wilhelm I. (1797-1888), seit 1861 König von Preußen, seit 1871 auch Deutscher Kaiser. 1848 Eintreten für die Niederschlagung der März-Revolution in Berlin. 1849 Führer der preußischen Truppen gegen die Aufstände in Baden und in der Pfalz. 1849-54 Generalgouverneur der Rheinlande in Koblenz. 1858 Übernahme der Regentschaft für seinen erkrankten Bruder Friedrich Wilhelm IV.; Einleitung einer Politik der „Neuen Ära". Im Kampf um die Heeresverfassung Rückkehr zu konservativer Grundhaltung. Zur Bekämpfung der liberalen Opposition 1862 Berufung Otto von Bismarcks zum Ministerpräsedenten. Danach Stützung der Bismarckschen Innen- und Außenpolitik.

denen Gegensatz monarchisch-konservativer und parlamentarisch-liberaler Vorstellungen. Auch die Umstände der Überwindung des Verfassungskonflikts waren nicht eben geeignet, die freiheitlich-demokratische Basis in Preußen und Deutschland zu verbreitern.

Über die Außenpolitik zum Erfolg

Da Bismarck in der Verfassungsfrage von Anfang an trotzig mit dem Rücken zur Wand kämpfte, ohne den Kampf letztlich für sich entscheiden zu können, brauchte er in der Außenpolitik den Erfolg, den er in der Innenpolitik nicht erreichen konnte. (Man kann dies freilich auch anders sehen: *Obwohl* er große innenpolitische Schwierigkeiten hatte, widmete er sich der Lösung drängender außenpolitischer Probleme! Beide Deutungen enthalten einen Kern Wahrheit.)

Und wie in der Auseinandersetzung mit seinen innenpolitischen Gegnern, so verlor er auch im Aufbau seiner außenpolitischen Fronten keine Zeit. Zunächst griff er den seit 1848 schwelenden Konflikt mit Dänemark wieder auf, der auch ein Angelpunkt der liberalen Nationalstaatskonzeption war. Geschickt und mit unerbittlicher Konsequenz steuerte er Preußen und Österreich in die Auseinandersetzung mit dem nördlichen Nachbarn, der sich 1863 unter Bruch des Londoner Protokolls Schleswigs bemächtigt hatte, und erreichte 1864 nach dem Sieg der preußisch-österreichischen Truppen – unter anderem mit der Eroberung der Düppeler Schanzen und der Besetzung Jütlands und der Insel Alsen – den Verzicht Dänemarks auf Schleswig, Holstein und Lauenburg. Im Vertrag von Gastein vereinbarten Österreich und Preußen 1865 eine Verwaltungsteilung dieser Gebiete, wobei Österreich die Verwaltung Holsteins zugesprochen wurde, ohne daß man in Wien vermutlich recht wußte, was man eigentlich mit diesem Gebiet fern der eigenen Grenzen anfangen sollte; Preußen erhielt – gegen eine Entschädigungszahlung an Österreich – das Herzogtum Lauenburg und die Verwaltung Schleswigs sowie das Kommando im Kieler Hafen und das Recht auf Bau eines Nord-Ostsee-Kanals durch holsteinisches Gebiet.

Nach dieser Verständigung mit Österreich wandte sich Bismarck der Beseitigung des preußisch-österreichischen Dualismus in Deutschland zu. Er hatte schon im Oktober 1864 – also noch vor Abschluß des Gasteiner Vertrages – „eine Lösung der Ehe mit Österreich" ins Auge gefaßt, sie aber nach dem Entgegenkommen Österreichs zunächst verschoben, obwohl er den österreichischen Einfluß im Deutschen Bund längst für lähmend und eine Abtrennung Österreichs für notwendig hielt. Lediglich die Frage, ob dies mit kriegerischen Mitteln oder auf friedlichem Wege geschehen würde, blieb zu-

Krieg Preußen-Österreich 1866. Schlacht bei Königgrätz am 3. Juli 1866

nächst offen. Konsequent stellte Bismarck daher am 9. April 1866 im Frankfurter Bundestag einen Antrag auf Bundesreform, der zu einer kleindeutschen Lösung geführt hätte. Österreich forderte daraufhin eine Entscheidung des Bundes über Schleswig und Holstein, brach also – nach preußischer Auffassung – den Vertrag von Gastein, was wiederum Preußen zur Besetzung Holsteins und danach Österreich zur Mobilisierung gegen Preußen veranlaßte. Damit war der Krieg zwischen den beiden deutschen Großmächten, der lange schon gedroht hatte, aber immer wieder vermieden worden war, nicht mehr abzuwenden. Preußen entschied ihn nach wenigen Wochen mit der Schlacht bei Königgrätz am 3. Juli 1866 überraschend schnell für sich. Die österreichischen Truppen wurden vernichtend geschlagen, und die militärische Stärke Preußens wurde über Nacht zu einem gewichtigen Faktor in der europäischen Politik. Der Weg zur deutschen Einigung unter Preußens Führung schien vorgezeichnet, die lange erstrebte Einheit zum Greifen nahe.

Natürlich bewirkten diese Entwicklungen, die für viele in Deutschland die unvermittelte Erfüllung ihrer Hoffnungen und Träume bedeuteten, nicht nur einen Umschwung in der Beurteilung Bismarcks durch seine Zeitgenossen, sondern auch eine Veränderung des politischen Klimas in Preußen. Plötzlich waren die innenpolitischen Streitigkeiten nur noch ein Randthema; alles konzentrierte sich nun auf die großen Aufgaben, die bevorstanden und gemeinsam bewältigt werden sollten.

Die Beendigung des Verfassungskonflikts

Bismarck nutzte daher die Gelegenheit, auf eine rasche und lautlose Beendigung des Verfassungskonflikts zu drängen. Bei der Eröffnung des Landtages am 5. August 1866 – also einen Monat nach Königgrätz – äußerte auch König Wilhelm I. die Hoffnung, daß eine Verständigung bald zustande kommen werde. In seiner Thronrede erklärte er:

Über die Feststellung des Staatshaushaltsetats hat eine Vereinbarung mit der Landesvertretung in den letzten Jahren nicht herbeigeführt werden können. Die Staatsausgaben, welche in dieser Zeit geleistet worden sind, entbehren daher der gesetzlichen Grundlage, welche der Staatshaushalt, wie Ich wiederholt anerkenne, nur durch das nach Artikel 99 der Verfassungsurkunde alljährlich zwischen Meiner Regierung und den beiden Häusern des Landtags zu vereinbarende Gesetz erhält.

Wenn Meine Regierung gleichwohl den Staatshaushalt ohne diese gesetzliche Grundlage mehrere Jahre geführt hat, so ist dies nach gewissenhafter Prüfung in der pflichtmäßigen Überzeugung geschehen, daß die Fortführung einer geregelten Verwaltung, die Erfüllung der gesetzlichen Verpflichung gegen die Gläubiger und die Beamten des Staates, die Erhaltung des Heeres und der Staatsinstitute Existenzfragen des Staates waren, und daß daher jenes Verfahren eine der unabweisbaren Notwendigkeiten wurde, denen sich eine Regierung im Interesse des Landes nicht entziehen kann und darf. Ich hege das Vertrauen, daß die jüngsten Ereignisse dazu beitragen werden, die unerläßliche Verständigung insoweit zu erzielen, daß Meiner Regierung in bezug auf die ohne Staatshaushaltsgesetz geführte Verwaltung die Indemnität, um welche die Landesvertretung angegangen werden soll, bereitwillig erteilt ... wird.

(Aus: Bismarck, Die gesammelten Werke, a.a.O., Bd. 10, S. 272f.)

„Indemnität", Straflosigkeit also, sollte das Parlament der Regierung zugestehen – womit gleichzeitig unausgesprochen anerkannt wurde, daß die Regierung sich mit ihrem Verhalten seit 1862 am Rande, wenn nicht sogar außerhalb der Legalität bewegt hatte. Zumindest reichten Krone und Ministerium nun dem Parlament die Hand zur Versöhnung, indem sie sich zum Verfassungsstaat bekannten und sogar die Lückentheorie Bismarcks entwerteten, indem sie das Parlament baten, nachträglich die Budgets für die Jahre 1862 bis 1865 in einem Indemnitätsgesetz gutzuheißen. Das Haushaltsrecht des Parlaments wurde damit ausdrücklich bestätigt.

In der Debatte über den von der Regierung vorgelegten Indemnitätsgesetzentwurf im Abgeordnetenhaus am 1. September 1866 räumte Bismarck jedoch keine eigenen Versäumnisse oder gar Fehler ein; er sprach gelassen aus seiner Position der Stärke, bot Vergessen, Vergebung und Frieden an – nicht weil er jetzt einsehe, er habe „unrecht gehandelt", nicht weil er nun kampfunfähig sei in diesem inneren Kampf, sondern weil das Vaterland den inneren Frieden angesichts der bevorstehenden Aufgaben brauche, und weil er davon ausgehe, daß die Abgeordneten inzwischen eingesehen hätten, „daß die königliche Regierung den Aufgaben, welche auch Sie in Ihrer Mehrzahl erstreben, nicht so fern steht, wie Sie vielleicht vor Jahren gedacht haben". Das war – aus der Sicht der Abgeordneten – ziemlich anmaßend gesprochen und hätte zwei Jahre früher noch einen Sturm der Entrüstung entfacht. Nun erntete Bismarck Bravo-Rufe, wie das Protokoll der Sitzung vermerkt, und als er erklärte, er „schließe ... Verbesserungen der inneren Zustände und Erfüllung der in der Verfassung gegebenen Zusagen keineswegs aus" (etwas, was vom Ministerpräsidenten eines Verfassungsstaates als selbstverständlich angenommen werden sollte!), sogar „Lebhaftes Bravo von allen Seiten". Die vorher so kritischen, ablehnenden Abgeordneten huldigten dem Erfolg des Mächtigen.

Wörtlich hieß es in der Rede Bismarcks vor dem Abgeordnetenhaus vom 1. September:

Je aufrichtiger die königliche Regierung den Frieden wünscht, umso mehr fühlen ihre Mitglieder die Verpflichtung, sich jedes Eingehen auf retrospektive Kritik zu enthalten, sei es Abwehr, seien es Angriffe. Wir haben in den letzten vier Jahren unseren Standpunkt von beiden Seiten häufig mit mehr oder weniger Bitterkeit oder Wohlwollen vertreten, keiner hat es in den vier Jahren vermocht, den anderen zu überzeugen, jeder hat geglaubt, recht zu handeln, wenn er so handelte, wie er es tat. Ein Friedensschluß würde auch in den auswärtigen Verhältnissen schwerlich jemals zustande kommen, wenn man verlangte, daß ihm von einem von beiden Teilen vorhergehen sollte das Bekenntnis: „Ich sehe jetzt ein, ich habe unrecht gehandelt." Wir wünschen den Frieden, nicht weil wir kampfunfähig sind in diesem inneren Kampf; im Gegenteil, die Flut fließt in diesem Augenblick mehr zu unseren Gunsten als vor Jahren;... Wir wünschen den Frieden, weil unserer Meinung nach das Vaterland ihn im gegenwärtigen Augenblicke in höherem Grade bedarf, als früher; wir wünschen ihn und suchen ihn namentlich deshalb, weil wir glauben, ihn in gegenwärtigem Moment zu finden; wir glauben ihn zu finden, weil Sie erkannt haben werden, daß die königliche Regierung den Aufgaben, welche auch Sie in Ihrer Mehrzahl erstreben, nicht so fern steht, wie Sie vielleicht vor Jahren gedacht haben, nicht so fern steht, wie das Schweigen der Regierung über manches, was verschwiegen werden mußte, Sie zu glauben berechtigen könnte. (Bravo!) Aus diesem Grunde glauben wir den Frieden zu finden, und suchen ihn ehrlich; wir haben Ihnen die Hand dazu geboten, und der Kommissionsvortrag gibt uns die Bürgschaft, daß Sie in diese Hand einschlagen werden. Wir werden dann die Aufgaben, die uns zu lösen bleiben, mit Ihnen in Gemeinschaft lösen; ich schließe von diesen Aufgaben Verbesserungen der inneren Zustände und Erfüllung der in der Verfassung gegebenen Zusagen keineswegs aus. (Lebhaftes Bravo von allen Seiten). Aber nur gemeinsam werden wir sie lösen können, indem wir von beiden Seiten demselben Vaterlande mit demselben guten Willen dienen, ohne an der Aufrichtigkeit des anderen zu zweifeln. (Bravo!)

(Aus: Bismarck, Die gesammelten Werke, a.a.O., Bd. 10, S. 278f.)

Zwei Tage später, am 3. September 1866, stimmte das Haus der Abgeordneten dem Indemnitätsgesetzentwurf der Regierung mit 230 gegen 75 Stimmen zu, der am 14. September 1866 Gesetzeskraft erlangte. In vier knappen Artikeln wurden die Haushalte der Jahre 1862 bis 1865 nachträglich gebilligt, die Regierung entlastet, der Haushalt für das Jahr 1866 beschlossen und die Vorlage eines Budgetnachweises für das Jahr 1866 im Laufe des Jahres 1867 verlangt:

Artikel 1.

Die dem gegenwärtigen Gesetz als Anlagen beigefügten Übersichten der Staats-Einnahmen und -Ausgaben sollen für die Jahre 1862, 1863, 1864 und 1865 statt des verfassungsmäßigen und alljährlich vor Beginn des Etatsjahres zu vereinbarenden Staatshaushalts-Gesetzes als Grundlagen für die Rechnungslegung und die Entlastung der Staatsregierung dienen.

Artikel 2.

Der Staatsregierung wird in bezug auf die seit dem gesetzlich festgestellten und rechtzeitig publizierten Staatshaushalt-Etat geführte Verwaltung, vorbehaltlich der Beschlußfassung des Landtages über die Entlastung der Staatsregierung nach Vorlegung der Jahresrechnungen Indemnität erteilt, dergestalt, daß es rücksichtlich der Verantwortlichkeit der Staatsregierung so gehalten werden soll, wie wenn die Verwaltung in der erwähnten Zeit auf Grund gesetzlich festgestellter und rechtzeitig publizierter Staatshaushalt-Etats geführt worden wäre.

Artikel 3.

Die Staatsregierung wird für das Jahr 1866 zu den Ausgaben der laufenden Verwaltung bis zur Höhe von 154 Millionen Taler ermächtigt.

Artikel 4.

Die Staatsregierung ist verpflichtet, eine Nachweisung über die Staats-Einnahmen und -Ausgaben des Jahres 1866 im Laufe des Jahres 1867 dem Landtage vorzulegen.

(Aus: Das Staatsarchiv. Sammlung der officiellen Aktenstücke zur Geschichte der Gegenwart, hrsg. von Ludwig Karl Aegidi und Alfred Klaubold, Bd. 11, Hamburg 1866, S. 287f.)

Der Verfassungskonflikt, der seit 1862 die preußische Innenpolitik belastet und das Verhältnis zwischen Krone, Regierung und Parlament getrübt hatte, war damit beigelegt. Der Schaden, der in diesem Streit der parlamentarisch-demokratischen Entwicklung in Deutschland, weit über Preußen hinaus, zugefügt wurde, war allerdings nicht durch einige Gesetzesartikel aus der Welt zu schaffen. Die Art und Weise, in der Bismarck mit den Abgeordneten verfahren war, für die er kaum mehr als Verachtung empfand, wirkte über 1866 und 1871 hinaus fort. Er disziplinierte das Parlament durch Härte und außenpolitischen Erfolg und opferte dabei die Ideale der Freiheit auf dem Altar der Einheit. In dieser signalgebenden Wirkung lag die eigentliche Bedeutung des Verfassungskonflikts, der damit mehr war als ein bloß preußisches und insofern regionales, von Paragraphen umhülltes Ereignis mit begrenzter Reichweite.

2. Die Reichsgründung

Doch war nicht zumindest für Bismarck der Verfassungskonflikt ein, wenn auch lästiges, Nebenfeld? Sein Hauptinteresse jedenfalls galt der Außenpolitik. Schon in seiner „Eisen-und-Blut"-Rede vom 30. September 1862 wies er auf „Preußens Rolle" und „Preußens Grenzen" hin, sprach von „großen Fragen" und von dem „Augenblick, der schon einige Male verpaßt ist". Natürlich dachte Bismarck dabei an die Einigung der Deutschen, also an Außenpolitik, wie er überhaupt eher ein Mann der Außen- als der Innenpolitik war – oder besser: geworden war als Ergebnis seiner Gesandtentätigkeit in Frankfurt, Petersburg und Paris und unter dem Druck der tagespolitischen Notwendigkeiten jener fünfziger und sechziger Jahre.

Der preußisch-österreichische Dualismus und der Norddeutsche Bund

Zwar war Bismarck Preuße aus innerer Überzeugung, blieb es zeit seines Lebens (wie ja auch Wilhelm I. vorübergehend mit dem Gedanken spielte, alles hinzuwerfen und abzudanken, als er 1871 seinen geliebten Titel „König von Preußen" gegen die aus seiner Sicht blasse, emotionslose Bezeichnung „Deutscher Kaiser" eintauschen sollte). Preußen war für Bismarck der Ausgangspunkt seines Denkens, ein fester Bezugspunkt über alle Wechselfälle seines politischen Wirkens hinweg. Die Einigung Deutschlands entsprach daher durchaus nicht seinem Herzenswunsch. Aber für den Realpolitiker Bismarck war sie unausweichlich – ein Gebot der Klugheit, das sich aus der europäischen Entwicklung zur Nationalstaatsbildung zwingend ergab und zu befolgen war, da sonst nicht nur die deutsche, sondern auch die preußische Machtstellung gefährdet gewesen wäre. Selbstverständlich hatte die Vereinigung unter preußischer Führung zu erfolgen. Wenigstens das also.

Da jedoch in Deutschland mit Österreich und Preußen zwei Großmächte existierten, denen Führungsehrgeiz zuzutrauen war, gelangte Bismarck – mit „mathematischer Logik" – früh zu der Überzeugung, daß es zum Kampf zwischen beiden kommen werde. In einem berühmt gewordenen Briefwechsel mit Leopold von Gerlach formulierte Bismarck in den fünfziger Jahren, während seiner Zeit als preußischer Gesandter beim Bundestag in Frankfurt, diese Überzeugung in unmißverständlicher Form. Unter dem 28. April 1856 schrieb er:

> Ich kann mich der mathematischen Logik der Tatsachen nicht erwehren, sie bringt mich zu der Überzeugung, daß Österreich nicht unser Freund sein *kann* und will. Bei der Bahn, auf welche die österreichische Monarchie gesetzt ist, kann es für Österreich nur eine Frage der Zeit und der Opportunität sein, *wann* es den entscheidenden Versuch machen will, uns die Sehnen zu durchschneiden, *daß* es den Willen dazu hat, ist eine politische Naturnotwendigkeit. Solange es die Schiffe seiner jetzigen Politik nicht dezidiert hinter sich verbrennt, d.h. solange es nicht für die Abgrenzung seines und unseres Einflusses in Deutschland vermöge einer

geographischen oder politischen Demarkationslinie sich definitiv verständigt und die Verständigung in Vollzug gesetzt hat, müssen wir dem Kampf mit ihm entgegensehen, mit Diplomatie und Lüge im Frieden, mit Wahrnehmung jeder Gelegenheit, uns im Kriege den coup de grâce zu geben, oder coup de jarnac will ich lieber sagen. Österreich läßt sich dabei durch deutsche Gefühle, durch Bilder von Mann und Frau, die sich zanken, aber nach außen zusammenhalten, nicht irre machen. Es nimmt die Hilfe der Franzosen so gut als die der ultramontanen Münsterländer und Reichensperger. Über unser Gezänk und Intriguen im Frieden geht dabei Deutschland noch sicherer zugrunde, als über einen guten Krieg, wie den siebenjährigen, der uns wenigstens klare Verhältnisse zueinander brächte. Aber wenn wir den auch fromm vermeiden wollten, Österreich wird ihn führen, sobald ihm die Gelegenheit günstig ist. Wir, so stark wir jetzt sind, bleiben eine Unmöglichkeit in dem System der dermaligen Wiener Politik; ihre Ziele und die *Existenz* des gegenwärtigen Preußens schließen sich gegenseitig aus. *Sie* glauben das nicht, und davon unsere Meinungsverschiedenheit. Ich war ziemlich gut österreichisch, als ich herkam, und bin auch bereit, es wieder zu sein, wenn wir von dort die Garantie für eine Politik erhalten, bei der auch wir bestehen können. Bei der jetzigen können wir das meines Glaubens nicht.

(Aus: Bismarck, Die gesammelten Werke, a.a. O., Bd. 14/1, S. 441.)

Auch später, in seinen *Gedanken und Erinnerungen,* hat Bismarck dieses Problem des preußisch-österreichischen Dualismus noch einmal behandelt. Dort heißt es rückblickend:

Ich hatte am 4. December 1862 gegenüber dem Grafen Karolyi, mit dem ich auf vertrautem Fuße stand, mit offnen Karten gespielt. Ich sagte ihm:

„Unsre Beziehungen müssen entweder besser oder schlechter werden, als sie sind. Ich bin bereit zu einem gemeinschaftlichen Versuche, sie besser zu machen. Mißlingt derselbe durch Ihre Weigerung, so rechnen Sie nicht darauf, daß wir uns durch bundesfreundliche Redensarten werden fesseln lassen. Sie werden mit uns als europäische Großmacht zu thun bekommen; die Paragraphen der Wiener Schlußacte haben nicht die Kraft, die Entwicklung der deutschen Geschichte zu hemmen.“ ...

Wenn das östreichische Cabinet die vertrauliche Eröffnung, die ich dem Grafen Karolyi 1862 gemacht hatte, ohne irrthümliche Schätzung der Realitäten richtig gewürdigt und seine Politik dahin modificirt hätte, die Verständigung mit Preußen anstatt dessen Vergewaltigung durch Majoritäten und andre Einflüsse zu suchen, so hätten wir wahrscheinlich eine Periode dualistischer Politik in Deutschland erlebt oder doch versucht.

(Aus: Otto Fürst von Bismarck, Gedanken und Erinnerungen, Stuttgart 1898, Bd. I, S. 335 und S. 337.)

Die historische Forschung hat gezeigt, daß Bismarck tatsächlich mit der *Möglichkeit* einer gemeinsamen preußisch-österreichischen Führung in Deutschland gerechnet hat; und er hat wohl auch versucht – noch im Vertrag von Gastein 1865 –, diesen Weg, der eine friedliche Lösung der deutschen Frage bedeutet hätte, zu beschreiten. Aber für *wahrscheinlich* hat er eine solche Konstruktion auf Dauer schon seit den fünfziger Jahren nicht mehr gehalten. Seine Politik der Mehrgleisigkeit, die er Österreich gegenüber bis zuletzt, also bis 1866, betrieb, war daher von taktischen Gesichtspunkten und nicht vom Ziel der Versöhnung bzw. der Erhaltung des Friedens bestimmt. Und die Reform des Deutschen Bundes, die er im April 1866 im Frankfurter Bundestag beantragte, wäre bereits einer Kapitulation Österreichs ohne Krieg gleichgekommen, wenn Wien sich darauf eingelassen hätte. Da dies nicht geschah, war der Waffengang ebenso unvermeidbar wie nach der österreichischen Niederlage im Felde die Abtrennung Österreichs von Deutschland.

Diese Abtrennung wurde unter dem 23. August 1866 im Friedensvertrag von Prag zwischen Österreich und Preußen vereinbart, dessen wichtigste Passagen lauten:

Art. I. Es soll in Zukunft und für beständig Friede und Freundschaft zwischen Seiner Majestät dem König von Preußen und Seiner Majestät dem Kaiser von Österreich ... herrschen ...

Art. IV. Seine Majestät der Kaiser von Österreich erkennt die Auflösung des bisherigen Deutschen Bundes an und gibt seine Zustimmung zu einer neuen Gestaltung Deutschlands ohne Beteiligung des österreichischen Kaiserstaates. Ebenso verspricht Seine Majestät, das engere Bundesverhältnis anzuerkennen, welches Seine Majestät der König von Preußen nördlich von der Linie des Mains begründen wird, und erklärt sich damit einverstanden, daß die südlich von dieser Linie gelegenen deutschen Staaten in einen Verein zusammentreten, dessen nationale Verbindung mit dem Norddeutschen Bunde der nähern Verständigung zwischen beiden vorbehalten bleibt und der eine internationale unabhängige Existenz haben wird.

Art. V. Seine Majestät der Kaiser von Österreich überträgt auf Seine Majestät den König von Preußen alle seine im Wiener Frieden vom 30. Oktober 1864 erworbenen Rechte auf die Herzogtümer Holstein und Schleswig mit der Maßgabe, daß die Bevölkerung der nördlichen Distrikte von Schleswig, wenn sie durch freie Abstimmung den Wunsch zu erkennen geben, mit Dänemark vereinigt zu werden, an Dänemark abgetreten werden sollen.

Art. VI. Auf Wunsch Seiner Majestät des Kaisers von Österreich erklärt Seine Majestät der König von Preußen sich bereit, bei den bevorstehenden Veränderungen in Deutschland den gegenwärtigen Territorialbestand des Königreichs Sachsen in seinem bisherigen Umfang bestehen zu lassen...

Dagegen verspricht Seine Majestät der Kaiser von Österreich, die von Seiner Majestät dem Könige von Preußen in Norddeutschland herzustellenden neuen Einrichtungen, einschließlich der Territorialveränderungen anzuerkennen.

(Aus: Dokumente zur deutschen Verfassungsgeschichte, a.a.O., Bd. 2, S. 218ff.)

Der Deutsche Bund wurde also aufgelöst, Österreich zog sich aus Deutschland zurück und erkannte den staatlichen Gestaltungsanspruch Preußens nördlich der Mainlinie in dem neu zu schaffenden Norddeutschen Bund sowie die „nationale Verbindung" dieses Bundes mit den süddeutschen Staaten an, was nach Lage der Dinge nur die vorweggenommene verklausulierte Zustimmung Österreichs zu einer späteren nationalen Vereinigung Nord- und Süddeutschlands *unter Ausschluß Österreichs* bedeuten konnte, womit zugleich eine neue Definition dessen gegeben war, was künftig unter „Deutschland" zu verstehen sein sollte.

Die Formulierung, daß der Verein der süddeutschen Staaten „eine internationale unabhängige Existenz haben wird", kam auf Verlangen Frankreichs zustande. Napoleon III. wollte die Selbständigkeit Süddeutschlands erhalten sehen, also die Schaffung eines mächtigen deutschen Nationalstaates verhindern, die Frankreichs Stellung geschwächt und Preußen-Deutschland zu gefährlicher Stärke verholfen hätte.

Doch Napoleons Drängen hatte neben außenpolitischen auch innenpolitische Gründe. Der preußische Sieg im Kampf um die Vorherrschaft in Deutschland war eine Niederlage nicht nur für Österreich, sondern auch für die französische Diplomatie gewesen. Und es war nicht die einzige in dieser Zeit. Ähnliche Fehlschläge gab es auch in der polnischen Frage, in Nordamerika und Mexiko. Napoleon III., der in den fünfziger Jahren zu einer populären Figur in seinem Lande geworden war, verlor dadurch an Macht und Ansehen; die Opposition gewann an Boden, und Napoleon mußte ihr schrittweise nachgeben, so daß man nach dem „Empire autoritaire" im voraufgegangenen Jahrzehnt nun, in den sechziger Jahren, bereits von einem „Empire libéral" sprach. Wenigstens in Deutschland wollte Napoleon daher den Verlust in Grenzen halten. Wenn es ihm nicht gelang, einen deutschen Nationalstaat unter preußischer Führung zu verhindern – so konnte er sich ausrechnen –, wäre für ihn persönlich vermutlich das Ende seiner Herrschaft gekommen und würde möglicherweise sogar das gesamte Zweite Kaiserreich in Frankreich zusammenbrechen.

Diesen Zusammenhang kannte natürlich auch Bismarck. Eine unverzügliche Vereinigung Nord- und Süddeutschlands wäre von Frankreich in diesem Moment schwerlich kampflos hingenommen worden. Einen Krieg mit dem westlichen Nachbarn aber konnte Bismarck 1866/67, in der noch ungefestigten inneren Situation Deutschlands, so kurz nach dem Waffengang gegen Österreich und seine Verbündeten, mitten in den Verfassungsberatungen des Norddeutschen Bundes und angesichts der Ungewißheit über die künftige staatliche Struktur und militärische Beistandsfragen, nicht brauchen. Noch nicht. Oder überhaupt nicht. Jedenfalls mochte sich Bismarck auf seinem Wege zur deutschen Einheit auf unkalkulierbare Abenteuer mit ungewissem Ausgang nicht einlassen. Deshalb stimmte er zu, als Napoleon III. darauf bestand, die Formulierung über die Unabhängigkeit Süddeutschlands in den Prager Friedensvertrag mit Österreich aufzunehmen, obgleich der Norddeutsche Bund und die vage Konstruktion seiner Beziehungen zum „international unabhängigen" Verein der süddeutschen Staaten nicht mehr als Übergangslösungen sein konnten.

Die Entwicklung der deutschen Frage nach 1866

Wie aber stellte sich Bismarck die weitere Entwicklung in Deutschland vor?

Die Verfassung des Norddeutschen Bundes vom 17. April 1867, die 1871 mit nur geringfügigen Abänderungen als Verfassung des Deutschen Reiches übernommen wurde, gibt einen ersten Hinweis. Dort heißt es im Abschnitt XV. zum „Verhältnis zu den Süddeutschen Staaten":

Die Beziehungen des Bundes zu den Süddeutschen Staaten werden sofort nach Feststellung der Verfassung des Norddeutschen Bundes, durch besondere dem Reichstage zur Genehmigung vorzulegende Verträge, geregelt werden.

Der Eintritt der Süddeutschen Staaten oder eines derselben in den Bund erfolgt auf den Vorschlag des Bundespräsidiums im Wege der Bundesgesetzgebung.

(Aus: Bundes-Gesetzblatt des Norddeutschen Bundes. Berlin 1867, S. 22.)

Ein Eintritt der süddeutschen Staaten in den Norddeutschen Bund war also möglich; die gesetzlichen Grundlagen dazu waren geschaffen. Bismarck hielt eine solche Annäherung Nord- und Süddeutschlands jedoch nicht nur für möglich, sondern auch für wahrscheinlich – ungeachtet des französischen Widerstandes, den er zwar nicht unnötig (etwa durch militärisches Überschreiten der Mainlinie) provozieren wollte, dessen Legitimität er aber bestritt, wenn die Deutschen sich auf friedlichem Wege zu vereinigen suchten: Frankreich konnte nicht für Deutschland sprechen, und wenn es dies doch tat, war die „Machtfrage" gestellt.

In seiner Reichstagsrede vom 11. März 1867 über die Verfassung des Norddeutschen Bundes erläuterte Bismarck seinen Standpunkt in dieser Angelegenheit:

Unser Verhältnis zu Süddeutschland wird sich an der Hand des Artikels, der sich im Verfassungsentwurfe darüber befindet, meines Erachtens einfach und mit Sicherheit entwickeln. Wir haben zunächst mit Süddeutschland die Gemeinschaft des Zollvereins...

Es ist schwer zu glauben, daß eine solche gemeinschaftliche organische Gesetzgebung für Zollsachen..., daß solche Organe der Gesetzgebung, wenn sie einmal geschaffen, sich der Aufgabe entziehen könnten, auch die meisten der übrigen Titel der materiellen Wohlfahrt, sowie mancher formalen Gesetzgebung, über Prozeßwesen usw. allmählich sich anzueignen, und auch darüber gemeinsame Bestimmungen für ganz Deutschland herbeizuführen.

Was ferner die Machtfrage betrifft, so halte ich die Vereinigung von Nord- und Süddeutschland jedem Angriffe gegenüber in allen Fragen, wo es sich um die Sicherheit des deutschen Bodens handelt, für definitiv gesichert. Im Süden kann kein Zweifel darüber sein, daß, wenn er in seiner Integrität gefährdet werden sollte, Norddeutschland ihm unbedingt brüderlich beisteht, im Norden ist kein Zweifel darüber, daß wir des Beistandes Süddeutschlands gegen jeden Angriff, der uns treffen könnte, vollständig sicher sind...

Ich weiß nicht, ob ich während der Generaldiskussion noch weiter Veranlassung habe, das Wort zu nehmen oder einer meiner Herren Kollegen. Für den Augenblick wüßte ich dem, was ich gesagt habe, nichts weiter hinzuzufügen, als die nochmalige Aufforderung: meine Herren, arbeiten wir rasch! Setzen wir Deutschland, sozusagen, in den Sattel! Reiten wird es schon können.

(Aus: Bismarck, Die gesammelten Werke, a.a.O., Bd. 10, S. 327ff.)

Der Kurs war also vorbestimmt. Noch deutlicher als bei Bismarck kam dies in der Thronrede des preußischen Königs zur Eröffnung des verfassunggebenden Reichstags des Norddeutschen Bundes am 20. Februar 1867 zum Ausdruck. Ohne viel Umschweife erklärte dort Wilhelm:

Einst mächtig, groß und geehrt, weil einig und von starken Händen geleitet, sank das Deutsche Reich nicht ohne Mitschuld von Haupt und Gliedern in Zerrissenheit und Ohnmacht. Des Gewichtes im Rate Europas, des Einflusses auf die eigene Geschichte beraubt, ward Deutschland zur Wahlstatt der Kämpfe fremder Mächte, für welche es das Blut seiner Kinder, die Schlachtfelder und die Kampfpreise hergab.

Niemals aber hat die Sehnsucht des deutschen Volkes nach seinen verlorenen Gütern aufgehört, und die Geschichte unserer Zeit ist erfüllt von den Bestrebungen, Deutschland und dem deutschen Volke die Größe seiner Vergangenheit wieder zu erreichen...

Keine feindliche Tendenz gegen unsere Nachbarn, kein Streben nach Eroberung hat die deutsche Bewegung der letzten Jahrzehnte getragen, sondern lediglich das Bedürfnis, den weiten Gebieten von den Alpen bis zum Meere die Grundbedingungen des staatlichen Gedeihens zu gewähren, welche ihnen der Entwicklungsgang früherer Jahrhunderte verkümmert hat. Nur zur Abwehr, nicht zum Angriff einigen sich die deutschen Stämme...

(Aus: Das Staatsarchiv, a.a.O., Bd. 12, 1871, S. 367ff.)

Und Johannes Miquel, der Bürgermeister von Osnabrück, erklärte, ebenso deutlich, in der Debatte über den von den verbündeten Regierungen vorgelegten Entwurf einer Verfassung des Norddeutschen Bundes am 9. März 1867 zur Frage der Mainlinie:

Wir fürchteten den Dualismus Deutschlands viel mehr als die Vielheit, wir wollten lieber den Föderalismus, weil er die Einheit möglich machte für die Zukunft, als den Dualismus, weil wir fürchteten, er werde die wahre Einheit Deutschlands unmöglich machen. Nun, wir haben die Mainlinie, das Gespenst ist Wirklichkeit geworden. Es hat damit aber aufgehört, Gespenst zu sein, es ist eine praktisch politische, und ich wage das ketzerische Wort, selbst auf das Risiko hin, meinen Freunden zu mißfallen, eine heilsame Notwendigkeit. Die Mainlinie, wie wir sie heute haben, ist nicht die Scheidung zwischen zwei Machtgebieten zweier Großstaaten, nicht die Mainlinie, die wir früher fürchteten, die Scheidelinie zwischen Österreich und Preußen. Die Mainlinie ist, wenn ich den prosaischen Ausdruck gebrauchen darf, gewisser-

Johannes von Miquel (1828-1901, geadelt 1897), Rechtsanwalt und Politiker. Mitbegründer und Ausschußmitglied des Nationalvereins. 1864 Mitglied der Zweiten Kammer von Hannover. Seit 1865 Bürgermeister von Osnabrück. Seit 1867 Mitglied des Preußischen Abgeordnetenhauses, später des Norddeutschen bzw. Deutschen Reichstags. 1870 Direktor bzw. Vorsitzender des Verwaltungsrates der Discontgesellschaft. Seit 1876 erneut Bürgermeister von Osnabrück, 1879 von Frankfurt am Main. 1882 Mitglied des Preußischen Herrenhauses. Seit 1890 preußischer Finanzminister und seit 1898 außerdem Vizepräsident des Staatsministeriums. 1901 im Streit um den Mittelkanal Rücktritt. Beteiligung an der Verwaltungs- und Justizreform sowie an der Neugestaltung des Steuerwesens. Im Denken zunächst nationalliberal, später konservativ. Werke: „Reden", hrsg. von Walther Schulze und Friedrich Thimme, 4 Bde. 1911-14.

maßen eine Haltestelle für uns, wo wir Wasser und Kohlen einnehmen, Atem schöpfen, um nächstens weiter zu gehen.

(Aus: Erster Norddeutscher Reichstag, 9. März 1867, Stenographische Berichte 1, S. 112.)

Es bedarf keiner besonderen Phantasie, um sich das Unbehagen auszumalen, das Frankreich angesichts solcher Aussichten an seinen östlichen Grenzen empfand. Ein Deutsches Reich von den Alpen bis zur Nord- und Ostsee! Der Main nur als Haltestelle, kein Trenn-, sondern ein Verbindungsfluß, mit vielen Brücken hinüber und herüber, die man bald auch zu benutzen gedachte auf dem Wege zwischen Nord und Süd! Und kein Limes, keine Maginot-Linie weit und breit. Nicht einmal die französische Armee erstrahlte in Zuversicht, so sehr sich Napoleon auch seit 1867 um die Heeresreform bemühte. Probleme überall.

Wenigstens Luxemburg, die ehemalige Bundesfestung, wo noch preußische Truppen standen, wollte Frankreich nun kaufen; so bescheiden war man inzwischen geworden. Kaufen nicht von Preußen, Gott bewahre!, sondern von den Niederlanden, mit denen das Großherzogtum Luxemburg in Personalunion verbunden war. Und Bismarck war einverstanden, sofern man die Angelegenheit ohne viel Aufhebens verrichte. Eben das aber wollte Napoleon nicht, sondern wollte die vorherige, offizielle preußische Zustimmung, um diesen Prestigeerfolg auch wirklich auszukosten. Doch damit war die Sache gescheitert, noch ehe sie in Gang gekommen: Bismarck hatte sich im Reichstag den Angriffen entrüsteter Nationalisten zu erwehren, gab ihnen nach, weigerte sich aber, wegen Luxemburg gegen Frankreich in einen Präemptivkrieg zu ziehen, den viele bereits jetzt für unvermeidlich hielten, in dem Deutschland aber, wie Bismarck nach diplomatischen Sondierungen wußte, isoliert sein würde, und stimmte statt dessen einer Vermittlung Englands zu. Luxemburg wurde neutral, blieb es für lange Zeit.

Was heute, im Zeichen der Europäischen Gemeinschaft, mit Sitz vieler europäischer Institutionen in Luxemburg, das noch immer Großherzogtum ist, wie eine lächerliche Geringfügigkeit anmutet, war damals eine erneute schwere Niederlage der französischen Politik. Wut und Empörung über Deutschland wuchsen. Die Stimmung trieb zum Krieg.

Bismarck schloß diesen Krieg nicht aus, suchte ihn jedoch weiter zu vermeiden und hoffte auf den zunehmenden Verfall der Autorität Napoleons III., der am Ende vielleicht die deutsche Einigung erlauben würde, ohne mit Frankreich in Verwicklung zu geraten.

Der Streit um die spanische Thronfolge

Vor diesem Hintergrund muß man auch die diplomatische Krise um die Thronfolge in Spanien zwischen 1868 und 1870 sehen. Dort hatte 1868 eine Revolution die Bourbonenherrschaft beseitigt und Königin Isabella II. vertrieben. Auf der Suche nach einem geeigneten Thronfolger bemühte sich die provisorische Regierung in Madrid um Prinz Leopold von Hohenzollern-Sigmaringen, den Gemahl einer der portugiesischen Prinzessinnen und einem entfernten Verwandten König Wilhelms I. von Preußen. Mit Rücksicht auf Frankreich widersetzte sich Bismarck zunächst einer Kandidatur des Hohenzollern. Als Napoleon jedoch im Mai 1870 für seine neue Verfassung des *Empire libéral* in einer Volksabstimmung einen großen Sieg errang und sich damit die Möglichkeit abzeichnete, daß Napoleons Position sich festigte anstatt sich – wie Bismarck seit Jahren gehofft hatte – weiter zu schwächen, schwenkte der Kanzler um und setzte sich für die Kandidatur ein, um Frankreich damit eine weitere Niederlage beizufügen. Am 2. Juli 1870 wurde verkündet, daß Prinz Leopold die spanische Krone annehme.

Ganz Frankreich war – wie von' Bismarck vorausgesehen – außer sich. Am 6. Juli erklärte die französische Regierung vor der Kammer, „daß sie ihre Pflicht ohne Zaudern und ohne Schwäche“ tun werde – eine glatte Kriegsdrohung.

Doch nun geschah etwas, womit Bismarck nicht gerechnet hatte: Prinz Leopold zog mit dem Einverständnis von König Wilhelm I. seine Kandidatur zurück.

Bismarck war entsetzt über dieses Zurückweichen unter der französischen Drohung. Als er – während eines Essens in seiner Berliner Wohnung mit Generalstabchef Helmuth von Moltke und Kriegsminister Albrecht Graf von Roon – die Meldung über den Verzicht des Hohenzollern erhielt, dachte er sofort an Rücktritt. In seinen *Gedanken und Erinnerungen* heißt es in diesem Zusammenhang:

Ich entschloß mich, am 12. Juli von Varzin nach Ems aufzubrechen, um bei Sr. Majestät die Berufung des Reichstags behufs der Mobilmachung zu befürworten. Als ich durch Wussow fuhr, stand mein Freund, der alte Prediger Mulert, vor der Thür des Pfarrhofes und grüßte mich freundlich; meine Antwort im offenen Wagen war ein Lufthieb in Quart und Terz, und er verstand, daß ich glaubte in den Krieg zu gehn. In den Hof meiner Berliner Wohnung einfahrend und bevor ich den Wagen verlassen hatte, empfing ich Telegramme, aus denen hervorging, daß der König nach den französischen Bedrohungen und Beleidigungen im Parlament und in der Presse mit Benedetti zu verhandeln fortfuhr, ohne ihn in kühler Zurückhaltung an seine Minister zu verweisen. Während des Essens, an dem Moltke und Roon Theil nahmen, traf von der Botschaft in Paris die Meldung ein, daß der Prinz von Hohenzollern der Candidatur entsagt habe, um den Krieg abzuwenden, mit dem uns Frankreich bedrohte. Mein erster Gedanke war, aus dem Dienste zu scheiden, weil ich nach allen beleidigenden Provocationen, die vorhergegangen waren, in diesem erpreßten Nachgeben eine Demüthigung Deutschlands sah, die ich nicht amtlich verantworten wollte. Dieser Eindruck der Verletzung des nationalen Ehrgefühls durch den aufgezwungenen Rückzug war in mir so vorherrschend, daß ich schon entschlossen war, meinen Rücktritt aus dem Dienste nach Ems zu melden . . . Ich telegraphirte an die Meinigen nach Varzin, man sollte nicht packen, nicht abreisen, ich würde in wenig Tagen wieder dort sein. Ich glaubte nunmehr an Frieden; da ich aber die Haltung nicht vertreten wollte, durch welche dieser Friede erkauft gewesen wäre, so gab ich die Reise nach Ems auf und bat Graf Eulenburg, dorthin zu reisen und Sr. Majestät meine Auffassung vorzutragen. In gleichem Sinne sprach ich auch mit dem Kriegsminister von Roon: wir hätten die französische Ohrfeige weg, und wären durch die Nachgiebigkeit in die Lage gebracht, als Händelsucher zu erscheinen, wenn wir zum Kriege schritten, durch den allein wir den Flecken abwaschen könnten. Meine Stellung sei jetzt unhaltbar...

Zum Rücktritt entschlossen trotz der Vorwürfe, die mir Roon darüber machte, lud ich ihn und Moltke zum 13. ein, mit mir zu Drei zu speisen, und theilte ihnen bei Tische meine An- und Absichten mit. Beide waren sehr niedergeschlagen und machten mir indirect Vorwürfe, daß ich die im Vergleiche mit ihnen größere Leichtigkeit des Rückzuges aus dem Dienste egoistisch benutzte. Ich vertrat die Meinung, daß ich mein Ehrgefühl nicht der Politik opfern könne, daß sie Beide als Berufssoldaten wegen der Unfreiheit ihrer Entschließung nicht dieselben Gesichtspunkte zu nehmen brauchten wie ein verantwortlicher auswärtiger Minister.

(Aus: Bismarck, Gedanken und Erinnerungen, a.a.O., Bd. II, S. 84f und S. 87.)

Bismarck hatte also bereits Vorbereitungen für die Mobilmachung treffen wollen, hatte ja auch nicht ziellos gerade in diesem Augenblick mit seinen verantwortlichen Militärs Moltke und Roon gespeist. Und nun das!

Die Emser Depesche

Doch Frankreich mochte sich mit dem Rückzug Prinz Leopolds nicht begnügen, sondern verlangte darüber hinaus eine Garantie, daß es auch in Zukunft keine Kandidatur eines Hohenzollern für den spanischen Thron geben werde. In diesem Sinne verhandelte der französische Botschafter Graf Benedetti, den Bismarck in seinem Bericht erwähnt, mit König Wilhelm in Bad Ems, wo dieser sich zur Kur befand. Wilhelm lehnte ab, höflich, aber bestimmt, und weigerte sich, Benedetti ein weiteres Mal zu empfangen, da er die Angelegenheit als erledigt betrachtete. Anschließend schrieb er einen Vermerk für den Geheimrat Heinrich Abeken, der den König während seines Kuraufenthalts als Vertreter des Auswärtigen Amtes begleitete und der nun seinerseits auf der Grundlage dieses Vermerks Seiner Majestät am Nachmittag des 13. Juli, kurz vor 16 Uhr, an Bismarck telegrafierte:

Se. Majestät schreibt mir: „Graf Benedetti fing mich auf der Promenade ab, um auf zuletzt sehr zudringliche Art von mir zu verlangen, ich sollte ihn autorisieren, sofort zu telegraphiren, daß ich für alle Zukunft mich verpflichtete, niemals wieder meine Zustimmung zu geben, wenn die Hohenzollern auf ihre Candidatur zurückkämen. Ich wies ihn zuletzt etwas ernst zurück, da man à tout jamais dergleichen Engagements nicht nehmen dürfe noch könne. Natürlich sagte ich ihm, daß ich noch nichts erhalten hätte und, da er über Paris und Madrid früher benachrichtigt sei als ich, er wohl einsähe, daß mein Gouvernement wiederum außer Spiel sei." Seine Majestät hat seitdem ein Schreiben des Fürsten bekommen. Da Seine Majestät dem Grafen Benedetti gesagt, daß er Nachricht vom Fürsten erwarte, hat Allerhöchstderselbe, mit Rücksicht auf die obige Zumuthung, auf des Grafen Eulenburg und meinen Vortrag beschlossen, den Grafen Benedetti nicht mehr zu empfangen, sondern ihm nur durch einen Adjutanten sagen zu lassen: daß Seine Majestät jetzt vom Fürsten die Bestätigung der Nachricht erhalten, die Benedetti aus Paris schon gehabt, und dem Botschafter nichts weiter zu sagen habe. Seine Majestät stellt Eurer Excellenz anheim, ob nicht die neue Forderung Benedetti's und ihre Zurückweisung sogleich sowohl unsern Gesandten als in der Presse mitgetheilt werden sollte.

(Aus: Bismarck, Gedanken und Erinnerungen, a.a.O., Bd. II, S. 87f.)

Bismarck, Moltke und Roon saßen noch beisammen, als die Depesche gut zwei Stunden später, um 18.09 Uhr, in Berlin eintraf. Bismarck berichtet, wiederum in seinen *Gedanken und Erinnerungen*:

Während der Unterhaltung wurde mir gemeldet, daß ein Ziffertelegramm, wenn ich mich recht erinnere, von ungefähr 200 Gruppen, aus Ems, von dem Geheimrath Abeken unterzeichnet, in der Übersetzung begriffen sei. Nachdem mir die Entzifferung überbracht war, welche ergab, daß Abeken das Telegramm auf Befehl Sr. Majestät redigirt und unterzeichnet hatte, las ich dasselbe meinen Gästen vor, deren Niedergeschlagenheit so tief wurde, daß sie

Heinrich Abeken (1809-1872), Theologe, später Verwaltungsbeamter. Seit 1831 Tätigkeit beim preußischen Gesandten in Rom, auch Prediger an der dortigen Gesandtschaftskapelle. 1842 Teilnahme an der Ägypten-Expedition von Professor Karl Richard Lepsius. Seit 1848 im Außenministerium in Berlin; 1850 Wirkl. Legationsrat, 1853 Vortragender Rat. Enger Mitarbeiter Bismarcks; oft auch „Bismarcks Feder" genannt, von Bismarck selbst als „das unvergeßliche und unersetzte Faktotum" und – wegen seiner allzu großen Zurückhaltung – als „diplomatische Häckselmaschine" bezeichnet. Verfasser vieler Depeschen und Denkschriften, darunter 1870 der Emser Depesche. Werke: „Heinrich Abeken. Ein schlichtes Leben in bewegter Zeit, aus Briefen zusammengestellt" (von seiner Witwe Hedwig Abeken) 1898.

Speise und Trank verschmähten. Bei wiederholter Prüfung des Actenstücks verweilte ich bei der einen Auftrag involvirenden Ermächtigung Seiner Majestät, die neue Forderung Benedettis und ihre Zurückweisung sogleich sowohl unsern Gesandten als in der Presse mitzutheilen. Ich stellte an Moltke einige Fragen in Bezug auf das Maß seines Vertrauens auf den Stand unsrer Rüstungen, respective auf die Zeit, deren dieselben bei der überraschend aufgetauchten Kriegsgefahr noch bedürfen würden. Er antwortete, daß er, wenn Krieg werden sollte, von einem Aufschub des Ausbruchs keinen Vortheil für uns erwarte...

In dieser Überzeugung machte ich von der mir durch Abeken übermittelten königlichen Ermächtigung Gebrauch, den Inhalt des Telegramms zu veröffentlichen, und reducirte in Gegenwart meiner beiden Tischgäste das Telegramm durch Streichungen, ohne ein Wort hinzuzusetzen oder zu ändern...

(Aus: Bismarck, Gedanken und Erinnerungen, a.a.O., Bd. II, S. 87f und S. 90.)

Die Bismarcksche Fassung des Abekenschen Textes lautete:

Nachdem die Nachrichten von der Entsagung des Erbprinzen von Hohenzollern der kaiserlich französischen Regirung von der königlich spanischen amtlich mitgetheilt worden sind, hat der französische Botschafter in Ems an Seine Majestät den König noch die Forderung gestellt, ihn zu autorisiren, daß er nach Paris telegraphire, daß Seine Majestät der König sich für alle Zukunft verpflichte, niemals wieder seine Zustimmung zu geben, wenn die Hohenzollern auf ihre Candidatur wieder zurückkommen sollten. Seine Majestät der König hat es darauf abgelehnt, den französischen Botschafter nochmals zu empfangen, und demselben durch den Adjutanten vom Dienst sagen lassen, daß Seine Majestät dem Botschafter nichts weiter mitzutheilen habe.

(Aus: Bismarck, Gedanken und Erinnerungen, a.a.O., Bd. II, S. 90f.)

Die beiden anderen, die am Nachmittag dieses 13. Juli die Redaktion Bismarcks mit ansahen, spürten sofort, daß hier etwas Unerhörtes geschehen war. Bismarck selbst berichtete später darüber:

Der Unterschied in der Wirkung des gekürzten Textes der Emser Depesche im Vergleich mit der, welche das Original hervorgerufen hätte, war kein Ergebniß stärkerer Worte, sondern der Form, welche diese Kundgebung als eine abschließende erscheinen ließ, während die Redaction Abekens nur als ein Bruchstück einer schwebenden und in Berlin fortzusetzenden Verhandlung erschienen sein würde.

Nachdem ich meinen beiden Gästen die concentrirte Redaction vorgelesen hatte, bemerkte Moltke: „So hat das einen andern Klang, vorher klang es wie Chamade, jetzt wie eine Fanfare in Antwort auf eine Herausforderung." Ich erläuterte: „Wenn ich diesen Text, welcher keine Aenderungen und keinen Zusatz des Telegramms enthält, in Ausführung des Allerhöchsten Auftrags sofort nicht nur an die Zeitungen, sondern auch telegraphisch an alle unsre Gesandtschaften mittheile, so wird er vor Mitternacht in Paris bekannt sein und dort nicht nur wegen des Inhaltes, sondern auch wegen der Art der Verbreitung den Eindruck des rothen Tuches auf den gallischen Stier machen. Schlagen müssen wir, wenn wir nicht die Rolle des Geschlagenen ohne Kampf auf uns nehmen wollen. Der Erfolg hängt aber doch wesentlich von den Eindrücken bei uns und Andern ab, die der Ursprung des Krieges hervorruft; es ist wichtig, daß wir die Angegriffenen seien, und die gallische Ueberhebung und Reizbarkeit wird uns dazu machen, wenn wir *mit europäischer Oeffentlichkeit,* so weit es uns ohne das Sprachrohr des Reichstags möglich ist, verkünden, daß wir den öffentlichen Drohungen Frankreichs furchtlos entgegentreten."

Diese meine Auseinandersetzung erzeugte bei den beiden Generalen einen Umschlag zu freudiger Stimmung, dessen Lebhaftigkeit mich überraschte. Sie hatten plötzlich die Lust zu essen und zu trinken wiedergefunden und sprachen in heiterer Laune. Roon sagte: „Der alte Gott lebt noch und wird uns nicht in Schande verkommen lassen." Moltke trat so weit aus seiner gleichmüthigen Passivität heraus, daß er sich, mit freudigem Blick gegen die Zimmerdecke und mit Verzicht auf seine sonstige Gemessenheit in Worten, mit der Hand vor die Brust schlug und sagte: „Wenn ich das noch erlebe, in solchem Kriege unsre Heere zu führen, so mag gleich nachher ‚die alte Carcasse' der Teufel holen." Er war damals hinfälliger als später und hatte Zweifel, ob er die Strapazen des Feldzugs überleben werde.

(Aus: Bismarck, Gedanken und Erinnerungen, a.a.O., Bd. II, S. 91f.)

Der deutsch-französische Krieg 1870/71

Durch die Veröffentlichung der verkürzten, von Bismarck zugespitzten Fassung der Emser Depesche wurde die französische Regierung, die nach dem Verzicht Prinz Leopolds auf seine Kandidatur für den spanischen Thron den Krieg mit Preußen schon für abgewendet gehalten hatte, erneut in Zugzwang versetzt. Aber wie sollte sie die Demütigung, die Bismarck ihr – nun schon zum wiederholten Male – zugefügt hatte, noch in einen diplomatischen Sieg verwandeln oder zumindest auf eine Weise aus der Welt schaffen, die Frankreich das Gesicht wahrte?

Man hielt, jedenfalls in der Regierung, die Verhandlungsmöglichkeiten für ausgeschöpft. Außerdem war man mit der Geduld am Ende. Nach all den Jahren der Erniedrigung und des unaufhörlichen Rückzugs blieb nur die Zuflucht zum Krieg, um den neuen Affront angemessen zu beantworten und Bismarck, die Hohenzollern und Preußen endlich in ihre Schranken zu verweisen. So erklärte der Leiter des Ministeriums, Émile Ollivier, am 15. Juli 1870 in der französischen Kammer:

Man wollte uns demütigen und uns eine Schlappe beibringen, um sich für die Verzichtleistung des Prinzen von Hohenzollern zu entschädigen. Wenn Sie eine solche Situation vor den Augen Europas annehmen wollen, wir können es nicht. Wann hat man jemals in der Geschichte es gewagt, sich hinter unserem Rücken zu verschwören, um einen preußischen Prinzen auf den spanischen Thron zu erheben? Dies hätte allein uns schon bis aufs Aeußerste bringen sollen, und wir haben noch unterhandelt und nur Zusicherungen für die Zukunft verlangt. Man verweigerte uns dieselben. Haben wir gedroht, beleidigt? Nein, wir unterhandelten weiter und zum Lohn für unsere Mäßigkeit werden die Unterredungen in hochmütiger Weise abgebrochen. Wer dies rechtfertigen möchte, kennt nicht das seit Jahren zwischen beiden Nationen bestehende gereizte Verhältnis...

Möge jetzt die Kammer entscheiden! Wenn wir zu empfindlich gewesen sind, so hätten Sie unsere Erklärungen nicht mit Ihrem Beifall aufgenommen. Ich ergehe mich in Ausführungen, welche, ich weiß es wohl, für die Mehrheit dieses Hauses überflüssig sind; aber es war notwendig, vor dem Lande die Gerechtigkeit und die Stärke unserer Sache darzulegen.

(Aus: Der Krieg Deutschlands gegen Frankreich und die Gründung des Deutschen Kaiserreichs. Die deutsche Politik 1867–1871. In Actenstücken, amtlichen und halbamtlichen Äußerungen, hrsg. von Ludwig Hahn, Berlin 1871, S. 333f.)

Der Führer der Opposition in der französischen Kammer, Adolphe Thiers, war nicht dieser Meinung. Er widersprach Ollivier:

Sie würden im Recht gewesen sein, wenn man sich geweigert hätte, die Thronbewerbung des Prinzen zurückzuziehen. Ja, dann würde im Lande, in ganz Europa, nur eine Stimme gewesen sein, Frankreich Recht zu geben. Alle Welt sagte noch vor drei Tagen, daß, wenn man die Zurücknahme der Kandidatur verlange, so müsse man sich damit begnügen. Es ist augenscheinlich, daß, wenn man, nachdem man sie erlangt hat, Streit über Worte und Empfindlichkeiten

Émile Ollivier (1825-1913), französischer Politiker. Zunächst Rechtsanwalt. Befürworter eines „liberalen Kaiserreiches". Am 2. Januar 1870 Bildung des ersten parlamentarischen Ministeriums Napoleons III. Durch seine nationalistische Haltung mitverantwortlich für den Ausbruch des deutsch-französischen Krieges. Nach den ersten militärischen Niederlagen Rücktritt am 9. August 1870.

erhebt, Krieg daraus entstehen wird. Der gewöhnliche gesunde Menschenverstand genügte, um vorauszusehen, daß, wenn nach einer Konzession des Königs von Preußen – (Ollivier unterbricht: er hat keine gemacht!) – ... Wie? Vor der ganzen Welt zieht der König von Preußen die Kandidatur des Prinzen von Hohenzollern zurück, oder läßt sie zurückziehen, und das wäre keine Konzession? Können Sie das aufrechterhalten? Ich gehe noch weiter: nach den eben gelesenen Aktenstücken hat der König von Preußen eingewilligt, durch die Organe seiner Regierung zu erklären, daß er um die Zurückziehung der Kandidatur gewußt und sie gebilligt habe...

Möge ein jeder von uns die Bedeutung seines Votums vor Augen haben! Was mich betrifft, so werde ich aus Sorge für mein Andenken die Verantwortlichkeit für einen solchen Entschluß nicht übernehmen. Ich verlange angesichts des Landes, daß man uns die Depeschen mitteile, infolge deren man die Kriegserklärung beschlossen hat. Wäre ich am Ruder gewesen, so hätte ich es für meine Pflicht gehalten, dem Lande einige Augenblicke der Überlegung zu gönnen. Ich halte diesen Krieg für unklug; die Ereignisse von 1866 gingen mir mehr nahe als irgendwem, aber die Gelegenheit, das Übel wieder gutzumachen, ist kläglich gewählt. Man hat Ihnen eine Genugtuung zugestanden. Preußen war in seinem Unrecht und Europa vermag uns Genugtuung zu geben. Ich bin gewiß, daß Sie eines Tages diese Überstürzung bereuen werden. Beschimpfen Sie mich, ich werde doch meine Pflicht erfüllen. Die Gelegenheit zum Kriege ist schlecht gewählt, und dies wird sich rächen. Ich verlange nochmals die Mitteilung der Depeschen; möge dann die Kammer tun, was ihr gut scheint.

(Aus: Der Krieg Deutschlands gegen Frankreich und die Gründung des Deutschen Kaiserreichs, a.a.O., S. 334f.)

Doch die Kammer folgte nicht Thiers, sondern Ollivier. Allzuviel war dem Streit um die Emser Depesche voraufgegangen, so daß es um dieses Aktenstück, um die Mitteilung der Depeschen, die Thiers verlangte, schon längst nicht mehr ging. Am 19. Juli 1870 erklärte die französische Regierung Preußen den Krieg.

In diesem Krieg standen sich jedoch nicht nur Preußen und Frankreich gegenüber. Vielmehr schlossen sich die süddeutschen Staaten nach der französischen Kriegserklärung Preußen an und schickten ihre Truppen gegen Frankreich ins Feld.

Einzug der deutschen Truppen in Paris am 1. März 1871. Zeitgenössische Darstellung von F. W. Heine

Adolphe Thiers (1797-1877), französischer Politiker und Historiker. Seit 1821 ein führender Vertreter des französischen Liberalismus. 1836 und 1840 unter dem Bürgerkönig Louis Philippe Ministerpräsident. Als gemäßigter Republikaner Kampf gegen das Kaiserreich Napoleons III. 1871-73 erster Präsident der Dritten Republik. Führer der Friedensverhandlungen mit Bismarck. 1871 Niederwerfung der Pariser Commune. Unter dem Druck der monarchischen Mehrheit in der Nationalversammlung 1873 Rücktritt. Werke: „Histoire de la Révolution française", 10 Bde. 1823-27; „Histoire du Consulat et de l'Empire", 29 Bde. 1845-69.

Rußland konzentrierte seine Truppen entlang der Grenze zu Österreich-Ungarn, hielt dadurch Österreich von einem Eingreifen auf seiten Frankreichs gegen Preußen ab und „bedankte" sich durch diese Form wohlwollender Neutralität gleichzeitig für die preußische Rückendeckung Rußlands bei der Niederschlagung des polnischen Aufstandes nach dem 22. Januar 1863. In der *Alvenslebenschen Konvention* vom 8. Februar 1863 war seinerzeit eine gegenseitige Beistandsleistung russischer und preußischer Truppen gegenüber den aufständischen Polen vereinbart worden, obwohl Bismarck sich damit dem leidenschaftlichen Protest der öffentlichen Meinung Deutschlands und Europas aussetzte. Doch hatte er sich auf diese Weise das Vertrauen und die Freundschaft des Zaren erworben, auf den der Kanzler sich jetzt, in der Auseinandersetzung mit Frankreich, ebenso verlassen konnte wie zuvor bereits im Krieg gegen Dänemark und im Konflikt mit Österreich. Der Historiker Egmont Zechlin hat diese taktische Leistung Bismarcks daher zu Recht als „die Grundlegung der deutschen Großmacht", wie es im Titel seines 1930 erschienenen Buches dazu heißt, bezeichnet.

Die Kämpfe zwischen den deutschen und französischen Truppen begannen Anfang August 1870. In ihnen erwiesen sich die französischen Armeen bald als unterlegen. Ihre Hauptkräfte unter Marschall Bazaine und Marschall MacMahon wurden in der Festung Metz und bei Sedan eingeschlossen. Sogar Napoleon III. geriet am 1. September 1870 bei Sedan in preußische Kriegsgefangenschaft und wurde nach Wilhelmshöhe (bei Kassel, der ehemaligen Residenz seines Oheims Jérôme) gebracht, von wo er im März 1871 ins Exil nach England ging. Sein Regime brach zusammen; am 4. September 1870 wurde Frankreich zur Republik erklärt. Metz kapitulierte im Oktober, das seit September belagerte Paris am 28. Januar 1871. Danach wurde ein allgemeiner Waffenstillstand vereinbart.

Kaiserproklamation in Versailles

Noch bevor es dazu kam, fand am 18. Januar 1871 im Spiegelsaal des Schlosses von Versailles die Proklamation des Königs von Preußen zum Deutschen Kaiser statt. Durch die Tatsache, daß man für dieses deutsche Ereignis das geschichtsträchtige französische Versailles als Veranstaltungsort gewählt hatte, konnten sich die Franzosen jedoch keineswegs geschmeichelt fühlen. Die Ortswahl war ein Affront und Beweis für das Aufeinandertreffen gegensätzlicher französischer und deutscher Interessen in der Frage der deutschen Einheit. Von hier aus nahm die deutsch-französische „Erbfeindschaft" ihren Ausgang.

Der gemeinsame Krieg der Deutschen gegen die Franzosen hatte den letzten Anstoß für die staatliche Einigung gegeben, die nun auf dem Boden des geschlagenen Gegners verkündet und gefeiert wurde. Bismarck hatte schon nach den ersten Siegen über diese Einigung mit den süddeutschen Staaten verhandelt und Einvernehmen

Kaiserproklamation im Spiegelsaal des Schlosses von Versailles am 18. Januar 1871. Nach einem Gemälde von A. von Werner (1843-1915, Historienmaler des preußischen Hofes). Bismarcks Uniform war in Wirklichkeit blau und nicht weiß, was ihn in dieser Fassung besonders hervorhebt.

erzielt, so daß man nun, obwohl der Krieg noch andauerte, bereits zur Kaiserproklamation schreiten konnte. Vor den in Versailles anwesenden deutschen Fürsten wurde in einer „Proklamation an das deutsche Volk", die Bismarck verlas, die Annahme der deutschen Kaiserwürde durch den König von Preußen verkündet:

Wir Wilhelm, von Gottes Gnaden König von Preußen, nachdem die deutschen Fürsten und freien Städte den einmütigen Ruf an Uns gerichtet haben, mit Herstellung des Deutschen Reichs die seit mehr denn sechzig Jahren ruhende deutsche Kaiserwürde zu erneuern und zu übernehmen, und nachdem in der Verfassung des Deutschen Bundes die entsprechenden Bestimmungen vorgesehen sind, bekunden hiermit, daß Wir es als eine Pflicht gegen das gemeinsame Vaterland betrachtet haben, diesem Ruf der verbündeten deutschen Fürsten und Städte Folge zu leisten und die deutsche Kaiserwürde anzunehmen. Demgemäß werden Wir und Unsere Nachfolger an der Krone Preußens fortan den kaiserlichen Titel in allen Unseren Beziehungen und Angelegenheiten des Deutschen Reiches führen, und hoffen zu Gott, daß es der deutschen Nation gegeben sein werde, unter dem Wahrzeichen ihrer alten Herrlichkeit das Vaterland einer segensreichen Zukunft entgegenzuführen. Wir übernehmen die kaiserliche Würde in dem Bewußtsein der Pflicht, in deutscher Treue die Rechte des Reiches und seiner Glieder zu schützen, den Frieden zu wahren, die Unabhängigkeit Deutschlands, gestützt auf die geeinte Kraft seines Volkes, zu verteidigen. Wir nehmen sie an in der Hoffnung, daß dem deutschen Volke vergönnt sein wird, den Lohn seiner heißen und opfermutigen Kämpfe in dauerndem Frieden und innerhalb der Grenzen zu genießen, welche dem Vaterlande die seit Jahrhunderten entbehrte Sicherung gegen erneute Angriffe Frankreichs gewähren. Uns aber und Unseren Nachfolgern an der Kaiserkrone wolle Gott verleihen, allezeit Mehrer des Deutschen Reiches zu sein, nicht an siegreichen Eroberungen, sondern an den Gütern und Gaben des Friedens auf dem Gebiete nationaler Wohlfahrt, Freiheit und Gesittung.

Gegeben Hauptquartier Versailles, den 17. Januar 1871.

Wilhelm

(Aus: Die Begründung des deutschen Reichs in Briefen und Berichten der führenden Männer, hrsg. von Horst Kohl, Leipzig 1912, S. 92f.)

Die Einheit des Deutschen Reiches unter dem Oberhaupt Kaiser Wilhelms I. war damit hergestellt.

Die Stimmung unter den Deutschen am Tage der Kaiserproklamation war überschwenglich. Kronprinz Friedrich Wilhelm von Preußen notierte in sein Kriegstagebuch:

Hauptquartier Versailles, den 18. Januar 1871

So wären denn Kaiser und Reich endlich eine anerkannte und gerade am Geburtstag unserer preußischen Monarchie verkündete Tatsache. Gott wolle es, daß dieser zwischen deutschen Fürsten und Stämmen geschlossene Bund sich niemals wieder löse, und daß mehr und mehr Fürsten erstehen, die würdig erscheinen, sich einer solchen Aufgabe zu weihen. Mir ist zumute, als wenn von jetzt ab meine Aufgabe und die meiner Frau eine doppelt schwere, gewichtige und verantwortungsvolle geworden wären; ich heiße sie aber auch darum doppelt willkommen, weil ich vor keiner Schwierigkeit zurückschrecke, ferner weil ich wohl fühle, daß es mir an frischem Mut nicht fehlt, furchtlos und beharrlich einst die Arbeit zu übernehmen, und endlich, weil ich der Ueberzeugung bin, daß es sich nicht umsonst also fügte, daß ich in dem Lebensalter zwischen dreißig und vierzig Jahren wiederholentlich berufen war, die allerwichtigsten Entschlüsse zu fassen und, den damit verknüpften Gefahren ins Antlitz schauend, dieselben auch durchzuführen. Die langjährigen Hoffnungen unserer Voreltern, die Träume deutscher Dichtungen sind erfüllt, und befreit von den Schlacken des heiligen römischen Unsegens steigt ein an Haupt und Gliedern reformiertes Reich unter dem alten Namen und den tausendjährigen Abzeichen aus sechzigjähriger Nacht empor. Groß sind die durch mein Haus damit übernommenen Pflichten, groß die Erwartungen und berechtigten Anforderungen an uns, aber bei richtiger Erkenntnis der Forderungen unserer Zeit und mit dem ehrlichen Willen vorwärts zu schreiten wird das große Werk gelingen...

Die Feier der Proklamation muß im eigentlichen Sinne des Wortes eine einzige genannt werden, und ich bin wahrhaft glücklich, dieselbe erlebt zu haben. Erst im Laufe der Zeit wird uns das ganze volle Gewicht dessen bewußt werden, was es heißt, im Prachtsaal Ludwigs XIV. Schloß zu Versailles die Wiedereinsetzung des auf dem französischen Schlachtfelde geschaffenen Deutschen Reiches sowie die Verkündigung des erwählten erblichen Kaisers mit angeschaut zu haben.

(Aus: Kaiser Friedrich III., Das Kriegstagebuch von 1870/71, hrsg. von Hans Otto Meisner, Berlin 1926, S. 338ff.)

Der Kaiser selbst zeigte sich nüchterner. In seinem 74. Lebensjahr hatte er „die glänzende preußische Krone mit dieser Schmutzkrone vertauschen“ müssen, wie er vorher dem Kronprinzen erklärte: „ein großes Unglück“, wie er meinte. Aber er trug es, da die Staatsräson es verlangte. Doch erhebend oder gar erheiternd fand er das alles nicht, wie er nach der Proklamation seiner Gemahlin, der Kaiserin Augusta, in einem Brief nach Berlin schrieb:

Versailles, 18. Januar 1871.

Eben kehre ich vom Schlosse nach vollbrachtem Kaiserakte zurück! Ich kann Dir nicht sagen, in welcher morosen Emotion ich in diesen letzten Tagen war, teils wegen der hohen Verantwortung, die ich nun zu übernehmen habe, teils und vor allem über den Schmerz, den preußischen Titel verdrängt zu sehen! In einer Konferenz gestern mit Fritz, Bismarck und Schleinitz war ich zuletzt so moros, daß ich drauf und dran war, zurückzutreten und Fritz alles zu übertragen! Erst nachdem ich in inbrünstigem Gebet mich an Gott gewendet habe, habe ich Fassung und Kraft gewonnen! Er wolle geben, daß so viele Hoffnungen und Erwartungen durch mich in Erfüllung gehen mögen, als gewünscht wurde! An meinem redlichen Willen soll es nicht fehlen!...

Die Feier ist sehr würdig vor sich gegangen. Das Wetter ist trübe, aber sehr mild. Durch die vielen Ankommenden, das Einrücken der nächststehenden Fahnen und Standarten (inklusive Bayern) usw. gab dem unbeteiligten Versailles un air de fête. Um 12 Uhr versammelten sich die Fürsten in einem der Salons von der galérie des glaces; in den drei darauffolgenden stand meine Stabswache als Ehrenwache; Posten auf dem escalier de marbre (auf dem die populace in die Gemächer der Königin M (arie) Ant (oinette) drang ! !), im cour de marbre eine Ehrenwache von meinem 7. Regiment. In der Mitte der Galerie am Fenster war der Altar errichtet; zu beiden Seiten längs der Fenster über 150 Soldaten mit dem Eisernen Kreuz; gegenüber längs den Spiegelembrasuren die Offizierskorps, mehrere hundert Personen. Am Ende der Galerie war ein Hauptpas gestellt, dessen Hintergrund die Fahnen einnahmen (einige 80; inklusive Bayern; Württemberg und Sachsen waren aus Konfusion nicht erschienen). Wir stellten uns vis-à-vis des Altars, wo Rogge eine verkürzte Liturgie sprach und ein schönes, nicht zu langes Gebet und Anrede sprach mit dem Schluß: Nun danket alle Gott (der liturgische Chor, von den Musikern meines Regiments wie allsonntäglich, singt sehr gut). Dann ging ich mit dem Fürsten nach dem Hauptpas und sprach dieselben mit kurzen Worten an (abgelesen), worauf Bismarck die Proklamierung verlas und Fritz von Baden das erste Hoch auf mich mit dem neuen Titel ausbrachte, was von der ganzen Versammlung langtönend widerhallte! Es war ein sehr ergreifender Moment ! ! ! Es folgte die Gratulation der Fürsten, worauf eine Defilier-Cour stattfand, und zum Schluß ging ich längs den Fahnen und Eisernen-Kreuz-Mannschaften herunter, womit alles endigte! . . .

Die Adreßtitulatur an mich von Dir schlage ich dahin vor: An Se. Majestät den Kaiser und König, die meinige an Dich findest Du analog auf dem heutigen Kuvert.

Ich muß endigen, da die Post wartet.

Dein treuester Freund W.

An die Deutsche Kaiserin und Königin von Preußen.

(Aus: Briefe Kaiser Wilhelms I., hrsg. von Erich Brandenburg, Leipzig 1911, S. 254ff.)

Moros hin oder her: Das Reich war gegründet; die Deutschen hatten ihren Kaiser und die Einheit, nach der sie sich so lange vergeblich gesehnt hatten. Man durfte gespannt sein, was daraus werden würde. Die Hoffnungen jedenfalls flogen hoch.

Friedrich III. (1831-1888), als Kronprinz **Friedrich Wilhelm** genannt, 1888 für 99 Tage Deutscher Kaiser und König von Preußen. Sohn Wilhelms I. und der britischen Prinzessin Viktoria; liberale Erziehung. 1866 Anteil am Sieg von Königgrätz. 1870/71 Beteiligung an der Schlacht bei Sedan und an der Einschließung von Paris. 1888 Übernahme der Regentschaft als todkranker Mann und früher Tod durch Kehlkopfkrebs. Werke: „Briefe, Reden und Erlasse“, hrsg. von G. Schuster 1906.

3. Die Entwicklung politischer Parteien in Deutschland

Doch wie stand es nach der äußeren mit der inneren Einigung des Reiches? Im preußischen Verfassungskonflikt hatte Bismarck ja nicht eben viel dazu getan, politische Gegner, Dissidenten, Parlamentarier, überhaupt die Vertreter der politischen Parteien im preußischen Landtag durch Argumente zu überzeugen und auf seine Seite zu bringen, sie also für den Staat einzunehmen. Er hatte sie vielmehr gespalten, auch innerlich, und gezwungen, zwischen Einheit und Freiheit zu wählen, hatte die Einheit als Tatsache geschaffen und dahinter die Freiheit zurücktreten lassen, bis viele sie ganz aus den Augen verloren.

Liberale Strömungen vor 1848

Wie sehr beides ursprünglich zusammengehörte, zumindest als unzertrennlich betrachtet worden war, hatte nicht erst die Revolution von 1848 gezeigt (wo überhaupt die Anfänge der deutschen Parteienbildung liegen), sondern bereits das Streben nach Einheit und Freiheit in und nach den napoleonischen Kriegen. Aus den Jahren 1817 und 1818 datiert auch so etwas wie das erste deutsche Parteiprogramm: die auf Anregung des Jenaer Geschichtsprofessors Heinrich Luden von dem Sprecher der Jenaer Burschenschaft, Riemann, dem Jura-Studenten Müller und anderen Studenten der Universität Jena verfaßte Denkschrift *Die Grundsätze und Beschlüsse des achtzehnten Oktober*, die nach dem Skandal des Wartburgfestes die politische Besonnenheit der Burschenschaftler dokumentieren sollte. Doch was als Schrift zur Beruhigung der Mächtigen und ihrer Behörden gedacht war, geriet zum (zwar maßvollen, aber unverblümten) Programm der Liberalen, das in der Zeit der Restauration nicht veröffentlicht werden durfte, sondern unter der Hand kursierte, immer wieder abgeschrieben und weitergereicht, wie in unseren Tagen viele Werke in der Sowjetunion, die dort nicht erscheinen dürfen und deshalb im „Selbstverlag“ (*Samisdat*) hergestellt und verbreitet werden.

In der Schrift der Studenten von der Universität Jena hieß es:

Ein Deutschland ist, und ein Deutschland soll sein und bleiben. Je mehr die Deutschen durch verschiedene Staaten getrennt sind, desto heiliger ist die Pflicht für jeden frommen und edlen deutschen Mann und Jüngling, dahin zu streben, daß die Einheit nicht verloren gehe und das Vaterland nicht verschwinde...

Die Lehre von der Spaltung Deutschlands in Norddeutschland und Süddeutschland ist irrig, falsch, verrucht . . .

Die Lehre von der Spaltung Deutschlands in das katholische und in das protestantische Deutschland ist irrig, falsch, unglückselig ...

Alle Deutschen sind Brüder und sollen Freunde sein.

Ein Krieg zwischen deutschen Staaten und deutschen Staaten würde der größte Frevel sein, der gedacht werden kann. Jeder deutsche Mann, der in einem solchen Kriege gegen andere deutsche Männer die Waffen nimmt, rüstet sich zum Brudermorde...

Wenn ein deutscher Staat von einer fremden

Macht angegriffen wird, so wird Deutschland angegriffen, denn jeder Staat ist ein Teil Deutschlands...

Deutschland kann vor der großen Macht fremder Staaten nur durch die Landwehr geschützt werden, die sich im Fall der Not als Landsturm erhebt... Der Soldatengeist kann hohen Ruhm erlangen, aber bleibende Ehre gewinnt nur der Bürgersinn...

Wie die deutschen Staaten im Kriege zu allgemeiner Sicherheit zusammenstehen sollen, so müssen sie auch im Frieden zur allgemeinen Förderung des deutschen Volkstums in einem Sinne handeln. Es muß der freieste Verkehr zwischen ihnen stattfinden, und hier muß nicht unterdrückt werden, was dort entstanden ist... Das Verbot oder die Erschwerung des Auswanderns von einem deutschen Lande ins andere, Mauten, Zölle und Handelssperren zwischen deutschen Ländern, Verschiedenheit in Maß, Gewicht und Münze (ihrem Gehalt nach und ihrer Bestimmung): alle diese Dinge ... quälen den einzelnen und bringen ihn zu Verlust und Schaden.

Die Sehnsucht nach Kaiser und Reich ist ungeschwächt in der Brust jedes frommen und ehrlichen deutschen Mannes ... Der Deutsche Bund aber, welchen die souveränen Fürsten und Freien Städte Deutschlands miteinander abgeschlossen ..., ist in Ehren zu halten als ein großes Gut ... weil er die Sehnsucht nach Kaiser und Reich nährt ...

Der Wille des Fürsten ist nicht das Gesetz des Volkes, sondern das Gesetz des Volkes soll der Wille des Fürsten sein...

Gesetze sind keine Verordnungen und Vorschriften; Gesetze müssen von denen ausgehen oder angenommen werden, welche nach denselben leben sollen, und wo ein Fürst ist, die Bestätigung des Fürsten erhalten. Alle Gesetze haben die Freiheit der Person und die Sicherheit des Eigentums zum Gegenstande. Ein freier Mann kann nur gerichtet werden nach Satzungen, die er selbst als richtig und notwendig erkannt hat...

Der 13te Artikel der Urkunde des Deutschen Bundes: „In allen Bundesstaaten wird eine landständische Verfassung Statt finden" enthält die feierliche Bestimmung, daß in keinem deutschen Staate die Willkür herrschen soll, sondern das Gesetz. Der 13te Artikel kann keinen anderen Sinn haben, als daß das deutsche Volk durch freigewählte und aus seiner Mitte frei gewählte Vertreter unter der Sanktion der deutschen Fürsten seine Verhältnisse ordnen, die Gesetze beschließen, die Abgaben bewilligen soll...

Das erste und heiligste Menschenrecht, unverlierbar und unveräußerlich, ist die persönliche Freiheit ... Solange Leibeigenschaft in irgendeinem Teile Deutschlands besteht, so lange muß sich vieler Segen im Vaterlande in Fluch verwandeln...

Das Recht, in freier Rede und Schrift seine Meinung über öffentliche Angelegenheiten zu äußern, ist ein unveräußerliches Recht jedes Staatsbürgers, das ihm unter allen Umständen zustehen muß...

Überhaupt sind öffentliche Gerichtspflege und das Geschworenengericht in peinlichen Fällen die sicherste Bürgschaft für die gerechte Verwaltung des Rechts ..

(Aus: Quellen und Darstellungen zur Geschichte der Burschenschaft und der deutschen Einheitsbewegung, hrsg. von Hermann Haupt, Heidelberg 1913, S. 117.)

Beginn der Parteigründungen

Nach dem Scheitern der Revolution von 1848/49 und der Bildung politischer „Klubs" in der Frankfurter Nationalversammlung, von denen an anderer Stelle bereits die Rede war, geriet die Entwicklung politischer Parteien freilich zunächst ins Stocken. Die Reaktion – vor allem in Preußen – verhinderte ihren weiteren Aufschwung, der aus den Klubs der Paulskirche leicht hätte erwachsen können. Man mußte sich vorerst wieder, wie schon vor 1848, mit „Bildungsvereinen" oder anderen unpolitischen, oft konfessionell gebundenen Vereinigungen, wie dem „Katholischen Gesellenverein", begnügen; die „Arbeiterverbrüderung" wurde, wie schon gesagt, 1854 durch Bundesgesetz verboten.

Als im Januar 1853 norddeutsche Zeitungen die Bildung einer „Katholischen Fraktion" im Preußischen Landtag, die man leicht als Parteigründung „mißverstehen" könne, bemängelten, wurden die Berichte von einem Angehörigen dieser Fraktion, Joseph Graf zu Stolberg-Westheim, in einer Stellungnahme in der *Deutschen Volkshalle* (Nr. 13, 1853) sofort dementiert: Die Katholische Fraktion sei „bloß für kirchenstaatsrechtliche Fragen bestimmt"; sie lasse „in rein politischen Fragen die Meinungsfreiheit unbeschränkt", sie habe daher „kein Programm, sondern nur eine Geschäftsordnung" aufgestellt, und die Erfahrung beweise, „daß bei Wahlen und andern Gelegenheiten die Mitglieder teilweise auseinandergingen". Wenn sich in der Mehrzahl der Katholischen Fraktion auch in politischen Fragen eine Übereinstimmung gezeigt habe und noch zeigen werde, so sei dieses „nicht die Wirkung der katholischen Fraktionsbildung als solcher, sondern die Wirkung der Übereinstimmung und Sympathie, die unter Katholiken von selbst auch in politischen Anschauungen entsteht, welche Sympathie auch bei anderen Fraktionsbildungen tätig ist und von selbst deren geistiges Band bildet".

Man blieb also vorsichtig. Erst mit Beginn der „neuen Ära", dem Regierungsantritt Wilhelms I. in Preußen, wurden Parteien wieder geduldet, und das Jahrzehnt von 1861 bis 1871 wurde zur Zeit der Parteigründungen: Liberale, Konservative, Sozialisten und Katholiken schlossen sich nun zu politischen Organisationen zusammen.

Die liberale „Fortschrittspartei"

Den Anfang machten erneut die Liberalen. Nachdem schon 1859 der nach Preußen orientierte, liberale „Deutsche Nationalverein" entstanden war, gründeten sie 1861 die „Deutsche Fortschrittspartei", die für die traditionellen liberalen Forderungen – Demokratisierung, Rechtsgleichheit, Trennung von Kirche und Staat –, aber auch (wie sich schon mit der Bildung des Deutschen Nationalvereins angedeutet hatte) für die Schaffung der nationalen Einheit eintrat. Im Gründungsprogramm der Deutschen Fortschrittspartei vom 6. Juni 1861 hieß es dementsprechend:

Wir sind einig in der Treue für den König und in der festen Überzeugung, daß die Verfassung das unlösbare Band ist, welches Fürst und Volk zusammenhält.

Bei den großen und tiefgreifenden Umwälzungen in dem Staatensysteme Europas haben wir aber nicht minder die klare Einsicht gewonnen, daß die Existenz und die Größe Preußens abhängt von einer festen Einigung Deutschlands, die ohne eine starke Zentralgewalt in den Händen Preußens und ohne gemeinsame deutsche Volksvertretung nicht gedacht werden kann.

Für unsere inneren Einrichtungen verlangen wir eine feste liberale Regierung, welche ihre Stärke in der Achtung der verfassungsmäßigen Rechte der Bürger sieht, es versteht, ihren Grundsätzen in allen Schichten der Beamtenwelt unnachsichtlich Geltung zu verschaffen, und uns auf diesem Wege die Achtung der übrigen deutschen Stämme erringt und erhält.

In der Gesetzgebung scheint uns die strenge und konsequente Verwirklichung des verfassungsmäßigen Rechtsstaates eine erste und unbedingte Notwendigkeit ...

Mögen daher alsbald im ganzen Lande unsere gleichgesinnten Mitbürger, ferner liegende Meinungsunterschiede vergessend, von der verfassungsmäßigen Freiheit des Vereinsrechts zum Zwecke der Wahlen – § 21 des Gesetzes vom 11. März 1850 – durch Bildung von Lokal-Wahlvereinen oder Komitees Gebrauch machen.
(Aus: Europäischer Geschichtskalender, hrsg. von Heinrich Schulthess, Nördlingen u.a. 1861, S. 41f.)

Der Aufruf wurde rasch befolgt: Bereits im November 1861 war die Fortschrittspartei mit 104 Abgeordneten stärkste Fraktion im preußischen Abgeordnetenhaus, gefolgt von der Fraktion Grabow mit 91 und der Katholischen Fraktion mit 54 Abgeordneten.

Die organisatorische Einheit, auf der dieser Erfolg beruhte, konnte jedoch nur für wenige Jahre bewahrt werden. 1867 entstand neben der eher nach links tendierenden Fortschrittspartei die „Nationalliberale Partei", die sich im wesentlichen auf die Wirtschaft und das Großbürgertum stützte und sich nach Königgrätz für die kleindeutsche Einigung unter Führung Preußens einsetzte.

Die Parteien der Konservativen

Die Konservativen taten sich mit Parteigründungen lange Zeit besonders schwer. Hier waren es zunächst Einzelpersonen – Gutsherren, Fabrikbesitzer, Kaufleute, Rechtsanwälte, Lehrer, Apotheker, Ärzte, Pfarrer usw. –, die politische Zirkel bildeten, aus denen heraus Gruppierungen hervorgingen, die noch im Landtag mit den Namen ihrer Führer bezeichnet wurden. Die „Fraktion Mathis" (nach Ludwig Emil Mathis) oder die „Fraktion Grabow" (nach Wilhelm Grabow) sind Beispiele für diese Praxis, die freilich auch bei den gemäßigten Liberalen – wie der „Fraktion Vincke" (nach Georg Friedrich Freiherr von Vincke) – geübt wurde. Die Anhänger dieser protestantischen Konservativen kamen überwiegend aus dem ostelbischen Junkertum und der Bauernschaft, der protestantischen Geistlichkeit, der höheren Beamtenschaft, dem Offizierskorps und denjenigen gesellschaftlichen Schichten, die sich dem Herrscherhaus verbunden fühlten. Da sie vor allem Preußen waren, standen sie häufig dem Deutschland, das in den Kriegen von 1864 bis 1866 erkennbar wurde, „in kühler Reserve, wenn nicht sogar mit entschiedener Ablehnung gegenüber" (Wolfgang Treue).

Doch ob es ihnen gefiel oder nicht: Die Entstehung des Reiches stellte auch an die Konservativen neue Anforderungen, die weit über den begrenzten Aufgabenbereich und die Arbeitsmöglichkeiten der bisherigen, ganz auf die führenden Persönlichkeiten zugeschnittenen Honoratiorenparteien hinausgingen. Deren private Geldmittel und Büros reichten nun nicht mehr aus; eigenständige politische Organisationen waren erforderlich.

So wurde 1867 die „Freikonservative Partei" gegründet, der einige Jahre nach der Reichsgründung 1876 die „Deutschkonservative Partei" folgte. Anders als die im wesentlichen nach Preußen orientierten protestantischen Konservativen der fünfziger und frühen sechziger Jahre, verschlossen sich die Freikonservativen und Deutschkonservativen der neuen Zeit nicht, sondern waren bereit, auf konservativer Grundlage beim Ausbau des Reiches mitzuwirken. Unbedingte Loyalität gegenüber König und Staat war dabei der Ausgangspunkt ihres politischen Denkens und Handelns; jede Form von Ablehnung oder gar Revolution wurde entschieden abgelehnt und bekämpft, gleichgültig von welcher Seite sie kam – ob von der Arbeiterschaft oder aus den Reihen des katholischen Bevölkerungsteils. Bismarck konnte daher nicht nur in seinem Kampf gegen die Sozialdemokratie, sondern auch im „Kulturkampf" gegen das Zentrum und die politische Rolle des Katholizismus mit der Unterstützung durch die Konservativen jahrelang fest rechnen.

Das Zentrum

Während sich also die protestantischen Konservativen mit dem neuen Reich teils widerstrebend, teils bereitwillig bald zu arrangieren begannen und sich in den von Bismarck geschaffenen Rahmen fügten, war es für die katholischen Konservativen schwierig, sich mit der Realität einer evangelischen Mehrheit und eines evangelischen Herrscherhauses abzufinden, nachdem das überwiegend katholische Österreich endgültig aus Deutschland verdrängt worden war. Bis zur Reichsgründung hatte es ein „katholisches Problem" nicht gegeben, da die Zukunft Deutschlands noch ungewiß war. Wie selbstverständlich hatte sich neben den politischen Klubs in der Frankfurter Nationalversammlung von 1848/49 auch ein „Katholischer Verein" gebildet; und im Preußischen Landtag saßen seit 1852 54 Abgeordnete, die sich zu einer „Katholischen Fraktion" zusammengeschlossen hatten, und seit 1861 48 Abgeordnete einer neuen politischen Gruppierung, die sich – nach ihren Plätzen in der Mitte des Sitzungssaales im Parlament – einfach das „Zentrum" nannte. Für diese Zentrumsfraktion schrieb Hermann von Mallinckrodt im Mai 1862 einen Programmentwurf, der die christliche (katholische), antirevolutionäre und transpreußisch-nationale Orientierung der neuen Partei erkennen ließ:

Die Unterzeichneten begegnen sich in folgenden Anschauungen:

1. Die wesentliche Unterlage eines gerechten, freien Staatswesens besteht in den Lehren und Grundsätzen des Christentums...

2. Je höher Beruf und Recht der obrigkeitlichen Gewalt zu achten, um so weniger darf verkannt werden, daß deren Rechtssphäre in dem Rechte der Individuen, Familien und Korporationen ihre Beschränkung findet...

3. Die Grundsätze der Moral und des Rechtes müssen auch in der Politik Leitsterne sein. Unwürdig eigenen Rechtes, wer fremdes Recht mißachtet. Deshalb Bekämpfung aller revolutionären Tendenzen, sei es in den äußeren Beziehungen, sei es auf dem inneren Gebiete des Staates. Eine deutsche Politik, welche dem Machtverhältnis wie den Interessen unseres preußischen Staates volle Würdigung zuteil werden und die letzteren keinem fremden Sonderinteresse nachsetzen läßt, aber auch ebensowenig in engherzigem Pflegen eigenen Sonderinteresses den Maßstab sucht für die Bedürfnisse und die nationale Aufgabe des deutschen Volkes. Diese Aufgabe erfordert Eintracht und festere Einigung aller Glieder Deutschlands, sie erheischt Bundesreform und Gründung einer Zentralgewalt, aber sie gestattet nicht behufs engerer Verbindung einzelner Glieder die Sprengung des Bundes und Zerteilung der Nation. Eben in dem festeren Zusammenschluß Gesamtdeutschlands liegen die Bedingungen zum Wiedergewinn nationaler Macht und Größe, zum Wachstum der materiellen Wohlfahrt auf allen Gebieten produktiver Tätigkeit, zur Festigung des Friedens und zu dauernder Verminderung des eigenen Staatsaufwandes.

(Aus: Otto Pfülf, Hermann von Mallinckrodt. Die Geschichte seines Lebens, Freiburg 1892, S. 241f.)

Der Deutsche Bund sollte demnach nicht gesprengt, die Nation nicht geteilt werden. Als genau dies wenige Jahre später doch geschah, standen die deutschen Katholiken plötzlich vor der Aufgabe, ihr Verhältnis zu einem Staat neu bestimmen zu müssen, der, wie es schien, vom protestantischen Preußen vollständig dominiert werden würde. (Daß nicht nur eine „Verpreußung des Reiches", sondern auch eine „Verreichung Preußens", wie Sebastian Haffner gesagt hat, eintreten konnte, kam den meisten damals nicht in den Sinn.) Noch während der deutsch-französische Krieg andauerte, wur-

Hermann von Mallinckrodt (1821-1874), Jurist und Politiker. 1860 Regierungsrat in Düsseldorf, 1867 in Merseburg. Seit 1872 im Ruhestand. 1852-63 als Angehöriger der Katholischen Fraktion Mitglied des preußischen Abgeordnetenhauses. Seit 1867 Abgeordneter des Norddeutschen Parlaments und seit 1868 wieder Mitglied des preußischen Abgeordnetenhauses. Im Dezember 1870 Mitbegründer der Zentrumspartei. Seit 1871 für das Zentrum Mitglied des Deutschen Reichstags. Gegner Bismarcks, besonders im Kulturkampf. Glänzender parlamentarischer Redner.

Tabelle: Die Parteien im Preußischen Landtag 1858-1908

In der folgenden Aufstellung wird die Zahl der Abgeordneten der jeweiligen Partei angegeben.

	1858	1861	1862	1863
Konservative Fraktionen	47	–	–	–
Fraktion der Konservativen	–	14	11	35
Fraktion Vincke	151	–	–	–
Fraktion Mathis	44	–	–	–
Fraktion Grabow	–	91	–	–
Fraktion der Konstitutionellen	–	–	19	–
Linkes Zentrum	–	48	96	106
Fortschrittspartei	–	104	133	141
Katholische Fraktion	57	54	28	26
Polen	18	23	22	26
bei keiner Fraktion	35	18	43	18

	1866	1867	1870	1873	1876	1879	1882
Fraktion der Konservativen[1]	119	125	114	30	41	110	122
Freikonservative	17	48	41	35	35	51	57
Altliberale	24	15	11	3	–	–	–
Linkes Zentrum	53	35	–	–	–	–	–
Nationalliberale	–	99	123	174	169	85	66
Fortschrittspartei	95	48	49	68	63	38	–
Sezessionisten	–	–	–	–	–	19[2]	–
Deutsche Freisinnige Partei	–	–	–	–	–	–	53[3]
Zentrum	15	–	58	88	89	97	99
Polen	21	17	19	18	15	19	18
bei keiner Fraktion	8	45	17	16	21	14	18

	1885	1888	1893	1898	1903	1908
Konservative Partei	133	129	144	144	143	152
Freikonservative Partei	62	64	65	58	59	60
Nationalliberale Partei	72	86	84	75	79	65
Deutsche Freisinnige Partei	40	29	–	–	–	–
Freisinnige Vereinigung	–	–	6	10	8	8
Zentrum	98	98	95	100	97	104
Polen	15	15	17	13	13	15
bei keiner Fraktion	13	12	8	7	10	4
Sozialdemokraten	–	–	–	–	–	7
Freisinnige Volkspartei	–	–	14	26	24	28

1 Zunächst Fraktion der Konservativen und Fraktion der Neuen Konservativen, seit 1879 Fraktion der Konservativen Partei.
2 Seit 1880 als Abspaltung von den Nationalliberalen.
3 Am Ende der Legislaturperiode.

(Aus: Walter Gagel, Die Wahlrechtsfrage in der Geschichte der liberalen Parteien 1848-1918, Düsseldorf 1958, S. 176f.)

de daher im Dezember 1870 das Zentrum als eine nationale Partei konstituiert, die sofort in scharfen Gegensatz zur Regierung des Reiches geriet.

Während die übrigen Parteien sich jeweils auf deutlich voneinander abgegrenzte gesellschaftliche Schichten stützten, erhielt das Zentrum Zulauf aus allen Teilen der katholischen Bevölkerung, vom Tagelöhner und Fabrikarbeiter bis zum Gutsbesitzer und Fabrikherrn. Ihr gemeinsames Ziel war die Wahrung kirchlicher und religiöser Interessen.

In seinen politischen Aussagen war das Zentrum ebenso konservativ wie die Parteien des protestantischen Konservativismus. Aufgrund des breitgefächerten Anhängerspektrums, das auch Arbeiter und andere sozial Benachteiligte umfaßte, enthielt das Programm des Zentrums jedoch neben traditionellen konservativen Forderungen in gleicher Weise Vorschläge für die sozialpolitische Arbeit. Nach dem allmählichen Abbau des Kulturkampfes Ende der siebziger Jahre konnte Bismarck daher in seiner Wirtschafts- und Sozialpolitik und in seinem Kampf gegen die Sozialdemokratie sogar auf die Unterstützung durch das Zentrum zählen.

Parteigründungen der Linken

Auf der Linken gründeten Delegierte eines Allgemeinen Deutschen Arbeiterkongresses am 23. Mai 1863 den „Allgemeinen Deutschen Arbeiterverein" (ADAV). Von der Überzeugung ausgehend, „daß nur durch das allgemeine, gleiche und direkte Wahlrecht eine genügende Vertretung der sozialen Interessen des Deutschen Arbeiterstandes und eine wahrhafte Beseitigung der Klassengegensätze in der Gesellschaft herbeigeführt werden" könne, verfolgte der Verein den Zweck, „auf friedlichem und legalem Wege, insbesondere durch das Gewinnen der öffentlichen Überzeugung für die Herstellung des allgemeinen, gleichen und direkten Wahlrechts zu wirken", wie es in seinem Statut hieß und wie dies Ferdinand Lassalle in seinem *Offnen Antwort-Schreiben an das Centralkomité zur Berufung eines Allgemeinen Deutschen Arbeiter-Congresses zu Leipzig* vom 1. März 1863 gefordert hatte:

Der Arbeiterstand muß sich als selbständige politische Partei konstituieren und das allgemeine, gleiche und direkte Wahlrecht zu dem prinzipiellen Losungswort und Banner dieser Partei machen. Die *Vertretung des Arbeiterstandes in den gesetzgebenden Körpern Deutschlands* – dies ist es allein, was in politischer Hinsicht seine legitimen Interessen befriedigen kann. Eine friedliche und gesetzliche Agitation hierfür mit allen gesetzlichen Mitteln zu eröffnen, das ist und muß in *politischer* Hinsicht das Programm der *Arbeiterpartei* sein.
(Aus: Deutsche Parteiprogramme, hrsg. von Wilhelm Mommsen, München 1960, S. 294f.)

Lassalles Hoffnung, „von dem Augenblicke an, wo dieser Verein auch nur 100 000 deutsche Arbeiter umfaßt, wird er bereits eine Macht sein, mit welcher jeder rechnen muß" – was leicht zu erreichen sei, da 89 bis 96 Prozent der Gesamtbevölkerung die armen und unbemittelten Klassen der Gesellschaft bildeten, von denen das allgemeine Wahlrecht als „Magenfrage aufgefaßt und daher auch mit der Magenwärme durch den ganzen nationalen Körper hin verbreitet" werde –, erwies sich jedoch als Selbsttäuschung. Es reichte vorerst nur zu einigen Tausend; eine politische „Macht" waren die Arbeiter noch lange nicht.

Daher wurde sechs Jahre später, auf dem Eisenacher Kongreß vom 7. bis 9. August 1869, auf Anregung von August Bebel und Wilhelm Liebknecht die „Sozialdemokratische Arbeiterpartei" als Vereinigung bisher getrennter deutscher Arbeitervereine kommunistischer und liberaler Richtung gegründet. Es war keine Umgründung des ADAV, der sich unter der Führung von Johann Baptist von Schweitzer nun „Allgemeiner Deutscher Arbeiterschaftsverband" nannte, sondern die Gründung einer zweiten deutschen Arbeiterpartei, die sich von der ersten nicht durch Unterschiede in politisch-ökonomischen Fragen abhob, sondern – was nach 1866 nahelag – durch eine gegenüber den kleindeutsch und preußisch eingestellten Lassalleanern großdeutsche, nicht österreichische, aber antipreußische Orientierung. Nicht von ungefähr wurde daher die neue Partei auf ihrem 1. Kongreß in Stuttgart 1870 in „Sozialdemokratische Arbeiterpartei *Deutschlands*" umbenannt.

Doch auch die Sozialdemokraten hatten es schwer, sich durchzusetzen. Bis 1908 waren sie im Preußischen Landtag überhaupt nicht vertreten und erhielten dann ganze 7 Sitze. Im Reichstag langte es 1871 nur zu 2 Sitzen. Danach ging es zwar meist bergauf, aber der Durchbruch ließ lange auf sich warten; erst 1912 wurde man mit 110 Abgeordneten stärkste Fraktion. 4,25 Millionen Deutsche hatten nun sozialdemokratisch gewählt. Damit bewegte sich diese Arbeiterpartei in Größenordnungen, von denen selbst Lassalle noch nicht zu sprechen gewagt hatte. Doch Lassalle erlebte es nicht mehr; er starb bereits im Sommer 1864 an den Folgen eines Duells, als „seine" Arbeiterbewegung noch ganz am Anfang stand.

Dem Eisenacher Programm der Sozialdemokratie vom 8. August 1869 konnte man entnehmen, welches die Ziele der neuen Arbeiterpartei waren, der trotz aller Anlaufschwierigkeiten eine große Zukunft bevorstand:

I. Die sozialdemokratische Arbeiterpartei erstrebt die Einrichtung des freien Volksstaates.

II. Jedes Mitglied der sozialdemokratischen Arbeiterpartei verpflichtet sich, mit ganzer Kraft einzutreten für folgende Grundsätze:

1. Die heutigen politischen und sozialen Zustände sind im höchsten Grade ungerecht und daher mit der größten Energie zu bekämpfen.
2. Der Kampf für die Befreiung der arbeitenden Klassen ist nicht ein Kampf für Klassenprivilegien und Vorrechte, sondern für gleiche Rechte und gleiche Pflichten und für die Abschaffung aller Klassenherrschaft.
3. Die ökonomische Abhängigkeit des Arbeiters von den Kapitalisten bildet die Grundlage der Knechtschaft in jeder Form, und es erstrebt deshalb die sozialdemokratische Partei unter Abschaffung der jetzigen Produktionsweise (Lohnsystem) durch genossenschaftliche Arbeit den vollen Arbeitsertrag für jeden Arbeiter.
4. Die politische Freiheit ist die unentbehrlichste Vorbedingung zur ökonomischen Befreiung der arbeitenden Klassen. Die soziale Frage ist mithin untrennbar von der politischen, ihre Lösung durch diese bedingt und nur möglich im demokratischen Staat.
5. In Erwägung, daß die politische und ökonomische Befreiung der Arbeiterklasse nur möglich ist, wenn diese gemeinsam und einheitlich den Kampf führt, gibt sich die sozialdemokratische Arbeiterpartei eine einheitliche Organisation, welche es aber auch jedem einzelnen ermöglicht, seinen Einfluß für das Wohl der Gesamtheit geltend zu machen.
6. In Erwägung, daß die Befreiung der Arbeit weder eine lokale noch nationale, sondern eine soziale Aufgabe ist, welche alle Länder, in denen es moderne Gesellschaft gibt, umfaßt, betrachtet sich die sozialdemokratische Arbeiterpartei, soweit es die Vereinsgesetze gestatten, als Zweig der internationalen Arbeiterassoziation, sich deren Bestrebungen anschließend.

III. Als die nächsten Forderungen in der Agitation der sozialdemokratischen Arbeiterpartei sind geltend zu machen:

1. Erteilung des allgemeinen, gleichen, direkten und geheimen Wahlrechts an alle Männer vom 20. Lebensjahr an zur Wahl für das Parlament, die Landtage der Einzelstaaten, die Provinzial- und Gemeindevertretungen, wie alle übrigen Vertretungskörper. Den gewählten Vertretern sind genügende Diäten zu gewähren.
2. Einführung der direkten Gesetzgebung (d.h. Vorschlags- und Verwerfungsrecht) durch das Volk.
3. Aufhebung aller Vorrechte des Standes, des Besitzes, der Geburt und Konfession.
4. Errichtung der Volkswehr an Stelle der stehenden Heere.
5. Trennung der Kirche vom Staat und Trennung der Schule von der Kirche.
6. Obligatorischer Unterricht in Volksschulen und unentgeltlicher Unterricht in allen öffentlichen Bildungsanstalten.
7. Unabhängigkeit der Gerichte, Einführung der Geschworenen- und Fachgewerbegerichte, Einführung des öffentlichen und mündlichen Gerichtsverfahrens und unentgeltliche Rechtspflege.
8. Abschaffung aller Preß-, Vereins- und Koalitionsgesetze, Einführung des Normalarbeitstages; Einschränkung der Frauen- und Ver-

bot der Kinderarbeit.

9. Abschaffung aller indirekten Steuern und Einführung einer einzigen direkten progressiven Einkommensteuer und Erbschaftssteuer.

10. Staatliche Förderung des Genossenschaftswesens und Staatskredit für freie Produktivgenossenschaften unter demokratischen Garantien. . .

XIX. Die Parteimitglieder verpflichten sich, überall auf Grund des Parteiprogramms die Gründung sozialdemokratischer Arbeitervereine in die Hand zu nehmen.

(Aus: Eisenacher Programm der Sozialdemokratie, 8. August 1869, in: Demokratisches Wochenblatt, hrsg. von Wilhelm Liebknecht, 2. Jg., 1869, S. 374f.)

Die Spaltung der liberalen Bewegung

Im Jahre 1866, unter dem Eindruck des preußischen Sieges über Österreich und der darauffolgenden Indemnitätsvorlage im Preußischen Landtag, spaltete sich die liberale Bewegung in Linksliberale und Nationalliberale – zwei Strömungen, die seither den deutschen Liberalismus geprägt haben und als Flügel, latent oder offen, bis heute nachwirken. Bismarck lenkte durch seine außenpolitischen Erfolge, die unerwartet die ersehnte nationale Einigung in den Bereich des Möglichen rücken ließen, vom Verfassungskonflikt ab und zog einen Teil der Liberalen zu sich herüber, weil diese meinten, nur gemeinsam mit ihm werde beides erreicht: die Einheit *und* die Freiheit.

Im Gründungsprogramm der „Nationalliberalen Partei“ vom 12. Juni 1867 konnte man daher lesen:

Als im vorigen Jahre der alte Bund zusammenbrach und die preußische Regierung den ernsten Willen bekundete, das nationale Band zu erhalten und die deutsche Einheit auf festeren Grundlagen herzustellen, da war es uns nicht zweifelhaft, daß die liberalen Kräfte der Nation mitwirken müßten, wenn das Einigungswerk gelingen und zugleich die Freiheitsbedürfnisse des Volkes befriedigen sollte. . .

Wir verkannten niemals das Schwierige der Aufgabe, im Zusammenwirken mit einer Regierung, welche jahrelang den Verfassungskonflikt aufrechterhalten und ohne Budgetgesetz verwaltet hatte, mit unvollkommenen konstitutionellen Waffen die freiheitliche Entwicklung zu fördern. Aber wir unterzogen uns dieser Aufgabe mit dem festen Willen, durch fortgesetzte ernste Arbeit die Schwierigkeit zu überwinden, und mit der Zuversicht, daß die Größe des Zieles die Tatkraft des Volkes stärken wird.

Denn uns beseelt und vereinigt der Gedanke, daß die nationale Einheit nicht ohne die volle Befriedigung der liberalen Ansprüche des Volkes erreicht und dauernd erhalten und daß ohne die tatkräftige und treibende Macht der nationalen Einheit der Freiheitssinn des Volkes nicht befriedigt werden kann. Deshalb ist unser Wahlspruch: Der deutsche Staat und die deutsche Freiheit müssen gleichzeitig mit denselben Mitteln errungen werden. Es wäre ein verderblicher Irrtum, zu glauben, daß das Volk, seine Fürsprecher und Vertreter nur die Interessen der Freiheit zu wahren brauchen, die Einheit dagegen auch ohne uns durch die Regierung auf dem Wege der Kabinettspolitik werde aufgerichtet werden.

Die Einigung des ganzen Deutschlands unter einer und derselben Verfassung ist uns die höchste Aufgabe der Gegenwart.

Einen monarchischen Bundesstaat mit den Bedingungen des konstitutionellen Rechtes in Einklang zu bringen, ist eine schwere, in der Geschichte bisher noch nicht vollzogene Aufgabe; die Verfassung des Norddeutschen Bundes hat sie weder vollständig im Umfange, noch in endgültig befriedigender Weise gelöst. Aber wir betrachten das neue Werk als den ersten unentbehrlichen Schritt auf der Bahn zu dem in Freiheit und Macht gefestigten deutschen Staate. Der Beitritt Süddeutschlands, welchen die Verfassung offenhält, muß mit allen Kräften und dringlich befördert werden, aber unter keinen Umständen darf er die einheitliche Zentralgewalt in Frage stellen oder schwächen. . .

Eine eindringliche Erfahrung hat uns gelehrt, daß nicht in allen Zeiten für dieselben Aufgaben

Tabelle: Die Zusammensetzung der Reichstage des Deutschen Reiches 1871-1912

Reichstag	Leg.-Per.	Wahlberechtigte Mill.	Gültige Stimmen Mill.	Wahlbeteiligung Proz.	Gesamtzahl d. Abgeordneten	Antisemiten (Deutsche Reformpartei, christlich-sozial) Stimmen Taus.	Sitze	(Deutsch) Konservativ Stimmen Taus.	Sitze
1871	I.	7,65	3,89	50,78	382	–	–	548,9	57
1874	II.	8,52	5,19	60,89	397	–	–	360,0	22
1877	III.	8,94	5,40	60,39	397	–	–	526,0	40
1878	IV.	9,12	5,76	63,14	397	–	–	749,5	59
1881	V.	9,09	5,09	56,08	397	–	–	830,8	50
1884	VI.	9,38	5,66	60,35	397	–	–	861,1	78
1887	VII.	9,77	7,54	77,19	397	11,6	1	1147,2	80
1890	VIII.	10,14	7,23	71,25	397	47,5	5	895,1	73
1893	IX.	10,63	7,67	72,20	397	263,9	16	1038,4	72
1898	X.	11,44	7,75	67,76	397	284,3	13	859,2	56
1903	XI.	12,53	9,49	75,78	397	244,5	11	948,5	54
1907	XII.	13,35	11,26	84,35	397	248,5	16	1060,2	60
1912	XIII.	14,44	12,21	84,53	397	51,9	3	1126,3	43

Reichstag	Deutsche Reichspartei (Freikonservativ) Stimmen Taus.	Sitze	Nationalliberal Stimmen Taus.	Sitze	Liberale o. nähere Bez. / Lib. Vereinigung / Fortschrittspartei / Dt. Freisinn. / Frs. Vereinigung / Frs. Volkspartei / Fortschrittl. Volkspartei (ab 1910) Stimmen Taus.	Sitze	Deutsche Volkspartei Stimmen Taus.	Sitze	Zentrum Stimmen Taus.	Sitze
1871	345,7	37	1171,1	125	623,9	76	18,7	1	724,2	63
1874	375,5	33	1542,5	155	501,4	52	21,7	1	1446,0	91
1877	426,6	38	1469,5	128	552,6	48	44,9	4	1341,3	93
1878	785,8	57	1330,6	99	541,2	36	66,1	3	1328,1	94
1881	379,3	28	746,6	47	1078,5	106	103,4	9	1182,9	100
1884	387,7	28	997,0	51	997,0	67	95,9	7	1282,0	99
1887	736,4	41	1678,0	99	973,1	32	88,8	–	1516,2	98
1890	482,3	20	1177,8	42	1159,9	66	147,6	10	1342,1	106
1893	438,4	28	997,0	53	924,9	37	166,8	11	1468,5	96
1898	343,7	23	971,3	46	754,0	41	108,5	8	1455,1	102
1903	333,4	21	1317,4	51	781,4	30	91,2	6	1875,3	100
1907	471,9	24	1630,6	54	1095,3	42	138,6	7	2179,8	105
1912	367,2	14	1662,7	45	1497,0	42	–	–	1996,8	91

Reichstag	Welfen Stimmen Taus.	Sitze	Sozialdemokratische Partei Stimmen Taus.	Sitze	Polenpartei Stimmen Taus.	Sitze	Elsaß-Lothringer Stimmen Taus.	Sitze	Dänen Stimmen Taus.	Sitze	Verschiedene Parteien (unbestimmt und zersplittert) Stimmen Taus.	Sitze
1871	60,9	7	124,0	2	176,3	13	–	–	18,2	1	76,2	–
1874	92,1	4	352,0	9	198,4	14	234,5	15	19,9	1	46,3	–
1877	85,6	4	493,3	12	216,2	14	200,0	15	17,3	1	27,7	–
1878	100,3	10	437,2	9	210,1	14	178,9	15	16,1	1	17,0	–

Reichstag	Welfen		Sozialdemokratische Partei		Polenpartei		Elsaß-Lothringer		Dänen		Verschiedene Parteien (unbestimmt und zersplittert)	
	Stimmen Taus.	Sitze	Stimmen Taus.	Sitze	Stimmen Taus.	Sitze	Stimmen Taus.	Sitze	Stimmen Taus.	Sitze	Stimmen Taus.	Sitze
1881	86,7	10	312,0	12	194,9	18	153,0	15	14,4	2	15,3	–
1884	96,4	11	550,0	24	203,2	16	165,6	15	14,4	1	12,7	–
1887	112,8	4	763,1	11	220,0	13	233,7	15	12,4	1	47,6	2
1890	112,7	11	1427,3	35	246,8	16	101,1	10	13,7	1	74,6	2
1893	101,8	7	1786,7	44	229,5	19	114,7	8	14,4	1	129,0	5
1898	105,2	9	2107,1	56	244,1	14	107,4	10	15,4	1	397,4	18
1903	94,3	6	3010,8	81	347,8	16	101,9	9	14,8	1	334,3	11
1907	78,2	1	3259,0	43	453,9	20	103,6	7	15,4	1	527,8	17
1912	84,6	5	4250,4	110	441,7	18	162,0	9	17,3	1	549,7	16

(Aus: Cuno Horkenbach, Das Deutsche Reich von 1918 bis heute, Berlin 1933, S. 84.)

mit denselben Waffen gekämpft werden darf. Wo so bedeutungsvolle und inhaltsschwere Ziele gleichzeitig zu erstreben sind, wie gegenwärtig in Deutschland und Preußen, da genügt es nicht, lediglich an hergebrachten Sätzen festzuhalten und zugunsten einer einfachen und bequemen Tradition die neuen und mannigfaltigen Bedürfnisse unbeachtet zu lassen. Es bedarf der schweren und umsichtigen Arbeit, den verschiedenartigen Ansprüchen gerecht zu werden, den Gang der Ereignisse zu überwachen und der Gelegenheit den Vorteil abzugewinnen. Die Endziele des Liberalismus sind beständige, aber seine Forderungen und Wege sind nicht abgeschlossen vom Leben und erschöpfen sich nicht in festen Formeln. Sein innerstes Wesen besteht darin, die Zeichen der Zeit zu beachten und ihre Ansprüche zu befriedigen. Die Gegenwart spricht deutlich, daß in unserem Vaterlande jeder Schritt zur verfassungsmäßigen Einheit zugleich ein Fortschritt auf dem Gebiete der Freiheit ist oder den Antrieb hierzu in sich trägt.

(Aus: Gründungsprogramm der Nationalliberalen Partei, 12. Juni 1867, in: Nationalzeitung, Nr. 269, 12. Juni 1867.)

Angesichts bedeutungsvoller und inhaltsschwerer Ziele wolle man nicht lediglich an hergebrachten Sätzen festhalten, sondern durch schwere und umsichtige Arbeit den verschiedenartigen Ansprüchen gerecht werden: „Pragmatisches Denken" also, und „Offenheit nach allen Seiten" – der Sache wegen. Doch so, wie die Liberalen heute den Eindruck vermeiden müssen, als würden sie ihre Politik nur taktisch nach dem Verhalten der jeweils Mächtigen ausrichten, statt konsequent liberale Ziele zu verfolgen, ging auch in den sechziger Jahren des vorigen Jahrhunderts der Streit darum, ob man sich Bismarcks Machtpolitik unterwerfen und zentrale liberale Forderungen in der damals entscheidenden Verfassungsfrage hintanstellen dürfe, ohne sicher zu sein, dafür neben der Einheit auch die Freiheit wirklich zu erhalten. Anders gesagt: Durfte man Bismarck Glauben schenken? Oder mußte man nicht – liberaler Prinzipien wegen – auf den Bänken der Opposition ausharren, bis dieser Kanzler mit seiner Politik am Ende war?

Freilich, da hätte man lange warten können. Denn Bismarck eilte von Erfolg zu Erfolg. Und die Parteien waren ihm dabei ziemlich gleichgültig, ob sie nun mit ihm oder gegen ihn arbeiteten. Er war überhaupt kein Parteimensch, ließ sich von keiner Gruppierung, auch nicht von den Konservativen, jemals völlig vereinnahmen. Allenfalls benutzte er sie, spielte sie gegeneinander aus, wie auf internationalem Parkett die Staaten, übertrug die außenpolitischen Gesetze der Machtpolitik auf die Innenpolitik. Bewußt oder unbewußt beschädigte er damit das innenpolitische Klima und die geistige Auseinandersetzung über Ziele und Inhalte seiner Politik. Das Parteileben verödete und fiel immer mehr den wirtschaftlichen Interessengruppen anheim; „unpolitisches Spießertum" entstand, eine „kritiklose Loyalität der kleinbürgerlichen Massen" und „blinde Staatsgläubigkeit", wie Gerhard Ritter gesagt hat.

Dem entgingen auch die Liberalen nicht, zumindest nicht die Nationalliberalen, die sich in den achtziger Jahren immer mehr an die Konservativen annäherten. Als sich am 23. März 1884 in Heidelberg Mitglieder der nationalen und liberalen Partei in Baden, der Deutschen Partei in Württemberg, der nationalliberalen Richtung in Bayern, der hessischen Fortschrittspartei und der nationalliberalen Partei der Provinz Hessen-Nassau in Heidelberg „zur Besprechung über die politische Lage" versammelten, kam diese Entwicklung in der anschließenden *Heidelberger Erklärung der Nationalliberalen Partei* vom gleichen Tage bereits deutlich zum Ausdruck, in der es hieß:

Die am 23. März 1884 in Heidelberg zur Besprechung über die politische Lage versammelten Mitglieder . . . fanden sich, im Anschluß an das nationalliberale Parteiprogramm vom 29. Mai 1881, durchaus einig in der Beurteilung der allgemeinen Verhältnisse des Deutschen Reiches und der Stellung der nationalen und liberalen Landesparteien Süddeutschlands zu den wichtigsten Tagesfragen . . .

Mit der ganzen Nation teilen sie die hohe Befriedigung über die auswärtige Politik des Deutschen Reiches und die großen Erfolge der Friedensbestrebungen des Reichskanzlers.

Sie billigen die auf eine erhöhte Fürsorge für das Wohl der arbeitenden Klassen gerichteten Bestrebungen des Reichskanzlers und unterstützen, vorbehaltlich einer sorgfältigen Prüfung der einzelnen Maßregeln, die Reichsregierung in ihren Bemühungen, die soziale Lage der arbeitenden Klassen zu verbessern. . .

Ihren liberalen Traditionen treu, werden sie alle etwaigen Reaktionsversuche bekämpfen und namentlich die Rechte des Reichstages, falls deren Minderung versucht werden sollte, entschieden verteidigen . . .

Sie erkennen in der Aufrechterhaltung der Ordnung und eines gesicherten Rechtszustandes die erste Pflicht des Staates, werden bereitwillig der Reichsregierung die zur Abwehr staatsgefährlicher Umtriebe erforderlichen Machtmittel gewähren und erachten deshalb die Verlängerung des Sozialistengesetzes für dringend geboten . . .
(Aus: Mommsen, Deutsche Parteiprogramme, a.a.O., S. 159f.)

Waren Formulierungen, wie sie in dieser Erklärung standen, und war vor allem die Verbindung, die zwischen der „Abwehr staatsgefährlicher Umtriebe" und dem Sozialistengesetz hergestellt wurde, noch mit liberalem Geist vereinbar?

Nicht alle dachten hier wie die Heidelberger. Bereits am 30. August 1880 hatten 25 nationalliberale Abgeordnete aus Protest gegen Bismarcks Innenpolitik und die Haltung der eigenen Partei dazu die nationalliberalen Fraktionen des Reichstages und des preußischen Abgeordnetenhauses verlassen. Später hatten sie sich dann mit der Deutschen Fortschrittspartei zur „Deutschen Freisinnigen Partei" zusammengeschlossen, in der bald Eugen Richter zur führenden Figur wurde. Im Programm der Freisinnigen vom 5. März 1884 konnte man deshalb, in alter liberaler Tradition, ganz andere Forderungen lesen:

1. Entwicklung eines wahrhaft konstitutionellen Verfassungslebens in gesichertem Zusammenwirken zwischen Regierung und Volksvertretung und durch gesetzliche Organisation eines verantwortlichen Reichsministeriums.

Abwehr aller Angriffe auf die Rechte der Volksvertretung, insbesondere Aufrechterhaltung der einjährigen Finanzperiode, der jährlichen Einnahmebewilligung, der Redefreiheit.

2. Wahrung der Rechte des Volkes: Erhaltung des geheimen, allgemeinen, gleichen und direkten Wahlrechtes; Sicherung der Wahlfreiheit, insbesondere auch durch Bewilligung von Diäten; Presse-, Versammlungs-, Vereinsfreiheit; volle Gewissens- und Religionsfreiheit . . .
(Aus: Mommsen, Deutsche Parteiprogramme, a.a.O., S. 158.)

Wenn man diesen Forderungen gefolgt wäre – Bismarck dachte daran natürlich nicht im Traume! –, hätte das nicht nur die Aufhebung des Sozialistengesetzes bedeutet, sondern auch eine parlamentarisch-demokratische Erneuerung und eine Wiederbelebung des verkümmerten geistig-politischen Lebens in Deutschland. Es hätte eine demokratische Tradition begründen können, an der es ein halbes Jahrhundert später so sehr fehlte, als die demokratischen Parteien in der Weimarer Republik in der Auseinandersetzung zwischen linken und rechten Extremisten aufgerieben und schließlich vom Nationalsozialismus beseitigt wurden.

Der Antisemitismus

Leider kam es anders. Wie anders, dafür gab es in diesen achtziger Jahren des 19. Jahrhunderts ebenfalls bereits einen Hinweis, wenngleich er noch von niemandem so recht ernstgenommen wurde, da er belanglos schien – eine „Kuriosität am Rande": Auf dem Bochumer Antisemitentag von 1889 wurde die „Antisemitische Deutschsoziale Partei" gegründet. In ihrem Parteiprogrammentwurf konnte, nein *mußte* man lesen:

Die antisemitische deutsch-soziale Partei stellt in den Vordergrund ihrer Bestrebungen die Judenfrage. Sie sieht in der Judenfrage nicht nur eine Rassen- und Religionsfrage, sondern eine Frage internationalen, nationalen, sozialpolitischen und sittlich-religiösen Charakters. – Auch in einem deutschsozialistisch eingerichteten Staate würde das Judentum, dessen Jahrtausende alte Geschichte die Unmöglichkeit seines Aufgehens in den Völkern beweist, der Pfahl in unserem Fleische sein und durch seine bösen Triebe und Einflüsse unser Volk zerfressen und verschlechtern, unsere Gesetze und Ordnungen durchlöchern. Die antisemitische deutsch-soziale Partei erachtet es daher für ihre Pflicht, den volksschädlichen und staatsgefährlichen Einfluß des internationalen Judentums auf allen Gebieten des öffentlichen, gesellschaftlichen und wirtschaftlichen Lebens mit gesetzlichen Mitteln zu bekämpfen, das deutsche Volk über die Judenfrage aufzuklären und die Regierung zum Abschlusse internationaler Vereinbarungen, insbesondere gegen die gefahrdrohende Anhäufung des jüdischen Kapitals, zu drängen.

Als ihr Ziel faßt die antisemitische deutsch-soziale Partei die Aufhebung der Gleichberechtigung und die Stellung der Juden unter Fremdenrecht in Deutschland ins Auge. Die Ausführung dieser Maßregel würde in letzter Linie folgende Wirkung für die Juden haben: Die in Deutschland lebenden Juden dürfen nicht Richter, Lehrer, staatliche oder kommunale Verwaltungs- oder technische Beamte, Advokaten oder Ärzte mit Beamteneigenschaft sein. Juden, als gerichtliche Zeugen, dürfen nur auf den streng rituellen, jüdischen Eid vor einem Rabbiner vereidigt werden. Juden können nicht als Geschworene oder Schöffen sitzen oder sonstige deutsche Ehrenämter bekleiden. Die Juden sind vom Dienst im deutschen Heer ausgeschlossen, dafür entrichten sie eine von der betreffenden jüdischen Gemeinde beizutreibende Kopfsteuer. Die Juden werden vom Staate in Ausübung ihrer Religion und religiösen Gebräuche geschützt, soweit dieselben nicht öffentliches Ärgernis erregen oder gegen die Gesetze des Landes verstoßen, wie z. B. die Tierquälerei des Schächtens. Die Ausübung aller gewerblichen Berufsarten, Handwerk, Fabrikarbeit, selbsttätige Ausübung der Landwirtschaft, des Handels, abgesehen vom Hausierergewerbe, bleibt den Juden gestattet. Wenn auch nun diese durchgreifenden Maßnahmen stets im Auge zu behalten sind, so müssen auch folgende vorläufige notwendige Maßnahmen dankbar angenommen werden, als: Ausweisung der nicht naturalisierten Juden, Verbot der Judeneinwanderung von Osten, Beschränkung der Juden in der Zulassung zu obrigkeitlichen Stellen usw. . .

Wir fordern Beschränkung aller derjenigen Freiheiten, die dem aussaugenden, nicht wertschaffenden Judentum Vorschub leisten und den schaffenden, ehrlich arbeitenden Deutschen schwer schädigen.

(Aus: Mommsen, Deutsche Parteiprogramme, a. a. O., S. 74ff.)

Die Ideologie, die hinter diesen Aussagen und Forderungen stand, war zuvor u.a. von Eugen Dühring in seinem Buch *Die Judenfrage als Racen-, Sitten- und Culturfrage* auf ebenso eindringliche wie erschreckende Weise formuliert worden:

Was den inzwischen erforderlichen modus vivendi betrifft, so ist auf dem Fuße der Gleichheit kein andauerndes Zusammenleben mit den Juden möglich, weil der fragliche Stamm von Natur auf einer ungleichen und zwar erheblich tiefern Stufe der Begabung und Moralität steht. Hier kann auch kein geistiges Prinzip helfen; denn der Fehler ist physiologischer Art und liegt im Naturcharakter selbst . . .

Die Juden sind nicht bloß schlecht ertragbar für andere, sondern auch für sich selbst und unter sich selbst. Der einzelne ist sich mit seiner eigenen Natur mehr oder minder zur Last; die volle innere Ruhe bleibt dem Juden unbekannt. Er fühlt sich fortwährend nicht bloß im Widerspruch mit der bessern Menschheit, sondern auch mit sich selbst . . . Das Judengemüt – wenn man überhaupt den edlen deutschen Ausdruck Gemüt für so etwas brauchen darf – befindet sich in rastloser Öde und kam beispielsweise nicht einmal bei Spinoza zu einer gehörigen Einigkeit mit sich selbst. Der ewige Jude, der nach dem Höheren und Edleren nicht aufzuschauen vermag und sich im Niedern durch die Weltgeschichte ruhelos treibt, ist das ganze Volk selbst, beladen mit dem Fluche der Natur, alle andern Völker heimzusuchen und selbst nicht sobald zur Ruhe einzugehen. Die Erlösung der Juden von sich selbst ist weltgeschichtlich durch ihren Reformator Christus vermittelst eines geistigen Prinzips versucht worden, aber mißlungen . . . Der letzte größte Reformator suchte das Mittel der Erlösung in der Selbstkreuzigung der jüdischen Lüste und Begierden und wurde dafür selbst von den Juden ans Kreuz geschlagen. Wohl wissend, daß sich die Judennatur nicht bessern lasse, ohne sie auszurotten, predigte er ein feindliches Verhalten gegen die Triebe und mutete eine Art Selbstgeißelung der Natur zu, indem er Paradoxien, wie die Feindesliebe, vorschrieb . . . Andere Völker, die von besserem Fleisch und Blut sind, bedürfen keiner Selbstkreuzigung ihres Wesens durch lauter Kopfstellungen der Natur. Für das Judenfleisch ist aber eine solche Vorschrift nur zu verständlich. Jedoch haben die Juden diesen geistigen Ausweg mit Hohn zurückgewiesen. Die Kreuzigung des Judenfleisches ist von ihnen selbst und im geistigen Sinne nicht einmal versucht worden. Was bleibt also übrig, als daß andere Völker an ihnen mit andern als geistigen Mitteln das vollziehen, was ihr eigener Reformator nicht vermocht hat, nämlich die Welt gründlich von allem Judenwesen zu erlösen . . .

Die Mittel werden . . . politische, wirtschaftliche und gesellschaftliche sein müssen. Selbst ein mächtigeres Geistesprinzip als alle bisherigen Religionen würde als bloß geistige Macht den Judenstamm nicht erheblich zum Bessern verändern. Im Gegenteil würde die Aufnahme von Juden auch der besten Geistesgemeinschaft nur schädlich werden . . . Darum gibt es gegen sie auch nur eine einzige Politik, nämlich die der äußerlichen Einschränkung, Einpferchung und Abschließung . . .

Die Juden haben mit ihrem Gelde und mit dem Schleichertum, vermöge dessen sie sich in alle gesellschaftlichen Kanäle einschmuggeln, schon vor ihrer sogenannten Emanzipation eine Menge von Fäden des sozialen Lebens in die Hände bekommen. Später haben sie sogar die gesellschaftlichen und öffentlichen Stellungen, soviel an ihnen war, förmlich überschwemmt und sich in Staat und Gemeinde an allen Ecken eingenistet. Ja, sie haben es in einigen Richtungen zur tatsächlichen Vorherrschaft gebracht. Wie soll da der einzelne, bei dem besten Willen, sich von den Juden zu emanzipieren, sich aus solchen politischen und sozialen Klammern herausziehen? Hier hat sich die Gesellschaft nicht bloß in ihren einzelnen Gliedern als Gesellschaft, sondern sofort als Staat durch Gesetzgebung und Verwaltung zu helfen.

(Aus: Eugen Dühring, Die Judenfrage als Racen-, Sitten- und Culturfrage. Mit einer weltgeschichtlichen Antwort, 2. verb. Aufl., Karlsruhe 1881, S. 110ff.)

Die Forderung Dührings, daß der einzelne sich organisieren müsse, um sich „als Staat durch Gesetzgebung und Verwaltung“ von den Juden zu „emanzipieren“, sich aus „politischen und sozialen Klammern“ herauszuziehen, fand ihren Ausdruck schließlich in der Gründung der Antisemitischen Partei im Deutschen Reich. Eine bedeutsame politische Kraft wurde diese zwar nicht; ihre besten Ergebnisse bei Reichstagswahlen erzielte sie 1893 und 1907 mit jeweils 16 Sitzen (immerhin war sie damit von jeweils etwa einer Viertelmillion Deutscher gewählt worden). Aber schlimm und verheerend war das Gedankengut, das sie verbreitete und zu dem sogar schon die Forderung nach einer „Endlösung" der Judenfrage gehörte, wie man den Beschlüssen ihres Parteitages in Hamburg vom 10./11. September 1899 entnehmen konnte:

Es ist die Aufgabe der antisemitischen Partei, die Kenntnis vom wahren Wesen des Judenvolkes zu vertiefen und immer weiter zu verbreiten. Wir stehen erst am Anfang dieser Tätigkeit ...

Dank der Entwicklung unserer modernen Verkehrsmittel dürfte die Judenfrage im Laufe des 20. Jahrhunderts zur Weltfrage werden und als solche von den anderen Völkern gemeinsam und endgültig durch völlige Absonderung und (wenn die Notwehr es gebietet) schließliche Vernichtung des Judenvolkes gelöst werden. Der wahre Friedenskongreß wird derjenige sein, der sich mit der Stellung der erdbewohnenden Menschheit zum Hebräer beschäftigt. – Bis dahin aber wird es Sache jeder einzelnen Nation sein, sich der Judenplage zu erwehren, so gut sie es den Umständen nach kann.

(Aus: Europäischer Geschichtskalender, a. a. O., 1899, S. 142.)

Es verschlägt einem tatsächlich die Sprache, wenn man das heute, nach der Erfahrung des Dritten Reiches, den ungeheuerlichen nationalsozialistischen Verbrechen, liest. Natürlich hatte das nichts mit den Konservativen zu tun, obwohl einige antisemitische Gruppen ihnen nahestanden, nichts mit den Liberalen und den Sozialdemokraten, und auch nichts mit Bismarck und seiner Regierung und Wilhelm II. Aber es war schon da.

Zudem machte der Berliner Hof- und Domprediger Adolf Stoecker den Antisemitismus im Kaiserreich salonfähig. Er war nicht nur ein religiös orthodoxer und politisch konservativer evangelischer Geistlicher, der seine Predigten gern mit einer Mischung aus christlichem Sozialismus und Antisemitismus anreicherte und gegen die Sozialdemokratie wetterte, sondern auch ein Vertrauter der Kaiserin mit zeitweilig beträchtlichem Einfluß bei Hofe. Nachdem er 1878 die „Christlich-soziale Arbeiterpartei" gegründet hatte und bald darauf in das preußische Abgeordnetenhaus und in den Reichstag eingezogen war, wirkte er darüber hinaus mit seinen antisemitischen Vorstellungen als Politiker auf den Mittelstand. Das spätere Versagen der Deutschen gegenüber dem rassistischen Antisemitismus des Nationalsozialismus bereitete sich hier, im ausgehenden 19. Jahrhundert, geistig vor – und zwar keineswegs nur unter politischen Abenteurern und ideologischen Außenseitern, sondern durchaus auch auf hoher Ebene und nahe den Zentren geistlicher und weltlicher Macht in Deutschland.

Karl Eugen Dühring (1833-1921), Philosoph und Nationalökonom. 1864 Habilitation. 1877 nach einem Streit mit der Fakultät Aberkennung der Lehrbefugnis; danach freier Schriftsteller. Freisinniger Rassenantisemit, Gegner der christlichen und jüdischen Religion, des Kritizismus von Kant und des Marxismus. Bezeichnete sich als eigentlichen Begründer des Antisemitismus. Werke: „Natürliche Dialektik" 1865; „Kritische Grundlegung der Volkswirtschaftslehre" 1866; „Kritische Geschichte der Philosophie" 1869; „Kritische Geschichte der Nationalökonomie und des Sozialismus" 1871; „Die Judenfrage als Racen-, Sitten- und Culturfrage. Mit einer weltgeschichtlichen Antwort" 1881; „Die Überschätzung Lessings und dessen Anwaltschaft für die Juden" 1881; „Selbstdarstellung: Sache, Leben und Feinde" 1882.

4. Kulturkampf, Sozialistengesetz und Sozialpolitik

Bismarcks Haltung gegenüber den Parteien

Bismarck hat sich, wie gesagt, bis an sein Lebensende nie mit den Parteien befreunden können. Diese Phänomene politischer Massenmobilisierung waren ihm in seinem Innersten fremd. In *dieser* Hinsicht entstammte er nicht nur einer anderen Epoche, sondern dachte und handelte auch wie ein Restposten der teils schon versunkenen, teils im Versinken begriffenen Zeit nahezu unbeschränkter monarchischer Herrschaftsgewalt. Bismarck war und blieb ein ganz und gar auf die Staatsräson fixierter Minister seines Königs. Wo es sich nicht vermeiden ließ, zollte er wohl dem Zeitgeist den notwendigen Tribut; doch gleichzeitig stemmte er sich, geprägt von seinem starken individuellen Konservativismus, mit aller Vehemenz, die ihm zu Gebote stand, gegen ihn, solange er nur konnte – zunächst im Verfassungskonflikt mit den Abgeordneten des Preußischen Landtages, später dann, nach 1871, im Kulturkampf und in der Auseinandersetzung mit der Sozialdemokratie, als er fürchtete, internationalistische Elemente könnten dem soeben erst geschaffenen deutschen Nationalstaat gefährlich werden: der Sozialismus, die internationale Arbeiterbewegung und ihre nationalen Anhänger der deutschen Sozialdemokratie, und der *Ultramontanismus,* also jene Richtung, deren Vertreter der vom Papst geführten Kirche Vorrang vor dem Staat einräumten und die im „Zentrum" ihren parteipolitischen Ausdruck fand.

So wie er das allgemeine Wahlrecht „gewissermaßen als ein Erbteil der Entwicklung der deutschen Einheitsbestrebungen" hinnahm – wie er am 28. März 1867 in einer Rede im Norddeutschen Reichstag erklärte –, so duldete er auch die politischen Parteien als etwas Vorgegebenes, mit dem man irgendwie zurechtkommen würde, sofern sich die Herren Abgeordneten nur einigermaßen ordentlich betrugen. Wenn sie aber seine Absichten behinderten, gar sein Werk zu gefährden drohten, kannte er mit ihnen keine Geduld mehr und keine Gnade. Die Parteien als etwas Eigenständiges, als notwendige Strukturelemente beim Aufbau des neuen Staatswesens zu betrachten, die es zu pflegen und zu fördern gelte, lag ihm fern. Das zeigte sich in seiner Behandlung der Nationalliberalen, die er 1878 bedenkenlos fallenließ und in die Spaltung trieb, obwohl sie seine Politik lange unterstützt hatten und er ihnen daher besonders im Reichstag viel verdankte, wie in seinem Verhalten gegenüber dem Zentrum, das er zunächst – im Kulturkampf – zu vernichten und nach 1878 zur Zusammenarbeit zu bewegen suchte. Sein Verhältnis zu den Arbeiterparteien war weniger wechselhaft, nämlich durchgängig negativ; und da er sie durch staatliche Maßnahmen in ihren Entfaltungsmöglichkeiten beschnitt und schließlich ihre Mitglieder sogar polizeilich verfolgen ließ, kam es auch hier nicht zur Herausbildung einer sachlichen, vernunftgeleiteten Auseinandersetzung zwischen Regierung und Opposition, sondern zu beiderseits emotionsbeladener Konfrontation, voller persönlicher Bezüge, Rachsucht und Vernichtungsdrang.

Die Verelendung des deutschen Parteiwesens nach hoffnungsvollem Beginn ist also wesentlich Bismarck anzulasten. Sie führte nicht nur das Land, sondern auch ihn selbst in den achtziger Jahren immer tiefer in eine innenpolitische Sackgasse. Sein Scheitern – wegen der Arbeiterfrage – ist nicht zuletzt diesem Umstand zuzuschreiben.

Bismarcks Kampf gegen das Zentrum

Die Weichen, die ihn am Ende in die parteipolitische Ausweglosigkeit geraten ließen, stellte Bismarck bereits unmittelbar nach der Reichsgründung, als er versuchte, in einem „Kulturkampf" gegen den Ultramontanismus das Zentrum als politische Kraft in Deutschland auszuschalten. Worum ging es dabei?

Im Februar 1871 hatte Wilhelm Freiherr von Ketteler einen Programmentwurf für die Zentrumsfraktion im Deutschen Reichstag vorgelegt und darin unter anderem gefordert:

I. Rückhaltlose Anerkennung der deutschen Reichsgewalt innerhalb der Grenzen ihres jetzigen Rechtsbestandes.

II. Festes nationales Bündnis mit Österreich, dem deutschen Ost-Reiche.

III. Redliche Anerkennung der Selbständigkeit der zum Deutschen Reiche gehörigen Einzelländer, soweit es die notwendige Einheit des Reiches zuläßt nach Maßgabe der Reichsgesetze.

IV. Die christliche Religion ist sowohl im Reiche als in den einzelnen Staaten bei allen Einrichtungen, welche mit der Religionsübung im Zusammenhang stehen, unbeschadet der Religionsfreiheit, zugrunde zu legen.

V. Die anerkannten christlichen Konfessionen ordnen und verwalten ihre Angelegenheiten selbständig und verbleiben im Besitze und Genuß der für ihre Kultus-, Unterrichts- und Wohltätigkeitszwecke gestifteten Anstalten und Fonds.

VI. Ein deutsches Reich fordert vor allem deutsches Recht und deutsche Freiheit im Sinne eines gesicherten Rechtsgebietes für die individuelle und genossenschaftliche Freiheit und im Gegensatz zu der lügenhaften Freiheit des Absolutismus und Liberalismus, welche die Freiheit des Individuums und der Genossenschaft vernichten.

VII. Damit verbunden Freiheit des höheren, des mittleren und des niederen Unterrichtes, unter gesetzlich geregelter Staatsaufsicht, und Einrichtung der Staatsschule nicht nach der Willkür der Staatsbehörden, sondern nach den realen, geistigen und sittlichen Verhältnissen des Volkes . . .

(Aus: Wolfgang Treue, Deutsche Parteiprogramme 1861-1954, Göttingen u.a. 1954, S. 57f.)

Die Zentrumsfraktion hatte auf diese Initiative hin Ende März 1871 „Grundsätze für ihre Tätigkeit" verabschiedet und diese mit dem in lateinischer Sprache gehaltenen Motto *Gerechtigkeit ist das Fundament der Königreiche* überschrieben:

„Justitia fundamentum regnorum"

Die Zentrumsfraktion des deutschen Reichstages hat folgende Grundsätze für ihre Tätigkeit aufgestellt:

1. Der Grundcharakter des *Reiches als eines Bundesstaates* soll gewahrt, demgemäß den Bestrebungen, welche auf eine Änderung des föderativen Charakters der Reichsverfassung abzielen, entgegengewirkt, und von der Selbstbestimmung und Selbsttätigkeit der einzelnen Staaten in allen inneren Angelegenheiten nicht mehr geopfert werden, als die Interessen des Ganzen als unabweislich fordern.

2. Das *moralische und materielle Wohl aller Volksklassen* ist nach Kräften zu fördern; für die bürgerliche und religiöse Freiheit aller Angehörigen des Reiches ist die verfassungsmäßige Feststellung von Garantien zu erstreben und insbesondere das *Recht der Religionsgesellschaften* gegen Eingriffe der Gesetzgebung zu schützen.

3. Die Fraktion verhandelt und beschließt nach diesen Grundsätzen über alle in dem Reichstag zur Beratung kommenden Gegenstände, ohne daß übrigens den einzelnen Mit-

gliedern der Fraktion verwehrt wäre, im Reichstage ihre Stimme abweichend von dem Fraktionsbeschlusse abzugeben.

(Aus: Mommsen, Deutsche Parteiprogramme, a. a. O., S. 222.)

Doch was war daran so verwerflich, daß Bismarck anschließend meinte, dem Zentrum den Krieg erklären zu müssen?

Zunächst muß man wissen, daß 1870 das Vatikanische Konzil unter Papst Pius IX. die Lehre von der „Unfehlbarkeit des Papstes" als Dogma verkündet und damit die päpstliche Obergewalt fest verankert hatte; Glaubens- und Morallehren, die der Papst ex cathedra aussprach, konnten danach innerhalb der katholischen Kirche nicht mehr in Frage gestellt werden, sondern waren für alle Glieder der Kirche verbindlich. Wenn nun das Zentrum forderte, „das Recht der Religionsgesellschaften gegen Eingriffe der Gesetzgebung zu schützen", so konnte dies zu einer „Priesterherrschaft" neben der „Königsherrschaft" führen, wie Bismarck meinte, ja sogar zu einer indirekten Mitregierung des Papstes.

In einer Rede im preußischen Herrenhaus vom 10. März 1873 erklärte Bismarck hierzu:

Die Frage, in der wir uns befinden, wird m. E. gefälscht, und das Licht, in dem wir sie betrachten, ist ein falsches, wenn man sie als eine konfessionelle, kirchliche betrachtet. Es ist wesentlich eine politische; es handelt sich nicht um den Kampf, wic unsern katholischen Mitbürgern eingeredet wird, einer evangelischen Dynastie gegen die katholische Kirche, es handelt sich nicht um den Kampf zwischen Glauben und Unglauben, es handelt sich um den uralten Machtstreit, der so alt ist wie das Menschengeschlecht, um den Machtstreit zwischen Königtum und Priestertum, den Machtstreit, der viel älter ist als die Erscheinung unseres Erlösers in dieser Welt, den Machtstreit, in dem Agamemnon in Aulis mit seinen Sehern lag, der ihm dort die Tochter kostete und die Griechen am Auslaufen verhinderte, den Machtstreit, der die deutsche Geschichte des Mittelalters bis zur Zersetzung des Deutschen Reiches erfüllt hat unter dem Namen der Kämpfe der Päpste mit den Kaisern, der im Mittelalter seinen Abschluß damit fand, daß der letzte Vertreter des erlauchten schwäbischen Kaiserstammes unter dem Beil eines französischen Eroberers auf dem Schafott starb und daß dieser französische Eroberer im Bündnis mit dem damaligen Papste stand.

Dieser Machtstreit unterliegt denselben Bedingungen wie jeder andere politische Kampf, und es ist eine Verschiebung der Frage, die auf den Eindruck auf urteilslose Leute berechnet ist, wenn man sie darstellt, als ob es sich um Bedrückung der Kirche handelte. Es handelt sich um Verteidigung des Staates, es handelt sich um die Abgrenzung, wie weit die Priesterherrschaft und wie weit die Königsherrschaft gehen soll, und diese Abgrenzung muß so gefunden werden, daß der Staat seinerseits dabei bestehen kann. Denn in dem Reiche dieser Welt hat er das Regiment und den Vortritt.

(Aus: Bismarck und der Staat. Ausgewählte Dokumente, eingeleitet von Hans Rothfels, Darmstadt 1958, S. 263f.)

Aber es war nicht nur ein Streit zwischen Kirche und Staat, der hier ausgefochten und von den Liberalen, die ihn als Kampf „für die Freiheit der Kultur und des Humanismus" befürworteten und mittrugen, bald mit der von Professor Rudolf Virchow geprägten Bezeichnung „Kulturkampf" versehen wurde. Bismarck verfolgte vor allem politische Ziele: Er lehnte sowohl die föderativen Bestrebungen des Zentrums, die seiner Regierungsgewalt entgegenstanden, als auch das feste nationale Bündnis mit Österreich, „dem deutschen Ost-Reiche", wie Ketteler, der Bischof von Mainz, geschrieben hatte, entschieden ab und erblickte darin einen Gegensatz des Zentrums zu der vom protestantischen Preußen getragenen kleindeutschen Reichsgründung. Diese Erkenntnis, zunächst nicht viel mehr als ein Verdacht, wurde für Bismarck zur Gewißheit, als die Vertreter des Zentrums Welfen, Polen, Elsässer, überhaupt Minderheiten, Unzufriedene, Partikularisten zu sammeln und hinter sich zu scharen suchten: eine „Mobilmachung der Reichsfeinde gegen das neue Reich".

Wilhelm Emmanuel Freiherr von Ketteler (1811-1877), Bischof von Mainz. Zunächst Jurist im Staatsdienst. Seit 1844 katholischer Geistlicher. 1848 Mitglied der Frankfurter Nationalversammlung, wo er dem Katholischen Klub angehörte und diesen in eine politische Partei umzuwandeln versuchte. 1849 Probst an St. Hedwig in Berlin. Seit 1850 Bischof von Mainz. Auf dem Vatikanischen Konzil 1870 zunächst Gegner, dann energischer Befürworter des Unfehlbarkeitsdogmas. 1871-73 Mitglied des Deutschen Reichstags; Bemühungen um Milderung des Kulturkampfes. Bedeutender Förderer der christlichen Sozialreform, Redner und Publizist. Werke: „Die großen sozialen Fragen der Gegenwart“ 1849; „Das Recht und der Rechtsschutz der katholischen Kirche in Deutschland“ 1854; „Die Arbeiterfrage und das Christentum“ 1864; „Die Katholiken im Deutschen Reiche“ 1873; „Der Kulturkampf gegen die katholische Kirche“ 1874.

Der Kampf begann noch 1871, bald nach den ersten Reichstagswahlen nach der Reichsgründung, die am 3. März stattfanden und aus denen das Zentrum mit 58 Mandaten als zweitstärkste Fraktion des Reichstages hervorging, die überdies noch Zuwachs aus der Partei der bayerischen „Patrioten“ und der „Katholischen Volkspartei“ in Baden erhielt, so daß die Gefahr bestand, daß das Zentrum „zum Kern einer oppositionellen Mehrheit“ wurde, „sobald es ihm glückte, auch in nichtkatholischen Bereichen Fuß zu fassen“ (Karl Buchheim).

Bismarck war also gewarnt und handelte sofort: Bereits im Juli 1871 wurde die katholische Abteilung im preußischen Kultusministerium aufgelöst. Im Dezember gleichen Jahres wurden nach italienischem Vorbild auf Anregung Bayerns „Kanzelparagraphen“ als Reichsgesetz erlassen, die als Zusatz zum Strafgesetzbuch den Geistlichen untersagten, in Ausübung ihres Berufes „Angelegenheiten des Staates in einer den öffentlichen Frieden gefährdenden Weise“ zu erörtern; Zuwiderhandlungen konnten mit Gefängnis bestraft werden. Im folgenden Jahr wurde die geistliche Schulaufsicht in Preußen durch eine staatliche ersetzt, und den Jesuiten wurde verboten, im Deutschen Reich Niederlassungen zu errichten. 1873 begann man dann in Preußen (mit den „Mai-Gesetzen“), direkt in das kirchliche Leben einzugreifen: Ausbildung und Einstellung der Geistlichen wurden staatlicher Kontrolle unterworfen; die kirchliche Vermögensverwaltung sollte durch gewählte Gemeindevertretungen erfolgen. Und schließlich wurde 1875 vom Reichstag beschlossen, daß künftig nur noch die standesamtliche Eheschließung vor dem Gesetz gültig sei; die kirchliche Trauung wurde damit auf einen religiös-symbolischen Akt reduziert und durfte dementsprechend auch erst nach der standesamtlichen vorgenommen werden.

Alle diese Maßnahmen, besonders diejenigen in Preußen, richteten sich gegen die Eigenständigkeit und Unabhängigkeit der Kirchen oder suchten doch wenigstens deren Einfluß zu mindern. Allerdings war es sicher übertrieben, sogar falsch, von einer „Verfolgung der Gläubigen in Deutschland“, also einer neuen Christenverfolgung, zu sprechen, wie Pius IX. es tat. Die Maßnahmen richteten sich ja nicht gegen die Gläubigen – schon gar nicht in dem Sinne, daß ihnen, wie im alten Rom, ihr Glaube ausgetrieben werden sollte –, sondern gegen die Macht der Kirche als Institution; diese Macht sollte gebrochen und der staatlichen Gewalt untergeordnet werden.

Aber die Maßnahmen hatten nicht die gewünschte Wirkung. Denn nicht nur die Katholiken, sondern auch viele Protestanten waren empört; die Einführung der staatlichen Schulaufsicht und der Zivilehe wurde außer vom Zentrum auch von den Konservativen abgelehnt. Außerdem vergiftete Bismarcks Kulturkampf mit zunehmender

Dauer immer mehr das politische und geistige Klima in Deutschland und gefährdete die Grundrechte, wie sogar die Liberalen, die in der Kirchenfrage eigentlich mit Bismarcks Politik übereinstimmten, nachdenklich und besorgt feststellten. Vor allem aber: Der Kampf war politisch erfolglos. Weder wurde das Zentrum als Partei zerstört, wie Bismarck gehofft hatte (im Gegenteil, die Zahl ihrer Sitze stieg im Preußischen Landtag zwischen 1870 und 1879 von 58 auf 97 und im Reichstag zwischen 1871 und 1878 von 63 auf 94), noch gelang es, die Spaltung des Katholizismus, die sich nach der Verkündung des Dogmas von der Unfehlbarkeit des Papstes vorübergehend angedeutet hatte, weiter zu vertiefen. Bismarck hatte eine Niederlage erlitten.

Blick in den alten Reichstag in der Leipziger Straße in Berlin. Oben links sitzend Reichskanzler Bismarck

Wiederannäherung an die katholische Kirche

Da man sich Feinde, die man nicht besiegen kann, möglichst zu Freunden machen sollte – ein außenpolitischer Erfahrungsgrundsatz, den Bismarck sein Leben lang beherzigte –, nutzte der Kanzler 1878 das Ableben von Pius IX., der in den siebziger Jahren ein immer schärferer Gegner Bismarcks geworden war, zur Wiederannäherung an die katholische Kirche. In einem von Bismarck gegengezeichneten Schreiben vom 24. März 1878 beglückwünschte Kaiser Wilhelm I. den neuen Papst Leo XIII. zu seiner Wahl, von der dieser den deutschen Kaiser allerdings nicht direkt, sondern mittelbar über den König von Bayern informiert hatte – was das Ausmaß der Verstimmung zwischen dem Vatikan und dem Reich kennzeichnete, aber auch Gesprächsbereitschaft signalisieren konnte, da man von seiten des Vatikans die Information nicht gänzlich unterlassen hatte –, und äußerte die Hoffnung, daß der neue Papst seinen Einfluß geltend machen werde, die Katholiken in Deutschland zur Einfügung in die staatliche Ordnung zu bewegen:

Berlin, den 24. März 1878

Guilelmus Dei Gratia Imperator et Rex Leoni XIII., Summo Ecclesiae Romano-Catholicae Pontifici, Salutem . . .

Gern entnehme Ich den freundlichen Worten Ew. Heiligkeit die Hoffnung, daß Sie geneigt sein werden, mit dem mächtigen Einfluß, welchen die Verfassung Ihrer Kirche Ew. Heiligkeit auf alle Diener derselben gewährt, dahin zu wirken, daß auch diejenigen unter den letzteren, welche es bisher unterließen, nunmehr dem Beispiel der ihrer geistlichen Pflege befohlenen Bevölkerung folgend, den Gesetzen des Landes, in dem sie wohnen, sich fügen werden.

Ich bitte Ew. Heiligkeit, die Versicherung meiner größten Hochachtung genehmigen zu wollen.

Guilelmus Imperator et Rex

ggez. von Bismarck

(Aus: Ludwig Hahn, Geschichte des „Kulturkampfes" in Preußen. In Aktenstücken dargestellt. Mit einer Übersicht, Berlin 1881, S. 207f.)

Bismarcks Kulturkampf. Karikatur des „Kladderadatsch" aus dem Jahre 1875

Doch das Geschehene ließ sich nicht einfach mit einem Federstrich aus der Welt schaffen, zumal die Regierung in Berlin ja nicht bereit war, ihre Maßnahmen gegen die Kirche rückgängig zu machen, sondern diese lediglich aufforderte, sich in die bestehende Ordnung zu fügen. Dazu mochte sich aber auch der neue Papst nicht bereitfinden, wie er dem Kaiser am 17. April schrieb; statt dessen verlangte er, die Verfassung und die Gesetze Preußens nach den Satzungen der römisch-katholischen Kirche abzuändern. Immerhin sprach er wenig später Wilhelm seine Teilnahme aus, nachdem auf diesen am 11. Mai und 2. Juni 1878 zwei Attentate verübt worden waren. Wenigstens redete man nun also wieder miteinander – und sogar ohne Umwege.

Der Kronprinz dankte (erneut gegengezeichnet von Bismarck) dem Papst am 10. Juni 1878 und beantwortete zugleich dessen Schreiben vom 17. April:

Berlin, den 10. Juni 1878

Ew. Heiligkeit für die aus Anlaß des Attentates vom 2. d. bewiesene Teilnahme Selbst zu danken, ist der Kaiser, Mein Herr Vater, leider noch nicht im Stande; gern lasse Ich es daher eine Meiner ersten Obliegenheiten sein, an Seiner Statt Ihnen für den Ausdruck Ihrer freundlichen Gesinnung aufrichtig zu danken.

Der Kaiser hat mit Beantwortung des Schreibens Ew. Heiligkeit vom 17. April gezögert in der Hoffnung, daß vertrauliche Erläuterungen inzwischen die Möglichkeit gewähren würden, auf den schriftlichen Ausdruck prinzipieller Gegensätze zu verzichten, welcher sich bei Fortsetzung des Schriftwechsels im Sinne des Schreibens Ew. Heiligkeit vom 17. April nicht vermeiden läßt. Nach Inhalt des letzteren muß Ich leider annehmen, daß Ew. Heiligkeit die in dem Schreiben Meines Herrn Vaters vom 24. März ausgedrückte Hoffnung nicht glauben erfüllen zu können, daß Ew. Heiligkeit den Dienern Ihrer Kirche den Gehorsam gegen die Gesetze und gegen die Obrigkeit ihres Landes empfehlen würden. Dem dagegen in Ihrem Schreiben vom 17. April ausgesprochenen Verlangen, die Verfassung und die Gesetze Preußens nach den Satzungen der römisch-katholischen Kirche abzuändern, wird kein preußischer Monarch entsprechen können, weil die Unabhängigkeit der Monarchie, deren Wahrung Mir gegenwärtig als ein Erbe Meiner Väter und als eine Pflicht gegen Mein Land obliegt, eine Minderung erleiden würde, wenn die freie Bewegung ihrer Gesetzgebung einer außerhalb derselben stehenden Macht untergeordnet werden sollte. Wenn es daher nicht in Meiner und vielleicht auch nicht in Ew. Heiligkeit Macht steht, jetzt einen Prinzipienstreit zu schlichten, der seit einem Jahrtausend in der Geschichte Deutschlands sich mehr als in der anderer Länder fühlbar gemacht hat, so bin Ich doch gern bereit, die Schwierigkeiten, welche sich aus diesem von den Vorfahren übernommenen Konflikte für beide Teile ergeben, in dem Geiste der Liebe zum Frieden und der Versöhnlichkeit zu behandeln, welche das Ergebnis Meiner christlichen Überzeugung ist. Unter der Voraussetzung, Mich mit Ew. Heiligkeit in solcher Geneigtheit zu begegnen, werde Ich die Hoffnung nicht aufgeben, daß da, wo eine grundsätzliche Verständigung nicht erreichbar ist, doch versöhnliche Gesinnung beider Teile auch für Preußen den Weg zum Frieden eröffnen werde, der anderen Staaten niemals verschlossen war.

Genehmigen Ew. Heiligkeit den Ausdruck Meiner persönlichen Ergebenheit und Verehrung.

Friedrich Wilhelm, Kronprinz.
ggez. von Bismarck.

An Se. Heiligkeit den Papst Leo XIII.

(Aus: Das Staatsarchiv, a.a.O., Bd. 38, 1881, S. 269f.)

Versöhnliche Gesinnung statt grundsätzlicher Verständigung sollte also die Basis sein, auf der man sich treffen wollte. Damit würden zumindest Bemühungen um Entspannung und vertrauensbildende Maßnahmen an die Stelle kämpferischer Verweigerung und aussichtsloser Konfrontation treten. Das wußte man im Vatikan ebenso wie in Berlin und war demzufolge hier wie dort bereit, das Wagnis einzugehen. Leo XIII. half leise, aber wirkungsvoll, Bismarcks Ausgleich mit dem Zentrum zustande zu bringen; und der Kanzler nahm in den achtziger Jahren Schritt um Schritt die rabiatesten seiner Kampfgesetze zurück, ohne allerdings auf staatliche Schulaufsicht, Zivilehe und Anzeigepflicht bei der Ernennung von Geistlichen zu verzichten.

Die Verstörungen, die der Kulturkampf im Verhältnis der Konfessionen und in den Beziehungen zwischen Staat und katholischer Kirche angerichtet hatte, wurden damit jedoch nicht wieder völlig beseitigt. Bis in die Geschichte der Bundesrepublik hinein haben sie ihre Spuren hinterlassen.

Bismarcks Kampf gegen die Sozialdemokratie

Ähnlich weitreichende, langdauernde Wirkungen, wie Bismarcks Auseinandersetzung mit der katholischen Kirche und dem Zentrum, hatte auch sein zweiter innenpolitischer Kampf, den er in den siebziger Jahren begann: der Kampf gegen die Sozialdemokratie.

Mit der Gründung der Sozialdemokratischen Arbeiterpartei auf dem Eisenacher Kongreß 1869 – in Konkurrenz zu den Lassalleanern – und ihrer Umbenennung in „Sozialdemokratische Arbeiterpartei Deutschlands“ (1870) hatten August Bebel und

Reichs-Gesetzblatt.

№ 34.

Inhalt: Gesetz gegen die gemeingefährlichen Bestrebungen der Sozialdemokratie. S. 351.

(Nr. 1271.) Gesetz gegen die gemeingefährlichen Bestrebungen der Sozialdemokratie. Vom 21. Oktober 1878.

Wir Wilhelm, von Gottes Gnaden Deutscher Kaiser, König von Preußen rc.

verordnen im Namen des Reichs, nach erfolgter Zustimmung des Bundesraths und des Reichstags, was folgt:

§. 1.

Vereine, welche durch sozialdemokratische, sozialistische oder kommunistische Bestrebungen den Umsturz der bestehenden Staats- oder Gesellschaftsordnung bezwecken, sind zu verbieten.

Dasselbe gilt von Vereinen, in welchen sozialdemokratische, sozialistische oder kommunistische auf den Umsturz der bestehenden Staats- oder Gesellschaftsordnung gerichtete Bestrebungen in einer den öffentlichen Frieden, insbesondere die Eintracht der Bevölkerungsklassen gefährdenden Weise zu Tage treten.

Den Vereinen stehen gleich Verbindungen jeder Art.

§. 2.

Auf eingetragene Genossenschaften findet im Falle des §. 1 Abs. 2 der §. 35 des Gesetzes vom 4. Juli 1868, betreffend die privatrechtliche Stellung der Erwerbs- und Wirthschaftsgenossenschaften, (Bundes-Gesetzbl. S. 415 ff.) Anwendung.

Auf eingeschriebene Hülfskassen findet im gleichen Falle der §. 29 des Gesetzes über die eingeschriebenen Hülfskassen vom 7. April 1876 (Reichs-Gesetzbl. S. 125 ff.) Anwendung.

§. 3.

Selbständige Kassenvereine (nicht eingeschriebene), welche nach ihren Statuten die gegenseitige Unterstützung ihrer Mitglieder bezwecken, sind im Falle des

Ausgegeben zu Berlin den 22. Oktober 1878.

Gesetz gegen die gemeingefährlichen Bestrebungen der Sozialdemokratie. Veröffentlicht im Reichsgesetzblatt am 22. Oktober 1878

Wilhelm Liebknecht zunächst vor allem einen *Anspruch* angemeldet: den Anspruch auf eine nationale politische Organisation der deutschen Arbeiterklasse mit entsprechender, angemessener Machtbasis. Bei diesem „Anspruch" sollte es vorerst auch bleiben, denn die Machtbasis ließ auf sich warten. Unter den 382 Abgeordneten des Deutschen Reichstages von 1871 waren nur zwei Sozialdemokraten – eben Bebel und Liebknecht. Wenig genug. Nichts, was einen Bismarck in Aufregung, geschweige denn in Angst und Schrecken hätte versetzen können, zumal die Arbeiterbewegung außerdem noch gespalten war. Die parteipolitische Organisation der Arbeiterschaft war also eine Frage, die in der Zukunft einmal Probleme aufwerfen mochte, am Anfang der siebziger Jahre aber kaum ernstgenommen zu werden brauchte.

Doch Bismarck dachte hier anders. Für ihn war die Lösung der „Arbeiterfrage" keine reine Parteiangelegenheit, sondern eine zentrale Aufgabe des Staates. Bereits 1863/64 hatte er mit Lassalle über die Einführung des allgemeinen Wahlrechts und staatlicher Sozialhilfe verhandelt, um die Sozialisten für ein soziales Königtum zu gewinnen und sie gleichzeitig vom Gedanken einer sozialliberalen Koalition abzubringen (zu der es erst hundert Jahre später kommen sollte). Bismarck spürte, daß mit zunehmender Industrialisierung die Entstehung einer mächtigen Arbeiterpartei unvermeidlich sein werde, wenn man ihr nicht durch Sozialreformen von oben entgegenwirkte und zumindest ihren Zuwachs bremste. Er sah sich in der Notwendigkeit hierzu durch das marxistisch geprägte Eisenacher Programm der Sozialdemokraten und den Gothaer Kongreß vom 22. bis 27. Mai 1875 bestärkt, der zur Einigung zwischen Lassalleanern und Sozialdemokraten und zur Gründung der „Sozialistischen Arbeiterpartei Deutschlands" führte. Das Gothaer Programm war – wie zuvor das Eisenacher – glatt revolutionär. Einen „freien Staat" und eine „sozialistische Gesellschaft" forderte man dort, und „die Beseitigung aller sozialen und politischen Ungleichheit"! Wörtlich hieß es darin:

I. Die Arbeit ist die Quelle alles Reichtums und aller Kultur, und da allgemein nutzbringende Arbeit nur durch die Gesellschaft möglich ist, so gehört der Gesellschaft, das heißt allen ihren Gliedern, das gesamte Arbeitsprodukt, bei allgemeiner Arbeitspflicht, nach gleichem Recht, jedem nach seinen vernunftgemäßen Bedürfnissen.

In der heutigen Gesellschaft sind die Arbeitsmittel Monopol der Kapitalistenklasse; die hierdurch bedingte Abhängigkeit der Arbeiterklasse ist die Ursache des Elends und der Knechtschaft in allen Formen.

Die Befreiung der Arbeit erfordert die Verwandlung der Arbeitsmittel in Gemeingut der Gesellschaft und die genossenschaftliche Regelung der Gesamtarbeit mit gemeinnütziger Verwendung und gerechter Verteilung des Arbeitsertrages.

Die Befreiung der Arbeit muß das Werk der Arbeiterklasse sein, der gegenüber alle anderen Klassen nur eine reaktionäre Masse sind.

II. Von diesen Grundsätzen ausgehend, erstrebt die Sozialistische Arbeiterpartei Deutschlands mit allen gesetzlichen Mitteln den freien Staat und die sozialistische Gesellschaft, die Zerbrechung des ehernen Lohngesetzes durch Abschaffung des Systems der Lohnarbeit, die Aufhebung der Ausbeutung in jeder Gestalt, die Beseitigung aller sozialen und politischen Ungleichheit ...

Die Sozialistische Arbeiterpartei Deutschlands fordert, um die Lösung der sozialen Frage anzubahnen, die Errichtung von sozialistischen Produktivgenossenschaften mit Staatshilfe unter der demokratischen Kontrolle des arbeitenden Volkes. Die Produktivgenossenschaften sind für Industrie und Ackerbau in solchem Umfange ins Leben zu rufen, daß aus ihnen die sozialistische Organisation der Gesamtarbeit entsteht.

1. Allgemeines, gleiches, direktes Wahl- und Stimmrecht, mit geheimer und obligatorischer Stimmabgabe aller Staatsangehörigen vom zwanzigsten Lebensjahre an für alle Wahlen und Abstimmungen in Staat und Gemeinde. Der Wahl- oder Abstimmungstag muß ein Sonntag oder Feiertag sein.

2. Direkte Gesetzgebung durch das Volk. Entscheidung über Krieg und Frieden durch das Volk.

3. Allgemeine Wehrhaftigkeit. Volkswehr an Stelle der stehenden Heere.

4. Abschaffung aller Ausnahmegesetze, namentlich der Presse-, Vereins- und Versammlungsgesetze; überhaupt aller Gesetze, welche die freie Meinungsäußerung, das freie Forschen und Denken beschränken.

5. Rechtsprechung durch das Volk. Unentgeltliche Rechtspflege.

6. Allgemeine und gleiche Volkserziehung durch den Staat. Allgemeine Schulpflicht. Unentgeltlicher Unterricht in allen Bildungsanstalten. Erklärung der Religion zur Privatsache.

Die Sozialistische Arbeiterpartei Deutschlands fordert innerhalb der heutigen Gesellschaft:

1. Mögliche Ausdehnung der politischen Rechte und Freiheiten im Sinne der obigen Forderungen.

2. Eine einzige progressive Einkommensteuer für Staat und Gemeinde anstatt aller bestehenden, insbesondere die das Volk belastenden indirekten Steuern.

3. Unbeschränktes Koalitionsrecht.

4. Einen den Gesellschaftsbedürfnissen entsprechenden Normalarbeitstag. Verbot der Sonntagsarbeit.

5. Verbot der Kinderarbeit und aller die Gesundheit und Sittlichkeit schädigenden Frauenarbeit.

6. Schutzgesetze für Leben und Gesundheit der Arbeiter. Sanitäre Kontrolle der Arbeiterwohnungen. Überwachung der Bergwerke, der Fabrik-, Werkstatt- und Hausindustrie durch von Arbeitern gewählte Beamte. Ein wirksames Haftpflichtgesetz.

7. Regelung der Gefängnisarbeit.

8. Volle Selbstverwaltung für alle Arbeiterhilfs- und Unterstützungskassen.

(Aus: Klaus-Peter Schulz, Proletarier, Klassenkämpfer, Staatsbürger. 100 Jahre deutsche Arbeiterbewegung, München 1963, S. 229ff.)

Was sollte Bismarck, bei seiner Herkunft, seiner Einstellung, mit einer Partei anfangen, die der politischen Ordnung, für die er einstand, so offen den Kampf ansagte? Und die sich dabei inzwischen sogar auf eine nicht unbeträchtliche Zahl von Wählerstimmen, wenn auch noch nicht auf eine entsprechende Zahl von Mandaten stützen konnte? 352000 Deutsche hatten 1874 sozialdemokratisch gewählt, fast ebensoviele wie deutschkonservativ oder frei-konservativ, dafür aber nach dem damals für Sozialdemokraten ungünstigen Wahlsystem nur neun Sitze im Reichstag erhalten, während die Deutsch-Konservativen es auf 22 und die Frei-Konservativen sogar auf 33 Sitze brachten.

Doch Bismarcks Abneigung gegen Sozialdemokraten beruhte nicht auf deren Wählerstimmen allein. In einer Reichstagsrede vom 17. September 1878 gab er Aufschluß über seine weiteren Motive:

Ich komme zu der Frage zurück, wann und warum ich meine Bemühungen um soziale Verhältnisse aufgegeben habe, und wann überhaupt meine Stellung zur sozialen Frage eine andere geworden ist. Es stammt dies von dem Augenblick her, wo in versammeltem Reichstag ... ich weiß nicht, war es der Abg. Bebel oder Liebknecht, in pathetischem Appell die französische Kommune als Vorbild politischer Einrichtungen hinstellte und sich selbst offen vor dem Volke zu dem Evangelium dieser Mörder und Mordbrenner bekannte. Von diesem Augenblick an habe ich die Wucht der Überzeugung von der Gefahr, die uns bedroht, empfunden; jener Anruf der Kommune war ein Lichtstrahl, der in die Sache fiel, und von diesem Augenblick an habe ich in den sozialdemokratischen Elementen einen Feind erkannt, gegen den der Staat, die Gesellschaft, sich im Stande der Notwehr befindet.

(Aus: Bismarck, Die gesammelten Werke, a. a. O., Bd. 11, S. 610.)

Das Ausnahmegesetz gegen die Sozialdemokratie

Nach einem Attentat auf den Kaiser am 11. Mai 1878 hielt Bismarck die Zeit endgültig für gekommen, gegen die Sozialdemokraten vorzugehen. Ein Klempnergeselle namens Hödel hatte auf der Straße Unter den Linden in Berlin Revolverschüsse auf

Wilhelm abgegeben, ohne ihn jedoch zu treffen. Obwohl eine Verbindung zur Sozialistischen Partei nicht nachgewiesen werden konnte, lieferte der Anschlag Bismarck den Vorwand, den er brauchte. Mit einem Ausnahmegesetz „zur Abwehr sozialdemokratischer Ausschreitungen", wie der Entwurf dieses Gesetzes vom 20. Mai 1878 in seiner Überschrift lautete, sollte das sozialdemokratische Gespenst nunmehr beseitigt werden.

Da Bismarck zur Zeit der Einbringung des in aller Eile verfaßten Gesetzentwurfs im Reichstag erkrankt war, wurde das Gesetz dort am 23. Mai 1878 durch den Präsidenten des Reichskanzleramtes, Karl Hofmann, begründet:

Seit einer Reihe von Jahren ist die Aufmerksamkeit der deutschen Regierungen, und ich glaube, die Aufmerksamkeit jedes denkenden Staatsmannes in Deutschland der ernsten Frage zugewendet, ob wir den Gefahren gegenüber, die dem Staat und der Gesellschaft aus dem Umsichgreifen der sozialdemokratischen Agitation erwachsen, alles ruhig gehen lassen sollen, oder ob und welche Maßregeln zu ergreifen sind, um dieser Gefahr zu begegnen . . .

M. H., alle die Mittel, die an sich dazu geeignet sind, die sozialdemokratische Idee als solche auf rein geistigem und moralischem Wege zu bekämpfen, sind vollständig wirkungslos oder doch in ihrer Wirksamkeit im größten Maße gefährdet, solange die öffentliche Ausbreitung dieser Idee in derselben Weise gestattet wird wie bisher, d. h. solange die Sozialdemokratie alle durch unsere jetzige Gesetzgebung über die Presse, das Vereins- und Versammlungsrecht gewährten Mittel dazu benutzt, um ihre Lehre öffentlich zu verbreiten. Und hier, m. E., ist der Punkt, wo der Staat mit seiner Gesetzgebung einschreiten muß. Es handelt sich darum, daß wir der Sozialdemokratie die Mittel entziehen, welche die Gesetzgebung selbst ihr gibt, um durch Benutzung der Presse, durch das Vereinswesen usw. öffentlich Propaganda zu machen. Auf diesem Gebiete kann der Staat wirksam einschreiten, und hier muß er einschreiten, wenn überhaupt das Umsichgreifen, das beständige Zunehmen der sozialdemokratischen Bewegung verhindert werden soll . . .

(Aus: Verhandlungen des Deutschen Reichstags, Stenographische Berichte, Bd. I, S. 1495, zit. nach: Dokumente der Deutschen Politik und Geschichte von 1848 bis zur Gegenwart, hrsg. von Johannes Hohlfeld, Berlin und München 1951, Bd. I, S. 368ff.)

Die sozialdemokratische Fraktion im Reichstag setzte sich gegen das drohende Ausnahmegesetz nicht einmal zur Wehr; sie beteiligte sich an den Debatten über den Gesetzentwurf erst gar nicht, sondern ließ lediglich am 23. Mai durch Wilhelm Liebknecht eine gemeinsame Erklärung verlesen:

Der Versuch, die Tat eines Wahnwitzigen, noch ehe die gerichtliche Untersuchung abgeschlossen ist, zur Ausführung eines lang vorbereiteten Reaktionsstreichs zu benutzen und die „moralische Urheberschaft" des noch unerwiesenen Mordattentats auf den deutschen Kaiser einer Partei aufzuwälzen, welche den Mord in jeder Form verurteilt und die wirtschaftliche und politische Entwicklung als von dem Willen einzelner Personen ganz unabhängig auffaßt, richtet sich selbst so vollständig in den Augen jedes vorurteilslosen Menschen, daß wir, die Vertreter der sozialdemokratischen Wähler Deutschlands, uns zu der Erklärung gedrungen fühlen:

Wir erachten es mit unserer Würde nicht vereinbar, an der Diskussion des dem Reichstage heute vorliegenden Ausnahmegesetzes teilzunehmen und werden uns durch keine Provokationen, von welcher Seite sie auch kommen mögen, in diesem Beschluß erschüttern lassen. Wohl aber werden wir uns an der Abstimmung beteiligen, weil wir es für unsere Pflicht halten, zur Verhütung eines beispiellosen Attentats auf die Volksfreiheit das Unsrige beizutragen, indem wir unsere Stimmen in die Waagschale werfen.

Falle die Entscheidung des Reichstags aus wie sie wolle – die deutsche Sozialdemokratie, an Kampf und Verfolgungen gewöhnt, blickt weiteren Kämpfen und Verfolgungen mit jener zuversichtlichen Ruhe entgegen, die das Bewußtsein einer guten und unbesiegbaren Sache verleiht.

Auer. Blos. Bracke. Demmler.
Fritzsche. Hasenclever. Kapell.
Liebknecht. Most. Motteler.
Rittinghausen.

(Aus: August Bebel, Aus meinem Leben, 9.Aufl., Berlin 1930, 2. Teil, S. 410.)

Wilhelm Liebknecht (1828-1900), Journalist und Politiker. 1848/49 Teilnahme an der deutschen Revolution, u. a. an den badischen Aufständen; Flucht in die Schweiz. 1850-62 Übersiedlung nach London; Freundschaft mit Karl Marx. Seit 1862 journalistische Tätigkeit, u. a. an der „Norddeutschen Allgemeinen Zeitung". 1865 wegen sozialdemokratischer Agitation aus Preußen ausgewiesen. 1867-70 Mitglied des Reichstages im Norddeutschen Bund. 1868 Schriftleiter des „Demokratischen Wochenblatts" (seit 1869) unter dem Namen „Volksfront"), dann des „Vorwärts" in Leipzig (bis 1878). 1869 mit August Bebel Gründung der Sozialdemokratischen Arbeiterpartei. Seit 1874 Mitglied des Deutschen Reichstags. Mit Bebel Führer der Sozialdemokraten. 1879-92 auch Mitglied des Landtags von Sachsen. Seit 1890 Chefredakteur des sozialdemokratischen Zentralorgans „Vorwärts" in Berlin. Werke: „Die politische Stellung der Sozialdemokratie" 1869; „Zu Trutz und Schutz" 1871; „Wissen ist Macht – Macht ist Wissen" 1872; „Zur Grund- und Bodenfrage" 1876; „Volksfremdwörterbuch" 1881; „Robert Blum und seine Zeit" 1888; „Die Emser Depesche" 1891; „Robert Owen" 1892; „Karl Marx zum Gedächtnis" 1896.

Doch bei der Abstimmung am 24. Mai wurde der Entwurf vom Reichstag abgelehnt, weil auch die Liberalen ihre Zustimmung verweigerten.

Da ereignete sich, wenige Tage später, am 2. Juni, ein zweites Attentat, bei dem der Kaiser schwer verletzt wurde. Diesmal war es ein Akademiker, Dr. Nobiling, der den Anschlag verübt hatte. Wiederum konnte kein Zusammenhang zur Sozialistischen Partei nachgewiesen werden. Doch Bismarck verfügte in der herrschenden Stimmung öffentlicher Entrüstung die Parlamentsauflösung und brachte im neugewählten Reichstag im Herbst ein neues Ausnahmegesetz gegen die Sozialdemokratie ein, das er in einer Rede am 9. Oktober 1878 begründete:

Ich habe schon bei der ersten Lesung mir erlaubt zu bemerken, daß ich eine jede Bestrebung fördern werde, welche positiv auf Verbesserung der Lage der Arbeiter gerichtet ist, also auch einen Verein, der sich den Zweck gesetzt hat, die Lage der Arbeiter zu verbessern, den Arbeitern einen höheren Anteil an den Erträgnissen der Industrie zu gewähren und die Arbeitszeit nach Möglichkeit zu verkürzen, soweit die Grenzen, die durch die Konkurrenz und die absatzfähige Fabrikation gegeben sind, beide Bestrebungen noch gestatten.

Sobald uns von sozialdemokratischer Seite irgendein positiver Vorschlag entgegenträte oder vorläge, wie sie in vernünftiger Weise die Zukunft gestalten wollen, um das Schicksal der Arbeiter zu verbessern, so würde ich wenigstens mich einer wohlwollenden entgegenkommenden Prüfung der Sache nicht entziehen und würde selbst vor dem Gedanken der Staatshilfe nicht zurückschrecken, um den Leuten zu helfen, die sich selbst helfen.

Wie steht aber heute die Sache? Wir befinden uns lediglich im Stadium der Untergrabung und des Umsturzes, im Stadium der Negation. Seit 11 Jahren haben wir den Vorzug, mit Sozialdemokraten gemeinschaftlich zu tagen; ist Ihnen bei den langen Reden auch nur eine einzige in Erinnerung, wo auch der leiseste Schatten eines positiven Gedankens, eines Vorschlages über das, was künftig werden soll, über die Gestaltung, über das Programm, das diesen Herren vorschwebt, nachdem sie das Bestehende in Bresche gelegt haben, ist Ihnen etwas Derartiges erinnerlich? Ich wäre dankbar, darauf aufmerksam gemacht zu werden. Ich kenne nichts derart, und ich glaube auch den Grund zu wissen, warum die Herren darüber, wie sie die Welt künftig gestalten wollen, wenn sie die Herren wären, sorgfältig schweigen: sie wissen es nicht, sie wissen in dieser Beziehung nichts, die haben auch den Stein der Weisen nicht. Sie können die Versprechungen niemals halten, mit denen sie jetzt die Leute verführen.

(Aus: Bismarck, Die gesammelten Werke, a.a.O., Bd. 12, S. 3ff.)

„Zur Warnung". Karikatur auf Bismarck. Aus dem „Kladderadatsch" 1878

Anders als im Mai, folgte diesmal der Reichstag – unter Zustimmung der Nationalliberalen – Bismarck und setzte das *Gesetz gegen die gemeingefährlichen Bestrebungen der Sozialdemokratie,* wie es jetzt lautete, mit Wirkung vom 21. Oktober 1878 in Kraft. Es heißt darin:

§ 1.

Vereine, welche durch sozialdemokratische, sozialistische oder kommunistische Bestrebungen den Umsturz der bestehenden Staats- oder Gesellschaftsordnung bezwecken, sind zu verbieten ...

§ 9.

Versammlungen, in denen sozialdemokratische, sozialistische oder kommunistische, auf den Umsturz der bestehenden Staats- oder Gesellschaftsordnung gerichtete Bestrebungen zu Tage treten, sind aufzulösen.

Versammlungen, von denen durch Tatsachen die Annahme gerechtfertigt ist, daß sie zur Förderung der im ersten Absatze bezeichneten Bestrebungen bestimmt sind, sind zu verbieten ...

§ 11.

Druckschriften, in welchen sozialdemokratische, sozialistische oder kommunistische, auf den Umsturz der bestehenden Staats- oder Gesellschaftsordnung gerichtete Bestrebungen in einer den öffentlichen Frieden, insbesondere die Eintracht der Bevölkerungsklassen gefährdenden Weise zu Tage treten, sind zu verbieten ...

§ 16.

Das Einsammeln von Beiträgen zur Förderung von sozialdemokratischen, sozialistischen oder kommunistischen, auf den Umsturz der bestehenden Staats- oder Gesellschaftsordnung gerichteten Bestrebungen sowie die öffentliche Aufforderung zur Leistung solcher Beiträge sind polizeilich zu verbieten ...

§ 17.

Wer an einem verbotenen Verein als Mitglied sich beteiligt, oder eine Tätigkeit im Interesse eines solchen Vereins ausübt, wird mit Geldstrafe bis zu 500 Mark oder mit Gefängnis bis zu drei Monaten bestraft. ... Gegen diejenigen, welche sich an dem Verein oder an der Versammlung als Vorsteher, Leiter, Ordner, Agenten, Redner oder Kassierer beteiligen, oder welche zu der Versammlung auffordern, ist auf Gefängnis von einem Monat bis zu einem Jahre zu erkennen.

§ 18.

Wer für einen verbotenen Verein oder für eine verbotene Versammlung Räumlichkeiten hergibt, wird mit Gefängnis von einem Monat bis zu einem Jahre bestraft ...

§ 30.

Dieses Gesetz tritt mit dem Tage der Verkündung in Kraft und gilt bis zum 31. März 1881.

(Aus: Das Staatsarchiv, a.a.O., Bd. 34, 1878, S. 45ff.)

Die Wirkungen dieses Gesetzes waren beträchtlich, wie August Bebel in seinen Memoiren berichtet:

Sobald das Gesetz verkündet und in Kraft getreten war, fielen die Schläge hageldicht. Binnen wenigen Tagen war die gesamte Parteipresse mit Ausnahme des Offenbacher Tageblatts und der Fränkischen Tagespost in Nürnberg unterdrückt. Das gleiche Schicksal teilte die Gewerkschaftspresse mit Ausnahme des Organs des Buchdruckerverbandes, des „Korrespondenten". Auch war der Verband der Buchdrucker, abgesehen von den Hirsch-Dunckerschen Vereinen, die einzige Gewerkschaftsorganisation, die von der Auflösung verschont blieb. Alle übrigen fielen dem Gesetz zum Opfer. Ebenso verfielen der Auflösung die zahlreichen lokalen sozialdemokratischen Arbeitervereine, nicht minder die Bildungs-, Gesang- und Turnvereine, an deren Spitze Sozialdemokraten standen ... Das Trümmerfeld des Zerstörten wurde erweitert durch die Verbote der nicht periodisch erscheinenden Literatur. Die Reihe der Verbote eröffnete das Berliner Polizeipräsidium. An der Spitze der ersten Leporelloliste von 84 Verboten stand wie zum Hohn Leopold Jacobys „Es werde Licht" ...

Während wir so in voller Tätigkeit waren, aus den Trümmern, die das Sozialistengesetz uns bis dahin geschaffen hatte, zu retten, was zu retten möglich war, wurden wir am 29. November mit der Nachricht überrascht, daß am Abend zuvor der „Reichsanzeiger" eine Proklamation des Ministeriums veröffentlichte, wonach der kleine Belagerungszustand über Berlin verhängt wurde. Dieser Hiobsbotschaft folgte am nächsten Tage die Mitteilung, daß 67 unserer bekanntesten Parteigenossen, darunter J. Auer, Heinrich Rackow, F. W. Fritzsche, Fischer, bis auf einen sämtliche Familienväter, ausgewiesen worden seien. Einige mußten binnen 24 Stunden die Stadt verlassen, die meisten anderen binnen 48 Stunden, einigen wenigen räumte man eine Frist von drei Tagen ein ...

Damals gingen die Gerichte noch nicht so weit, Sammlungen für die Ausgewiesenen zu bestrafen, später aber, als die Behörden solche Sammlungen ausdrücklich auf Grund des Sozialistengesetzes verboten, wurde die Rechtsprechung eine andere. Wir mußten jetzt die Sammlungen ausschließlich für die Familien der Ausgewiesenen vornehmen ...

Die fortgesetzten Ausweisungen und die Schikanierung der Ausgewiesenen durch die Polizei hatten aber einen Erfolg, den unsere Staatsretter nicht vorausgesehen. Durch die Verfolgungen aufs äußerste erbittert, zogen sie von Stadt zu Stadt, suchten überall die Parteigenossen auf, die sie mit offenen Armen aufnahmen, und übertrugen jetzt ihren Zorn und ihre Erbitterung auf ihre Gastgeber, die sie zum Zusammenschluß und zum Handeln anfeuerten. Dadurch wurde eine Menge örtlicher geheimer Verbindungen geschaffen, die ohne die Agitation der Ausgewiesenen kaum entstanden wären.

(Aus: Bebel, Aus meinem Leben, a.a.O., 3. Teil, S. 20ff.)

Tatsächlich hatten die Maßnahmen des „Sozialistengesetzes" – wie vorher schon diejenigen gegen das Zentrum, das diesmal auf seiten Bismarcks stand – nicht den gewünschten Erfolg. Die Sozialdemokratie blieb als politische Kraft erhalten und konnte nach vorübergehender Schwächung (ihre Stimmenzahl bei Reichstagswahlen sank von 437200 im Jahre 1878 auf 312000 drei Jahre später) einen kontinuierlichen Zulauf verbuchen; gemessen an Wählerstimmen, war die Sozialistische Arbeiterpartei 1890, im Jahr des Bismarckschen Rücktritts, bereits stärkste Partei im Reichstag und hatte sowohl die Nationalliberalen als auch das Zentrum überflügelt. 1427300 Deutsche wählten in jenem Jahr sozialdemokratisch, viereinhalb mal mehr als 1878.

Andererseits machten das Ausnahmegesetz und die danach einsetzenden Unterdrückungsmaßnahmen die Integration der Arbeiterpartei in das Kaiserreich noch schwieriger, als sie angesichts der feindseligen Haltung vieler Kreise, etwa des ostelbischen Junkertums, der Industrie und des konservativen Großbürgertums, ohnehin schon war. Bismarck hatte das zwar beabsichtigt; die Sozialdemokratie sollte nicht eingespannt, sondern ausgesperrt und vernichtet werden. Aber die langfristigen Wirkungen dieser Bekämpfungsstrategie waren äußerst negativ: Anders als in England, wo die Integration der Arbeiterschaft zunächst über die liberalen „Whigs" und später über die neu entstehende Labour Party gelang und institutionell verankert wurde, nahm in Deutschland der Gegensatz zwischen der Arbeiterschaft – vor allem dem wachsenden Industrieproletariat – und dem Staat zu und trug in den zwanziger und dreißiger Jahren des 20. Jahrhunderts verhängnisvoll zum Niedergang der Weimarer Republik bei, als die Kämpfe zwischen Kommunisten und Nationalsozialisten die Legitimität des jungen Staates von der Straße her aushöhlten. Eine parlamentarische Bewältigung der Konflikte war nicht mehr möglich; es gab dafür keine Tradition und daher auch keine gewachsenen und von allen Seiten für selbstverständlich erachteten und anerkannten Spielregeln, mit denen man dem Streit Grenzen hätte setzen können.

Die Sozialgesetzgebung

Bismarck war allerdings klug genug, zu begreifen, daß er die Arbeiterfrage durch polizeiliche Unterdrückung allein nicht lösen konnte. Er suchte daher die Partei der Arbeiter zu vernichten und gleichzeitig die Arbeiter durch eine weitblickende und vorbildliche Sozialpolitik, ein positives Gegenstück zu seinem Kampf gegen die Sozialdemokratie, für den Staat zu gewinnen, wie er – hinsichtlich der Erfolgschancen dieser Politik durchaus skeptisch – in einem Gespräch mit Lothar Bucher 1878 erklärte:

Ob nicht die Hetzer immer mehr verlangen werden, je mehr man dem Arbeiter gibt? Gleichviel! Der Versuch muß gemacht werden! Sollte er wirklich mißglücken – ich fürchte es beinahe –, so haben wir wenigstens aller Welt den guten Willen gezeigt, und die Schuld liegt nicht an uns, wenn man sich mit uns nicht verständigen will . . . Deutschland voranschreitend auch auf der Bahn der sozialen Reform . . . wahrlich ein Gedanke „des Schweißes der Edlen wert!"

(Aus: Karl Jantke, Der vierte Stand. Die gestaltenden Kräfte der deutschen Arbeiterbewegung im 19. Jahrhundert, Freiburg 1955, S. 217.)

August Bebel (1840-1913), sozialdemokratischer Politiker. Seit 1865 Vorsitzender des Arbeiterbildungsvereins Leipzig. Seit 1867 Vorsitzender des Verbandes der deutschen Arbeitervereine und Mitglied des Reichstages im Norddeutschen Bund; als Vertreter der Sächsischen Volkspartei antipreußischer Demokrat. 1869 mit Wilhelm Liebknecht Gründung der Sozialdemokratischen Partei in Eisenach. Seit 1871 Mitglied des Deutschen Reichstags. 1872 mit Liebknecht wegen Vorbereitung des Hochverrats und Majestätsbeleidigung, 1886 wegen Geheimbündelei verurteilt. 1881-91 auch Mitglied des Landtages in Sachsen. Glänzender Organisator und Taktiker. Ablehnung des Revisionismus. Eintreten für die Gedanken des Klassenkampfs und der internationalen Solidarität. Seit 1890 in Berlin. Beteiligung an der Ausarbeitung des „Erfurter Programms" und an der Redaktion des „Vorwärts". Werke: „Unsere Ziele" 1870; „Christentum und Sozialismus" 1875; „Der deutsche Bauernkrieg" 1876; „Die parlamentarische Tätigkeit des Deutschen Reichstags und der Landtage und die Sozialdemokratie", 5 Teile 1876-93; „Die Frau und der Sozialismus" 1883; „Charles Fourier" 1888; „Die Sozialdemokratie und das allgemeine Wahlrecht" 1895; „Nicht stehendes Heer, sondern Volkswehr" 1898; „Aus meinem Leben", 3 Bde. 1910-14.

Im Frühjahr 1881 waren die Vorarbeiten so weit gediehen, daß man das erste entsprechende Gesetz – das Unfallversicherungsgesetz – am 2. April im Reichstag einbringen konnte, wo es nach kontroversen Beratungen auch angenommen wurde, bevor der Bundesrat es schließlich ablehnte. In der Rede, die Bismarck aus Anlaß der Einbrin-

SPD-Kundgebung gegen das Drei-Klassen-Wahlrecht um 19.10. Redner: Richard Fischer.

gung des Gesetzes am 2. April 1881 im Reichstag hielt, verwies er sowohl auf den konkreten Bezug zum Sozialistengesetz als auch auf die generelle Fürsorgepflicht des „monarchischen, landesväterlich regierten" Staates:

Das Feld der Gesetzgebung, welches mit diesem Gesetz betreten wird, ... berührt eine Frage, die wahrscheinlich von der Tagesordnung so bald nicht abkommen wird. Seit fünfzig Jahren sprechen wir von einer sozialen Frage. Seit dem Sozialistengesetz ist immer an mich die Mahnung herangetreten von amtlicher, hochstehender Seite und aus dem Volke: es sei damals versprochen, es müsse auch positiv etwas geschehen, um die Ursachen des Sozialismus, insoweit ihnen eine Berechtigung beiwohnt, zu beseitigen; die Mahnung ist bis zu diesem Augenblick an mich toto die herangetreten, und ich glaube nicht, daß mit der sozialen Frage, die seit fünfzig Jahren vor uns schwebt, unsere Söhne und Enkel vollständig ins reine kommen werden. Keine politische Frage kommt überhaupt zu einem vollständigen mathematischen Abschluß, so daß man Bilanzen nach den Büchern ziehen kann; sie stehen auf, haben ihre Zeiten und verschwinden schließlich unter anderen Fragen der Geschichte; das ist der Weg einer organischen Entwicklung ...

Der Herr Abgeordnete Richter hat auf die Verantwortlichkeit des Staates für das, was er tut, auf dem Gebiet, welches er heut betritt, aufmerksam gemacht. Nun, meine Herren, ich habe das Gefühl, daß der Staat auch für seine Unterlassungen verantwortlich werden kann. Ich bin nicht der Meinung, daß das „laisser faire, laisser aller", „das reine Manchestertum in der Politik", „Jeder sehe, wie er's treibe, jeder sehe, wo er bleibe", „Wer nicht stark genug ist, zu stehen, wird niedergerannt und zu Boden getreten", „Wer was hat, dem wird gegeben, wer nichts hat, dem wird genommen" –, daß das im Staat, namentlich im monarchischen, landesväterlich regierten Staat Anwendung finden könne, im Gegenteil, ich glaube, daß diejenigen, die auf diese Weise die Einwirkung des Staates zum Schutz der Schwächeren perhorreszieren, ihrerseits sich dem Verdacht aussetzen, daß sie die Stärke, die ihnen, sei es kapitalistisch, sei es rhetorisch, sei es sonstwie, beiwohnt, zum Gewinn eines Anhangs, zur Unterdrückung der anderen, zur Anbahnung einer Parteiherrschaft ausbeuten wollen und verdrießlich werden, sobald ihnen dieses Beginnen durch irgendeinen Einfluß der Regierung gestört wird.

(Aus: Bismarck, Die gesammelten Werke, a. a. O., Bd. 12, S. 236ff.)

Karl Liebknecht, SPD, später KPD, bei einer Rede vor Demonstranten im Treptower Park in Berlin 1911

In ähnlicher Weise, aber noch deutlicher im Hinblick auf die Notwendigkeit sozialen Friedens, äußerte sich auch der Kaiser. In einer Botschaft vom 17. November 1881, die von Bismarck vor dem Reichstag verlesen wurde, erklärte Wilhelm I.:

Schon im Februar dieses Jahres haben Wir unsere Überzeugung aussprechen lassen, daß die Heilung der sozialen Schäden nicht ausschließlich im Wege der Repression sozial-demokratischer Ausschreitungen, sondern gleichmäßig auf dem der positiven Förderung des Wohles der Arbeiter zu suchen sein werde. Wir halten es für Unsere Kaiserliche Pflicht, dem Reichstage diese Aufgabe von neuem ans Herz zu legen, und würden Wir mit um so größerer Befriedigung auf alle Erfolge, mit denen Gott unsere Regierung sichtlich gesegnet hat, zurückblicken, wenn es Uns gelänge, dereinst das Bewußtsein mitzunehmen, dem Vaterlande neue und dauernde Bürgschaften seines inneren Friedens und den Hilfsbedürftigen größere Sicherheit und Ergiebigkeit des Beistandes, auf den sie Anspruch haben, zu hinterlassen. In Unseren darauf gerichteten Bestrebungen sind Wir der Zustimmung aller verbündeten Regierungen gewiß und vertrauen auf die Unterstützung des Reichstags ohne Unterschied der Parteistellungen.

In diesem Sinne wird zunächst der von den verbündeten Regierungen in der vorigen Session vorgelegte Entwurf eines Gesetzes über die Versicherung der Arbeiter gegen Betriebsunfälle mit Rücksicht auf die im Reichstag stattgehabten Verhandlungen über denselben einer Umarbeitung unterzogen, um die erneute Beratung desselben vorzubereiten. Ergänzend wird ihm eine Vorlage zur Seite treten, welche sich eine gleichmäßige Organisation des gewerblichen Krankenkassenwesens zur Aufgabe stellt. Aber auch diejenigen, welche durch Alter und Invalidität erwerbsunfähig werden, haben der Gesamtheit gegenüber einen begründeten Anspruch auf ein höheres Maß staatlicher Fürsorge, als ihnen bisher hat zuteil werden können.

Für diese Fürsorge die rechten Mittel und Wege zu finden, ist eine schwierige, aber auch eine der höchsten Aufgaben jedes Gemeinwesens, welches auf den sittlichen Fundamenten des christlichen Volkslebens steht. Der engere Anschluß an die realen Kräfte dieses Volkslebens und das Zusammenfassen der letzteren in der Form korporativer Genossenschaften unter staatlichem Schutz und staatlicher Förderung werden, wie Wir hoffen, die Lösung auch von Aufgaben möglich machen, denen die Staatsgewalt allein in gleichem Umfange nicht gewachsen sein würde. Immerhin aber wird auch auf diesem Wege das Ziel nicht ohne die Aufwendung erheblicher Mittel zu erreichen sein.

(Aus: Bismarck, Die gesammelten Werke, a. a. O., Bd. 12, S. 271f.)

Die vom Kaiser in dieser Botschaft angekündigten Gesetze wurden in den folgenden Jahren ohne Ausnahme verabschiedet und in Kraft gesetzt: das Gesetz über die Krankenversicherung der Arbeiter am 15. Juni 1883, das Unfallversicherungsgesetz am 6. Juli 1884 und das Gesetz über die Invaliditäts- und Altersversicherung am 22. Juni 1889. Durch diese umfangreiche Sozialgesetzgebung war eingetreten, was Bismarck 1878 skeptisch angekündigt hatte: „Deutschland voranschreitend ... auf der Bahn der sozialen Reform" – und bemerkenswerterweise ohne die Mitwirkung der Sozialdemokraten, sogar gegen ihre Stimmen im Reichstag. Auf ihrem Kopenhagener Kongreß 1883 – also ins Ausland abgedrängt – begründete die Sozialistische Arbeiterpartei Deutschlands ihre Ablehnung und erklärte, „daß sie nach dem bisherigen Verhalten der herrschenden Klasse weder an ihre ehrlichen Absichten noch an ihre Fähigkeiten glaube". Die angebliche Sozialreform werde nur als taktisches Mittel benutzt, um die Arbeiter von richtigen Wegen abzulenken. Wohl aber halte es der Kongreß für die Pflicht der Partei und ihrer parlamentarischen Vertreter, „bei allen auf die ökonomische Lage des arbeitenden Menschen gerichteten Bestrebungen, gleichviel welchen Motiven sie entsprängen, die Interessen der Arbeiterklasse energisch wahrzunehmen, selbstverständlich ohne dabei auch nur einen Augenblick auf die Gesamtheit der sozialistischen Forderungen zu verzichten".

Abgeschnitten von jeglicher politischer Mitwirkungsmöglichkeit, flüchtete sich die Partei also in esoterische Prinzipienreiterei und Gemeinplätze. Man muß dafür Verständnis haben. Die konkrete Politik wurde woanders gemacht; von einem Mann, dem alle Sozialdemokraten nach 1878 – viele von ihnen auch schon vorher – nur Schlechtes und Böses zutrauten.

Im Rückblick erscheint Bismarcks Sozialpolitik jedoch in einem ganz anderen Licht, nämlich durchweg positiv und richtungweisend bis heute. Wie umfassend er diese Politik anlegte – weit über die unmittelbare Absicherung der Arbeiter hinaus –, erläuterte er in denkwürdigen Reden im Deutschen Reichstag am 15. und 20. März 1884.

In seiner Rede vom 15. März hieß es:

Der Plan der Reform, den wir nach dem Willen des Kaisers und der verbündeten Regierungen befolgen, läßt sich ja nicht in kurzer Zeit ausführen. Er bedarf zu seiner Ausführung eines Zeitraums von Jahren. Wir hatten uns bemüht, die Lage der Arbeiter nach drei Richtungen hin zu verbessern: einmal, indem wir zu einer Zeit, wo die Arbeitsgelegenheit gering und die Löhne niedrig geworden waren, zum Schutze der vaterländischen Arbeit Maßregeln getroffen haben gegen Konkurrenten, mit anderen Worten, Schutzzölle eingeführt haben zum Schutze der inländischen Arbeit. Infolge dieser Maßregeln hat sich eine wesentliche Besserung der Löhne vollzogen und eine Verminderung der Arbeitslosigkeit . . .

Ein zweiter Plan, der im Sinne der Regierung liegt, ist die Verbesserung der Steuerverhältnisse, indem eine geschicktere Verteilung derselben gesucht wird, wodurch namentlich die drückenden Steuerexekutionen wegen kleiner Beträge, wenn nicht abgeschafft, so doch wesentlich vermindert und vielleicht einer weiteren Verminderung entgegengeführt werden . . .

Der dritte Zweig der Reformen, die wir erstreben, liegt in der direkten Fürsorge für die Arbeiter. Die Frage von Arbeitszeit und Lohnhöhe ist durch staatliche Einwirkung, überhaupt durch Gesetze außerordentlich schwierig zu lösen, durch irgendeine Gesetzgebung, die man macht, läuft man Gefahr, in die persönliche Freiheit, seine Dienste zu verwerten, sehr erheblich und unnütz einzugreifen. Denn wenn man die milchgebende Kuh oder die eierlegende Henne mit einem Male schlachtet, so geht damit die Industrie ein, um die es sich handelt, weil sie die ihr aufzulegende Last der kurzen Arbeit für hohe Löhne nicht tragen kann. Dann leidet darunter der Arbeiter ebenso wie der Unternehmer. Das ist also die Grenze, die geboten ist, und vor der jede gesetzliche Einwirkung haltmachen muß. Ich habe darüber auch nur sporadisch lokale Klagen gehört. Der eigentliche Beschwerdepunkt des Arbeiters ist die Unsicherheit seiner Existenz. Er ist nicht sicher, daß er immer Arbeit haben wird, er ist nicht sicher, daß er immer gesund ist, und er sieht voraus, daß er einmal alt und arbeitsunfähig sein wird. Verfällt er aber der Armut auch nur durch eine längere Krankheit, so ist er darin nach seinen eigenen Kräften vollständig hilflos, und die Gesellschaft erkennt ihm gegenüber bisher eine eigentliche Verpflichtung außer der ordinären Armenpflege nicht an, auch wenn er noch so treu und fleißig die Zeit vorher gearbeitet hat. Die ordinäre Armenpflege läßt aber viel zu wünschen übrig.

(Aus: Bismarck, Die gesammelten Werke, a. a. O., Bd. Reden, S. 319f.)

Am 20. März ergänzte Bismarck diese Ausführungen, indem er erklärte:

Für den Arbeiter ist da immer eine Tatsache, daß der Armut und der Armenpflege in einer großen Stadt zu verfallen gleichbedeutend ist mit Elend, und diese Unsicherheit macht ihn feindlich und mißtrauisch gegen die Gesellschaft. Das ist menschlich nicht unnatürlich, und solange der Staat ihm da nicht entgegenkommt, oder solange er zu dem Entgegenkommen des Staates kein Vertrauen hat, da wird er, wo er es finden mag, immer wieder zu dem sozialistischen Wunderdoktor laufen, und ohne großes Nachdenken sich von ihm Dinge versprechen lassen, die nicht gehalten werden. Deshalb glaube ich, daß die Unfallversicherung, mit der wir vorgehen, sobald sie namentlich ihre volle Ausdehnung bekommt auf die gesamte Landwirtschaft, auf die Baugewerbe vor allem, auf alle Gewerke, wie wir das erstreben, doch mildernd auf die Besorgnis und auf die Verstimmung der arbeitenden Klasse wirken wird. Ganz heilbar ist die Krankheit nicht, aber durch die Unterdrückung äußerer Symptome derselben, durch Zwangsgesetze, halten wir sie nur auf und treiben sie nach innen.

Wenn man mir dagegen sagt, das ist Sozialismus, so scheue ich das gar nicht. Es fragt sich nur, wo liegt die erlaubte Grenze des Staatssozialismus? Ohne eine solche können wir überhaupt nicht wirtschaften. Jedes Armenpflegegesetz ist Sozialismus.

War nicht z. B. die Stein-Hardenbergsche Gesetzgebung gloriosen Angedenkens, an deren Zweckmäßigkeit heutzutage niemand mehr zweifeln wird, staatssozialistisch?

Wer den Staatssozialismus als solchen vollständig verwirft, muß auch die Stein-Hardenbergsche Gesetzgebung verwerfen, der muß überhaupt dem Staate das Recht absprechen, da, wo sich Gesetz und Recht zu einer Kette und zu einem Zwang, der unsere freie Atmung hindert, verbinden, mit dem Messer des Operateurs einzuschneiden und neue und gesunde Zustände herzustellen. Ich tue aus eigenem Antriebe meine Pflicht und werde dafür kämpfen, solange ich hier das Wort nehmen kann.

(Aus: Bismarck, Die gesammelten Werke, a. a. O., Bd. Reden, S. 320.)

Doch wie modern, fortschrittlich und klug diese Gedanken und alle Gesetze, die Bismarck in der Sozialpolitik zuwegebrachte, auch sein mochten – sie genügten nicht, um den bleibenden Schaden gutzumachen, den er durch seine Unterdrückung der Sozialdemokratie angerichtet hatte. Die Arbeitsbedingungen wurden verbessert, aber der politische Aspekt der Arbeiterfrage blieb ungelöst. Und Bismarck konnte nach dem, was vorangegangen war, zu dieser Lösung am Ende der achtziger Jahre nichts mehr beitragen.

5. Die Bismarcksche Außenpolitik nach der Reichsgründung

Deutschland und Europa nach 1871

In der Außenpolitik behielt Bismarck auch nach der Reichsgründung eine glücklichere Hand, als er sie in der Innenpolitik jemals besessen hatte. Dabei war die Situation Deutschlands nach 1871 keineswegs einfach. Das Konzert der europäischen Mächte, das 1815 auf dem Wiener Kongreß komponiert worden war, basierte auf einem komplizierten Zusammenspiel von Kräften und Gegenkräften, die sich – in der Idealvorstellung Metternichs – am Ende zur Balance, zur Harmonie auswogen. England, Rußland, Preußen und Österreich hatten dieses Mächtekonzert begründet; auf der Aachener Zusammenkunft von 1818 war Frankreich hinzugetreten, nach dem Pariser Frieden von 1856 auch noch die Türkei. Es war ein empfindliches System, in seiner Empfindlichkeit anfällig gegenüber Störungen und stets in Gefahr, durch Expansionismus oder Hegemoniestreben einzelner oder mehrerer Mächte aus dem Gleichgewicht zu geraten, vielleicht sogar zusammenzubrechen und in einem Großkrieg zu enden, wie es 1914 schließlich geschah.

Es war schon fraglich gewesen, ob es angesichts der Wiener Ordnung überhaupt möglich sein würde, Deutschland zu einigen, oder ob nicht Frankreich oder Rußland oder beide sich einer solchen Einigung mit Erfolg widersetzen würden – von Österreich und Preußen ganz abgesehen, die diese Einigung untereinander ja erst noch vereinbaren mußten. Doch als das Reich tatsächlich (und zur Überraschung vieler) zustande kam, erhob sich sofort die weitergehende, noch schwieriger zu beantwortende Frage, ob es sich würde behaupten und als neuer Machtblock im Zentrum Europas in das europäische Mächtekonzert integrieren können. Gegner, die auf eine Schwächung Deutschlands und auf seine erneute Zersplitterung drängten, gab es bekanntlich genug.

Bismarck hatte zwar Rußland dazu bringen können, sich im deutsch-französischen Krieg nicht auf die Seite Frankreichs zu stellen und sogar Truppen an der österreichisch-ungarischen Grenze zu massieren, um Wien von einer Revanche für Königgrätz abzuhalten. Der russische Zar hatte damit eine Dankesschuld an Bismarck für dessen Verhalten nach dem 22. Januar 1863 abgetragen, als dieser zum Entsetzen und zur Empörung des liberalen Europa den Russen bei der Niederschlagung des polnischen Aufstandes geholfen und den preußischen General Gustav von Alvensleben nach Petersburg geschickt hatte, um eine Militärkonvention über die Verfolgung von Aufständischen in den Grenzgebieten abzuschließen. Doch ob die Dankbarkeit und das Vertrauen, das der Zar seither Bismarck gegenüber empfand, lange anhalten würden, konnte niemand sicher wissen.

Sicher war dagegen die Gegnerschaft Frankreichs, das nicht nur durch die militärische Niederlage, sondern auch durch die Modalitäten des Friedensschlusses – die Zahlung von 5 Milliarden Francs Reparationen und die Abtretung Elsaß-Lothringens mit der Festung Metz – in seinem Selbstwertgefühl tief getroffen war und auf Rückeroberung der verlorenen Gebiete und Vergeltung für die erlittene Schmach sann. So wurde am 10. Mai 1871 in Frankfurt zwar der äußere Frieden zwischen Deutschland und Frankreich geschlossen, aber zu einer inneren Aussöhnung kam es nicht. Vielmehr datiert das Wort von der „Erbfeindschaft" aus dieser Zeit.

Auch von Österreich, das 1866 der militärischen Gewalt Preußens hatte weichen müssen und gegen seinen Willen aus Deutschland hinausgedrängt worden war, konnte man vermuten, daß es jede Gelegenheit nutzen werde, Preußens Vorherrschaft zu beseitigen und selbst nach Deutschland zurückzukehren. Zumindest befürchtete Bismarck dies von den katholischen und zentralistischen Kreisen Wiens.

Das am Status quo orientierte und auf einen europäischen Ausgleich bedachte England war noch diejenige unter den Großmächten, von der Deutschland in den siebziger Jahren am wenigsten zu befürchten hatte, solange die deutsche Politik sich in den vorgegebenen Rahmen einfügte und diesen nicht selbst zu sprengen suchte. Immerhin ließ sich ein englisch-französisches Bündnis nicht völlig ausschließen, so daß man auch hier achtgeben mußte.

Nur die schwache Türkei – den „kranken Mann am Bosporus" – konnte man, so schien es, aus deutscher Sicht in den auf Mitteleuropa bezogenen Bündniskalkulationen getrost vergessen. Von ihr ging höchstens eine mittelbare Gefahr aus, weil ihre Schwäche für Rußland, Österreich-Ungarn und England einen Anreiz bot, eigene Pläne auf Kosten der Türkei im Orient zu verfolgen, die einen Zusammenprall der Großmächte heraufbeschwören und auch Mitteleuropa in Mitleidenschaft ziehen konnten, wenn die Auseinandersetzungen eskalierten. Doch gerade Orient und Balkan sollten sich in den folgenden Jahrzehnten als Krisenzonen und beständige Unruheherde der europäischen Politik erweisen.

Bismarcks Politik der Saturiertheit

Als es Mitte der siebziger Jahre zu einer solchen Orient-Krise kam und Rußland am 24. April 1877 der Türkei den Krieg erklärte, nahm Bismarck dies zum Anlaß, in seinem „Kissinger Diktat" vom 15. Juni 1877 – benannt nach Bad Kissingen, wo der Kanzler sich gerade zur Kur befand – die Position Deutschlands unter den europäischen Mächten zu analysieren und seine Vorstellungen über wünschenswerte Entwicklungen zu skizzieren:

Ein französisches Blatt sagte neulich von mir, ich hätte „le cauchemar des coalitions"; diese Art Alp wird für einen deutschen Minister noch lange, und vielleicht immer, ein berechtigter bleiben. Koalitionen gegen uns können auf westmächtlicher Basis mit Zutritt Österreichs sich bilden, gefährlicher vielleicht noch auf russisch-österreichisch-französischer; eine große Intimität zwischen zweien der drei letztgenannten Mächte würde der dritten unter ihnen jederzeit das Mittel zu einem sehr empfindlichen Drucke auf uns bieten. In der Sorge vor diesen Eventualitäten, nicht sofort, aber im Lauf der Jahre, würde ich als wünschenswerte Ergebnisse der orientalischen Krisis für uns ansehn:

1. Gravitierung der russischen und der österreichischen Interessen und gegenseitigen Rivalitäten nach Osten hin,

2. der Anlaß für Rußland, eine starke Defensivstellung im Orient und an seinen Küsten zu nehmen, und unseres Bündnisses zu bedürfen,

3. für England und Rußland ein befriedigender status quo, der ihnen dasselbe Interesse an Erhaltung des Bestehenden gibt, welches wir haben,

4. die Loslösung Englands von dem uns feindlich bleibenden Frankreich wegen Ägyptens und des Mittelmeers,

5. Beziehungen zwischen Rußland und Österreich, welche es beiden schwierig machen, die antideutsche Konspiration gegen uns gemeinsam herzustellen, zu welcher zentralistische

oder klerikale Elemente in Österreich etwa geneigt sein möchten.

Wenn ich arbeitsfähig wäre, könnte ich das Bild vervollständigen und feiner ausarbeiten, welches mir vorschwebt: nicht das irgend eines Ländererwerbes, sondern das einer politischen Gesamtsituation, in welcher alle Mächte außer Frankreich unser bedürfen, und von Koalitionen gegen uns durch ihre Beziehungen zueinander nach Möglichkeit abgehalten werden.

(Aus: Die Auswärtige Politik des Deutschen Reiches 1871-1914, einzige vom Auswärtigen Amt autorisierte gekürzte Ausgabe der amtlichen Großen Aktenpublikation der Deutschen Reichsregierung, unter Leitung von Albrecht Mendelssohn Bartholdy und Friedrich Thimme hrsg. vom Institut für Auswärtige Politik in Hamburg, Berlin 1928, Bd. I, S. 58ff.)

Doch diese Konstellation, die Bismarck hier andeutete, ohne sie im einzelnen auszumalen, war nur ein aus deutscher Perspektive gedachter Idealzustand. In Wirklichkeit war die Politik der Mächte viel zu sehr im Fluß, als daß sie zu einer dauerhaften Stabilisierung der deutschen Position hätte führen können. Bismarck, von „Bündnisalpträumen“ geplagt, wie die französische Zeitung geschrieben hatte, war daher selbst gezwungen, Koalitionen einzugehen, um die äußere Sicherheit des Reiches zu gewährleisten.

Das Kissinger Diktat belegte allerdings, daß Bismarck nach der Reichsgründung auf eine Politik der *Saturiertheit* eingeschwenkt war. So expansiv und militärisch entschlossen er bis 1871 vorgegangen war, so vorsichtig, defensiv und am Status quo orientiert verhielt er sich danach. Er wollte keine Weltpolitik betreiben – mit der er sofort in Gegensatz zu England geraten wäre –, sondern europäische Politik, wollte Deutschland im europäischen Mächtegeflecht einen festen Platz sichern und durch Zurückhaltung und Mäßigung der eigenen Ansprüche die anderen Nationen dazu bewegen, das legitime deutsche Anliegen der Einigung und Nationalstaatsgründung – spät genug – nicht nur zu tolerieren, sondern auch anzuerkennen. Wie ein roter Faden durchzieht deshalb das Prinzip der Saturiertheit Bismarcks weitere Außenpolitik bis 1890.

Leider hatte sie einen Geburtsfehler: Elsaß-Lothringen. In Frankreich wurde die erzwungene Abtretung dieses Landesteils an Deutschland nie verwunden. Ein Ausgleich oder gar eine Aussöhnung mit Deutschland kam schon allein aus diesem Grunde nicht in Betracht. Das war auch Bismarck von vornherein klar gewesen. Er hatte daher dem Drängen des Generalstabs und nationalistischer Kreise, Elsaß-Lothringen und die Festung Metz – dieses uralte Symbol französischer Macht an der Grenze zu Deutschland – zu annektieren, nur widerwillig nachgegeben. Nationale Motive spielten dafür bei Bismarck keine Rolle. Aber der sicherheitspolitische Nutzen, den ein Cordon sanitaire zwischen Frankreich und den süddeutschen Staaten, die lange französischem Einfluß ausgesetzt gewesen waren, dafür noch immer anfällig sein mochten, haben würde, war nicht zu übersehen. Also wurde Elsaß-Lothringen von Frankreich abgetrennt, wurde „Reichsland“, ohne jedoch Preußen angegliedert zu werden oder den Status eines selbständigen Bundesstaates zu erhalten, was Elsässer und Lothringer zusätzlich verbitterte und zur Forderung nach Autonomie veranlaßte. Bis zum Ersten Weltkrieg blieb Elsaß-Lothringen nun ein Klotz am Bein der deutschen Diplomatie, hemmte deren Bewegungsfreiheit – nicht nur gegenüber Frankreich – und lastete auf der Westgrenze des Reiches, die es hatte sichern helfen sollen.

Das Drei-Kaiser-Abkommen von 1873

Die Gefährlichkeit des französischen Problems deutete sich bereits im Sommer 1871 an, als sich vorübergehend eine Konstellation abzeichnete, die erst 1892/93 endgültig wirksam werden sollte: ein Zusammengehen Frankreichs mit Rußland. Jedenfalls bemühte sich die französische Regierung schon zu diesem Zeitpunkt, unmittelbar nach dem Frankfurter Frieden, in Petersburg um die Anbahnung entsprechender Kontakte. Bismarck, um Isolierung Frankreichs bemüht, konnte die Gefahr jedoch abwenden, indem er ein „Drei-Kaiser-Abkommen" zustande brachte, das von den Monarchen Rußlands und Österreichs am 25. Mai (dem 6. Juni alter russischer Zählung) und Deutschlands am 22. Oktober 1873 unterzeichnet wurde. Es handelte sich dabei nicht um den Abschluß eines Bündnisses zwischen den drei Mächten, sondern lediglich um eine Übereinkunft, sich bei Interessenkonflikten oder Gefährdungen des europäischen Friedens „untereinander zu verständigen"; gemeinsame militärische Aktionen bedurften jeweils einer „Spezialkonvention". In dem Abkommen hieß es:

1. Ihre Majestäten versprechen sich wechselseitig, sobald die Interessen ihrer Staaten irgendwelche Abweichungen in bezug auf die Sonderfragen darbieten sollten, sich zu verständigen, damit diese abweichenden Ansichten nicht über Erwägungen höherer Art, die sie beschäftigen, das Übergewicht gewinnen können.

Ihre Majestäten sind entschlossen zu verhindern, daß ihre Trennung auf dem Gebiete der Grundsätze gelingen könnte, die sie als allein geeignet betrachten, die Aufrechterhaltung des europäischen Friedens gegen alle Erschütterungen, von welcher Seite sie auch kommen mögen, zu sichern, und wenn nötig, zu erzwingen.

2. Für den Fall, daß ein Angriff einer dritten Macht den europäischen Frieden zu gefährden drohen sollte, verpflichten sich Ihre Majestäten wechselseitig, ohne Aufsuchung oder Abschließung neuer Bündnisse, sich zunächst untereinander zu verständigen, um sich so über eine gemeinsam zu verfolgende Linie zu einigen.

3. Sollte infolge dieser Verständigung eine militärische Aktion notwendig werden, so wäre sie durch eine zwischen Ihren Majestäten abzuschließende Spezialkonvention zu regeln.

4. Wenn eine der Hohen vertragschließenden Parteien im Wunsche, ihre Handlungsfreiheit wiederzugewinnen, den gegenwärtigen Vertrag zu kündigen wünschen sollte, so soll sie gehalten sein, es zwei Jahre im Voraus zu tun, um der anderen Partei die Zeit zu gewähren, die ihr geeignet erscheinenden Maßregeln zu treffen.

(Aus: Die diplomatischen Akten des Auswärtigen Amtes 1871-1914, hrsg. von Bernhard Schwertfeger, Teil I, Berlin 1923, S. 215f.)

Dieses Drei-Kaiser-Abkommen, über dessen Wert man streiten kann (es geriet bereits in seiner ersten wirklichen Bewährungsprobe bei Divergenzen zwischen Österreich-Ungarn und Rußland auf dem Balkan zur Makulatur), hatte für Deutschland zumindest den positiven Effekt, daß die Beziehungen zu Rußland gefestigt und Gefahren eines französisch-russischen Bündnisses für einige Jahre abgewendet wurden. Für Bismarck war dies jedoch völlig ausreichend: Seine Außenpolitik war stets nur „auf einige Jahre" angelegt, auf Zeitgewinn ausgerichtet; sie entbehrte einer langfristigen Perspektive, etwa der Idee einer dauerhaften Friedenssicherung durch langfristigen Interessenausgleich, die es nach Bismarcks Meinung gar nicht geben konnte, weil die Politik im ständigen Wandel begriffen war. Auch der Gedanke einer „Völkerverständigung" war Bismarck fremd; er war und blieb ein traditioneller Kabinettspolitiker, war zu etwas anderem auch gar nicht in der Lage, und behandelte die Staaten als Mächte, als „Entitäten", die er wie Figuren auf einem Schachbrett hin- und herzuschieben suchte, dirigiert und geführt von Fürsten und ihren Ministern – als ob es das Zeitalter der europäischen Revolutionen und die Entwicklung des Nationalismus nie gegeben hätte.

Doch Bismarck gelang es mit dieser Art, die Welt zu sehen und Politik zu treiben, wenigstens vorübergehend den Frieden zu erhalten und bis zum Ende seiner Amtszeit den Ausbruch eines europäischen Großkrieges zu vermeiden.

Auch seine mit dem Drei-Kaiser-Abkommen verfolgte Politik war zunächst erfolgreich. Bis zum Beginn des russisch-türkischen Krieges 1877 kehrte in Europa weitgehend Ruhe ein. Sie wurde lediglich durch die „Krieg-in-Sicht"-Krise des Jahres 1875 (so der Titel eines von Bismarck angeregten Artikels der deutschen Zeitung *Post* vom 8. April 1875) kurz einmal atmosphärisch gestört, als Bismarck wegen eines neuen französischen Heereskadregesetzes Druck auf Frankreich auszuüben suchte, allerdings einen Präventivkrieg entschieden ablehnte. Die Orient-Krise, die, ebenfalls 1875, mit einem Aufstand in der Herzegowina begann, der russisch-türkische Krieg und der Gegensatz zwischen Rußland und Österreich-Ungarn in der orientalischen Frage stellten dann aber die mit dem Drei-Kaiser-Abkommen erreichte Konstellation in Frage und veranlaßten Bismarck, die Entwicklung der europäischen Politik sowie die Möglichkeiten und Bedrohungen, die darin für Deutschland enthalten waren, neu zu überdenken. Das schon erwähnte Kissinger Diktat gehört in die Reihe der Überlegungen, die Bismarck in diesem Zusammenhang anstellte und die schließlich in seine Einladung zu einem Friedenskongreß nach Berlin mündeten, auf dem die strittigen Fragen zwischen den Großmächten am Verhandlungstisch statt auf dem Schlachtfeld gelöst werden sollten.

Der Berliner Kongreß und die Entfremdung zu Rußland

Der Berliner Kongreß im Juni und Juli 1878 bestätigte aufs neue Bismarcks Politik der Saturiertheit, die er nun auch anderen nahezubringen versuchte. Bismarck wuchs damit in die Rolle eines europäischen Staatsmannes hinein, der zwischen Staaten vermittelte, um den Frieden zwischen ihnen zu erhalten, und dabei nicht nur seine bekannte Autorität, Überzeugungskraft und Durchsetzungsfähigkeit bewies, sondern auch ein für viele erstaunliches Maß an Vernunft und Zurückhaltung offenbarte. Zu erklären waren diese positiven Eigenschaften freilich vor allem durch die Schwäche Deutschlands, das von einer Konfrontation zwischen den Großmächten nichts Gutes erwarten konnte, sondern befürchten mußte, in den Auseinandersetzungen zwischen ihnen zerrieben zu werden.

Bismarck wollte daher zwischen den Großmächten vermitteln, nicht um sich in den Vordergrund zu drängen oder zum Richter über andere zu machen, sondern um „das Geschäft wirklich zustande" zu bringen, wie er in einer Rede vor dem Reichstag am 19. Februar 1878 erklärte:

Die Vermittlung des Friedens denke ich mir nicht so, daß wir nun bei divergierenden Ansichten den Schiedsrichter spielen und sagen: So soll es sein, und dahinter steht die Macht des Deutschen Reiches, sondern ich denke sie mir bescheidener, ja – ohne Vergleich im übrigen stehe ich nicht an, Ihnen etwas aus dem allgemeinen Leben zu zitieren – mehr die eines ehrlichen Maklers, der das Geschäft wirklich zustande bringen will.

Wir sind in der Lage also, einer Macht, die geheime Wünsche hat, die Verlegenheit zu ersparen, bei ihrem, ich will einmal Kongreßgegner sagen, sich entweder einen Korb oder eine unangenehme Antwort zu holen. Wenn wir mit beiden gleich befreundet sind, können wir zuvor sondieren und dem anderen sagen: Tue das nicht, versuche es so und so anzubringen. Das sind geschäftliche Hilfsmittel, die sehr zu schätzen sind. Ich habe eine langjährige Erfahrung in diesen Dingen und habe mich oft überzeugt: wenn man zu zweien ist, fällt der Faden öfter,

Berliner Kongreß 1878: Bismarck begrüßt den russischen Gesandten Graf Schuwalow, Gemälde von Anton von Werner

und aus falscher Scham nimmt man ihn nicht wieder auf. Der Moment, wo man den Faden wieder aufnehmen könnte, vergeht, und man trennt sich in Schweigen und ist verstimmt. Ist aber ein Dritter da, so kann dieser ohne weiteres den Faden wieder aufnehmen, ja, wenn getrennt, bringt er sie wieder zusammen. Das ist die Rolle, die ich mir denke.
(Aus: Bismarck, Die gesammelten Werke, a. a. O., Bd. 11, S. 526ff.)

Und Bismarck spielte diese Rolle durchaus meisterlich, wie Teilnehmer und Beobachter des Kongresses einmütig anerkannten. Die langen Vorüberlegungen und klärenden Vorgespräche zahlten sich nun aus. Umstrittene Fragen wurden meist nach den Vorschlägen des deutschen Kanzlers entschieden; die ausländischen Unterhändler fügten sich seinem staatsmännischen Geschick. Wie Unteroffiziere habe er sie einschwenken lassen, und alle hätten sich diese Behandlung gefallen lassen, meinte danach, über sich selbst erstaunt, Graf Schuwalow, der russische Bevollmächtigte.

Dennoch war der Berliner Kongreß aus deutscher Sicht ein Wagnis, das nicht völlig gelang. Daß der Kongreß von Bismarck einberufen worden war, um einen Krieg Englands und Österreichs gegen Rußland, in den auch andere europäische Mächte noch hätten hineingezogen werden können, zu verhindern, war rasch vergessen. Und die Kompromisse, die in den Berliner Verhandlungen erreicht wurden, befriedigten weder England und Österreich noch Rußland, sondern wurden dem angelastet, der sie durch seine Friedensbemühungen zustande gebracht hatte: Bismarck. Also Deutschland.

Insbesondere Rußland, das von dem Kongreß am meisten profitierte, weil es dadurch nicht nur vor einem Krieg mit Österreich und England bewahrt wurde, zu dem es nach dem russisch-türkischen Krieg kaum noch imstande gewesen wäre, sondern mit Bessarabien auch Zutritt zum Balkan erhielt, war von den Ergebnissen enttäuscht. Nach dem Diktatfrieden von San Stefano vom 3. März 1878 und der nahezu völligen Vertreibung der Türken vom europäischen Kontinent hatte man sich in Petersburg mehr versprochen, vor allem die Schaffung eines panslawistisch nach Rußland orientierten Großbulgarien. Doch einen solchen russischen Vorstoß bis an das Mittelmeer und die Meerengen des

Bosporus und der Dardanellen wäre von keiner der anderen betroffenen Großmächte (Österreich, England, Türkei) befürwortet worden, sondern hätte vielmehr sofort Anlaß zu einem neuen Krieg gegeben. Bismarcks Politik einer grundlegenden Neugliederung des Balkans unter Berücksichtigung des gesamteuropäischen Kräftegleichgewichts war daher unter dem Aspekt der Friedenssicherung zweifellos richtig und unter den gegebenen Umständen auch die einzig mögliche.

Aber in Rußland sah man das anders, glaubte sich von Bismarck nicht genügend unterstützt. Undankbarkeit wurde den Deutschen nun russischerseits vorgeworfen. Ohne Umschweife erinnerte sogar Zar Alexander II. in einem Brief vom 15. August 1879 Kaiser Wilhelm I. an die Unterstützung, die Rußland 1870 Deutschland in seinem Krieg gegen Frankreich gewährt hatte, wenn er schrieb, es ginge „um das Wohl zweier großer Staaten . . ., die dazu geschaffen sind, in gutem Einvernehmen miteinander zu leben und von denen der eine dem andern im Jahre 1870 einen Dienst geleistet hat, den Sie nach Ihren eigenen Worten niemals zu vergessen erklärten". Beinahe drohend hieß es dann in dem Brief weiter:

> Ich würde mir nicht erlaubt haben, Sie daran zu erinnern, aber die Dinge nehmen eine zu ernste Wendung, als daß ich Ihnen die Befürchtungen verhehlen dürfte, die mich erfüllen, und deren Folgen für unsere beiden Länder unheilvoll werden könnten. Möge Gott uns davor bewahren und Sie erleuchten!
>
> *(Aus: Die diplomatischen Akten des Auswärtigen Amtes 1871-1914, a.a.O., Teil I, S. 250.)*

Der Anlaß, der den Zaren so deutlich seinem deutschen Onkel Wilhelm schreiben ließ, war eher kümmerlich: Deutsche diplomatische Vertreter in der Türkei hätten eine Haltung eingenommen, „die sich seit einiger Zeit leider in einer für Rußland feindlichen Weise kundgibt". Wie, so fragte Alexander an, solle man sich diese Haltung erklären, zumal doch Deutschland nach den Worten des Fürsten Bismarck im Orient keine eigenen Interessen zu schützen habe.

Und dann folgte eine Passage, vor der Bismarck seit 1870 innerlich gezittert hatte:

> Die Bevollmächtigten Frankreichs und Italiens treten fast in allen Fragen den unsrigen bei, wogegen diejenigen Deutschlands das Losungswort erhalten zu haben scheinen, stets die Ansicht der Österreicher, die uns planmäßig feindlich ist, zu unterstützen, und das bei Fragen, die Deutschland in keiner Weise angehen, für uns aber von sehr großer Bedeutung sind.
>
> *(Aus: Die diplomatischen Akten des Auswärtigen Amtes 1871-1914, a.a.O., Teil I, S. 249f.)*

Da war sie: die Drohung mit einem russisch-französischen Bündnis. Die Zange. Was Bismarck lange befürchtet, aber bisher hatte abwenden können, lag nun in der Luft. Die europäische Politik hatte sich verändert, nicht zu Deutschlands Gunsten, und ausgerechnet ein Friedenskongreß auf deutschem Boden mit einem respektierten deutschen Kanzler an der Spitze hatte dazu beigetragen. Hatte Bismarck sich zuviel zugemutet und sich dabei überhoben?

Alexander II. Nikolajewitsch (1818-1881), seit 1855 russischer Zar. 1856 Beendigung des Krim-Krieges. 1861 Aufhebung der bäuerlichen Leibeigenschaft und Neugestaltung des Rechtswesens und der Verwaltung. 1874 Umstrukturierung des Heerwesens. Seit 1863 Verständigung mit Preußen und Rückendeckung Preußens in den Kriegen von 1866 und 1870/71. 1873 Beteiligung am Drei-Kaiser-Abkommen. 1877/78 Führung des russisch-türkischen Krieges mit dem Sieg Rußlands und dem Vorfrieden von San Stefano am 3. März 1878. Enttäuschung über das Verhalten Bismarcks auf dem Berliner Kongreß im Juni/Juli 1878. Tod durch Attentat.

Alexanders Hinweis auf die „deutschen diplomatischen Vertreter in der Türkei" – selbst wenn es damit seine Richtigkeit hatte – war ja nur ein herbeigezerrtes Argument für eine viel grundlegendere Verstimmung: nämlich für den russischen Unmut über die wachsende Stärke des neuen Deutschland, die dann, wenn sie sich mit derjenigen Österreich-Ungarns addierte, zu einer Bedrohung russischer Interessen vor allem auf dem Balkan werden konnte, wie man in Petersburg meinte. Der Berliner Kongreß und die unangefochtene, bisweilen arrogante Souveränität Bismarcks in den Verhandlungen über russische und panslawistische Kernziele hatten diesen Eindruck noch verstärkt. Hinzu kamen persönliche Animositäten und Gereiztheiten zwischen Bismarck und dem russischen Außenminister, Alexander Fürst Gortschakow, seit dessen Besuch in Berlin im Mai 1875.

Der Zweibund mit Österreich-Ungarn

Tatsächlich bestanden die Befürchtungen in Petersburg nicht ganz zu Unrecht. Denn Bismarck strebte wirklich ein Bündnis mit Österreich-Ungarn an, verhandelte darüber auch bereits seit einiger Zeit mit dem österreichisch-ungarischen Außenminister, Gyula Graf Andrássy. Allerdings sollte dieses Bündnis keine radikale Schwenkung der deutschen Politik einleiten, keinen Bruch mit Rußland herbeiführen (zu dem der Kaiser, der sich schon dem Zweibund zwischen Deutschland und Österreich-Ungarn widersetzte, ohnehin kaum sein Einverständnis gegeben haben würde), sondern lediglich die bisher isolierte deutsche Position gegen Rußland stärken. Insofern war es auch konsequent, daß Bismarck ein umfassenderes Bündnis zwischen Deutschland, Österreich-Ungarn und England, zu dem England wegen seiner gegen Rußland gerichteten Orient-Interessen durchaus geneigt gewesen wäre, ablehnte, da dies Rußland sofort in die Arme Frankreichs getrieben hätte. Das aber wollte Bismarck weiterhin vermeiden.

Bismarck dachte hier freilich ziemlich kompliziert. Würde man ihn daher in Petersburg verstehen? Selbst aus deutscher Sicht konnte man ja die Formulierungen des Zweibund-Vertrages, der am 7. Oktober 1879 unterzeichnet wurde, als rußlandfeindlich interpretieren, auch wenn sie nur „defensiv" gemeint waren. Denn in dem Vertrag hieß es:

Artikel I.

Sollte wider Verhoffen und gegen den aufrichtigen Wunsch der beiden Hohen Kontrahenten Eines der beiden Reiche von Seiten Rußlands angegriffen werden, so sind die Hohen Kontrahenten verpflichtet, einander mit der gesamten Kriegsmacht Ihrer Reiche beizustehen und demgemäß den Frieden nur gemeinsam und übereinstimmend zu schließen.

Artikel II.

Würde Eines der Hohen kontrahierenden Teile von einer anderen Macht angegriffen werden, so verpflichtet sich hiermit der andere Hohe Kontrahent, dem Angreifer gegen Seinen Hohen Verbündeten nicht nur nicht beizustehen, sondern mindestens eine wohlwollende neutrale Haltung gegen den Hohen Mitkontrahenten zu beobachten.

Wenn jedoch in diesem Falle die angreifende Macht von Seiten Rußlands, sei es in Form einer aktiven Kooperation, sei es durch militärische Maßnahmen, welche den Angegriffenen bedrohen, unterstützt werden sollte, so tritt die im Artikel I dieses Vertrages stipulierte Verpflichtung des gegenseitigen Beistandes mit voller Heeresmacht auch in diesem Falle sofort in Kraft und die Kriegführung der beiden Hohen Kontrahenten wird auch dann eine gemeinsame bis zum gemeinsamen Friedensschluß.

Artikel III.

Dieser Vertrag soll in Gemäß seines friedlichen Charakters und um jede Mißdeutung auszuschließen, von beiden Hohen Kontrahenten geheim gehalten und einer dritten Macht nur im Einverständnis beider Teile und nach Maßgabe spezieller Einigung mitgeteilt werden.

Beide Hohe Kontrahenten geben Sich nach den bei der Begegnung in Alexandrowo ausgesprochenen Gesinnungen des Kaisers Alexanders der Hoffnung hin, daß die Rüstungen Rußlands sich als bedrohlich für Sie in Wirklichkeit nicht erweisen werden, und haben aus diesem Grunde zu einer Mitteilung für jetzt keinen Anlaß, – sollte sich aber diese Hoffnung wider Erwarten als eine irrtümliche erweisen, so würden die beiden Hohen Kontrahenten es als eine Pflicht der Loyalität erkennen, den Kaiser Alexander mindestens vertraulich darüber zu verständigen, daß Sie einen Angriff auf Einen von Ihnen als gegen Beide gerichtet betrachten müßten.

(Aus: Die Große Politik der Europäischen Kabinette 1871-1914. Sammlung der Diplomatischen Akten des Auswärtigen Amtes, im Auftrage des Auswärtigen Amtes hrsg. von Johannes Lepsius, Albrecht Mendelssohn Bartholdy und Friedrich Thimme, Berlin 1922, Bd. V., S. 1116.)

Rußland wurde also über den Zweibund vorerst im unklaren gelassen. Das galt im übrigen auch für Gespräche, die der deutsche Botschafter in London, Graf Münster, dort mit dem britischen Premierminister, Lord Beaconsfield, führte. Doch die Aktivitäten, die Bismarck entfaltete, um der deutschen Politik Rückendeckung für den Fall zunehmender deutsch-russischer Spannungen zu verschaffen, mußten in Petersburg weitere Besorgnis auslösen. Rußland wurde nun vor die Alternative gestellt, entweder den Bruch mit Deutschland zu riskieren und ein Bündnis mit Frankreich zu suchen oder aber einzulenken. In Wirklichkeit war die russische Entscheidungsfreiheit jedoch begrenzt, da die französische Karte zwar eine Option darstellte, aber eben nicht mehr. Deutschlands Stärke – womöglich im Bündnis mit Österreich-Ungarn, England und vielleicht auch noch Italien – wog ungleich schwerer als die Unzuverlässigkeit und militärische Schwäche des politisch isolierten Frankreich. Rußland konnte sich also von einer Allianz mit Frankreich vorerst nichts versprechen und bemühte sich daher zu Beginn der achtziger Jahre um eine Wiederannäherung an Deutschland.

Das Drei-Kaiser-Bündnis von 1881

Bismarck war über das russische Einlenken erleichtert und tat alles, um auch in Wien die Bedenken gegen ein Bündnis mit Rußland zu zerstreuen. Allerdings machte er sich über die Natur eines solchen Zweckbündnisses keine Illusionen. Realpolitisch nüchtern schrieb er unter dem Datum des 22. Dezember 1880 aus Friedrichsruh an den deutschen Botschafter in Wien, Prinz Heinrich VII. Reuß:

Der Kampf der diplomatischen Rivalität hat auch zwischen den besten Freunden und Bundesgenossen nicht immer abgeschafft werden können: zwischen Österreich-Ungarn und Rußland aber liegt augenblicklich die Interessenfrage nicht so, daß wir Freundschaft und Liebe gegenseitig erwarten können, sondern wir wenigstens sind froh, wenn es nur gelingt, in *Frieden* mit einem Nachbarn zu leben, mit dem der Krieg nicht nur ein Übel wie alle Kriege ist, sondern auch ohne jeden wünschenswerten Kampfpreis im Fall des Sieges.

Ich weiß nicht, ob ich überhaupt in die Lage kommen werde, artikulierte russische Vorschläge in Wien befürworten zu können; aber für den erwünschten Fall, daß es soweit käme, bitte ich Ew., mit Vorsicht und Wohlwollen das Mißtrauen meines österreichischen Herrn Kollegen nach Kräften zu mildern und ihm das Sprichwort vorzuhalten: que le mieux est l'ennemi du bien.

(Aus: Die Große Politik der Europäischen Kabinette 1871-1914, a.a.O., Bd. III, Nr. 521.)

In einem Schreiben an Kaiser Wilhelm I. vom 15. Juni 1881 begründete Bismarck den inzwischen ausgehandelten Vertrag zwischen Rußland, Österreich-Ungarn und

Der russische Außenminister von Giers, Reichskanzler von Bismarck und der österreich-ungarische Außenminister Graf Kálnoky bei der Drei-Kaiser-Begegnung in Skiernievice 1884

Deutschland damit, daß es „immer eine besonders wichtige Aufgabe" der deutschen Politik sei, „den Frieden zwischen den beiden uns benachbarten und befreundeten großen Monarchien zu erhalten". Jeder Bruch zwischen ihnen werde Deutschland „in die schwierige Lage bringen, die Feindschaft des einen direkt auf uns zu nehmen oder es mit beiden zu verderben". Außerdem werde dies „die Festigkeit des monarchischen Prinzips in Europa dem revolutionären gegenüber wesentlich erschüttern". Weiter hieß es in dem Schreiben Bismarcks:

Da der Kaiser Alexander (gemeint ist Zar Alexander III., der 1881 – also kurz zuvor – Kaiser von Rußland geworden war; Anm. d. Verf.) für einen Monarchen gilt, auf dessen Wort sicher gebaut werden kann, so dürfen wir den Frieden unserer beiden Nachbarn auf Jahre hinaus als gesichert ansehen. Außerdem aber wird für Deutschland die Gefahr einer französisch-russischen Koalition vollständig beseitigt und dadurch das friedliche Verhalten Frankreichs gegen uns so gut wie verbürgt; ebenso wird den Versuchen der deutschfeindlichen

Kriegspartei in Rußland, Einfluß auf die Entschließungen des jungen Kaisers zu gewinnen, durch das gegebene Wort des letzteren der Boden entzogen.

(Aus: Die Große Politik der Europäischen Kabinette 1871-1914, a. a. O., Bd. III, Nr. 531.)

Das *Drei-Kaiser-Bündnis* vom 18. Juni 1881, von dem Bismarck diese positiven Wirkungen erwartete, war in seinem Kern ein Neutralitätsvertrag, darüber hinaus aber auch ein Abkommen, in dem wesentliche Bestimmungen des Berliner Kongresses nochmals bekräftigt und die russischen und österreichisch-ungarischen Interessensphären auf dem Balkan und gegenüber der Türkei abgesteckt wurden:

Artikel I

In dem Falle, wo eine der hohen vertragschließenden Parteien sich mit einer vierten Großmacht im Kriege befinden würde, werden die beiden andern ihr gegenüber eine wohlwollende Neutralität aufrechterhalten und ihre Tätigkeit der örtlichen Begrenzung des Streitfalles widmen.

Diese Festsetzung soll in gleicher Weise für einen Krieg zwischen einer der drei Mächte und der Türkei gelten, aber nur in dem Falle, wo ein vorheriges Abkommen über die Ergebnisse dieses Krieges zwischen den drei Höfen geschlossen sein wird . . .

Artikel II

Rußland erklärt in Übereinstimmung mit Deutschland seinen festen Entschluß, die Interessen zu achten, die sich aus der Österreich-Ungarn durch den Berliner Vertrag zugesicherten Stellung ergeben.

Die drei Höfe, von dem Bestreben geleitet, jede Mißhelligkeit unter sich zu vermeiden, verpflichten sich, ihre gegenseitigen Interessen auf der Balkanhalbinsel zu beachten. Darüber hinaus versprechen sie sich, daß neue Veränderungen in dem territorialen Besitzstande der europäischen Türkei sich nur auf Grund eines gemeinsamen Abkommens zwischen ihnen sollen vollziehen können . . .

Artikel III

Die drei Höfe erkennen den europäischen und wechselseitig verpflichtenden Charakter des Grundsatzes der Schließung der Meerengen des Bosporus und der Dardanellen an, der sich auf das Völkerrecht gründet, durch die Verträge bestätigt wird und durch die Erklärung des zweiten russischen Bevollmächtigten in der Sitzung vom 12. Juli des Berliner Kongresses (Protokoll 19) nochmals zusammengefaßt worden ist.

Sie werden gemeinsam darüber wachen, daß die Türkei nicht von dieser Regel zugunsten der Interessen irgendeiner Regierung abweicht, indem sie kriegerische Operationen einer kriegführenden Macht den von den Meerengen gebildeten Teil ihres Reiches einräumt.

Im Falle der Zuwiderhandlung oder um einer solchen, die vorauszusehen wäre, entgegenzuwirken, werden die drei Höfe die Türkei verständigen, daß sie sie in einem solchen Falle als im Kriegszustande gegenüber der verletzten Partei ansehen würden, und daß sie sich von nun an der Wohltaten der Sicherheit beraubt habe, die ihrem Besitzstande durch den Berliner Vertrag zugesichert worden waren.

(Aus: Die diplomatischen Akten des Auswärtigen Amtes 1871-1914, a. a. O., Teil I, S. 261ff.)

In einem Zusatzprotokoll wurden darüber hinaus spezielle Vereinbarungen über die Behandlung strittiger Balkan-Fragen – Bosnien und die Herzegowina, Sandschak von Novibazar, Ostrumelien und Bulgarien – getroffen, die weiteren Konflikten zwischen Rußland und Österreich-Ungarn in diesem Raum vorbeugen sollten.

Das Drei-Kaiser-Bündnis hatte zunächst eine Laufzeit von drei Jahren und wurde im März 1884 erneuert.

In der Sicht Bismarcks war das Bündnis ein Erfolg seiner Diplomatie, da es Deutschland wieder „für einige Jahre“ Frieden bescherte und die Gefahr eines russisch-französischen Zusammenspiels vorerst beseitigte.

Der Balkan allerdings blieb trotz der Vereinbarungen im Zusatzprotokoll ein Pulverfaß, das jederzeit wieder explodieren konnte. Damit würde man, so gut es ging, leben müssen. Bismarck hatte es nicht in der Hand, die Probleme dort in einer Weise zu regeln, die den divergierenden Interessen Rußlands, Österreich-Ungarns, Englands und der Türkei gerecht geworden wäre.

Der Dreibund

Unerwartet bot sich jedoch 1882 die Möglichkeit, Frankreich weiter zu isolieren, als Italien nach der französischen Besetzung von Tunis seine Bereitschaft signalisierte, dem Bündnis zwischen Deutschland und Österreich-Ungarn beizutreten. Der Dreibundvertrag, der daraufhin unter dem Datum des 20. Mai 1882 geschlossen wurde, war für Bismarck freilich ein eher zufällig zustande gekommenes Beiprodukt seiner Bündnispolitik. Italien hatte nie im Mittelpunkt seiner Bemühungen gestanden, war nie auf seiner Wunschliste für Bundesgenossen gewesen. Von der Zuverlässigkeit und militärischen Schlagkraft des italienischen Partners hielt er nicht viel. Der Dreibund sei „eine strategische Stellung, welche angesichts der zur Zeit seines Abschlusses drohenden Gefahren ratsam und unter den obwaltenden Verhältnissen zu erreichen war", schrieb er nüchtern in seinen *Gedanken und Erinnerungen* im Rückblick. Das Bündnis nützte ohnehin Österreich mehr als Deutschland. Er könne nicht umhin, notierte Bismarck deshalb unter dem 22. Mai 1882 in einem Aktenvermerk in Friedrichsruh,

... die Bemerkung zu den Akten zu bringen, daß die diesseitige Diplomatie für die Redaktion der Aktenstücke nach Form und Inhalt keine Verantwortung trägt. Es kam für uns lediglich darauf an, dem uns verbündeten Österreich für den Kriegsfall die Sorge der Deckung seiner italienischen Grenze nach Möglichkeit abzunehmen. Jede Redaktion, welche dieses Ziel deckte, konnte uns genügen, und ich habe mich gehütet, die zu überwindenden Schwierigkeiten durch schärfere Ansprüche an die Präzision der Fassung zu vermehren.
(Aus: Die Große Politik der Europäischen Kabinette 1871-1914, a.a.O., Bd. III, Nr. 572.)

Überliefert ist in diesem Zusammenhang die Bemerkung Bismarcks, es genüge, wenn im Kriegsfall ein Korporal mit der italienischen Flagge die Front gegen Westen statt gegen Österreich einnehme.

Der Text des Dreibundvertrages war in der Tat weit auslegbar. Formulierungen wie „ohne unmittelbare Herausforderung ihrerseits", „behält sich das Recht vor, falls sie es für angezeigt hält", „rechtzeitig verständigen" oder „etwaiges Zusammenwirken" waren derart unpräzise, daß man sie schwerlich als Grundlage einer berechenbaren Politik ansehen konnte; im Ernstfall würde man mit ihnen – wie überhaupt mit Italien – wenig anfangen können, meinte Bismarck in seiner Begabung zu realistischer Einschätzung und Lagebeurteilung. In dem Vertrag hieß es:

Artikel 1

Die hohen vertragschließenden Parteien versprechen sich wechselseitig Frieden und Freundschaft und werden kein Bündnis und keine Verpflichtung eingehen, die sich gegen einen ihrer Staaten richtet.

Artikel 2

In dem Falle, wo Italien ohne unmittelbare Herausforderung seinerseits aus irgendeinem Grunde von Frankreich angegriffen werden sollte, sollen die beiden anderen vertragschließenden Parteien gehalten sein, der angegriffenen Partei mit allen ihren Kräften Hilfe und Beistand zu leisten. Dieser gleichen Verpflichtung soll Italien im Falle eines nicht unmittelbar herausgeforderten Angriffs Frankreichs gegen Deutschland obliegen.

Artikel 3

Wenn eine oder zwei der h. v. Parteien ohne unmittelbare Herausforderung ihrerseits angegriffen werden sollten und sich in einen Krieg mit zwei oder mehreren Großmächten verwickelt sehen sollten, die den gegenwärtigen Vertrag nicht unterzeichnet haben, so soll der „casus foederis" gleichzeitig für alle Parteien eintreten.

Artikel 4

In dem Falle, wo eine Großmacht, die den gegenwärtigen Vertrag nicht unterzeichnet hat, die Sicherheit der Staaten einer der h. v. Parteien bedrohen sollte, und die bedrohte Partei sich dadurch gezwungen sehen sollte, ihr den Krieg zu machen, verpflichten sich die beiden anderen, ihrem Verbündeten gegenüber eine wohlwollende Neutralität zu beobachten. Eine jede behält sich in diesem Falle das Recht vor, an dem Kriege teilzunehmen, falls sie es für angezeigt hält, mit ihrem Verbündeten gemeinsame Sache zu machen.

Artikel 5

Wenn der Frieden einer der h. v. Parteien unter den Umständen bedroht werden sollte, die in den vorhergehenden Artikeln vorgesehen sind, so werden sich die h. v. Parteien rechtzeitig über die militärischen Maßnahmen verständigen, die im Hinblick auf ein etwaiges Zusammenwirken zu treffen wären. Sie verpflichten sich, von nun an in allen Fällen einer gemeinsamen Beteiligung an einem Kriege nur auf Grund einer gemeinsamen gegenseitigen Übereinkunft Waffenstillstand, Frieden oder einen Vertrag abzuschließen.

Artikel 6

Die h. v. Parteien versprechen sich wechselseitig, den Inhalt und das Vorhandensein des gegenwärtigen Vertrags geheimzuhalten.

Artikel 7

Der gegenwärtige Vertrag soll vom Tage des Austausches der Ratifikationen ab fünf Jahre in Kraft bleiben.

(Aus: Die diplomatischen Akten des Auswärtigen Amtes 1871-1914, a.a.O., Teil I, S. 265ff.)

Fürst Otto von Bismarck und Kaiser Wilhelm II. in Friedrichsruh am 30. Oktober 1888

Trotz der Einwände, die man gegen diesen Vertrag erheben mochte und die Bismarck auch selbst erhob, konnte der deutsche Kanzler, gestützt auf das Drei-Kaiser-Bündnis, den Zweibund mit Österreich-Ungarn und den Dreibund, Mitte dieses Jahres 1882 gelassen in die Zukunft blicken. Frankreich war weitgehend isoliert, England in freundlicher Distanz, Rußland von einem Bündnis mit Frankreich abgehalten und in einer Position wohlwollender Neutralität, Österreich-Ungarn an der Seite Deutschlands und Italien mit diesen beiden vertraglich, wenn auch vage, verbunden. Bismarck stand, wie schon seit dem Berliner Kongreß von 1878, auf dem Höhepunkt seines außenpolitischen Ansehens. Mit großem taktischen Geschick hatte er Deutschland in das Zentrum eines eng geknüpften Netzwerks bündnispolitischer Verflechtungen geführt, das seine Stellung im Konzert der europäischen Mächte gegen Bedrohungen sicherte und von dem man hoffen konnte, daß es auch schwierige Konfliktsituationen bewältigen helfen würde. Ob es eines Tages auch ohne seinen Schöpfer zusammengehalten werden könnte oder ob nicht die Gefahr bestand, daß Deutschland sich in dem so fein gesponnenen Netz selbst verfing, wußte natürlich noch niemand zu sagen. Doch da für Bismarck die internationale Politik ohnehin „ein flüssiges Element" war, „das unter Umständen zeitweilig fest wird, aber bei Veränderungen der Atmosphäre in seinen ursprünglichen Aggregatzustand zurückfällt", machte er sich darüber keine Gedanken; andere als er würden dann mit den neuen Situationen fertigwerden müssen. Konrad Adenauer zum Beispiel, der zu dieser Zeit gerade sieben Jahre alt war (er war am 5. Januar 1876 in Köln geboren). Doch während Adenauer in hohem Alter oft die Frage quälte, was aus Deutschland werden solle, wenn er einmal nicht mehr sei, hielt Bismarck es für sinnlos, derlei Überlegungen anzustellen. Politik wurde von jeder Generation neu gemacht – ein Geschäft „auf einige Jahre" berechnet, mehr nicht, eben ein „flüssiges Element".

Freilich schlossen beide Deutungen sich ja nicht aus. Wie unentbehrlich oder doch hilfreich ein erfahrener, umsichtiger Mann wie Bismarck war, bewies noch einmal die Krise der europäischen Politik in der zweiten Hälfte der achtziger Jahre, als Europa erneut an den Rand eines Großkrieges geriet. Trotz der eingebauten Bündnissicherungen drohte auch Deutschland in den Strudel der Ereignisse hineinzugleiten, als sich auf dem Balkan die Spannungen zwischen Bulgaren und Serben kriegerisch entluden, Rußland sich auf die Seite der Bulgaren stellte (der Friede von San Stefano vom 3. März 1878 mit dem auf russischen Druck hin gebildeten Großbulgarien war nicht vergessen), Österreich-Ungarn durch das russische Vorgehen seine Interessen verletzt und seine Sicherheit bedroht sah und der französische Kriegsminister, General Boulanger, seine Truppen an der Grenze zu Deutschland verstärkte und nach einem Grenzzwischenfall im April 1887 – der widerrechtlichen Verhaftung eines französischen Grenzbeamten durch deutsche Behörden wegen Spionageverdachts – sogar schon den Krieg beginnen wollte. 1914 kündigte sich also hier gleich mehrfach an: ein Konflikt auf dem Balkan, Spannungen zwischen Österreich-Ungarn und Rußland, der Versuch Frankreichs, Deutschlands Schwierigkeiten mit seinem österreichischen Verbündeten und dessen Zerwürfnis mit Rußland zu seinem Vorteil zu nutzen, um sich für die Niederlage von 1870/71 zu revanchieren.

Der Rückversicherungsvertrag

Doch noch hielt das Bismarcksche System der Friedenssicherung dem Ansturm stand. Nicht weil die Verträge als solche einen Zusammenstoß der Großmächte verhindert hätten, sondern weil Bismarck selbst die Initiative ergriff und durch Besonnenheit den Konfliktautomatismus unterbrach, der 1914 in kaum veränderter Konstellation zum Ersten Weltkrieg eskalierte. Schon jetzt hätte es dahin kommen können. Aber Bismarck gab Frankreich gegenüber nach, setzte Österreich-Ungarn unter Druck, seine Politik auf dem Balkan zu mäßigen, da Deutschland nicht gedenke, sich „wegen dieser Frage ... das Leitseil um den Hals werfen (zu) lassen, um uns mit Rußland zu brouillieren" – „von niemand", wie er hinzufügte, also auch nicht vom verbündeten Wien –, und knüpfte neue Verbindungen mit Rußland, die am 18. Juni 1887 in den *Rückversicherungsvertrag* zwischen Deutschland und Rußland mündeten, nachdem sich eine Erneuerung des Drei-Kaiser-Bündnisses wegen der österreichisch-ungarisch-russischen Gegensätze als unmöglich erwiesen hatte. In dem Geheimvertrag hieß es:

Artikel I

Für den Fall, daß eine der hohen vertragschließenden Parteien sich mit einer dritten Großmacht im Kriege befinden sollte, wird die andere eine wohlwollende Neutralität bewahren und ihre Sorge darauf richten, den Streit örtlich zu begrenzen. Die Bestimmung soll auf einen Krieg gegen Österreich oder Frankreich keine Anwendung finden, falls dieser Krieg durch einen Angriff einer der hohen vertragschließenden Parteien gegen eine dieser beiden Mächte hervorgerufen ist.

Artikel II

Deutschland erkennt die geschichtlich erworbenen Rechte Rußlands auf der Balkanhalbinsel an und insbesondere die Rechtmäßigkeit seines vorwiegenden und entscheidenden Einflusses in Bulgarien und Ostrumelien. Die beiden Höfe verpflichten sich, keine Änderung des territorialen status quo der genannten Halbinsel ohne vorheriges Einverständnis zuzulassen und sich gegebenenfalls jedem Versuche, diesem status quo Abbruch zu tun oder ihn ohne ihr Einverständnis abzuändern, zu widersetzen.

Artikel III

Die beiden Höfe erkennen den europäischen und gegenseitig bindenden Charakter des Grundsatzes der Schließung der Meerengen des Bosporus und der Dardanellen an, der begründet ist auf dem Völkerrechte, bestätigt durch die Verträge und zusammengefaßt in der Erklärung des zweiten Bevollmächtigten Rußlands in der Sitzung des Berliner Kongresses vom 12. Juli 1878 (Protokoll 19).

Sie werden gemeinsam darüber wachen, daß die Türkei keine Ausnahmen von dieser Regel zugunsten der Interessen irgendeiner Regierung dadurch macht, daß sie den Teil ihres Reiches, den die Meerengen bilden, für militärische Operationen einer kriegführenden Macht hergibt. Im Falle einer Verletzung oder um einer drohenden Verletzung vorzubeugen, werden die beiden Höfe der Türkei erklären, daß sie eintretendenfalls sie als im Kriegszustande gegenüber der verletzten Partei befindlich und die ihrem territorialen status quo im Berliner Vertrage verbürgten Sicherheitswohltaten als verwirkt ansehen werden.

Artikel IV

Der gegenwärtige Vertrag soll während eines Zeitraumes von 3 Jahren, gerechnet vom Tage des Austausches der Ratifikationen an, in Geltung bleiben.

Artikel V

Die hohen vertragschließenden Parteien versprechen einander, über den Inhalt und das Bestehen des gegenwärtigen Vertrages und des beigefügten Protokolls Schweigen zu bewahren.

(Aus: Die diplomatischen Akten des Auswärtigen Amtes 1871-1914, a.a.O., Teil I, S. 315ff.)

In einem „ganz geheimen" Zusatzprotokoll verpflichtete sich darüber hinaus Deutschland, Rußland beizustehen, in Bulgarien „eine geordnete und gesetzmäßige Regierung" wiederherzustellen, und eine wohlwollende Neutralität zu gewähren und Rußland moralisch und diplomatisch zu unterstützen, falls der russische Zar „sich in die Notwendigkeit versetzt sehen sollte, zur Wahrung der Rechte Rußlands selbst die Aufgabe der Verteidigung des Zuganges zum Schwarzen Meere zu übernehmen". Das war ein weitreichendes Entgegenkommen der deutschen Seite gegenüber russischen Ansprüchen auf dem Balkan und in der Meerengenfrage und daher zugleich ein Affront gegenüber der österreichisch-ungarischen und englischen Politik in diesem Raum.

Immerhin: Unter Schwächung der Allianz zwischen Deutschland und Österreich-Ungarn war damit die für Deutschland vorteilhafte Lage der Vermeidung einer Zwei-Fronten-Auseinandersetzung (mit der Gefahr eines Zwei-Fronten-Krieges) wiederhergestellt. Die Voraussetzungen für eine Beilegung der europäischen Krise waren geschaffen.

Doch der Rückversicherungsvertrag und insbesondere die Zusatzbestimmungen waren so geheim und im Hinblick auf die Entwicklung der deutsch-österreichischen Beziehungen derart heikel, daß Bismarck dem Kaiser unter dem 28. Juli 1887 aus Varzin eine dringende Empfehlung für dessen Gespräche mit Franz Joseph in Gastein im August 1887 mit auf den Weg geben zu müssen meinte, ja mehr als das – eine Anweisung:

Dem Vernehmen nach wird der Kaiser Franz Joseph Euere Majestät im Laufe der nächsten beiden Wochen in Gastein besuchen, und bei Gelegenheit der politischen Besprechung ohne Zweifel auch das im vorigen Monat abgelaufene Vertragsverhältnis mit Rußland (das Drei-Kaiser-Bündnis von 1881; Anm. d. Verf.) zur Sprache kommen. Ich erlaube mir, ehrfurchtsvoll darauf aufmerksam zu machen, daß wir nach den mit dem Kaiser Alexander getroffenen Vereinbarungen verpflichtet sind, jedermann und auch dem befreundeten Österreich gegenüber die Tatsache geheim zu halten, daß der Kaiser von Rußland mit uns allein einen geheimen Vertrag wieder geschlossen hat. Der Kaiser Alexander legt auf diese Geheimhaltung einen besonders hohen Wert, weil er befürchtet, daß ihm dieser Abschluß mit Deutschland in der russischen öffentlichen Meinung, wenigstens in der panslawistischen Richtung derselben, nachteilig sein werde.

(Aus: Die Große Politik der Europäischen Kabinette 1871-1914, a.a.O., Bd. V, Nr. 1100.)

Bismarck sah sich zu dieser dringenden Mahnung nicht zuletzt deshalb veranlaßt, weil er wußte, daß seine Rußland-Politik auf Kosten Österreichs in Deutschland keineswegs unumstritten war. Zwar konnte man alles auch ganz anders sehen: Indem Deutschland Österreich von riskanten Balkan-Abenteuern abhielt, die es, durch deutsche Rückenstärkung ermutigt, vielleicht gewagt und in einen ungewissen Krieg mit Rußland gestürzt hätte, trug der Rückversicherungsvertrag letztlich sogar zu Österreichs eigener Sicherheit bei. Aber solche winkligen Gedanken des Kanzlers waren vielen nicht geheuer, auch dem alten Kaiser nicht, der nun nach Gastein fuhr und Franz Joseph gegenüber den Mund halten sollte.

Letzte Mahnungen

Und was mag der greise Monarch erst von der Denkschrift gehalten haben, die ihm Bismarck unter dem Datum des 10. November 1887 für eine Unterredung des Kaisers mit dem Zaren auf den Tisch legte? Geradezu Prophetisches konnte man darin lesen:

In der Politik haben wir ebensosehr mit den *Parteien* wie mit den *Nationen* zu rechnen. Der Kampf geht heute nicht so sehr zwischen Russen, Deutschen, Italienern, Franzosen wie zwischen der Revolution und der Monarchie. Die Revolution hat Frankreich erobert, England berührt; sie ist stark in Italien und Spanien. Nur noch die drei Kaiserreiche vermögen ihr Widerstand zu leisten. Das republikanische Frankreich bedroht in erster Linie Deutschland. Wenn es siegreich wäre, würde sein Sieg die demokratische und republikanische Partei in Deutschland stärken. Darf ein russischer Kaiser das republikanische Frankreich ermutigen, sein Vorschreiten gegen den Osten Europas vorbereiten und die deutschen Monarchien mit der französisch-russischen Allianz bedrohen?

Der Kaiser Alexander will den Frieden. Er hat recht. Der Krieg, sei er nun siegreich oder nicht, wird die Revolution in mehr als einem Lande entfesseln. Trotz dieser friedlichen Anlage des Kaisers tut man in Rußland alles, was man kann, um zum Kriege zu treiben, um Frankreich dazu zu ermutigen, und um die öffentliche Meinung in Rußland in kriegerischem Sinne aufzuregen; durch öffentliche Verleumdung häuft man in der russischen Nation ein Kapital von Haß gegen uns an, dessen Gewicht früh oder spät zu groß werden wird, als daß es sich nicht der Leitung der Regierung entziehen sollte . . .

In der Zeit, in der wir leben, mehr noch als zu irgendeiner anderen geschichtlichen Epoche, fordert es das Interesse der großen Monarchien, den Krieg zu vermeiden, weil heute die Nationen stets geneigt sind, ihre Regierungen für etwa erlittene militärische Rückschläge verantwortlich zu machen ... Seine Majestät der Kaiser Alexander muß besser als irgend jemand über die erschreckenden Fortschritte unterrichtet sein, die die soziale Zersetzung neuerdings in den südlichen und südwestlichen Teilen seines Reiches gemacht hat. Im ganzen würde der etwaige nächste Krieg viel weniger den Charakter eines Krieges von Regierung gegen Regierung, als den eines Krieges der roten Fahne gegen die Elemente der Ordnung und der Erhaltung haben . . .

(Aus: Die diplomatischen Akten des Auswärtigen Amtes 1871-1914, a.a.O., Teil I, S. 317f.)

Worte, die einem politischen Vermächtnis gleichkamen. Gegen Ende seiner Amtszeit faßte Bismarck in ihnen noch einmal Motive und Absichten seiner konservativen Friedenspolitik zusammen.

Nahezu zwei Jahrzehnte hatte er dem Reich, nachdem er es zuvor geschaffen, den Frieden und die Monarchie bewahrt. Er war dabei gestützt und abgeschirmt worden von Wilhelm I., der, inzwischen hoch im Alter, in der Politik den Kanzler gewähren ließ, vollständig hinter ihn zurücktrat, sich ganz auf das Repräsentieren, die Verkörperung der staatlichen Würde und die Billigung der Bismarckschen Entscheidungen beschränkte.

Am 9. März 1888 starb Wilhelm; sein todkranker Sohn Friedrich III. regierte nur 99 Tage. Dann zog mit Wilhelm II. ein junger, energischer Geist in das Reich ein – direkt neben denjenigen Bismarcks. Doch für beide war kein Platz.

Wilhelm II. (1859-1941), von 1888 bis 1918 Deutscher Kaiser und König von Preußen. In seiner Jugend ein Anhänger Bismarcks. Nach seiner Thronbesteigung am 15. Juni 1888 Bemühungen um Aussöhnung der Arbeiterschaft mit dem Staat durch sozialpolitische Bestrebungen; dadurch zunehmender Gegensatz zu Bismarck, den er 1890 zum Rücktritt veranlaßt. Danach Versuch, durch „Persönliches Regiment" die Reichspolitik selbst zu leiten. Seine Amtsführung ist durch Impulsivität, Unausgeglichenheit und rhetorische Unbedachtheit gekennzeichnet. Nach der Daily-Telegraph-Affäre 1908 zum Versprechen größerer Zurückhaltung in öffentlichen Äußerungen gezwungen. Am 9. November 1918 eigenmächtige Verkündung des Rücktrittes des Kaisers durch den Reichskanzler Prinz Max von Baden. Danach Weggang des Kaisers in die Niederlande. Am 28. November 1918 Abdankung als Deutscher Kaiser, nicht jedoch als König von Preußen. Werke: „Ereignisse und Gestalten 1878-1918" 1922; „Erinnerungen an Korfu" 1924; „Aus meinem Leben 1859-88" 1927; „Meine Vorfahren" 1929; „Reden Kaiser Wilhelms II.", hrsg. von A. Matthes 1976.

Karikatur Bismarcks: Der Lotse geht von Bord! Aus der englischen Zeitschrift „Punch" vom 29. März 1890

Otto von Bismarck im Park von Friedrichsruh

Zehn Jahre später, wenige Wochen nach Bismarcks Tod am 30. Juli 1898, beschrieb Wilhelm II. in einem Brief an seine Mutter, die Kaiserin Friedrich, den Konflikt, in dem er sich nach dem Ableben seines Großvaters, Kaiser Wilhelms I., befunden habe:

Für den Augenblick war Bismarck Herr der Situation und des Reiches! Und das Haus Hohenzollern war so gut wie gar nichts! Hätten wir auch nur versucht, an ihn zu rühren, so hätten sich alle deutschen Fürsten – ich wurde heimlich davon in Kenntnis gesetzt – wie ein Mann erhoben und hätten uns gezwungen, den Kanzler wiederzuholen, dem wir und besonders später ich auf Gnade und Ungnade ausgeliefert gewesen wären! Die Lage war einfach unmöglich. Von diesem Augenblick an verstand ich die furchtbare Aufgabe, die Du damals nicht sahst, die der Himmel mir gestellt hatte: die Aufgabe, die Krone zu retten vor dem überwältigenden Schatten ihres Ministers, die Person des Monarchen erst einmal an „seinen" Platz zu bringen, die Ehre und die Zukunft unseres Hauses zu retten vor dem verderblichen Einfluß des Mannes, der uns unseres Volkes Herz gestohlen hatte, und ihn büßen zu lassen, was er an Papa, an Dir und selbst an Großpapa gefrevelt hatte! Schrecklich genug für einen jungen Mann von dreißig Jahren! Seine Regierung damit anfangen zu müssen, nachdem eine so glorreiche erst eben vorüber war! Ich aber fühlte, was meine Pflicht war, und Gott sei gedankt, Er half mir. Ohne ihn war ich verloren. Als der Kampf sich erhitzte und Bismarck seine verwegensten Ränke gegen mich anfing, wobei er nicht einmal vor Hochverrat zurückschreckte, ließ ich ihm sagen: Mir schiene, er wolle die Hohenzollern niederreiten zu Gunsten seiner eigenen Familie; sei das der Fall, so wolle ich ihn warnen, denn der Versuch sei vergeblich, und er würde der verlierende Teil sein. Die Antwort war, wie ich erwartet hatte. Und ich warf ihn nieder und streckte ihn in den Sand zur Rettung meiner Krone und unseres Hauses! Seit jenen schrecklichen Jahren mußte ich den Sturm von Deutschlands Gefühlen über mich ergehen lassen und die niedrigsten Ränke des aufgeregten Wüterichs Bismarck! . . . Ich ertrug es ruhig, ohne zu zucken, die königliche Standarte fest in meiner Hand, den Schild mit dem schwarz-weißen Wappen in meinem Arm und Gott über mir, allein habe ich es getragen durch acht lange Jahre! Wo ist er jetzt? Der Sturm hat sich beruhigt, die Fahne weht hoch im Winde, ein Trost für jeden ängstlichen Blick, der sich nach oben richtet; die Krone sendet ihre Strahlen durch „Gottes Gnade" in Paläste und Hütten, und – verzeih, wenn ich es sage – Europa und die Welt horcht auf, um zu hören, „was sagt und was denkt der Deutsche Kaiser?", und nicht, was ist der Wille seines Kanzlers!

(Aus: Fürst Bernhard von Bülow, Denkwürdigkeiten, Berlin 1930, S. 236f.)

Das stimmte nicht ganz. Viele in Deutschland, Europa und in der Welt fragten noch lange nach Bismarcks Tod, wie er wohl entschieden haben würde, wenn er statt des jungen Kaisers die Regierungsgeschäfte geführt hätte – so wie viele in den Jahren zwischen 1890 und 1898, also zwischen Rücktritt und Tod Bismarcks, auf seine Kommentare zur deutschen Politik, die aus dem Sachsenwald nach Berlin hinübergegrollt waren, gehört und dabei allzu oft die Begrenzungen und Unzulänglichkeiten der Bismarckschen Politik übersehen hatten, die es ja auch gegeben hatte.

Aber das waren nun hypothetische Fragen und Überlegungen. Mit Wilhelm II. war eine neue Epoche der deutschen Geschichte angebrochen, die auf Bismarcks Erfolgen aufbaute und auf ihnen voranschritt, um sie schließlich im Ersten Weltkrieg zunichte zu machen. Denn mit der Niederlage des Jahres 1918 wurde nicht nur der Wilhelminismus, sondern auch die Monarchie in Deutschland zu Grabe getragen – wie Bismarck es 1887 ahnungsvoll vorhergesagt hatte.

V. Die Epoche des Wilhelminismus

Zeittafel

1871

9.2. Ablehnung einer aktiven staatlichen Kolonialpolitik durch Bismarck.

1873

21.4. Vorlage einer „Denkschrift betreffend die Entwicklung der Kaiserlichen Marine" durch General von Stosch. Gründung der deutschen Flotte.

1884

28.3. Gründung der „Gesellschaft für deutsche Kolonisation" in Berlin.

April Öffentlicher Appell der Gesellschaft für deutsche Kolonisation, in der Kolonialpolitik „das Versäumnis von Jahrhunderten gutzumachen" (verfaßt von dem Afrika-Forscher Carl Peters).

26.6. Reichstagsdebatte über die deutsche Kolonialpolitik. Bismarck mahnt zur Vorsicht und Zurückhaltung des Staates; Ankündigung der Unterstützung erfolgreicher privater Initiativen.

1884/85

Gründung deutscher „Schutzgebiete" in Südwestafrika, Kamerun, Togo und Ostafrika sowie auf Neuguinea („Kaiser-Wilhelm-Land"), im Bereich der Inselwelt vor Neuguinea („Bismarck-Archipel") und in der Südsee (Marshallinseln).

1887

18.6. Abschluß des Rückversicherungsvertrages zwischen Deutschland und Rußland (geheimes Neutralitätsabkommen mit einer Laufzeit von zunächst drei Jahren).

1888

6.2. Friedensrede Bismarcks im Reichstag („Wir Deutsche fürchten Gott, aber sonst nichts auf der Welt; und die Gottesfurcht ist es schon, die uns den Frieden lieben und pflegen läßt . . .").

9.3. Tod Kaiser Wilhelms I. Sein Nachfolger, Kaiser Friedrich III., stirbt nach nur 99tägiger Regentschaft.

15.6. Thronbesteigung Wilhelms II.

1890

20.3. Bismarcks Entlassung. Nachfolger Bismarcks wird General Leo von Caprivi (bis 1894).

März Im Anschluß an Beratungen der I. Internationalen Arbeiterschutzkonferenz in Berlin weitreichende Arbeiterschutzgesetzgebung in Deutschland. Nichtverlängerung des Sozialistengesetzes.

23.5. Nichterneuerung des Rückversicherungsvertrages mit Rußland.

14.6. Deutsch-englisches Abkommen über Gebietstausch (Helgoland und Südwestafrika kommen zu Deutschland; England erhält das Protektorat über das unabhängige Sansibar und die deutschen Kolonialgebiete in Suaheliland und Uganda).
Der Eindruck des deutschen außenpolitischen Kurswechsels veranlaßt Rußland zur Aufnahme von Bündnisverhandlungen mit Frankreich.

1891

April Gründung des „Allgemeinen Deutschen Verbandes" (ab 1. Juli 1894 „Alldeutscher Verband") zur Förderung vaterländischen Bewußtseins und deutsch-nationaler Bestrebungen im In- und Ausland sowie einer deutschen Interessenpolitik in Europa und Übersee.

6.5. Erneuerung des Dreibundvertrages zwischen Deutschland, Österreich-Ungarn und Italien.

14.-20.10. Erfurter Parteitag der Sozialdemokratischen Partei Deutschlands.

1892

17.8. Russisch-französisches Militärabkommen für die Dauer des Dreibundes (durch Notenaustausch im Dezember 1892 und Januar 1893 in Kraft gesetzt).

1893

Juli Erweiterung des deutschen Heeres um 84 000 Mann.

17.-25.10. Besuch einer russischen Flottenabteilung in Toulon.

1894

15.10. Verhaftung des französischen Hauptmanns Alfred Dreyfus wegen Spionageverdacht.

Oktober Rücktritt Reichskanzler Caprivis. Nachfolger Caprivis wird Chlodwig Fürst zu Hohenlohe-Schillingsfürst (bis 1900).

1895

4.1 Verurteilung und Degradierung des Hauptmanns Dreyfus; Verbannung auf die Teufelsinsel.

21.6. Eröffnung des Nord-Ostsee-Kanals.

1897

31.3. Berufung des Admirals Tirpitz zum Staatssekretär im Reichsmarineamt.

11.9. Artikel in der englischen Zeitung „Saturday Review" mit dem Tenor: „Germaniam esse delendam".

November Besetzung Kiautschous in China durch deutsche Truppen.

1898

Abtretung Kiautschous durch „Pachtvertrag" auf 99 Jahre von China an Deutschland.

13.1. Veröffentlichung eines Offenen Briefes zur Dreyfus-Affäre von Emile Zola unter der Überschrift „J'accuse . . . !" in der Tageszeitung „L'Aurore".

10.4. Verabschiedung des 1. Flottengesetzes im Deutschen Reichstag.

Gründung des „Deutschen Flottenvereins".

30.7. Tod Bismarcks.

Juli Faschoda-Krise zwischen England und Frankreich.

Deutsch-englische Bündnisbesprechungen (ergebnislos).

24.8. Friedensnote Zar Nikolaus' II. an alle in Petersburg vertretenen Mächte. Einberufung einer internationalen Abrüstungskonferenz.

Amerikanisch-spanischer Krieg. Aufstieg der USA zur Weltmacht.

1899

18.5.-27.7. Erste Haager Friedenskonferenz mit Vertretern von 26 Staaten. Verabschiedung der „Haager Landkriegsordnung".

19.9. Begnadigung von Alfred Dreyfus.

Erweiterung des deutschen Kolonialbesitzes (Erwerbung der Karolinen, der Marianen und der Palauinseln sowie eines Teils von Samoa).

1900

14.6. Verabschiedung des 2. Flottengesetzes im Deutschen Reichstag. Verstärkung der Flotte unter dem Gesichtspunkt des „Risikogedankens".

20.6. Ermordung des deutschen Gesandten in Peking, Freiherrn von Ketteler, im Zuge des Boxeraufstandes in China.

27.7. „Hunnenrede" Kaiser Wilhelms II. Entsendung deutscher Truppen nach China.

Oktober Rücktritt Reichskanzler Hohenlohe-Schillingsfürsts. Nachfolger Hohenlohes wird Graf Bernhard von Bülow (bis 1909).

1901

Neue deutsch-englische Bündnisbesprechungen (wiederum ergebnislos).

1902

28.6. Erneuerung des Dreibundes zwischen Deutschland, Österreich-Ungarn und Italien.

1.11. Italienisch-französisches Neutralitätsabkommen, u.a. mit dem Versprechen italienischer Neutralität im Falle eines deutsch-französischen Krieges.

1904

8.4. „Entente cordiale" zwischen England und Frankreich.

1904/05

Russisch-japanischer Krieg.

1905

Beginn des Baus von Großkampfschiffen (Dreadnoughts).
Verleihung des Friedensnobelpreises an Bertha von Suttner.

1905/06

Russische Revolution.
1. Marokko-Krise.

1906

12.7. Aufhebung früherer Dreyfus-Urteile durch den Kassationsgerichtshof. Rehabilitierung des zu Unrecht Verurteilten und Wiederaufnahme in die Armee.

1907

15.6.–18.10. Zweite Haager Friedenskonferenz mit Vertretern von 44 Staaten. Gründung des Haager Schiedsgerichtshofes zur Beilegung internationaler Streitigkeiten.

31.8. Englisch-russischer Ausgleich hinsichtlich Persiens, Afghanistans und Tibets. Erweiterung der „Entente cordiale" zur „Tripleentente".

1908

28.10. Interview Wilhelms II. mit der englischen Zeitung „Daily Telegraph". Die unbedachten Äußerungen des Kaisers rufen in Deutschland Kritik am „persönlichen Regiment" Wilhelms II. hervor.

1909

Juli Rücktritt Reichskanzler von Bülows. Nachfolger Bülows wird Theobald von Bethmann-Hollweg.

1911

Annektion von Tripolis und der Cyrenaika durch Italien.

1911/12

Italienisch-türkischer Krieg.
2. Marokko-Krise.
Wechselseitige militärische Vereinbarungen zwischen England, Frankreich und Rußland zur Festigung der Tripleentente.

1912

März Neue Flottenvorlage im Deutschen Reichstag (Bauprogramm bis 1920).

18.10. Frieden von Lausanne zwischen Italien und der Türkei.

Juli Französisch-russische Marinekonvention über die Zusammenarbeit der Seestreitkräfte.

Oktober 1. Balkan-Krieg (Serbien, Bulgarien, Montenegro und Griechenland gegen die Türkei).

1913

Juni 2. Balkan-Krieg (zunächst nur Bulgarien gegen Serbien; dann Unterstützung Serbiens durch Griechenland, Rumänien und die Türkei).

3.7. Letzte große Heereserweiterung Deutschlands vor Ausbruch des Ersten Weltkrieges.

Oktober Beginn der Zabern-Affäre.

3./4.12. Reichstagsdebatte über die Zabern-Affäre. Mißbilligungsantrag gegen die Regierung von den Abgeordneten mit großer Mehrheit angenommen, aber vom Reichskanzler ignoriert.

1914

28.6. Ermordung des österreich-ungarischen Thronfolgers Erzherzog Franz Ferdinand und seiner Gemahlin in Sarajewo.

28.7. Kriegserklärung Österreich-Ungarns an Serbien.

30.7. Vollmobilisierung in Rußland.

1.8. Kriegserklärung Deutschlands an Rußland.

2.8. Ultimative Forderung Deutschlands an Belgien, freies Durchmarschrecht für deutsche Truppen zu gewähren.
Besetzung Luxemburgs ohne diplomatische Vorbereitung.
Abschluß eines Bündnisvertrages zwischen Deutschland und der Türkei.

3.8. Erklärung einer bewaffneten Neutralität durch die Türkei.

Kriegserklärung Deutschlands an Frankreich.
Deutscher Einmarsch in Belgien.

4.8. Thronrede Kaiser Wilhelms II. zum Kriegsausbruch.
Kriegserklärung Englands an Deutschland.

28./29.10. Beginn von Seekampfhandlungen zwischen der Türkei und Rußland.

2.–5.11. Kriegserklärungen Rußlands, Englands und Frankreichs an die Türkei.

1915

26.4. Londoner Geheimvertrag Englands, Frankreichs und Rußlands mit Italien.

23.5. Kriegserklärung Italiens an Österreich-Ungarn.

28.8. Kriegserklärung Italiens an Deutschland.

6.9. Bündnisvertrag Bulgariens mit Deutschland.

14.10. Kriegserklärung Bulgariens an Serbien.

15.–20.10. Kriegserklärungen der Allianz an Bulgarien.

1916

27.8. Kriegserklärung Rumäniens an Österreich-Ungarn. Danach Kriegserklärungen Deutschlands, der Türkei und Bulgariens an Rumänien.

1917

31.1. Deutsche Note an die USA. Ankündigung des unbeschränkten U-Boot-Krieges.

3.2. Abbruch der diplomatischen Beziehungen zwischen den USA und dem Deutschen Reich.

6.4. Kriegserklärung der USA an Deutschland.

Wilhelm II., 1859 geboren, war 29 Jahre alt, als er 1888 zum Deutschen Kaiser und König von Preußen gekrönt wurde. Er hatte also die Entwicklungsstörungen Deutschlands in den vierziger und fünfziger Jahren nicht mehr aus eigener Anschauung kennengelernt und gerade erst mit dem Sprechen begonnen, als sein Großvater, der preußische König Wilhelm I., den Gesandten Bismarck aus Paris nach Berlin zurückgerufen und in verzweifelter Lage zum Ministerpräsidenten ernannt hatte. In einer Zeit raschen, scheinbar unwiderstehlichen Aufschwungs war der junge Wilhelm herangewachsen: Reichsgründung, Industrialisierung, die Entfaltung Deutschlands zu einer der führenden europäischen Großmächte hatten seinen Weg begleitet und sein Denken beeinflußt. Keine Niederlagen, nur Siege.

Auch Wilhelms eigener Aufstieg zum Deutschen Kaiser war ein solcher rascher Sieg. Denn eigentlich wäre die Reihe zunächst an seinem Vater gewesen; doch Friedrich III. starb nur drei Monate nach seiner Thronbesteigung einen frühen Tod an Krebs. Viele Jahre des Wartens, die seine Ungeduld und sein forsches Temperament hätten mildern können, blieben Wilhelm auf diese Weise erspart. Plötzlich war er ganz allein ganz oben, wirkte wie ein Parvenu: ohne Augenmaß, großspurig, neureich, wie ein Mann, der, da er einen verkürzten Arm besaß, der Kompensation durch Pracht und Prunk bedurfte; in dieser Hinsicht dem neuen Reich nicht unähnlich – ein typischer Vertreter des Geistes seiner Zeit. Denn nicht nur Wilhelm, sondern auch das Reich, dem er nun vorstand, war ein Emporkömmling, zu schnell zu groß geworden, so daß die alten, auf ein kleineres Maß geschneiderten Kleider nicht mehr passen wollten. Viele Deutsche, die, von Bismarck in sie hineingezwungen, darin noch immer umherliefen, hätten sie am liebsten längst fortgeworfen und durch bequemere, großzügigere, auch stattlichere ersetzt. Als Wilhelm sie ihnen jetzt anbot, griffen sie daher gerne zu.

„Drang nach Größe" war überhaupt das Stichwort, das die neue Epoche des Wilhelminismus kennzeichnete. Das Erreichte war zur Selbstverständlichkeit geworden; nun wollte man mehr. Bismarcks Politik der Saturiertheit, der klugen Selbstbeschränkung, Bewahrung und Konsolidierung, war nichts, womit man die jungen Leute noch begeistern konnte: Schnee von vorgestern. Nach der Einigung des Reiches und der Anerkennung und Respektierung Deutschlands auf europäischer Bühne sollte deutsche Politik sich nun weltweit bewähren, „mit Volldampf voraus" – wie Wilhelm zu sagen pflegte – Deutschland als Weltmacht etablieren.

Theodor Fontane hat in einem Brief an Georg Friedländer vom 5. April 1897 diesen Ehrgeiz des jungen Kaisers kritisch, auch spöttisch, beschrieben:

Was mir an dem Kaiser gefällt, ist der totale Bruch mit dem Alten, und was mir an dem Kaiser *nicht* gefällt, ist das im Widerspruch dazu stehende Wiederherstellenwollen des Uralten. In gewissem Sinne befreit er uns von den öden Formen und Erscheinungen des alten Preußentums, er bricht mit der Ruppigkeit, der Poplichkeit, der spießbürgerlichen Sechsdreierwirtschaft

Wilhelm II. Deutscher Kaiser 1888-1918. Um 1901

der 1813er Epoche, er läßt sich, aufs Große und Kleine hin angesehn, neue Hosen machen, statt die alten auszuflicken. Er ist ganz unkleinlich, forsch und hat ein volles Einsehen davon, daß ein Deutscher Kaiser was andres ist als ein Markgraf von Brandenburg. Er hat eine Million Soldaten und will auch hundert Panzerschiffe haben; er träumt (und ich will ihm diesen Traum hoch anrechnen) von einer Demütigung Englands. Deutschland soll obenan sein, in all und jedem. Das alles – ob es klug und ausführbar ist, laß ich dahingestellt sein – berührt mich sympathisch, und ich wollte ihm auf seinem Turmseilwege willig folgen, wenn ich sähe, daß er die richtige Kreide unter den Füßen und die richtige Balancierstange in Händen hätte. Das hat er aber nicht. Er will, wenn nicht das Unmögliche, so doch das Höchstgefährliche, mit falscher Ausrüstung, mit unausreichenden Mitteln. Er glaubt das Neue mit ganz Altem besorgen zu können, er will Modernes aufrichten mit Rumpelkammerwaffen; er sorgt für neuen Most, und weil er selber den alten Schläuchen nicht mehr traut, umwickelt er eben diese Schläuche mit immer dickerem Bindfaden und denkt: „nun wird es halten". Es wird aber *nicht* halten ... Preußen – und mittelbar ganz Deutschland – krankt an unsren Ost-Elbiern. Über unsren Adel muß hinweggegangen werden; man kann ihn besuchen wie das ägyptische Museum und sich vor Ramses und Amenophis verneigen, aber das Land *ihm* zu Liebe regieren, in dem Wahn: *dieser Adel sei das Land* – das ist unser Unglück, und so lange dieser Zustand fortbesteht, ist an eine Fortentwicklung deutscher Macht und deutschen Ansehens nach außen hin gar nicht zu denken. Worin unser Kaiser die *Säule* sieht, das sind nur *tönerne Füße*. Wir brauchen einen ganz andren Unterbau. Vor diesem erschrickt man; aber wer nicht wagt, nicht gewinnt. Daß Staaten an einer kühnen Umformung, die die Zeit forderte, zu Grunde gegangen wären – *dieser* Fall ist sehr selten. Ich wüßte keinen zu nennen. Aber das Umgekehrte zeigt sich hundertfältig.

(Aus: Das Buch deutscher Briefe, hrsg. von Walter Heynen, Wiesbaden 1957, S. 837f.)

Tatsächlich ruhte das großsprecherische Gehabe Wilhelms auf bröckelnden, wackligen Fundamenten. Zwar nahm Deutschland inzwischen einen bedeutenden Platz unter den europäischen Mächten ein; das industrielle und militärische Potential des Reiches war beachtlich. Doch wenn die staatsmännische Weisheit fehlte, es richtig zu verwalten, war alles nicht viel wert, zumal die innere Reichseinigung unter Bismarck ja nicht gelungen war.

Dabei krankten Preußen und Deutschland keineswegs nur an den ostelbischen Junkern, wie Fontane etwas überspitzt formulierte. Vielmehr gab es eine Fülle ungelöster innerer Probleme und nicht behobener struktureller Mängel in diesem komplizierten, von inneren Gegensätzen bedrohten Staatswesen, das *von oben* geschaffen, nicht *von unten* gewachsen war: Das Parteiensystem war ungeordnet und unzureichend in die staatliche Verwaltung einbezogen. Die Arbeiterschaft war auch nach der Nichtverlängerung des Sozialistengesetzes 1890 nicht in den Staat integriert und von der politischen Verantwortung abgeschnitten; ihre Sozialistische Arbeiterpartei, die sich seit dem Erfurter Parteitag vom 14. bis 20. Oktober 1891 nun „Sozialdemokratische Partei Deutschlands" nannte, bekämpfte das monarchische Prinzip, sprach – gut marxistisch – von einem „Klassenkampf zwischen Bourgeoisie und Proletariat, der die moderne Gesellschaft in zwei feindliche Heerlager trennt", und forderte im Erfurter Programm „die Abschaffung der Klassenherrschaft und der Klassen selbst" und „Selbstbestimmung und Selbstverwaltung des Volkes in Reich, Staat, Provinz und Gemeinde". Die Armee führte ein unkontrolliertes Eigenleben; nach den Siegen von 1864, 1866 und 1870/71 genoß sie ein übersteigertes Ansehen und prägte – bis hin zum Reserveoffizier-Dünkel – Leben und Umgangsformen in der Gesellschaft. Die Parlamentarisierung, die schon unter Bismarck zu wünschen übrig gelassen hatte, kam unter Wilhelm II. noch mehr zum Erliegen; eine wirkliche Kontrollfunktion übte das Parlament in keiner Phase seines „persönlichen Regiments" aus – zum Teil auch deshalb nicht, weil die Öffentlichkeit das Vorgehen des Kaisers stützte und seine Sprüche über Deutschlands Größe und Macht mit Beifall quittierte. Und die Rolle des Kanzlers schließlich wurde von Wilhelm II. auf diejenige eines Hausmeiers Seiner Majestät reduziert; weder der militärische Graf Leo von Caprivi noch der tatterige, ruhebedürftige Fürst Chlodwig zu Hohenlohe-Schillingsfürst, noch der theatralische Bernhard von Bülow, noch der gewissenhafte, brave Theobald von Bethmann Hollweg widersetzten sich hierin genügend dem Kaiser, diesem „schmetternden Trompeter, der sich um die Fahrsicherheit der Karosse keine Gedanken machte" (Rudolf Stadelmann). In der Tradition ihres großen Vorgängers hätten sie es eigentlich tun müssen. Aber sie waren eben nicht Bismarck.

Besorgt mußte man sich fragen, wer eigentlich das Land regierte, wenn der Kanzler es nicht durfte und der Kaiser es nicht konnte. Manches Unverständliche wird so verständlich. Die wilhelminische Politik krankte an vielem, vor allem aber an Wilhelm selbst. Das galt besonders in der Außenpolitik, wo das Erbe Bismarcks schon nach wenigen Jahren verspielt war.

Dennoch wäre es falsch und eine allzu einfache Entschuldigung seiner Zeitgenossen, alle Ungereimtheiten dieser Epoche nur dem Kaiser anzulasten. Walther Rathenau, der spätere, von Rechtsextremisten ermordete Außenminister in der Weimarer Republik, hat 1919 in seiner Schrift *Der Kaiser* ein anschauliches Bild des wilhelminischen Deutschland gezeichnet und dabei auf viele bedenkliche Anzeichen byzantinischer Verirrungen hingewiesen:

Man war reich geworden, mächtig geworden, und wollte es der Welt zeigen; so, wie sich der reisende Neuling im Ausland benahm, kritisch, laut und maßgeblich, so wollte man sich in Welthändeln benehmen. Eine Politik der Telegramme und plötzlichen Entschlüsse lag in dieser Linie. Ein überhitztes, tatsachenhungriges Großstadtleben, auf Technik und sogenannte Errungenschaften gestellt, begierig nach Festen, Erstaunlichkeiten, Aufzügen und lärmenden Nichtigkeiten, für die der Berliner die Spottnamen Klimbim und Klamauk erfunden hat, verlangte eine Repräsentation, die Rom und Byzanz, Versailles und Potsdam auf einer Platte vereinigte . . . Die kindliche Folgsamkeit ländlicher Hintersassen und die nutzbringende Loyalität ihrer Beschützer, der Abhängigkeitssinn der Staats- und Hofpfründener, die Hurradisziplin der Kriegervereine labte sich an Erlassen, worin der Untertan allergnädigst zurechtgewiesen wurde, und an Hofberichten, worin allerhöchste Herrschaften auszufahren geruhten. Barhäuptige Oberbürgermeister hätten nicht am Brandenburger Tor jeden kleinen Raubfürsten im Namen einer gebildeten Bürgerschaft angewinselt und Gelübde der Huldigung und Treue bis zum letzten Blutstropfen ausgestoßen, preußische Grenadiere hätten nicht vor Säuglingen und angeheirateten Landprinzessinnen strammgestanden und getrommelt, wenn nicht ein Tropfen im deutschen Blut gewesen wäre, der von Würde nichts wußte und wollte, den der Knechtsdienst freute.

Es hätte beim Monarchen einer unerbittlichen inneren Richtkraft, einer gewaltsamen Umstellung des dynastischen Denkens, einer sittlichen Genialität der Konzeption bedurft, um zu sagen: so will ich das Volk nicht. So will ich mich nicht inmitten des Volkes. Wenn sie schon gezwungen sein wollen, so werde ich sie zur Würde und Freiheit zwingen.

Es hätte einen Kampf gegeben mit allen jenen unglücklichen Halb- und Scheinexistenzen, deren Geburt man mit Kanonenschüssen begrüßte. Mit Magnaten und Aristokraten. Mit Hof- und Kommißgeneralen. Mit Bankdirektoren, Industrieherren, Hanseaten. Mit allen, denen ein byzantinisches Kaisertum Geld, Macht, Stellung und Glanz brachte. Hoffnungslos war der Kampf nicht, aber sehr gefährlich. Verloren, war er reine Tragik; gewonnen, die Rechtfertigung und Neubegründung deutscher Monarchie.

Es ist kein Vorwurf, daß dem Monarchen das Problem unsichtbar war. Aus dem, was er hätte bekämpfen sollen, zog er seine Bestätigung, und die Lautverstärkung der höfischen Akustik sorgte dafür, daß er nichts als Bestätigung vernahm . . .

Nie hat eine Epoche mit größerem Recht den Namen ihres Monarchen geführt. Die Wilhelminische Epoche hat am Monarchen mehr verschuldet als der Monarch an ihr; sie waren verstrickt in Leben und Tod, und wie beim Holzscheit Meleagers war der Brand des einen das Ende des andern.

(Aus: Walther Rathenau, Der Kaiser. Eine Betrachtung, Berlin 1919, S. 41ff. und S. 44.)

Diese Verstrickung zeichnete sich früh ab: in schwungvollen Reden und schweren, irreparablen politischen Fehlentscheidungen. Der gefährliche Übermut der Epoche, ihre fehlende Selbstbeherrschung und Selbstbeschränkung und ihr Mangel an Einsicht in die Begrenztheit der eigenen Möglichkeiten führten im Innern zu Übertreibungen und Sonderpfaden, die teils bedenklich, teils in ihrer Verzerrung nur lächerlich waren; in der auswärtigen Politik jedoch bewirkten sie den Verlust lebenswichtiger Bundesgenossen und den Aufbau einer Fronde von Gegnern, denen am Ende nicht nur das Reich, sondern auch die Monarchie erlag. Die alten Tugenden staatsmännischer Beherrschung und kluger Mäßigung schienen vergessen; ein neuer Geist war an ihre Stelle getreten, der nicht bewahren, sondern voranschreiten wollte, und dem als erstes Bismarcks Prinzip der Saturiertheit zum Opfer fiel.

Walther Rathenau (1867-1922), Industrieller, Schriftsteller und Politiker. Seit 1899 Vorstandsmitglied der von seinem Vater Emil Rathenau gegründeten Allgemeinen Elektrizitätsgesellschaft (AEG), seit 1915 deren Präsident. 1814/15 Aufbau der Kriegsrohstoffabteilung im preußischen Kriegsministerium. 1919 Mitarbeit an der Vorbereitung der Friedenskonferenz in Versailles; Teilnahme als Sachverständiger. 1920 Mitglied der Sozialisierungskommission. Mai-November 1921 Wiederaufbau-Minister im Kabinett Wirth; Eintreten für die Erfüllungspolitik, um die Nichterfüllbarkeit des Versailler Vertrages zu beweisen. Februar-Juni 1922 Außenminister; Abschluß des Rapallo-Vertrages mit Rußland. Am 24. Juni 1922 Ermordung durch zwei rechtsradikale Offiziere. Werke: „Gesammelte Schriften", Bd. 1-5 1918, Bd. 6 1929; „Ein preußischer Europäer. Briefe", hrsg. von Margarete von Eynern 1955; „Schriften und Reden", hrsg. von Hans Werner Richter 1964; „Tagebuch 1907-1922", hrsg. von H. Pogge von Strandmann 1967.

1. Abkehr von Bismarcks Bündnispolitik

Wenn es eine Konstante in der Bismarckschen Außenpolitik von ihren Anfängen bis zum Ende gegeben hatte, dann war es das Bestreben gewesen, Rußland durch Berücksichtigung seiner Interessen und seine Anbindung an Preußen und Deutschland von einem Bündnis mit Frankreich fernzuhalten. Mehrfach – zuletzt in der großen europäischen Krise 1885-88 – hatte sich diese Politik als ein Segen für Deutschland und ausschlaggebend für die Bewahrung des Friedens in Mitteleuropa erwiesen. Mit dem Rückversicherungsvertrag vom 18. Juni 1887, der auf drei Jahre abgeschlossen worden war und daher 1890 zur Verlängerung anstand, hatte Bismarck die Bedeutung Rußlands für die Sicherheit Deutschlands nochmals unterstrichen und seine Überzeugung bekräftigt, daß das Bündnis mit Rußland auch dann aufrechtzuerhalten sei, wenn es zu Spannungen zwischen Rußland und Österreich-Ungarn kommen sollte.

Nichterneuerung des Rückversicherungsvertrages

Doch Bismarck war noch keine Woche aus dem Amt, als der Unterstaatssekretär des Auswärtigen, Maximilian Graf von Berchem, in einer Aufzeichnung unter dem Datum des 25. März 1890 darlegte, warum der Rückversicherungsvertrag *nicht* erneuert werden sollte. Freimütig gestand er das Unvermögen der neuen Regierung, „eine so komplizierte Politik ... weiter zu führen nach dem Ausscheiden eines Staatsmannes, der bei seiner Tätigkeit auf dreißigjährige Erfolge und einen geradezu magnetisierenden Einfluß im Auslande sich stützen konnte". Hinzu kamen sachliche Bedenken:

Durch den zu erneuernden Vertrag würde jedenfalls *eine* Macht von uns getäuscht, wahrscheinlich aber würden beide in Frage stehenden östlichen Nachbarn *(Rußland und Österreich-Ungarn; Anm. d. Verf.)* dadurch mystifiziert werden ...

Der Vertrag liefert uns schon in Friedenszeiten in die Hand der Russen; sie erhalten eine Urkunde, womit sie jeden Augenblick unsere Beziehungen zu Österreich, Italien, England und der Pforte trüben können. Wir haben die letzten Jahre namentlich England und Italien stets darauf hingewiesen, in Konstantinopel den Sultan zu unterstützen; die gegenteilige Sprache führen wir in der Urkunde, worin wir Bulgarien, das Tor von Konstantinopel, und die Meerengen an Rußland vertragsmäßig ausliefern *(Art. II des Rückversicherungsvertrages und Art. II des Zusatzprotokolls; Anm. d. Verf.)*. Sobald die Lage für Rußland kritisch werden sollte, dürfte Österreich, von Petersburg über dieses Abkommen unterrichtet, mit Rußland einen Separatfrieden auf unsere Kosten schließen, der in diesem Falle wegen des nicht ganz unbegründeten Verdachts unserer Felonie in Österreich-Ungarn nicht unpopulär sein würde.

Der Vertrag gewährt keine Gegenseitigkeit. Aller Vorteil daraus kommt Rußland zugute. Frankreich wird uns nicht angreifen, ohne Rußlands Mitwirkung sicher zu sein. Eröffnet aber Rußland den orientalischen Krieg, was die Absicht des Vertrages ist, und schlägt, wie voraussichtlich, Frankreich gleichzeitig gegen uns los, so ist die Neutralität Rußlands gegen uns ohnedies in den Verhältnissen gegeben, sie liegt auch ohne Vertrag in diesem Falle in russischem Interesse. Der Vertrag sichert uns demnach nicht gegen einen französischen Angriff, gewährt hingegen Rußland das Recht der Offensive gegen Österreich an der unteren Donau und verhindert uns an der Offensive gegen Frankreich, abgesehen davon, daß er in seiner Tendenz mit dem deutsch-österreichischen Bündnis schwer vereinbar ist . . .

Die Vereinbarung steht, wenn nicht dem Buchstaben, so jedenfalls dem Geiste der Tripelallianz entgegen . . .

Eine so komplizierte Politik, deren Gelingen ohnedies jederzeit fraglich gewesen ist, vermögen wir nicht weiter zu führen nach dem Ausscheiden eines Staatsmannes, der bei seiner Tätigkeit auf dreißigjährige Erfolge und einen geradezu magnetisierenden Einfluß im Auslande sich stützen konnte. Aber auch dem Fürsten Bismarck ist es nicht gelungen, aus dem Vertrage Vorteile zu ziehen; derselbe hat uns nicht vor kritischen Situationen Rußland gegenüber bewahrt, nicht vor den Truppenkonzentrationen Rußlands an unserer Grenze und vor lebhaften Verstimmungen des Zaren. Keinesfalls aber werden wir nach russischer Seite aus dem Vertrage so viel gewinnen, als uns aus demselben Nachteile nach anderen Richtungen erwachsen . . .

Die Gefahr eines Zusammengehens Frankreichs mit Rußland ist heute geringer als noch vor einigen Jahren, wir haben kein Interesse, dieses Zusammengehen zu beschleunigen, indem wir zu einem bulgarischen Abenteuer raten in einem Augenblick, da wir einen Konflikt mit Frankreich nicht wünschen können.

(Aus: Die Auswärtige Politik des Deutschen Reiches 1871-1914, einzige vom Auswärtigen Amt autorisierte gekürzte Ausgabe der amtlichen Großen Aktenpublikation der Deutschen Reichsregierung, unter Leitung von Albrecht Mendelssohn Bartholdy und Friedrich Thimme hrsg. vom Institut für Auswärtige Politik in Hamburg, Berlin 1928, Bd. 1, S. 461ff.)

Das konnte natürlich nur ein Ahnungsloser verfaßt haben, oder ein Tor. In welcher Zeit lebte der Mann, der dort behauptete, der Rückversicherungsvertrag vergrätze nicht nur Österreich und schade dem Dreibund, sondern täusche auch Rußland (!); er ermutige Rußland zu einem Angriff auf dem Balkan, der wiederum einen Angriff Frankreichs auf Deutschland nach sich ziehen könne; er hemme Deutschland in seiner Bewegungsfreiheit und hindere es an einer Offensive gegen Frankreich; und ohne den Vertrag sei „die Neutralität Rußlands gegen uns ohnedies in den Verhältnissen gegeben" und die Wahrscheinlichkeit eines russischen Zusammengehens mit Frankreich gering? Unsinn von vorn bis hinten. Wunschdenken bestenfalls. Jedenfalls alles andere als eine nüchterne und realistische Analyse, wie man sie von einem maßgeblichen Vertreter des Auswärtigen Amtes hätte erwarten sollen.

Aber es war ohnehin nicht das Auswärtige Amt, das in dieser Angelegenheit über Richtung und Strategie entschied oder sie durch geschickte Argumentation und Überzeugungsvermögen vorbereitete. Darüber wurde an höherer Stelle befunden. Wilhelm II. selbst hatte sich der Sache angenommen. Schon Bismarck hatte das erfahren müssen und war nicht zuletzt deshalb zurückgetreten, weil sich ihm die Neigung des Kaisers offenbart hatte, das Bündnis mit Rußland Österreich-Ungarns wegen aufs Spiel zu setzen. Dem Protokoll der Ministersitzung vom 17. März 1890 kann man dazu

Maximilian Graf von Berchem (1841-1910), Diplomat. Seit 1867 im diplomatischen Dienst Bayerns. 1870/71 politische und militärische Berichterstattung im Großen Hauptquartier. Seit 1873 Tätigkeit an der Deutschen Botschaft in Petersburg, seit 1879 in Wien. Deutscher Generalkonsul in Budapest. 1885 Direktor der handelspolitischen Abteilung im Auswärtigen Amt in Berlin. 1886 Aufstieg zum Unterstaatssekretär. Seit 1890 im Ruhestand.

einiges entnehmen. In dieser vertraulichen Besprechung in Bismarcks Berliner Amtswohnung teilte der Kanzler dem Staatsministerium mit, daß er „an Se. Majestät den Kaiser und König heute ein Gesuch um Entlassung aus seinen Ämtern gerichtet habe, dessen Genehmigung wahrscheinlich sei". Zur Begründung führte er nicht nur den Konflikt um die Arbeiterschutzgesetzgebung an, sondern auch Außenpolitisches. Im Protokoll heißt es dazu:

In seinem Entschluß zum Rücktritt aus allen Ämtern sei er bestärkt, nachdem er sich heute überzeugt, daß er auch die auswärtige Politik Sr. Majestät nicht mehr vertreten könne.

Er habe ungeachtet seines Vertrauens auf die Tripelallianz doch auch die Möglichkeit, daß dieselbe einmal versagen könne, nie aus den Augen verloren. In Italien stehe die Monarchie nicht auf starken Füßen, die Eintracht zwischen Italien und Östreich sei durch die Irredenta gefährdet, in Östreich könne trotz der sicheren Zuverlässigkeit des regierenden Kaisers die Stimmung eine andere werden. Ungarns Haltung sei nie sicher zu berechnen, dasselbe könne sich und Östreich in Händel verwickeln, denen wir fern bleiben müßten: deshalb sei er stets bestrebt gewesen, die Brücke zwischen uns und Rußland nicht abzubrechen, und glaube, den Kaiser von Rußland in friedlichen Absichten soweit bestärkt zu haben, daß er einen russischen Krieg, bei dem selbst im Falle siegreichen Verlaufs nichts zu gewinnen sei, kaum noch befürchte. Höchstens würde von dort uns entgegengetreten werden, wenn wir bei einem siegreichen Kriege gegen Frankreich letzterem Gebietsabtretungen auferlegen wollten. Rußland bedürfe der Existenz Frankreichs wie wir der Östreichs als Großmacht.

Nun habe der deutsche Konsul in Kiew 14 eingehende Berichte, zusammen wohl an 200 Seiten, über russische Zustände, darunter manche über militärische Maßnahmen, eingesandt, von welchen er einige politische Sr. Majestät eingereicht, andere, militärische dem Großen Generalstab in der Annahme, daß dieser sie an Allerhöchster Stelle zum Vortrag bringen werde, falls sie dazu geeignet wären, übersandt, die übrigen, um sie sich vortragen zu lassen, dem Geschäftsgang zurückgegeben habe.

Darauf sei ihm heute das nachstehende Allerhöchsteigenhändige Handschreiben zugegangen:

„Die Berichte lassen auf das klarste erkennen, daß die Russen im vollsten strategischen Aufmarsch sind, um zum Kriege zu schreiten – Und ich muß es sehr bedauern, daß ich so wenige von den Kiewer Berichten erhalten habe. Sie hätten mich schon längst auf die furchtbar drohende Gefahr aufmerksam machen können! Es ist die höchste Zeit, die Östreicher zu warnen und Gegenmaßregeln zu treffen. Unter solchen Umständen ist natürlich an eine Reise nach Krasnoe meinerseits nicht mehr zu denken.

Die Berichte sind vorzüglich.

(gez.) W."

In diesem Schreiben sei einmal der Vorwurf ausgedrückt, daß er Sr. Majestät Berichte vorenthalten und Se. Majestät nicht auf die Kriegsgefahr rechtzeitig aufmerksam gemacht habe; ferner aber seien Ansichten ausgesprochen, die er nicht teile, daß uns von Rußland „furchtbare" Gefahr drohe, daß man Östreich warnen und Gegenmaßnahmen treffen müsse, endlich, daß der Besuch des Kaisers zu den russischen Manövern, zu welchen derselbe sich selbst angemeldet habe, unterbleiben müsse.

Er sei überhaupt nicht verpflichtet, Sr. Majestät alle Berichte vorzulegen, die ihm zugingen; er habe darunter die Wahl, je nach dem Inhalt, für dessen Eindruck auf Se. Majestät er glaube die Verantwortung tragen zu können. Er habe im vorliegenden Falle nach Einsicht eine Auswahl getroffen und müsse in diesem Handschreiben ein unverdientes, kränkendes Mißtrauen finden.

Er sei aber auch bei seiner noch jetzt unerschütterlichen Auffassung von den friedlichen Ansichten des Kaisers von Rußland außerstande, Maßregeln zu vertreten, wie Se. Majestät sie verlange ...

Nach dem Gesagten nehme er an, daß er ... das Vertrauen Sr. Majestät nicht mehr in ausreichendem Maße besitze. Er freue sich, wenn ein König von Preußen selbst regieren wolle, erkenne selbst die Nachteile seines Rücktritts für die öffentlichen Interessen, er sehne sich auch nicht nach einem arbeitslosen Leben, seine Gesundheit sei jetzt gut, aber er fühle, daß er seiner Majestät im Wege sei, daß an Allerhöchster Stelle sein Rücktritt gewünscht werde, und darnach habe er mit Recht seine Dienstentlassung erbeten.

(Aus: Otto von Bismarck, Erinnerung und Gedanke, Stuttgart 1922, S. 143ff.)

Georg Leo Graf von Caprivi (1831-1899, seit 1891 Graf), Offizier, 1890-94 Reichskanzler. Auszeichnung als Generalstabschef 1870/71 bei Mars-la-Tour. Seit 1883 Chef der Admiralität. 1888 Kommandierender General des 10. Armeekorps. 1890 als Nachfolger Bismarcks Reichskanzler, preußischer Minister der Auswärtigen Angelegenheiten und (bis 1892) preußischer Ministerpräsident. 1890 Nichterneuerung des Rückversicherungsvertrages mit Rußland. Politik des „Neuen Kurses". Bemühungen um eine Annäherung an England (Helgoland-Sansibar-Vertrag) und um eine Verbesserung des Verhältnisses zwischen Regierung und Oppositionsparteien. 1893 Auflösung des Reichstages und große Heeresverstärkung. In der Wirtschaftspolitik Vorbereitung des Übergangs Deutschlands vom Agrar- zum Industriestaat (Herabsetzung der Getreidezölle, Handelsverträge u. a. mit Belgien, Italien, Österreich und Rußland). 1894 Entlassung nach Konflikt mit der Reichstagsmehrheit über die sogenannte „Umsturzvorlage".

Und Bismarck ging. Seine Befürchtungen aber wurden in vollem Umfange bestätigt. Der Rückversicherungsvertrag mit Rußland wurde nicht erneuert; das Bündnis mit Rußland zerfiel, obwohl der russische Außenminister Nikolaus von Giers sich bis zuletzt um eine Vertragsverlängerung bemühte und sogar bereit war, Abstriche an dem Vertrag hinzunehmen, um Deutschlands Bedenken hinsichtlich Österreich-Ungarns zu zerstreuen. Doch die deutsche Politik hatte inzwischen einen neuen Zug erhalten, wie eine Aufzeichnung vom 22. Mai 1890 beweist, in der Reichskanzler Leo von Caprivi die Nichterneuerung des Rückversicherungsvertrages begründete:

Eine Annäherung Deutschlands an Rußland . . . würde unsere Verbündeten nur entfremden, England schädigen und unserer eigenen Bevölkerung, die sich in den Gedanken des Dreibundes immer mehr eingelebt hat, unverständlich und unsympathisch sein.

Was gewönnen wir für diese Nachteile? Welchen Wert hätte es, wenn Rußland . . . sich mindestens die ersten Wochen nach einem Angriff der Franzosen auf uns ruhig verhielte? Diese Ruhe würde nicht so vollständig sein, daß wir nicht einen Teil unserer Armee an der russischen Grenze stehenlassen müßten. Wir würden gegen Frankreich doch nicht mit unserer ganzen Kraft auftreten können, während auf der anderen Seite für Österreich der casus foederis nicht vorläge . . .

Was aber die Möglichkeit angeht, daß Rußland die Anlehnung, die es bei uns nicht findet, anderswo suchen könnte, so kommen hierfür nur Frankreich und England in Betracht. Für den Schritt, den Rußland jetzt vorzuhaben scheint, und den es sicherlich tun möchte, ohne einen allgemeinen Krieg herbeizuführen, ist die französische Allianz ihm wertlos, solange die englische Mittelmeerflotte dazwischen treten kann. Durch eine englische Allianz würde Rußland das, was es von uns kostenfrei zu erhalten wünscht, nur durch Opfer an anderen Stellen (Asien?) gewinnen können und seine Beziehungen zu Frankreich voraussichtlich lockern. Eine Allianz aber, die England und Frankreich umschlösse, ist der englischen Interessen im Mittelmeer wegen durchaus unwahrscheinlich.

(Aus: Dokumente der Deutschen Politik und Geschichte von 1848 bis zur Gegenwart, a. a. O., Bd. II, S. 5f.)

Dunkle Worte auch hier. Denn was sollte solchen Spekulationen die nötigen Garantien verleihen? Natürlich konnte man den Wert des deutsch-russischen Bündnisses in Zweifel ziehen. Etwas anderes jedoch war es, darauf zu verzichten. Was sollte an seine Stelle treten? Wer würde Deutschland beistehen, wenn Rußland und Frankreich sich – entgegen den Überlegungen Caprivis – doch zusammenfanden? Und was erst würde geschehen, wenn das „Unwahrscheinliche" Wirklichkeit wurde: eine Allianz zwischen England und Frankreich? Was, wenn sich gar Rußland mit Frankreich *und* England verbündete?

Friedrich von Holstein (1837-1909), Diplomat. Seit 1860 im diplomatischen Dienst. 1872 Sekretär der Deutschen Botschaft in Paris. 1876 Vortragender Rat im Auswärtigen Amt in Berlin; Entwicklung zum Bismarck-Gegner. 1890 am Sturz Bismarcks mittelbar beteiligt. Danach erhebliche Beeinflussung des „Neuen Kurses"; Befürwortung der Nichterneuerung des Rückversicherungsvertrages mit Rußland und einer Annäherung an England, Berater der Kanzler Caprivi und Hohenlohe-Schillingsfürst; starker Einfluß auch auf Bülow. In der 1. Marokko-Krise Gegnerschaft zu Bülow und 1906 Entlassung. Werke: „Die geheimen Papiere Friedrich von Holsteins", hrsg. von Norman Rich und M. H. Fisher, deutsche Ausgabe von Werner Frauendienst, 4 Bde. 1956-1963.

Aus heutiger Sicht ist es freilich leicht, diese Konstellation auszumalen, weil sie sich zwei Jahrzehnte später, an der Schwelle zum Ersten Weltkrieg, tatsächlich ergab. 1890 war das alles nicht unbedingt vorherzusehen. Anders als heute, da die Ost-West-Spaltung dem außenpolitischen Handlungsspielraum enge Grenzen steckt, waren damals viele verschiedenartige Entwicklungen denkbar, viele Koalitionen möglich. Denn im Prinzip waren alle europäischen Staaten miteinander koalitionsfähig, selbst Deutschland und Frankreich, zwischen denen es 1893 für kurze Zeit sogar zu einem gemeinsamen Vorgehen gegen die englische Politik in Afrika und Siam kam.

Kontakte zwischen Deutschland und England

Doch mit Ausnahme der Festigung des deutsch-österreichischen Bündnisses und der Erneuerung des 1882 geschlossenen und 1887 verlängerten (von Bismarck allerdings für nebensächlich erachteten) Dreibundvertrages am 6. Mai 1891 gelang es der deutschen Außenpolitik nicht, den Verlust Rußlands auszugleichen. Die halbherzige Annäherung an England mißlang, obwohl England den Dreibund begrüßte und am 14. Juni 1890 einen Vertrag mit Deutschland schloß, der Helgoland – diesen „Hosenknopf", wie Spötter meinten – und Südwestafrika zum Deutschen Reich kommen ließ, während England dafür im Austausch das Protektorat über das unabhängige Sansibar und die deutschen Kolonialgebiete in Suaheliland und Uganda erhielt. Ein Bündnis mit England jedoch kam nicht zustande, weil London zu diesem Zeitpunkt noch nicht bereit war, aus seiner Isolierung herauszutreten, und weil man in Berlin nach der Abkoppelung von Rußland nicht gleich eine neue Bindung eingehen mochte, darauf jedenfalls nicht entschlossen genug hinarbeitete, um innerenglische Widerstände zu überwinden.

Auch als zehn Jahre später der deutsche Botschafter in London in einem Bericht vom

Joseph Chamberlain (1836-1914), britischer Politiker. Fabrikant aus Birmingham. Seit 1876 liberaler Abgeordneter im britischen Unterhaus. 1880-85 Handelsminister; Durchführung sozialer Reformen. 1886 als Gegner der irischen Home-Rule-Politik Gladstones Übertritt zu den Konservativen. 1895-1903 Staatssekretär für die Kolonien. Hauptvertreter des britischen Imperialismus. 1898-1901 Bemühungen um ein deutsch-englisches Bündnis. 1902-06 Eintreten für die Einführung imperialistischer Schutzzölle zur Stärkung des britischen Reiches.

18. Januar 1901 an das Auswärtige Amt in Berlin meldete, Joseph Chamberlain, der britische Kolonialminister, habe geäußert, er und seine Freunde im Kabinett seien sich jetzt darüber klar, daß für England die Zeit seiner Politik der „splendid isolation“ vorüber sei, England müsse sich für die Zukunft nach Bundesgenossen umsehen, reagierte man in Berlin nicht. Der Vortragende Rat im Auswärtigen Amt, Friedrich von Holstein, wehrte ab:

Ich bin gegen den jetzigen Freundschaftssturm von Chamberlain und Genossen deshalb besonders mißtrauisch, weil die angedrohte Verständigung mit Rußland und Frankreich so vollständiger Schwindel ist ... Wir können warten, die Zeit läuft für uns. Ein vernünftiges Abkommen mit England, d. h. ein solches, wo der beinahe sicheren Kriegsgefahr, welcher wir uns dabei aussetzen, gebührende Rechnung getragen wird, läßt sich meines Erachtens erst dann erreichen, wenn das Gefühl der Zwangslage in England allgemeiner als heute geworden ist.
(Aus: Dokumente der Deutschen Politik und Geschichte von 1848 bis zur Gegenwart, a.a.O., Bd. II, S. 122.)

Dabei war Chamberlain in seinen Ausführungen bereits sehr deutlich gewesen. Wörtlich hatte er – dem Bericht des Botschafters vom 18. Januar zufolge – erklärt:

Die Wahl sei zwischen Rußland, Frankreich und dem Dreibund ... Zunächst sei er dafür, daß ein gemeinsames Abkommen zwischen England und Deutschland in bezug auf Marokko ... zustande käme ... Solange er, Chamberlain, die Überzeugung habe, daß ein dauerndes Zusammengehen mit Deutschland möglich sei, werde er sich jeder Idee eines Ausgleichs mit Rußland auf das entschiedenste widersetzen. Sollte es sich jedoch herausstellen, daß ein permanenter Anschluß an Deutschland nicht durchführbar sei, so werde auch er ein Zusammengehen mit Rußland trotz des voraussichtlich von England zu zahlenden abnormen Preises (eventuell inklusive China und des Persischen Golfs) befürworten.
(Aus: Dokumente der Deutschen Politik und Geschichte von 1848 bis zur Gegenwart, a.a.O., Bd. II, S. 121.)

Holsteins Skepsis gegenüber diesen Angeboten (und Drohungen) Chamberlains war insofern berechtigt, als die Meinungen in dieser Angelegenheit in England durchaus auseinandergingen. Das Interesse des britischen Kolonialministers an einem Bündnis mit Deutschland war, wie er auch selbst gegenüber dem deutschen Botschafter zugab, weder von der öffentlichen Meinung seines Landes getragen, noch wurde es von allen führenden britischen Politikern geteilt. Außenminister Henry Marquis of Lansdowne war in bezug auf Deutschland ebenso gleichgültig wie der Führer der Konservativen, Arthur Balfour. Premierminister Robert Marquis of Salisbury lehnte ein Bündnis mit Deutschland sogar rundweg ab.

Aber Holsteins Auffassung, die Deutschen könnten warten, die Zeit arbeite für sie, war falsch. Im Gegenteil: Sie lief ihnen davon – und das bereits seit einigen Jahren.

Annäherung zwischen Rußland und Frankreich

Rußland hatte sich nach der Nichterneuerung des Rückversicherungsvertrages durch Deutschland sogleich Frankreich zugewandt, wie Bismarck es erwartet und befürchtet hatte. Bereits im August 1892 war der Entwurf eines russisch-französischen Militärabkommens entstanden, der durch einen Notenaustausch zwischen dem russischen Außenministers von Giers und dem französischen Botschafter in Petersburg, Montebello, im Dezember 1892 und Januar 1893 rechtskräftig geworden war. In dem Abkommen hieß es:

Frankreich und Rußland, von gleichem Wunsche beseelt, den Frieden zu erhalten und kein anderes Ziel verfolgend, als Maßnahmen zu einem Verteidigungskriege vorzubereiten, der durch einen Angriff der Streitkräfte des Dreibundes hervorgerufen werden könnte, haben folgendes vereinbart:

1. Falls Frankreich von Deutschland oder von Italien mit Deutschlands Unterstützung angegriffen wird, wird Rußland alle seine verfügbaren Kräfte für einen Angriff auf Deutschland einsetzen. Falls Rußland von Deutschland oder von Österreich mit Unterstützung Deutschlands angegriffen wird, wird Frankreich alle seine verfügbaren Kräfte zum Kampf gegen Deutschland einsetzen.

2. Falls der Dreibund oder eine der an ihm beteiligten Mächte etwa mobil machen sollten, werden auch Frankreich und Rußland auf die erste Kunde von diesem Ereignis, ohne daß noch besonders eine vorhergehende Verständigung nötig ist, sofort gemeinsam ihre gesamten Streitkräfte mobil machen und so nahe wie möglich an die Grenze werfen.

3. Die gegen Deutschland verfügbaren Streitkräfte werden auf französischer Seite 1 300 000 Mann, auf russischer Seite 700 000 bis 800 000 Mann betragen. Diese Streitkräfte werden mit Nachdruck und aller Schnelligkeit derart vorgehen, daß Deutschland zugleich sowohl nach Osten wie nach Westen hin zu kämpfen hat.

4. Die Generalstäbe der Armeen der beiden Länder werden jederzeit Fühlung miteinander halten, um die Ausführung dieser vorgesehenen Maßnahmen vorzubereiten und zu erleichtern. Sie werden sich schon in Friedenszeiten alles gegenseitig mitteilen, was über die Armeen des Dreibundes zu ihrer Kenntnis gelangt ist und gelangen wird. Es sollen ferner die Mittel und Wege gegenseitiger Benachrichtigung in Kriegszeiten studiert und vorbereitet werden.

5. Frankreich und Rußland werden keinen Separatfrieden schließen.

6. Diese Konvention soll so lange dauern wie der Dreibund.

7. Alle diese Bestimmungen sollen auf das strengste geheimgehalten werden.

(Aus: Friedrich Stieve, Deutschland und Europa 1890-1914. Ein Handbuch zur Vorgeschichte des Weltkrieges mit den wichtigsten Dokumenten, Berlin 1928, S. 180ff.)

Dieser russisch-französische Zusammenschluß gegen den Dreibund bedeutete nicht sofort Krieg. Man kann daraus nicht einmal die Absicht beider Länder ableiten, daß Rußland durch ihn Rückendeckung für sein Vorgehen auf dem Balkan, Frankreich eine unmittelbare Unterstützung für die Wiedergewinnung Elsaß-Lothringens suchte. Zwar war Frankreich durch das Abkommen aus seiner Isolierung teilweise befreit. Aber da Rußland keinesfalls einen Krieg gegen Österreich-Ungarn oder gar gegen Deutschland plante, einen solchen Konflikt vielmehr strikt zu vermeiden suchte, war Frankreichs Handlungsfreiheit nach wie vor begrenzt. Zunächst deutete sich hier also lediglich die Möglichkeit einer Bedrohung an. Noch konnte Deutschland diese Bedrohung abwenden, wenn auch Bismarcks Doppelstrategie von Dreibund und deutsch-russischer Verständigung kaum wiederholbar sein würde. Doch man mußte sich jetzt beeilen. Die Zeit lief seither nicht mehr *für,* wie Holstein meinte, sondern *gegen* Deutschland.

Frankreich tat unterdessen alles, um den neuen russischen Verbündeten zu pflegen. Beim Besuch einer russischen Flottenabteilung in Toulon vom 17. bis 25. Oktober 1893 wurde den Russen dick geschmeichelt; „reich beladen mit Geschenken, welche von allen Seiten Frankreichs, selbst von den französischen Kolonien zuströmten", seien sie heimgekehrt, konnte man dem Bericht des deutschen Botschafters in Paris, Graf Münster, an den Reichskanzler vom 30. Oktober 1893 entnehmen. Allein die Geschenke für den Admiral würden auf eine halbe Million Francs geschätzt, berichtete Münster. Er müsse oft an den Ausspruch des ersten Napoleon denken, wenn dieser sagte: „Au siècle prochain l'Europe sera républicaine ou cosaque!" Die verblendeten Franzosen täten alles dazu, um diesen Ausspruch wahr zu machen. Die Deutschen müßten sich vor allem klar darüber sein, was ihre Feinde wollten. Das herabgekommene Frankreich träume noch von der früheren Machtstellung, die Deutschland zerstört und für sich erkämpft habe. Es glaube, diese nur mit Rußlands Hilfe wiedererlangen zu können. Einen bal-

Georges Benjamin Clemenceau (1841-1929), französischer Staatsmann. Zunächst Arzt. Seit 1876 Abgeordneter der französischen Nationalversammlung; Führer der extremen Linken. 1885 Sturz des Ministeriums Ferry (dadurch Erhalt des Beinamens „der Tiger“). Verwicklung in den Panama-Skandal. 1893 nicht wiedergewählt. Danach Eintreten für die Wiederaufnahme des Dreyfus-Prozesses. 1902 Senator. 1906-09 Ministerpräsident; Vollendung der Trennung von Kirche und Staat und Kampf gegen die syndikalistischen Gewerkschaften. Im November 1917 erneut Ministerpräsident; Zusammenfassung aller Kräfte Frankreichs für den Kampf gegen Deutschland. 1919 bei den Friedensverhandlungen in Versailles Bemühung um Schwächung Deutschlands; Durchsetzung seiner Position gegenüber Wilson und Lloyd George. 1920 Niederlage bei der Wahl des Staatspräsidenten; Rückzug aus der Politik. Werke: „Demosthenes“ 1925; „Claude Monet“ 1928; „Größe und Tragik eines Sieges“ 1930.

digen Krieg wolle Frankreich nicht, wolle ihn aber vorbereiten, Deutschland erst schwächen und den Dreibund nach und nach beseitigen.

Der deutsche Botschafter kannte wohl bereits, als er dies schrieb, einen Zeitungsartikel Georges Clemenceaus, in dem dieser kurz zuvor, im gleichen Oktober 1893, unmißverständlich erklärt hatte:

Der Friede des status quo, den man uns als die Grundlage des Bündnisses nennt, ist der Friede unserer Verstümmelung, ist der deutsche Friede. Wir wollen, daß Rußland, nachdem es der Spießgeselle unserer Niederlage war, das Werkzeug unserer vollständigen Wiederaufrichtung, daß heißt – um die Dinge bei ihrem Namen zu nennen – unserer Revanche werde. Wenn wir das Gegenteil sagen würden, würde uns niemand glauben. Es ist daher einfacher, es zuzugeben.
(Aus: Jean Rudolph von Salis, Weltgeschichte der neuesten Zeit, Zürich 1955, Bd. 1, S. 359f.)

Ein klares Wort! Man mußte sich keinen Reim darauf machen, sondern konnte es so nehmen, wie es dort stand. Doch in Berlin las man zu dieser Zeit offenbar weder französische Zeitungen noch die Berichte des eigenen Botschafters. Man ließ die Dinge treiben. Binnen drei Jahren hatte man durch Nachlässigkeit und falsche Entscheidungen die Bündnispolitik Bismarcks ruiniert und hielt das auch noch für einen großen Fortschritt, nämlich für einen Zuwachs an Bewegungsfreiheit. Statt die Verhältnisse an den eigenen Grenzen in Ordnung zu bringen, orientierte man sich in die Ferne.

2. Weltmachtstreben und Kolonialpolitik

Ansätze einer deutschen Kolonialpolitik nach 1871

Nachdem die deutsche Nationalbewegung mit der Reichsgründung ihr erstes großes Ziel erreicht hatte, lag es nahe, getragen von der Woge nationaler Begeisterung, nun auch jenseits der Meere die Basis deutscher Macht zu verbreitern und Kolonien zu erwerben, wie vor allem England, Spanien und Frankreich es zuvor bereits getan hatten. Doch Bismarck wußte, daß solche Bestrebungen auf den Widerstand der alten Kolonialmächte stoßen würden und daß die deutschen Mittel nicht genügten, um sich gegen diesen Widerstand durchzusetzen. Außerdem gab es vorerst im eigenen Lande genug zu tun, wenn es gelingen sollte, das Erreichte zu sichern. Und so erklärte der Kanzler in einem Tischgespräch am 9. Februar 1871, als die Angelegenheit –noch in Versailles – zur Sprache kam, er *wolle* auch gar keine Kolonien:

Die sind bloß zu Versorgungsposten gut. In England sind sie jetzt nichts andres, in Spanien auch nicht. Und für uns in Deutschland – diese Koloniegeschichte wäre für uns genauso wie der seidne Zobelpelz in polnischen Adelsfamilien, die keine Hemden haben ...

(Aus: Otto von Bismarck, Die gesammelten Werke, Bd. 7: Gespräche, hrsg. von Willi Andreas, Berlin 1924, S. 503.)

Diese Einsicht in die Begrenzungen der eigenen Möglichkeiten und das Bewußtsein für die Risiken einer expansiven, nach Übersee ausgreifenden deutschen Außenpolitik behielt Bismarck während seiner gesamten Amtszeit bei. Als ihn der Afrika-Reisende Eugen Wolf während einer Ausfahrt in Friedrichsruh am 5. Dezember 1888 bat, sich des Schicksals eines in Ägypten verschollenen deutschen Forschers anzunehmen – der allerdings einige Jahre zuvor in ägyptische Dienste getreten war –, und sogar schon militärische Pläne entwickelte, wie man ihn vielleicht herausbekommen könne, lehnte der Kanzler entschieden ab:

Schicke ich einen preußischen Leutnant da hinein, so muß ich unter Umständen ihm noch mehrere nachschicken, um ihn herauszuholen. Das führt uns zu weit. Die englische Interessensphäre geht bis zu den Quellen des Nils, und das Risiko ist mir zu groß. Ihre Karte von Afrika ist ja sehr schön, aber meine Karte von Afrika liegt in Europa. Hier liegt Rußland, und hier ... liegt Frankreich, und wir sind in der Mitte; das ist meine Karte von Afrika.

(Aus: Otto von Bismarck, Die gesammelten Werke, Bd. 8: Gespräche, hrsg. und bearb. von Willi Andreas, Berlin 1926, S. 646.)

Dies bedeutet jedoch nicht, daß während der Ära Bismarck auf jegliche koloniale Erwerbungen und Kolonialpolitik verzichtet wurde. Angesichts der imperialistischen Bewegung, die in der zweiten Hälfte der siebziger Jahre alle größeren europäischen Mächte erfaßte und sich seit etwa 1880 auch in Verbänden zu organisieren begann (zum Beispiel in der Primrose League in England ab 1884 und im Comité de l'Afrique française in Frankreich ab 1891), gab es auch in Deutschland Bestrebungen, außerhalb des europäischen Kontinents Fuß zu fassen und Kolonien zu gründen. Zunächst waren es vor allem hanseatische Kaufleute, die in außereuropäischen Regionen investierten und Niederlassungen errichteten. Freilich waren dies noch zufällige, unkoordinierte Unternehmungen, die eines politischen Hintergrundes und einer kolonialpolitischen Perspektive entbehrten. Doch am 28. März 1884 wurde in Berlin die „Gesellschaft für deutsche Kolonisation" gegründet, die es sich zur Aufgabe setzte, Kolonisationskapital zu beschaffen, geeignete Kolonisationsdistrikte aufzufinden und zu erwerben sowie die deutsche Auswanderung in diese Gebiete hinzulenken. Zwar war auch dies noch ein privater Verein; aber diese Gesellschaft ging nun bereits systematisch ans Werk. In einem von dem Afrikaforscher Carl Peters verfaßten Aufruf appellierte sie im April 1884 an die Öffentlichkeit, der Gesellschaft beizutreten und „das Versäumnis von Jahrhunderten gutzumachen", also den Kolonisierungsvorsprung der anderen europäischen Nationen aufzuholen:

Die deutsche Nation ist bei der Verteilung der Erde, wie sie vom Ausgang des 15. Jahrhunderts bis auf unsere Tage hin stattgefunden hat, leer ausgegangen. Alle übrigen Kulturvölker Europas besitzen auch außerhalb unseres Erdteils Stätten, wo ihre Sprache und Art feste Wurzel fassen und sich entfalten kann. Der deutsche Auswanderer, sobald er die Grenzen des Reiches hinter sich gelassen hat, ist ein Fremdling auf ausländischem Grund und Boden. Das Deutsche Reich, groß und stark durch die mit Blut errungene Einheit, steht da als die führende Macht auf dem Kontinent von Europa: seine Söhne in der Fremde müssen sich überall Nationen einfügen, welche der unsrigen entweder gleichgültig oder geradezu feindlich gegenüberstehen. Der große Strom deutscher Auswanderung taucht seit Jahrhunderten in fremde Rassen ein, um in ihnen zu verschwinden. Das Deutschtum außerhalb Europas verfällt fortdauernd nationalem Untergang.

In dieser, für den Nationalstolz so schmerzlichen Tatsache liegt ein ungeheurer wirtschaftlicher Nachteil für unser Volk! Alljährlich geht die Kraft von etwa 200000 Deutschen unserem Vaterland verloren! Diese Kraftmasse strömt meistens unmittelbar in das Lager unserer wirtschaftlichen Konkurrenten ab und vermehrt die Stärke unserer Gegner. Der deutsche Import von Produkten tropischer Zonen geht von ausländischen Niederlassungen aus, wodurch jährlich viele Millionen deutschen Kapitals an fremde Nationen verlorengehen! Der deutsche Export ist abhängig von der Willkür fremdländischer Zollpolitik. Ein unter allen Umständen sicherer Absatzmarkt fehlt unserer Industrie, weil eigene Kolonien unserem Volke fehlen.

Um diesem nationalen Mißstande abzuhelfen, dazu bedarf es praktischen und tatkräftigen Handelns.

Von diesem Gesichtspunkte ausgehend, ist in Berlin eine Gesellschaft zusammengetreten, welche die praktische Inangriffnahme solchen Handelns als ihr Ziel sich gestellt hat. Die Gesellschaft für deutsche Kolonisation will in entschlossener und durchgreifender Weise die Ausführung von sorgfältig erwogenen Kolonisationsprojekten selbst in die Hand nehmen und somit ergänzend den Bestrebungen von Vereinigungen ähnlicher Tendenzen zur Seite treten ...

Jeder Deutsche, dem ein Herz für die Größe und die Ehre unserer Nation schlägt, ist aufgefordert, unserer Gesellschaft beizutreten. Es gilt, das Versäumnis von Jahrhunderten gutzumachen; der Welt zu beweisen, daß das deutsche Volk mit der alten Reichsherrlichkeit auch den alten deutsch-nationalen Geist der Väter übernommen hat.

(Aus: Hermann Krätschell, Carl Peters 1856 bis 1918. Ein Beitrag zur Publizistik des imperialistischen Nationalismus in Deutschland, Berlin 1959, S. 16 f.)

Unter dem Eindruck dieses Appells fand am 26. Juni 1884 eine Debatte des Deutschen Reichstages statt, in der sich Bismarck gezwungen sah, seine Vorstellungen zur Kolonialfrage ausführlich darzulegen. Der Kanzler erklärte dort:

Wir sind zuerst durch die Unternehmungen hanseatischer Kaufleute verbunden mit Terrainankäufen und gefolgt von Anträgen auf Reichsschutz dazu veranlaßt worden, die Frage, ob wir diesen Reichsschutz in dem gewünschten Maße versprechen könnten, einer näheren Prüfung zu unterziehen. Ich wiederhole, daß ich gegen Kolonien – ich will sagen, nach dem

System, wie die meisten im vorigen Jahrhundert waren, was man jetzt das französische System nennen könnte –, gegen Kolonien, die als Unterlage ein Stück Land schaffen und dann Auswanderer herbeizuziehen suchen, Beamte anstellen und Garnisonen errichten –, daß ich meine frühere Abneigung gegen diese Art Kolonisation, die für andere Länder nützlich sein mag, für uns aber nicht ausführbar ist, heute noch nicht aufgegeben habe . . .

Etwas ganz anderes ist die Frage, ob es zweckmäßig, und zweitens, ob es die Pflicht des Deutschen Reiches ist, denjenigen seiner Untertanen, die solchen Unternehmungen im Vertrauen auf des Reiches Schutz sich hingeben, diesen Reichsschutz zu gewähren und ihnen gewisse Beihilfen in ihren Kolonialbestrebungen zu leisten, um denjenigen Gebilden, die aus den überschüssigen Säften des gesamten deutschen Körpers naturgemäß herauswachsen, in fremden Ländern Pflege und Schutz angedeihen zu lassen. Und das bejahe ich, allerdings mit weniger Sicherheit vom Standpunkte der Zweckmäßigkeit – ich kann nicht voraussehen, was daraus wird –, aber mit unbedingter Sicherheit vom Standpunkte der staatlichen Pflicht. (Sehr richtig! rechts.). . .

Meine von Seiner Majestät dem Kaiser gebilligte Absicht ist, die Verantwortlichkeit für die materielle Entwicklung der Kolonie ebenso wie ihr Entstehen der Tätigkeit und dem Unternehmungsgeiste unserer seefahrenden und handeltreibenden Mitbürger zu überlassen und weniger in der Form der Annektierung von überseeischen Provinzen an das Deutsche Reich vorzugehen als in der Form von Gewährung von Freibriefen nach Gestalt der englischen Royal charters, im Anschluß an die ruhmreiche Laufbahn, welche die englische Kaufmannschaft bei Gründung der Ostindischen Kompagnie zurückgelegt hat, und (Hört, hört! rechts) den Interessenten der Kolonie zugleich das Regieren derselben im wesentlichen überlassen und ihnen nur die Möglichkeit europäischer Jurisdiktion für Europäer und desjenigen Schutzes zu gewähren, den wir ohne stehende Garnison dort leisten können . . .

Bei diesem System überlassen wir dem Handel, dem Privatmann, die Wahl, und wenn wir sehen, daß der Baum Wurzel schlägt, anwächst und gedeiht und den Schutz des Reiches anruft, so stehen wir ihm bei, und ich sehe auch nicht ein, wie wir ihm das rechtmäßig versagen können.

(Aus: Otto von Bismarck, Die gesammelten Werke, Bd. 12: Reden 1878-1885, bearb. von Wilhelm Schüßler, Berlin 1929, S. 479ff.)

Bismarck hielt sich also auch weiterhin vorsichtig zurück. Er versprach, private Investitionen abzuschirmen, wenn sie sich als erfolgreich erwiesen, wollte aber keine staatliche Kolonisierung betreiben, scheute ganz offenbar kostspielige oder politisch riskante Abenteuer. Vom weltpolitischen Größenwahn, der in späteren Jahren fast die gesamte Nation mitriß, war er jedenfalls noch nicht befallen.

Britischer und französischer Imperialismus

Demgegenüber konnte man in anderen Ländern zur gleichen Zeit ganz anderes hören. Zumal England und Frankreich waren bereits jetzt vom Sog des Imperialismus erfaßt. So schrieb zum Beispiel der englische Kolonialpolitiker, Entdecker und spätere Ministerpräsident der Kapkolonie, Cecil Rhodes, im Jahre 1877:

Ich behaupte, daß wir die erste Rasse in der Welt sind und es für die Menschheit um so besser ist, je größere Teile der Welt wir bewohnen. Ich behaupte, daß jedes Stück Land, das unserem Gebiet hinzugefügt wird, die Geburt von mehr Angehörigen der englischen Rasse bedeutet, die sonst nicht ins Dasein gerufen worden wären. Darüber hinaus bedeutet es einfach das Ende aller Kriege, wenn der größere Teil der Welt in unserer Herrschaft aufgeht.

(Aus: The Last Will and Testament of Cecil Rhodes, hrsg. von William T. Stead, London 1902, S. 58.)

Und der Earl of Carnarvon erklärte nach seinem Ausscheiden aus der Regierung Disraeli als Kolonialminister am 5. November 1878 in Edinburgh:

Wir sehen große Völkerschaften wie diejenigen Indiens, die wie Kinder im Schatten von Unwissen, Armut und Leiden sitzen und von uns Führung und Hilfe erwarten. Uns ist die Aufgabe zugefallen, ihnen weise Gesetze, gute Regierung und ein geordnetes Finanzwesen zu geben, die erst das Fundament eines gedeihlichen menschlichen Zusammenlebens schaffen. Unsere Aufgabe ist es, ihnen ein politisches System zu geben, in dem der Geringste wie der Höchste auf der gesellschaftlichen Stufenleiter frei von Unterdrückung und Benachteiligung leben kann, in dem religiöse und moralische Erleuchtung bis in die dunkelsten Hütten drängen kann. Das ist die wahrhaftige Erfüllung unserer Pflichten; das – und ich wiederhole es – ist die wahre Stärke und Bedeutung des Imperialismus.

(Aus: Colin Clifford Eldridge, England's Mission. The Imperial Idea in the Age of Gladstone and Disraeli 1868-1880, London 1973, S. 241.)

In Frankreich schrieb 1882 Jules Ferry, der 1880/81 und von 1883 bis 1885 französischer Ministerpräsident war, zur Verteidigung der Kolonialpolitik:

Es geht um die Ausgestaltung und Verteidigung des nationalen Patrimoniums, so wie es von Natur und Geschichte geschaffen worden ist.

Die Kolonien sind der am teuersten erworbene und nicht der unwichtigste Teil dieses Erbes. Wenn die Republik nicht darauf verzichten kann, in Europa, im Orient und im Mittelmeerraum politisch wirksam zu sein, dann bedarf sie auch – aus analogen Gründen – einer Kolonialpolitik: Dies bedeutet, daß man in dieser Hinsicht weder vergeßlich noch unaufmerksam sein darf, sei es aus Geringschätzung oder aus Trägheit; man muß wachsam, aktiv und dazu bereit sein, alle notwendigen Opfer für die Bewahrung alter oder neuer Besitzungen zu bringen, welche in unterschiedlichem Maße und in den verschiedensten Teilen der Erde dazu beitragen, den Namen Frankreichs in der Welt zu verbreiten.

(Aus: Discours et Opinions de Jules Ferry, hrsg. von Paul Robiquet, Bd. 5, Paris 1897, S. 524.)

Ferry sah in einer aktiven Kolonialpolitik jedoch nicht nur einen Weg, Frankreichs Größe und Ruhm zu mehren, sondern auch eine wirtschaftliche Notwendigkeit im Wettbewerb mit den anderen europäischen Mächten:

Die Konkurrenz zwischen den europäischen Nationen wird immer heftiger im Streit um diese weit entfernten Absatzmärkte, diese Niederlassungen an den Toren der Barbarei, welche ein sicherer Instinkt dem alten Europa als Brückenköpfe der Zivilisation und als Wege in

Carl Peters (1856-1918), Afrika-Forscher und Kolonialpolitiker. 1881-83 Aufenthalt in London; Konfrontation mit der englischen Welt- und Kolonialpolitik. Entwicklung ähnlicher Pläne für Deutschland. 1884 Gründung der „Gesellschaft für deutsche Kolonisation". 1885 Erwerbung weiter Gebiete in Ostafrika durch Verträge mit einheimischen Häuptlingen; Erhaltung eines Schutzbriefes des Deutschen Reiches für diese Gebiete, die das Kernland des späteren Deutsch-Ostafrika ausmachten; Gründung der „Deutsch-ostafrikanischen Gesellschaft". Leiter weiterer Afrika-Expeditionen. 1891 einer der Gründer des „Allgemeinen Deutschen Verbandes", des späteren (1894) „Alldeutschen Verbandes". Nach der Übernahme der Verwaltung des Schutzgebiets durch das Reich seit 1891 Reichskommissar für das Kilimandscharo-Gebiet. Von der Linken im Reichstag wegen seiner Kolonialmethoden heftig angegriffen. 1896 nach Disziplinarverfahren Entlassung aus dem Staatsdienst. 1897-1914 journalistische Tätigkeit in London. 1914 Rehabilitierung und Rückkehr nach Deutschland. Werke: „Schopenhauer als Schriftsteller und Philosoph" 1880; „Willenswelt und Weltwille" 1883; „Deutsch-National, kolonialpolitische Aufsätze" 1887; „Die deutsche Emin-Pascha-Expedition" 1891; „Das deutsch-ostafrikanische Schutzgebiet" 1895; „Afrikanische Köpfe" 1915; „Lebenserinnerungen" 1918; „Gesammelte Schriften", hrsg. von Walter Frank, 2 Bde. 1942.

* väterliches Erbgut

Cecil Rhodes (1853-1902), britisch-südafrikanischer Kolonialpolitiker und Unternehmer. Erwerbung großen Reichtums durch die Ausbeutung der südafrikanischen Diamantenfelder. 1881 Abgeordneter, 1884 Finanzminister und 1890-96 Premierminister der Kapkolonie. Vorkämpfer des britischen Imperialismus. 1884 Veranlassung der Eroberung des Betschuanalandes. 1889 Gründung der „British South Africa Company", die danach die Gebiete des nach Rhodes benannten Rhodesien (Zimbabwe) erwarb. Förderung der Angliederung der Buren-Republiken Transvaal und Oranje-Freistaat an das britische Südafrika. Teilnahme am Buren-Krieg.

die Zukunft anweist. Die Bedürfnisse einer ständig wachsenden industriellen Produktion, die zur Vergrößerung gezwungen ist, will sie nicht zum Tode verurteilt sein; die Suche nach unerschlossenen Märkten; der Vorteil (den Stuart Mill so treffend definiert hat), den „die alten und reichen Länder durch die Verlagerung von Arbeitern oder Kapitalien in die neuen Länder" erhalten; die durch das moderne Leben so rasch entwickelten Tendenzen, die einzelne Völker veranlassen, ihren Blick über ihre Heimat hinaus zu richten; die Wissenschaft, welche die äußersten Enden der Erde in wenigen Stunden Entfernung von London, Berlin oder Paris rückt; die sichtbaren Fortschritte der europäischen Gesellschaft und der Friedensidee; all dies drängt die zivilisierten Nationen dazu, ihre alten Rivalitäten auf das ausgedehntere und fruchtbarere Feld weit entfernter Unternehmungen zu verlagern.

(Aus: Discours et Opinions de Jules Ferry, a.a.O., S. 525.)

Jules Ferry (1832-1893), französischer Politiker. Linksrepublikaner. Gegner des Kaiserreichs. Seit September 1870 Mitglied der Regierung der Nationalen Verteidigung. 1879-83 (mit Unterbrechungen) als Unterrichtsminister Bekämpfung des Einflusses der geistlichen Orden im Schulwesen. 1880/81 und 1883-85 Ministerpräsident. Förderung der Ausdehnung des französischen Kolonialreiches (Tunis, Madagaskar, Annam). 1885 nach der Niederlage im französich-chinesischen Krieg um Tonking auf Betreiben Clemenceaus gestürzt.

Imperialistische Strömungen in Deutschland

Derartigen Argumenten stand man natürlich auch in Deutschland weithin aufgeschlossen gegenüber, nachdem das Reich geschaffen war und die Wirtschaft des Landes sich im Innern ungehemmt entfalten konnte. Im Übergang von der Ära Bismarck zur Epoche des Wilhelminismus formulierte der Historiker Heinrich von Treitschke in einer Vorlesung an der Berliner Universität 1890 das Dilemma, in dem Deutschland sich dabei befand: den Nachteil, bei der Verteilung der nichteuropäischen Welt „bisher immer zu kurz gekommen" zu sein, und der Notwendigkeit, des Kolonialbesitzes zu bedürfen, um als Großmacht weiterhin bestehen zu können:

Die ganze Entwicklung unserer Staatengesellschaft geht ... unverkennbar darauf aus, die Staaten zweiten Ranges zurückzudrängen. Und da eröffnen sich, wenn wir die nichteuropäische Welt mit in Betracht ziehen, unendlich ernste Aussichten auch für uns. Bei der Verteilung dieser nichteuropäischen Welt unter die europäischen Mächte ist Deutschland bisher immer zu kurz gekommen, und es handelt sich doch um unser Dasein als Großstaat bei der

Deutsche Kolonialpolitik: Eingeborene Soldaten der 1. Feldkompanie in Südwestafrika um 1905

Frage, ob wir auch jenseits der Meere eine Macht werden können. Sonst eröffnet sich die gräßliche Aussicht, daß England und Rußland sich in die Welt teilen, und da weiß man wirklich nicht, was unsittlicher und entsetzlicher wäre, die russische Knute oder der englische Geldbeutel.

Sehen wir näher hin, so ist doch deutlich, daß, wenn der Staat Macht ist, eben nur der Staat, der wirklich mächtig ist, seiner Idee entspricht. Daher das unzweifelhaft Lächerliche, das im Wesen eines Kleinstaates liegt.

(Aus: Heinrich von Treitschke, Politik. Vorlesungen, gehalten an der Universität zu Berlin, hrsg. von Max Cornicelius, Bd. 1, 5. Aufl., Leipzig 1922, S. 42f.)

Nein, ein Kleinstaat wollte man nun wirklich nicht sein oder wieder werden. Keine Rede von „Small is beautiful“. Lächerlich so etwas; Kleingeisterei. Die Zeit verlangte nach Größe.

In dieser Sicht der Dinge mußte Bismarcks Kolonialpolitik – wenn sie überhaupt diesen Namen verdiente – als völlig unzureichend gelten. Denn was hatte die Regierung seit Bismarcks Ausführungen vor dem Reichstag im Jahre 1884 schon unternommen? Wie von Bismarck dort versprochen, hatte sie Niederlassungen von Kaufleuten unter den Schutz des Reiches gestellt: 1884 diejenigen des Bremer Kaufmanns Lüderitz an der afrikanischen Südwestküste und die des Hamburger Kaufmanns und Reeders Woermann am Golf von Guinea; 1885 die Gebiete, die Carl Peters, der Verfasser des Aufrufs der Gesellschaft für deutsche Kolonisation vom April 1884, als noch nicht Dreißigjähriger erforscht und in Verträgen mit Stammeshäuptlingen in Ostafrika (ein Territorium von 60000 Quadratmeilen) erworben hatte; und – ebenfalls 1885 – den Teil Neuguineas in der Südsee, wo sich eine deutsche Handelsgesellschaft niedergelassen hatte, und der nun den Namen „Kaiser-Wilhelm-Land“ erhielt, sowie die vor Neuguinea liegende Inselgruppe, die man den „Bismarck-Archipel“ nannte.

Viel gewonnen war damit noch nicht. Militärisch und wirtschaftlich waren diese Gebiete für das Reich vollkommen bedeutungslos. Deutschland hatte mit ihnen bestenfalls seine Zugehörigkeit zu den Großmächten dokumentiert und seinen Anspruch auf eine weltumspannende Handelspolitik angemeldet. Mehr nicht.

In der nun anbrechenden neuen Epoche des Wilhelminismus ging man daher recht kritisch mit den eigenen „Versäumnissen“, wie man meinte, ins Gericht und forderte eine koloniale Aufholjagd, die Deutschlands Gleichstellung unter den kolonialen Großmächten der Zeit herbeiführen sollte. Gefördert durch die Begeisterung des jungen Kaisers für ein deutsches Streben nach Weltgeltung, wurde im April 1891 der „Allgemeine Deutsche Verband“ gegründet, der 1894 in „Alldeutscher Verband“ umbenannt wurde. In seinem Gründungsaufruf, der in scharfem Kontrast zu Bismarcks zurückhaltender Bewertung des Nutzens kolonialer Politik stand, konnte man lesen:

In die Mitte von Europa gestellt und an seinen Grenzen bedroht von fremden und feindlichen Nationalitäten, bedarf das deutsche Volk mehr als alle anderen Völker der vollen und einheitlichen Zusammenfassung seiner Kräfte, um seine Unabhängigkeit nach außen und die Entfaltung seiner Eigenart im Innern zu sichern.

Durch eig'ne Fehler und eine Reihe von weltgeschichtlichen äußeren Umständen ist Deutschland in dieser Zusammenfassung seiner nationalen Kraft um Jahrhunderte zurückgehalten und von fremden Völkern im Westen und Osten weit überholt worden.

Erst die großen Kämpfe von 1866 und 1870 errangen die Schaffung des deutschen Einheitsstaates und damit die Grundlage, auf welcher unser Volk den Wettbewerb mit anderen Nationen aufzunehmen vermag.

Auf dieser Grundlage weiter zu bauen und unserm Volk die Weltstellung zu gewinnen, wie sie seinem Rang als europäischer Großmacht entspricht, das ist sowohl Aufgabe der Regierungen wie der Nation als solcher . . .

In solcher Überzeugung hat sich der „Allgemeine Deutsche Verband“ begründet, welcher beabsichtigt, die Anschauungen unseres Volkes im Sinne seiner großen Weltaufgaben zu gestalten und darauf hinzuwirken, daß der weitere Gang der deutschen Entwicklung sich in der Richtung dieser Gesichtspunkte vollzieht. Der Zweck des Allgemeinen Deutschen Verbandes ist:

1. Belebung des vaterländischen Bewußtseins in der Heimat und Bekämpfung aller der nationalen Entwicklung entgegengesetzten Richtungen.
2. Pflege und Unterstützung deutsch-nationaler Bestrebungen in allen Ländern, wo Angehörige unseres Volkes um die Behauptung ihrer Eigenart zu kämpfen haben, und Zusammenfassung aller deutschen Elemente auf der Erde für diese Ziele.
3. Förderung einer tatkräftigen deutschen Interessenpolitik in Europa und über See. Insbesondere auch Fortführung der deutschen Kolonial-Bewegung zu praktischen Ergebnissen.

(Aus: Otto Bonhard, Geschichte des Alldeutschen Verbandes, Leipzig und Berlin 1920, S. 248f.)

Hier ging es also nicht mehr um Schutzbriefe für Kaufleute oder staatliche Abschirmung privater deutscher Investitionen im Ausland, sondern um imperialistische Politik mit dem Ziel, Deutschland aus seiner Begrenzung auf Europa zu befreien und in den Rang einer Weltmacht zu erheben.

Für den Kaiser war das Erreichen dieses Ziels schon bald keine Frage mehr, sondern eine feststehende Tatsache, wie er in einer Tischrede am 18. Januar 1896 erklärte:

Aus dem Deutschen Reiche ist ein Weltreich geworden. Überall in fernen Teilen der Erde wohnen Tausende unserer Landsleute. Deutsche Güter, deutsches Wissen, deutsche Betriebsamkeit gehen über den Ozean. Nach Tausenden von Millionen beziffern sich die Werte, die Deutschland auf der See fahren hat. An Sie, meine Herren, tritt die ernste Pflicht heran, Mir zu helfen, dieses größere Deutsche Reich auch fest an unser heimisches zu gliedern.

(Aus: Die Reden Kaiser Wilhelms II., hrsg. von Johannes Penzler, Teil II, Leipzig 1897-1913.)

Umfang und Bedeutung des deutschen Kolonialbesitzes

Die Wirklichkeit nahm sich freilich erheblich bescheidener aus. Im Vergleich zu anderen Ländern, wie Großbritannien und Frankreich, war der deutsche Kolonialbesitz gering, wie die folgende Übersicht zeigt:

Tabelle: Europäische Kolonialerwerbungen 1815 - 1899

Jahr	Großbritannien Fläche Millionen Quadratmeilen	Großbritannien Bevölker. Millionen	Frankreich Fläche Millionen Quadratmeilen	Frankreich Bevölker. Millionen	Deutschland Fläche Millionen Quadratmeilen	Deutschland Bevölker. Millionen
1815 - 1830	?	126,4	0,02	0,5	–	–
1860	2,5	145,1	0,2	3,4	–	–
1880	7,7	267,9	0,7	7,5	–	–
1899	9,3	309,0	3,7	56,4	1,0	14,7

(Aus: The History of Colonisation, New York 1900, zit. in: Schmollers Jahrbuch, Jg. 74, 1959, S. 206.)

Deutsche Kolonialpolitik blieb auch unter Wilhelm II. im wesentlichen ein rhetorischer Kraftakt. Strategisch, wirtschaftlich und bevölkerungspolitisch trat nichts von dem ein, was man zu Beginn der neunziger Jahre erhoffte und was die großsprecherischen Formulierungen gerechtfertigt hätte, mit denen man den Expansionismus begründete. Die deutschen Schutzgebiete waren weder Stützpunkte, von denen aus weitere Gebiete erobert oder Land- bzw. Seeverbindungen kontrolliert worden wären, noch wurden aus der einheimischen Bevölkerung Soldaten für die deutsche Armee rekrutiert. Die Kolonien banden keine nennenswerten deutschen Truppen, stellten aber auch keine eigenen, die die deutsche Armee hätten unterstützen können (wie es in den englischen und französischen Kolonialarmeen und später in den beiden Weltkriegen auch zur Unterstützung der Truppen auf den Schauplätzen außerhalb der Kolonialgebiete geschah). Sie waren militärisch mit den vorhandenen Kräften bei ernsthaften gegnerischen Angriffen nicht zu verteidigen und stellten umgekehrt auch keine Bedrohung für die angrenzenden Gebiete dar.

Im Ersten Weltkrieg gingen Togo, Kamerun, Kiautschou mit dem Hafen Tsingtau, Deutsch-Neuguinea und Samoa sowie die Marshallinseln, die Marianen, die Karolinen und die Palauinseln innerhalb weniger Wochen verloren, zum Teil sogar kampflos. Die Schutztruppe in Deutsch-Südwestafrika, die einschließlich der Farbigen 3 500 Mann zählte, konnte sich immerhin fast zehn Monate halten und kapitulierte erst am 9. Juli 1915 bei Otawi. Und nur in Deutsch-Ostafrika gelang es General Paul von Lettow-Vorbeck, sich mit wenigen Kompanien gegen weit überlegene britisch-indische Einheiten bis Kriegsende zu behaupten; seine 155 Weiße, 1 168 Askaris und 3000 Träger starke Truppe band zuletzt sogar mehr als 120000 Mann alliierte Verbände. Die Engländer waren von Lettow-Vorbecks „gallant fight" derart beeindruckt, daß sie den Weißen unverzüglich die Rückkehr in die Heimat gewährten.

In wirtschaftlicher Hinsicht betrug der Import-Export-Anteil der Kolonien am gesamten deutschen Außenhandel nur etwa 0,02 Prozent. Und diese Zahl galt nicht etwa für die Anfangszeit der Kolonisierung, sondern für das Jahr 1912/13. In absoluten Zahlen gerechnet, bedeutete dies:

Handel mit	1912 (in Mill. Mark) Einfuhr	1912 (in Mill. Mark) Ausfuhr	1913 (in Mill. Mark) Einfuhr	1913 (in Mill. Mark) Ausfuhr
fremden Ländern	10639	8900	10717	10039
deutschen Kolonien	53	57	53	57

(Aus: Percy Ernst Schramm, Deutschland und Übersee, 1950, S. 458 f.)

Die absolut wie relativ geringe Bedeutung der Kolonien für Deutschland läßt sich auch an der Zahl der Weißen ablesen, die damals in den deutschen Schutzgebieten lebten. Im Jahre 1913 waren dies in den deutschen Kolonien in Afrika insgesamt 22405, davon in:

Togo	368
Kamerun	1 871
Deutsch-Südwestafrika	14 830
Deutsch-Ostafrika	5 336

In den deutschen Schutzgebieten in der Südsee wohnten 1913 insgesamt 1 984 Weiße, davon in:

Deutsch-Neu-Guinea	1 427
Kaiser-Wilhelm-Land und Bismarck-Archipel	968
Ost-Karolinen	264
West-Karolinen und Marianen	195
Samoa	557

In Kiautschou schließlich lebten 1913 4 470 Weiße.

Die überwiegende Mehrzahl der Weißen in den deutschen Kolonien – 1913 zusammengerechnet also 28 859 – waren Deutsche, zumeist Mitarbeiter deutscher Firmenniederlassungen und ihre Familien sowie Verwaltungsbeamte. Aber es waren auch Angehörige anderer Nationalitäten darunter, so daß die tatsächliche Zahl der Deutschen in den Schutzgebieten noch niedriger lag. Berücksichtigt man überdies die geographische Verteilung und die räumlichen Entfernungen zwischen den jeweiligen Schutzgebieten sowie deren Ausdehnung, so kann man ermessen, wie gering die deutsche Präsenz war, wenn man einmal von der Ausnahme Deutsch-Südwestafrika absieht, wo allein die Hälfte aller Afrika-Deutschen lebte. Die Kolonien waren also offenbar weder attraktiv genug, um für eine größere Zahl von Deutschen einen Anreiz zu bieten, dort zu siedeln, anstatt in klassische Auswandererländer wie die USA und Australien zu emigrieren, noch rechtfertigten sie die Behauptung, die Deutschen (als Nation) hätten sich nunmehr weltweit festgesetzt und könnten daher den Anspruch erheben, eine Weltmacht zu sein.

Bei Licht besehen, war alles hübsch bescheiden. Nirgendwo ein Indien, ein Indochina oder ein Kongo. Und keine Reichtümer, keine Schätze. Nur ein bißchen Kupfer und ein paar Diamanten in Südwestafrika. Nichts, was der deutschen Wirtschaft zu Hause neue Impulse hätte geben können, wenn sie es gebraucht hätte.

Was blieb, waren große Worte. So erklärte Kaiser Wilhelm II. bereits in seiner ersten Thronrede vor dem Reichstag am 22. November 1888, „unsere afrikanischen Siedlungen“ hätten „das Deutsche Reich an der Aufgabe beteiligt, jenen Weltteil für christliche Gesittung zu gewinnen“. Konkreter, aber nicht weniger pathetisch, beantwortete der Staatssekretär im Auswärtigen Amt, Adolf Freiherr Marschall von Bieberstein, am 18. März 1897 im Reichstag die Frage nach der weltpolitischen Rolle Deutschlands:

Die Frage, ob Deutschland Weltpolitik treiben soll, hängt untrennbar zusammen mit der anderen, ob Deutschland Weltinteressen hat. (Sehr richtig! rechts.) Diese Frage ist längst entschieden ... Die deutschen Kaufleute, die Hunderte von Millionen an deutschen Produkten in überseeische Länder geben, die deutschen Reeder, die Tausende von Schiffen ausrüsten, um die Meere aller Länder zu befahren, und die Deutschen, die über das Meer ziehen, um dort eine neue Heimat zu gründen, – die haben auf dem großen Schachbrett der Welt die deutschen Steine aufgestellt in der Erwartung, daß wir sie schützen und nützen. Sollen wir diese

Erwartung täuschen? Ich meine, der Gedanke, daß wir dazu zu arm, zu schwach, zu elend sind, – der kann bei einem Deutschen nicht aufkommen; wir würden dann aufhören, das zu sein, was wir dank großer Zeiten geworden sind. (Bravo!) Der Kraftüberschuß an Gut und Blut, den eine große, aufstrebende Nation abgibt an fremde Länder, der bildet doch wirtschaftlich und politisch, materiell und ideell ein gar kostbares Kapital. Dieses Kapital zu erhalten, zu pflegen, es nutzbar zu machen für das Mutterland, ist eine unserer ersten Pflichten, und für den Kreis dieser Pflichten nehme ich das Wort „Weltpolitik" in Anspruch; in diesem Sinne wollen und müssen wir Weltpolitik betreiben. (Sehr richtig!) Die Gefahr, daß wir auf diese Weise auf eine abschüssige Bahn gelangen, besteht nicht. Wer das fürchtet, sieht Gespenster am hellen Tage.

(Aus: Stenographische Berichte über die Verhandlungen des Reichstages, IX. Legislaturperiode, 4. Session, 194. Sitzung, Bd. 7, Berlin 1897, S. 5149.)

Doch auf dieser Bahn bewegte man sich längst – sogar mit immer größerer Geschwindigkeit. Und auch die „Gespenster" nahmen bereits Gestalt an, zum Beispiel in China.

Politische Folgen des deutschen Weltmachtstrebens

Im November 1897 besetzten deutsche Truppen das chinesische Kiautschou, das daraufhin 1898 durch „Pachtvertrag" auf 99 Jahre von China abgetrennt wurde. Deutschland beteiligte sich damit an der Aufteilung Chinas durch Großbritannien, Rußland und Japan, natürlich ohne von den anderen dazu eingeladen worden zu sein. Und obwohl die deutsche Präsenz in China eher symbolisch war – verglichen mit dem machtvollen Vorgehen und den Zugewinnen der anderen Kolonialmächte –, wurde das Verhalten der Deutschen von ihnen nicht toleriert. Bald war das Deutsche Reich vollkommen isoliert: Großbritannien und Rußland lehnten die deutsche Offensive gegenüber China ab; die öffentliche Meinung in Frankreich und den USA pflichtete den englischen und russischen Protesten bei; und sogar Japan, das seit dem Besuch einer japanischen Delegation bei Bismarck enge Beziehungen zum Reich unterhalten und in Militär, Verwaltung und Rechtswesen vieles vom deutschen Modell übernommen hatte, drohte in einer Demarche beim Auswärtigen Amt in Berlin, daß Tokyo „das Wohl des chinesischen Volkes am Herzen läge" und „einem bewaffneten Vorgehen der Deutschen in China nicht tatenlos zuschauen werde".

Die wilhelminischen Deutschen ließen sich dadurch jedoch nicht beirren. Nachdem im Zuge des Boxer-Aufstandes in China am 20. Juni 1900 der deutsche Gesandte in Peking, Freiherr von Ketteler, ermordet worden war, schickte der Kaiser neue Truppen nach Ostasien. Als Wilhelm diese Truppen kurz vor ihrer Abreise besichtigte, erklärte er, der offiziellen Version zufolge, in seiner Ansprache vom 27. Juli 1900 voller imperialistischer Arroganz:

Eine große Aufgabe harrt eurer. Ihr sollt das schwere Unrecht, das geschehen ist, sühnen. Die Chinesen haben das Völkerrecht umgeworfen; sie haben in einer in der Weltgeschichte nicht erhörten Weise der Heiligkeit des Gesandten und den Pflichten des Gastrechts Hohn gesprochen. Es ist das um so empörender, als dieses Verbrechen begangen worden ist von einer Nation, die auf ihre uralte Kultur stolz ist. Bewährt die alte preußische Tüchtigkeit: Zeigt euch als Christen, im freudigen Ertragen von Leiden! Möge Ehre und Ruhm euren Fahnen und Waffen folgen! Gebt der Manneszucht und Disziplin aller Welt ein Beispiel! Ihr wißt es wohl, ihr sollt fechten gegen einen verschlagenen, tapferen, gut bewaffneten und grausamen Feind. Kommt ihr an ihn, so wißt: Pardon wird nicht gegeben. Gefangene werden nicht gemacht.

Adolf Freiherr Marschall von Bieberstein (1842-1912), Diplomat und Politiker. 1871 Eintritt in den badischen Justizdienst. 1875 Mitglied der Ersten Kammer. Seit 1878 konservatives Mitglied des Deutschen Reichstags. 1883 Gesandter Badens in Berlin. 1890-97 als Nachfolger Herbert von Bismarcks Staatssekretär des Auswärtigen Amts; Eintreten für einen Ausgleich mit England und weitere koloniale Expansion. Betrauung mit der Ausführung des Helgoland-Sansibar-Vertrages 1890 und der Caprivischen Handelsverträge. Seit 1897-1912 deutscher Botschafter in Konstantinopel; große Verdienste um die Festigung der deutschen Orient-Politik. 1907 Vertreter des Deutschen Reiches auf der Haager Konferenz. 1912 Botschafter in London; seine Bemühungen um eine deutsch-englische Verständigung werden durch seinen plötzlichen Tod beendet.

Führt eure Waffen so, daß auf tausend Jahre hinaus kein Chinese mehr es wagt, einen Deutschen scheel anzusehen. Wahrt Manneszucht! Der Segen Gottes sei mit euch! Die Gebete eines ganzen Volkes und meine Wünsche begleiten euch und jeden einzelnen. Öffnet der Kultur den Weg ein- für allemal. Nun könnt ihr reisen, adieu Kameraden!
(Aus: Europäischer Geschichtskalender, a.a.O., 1900, S. 107.)

Doch diese offizielle Version der kaiserlichen Rede war noch milde im Vergleich zur inoffiziellen, aber korrekteren Wiedergabe der Ansprache Wilhelms, derzufolge der Kaiser seine Truppen mit den Hunnen und sich selbst mit König Attila verglich. Nach dieser inoffiziellen Version trägt diese Rede seither den Beinamen „Hunnenrede". In der entsprechenden Passage heißt es darin:

Kommt ihr vor den Feind, so wird derselbe geschlagen! Pardon wird nicht gegeben! Gefangene werden nicht gemacht! Wer euch in die Hände fällt, sei euch verfallen! Wie vor tausend Jahren die Hunnen unter ihrem König Etzel sich einen Namen gemacht, der sie noch jetzt in Überlieferung und Märchen gewaltig erscheinen läßt, so möge der Name Deutscher in China auf 1000 Jahre durch euch in einer Weise bestätigt werden, daß niemals wieder ein Chinese es wagt, einen Deutschen auch nur scheel anzusehen!
(Aus: Europäischer Geschichtskalender, a.a.O., 1900, S. 107.)

Natürlich war das eine beispiellose Entgleisung des deutschen Kaisers. Aber sie war keine zufällige Verirrung, nicht die unselige Eingebung eines Augenblicks. Wilhelm *dachte* so. Schon wenige Wochen vorher, bei der Begrüßung des Prinzen Rupprecht von Bayern in Wilhelmshaven am 3. Juli 1900, beim Festmahl anläßlich der Taufe des Linienschiffes „Wittelsbach", hatte er in seiner ganzen Maßstablosigkeit erklärt, der Ozean sei „unentbehrlich für Deutschlands Größe" und beweise auch, „daß auf ihm in der Ferne, jenseits von ihm, ohne Deutschland und ohne den Deutschen Kaiser keine große Entscheidung mehr fallen darf".

Das war nicht nur falsch gesehen – denn „der Ozean" bewies gar nichts –, sondern ließ auch eine groteske Überschätzung der deutschen und Wilhelms eigener weltpolitischen Rolle und Möglichkeiten erkennen. Wörtlich führte der Kaiser, an den Prinzen Rupprecht gewandt, weiter aus:

Eure Königliche Hoheit haben in diesen Tagen Gelegenheit gehabt, wichtigen Entschlüssen beizuwohnen und der Zeuge historischer Augenblicke zu sein, die einen Markstein in der Geschichte unseres Volkes bedeuten. Eure Königliche Hoheit haben sich dabei überzeugen können, wie mächtig der Wellenschlag des Ozeans an unseres Volkes Tore klopft und es zwingt, als ein großes Volk seinen Platz in der Welt zu behaupten, mit einem Wort: zur Weltpolitik ...

Ich bin nicht der Meinung, daß unser deutsches Volk vor dreißig Jahren unter der Führung seiner Fürsten gesiegt und geblutet hat, um sich bei großen auswärtigen Entscheidungen beiseite schieben zu lassen. Geschähe das, so wäre es ein für allemal mit der Weltmachtstellung des deutschen Volkes vorbei, und Ich bin nicht gewillt, es dazu kommen zu lassen. Hierfür die geeigneten und, wenn es sein muß, auch die schärfsten Mittel rücksichtslos anzuwenden, ist Meine Pflicht nur, Mein schönstes Vorrecht. Ich bin überzeugt, daß Ich hierbei Deutschlands Fürsten und das gesamte Volk festgeschlossen hinter Mir habe.

(Aus: Reden des Kaisers. Ansprachen, Predigten und Trinksprüche Wilhelms II., hrsg. von Ernst Johann, München 1966, S. 88f.)

Immerhin blieb Wilhelm damit sich selbst treu. Er glaubte zu halten, was er in einer Rede beim Festmahl des brandenburgischen Provinziallandtags am 24. Februar 1892 versprochen hatte:

Es ist ja leider jetzt Sitte geworden, an allem, was seitens der Regierung geschieht, herumzumäkeln. Unter den nichtigsten Gründen wird den Leuten ihre Ruhe gestört und ihre Freude am Dasein und am Leben und Gedeihen unseres gesamten großen deutschen Vaterlandes vergällt. Aus diesem Nörgeln und dieser Verhetzung entsteht schließlich der Gedanke bei manchen Leuten, als sei unser Land das unglücklichste und schlechtest regierte der Welt. Daß dem nicht so ist, wissen wir alle selbstverständlich besser . . .

Nein im Gegenteil, Brandenburger, zu Großem sind wir noch bestimmt, und herrlichen Tagen führe ich euch noch entgegen. Lassen sie sich nur durch keine Nörgeleien und durch mißvergnügtes Parteigerede ihren Blick in die Zukunft verdunkeln oder ihre Freude an der Mitarbeit verkürzen. Mit Schlagwörtern allein ist es nicht getan, und den ewig mißvergnüglichen Anspielungen über den neuen Kurs und seine Männer erwidere ich ruhig und bestimmt: „Mein Kurs ist der richtige und er wird weiter gesteuert".

(Aus: Reden Kaiser Wilhelms II. in den Jahren 1888-1895, hrsg. von Johannes Penzler, Bd. I, Leipzig o. J., S. 208ff.)

Der Ausspruch „Zu Großem sind wir noch bestimmt, und herrlichen Tagen führe ich euch noch entgegen" hätte geradezu als Motto über der Epoche des Wilhelminismus stehen können, wobei die in der Einschränkung des „noch" liegende Vertröstung auf die Zukunft bezeichnend ist. In späteren Jahren wurde auf sie immer häufiger verzichtet: Man hielt die herrlichen Tage bereits für gekommen, tat zumindest so, als seien sie schon da, und kümmerte sich wenig darum, ob Wunschvorstellung und Wirklichkeit überhaupt noch in Übereinstimmung zu bringen waren.

3. Heereserweiterung, Flottenrüstung und die Entstehung des deutsch-englischen Gegensatzes

Das deutsche Weltmachtstreben nach 1890 ruhte auf zwei Säulen: der rasch wachsenden Wirtschaftskraft des Landes und dem Ausbau des Militärpotentials zu Lande und zu Wasser.

Die wirtschaftliche Expansion des Deutschen Reiches

Seit der Reichsgründung konnte sich die Wirtschaft in Deutschland, ungehindert von politischen Hemmnissen, frei entfalten; die Industrialisierung machte daher in den darauffolgenden Jahrzehnten erhebliche Fortschritte. Wie groß diese Fortschritte waren, wird im internationalen Vergleich deutlich: Zwischen 1870 und 1910 entwickelte sich Deutschland zum Beispiel in den Bereichen Eisen und Stahl, die als Gradmesser der Industrialisierung gelten, zum produktionsstärksten Land Europas, wie die folgenden Tabellen zeigen:

Tabelle: Eisenproduktion der wichtigsten Industriestaaten 1870 - 1910 (in 1 000 Tonnen)

	Großbritannien und Irland	Frankreich	Deutsches Reich	Rußland	USA
1870	6 059	1 178	1 261	359	1 665
1880	7 873	1 725	2 468	449	3 835
1890	8 031	1 962	4 100	928	9 203
1900	9 104	2 714	7 550	2 937	13 789
1910	10 173	4 038	13 111	3 047	26 674

(Aus: Brian R. Mitchell, European Historical Statistics 1750-1970, London 1975, S. 393 f., und Historical Statistics of the United States: Colonial Times to 1970, Washington, D. C. 1975, S. 599 f.)

Gekoppelt mit diesem Industrialisierungsfortschritt in Deutschland war ein starkes Bevölkerungswachstum. Zum einen war die Zunahme der Bevölkerung eine *Voraussetzung* der Industrialisierung, da die wachsende Industrie einer vermehrten Zahl von Arbeitskräften bedurfte; zum anderen war sie aber auch eine *Folge* der wirtschaftlichen Entwicklung und des Fortschritts überhaupt, da die allgemeine Lebenserwartung stieg und das Land eine größere Zahl von Menschen beschäftigen und ernähren konnte. Parallel zum Wirtschaftsaufschwung kam nun auch die Auswanderung von Deutschen

Tabelle: Stahlproduktion der wichtigsten Industriestaaten 1870 - 1910 (in 1 000 Tonnen)

	Großbritannien und Irland	Frankreich	Deutsches Reich	Rußland	USA
1870	334	84	126	9	77
1880	1 316	389	690	307	1 397
1890	3 636	683	2 135	378	4 779
1900	4 980	1 565	6 461	2 216	11 227
1910	6 476	3 413	13 100	3 314	28 330

(Aus: Mitchell, a.a.O., S. 399ff., und Historical Statistics of the United States, a.a.O., S. 693f.)

nahezu völlig zum Erliegen, da die eigene Heimat jetzt genügend Brot und Arbeit bot, die viele zuvor in der Fremde hatten suchen müssen. Dementsprechend verlief die Bevölkerungsentwicklung in Deutschland – im Gegensatz zu Frankreich, wo sie nahezu stagnierte – steil aufwärts:

Tabelle: Bevölkerungsentwicklung der wichtigsten Industriestaaten 1871 - 1911 (in Millionen)

	Großbritannien und Irland	Frankreich	Deutsches Reich	Rußland	USA
1871	31,4	36,1	41,0	85,9	38,6
1881	35,3	37,4	45,2	108,8 (1885)	50,2
1891	37,7	38,1	49,4	126,4 (1897)	62,9
1901	41,5	38,5	56,4		76,0
1911	44,9	39,2	64,9	163,5	91,0

(Aus: Mitchell, a.a.O., S. 20 und S. 24, und Wladimir Woytinski, Die Welt in Zahlen, Bd. 1, Berlin 1925, S. 25, S. 143 und S. 145.)

Ein Beleg für den wirtschaftlichen Aufstieg des Deutschen Reiches war ferner die Zunahme der außenwirtschaftlichen Orientierung. Das Reich importierte vor allem Rohstoffe und Nahrungsmittel, die es mit dem Export von industriellen Fertigwaren bezahlte. Allein zwischen 1893 und 1906 stiegen die Ein- und Ausfuhren um mehr als das Doppelte: die Einfuhren von 4 auf 9 Milliarden Reichsmark und die Ausfuhren von 3 auf 7 Milliarden. Zur Abwicklung dieses Außenhandels wurde die deutsche Handelsflotte stark erweitert: 1871 war sie mit 147 Schiffen und einem Volumen von 81 994 Bruttoregistertonnen noch eine bescheidene Flottille gewesen; 1913 jedoch zählte sie mit 2 098 Schiffen und einem Volumen von 4 380 348 Bruttoregistertonnen zu den mächtigsten Handelsflotten der Welt.

Die Heereserweiterung

Der wirtschaftlichen Expansion entsprach die militärische: Nachdem bereits 1890 eine Heeresverstärkung geringen Umfangs durchgeführt worden war, folgte 1893 mit einer Vermehrung um 84 000 Mann die größte Heereserweiterung seit der Reichsgründung. Verbunden mit einer Verkürzung der Wehrdienstzeit von drei auf zwei Jahre, verhalf sie dazu, die allgemeine Wehrpflicht fast vollständig zu verwirklichen, die bis dahin aufgrund der zu geringen Präsenzstärke des Heeres zwar rechtlich, aber noch nicht praktisch bestanden hatte. Weitere Vermehrungen folgten, zuletzt durch das Gesetz vom 3. Juli 1913 zur Ergänzung des Gesetzes über die Friedenspräsenzstärke des deutschen Heeres vom 27. März 1911/14. Juni 1912, das Aufschluß über Stärke und Struktur der deutschen Landstreitkräfte gibt:

Das Gesetz über die Friedenspräsenzstärke des deutschen Heeres vom 27. März 1911/14. Juni 1912 wird, wie folgt, geändert:

1. Im § 1 wird
   a) in Abs. 1 die Zahl 544 211 geändert in 661 478,
   b) Abs. 2 durch folgende Vorschrift ersetzt: An dieser Friedenspräsenzstärke sind beteiligt:

   Preußen, einschließlich der unter preußischer Militärverwaltung stehenden Kontingente, mit 513 068,
   Bayern mit 73 370,
   Sachsen mit . . . . 49 472 und
   Württemberg mit 25 568
   Gemeinen, Gefreiten und Obergefreiten.

2. Im § 2 werden folgende Zahlen geändert:
   bei der Infanterie . . . . . 651 in 669 Bataillone,
   bei der Kavallerie . . . . . 516 in 550 Eskadrons,
   bei der Fußartillerie . . . 48 in 55 Bataillone,
   bei den Pionieren . . . . . 33 in 44 Bataillone,
   bei den Verkehrstruppen . . . . 18 in 31 Bataillone,
   bei dem Train . . . . 25 in 26 Bataillone

3. Als § 3 a wird folgende Vorschrift eingestellt:

§ 3 a

Die Mannschaften des Beurlaubtenstandes werden, soweit militärische und wirtschaftliche Gründe das gestatten, nur in den Wintermonaten zu Übungen einberufen.

(Aus: Reichsgesetzblatt 1913, Nr. 41, S. 496.)

Das Reich verfügte nun also über ein stehendes Heer von 661 478 Soldaten, das darüber hinaus bei Bedarf im Mobilmachungsfall rasch auf ein Millionenheer erweitert werden konnte, da die Reservisten regelmäßig zu Übungen einberufen wurden und daher mit der militärischen Taktik und der Handhabung der Waffen, Geräte und Ausrüstung vertraut blieben. Dies war die stärkste Landstreitmacht in Europa, deren militärische Schlagkraft allen anderen europäischen Armeen deutlich überlegen war. Deutschland brauchte deshalb einen isolierten Angriff eines anderen Landes nicht zu fürchten; nur eine Koalitionsarmee würde in der Lage sein, die deutschen Truppen zu schlagen. Solange die deutsche Politik das Zustandekommen einer übermächtigen Koalition verhinderte, konnte das Reich sich einigermaßen sicher fühlen; selbst ein konzertierter Angriff Frankreichs und Rußlands auf der Grundlage des russisch-französischen Zweibundes hätte zu Beginn des 20. Jahrhunderts die deutsche Heeresführung nicht vor unlösbare Aufgaben gestellt. Insofern waren die Großmachtvorstellungen, die damals nicht nur beim Kaiser, sondern in der deutschen Bevölkerung insgesamt bestanden, im europäischen Rahmen durchaus berechtigt.

Doch die Träume, Hoffnungen und Ansprüche gingen ja weit über Europa hinaus. Die ganze Welt war im Visier. Und sie konnte man nur über die Meere erreichen.

Die Handelsflotte war deshalb ein wichtiges Verbindungsglied, ihr Ausbau ein erstes Zeichen deutscher Weltgeltung. Aber auf lange Sicht würde dies nicht genügen, so meinte man, da die Handelsschiffe und die deutschen Interessen in Übersee auch des militärischen Schutzes bedurften, den nur eine starke Marine gewähren konnte.

So begann man frühzeitig mit dem Aufbau einer Kriegsmarine. Der Anfang war auch hier bescheiden. Der Flottengründungsplan von 1873 sah lediglich eine begrenzte Zahl von Einheiten vor, die keine Konkurrenz zu den Seestreitkräften der traditionellen Seemächte – vor allem England und Frankreich – darstellen, sondern nur eng umrissene Aufgaben erfüllen sollten. Deutschland begriff sich in erster Linie noch immer als Landmacht. In der *Denkschrift betreffend die Entwicklung der Kaiserlichen Marine* des Generals Albrecht von Stosch vom 21. April 1873 hieß es dazu, die deutsche Flotte habe . . .

... nach dem jetzt ins Auge zu fassenden Plane nicht die Aufgabe, gegen die großen europäischen Staaten offensiv zu verfahren, sondern sie soll nur dahin unsere Macht tragen, wo wir kleinere Interessen zu vertreten haben und wo wir die eigentliche Macht des Staates, die Landmacht, nicht anders hinbringen können. Wir müssen die Macht haben, schützend auftreten zu können, wo unsere deutschen Interessen unmotiviert verletzt worden sind, wie dies in denjenigen Staaten so leicht geschieht, wo die Leidenschaften der einzelnen größer sind als die Macht und die Vernunft des Staates.

Unsere Offensive wird also bestehen in Angriffen gegen Flottillen und gegen Küstenforts in mehr oder minder entfernten Gewässern. Diese Offensive fordert also eine Zahl starker und guter seegehender Schlachtschiffe.

Die Frage, wie wir im Falle eines europäischen Krieges unsere Handelsmarine schützen, ist nicht beantwortet, weil im Falle eines Krieges mit den großen Seemächten die deutsche Kriegsmarine nicht in der Lage ist, dieser Aufgabe zu genügen, sondern dies nur indirekt durch unsere Landarmee geschehen kann.

Der deutschen Kriegsmarine wird dann die Aufgabe zufallen, die in ihr liegende Kraft voll auszunutzen, um ihr Scherflein zur Entscheidung beizutragen. Sie wird sehen müssen, was sie leisten kann mit denjenigen Schiffen, welche für Aufgaben in entfernten Gewässern bestimmt sind, und mit denjenigen, welche wir als Ausfallschiffe für unsere Küstenverteidigung beschafft haben.

(Aus: Hans Hallmann, Krügerdepesche und Flottenfrage, Stuttgart 1927, S. 17f.)

Entsprechend gering war das Bauprogramm, das die Reichsregierung in Auftrag gab. Im Jahre 1896 – dem Jahr, bevor Admiral Tirpitz am 31. März 1897 zum Staatssekretär im Reichsmarineamt berufen wurde – verfügte Deutschland nur über 6 Hochseepanzerschiffe erster Klasse und stand damit unter den Seemächten erst an fünfter Stelle (vgl. Tabelle), obwohl es inzwischen zur zweitgrößten Handelsmacht der Welt aufgerückt war.

Tabelle: Bestand an fertigen oder im Bau befindlichen Hochseepanzerschiffen 1896

1. England	33
2. Frankreich	17
3. Italien	13
4. USA	9
5. Deutschland	6
6. Japan	6
7. Österreich-Ungarn	3

Albrecht von Stosch (1818-1896), Offizier. Seit 1856 im großen Generalstab. 1866-70 Leiter des Militärökonomiedepartements im Kriegsministerium. Seit 1870 Leiter des deutschen Verpflegungswesens. 1872 Chef der neugebildeten Admiralität und preußischer Staatsminister. 1875 General der Infanterie und Admiral. Schöpfer der neuen deutschen Marine und Förderer des deutschen Schiffsbaus. Seit 1877 Entwicklung zum Gegner Bismarcks. Werke: „Denkwürdigkeiten", hrsg. von U. von Stosch 1904.

Chlodwig Fürst zu Hohenlohe-Schillingsfürst (1819-1901), Prinz von Ratibor und Corvey, Politiker. Seit 1845 erbliches Mitglied der Bayerischen Kammer der Reichsräte. Politisch liberaler Katholik und Anhänger der kleindeutsch-preußischen Richtung. 1848 Reichsgesandter in Athen, 1849 in London. 1866-70 Ministerpräsident und Außenminister von Bayern; Durchsetzung der Zolleinigung der süddeutschen Staaten mit Preußen im Zollparlament. Seit 1874 deutscher Botschafter in Paris. Seit 1885 Statthalter in Elsaß-Lothringen. 1894-1900 als Nachfolger Caprivis Reichskanzler und preußischer Ministerpräsident. Blieb gegenüber dem „persönlichen Regiment" Kaiser Wilhelms II. ohne eigenständige Orientierung. Werke: „Denkwürdigkeiten", hrsg. von Heinrich Curtius, 2 Bde. 1906/07.

Dann trat ein entscheidender Wandel ein, den Reichskanzler Fürst Chlodwig zu Hohenlohe-Schillingsfürst in einer undatierten Aufzeichnung, die vermutlich für einen Immediatvortrag beim Kaiser am 5. Januar 1896 vorgesehen war, mit der Handelsentwicklung und dadurch erforderlich gewordenen Schutzmaßnahmen begründete:

Die Entwicklung des deutschen Handels bringt es mit sich, daß dadurch die Eifersucht anderer handeltreibender Völker erregt wird. Das ist zu bedauern, läßt sich aber nicht ändern. Nun haben wir uns bisher bemüht, mit allen Mächten die friedlichsten Beziehungen aufrecht zu erhalten, und dies ist uns auch gelungen. Das kann sich aber ändern, und es ist nicht zu leugnen, daß eine Verschlechterung dieser Beziehungen eintreten kann. Wollen wir uns nicht in allem fügen und auf die Rolle einer Weltmacht verzichten, so müssen wir geachtet sein. Auch das freundlichste Wort macht in internationalen Verhandlungen keinen Eindruck, wenn es nicht durch eine ausreichende Macht unterstützt wird. Dazu ist den Seemächten gegenüber eine Flotte nötig.

(Aus: Fürst Chlodwig zu Hohenlohe-Schillingsfürst, Denkwürdigkeiten aus der Reichskanzlerzeit, hrsg. von Karl Alexander von Müller, Stuttgart und Berlin 1931, S. 151f.)

Doch die organisatorischen Probleme und politischen Hindernisse, die sich einem raschen Ausbau der Flotte entgegenstellten, waren beträchtlich, zumal zunächst weder über das Ausbauprogramm noch über dessen Durchführung Klarheit bestand. Das änderte sich erst mit der Berufung des Admirals Alfred Tirpitz zum Staatssekretär im Reichsmarineamt am 31. März 1897.

Tirpitz: Flottenrüstung gegen England

Tirpitz machte sich sogleich ans Werk, „den störenden Einfluß des Reichstages auf Euer Majestät Absichten bezüglich der Entwicklung der Marine zu beseitigen", wie er dem Kaiser in einem Brief vom 3. Februar 1898 schrieb, und handelte damit so recht nach dem Geschmack seines obersten Kriegsherrn. Er entwarf ein Flottengesetz, in dem Geschwader statt einzelner Schiffe zur Bewilligung vorgesehen waren und das auf diese Weise einen kontinuierlichen Flottenaufbau gewährleisten und dem Reichstag Eingriffe in technische Einzelheiten unmöglich machen sollte. Anders als früher, sollte also nicht mehr jedes Schiff zum „Exercitium von Debatten" werden; das Reichsmarineamt sollte der lästigen und störenden Notwendigkeit enthoben sein, im Spiel wechselnder Mehrheiten „nicht das sachlich Wichtigste, sondern das, was gerade durchging", zu fordern.

Kaiser Wilhelm II. bei einer Besichtigung der Werften in Kiel: Der Kaiser vor den Docks, neben ihm der Oberwertdirektor Admiral von Henkel-Gebhardi

Tirpitz war der Ansicht (wie einer seiner engsten Mitarbeiter, Admiral Eduard Capelle, in einer Aufzeichnung vom August 1897 resümierte), „daß der wirtschaftliche Interessenstreit mit England im nächsten Jahrhundert immer größer werden wird, daß wir auf alles gefaßt sein müssen", und daß Deutschland nach der Durchführung seines Programms eine Schlachtflotte besitzen werde, „die England sich wohl hüten wird, als quantité négligeable zu betrachten, zumal wenn noch Bundesgenossen hinzukommen oder der Zutritt derselben von England befürchtet werden muß".

Während sich Deutschland also zu Lande vornehmlich mit Frankreich und Rußland auseinanderzusetzen hatte, war auf den Meeren England, die führende Seemacht der

Heinrich Claß (1868-1953), Rechtsanwalt und Politiker. Seit 1895 Anwalt in Mainz. Gemeinsam mit Friedrich Lange Mitarbeit im 'völkisch-antisemitischen „Deutschbund". Seit 1897 agitatorisches Eintreten für den „Alldeutschen Verband". Seit 1908 dessen Vorsitzender (bis 1939). Wortführer einer expansiven deutschen Weltpolitik (z.B. Verfasser einer Flugschrift „Westmarokko deutsch"). Während des Ersten Weltkrieges Forderung weitreichender Annexionen im Westen und Osten als „nationale Flurbereinigung". 1917 Beteiligung an der Gründung der „Vaterlandspartei". Seit 1918 Chefredakteur der rechtsgerichteten „Deutschen Zeitung" in Berlin mit antidemokratischer und republikfeindlicher Orientierung. Zeitweilig enge Verbindung zu Hitler. Seit 1933 Mitglied des Deutschen Reichstags. Werke: „Die Bilanz des Neuen Kurses" 1903; „Deutsche Geschichte" (unter Pseudonym Daniel Frymann) 1912; „Wider den Strom. Vom Werden und Wachsen der Opposition im alten Reich" 1932.

damaligen Zeit, der Hauptgegner. Gegen England müsse die Marine rüsten, an England müsse sie sich messen, meinte daher Tirpitz. Das galt natürlich nur dann, wenn man seiner Prämisse zustimmte, daß auch Deutschland wegen seiner weltpolitischen Ambitionen und seiner Abhängigkeit vom Außenhandel zu einer Seegroßmacht aufzurücken habe. Doch Tirpitz, der Kaiser und weite Teile der deutschen Öffentlichkeit waren dieser Ansicht. Für sie wurde die Flotte zu einem umhegten Paradestück deutscher Macht und Größe, zu einer nationalen Aufgabe, der man sich nicht entziehen durfte, wie Wilhelm II. am 3. Juli 1900 deklamierte: „Mächtig der Wellenschlag des Ozeans an unseres Volkes Tore klopft und es zwingt, als ein großes Volk seinen Platz in der Welt zu behaupten".

Sogar ein „Flottenverein" wurde gegründet, der für die Flottenrüstung werben und die nationale Begeisterung für die Flotte fördern sollte. Der Vorsitzende des Alldeutschen Verbandes, Heinrich Claß, berichtete darüber in seinen Memoiren:

Hinter dem Flottenverein standen alle amtlichen Stellen bis herunter in die kleinsten Orte mit ihrem vollen Gewicht. Oberster Schutzherr war des Kaisers Bruder, Prinz Heinrich von Preußen, während in den Bundesstaaten Prinzen der regierenden Häuser dieses Amt versahen. Was Wunder, wenn der Flottenverein uns in bezug auf Mitgliederzahl rasch überholte und nach Jahr und Tag ungefähr die zehnfache Gefolgschaft um sich sah wie der Alldeutsche Verband. Dazu kam, daß Leute, die beim Ausbau der Flotte Geld zu verdienen hofften, dem Verein größere Beiträge leisteten, und daß andere, die sich besonders für die inzwischen zur Lieblingsaufgabe des Kaisers gewordene Flottenverstärkung einsetzten, mit Titeln und Orden ausgezeichnet wurden ...

Mein alter Freund und Landsmann, General August Keim, hat mir später, als er von seinem führenden Amte im Flottenverein zurückgetreten war und seine zweite politische Heimat bei uns gefunden hatte, mit viel Humor einmal geschildert, in welcher Weise er beim Flottenverein habe arbeiten können: Da sei er mit den maßgebenden Herren befugt gewesen, Auszeichnungen jeder Art in Aussicht zu stellen, und auf diese Weise wäre es ihm dann gelungen, überall im Lande die „Großkopfeten" aus Beamtenschaft, Handel und Industrie an die Spitze der Bewegung zu bringen und die Kasse zu füllen.
(Aus: Heinrich Claß, Wider den Strom. Vom Werden und Wachsen der nationalen Opposition im alten Reich, Leipzig 1932, S. 83.)

Der Irrationalismus, der sich in diesem Verhalten spiegelte, hatte fatale Folgen. Denn einerseits war es eine Illusion anzunehmen, man werde binnen weniger Jahre in der Lage sein, den englischen Vorsprung in der Seerüstung aufzuholen; andererseits mußte schon das durch starke Worte untermauerte Bemühen darum England automatisch zu einem Gegner Deutschlands machen und das Reich weiter isolieren. Ein Bündnis mit England, das um die Jahrhundertwende aus seiner „splendid isolation" herauszutreten begann, wurde nun immer unwahrscheinlicher, auch wenn der Gedanke, England könne gerade wegen der Infragestellung seiner Seeherrschaft durch die deutsche Flottenrüstung an einer Verbindung mit Deutschland interessiert sein, nicht völlig abwegig war. Tatsächlich wurde dieser Gedanke eine Zeitlang verfolgt, dann aber aus verschiedenen Gründen – nicht nur wegen der wachsenden Stärke der deutschen Flotte – verworfen. England wandte sich Frankreich und wenig später auch Rußland zu. Die Konstellation der Entente, der sich Deutschland bald darauf bis zum Ersten Weltkrieg gegenübersehen sollte, formierte sich. Die Vorstellung eines „Kontinentalblocks" der Dreibund-Staaten mit Rußland und Frankreich gegen England, die Tirpitz hegte, war dagegen ein unpolitisches, durch den historischen Hintergrund und die Interessenlagen der beteiligten Mächte nicht gedecktes Phantasiegebilde eines einseitig auf England fixierten Seekriegsstrategen ohne politische Erfahrung und mit geringem politischen Gespür.

Die Entwicklung des Flottenbestandes

Auch in militärischer Hinsicht konnte man sich bereits in den neunziger Jahren fragen, ob die Hoffnungen, die man an den Flottenbau knüpfte, nicht vielleicht übertrieben waren. Zumindest das 1. Flottengesetz vom 10. April 1898 war kaum geeignet, Deutschlands Weltmachtträume Wirklichkeit werden zu lassen und Englands Führungsposition zur See ernsthaft zu erschüttern. Zum Schiffsbestand hieß es in dem Gesetz:

1. Der Schiffsbestand der deutschen Flotte wird, abgesehen von Torpedofahrzeugen, Schulschiffen, Spezialschiffen und Kanonenbooten, festgesetzt auf:
a) verwendungsbereit:
1 Flottenflaggschiff,
2 Geschwader zu je 8 Linienschiffen,
2 Divisionen zu je 4 Küstenpanzerschiffen,
6 große Kreuzer } als Aufklärungsschiffe der
16 kleine Kreuzer } heimischen Schlachtflotte
3 große Kreuzer } für den Auslandsdienst
10 kleine Kreuzer }
b) als Materialreserve:
2 Linienschiffe
3 große Kreuzer
4 kleine Kreuzer

2. Von den am 1. April 1898 vorhandenen und im Bau befindlichen Schiffen kommen auf diesen Soll-Bestand in Anrechnung:
als Linienschiffe 12
als Küstenpanzerschiffe 8
als große Kreuzer 10
als kleine Kreuzer 23

3. Die Bereitstellung der Mittel für die zur Erreichung des Soll-Bestandes erforderlichen Neubauten unterliegt der jährlichen Festsetzung durch den Reichshaushaltsetat mit der Maßgabe, daß die Fertigstellung des gesetzlichen Schiffsbestandes ... bis zum Ablaufe des Rechnungsjahres 1903 durchgeführt werden kann.
(Aus: Hallmann, a.a.O., S. 95 f.)

Wie zusätzlich als Begründung zum Entwurf dieses Gesetzes mitgeteilt wurde, sollte Aufgabe der Schlachtflotte die Verteidigung der heimischen Küsten sein. Ausschließlich hiernach sei Zahl und Größe der Schiffe bemessen. Größeren Seemächten gegenüber habe sie lediglich die Bedeutung einer Ausfallflotte. Jede weitergehende Verwendung sei durch die geringe Stärke, die das Gesetz festlege, ausgeschlossen. Daß aber die vorhandene Flotte gegen erheblich schwächere Seemächte, falls Deutschlands Interessen es erheischten, auch offensiv verwandt werde, bedürfe keiner weiteren Ausführung. Darüber hinaus sei sie zum Schutz der Kolonien geschaffen. In Friedenszeiten brauchten diese zur Unterstützung der Schutztruppen die Stationierung von einigen kleinen Kreuzern oder Kanonenbooten, um Ruhe und Ordnung unter den Eingeborenen aufrechtzuerhalten. Der Bedarf an diesen Schiffen sei in den für den Auslandsdienst erforderlichen Schiffen vorgesehen. In einem Krieg mit einer größeren Seemacht werde es in den meisten Fällen weniger darauf ankommen, die Kolonien an Ort und Stelle zu verteidigen, als sie in der Heimat durch die Schlachtflotte zu schützen. Schutztruppe und Auslandsschiffe würden an Ort und Stelle ihr möglichstes tun. Das Schicksal der Kolonien würden indes nicht die kleinen Gefechte draußen entscheiden, sondern der Ausfall des Kampfes auf dem Hauptkriegsschauplatz.

Das klang sehr gemäßigt. Es war ja auch für den Reichstag bestimmt, der dem Gesetz zustimmen mußte. Doch Tirpitz' Pläne gingen weit darüber hinaus. Im Hinblick auf China, wo sich die Deutschen Ende der neunziger Jahre durch die Besetzung Kiautschous in eine schwierige Lage gebracht hatten und mit Engländern, Russen und Japanern (außer mit den Chinesen selbst) in Konflikt geraten waren, forderte er bereits 1899 intern eine Novellierung des Gesetzes von 1898 und einen weiteren Ausbau der Flotte, wie man einer Tagebuchnotiz des Reichskanzlers vom 1. Mai 1899 entnehmen kann. Hohenlohe gab darin eine Äußerung von Tirpitz wieder, die dieser ihm gegenüber getan hatte:

England ist uns im Handel in China durch den Jangtse überlegen. Wir stehen politisch dort isoliert, und das merken die Chinesen. Wir sind vielleicht zu rasch vorgegangen; aber wir können nicht zurück, wie wir überhaupt in unserer Weltstellung nicht stehen bleiben, sondern stets vorwärts gehen müssen. Die Entwicklung unserer Industrie und die Zunahme unserer Bevölkerung zwingt uns dazu. Wir müssen deshalb auf die Vergrößerung unserer Flotte bedacht sein. Nicht gleich, aber 1901. Es ist irrig, wenn man behauptet, daß wir nicht die nötigen Mannschaften hätten. Vorläufig handelt es sich darum, alles vorzubereiten und im gegebenen Augenblick, etwa 1901, eine Novelle einzubringen, die mit den veränderten Verhältnissen, feindliche Stellung von England und Amerika etc., zu motivieren wäre. Eine Verbindung mit Frankreich wäre wünschenswert, wenn nicht Elsaß-Lothringen wäre.

(Aus: Hohenlohe-Schillingsfürst, a.a.O., S. 497f.)

Aber Tirpitz hielt nicht einmal diesen Zeitplan ein, sondern schritt unverzüglich zur Tat. Bereits 1900 wurde ein 2. Flottengesetz im Reichstag eingebracht und unter dem Datum des 14. Juni 1900 verabschiedet. Die Schlachtflotte sollte nunmehr aus 2 Flottenflaggschiffen (statt 1) und 4 Geschwadern (statt 2) zu je 8 Linienschiffen sowie aus 8 Großen Kreuzern (statt 6) und 24 Kleinen Kreuzern (statt 16) bestehen; die Materialreserve sollte um 2 Linienschiffe vergrößert werden. Vor allem aber wurde der Aufgabenbereich der Flotte entschieden erweitert: England wurde nun direkt herausgefordert. Denn in der Begründung zum 2. Flottengesetz hieß es:

Unter den gegebenen Umständen gibt es nur ein Mittel, um Deutschlands Handel und Kolonien zu schützen: Deutschland muß eine Flotte von solcher Stärke haben, daß selbst für die größte Flotte ein Krieg mit ihm ein solches Risiko in sich schließen würde, daß ihre eigene Überlegenheit gefährdet wäre. Für diesen Zweck ist es nicht absolut notwendig, daß die deutsche Flotte ebenso groß ist wie die der größten Seemacht, weil in der Regel eine große Seemacht nicht in der Lage sein wird, ihre ganze Kraft gegen uns zu konzentrieren. Aber selbst, wenn es ihr gelingen sollte, uns mit überlegenen Kräften entgegenzutreten, würde der Feind durch seine Überwindung des Widerstandes der deutschen Flotte so erheblich geschwächt werden, daß dann trotz des etwa errungenen Sieges die eigene Machtstellung zunächst nicht mehr durch eine ausreichende Flotte gesichert wäre.

(Aus: Walther Hubatsch, Der Kulminationspunkt der deutschen Marinepolitik im Jahre 1912, in: Historische Zeitschrift, Bd. 176, 1953, S. 72f.)

England wurde hier zwar nicht beim Namen genannt, war aber gemeint, wenn von der „größten Seemacht“ die Rede war. Der Risikogedanke, den Tirpitz in diesem Zusammenhang formulierte, war unmittelbar auf England bezogen: England sollte allen-

Alfred von Tirpitz (1849-1930, geadelt 1900), Offizier und Politiker. Seit 1865 Angehöriger der preußischen Marine. 1877-88 Entwicklung der deutschen Torpedowaffe. Seit 1892 Stabschef des Oberkommandos der Marine. Seit 1897 Staatssekretär des Reichsmarineamts. 1911 Ernennung zum Großadmiral. Förderung des Ausbaus der Kaiserlichen Marine durch die Flottengesetze von 1898 und 1900 (letzte Novelle 1912), durch die das Deutsche Reich zur zweitstärksten Seemacht hinter England aufstieg. Seine Vorstellung, das Risiko eines Angriffs auf die deutsche Flotte werde England von einem Krieg gegen Deutschland abhalten, erwies sich 1914 als falsch. Im Ersten Weltkrieg Eintreten für den sofortigen Einsatz der Flotte und für einen uneingeschränkten U-Boot-Krieg; dadurch Gegensatz zum Reichskanzler Bethmann Hollweg. 1916 Abschied. 1917 mit Wolfgang Kapp Gründung der „Deutschen Vaterlandspartei“. 1924-28 als Mitglied der „Deutschnationalen Volkspartei“ Abgeordneter des Deutschen Reichstages. Werke: „Erinnerungen“ 1919; „Politische Dokumente“, 2 Bde. 1924-26.

falls einen Pyrrhus-Sieg gegen die deutschen Seestreitkräfte erringen können und daher das Risiko einer Konfrontation scheuen. Faktisch hätte dies den Verlust der englischen Seeherrschaft bedeutet.

Wenn man sich jedoch das damalige Kräfteverhältnis der europäischen Großmächte im maritimen Bereich vergegenwärtigt, wird rasch deutlich, daß Tirpitz' Vorstellungen von der Bedeutung der deutschen Marine ebenso überzogen waren wie allgemein die Vorstellungen von der Weltmachtrolle Deutschlands überhaupt:

Tabelle: Der Bau von Linienschiffen 1898 - 1905

	seit 1889	1898	1899	1900	1901	1902	1903	1904	1905	Summe
England	29	7	2	2	3	2	5	2	–	52
Deutschland	7	2	3	2	2	2	2	2	2	24
Frankreich	14	1	–	–	2	3	–	–	–	20
Rußland (Ostsee)	7	8	–	–	–	–	2	–	–	17

Tabelle: Der Bau von Panzerkreuzern 1898 - 1905

	seit 1889	1898	1899	1900	1901	1902	1903	1904	1905	Summe
England	4	6	3	7	6	2	4	3	–	35
Deutschland	1	1	–	1	1	1	1	1	1	8*
Frankreich	7	10	–	2	1	1	1	1	1	24
Rußland (Ostsee)	2	2	–	–	–	–	–	–	5	9

* Dazu „Blücher" (1906).

(Aus: Hans Hallmann, Der Weg zum deutschen Schlachtflottenbau, Stuttgart 1933, S. 337.)

Erst als England 1905 mit dem Bau von Großkampfschiffen (Dreadnoughts) begann, die den militärischen Wert des alten Schiffsbestandes stark veminderten, und Deutschland rasch und mit großer Konsequenz folgte, bestand für England vorübergehend die Gefahr, daß Deutschland die bestehende Lücke im maritimen Kräfteverhältnis würde schließen können. Nach 1909 war jedoch auch diese Gefahr bereits wieder gebannt und der alte Abstand hergestellt, wie die folgende Übersicht zeigt:

Tabelle: Die Großkampfschiffe 1905 - 1913

	1905	1906	1907	1908	1909	1910	1911	1912	1913	Summe
England	4	3	3	2	10	5	5	5	5	42
Deutschland	–	2	3	4	4	4	4	2	3	26
Frankreich	–	6	–	–	–	2	2	3	4	17
Rußland	–	–			4	–		4	–	8

(Aus: Hallmann, a.a.O., S. 337.)

Die Isolierung Deutschlands

Angesichts dieser Tatsachen war der Gedanke, Englands Position zur See durch Risikovergrößerung entscheidend schwächen zu können, ebenso verfehlt wie Deutschlands „Griff nach der Weltmacht“ (Fritz Fischer) insgesamt. Aber schon die *Absicht*, die sich hinter beidem verbarg, weckte Mißtrauen und provozierte Abwehrmaßnahmen – wie immer die deutsche Politik im einzelnen aussehen mochte. So konnte man bereits am Beginn dieser Entwicklung, nämlich ein halbes Jahr nach Tirpitz' Berufung zum Staatssekretär im Reichsmarineamt, in einem Artikel der englischen Zeitung *Saturday Review* vom 11. September 1897 am Schluß den schwerwiegenden Satz lesen: „Germaniam esse delendam“. In dem Artikel selbst wurde der Gegensatz zwischen England und Deutschland hervorgehoben, zwischen denen es eine Versöhnung nicht geben könne:

Auf die Länge beginnen auch in England die Leute einzusehen, daß es in Europa zwei große, unversöhnliche, entgegengesetzte Mächte gibt, zwei große Nationen, welche die ganze Welt zu ihrer Domäne machen und von ihr den Handelstribut erheben möchten. England, mit seiner langen Geschichte erfolgreicher Aggression und der wunderbaren Überzeugung, daß es beim Verfolg seiner eigenen Interessen Licht unter den im Dunkeln wohnenden Völkern verbreite, und Deutschland, Fleisch vom selben Fleisch und Blut vom selben Blut, mit geringerer Willenskraft, aber vielleicht lebhafterer Intelligenz, wetteifern in jedem Winkel des Erdballs. ... Überall, wo die Flagge der Bibel und der Handel der Flagge gefolgt ist, liegt ein deutscher Handlungsreisender mit dem englischen Hausierer im Streit. Gibt es irgendwo eine Mine auszubeuten, eine Eisenbahn zu bauen, einen Eingeborenen von der Brotfrucht zum Büchsenfleisch, von der Enthaltsamkeit zum Schnapshandel zu bekehren – ein Deutscher und ein Engländer streiten um den ersten Platz.

Eine Million geringfügiger Streitigkeiten schließen sich zum größten Kriegsgrund zusammen, welchen die Welt je gesehen hat. Wenn morgen Deutschland ausgelöscht würde, gäbe es übermorgen keinen Engländer in der Welt, der nicht um so reicher geworden wäre. Völker haben jahrelang um eine Stadt oder ein Erbfolgerecht gekämpft; müssen sie nicht um einen jährlichen Handel von 250 Millionen Pfund Krieg führen?

(Aus: Saturday Review vom 11. September 1897, zit. nach: William Leonhard Langer, The Diplomacy of Imperialism 1890-1902, New York 1935, S. 437.)

Bernhard von Bülow (1849-1929), seit 1899 Graf, seit 1905 Fürst. Diplomat und Politiker. Teilnehmer am deutsch-französischen Krieg als Freiwilliger. Seit 1874 im diplomatischen Dienst. Legations- bzw. Botschaftssekretär in Rom, Petersburg und Wien. 1877 Geschäftsträger in Athen. 1878 Sekretär beim Berliner Kongreß, dann Botschaftssekretär in Paris. 1884 Botschaftsrat in Petersburg. Seit 1888 Gesandter in Bukarest. 1893 Botschafter in Rom. 1897 Staatssekretär des Auswärtigen Amtes in Berlin. Seit 1900 Reichskanzler und preußischer Ministerpräsident. Förderung kolonialer Erwerbungen und des Baus der Bagdadbahn. Zulassung der Flottenpolitik des Kaisers und der Marokko-Politik Friedrich von Holsteins. Nichtverhinderung der britisch-französischen und britisch-russischen Verständigung. Dadurch mitverantwortlich für die deutsche Isolierung. Verharrung in den Bahnen des Dreibundes. Niederlagen in der Marokko-Krise, auf dem Balkan und in der Innenpolitik. Mißlingen der Reichsfinanzreform. Im Juli 1909 Rücktritt. 1914/15 Sonderbotschafter in Rom; vergeblicher Versuch, Italien vom Kriegseintritt abzuhalten. Werke: „Deutsche Politik“ 1916; „Denkwürdigkeiten“, hrsg. von F. von Stockhammern, 4 Bde. 1930.

Bernhard von Bülow, der zu dieser Zeit gerade Außenminister geworden war und später, von 1900 bis 1909, als Reichskanzler entscheidenden Anteil an der politischen Durchsetzung der deutschen Marinerüstung hatte, ging noch in seinem 1916 erschienenen Buch *Deutsche Politik* in der Rückschau auf diesen Artikel ein und nahm ihn zum Anlaß, Deutschlands Aufstieg zur Weltmacht seit dieser Zeit zu würdigen und den Anteil der Flottenpolitik dabei positiv hervorzuheben:

Im Herbste 1897, wenige Wochen nach meiner Übernahme der Geschäfte des Auswärtigen Amtes, brachte die „Saturday Review" jenen berühmten Artikel, der in der Erklärung gipfelte, daß, wenn Deutschland morgen aus der Welt vertilgt würde, es übermorgen keinen Engländer gäbe, der nicht um so reicher sein würde, und der mit den Worten schloß: „Germaniam esse delendam". Zwölf Jahre später erklärten anläßlich meines Rücktritts zwei große und nicht besonders deutschfreundliche englische Blätter, daß die Stellung Deutschlands eine größere und stärkere sei, als sie seit dem Rücktritt des Fürsten Bismarck je gewesen wäre. Von 1897 bis 1909 hatte sich eine bedeutsame Entwicklung vollzogen, die den Mitlebenden nicht immer zum Bewußtsein gekommen ist, die aber die Nachwelt erkennen und würdigen wird. Während dieser Jahre haben wir durch den Bau unserer Flotte den vollen Übergang zur Weltpolitik vollzogen. Unser Aufstieg zur Weltpolitik ist geglückt. Wir haben uns von keiner Macht gegen die andere vorschieben lassen und für niemanden die Kastanien aus dem Feuer geholt, eingedenk der alten Wahrheit, daß das Maß seiner Unabhängigkeit einem Staat seine Stellung in der Welt gibt, und daß ein großes Volk das Heil nicht bei anderen, sondern in sich selbst sucht.

(Aus Fürst Bernhard von Bülow, Deutsche Politik, Berlin 1916, S. 129f.)

Obwohl man sich inzwischen in einem Weltkrieg befand, in dem Deutschland sich außer auf Österreich-Ungarn nur auf wenig schlagkräftige Verbündete stützen konnte, sich andererseits aber der bedrohlichen Koalition Englands, Frankreichs und Rußlands gegenübersah, glaubte Fürst von Bülow also immer noch an die Richtigkeit seiner früheren Politik, die Deutschland in diese Isolierung getrieben hatte. Von einem Meer von Feinden umgeben zu sein und dennoch „das Heil nicht bei anderen, sondern in sich selbst" zu suchen, mochten manche zwar für einen Beweis von Tapferkeit halten; politisch jedoch war es nichts anderes als töricht. Die Selbstüberschätzung und politische Arroganz, die Deutschland in diese Lage gebracht hatten, waren in der Flottenrüstung besonders deutlich geworden. Sie äußerten sich jedoch auch auf diplomatischer Ebene, wo Deutschland bereits um die Jahrhundertwende auf jene abschüssige Bahn geriet, die schließlich in der Katastrophe des Ersten Weltkrieges endete.

4. Der Weg in den Ersten Weltkrieg

Der Erste Weltkrieg begann am 25. Juli 1914 mit der Kriegserklärung Österreich-Ungarns an Serbien, der anschließenden russischen Mobilmachung gegen Österreich und der darauffolgenden Kriegserklärung Deutschlands an Rußland am 1. August und Frankreich am 3. August 1914 sowie der Kriegserklärung Englands an Deutschland am 4. August, nachdem Deutschland am 2. August vom neutralen Belgien ultimativ freies Durchmarschrecht für die deutschen Truppen zur Durchführung des Schlieffen-Plans gefordert hatte und bereits am 3. August in Belgien einmarschiert war. Doch der Kriegsbeginn war nur eine Freisetzung von Spannungen, die sich seit langer Zeit angestaut und zuletzt immer gefährlicher zugespitzt hatten. Die Frage scheint müßig, ob die führenden Männer und Mächte des Juli/August 1914 den Krieg wirklich „gewollt" haben oder ob sie in ihn hinein taumelten und stolperten, „vielleicht aus Torheit", wie Lloyd George meinte. Nichts außer dem Tod ist unvermeidlich. Insofern hätte sich auch dieser Krieg natürlich vermeiden lassen. Dennoch bleibt es eine Tatsache, daß lange vor 1914 viele Anzeichen darauf hindeuteten, daß das Gleichgewicht der europäischen Mächte gestört war und die Wiener Ordnung von 1815 vor ihrem Zusammenbruch stand. Übersteigerter Nationalismus, Militarismus und Wettrüsten, dazu Hegemoniestreben, Imperialismus und ein gefährlicher Bündnisautomatismus hatten bereits seit dem Ende des 19. Jahrhunderts eine explosive Situation geschaffen, in der es nur noch eines Funkens bedurfte, um den Brand zu entfachen. Viele hielten daher den Krieg lange vor seinem tatsächlichen Ausbruch für unvermeidbar, und nicht wenige begrüßten ihn in nationalistischer Gefühlsaufwallung mit beklemmend machender Begeisterung als Befreiung.

Pazifismus und Militarismus

Einige hatten auch gewarnt. Unter ihnen war Bertha von Suttner, die in den neunziger Jahren zu umfassender Abrüstung aufrief und internationale Friedenskongresse veranstaltete, um die Friedensidee im öffentlichen Bewußtsein zu verankern und auf die Gefahren der Rüstungsentwicklung hinzuweisen – Bemühungen, für die der österreichischen Pazifistin im Jahre 1905 der Nobelpreis verliehen wurde. Unter dem Datum des 9. Oktober 1891 schrieb ihr der russische Dichter Leo Nikolajewitsch Tolstoi, der zu dieser Zeit ebenfalls darüber nachsann, wie man den Krieg „unmöglich machen" könnte, und in seiner Arbeit zu einer Theorie des „Nicht-Widerstand-Leistens" gelangte:

Sehr verehrte gnädige Frau!

Ich las Ihren Roman *Die Waffen nieder,* der mir von dem Übersetzer, Herrn Bulgakow, zugesandt wurde. Ich schätze Ihr Werk sehr hoch und glaube, daß das Erscheinen Ihres Romans als eine glückliche Vorbedeutung gelten muß. Der Abschaffung der Sklaverei ging das berühmte Buch der Frau Beecher Stowe *(Onkel Toms Hütte; Anm. d. Verf.)* voraus; Gott gebe, daß Ihr Buch der Abschaffung des Krieges vorausgehen möge ...

L. Tolstoi

(Aus: Rußland im 19. Jahrhundert. Briefe der Weltliteratur, hrsg. von Kurt Fassmann, München 1964, S. 172.)

„Abschaffung des Krieges". – Das war ein revolutionärer Gedanke angesichts rasch wachsender Rüstungsanstrengungen und überall drohender Kriegsgefahr! Doch würden die Bemühungen einiger Intellektueller und gutwilliger Idealisten genügen, um ein solch phantastisches Ziel zu erreichen?

Ihre Hoffnungen erhielten Auftrieb, als Zar Nikolaus II. in einer Note vom 24. August 1898 an alle in Petersburg vertretenen Mächte zu einer internationalen Abrüstungskonferenz aufrief. Die Idee dazu war vor dem Hintergrund der internationalen Friedensdiskussion entstanden, vom polnischen Bankier Iwan Bloch angeregt und vom Oberprokurator des Hl. Synods, Konstantin Petrowitsch Pobedonostschew, der zugleich politischer Lehrer und einflußreicher Ratgeber Nikolaus' II. war, dem Zaren nahegebracht worden. Sie paßte allerdings auch gut in den Rahmen russischer realpolitischer Überlegungen, da Rußlands militärische Rückständigkeit (vor allem in der Artillerie) gegenüber Deutschland und Österreich, seine finanziellen Nöte und sein außenpolitisches Überengagement durch das Bündnis mit Frankreich, die Balkan- und Meerengen-Politik und das gleichzeitige imperialistische Ausgreifen in Ostasien hinreichend Anlaß boten, nach Entlastung zu suchen, die eine Politik der Rüstungskontrolle und Entspannung bieten konnte.

Dementsprechend hieß es in der Note vom 24. August:

Die Aufrechterhaltung des allgemeinen Friedens und eine mögliche Herabsetzung der übermäßigen Rüstungen, die auf allen Nationen lasten, stellen sich in der gegenwärtigen Lage der ganzen Welt als ein Ideal dar, auf das die Bemühungen aller Regierungen gerichtet sein müssen ... Hunderte von Millionen werden aufgewendet, um furchtbare Zerstörungsmaschinen zu beschaffen, die heute als das letzte Wort der Wissenschaft betrachtet werden und schon morgen dazu verurteilt sind, jeden Wert zu verlieren infolge irgendeiner neuen Entdeckung auf diesem Gebiet ... Diesen unaufhörlichen Rüstungen ein Ziel zu setzen und die Mittel zu suchen, dem Unheil vorzubeugen, das die ganze Welt bedroht, das ist die höchste Pflicht, die sich heutzutage allen Staaten aufzwingt.

Durchdrungen von diesem Gefühl, hat Se. Majestät geruht ..., allen Regierungen, deren Vertreter am kaiserlichen Hofe akkreditiert sind, den Zusammentritt einer Konferenz vorzuschlagen, die sich mit dieser ernsten Frage zu beschäftigen hätte. Diese Konferenz würde mit Gottes Hilfe ein günstiges Vorzeichen des kommenden Jahrhunderts sein. Sie würde in einem mächtigen Bündel die Bestrebungen aller Staaten vereinigen, die aufrichtig darum bemüht sind, den großen Gedanken des Weltfriedens triumphieren zu lassen über alle Elemente des Unfriedens und der Zwietracht. Sie würde zugleich ihr Zusammengehen besiegeln durch eine solidarische Weihe der Prinzipien des Rechts und der Gerechtigkeit, auf denen die Sicherheit der Staaten und die Wohlfahrt der Völker beruht.

(Aus: Europäischer Geschichtskalender, a.a.O., 1898, S. 326ff.)

Die internationale Reaktion auf diesen Vorschlag zeigte jedoch, wie fremd den Staaten derartige Vorstellungen noch immer waren. Zwar mochte man den Gedanken einer Abrüstungskonferenz nicht rundweg ablehnen, da in der Öffentlichkeit fast überall eine gewisse Sympathie dafür erkennbar wurde. Intern hielt man davon aber nichts, vor allem in Deutschland und Frankreich, in jenen beiden Ländern also, auf die es entscheidend ankam. Der französische Außenminister Théophile Delcassé äußerte sich in seiner Beurteilung des russischen Plans von vornherein äußerst unverblümt, wie man Tagebuchaufzeichnungen des französischen Diplomaten Maurice Paléologue entnehmen kann:

29. August 1898

... Delcassé, der nach Paris zurückgekehrt ist, läßt mich heute nachmittag rufen, um mit mir zusammen ... nach Argumenten zu suchen, auf die wir uns gegenüber der russischen Regierung berufen können, um die nachteiligen Auswirkungen der Initiative des Zaren nach Möglichkeit zu mildern.

Seine gelbe Gesichtsfarbe, seine angestrengten Züge, seine nervösen Bewegungen und seine abgehackte Redeweise verraten mir deutlich, wie es in ihm aussieht. Er sagt:

„Es ist ein Irrsinn, was der Zar da tut! Wie kann er einen diplomatischen Schritt so enormer Tragweite, von so tiefgehender und allgemeiner Wirkung unternehmen, ohne sich vorher unseres Einverständnisses zu versichern? Sollte denn vielleicht das Bündnis mit Rußland lediglich dazu dienen, uns unter dem Vorwand der Menschenfreundlichkeit eine feierliche Bestätigung des Frankfurter Friedens zu entlocken? ... Was kann ich angesichts dieser Lage tun? Ihr Direktor, Herr Nisard, hat mir einen Gedanken eingegeben, den ich für richtig halte. Ja, für genial: Man nehme dem russischen Vorhaben jede politische Bedeutung dadurch, daß man es auf akademische Erörterungen ableitet, auf reine Rechtsfragen und juristische Hypothesen. Ist das nicht ein glänzender Einfall? Für diese Arbeit, die ich selbst übernehmen will, brauche ich aber Sie und Ihre Akten ..."

(Aus: Maurice Paléologue, Tagebuch der Affäre Dreyfus. Ins Deutsche übertr. von Helmut Lindemann, Stuttgart 1957, S. 94f.)

In Deutschland bezeichnete Wilhelm II. die Konferenz, als sie schließlich 1899 im niederländischen Haag doch zustande kam, rundweg als „Komödie" und meinte, man habe dort gewissermaßen „den Degen zum Walzer an der Seite".

Wer so dachte, konnte sich davon nichts versprechen und würde auch selbst nicht zur Abrüstung bereit sein. Tatsächlich lehnte der deutsche Militärsachverständige, Oberst Schwarzhoff, in einer Rede auf der Haager Konferenz am 26. Juni 1899 eine deutsche Abrüstung ab; die Deutschen hätten sie nicht nötig:

Das deutsche Volk ist *nicht* erdrückt unter dem Druck der Lasten und Steuern; es ist nicht auf der schiefen Ebene zum Abgrund; es eilt nicht der Erschöpfung und dem Ruin entgegen. Ganz im Gegenteil: der öffentliche und der Privatreichtum ist im Steigen begriffen; der allgemeine Wohlstand, der „standard of life" wird von Jahr zu Jahr ein höherer.

Was die allgemeine Wehrpflicht betrifft, die mit diesen Fragen innig verbunden ist, so betrachtet sie der Deutsche nicht als eine schwere Last, sondern als eine heilige und patriotische Pflicht, deren Erfüllung er seine Existenz, seinen Wohlstand und seine Zukunft verdankt.

(Aus: Bertha von Suttner, Die Haager Friedenskonferenz. Tagebuchblätter, 1901, S. 228.)

Unter diesen Umständen konnte die Konferenz nicht zu den Abrüstungsmaßnahmen gelangen, die sich vor allem Bertha von Suttner, die zu den Teilnehmerinnen gehörte, gewünscht hätte. Immerhin wurde die „Haager Landkriegsordnung" verabschiedet: ein Kriegsrecht, das der Humanisierung des Krieges dienen sollte. Und man begann mit Beratungen über die Gründung eines Schiedsgerichtshofes zur Beilegung internationaler Streitigkeiten. Da man die Besprechung in dieser Frage 1899 noch nicht abschließen konnte, wurde sie auf der zweiten Haager Friedenskonferenz 1907 wiederaufgenommen und fortgesetzt.

Wie mühselig die Verhandlungen auch auf dieser zweiten Konferenz waren und wie wenig man sich von ihnen erwarten konnte, zeigt ein Schreiben des deutschen Ersten Delegierten, Adolf Freiherr Marschall von Bieberstein, an den Reichskanzler vom 28. Juli 1907, in dem es hieß:

Sechs Wochen sind nunmehr vergangen, seitdem die zweite Friedenskonferenz zusammengetreten ist. Und noch hat sie nach außen hin erkennbare positive Arbeit nicht geleistet. Denn die paar ergänzenden Bestimmungen über das Rote Kreuz im Seekriege, die wir definitiv beschlossen haben, sind allzu bescheiden, um als Leistung zu gelten. ... Man kann sich unmöglich einen ungefügigeren Versammlungskörper denken als diese Friedenskonferenz. In ihr sind 46 Staaten mit zirka 250 Delegierten vertreten. Dabei fehlt das einzige Mittel, mit welchem man eine größere Versammlung dirigieren kann, nämlich das Majoritätsprinzip. Man kann wohl in einer Kommission eine Abstimmung vornehmen, um die Chancen irgend eines Prinzips oder Antrags zu prüfen. Aber praktisch sind diese Abstimmungen ohne Wert, da am letzten Ende Einstimmigkeit erforderlich ist ... Eine Diskussion im Plenum ist natürlich ganz ausgeschlossen. Auch ist die Akustik des „Rittersaales" so schlecht, daß man bei großer Aufmerksamkeit wohl seinen Nachbarn, aber sonst niemanden verstehen kann. Als in der letzten Plenarsitzung über die Konvention der erste englische Delegierte das Wort ergriff, um eine Reserve zu machen, bestand nachher unter den Delegierten lebhafter Streit darüber, ob er englisch oder französisch gesprochen habe ... Charakteristischerweise beschäftigt sich nur die erste Subkommission der ersten Kommission mit dem *Frieden,* nämlich mit dem Schiedsgerichte und dem Schiedsgerichtshofe. Alle anderen Kommissionen und Subkommissionen beziehen sich lediglich auf den Krieg zu Lande und zur See, auf die Rechte und Pflichten der Neutralen, auf Seebeuterecht, Konterbande und Prisenrecht und anderes. Eine besondere Stellung auf der Friedenskonferenz nimmt die Subkommission ein, die sich mit dem Legen von Seeminen und dem Bombardement freier Städte befaßt. Man nennt dieselbe allgemein die „Commission explosive" ...

Die allerschwierigste Frage ist aber die *obligatorische Schiedsklausel.* Die Vereinigten Staaten haben einen Antrag dahin gestellt, daß für juristische Fragen und solche, die sich auf die Auslegung internationaler Verträge beziehen, das Schiedsgericht obligatorisch sein soll mit Ausnahme der Fälle, wo es sich um die Ehre, die vitalen Interessen und die Unabhängigkeit eines Staates handelt. Ob eine solche Ausnahme vorliegt, soll der Staat allein entscheiden, der dies behauptet. Außerdem soll jeder Staat berechtigt sein, jederzeit mit sechsmonatlicher Frist den Vertrag entweder allgemein oder bestimmten Staaten gegenüber zu kündigen. Der Antrag erinnert stark an das Messer ohne Klinge, dem das Heft fehlt. Denn wo bleibt die obligatorische Klausel, wenn jeder Staat tun und lassen kann, was ihm paßt? Trotzdem und vielleicht gerade deshalb hat der Antrag Anklang ... gefunden.

(Aus: Die Auswärtige Politik des Deutschen Reiches 1871 - 1914, a.a.O., Bd. 3, S. 51ff.)

Die feinsinnige, dem Ernst des Gegenstandes vielleicht nicht angemessene, aber durchaus berechtigte Ironie, mit der Freiherr Marschall von Bieberstein hier seinem Reichskanzler 1907 von den Fortschritten und Aussichten der Friedenskonferenz berichtete, spiegelte insgeheim die Auffassung wider, die nicht nur der deutsche Chefdelegierte, sondern viele damals hatten, wenn sie an die Haager Versammlung dachten: Man glaubte allgemein nicht, daß daraus etwas Ordentliches werden könne. Zu sehr ging der Trend in die entgegengesetzte Richtung: Der russisch-japanische Krieg von 1904/05, die russische Revolution von 1905, die erste Marokko-Krise von 1905/06 und die englisch-russische Entente von 1907 waren Ereignisse, die viel mehr als das utopistische Unternehmen in den Niederlanden die Phantasie beflügelten und zur Besorgnis Anlaß gaben. Die Politiker hatten gar keine Zeit, sich um die Abrüstung zu kümmern; denn sie mußten erst einmal den nächsten Krieg verhindern.

Die Sonderstellung des Militärs

Während so die Friedensbewegung am Ende des 19. und zu Beginn des 20. Jahrhunderts von vornherein zum Scheitern verurteilt war, nahm das Militär in vielen Ländern eine Sonderstellung ein, in der sich gesellschaftlicher Respekt und politischer

Einfluß aufs engste miteinander verbanden. Vor allem Frankreich und Deutschland tut man gewiß nicht Unrecht, wenn man ihnen für die damalige Zeit einen starken Hang zur Militarisierung nachsagt: Militärangehörige genossen höchstes Ansehen; Uniformen waren ein bestimmendes Element im Straßenbild; Kriegerdenkmale wurden errichtet und prunkend eingeweiht; Veteranen trafen sich zu Gedenkfeiern; Kriegervereine blühten auf.

Neben diesen öffentlichen und halböffentlichen Formen der Militarisierung auf Straßen, Plätzen und in Versammlungsräumen gab es andere, die im Verborgenen wirkten, aber nicht weniger wirksam und gefährlich waren: der zunehmende Einfluß der Militärs auf politische Entscheidungen; der Ausbau des Rüstungssektors in der Industrie; die militärisch-ideologische Durchdringung der politischen und historischen Bildung; und nicht zuletzt die Verselbständigung des Militärs als Kaste ohne Zwang zur Verantwortlichkeit und Legitimation gegenüber der Gesellschaft, aus der es hervorgegangen war und die es letztlich noch immer trug.

Die Folgen dieser Durchdringung der Gesellschaft mit militärischem Geist waren überall zu besichtigen: in den Schulen (vor allem den Volksschulen), in Fabriken, bei öffentlichen Anlässen, im Parlament und natürlich in den Kasernen. Aber eben weil die Durchdringung so vollkommen war, wurden aus Entgleisungen militärischen Dünkels nur selten Affären, die das Publikum erregten. Verfehlungen, wie menschenrechtsverachtendes Verhalten von Vorgesetzten gegenüber Untergebenen, wurden zwar gelegentlich intern disziplinarisch bestraft, aber fast nie öffentlich diskutiert. Und selbst bei

Kaiser Wilhelm II. verabschiedet das Ostasiatische Expeditionskorps (eine Freiwilligen-Truppe zum Schutz deutscher Interessen gegen den Boxer-Aufstand in China) in Bremerhaven im Juli 1900

Übergriffen von Militärangehörigen gegen Zivilisten fanden sich immer wieder Stimmen der Rechtfertigung, Abwiegelung oder Entschuldigung.

Nur in wenigen Fällen wurde die Sonderstellung des Militärs in ihren problematischen Aspekten erkannt und beleuchtet. In Frankreich war es vor allem die Affäre Dreyfus, die in den neunziger Jahren Aufsehen erregte und ranghohe Offiziere und Militärrichter moralisch auf die Anklagebank verwies; in Deutschland sorgte die Zabern-Affäre Ende 1913 für negative Schlagzeilen und für eine kritische Öffentlichkeit gegenüber dem Militär.

Die Affäre Dreyfus

Am 15. Oktober 1894 wurde Hauptmann Alfred Dreyfus unter der Beschuldigung verhaftet, Landesverrat begangen zu haben. Ein Mitarbeiter des französischen Nachrichtendienstes hatte zuvor in der deutschen Botschaft in Paris ein Anschreiben (ein sogenanntes „Bordereau") gefunden, in dem die Sendung geheimer militärischer Dokumente angekündigt worden war. Man glaubte, daß dieses Bordereau von Dreyfus stamme. Er wurde von Major du Paty de Clam verhört, von einem Kriegsgericht für schuldig befunden und am 4. Januar 1895 in der École Militaire degradiert und auf die Teufelsinsel in der Karibik verbannt, obwohl er bis zuletzt seine Unschuld beteuerte.

Doch der eigentliche Skandal begann erst, als der wirkliche Verräter entdeckt wurde: Major Graf Walsin-Esterházy, Bataillonskommandeur im 74. Infanterieregiment in Rouen. Esterházy kam zwar vor ein Kriegsgericht, wurde dort jedoch trotz der Beweise, die gegen ihn vorlagen, freigesprochen – und zwar ausschließlich deshalb, um dem Gericht und den Militärbehörden die Peinlichkeit zu ersparen, den Prozeß gegen Dreyfus neu aufrollen zu müssen, wie man vermuten konnte. Der Dichter Émile Zola schrieb daraufhin einen Offenen Brief an den Präsidenten der Republik, Felix Faure, der am 13. Januar 1898 in der Tageszeitung *L'Aurore* unter der Überschrift „J'accuse . . .!" veröffentlicht wurde. Darin hieß es:

Herr Präsident,
in dankbarem Gedenken des wohlwollenden Empfangs, den Sie mir einmal gewährt haben, erlaube ich mir, in der Besorgnis um Ihren verdienten Ruhm, zu sagen, daß Ihr bisher so glücklicher Stern von dem schmählichsten, von dem unauslöschlichsten Schandfleck bedroht ist . . .

Welch eine Befleckung Ihres Namens – ich hätte fast gesagt Ihrer Regierungszeit – ist diese abscheuliche Affäre Dreyfus! Ein Kriegsgericht hat es gerade gewagt, auf Befehl einen Esterházy freizusprechen, und das ist die äußerste Schändung aller Wahrheit, aller Gerechtigkeit. Nun ist es geschehen, Frankreich hat auf seiner Wange diesen Schandfleck, die Geschichte wird schreiben, daß ein solches Verbrechen gegen die Gesellschaft unter Ihrer Präsidentschaft begangen werden konnte . . .

Männer, die tief in Schuld und Verbrechen stecken, werden zu Unschuldigen proklamiert, und einen Mann fleckenlosen Lebens greift man in seiner Ehre an. Wenn eine Gesellschaft so tief sinkt, ist sie dem Verfall ausgeliefert.

(Aus: Die Affäre Dreyfus, hrsg. von Siegfried Thalheimer, München 1963, S. 185ff.)

Zola wurde nach diesem Offenen Brief wegen Beleidigung des Kriegsgerichts zu einer Geldstrafe und einem Jahr Gefängnis verurteilt und floh nach England, bis der Schuldspruch ein Jahr später aufgehoben wurde. Dreyfus kam erneut vor das Kriegsgericht und wurde am 9. September 1899 mit einer Mehrheit von fünf gegen zwei Stimmen wiederum schuldig gesprochen; allerdings wurden ihm diesmal mildernde Umstände zugebilligt, so daß man seine Deportation auf die Teufelsinsel in zehn Jahre Haft umwandelte. Unter dem Datum des 19. September 1899 bat danach Kriegsminister General Gallifet den Präsidenten der Republik, Dreyfus zu begnadigen: Man habe sich die Frage gestellt, ob es nicht möglich wäre, die Deportation der Zuchthausstrafe gleichzusetzen, und in diesem Falle hätte er seine Strafe beinahe vollständig verbüßt. Außerdem sei die Gesundheit des Verurteilten schwer erschüttert, und er würde nicht ohne große Gefahr eine längere Haft ertragen. Überdies hätten „höhere politische Interessen, die Notwendigkeit der Sammlung und der Einigung" nach schwierigen Krisen die Regierung immer genötigt, „hinsichtlich gewisser Vorkommnisse Vergebung und Vergessen walten zu lassen". Die Regierung „entspräche schlecht dem Bedürfnis des Landes nach Frieden, wenn sie nicht durch Maßnahmen – sei es durch unmittelbare, seien es solche, die dem Parlament vorzuschlagen wären – jede Anstrengung machte, alle Spuren eines so schmerzlichen Streits zu verwischen". Der Präsident werde „durch eine Maßnahme edler Menschlichkeit das Beispiel der Befriedung setzen, nach der die öffentliche Meinung ruft und die das Wohl der Republik verlangt".

Das klang verräterisch. Man wollte offenbar die Spuren des Falles verwischen, wie General Gallifet selbst zugab, ohne die eigene Schuld einzugestehen. Dreyfus wurde nicht freigesprochen, obwohl er – wie inzwischen jeder wußte – unschuldig war, sondern nur begnadigt. Er erhielt seine Freiheit zurück, aber seine Ehre wurde nicht wiederhergestellt.

Erst knapp sieben Jahre später, am 12. Juli 1906, hob der Kassationsgerichtshof das Urteil des Kriegsgerichtshofes auf, nachdem Dreyfus unbeirrbar auf ein endgültiges Urteil gedrängt hatte, in dem seine Unschuld bestätigt werden sollte. Nun schließlich, nahezu zwölf Jahre nach seiner Verhaftung, wurde Dreyfus rehabilitiert, wurde er auch wieder mit dem Rang eines Majors in die Armee aufgenommen und als eine Art Wiedergutmachung für das an ihm begangene Unrecht zum „Ritter der Ehrenlegion" ernannt.

Das militärische Establishment Frankreichs aber war durch die Affäre Dreyfus aufs äußerste diskreditiert, da vom Major du Paty de Clam – der inzwischen zum Oberstleutnant befördert worden war – bis hin zum Kriegsminister viele hochrangige Offiziere darin verwickelt waren. Antisemitismus mochte bei ihrem Verhalten eine Rolle gespielt haben; denn Dreyfus war Jude. Doch entscheidend für die öffentliche Beurteilung des Falles war die Selbstherrlichkeit des Militärs, die dazu führte, daß ein Unschuldiger viele Jahre in Haft gehalten wurde, obwohl seine Unschuld längst erwiesen war, und daß die Aufdeckung der Wahrheit unterblieb, obwohl sie längst möglich gewesen wäre. Man hatte es sogar vorgezogen, den tatsächlich Schuldigen freizusprechen, um den Fehler, den das Kriegsgericht bei der Verurteilung von Dreyfus begangen hatte, nicht zugeben und damit die Armee bloßstellen zu müssen. Und dies, so meinten neben Emile Zola auch viele andere empörte Franzosen, sei das eigentlich Unverzeihliche und Bemerkenswerte an der Affäre, nicht die Tatsache des Justizirrtums an sich, der dem Gericht im ersten Dreyfus-Prozeß unterlaufen sei und jedem anderen Gericht der Welt ebenfalls hätte unterlaufen können.

Erst durch die jahrelangen, systematischen Bemühungen des Militärs und der Regierung, den wahren Sachverhalt vor der Öffentlichkeit zu verschleiern und zu verstellen, wurde der Fall zum Skandal, der die Sonderstellung des Militärs in der französischen Gesellschaft im Vorfeld des Ersten Weltkrieges dokumentierte. Andererseits offenbarte der Ausgang dieser schwersten Krise der Dritten Republik aber auch die Selbstreinigungskräfte, über die diese Gesellschaft und dieses politische System verfügten. Es sei „behauptet worden", resümierte daher André Maurois in seiner *Geschichte Frankreichs,*

„daß eine Ungerechtigkeit, wie sie die Affäre Dreyfus darstellt, in keinem anderen Lande möglich gewesen wäre, daß aber auch in keinem anderen Lande der einmal begangenen Ungerechtigkeit mit so viel Mut der Kampf angesagt worden wäre und daß sie in keinem anderen Lande so großzügig wiedergutgemacht worden wäre".

Als Beleg für diese These hätte André Maurois Deutschland und die Zabern-Affäre des Jahres 1913 anführen können.

Der „Fall Zabern"

Zabern ist ein kleiner Ort im Elsaß, war bis zum Ersten Weltkrieg Garnison deutscher und elsässischer Truppen, besaß einige Tausend Einwohner und war einer breiteren Öffentlichkeit bis dahin völlig unbekannt. Dabei wäre es wohl auch geblieben, wenn sich nicht aus scheinbaren Nichtigkeiten heraus der „Fall Zabern" entwickelt hätte. Was war geschehen?

In der Garnison hatte der Leutnant von Forstner in einer Instruktionsstunde einem Rekruten Anweisung gegeben, wie er sich verhalten solle, wenn er angegriffen würde, und bei dieser Gelegenheit denjenigen, der sich an dem Rekruten vergriffen haben sollte, einen „Wackes" genannt (womit er einen Elsässer meinte). Ein Rekrut hatte sich auf Befehl des Unteroffiziers bei dem Offizier mit dem Ausdruck: „Ich bin ein Wackes" melden müssen.

Diese Vorgänge in der Instruktionsstunde waren von beteiligten Militärpersonen in die Öffentlichkeit getragen worden. Die elsässische Bevölkerung hatte sich durch den Gebrauch des Wortes „Wackes" beleidigt gefühlt, ja man hatte sogar von einem gewollten öffentlichen Affront gesprochen, und es war in der Folge zwischen dem 9. und 28. November 1913 zu Protesten, Beschimpfungen und Tätlichkeiten der Bevölkerung von Zabern gegen das Militär gekommen: Leutnant von Forstner und die Begleitmannschaften, die ihn vor Übergriffen schützen sollten, waren mit Steinen beworfen worden. Und auf der Hauptstraße und dem Schloßplatz von Zabern hatte man hinter Offizieren hergeschrien und -gejohlt. Der Regimentskommandeur hatte daraufhin am 28. November Leutnant Schadt befohlen, mit einem Zug auf den Schloßplatz zu rücken und diesen zu säubern, um die Offiziere vor weiteren Beschimpfungen zu bewahren. An die Räumung des Schloßplatzes hatten sich dann weitere Patrouillengänge angeschlossen, bei denen das Militär etwa dreißig Personen, darunter unbeteiligte Passanten, verhaftet und bis zum nächsten Vormittag im Keller der Kaserne festgehalten hatte.

Aus dem – nicht einmal besonders ernstzunehmenden – Fehlgriff eines Leutnants in einer Instruktionsstunde innerhalb der Garnisonsmauern von Zabern war ein Fall geworden, der nicht nur die deutsche, sondern auch die französische Öffentlichkeit beschäftigte und schließlich sogar vor den Reichstag kam. Doch dort rechtfertigte Reichskanzler Theobald von Bethmann Hollweg am 3. Dezember 1913 das Verhalten des Militärs, indem er ausführte:

M. H., das Militär ist in dieser Weise eingeschritten in der Ansicht, daß die zivilen Sicherheitsorgane versagt und bei den bisherigen Vorkommnissen ihm keinen oder keinen genügenden Schutz gewährt hätten. Die Zivilbehörden von Zabern bestritten dies aufs allerentschiedenste. In dieser tatsächlichen – nicht in der rechtlichen –, in dieser tatsächlichen Frage stehen also die Ansichten der Lokalbehörden schroff einander gegenüber. Wer von beiden absolut recht hat, ist auf Grund der vorliegenden Untersuchungsverhandlungen zu entscheiden nicht möglich . . . Ob Verletzungen der Strafgesetze vorgelegen haben, ob zivilrechtliche Entschä-

Theobald von Bethmann Hollweg bis 1921), Politiker. Studium der Rechtswissenschaft. 1884 Regierungsassessor. 1886 Landrat des Kreises Oberbarnim. 1896 Oberpräsidialrat in Potsdam. Seit 1899 Regierungspräsident in Bromberg, dann Oberpräsident von Brandenburg. 1905 Minister des Innern. 1907 Staatssekretär des Reichsamts des Innern, zugleich Stellvertreter des Reichskanzlers und Vizepräsident des preußischen Staatsministeriums. Seit 1909 Reichskanzler und preußischer Ministerpräsident. Bemühung um innenpolitische Reformen (Reichsversicherungsordnung, neue Verfassung für Elsaß-Lothringen, vorläufige Finanzreform), jedoch Scheitern der Reform des Dreiklassenwahlrechts in Preußen. Versuch einer Verständigung mit England. Während des Krieges schwankende Haltung; zumeist dem Druck der von Ludendorff und Tirpitz inspirierten Militärpartei unterlegen. Am 13. Juli 1917 zum Rücktritt gezwungen. Werke: „Kriegsreden", hrsg. von Friedrich Thimme 1919; „Betrachtungen zum Weltkriege", hrsg. von Friedrich Thimme, 2 Bde. 1919-21.

digungsansprüche geltend zu machen sind, das wird der Richter entscheiden müssen. Jedenfalls aber bitte ich die Herren, auch in diesem ernsten und in vieler Beziehung sehr traurigen Falle nicht zu vergessen, daß die Armee das Recht hat, sich gegen direkte Angriffe zu schützen. Und sie hat nicht nur das Recht, sie hat auch die Pflicht dazu. Sonst kann keine Armee in der Welt bestehen. Der Rock des Königs muß unter allen Umständen respektiert werden. Und, m. H., daß es lediglich das Bewußtsein dieser Pflicht, die Armee zu schützen, gewesen ist, was die Militärbehörden in Zabern veranlaßt hat, einzuschreiten, ist für mich nicht zweifelhaft, auch wenn in der Folge bei den Maßnahmen, die ergriffen worden sind, die gesetzlichen Grenzen nicht eingehalten wurden . . .

(Aus: Stenographische Berichte über die Verhandlungen des Reichstags, 1913/14, Bd. 291, S. 6155ff.)

Was an diesen Vorkommnissen aufhorchen ließ, war nicht nur das Verhalten des Militärs in Zabern, sondern waren vor allem die Ausführungen des Reichskanzlers in Berlin. Obwohl Bethmann Hollweg zunächst versucht hatte, den zivilen Rechtsstandpunkt gegenüber der militärischen Umgebung des Kaisers durchzusetzen, war er dann doch gezwungen gewesen, das Vorgehen des Militärs parlamentarisch zu rechtfertigen. In seinen abschließenden Worten billigte der Reichskanzler den Militärbehörden dabei praktisch das Recht und sogar die Pflicht zur Selbstjustiz zu – mit dem für einen Rechtsstaat erstaunlichen Argument, der „Rock des Königs" müsse „unter allen Umständen respektiert werden".

Damit war im Grunde noch Schlimmeres geschehen als im Fall Dreyfus: Menschliches Versagen und fehlerhaftes Verhalten einzelner Militärangehöriger in einer zweifellos schwierigen und unübersichtlichen Situation, für die man sogar Verständnis haben konnte, waren auf höchster politischer Ebene *prinzipiell* für richtig erklärt worden. Was im zivilen Bereich für unentschuldbar gehalten worden wäre, wurde hier ausdrücklich verlangt.

Als der Reichstag daraufhin am 4. Dezember 1913 mit großer Mehrheit einen Mißbilligungsantrag gegen die Regierung annahm, wurde dieser von Bethmann Hollweg einfach ignoriert. Militär und Regierung setzten sich gegenüber Parlament und rechtsstaatlichem Denken durch und zwangen damit die Politik zur Abdankung, was für die Zukunft nichts Gutes verhieß.

Der Beginn des Ersten Weltkrieges

Tatsächlich war man zur Zeit der Zabern-Affäre nur noch ein halbes Jahr vom Ausbruch des Ersten Weltkrieges entfernt. Seit langem bewegte man sich auf ihn zu. Bereits in der ersten Marokko-Krise von 1905/06 hätte es dazu kommen können. Der Chef des Generalstabs der deutschen Armee, Alfred Graf von Schlieffen, hielt schon damals den Zeitpunkt für einen Präventivkrieg für ideal; seine Aufmarschpläne waren bis zur Ausführungsreife gediehen, Rußland war nach dem russisch-japanischen Krieg 1904/05 und den Revolutionswirren von 1905/06 erschöpft und zu einem Angriff gegen Deutschland kaum in der Lage, England schien noch immer abzuwarten, und Deutschlands Position im europäischen Bündnisgeflecht wurde nicht günstiger, sondern verschlechterte sich von Jahr zu Jahr, so daß weiteres Abwarten nur Zeitverlust bedeutete. Friedrich von Holstein im Auswärtigen Amt teilte diese Auffassung, aber Kaiser und Reichskanzler wollten von einem Krieg noch nichts wissen. Wie hätte man ihn dem eigenen Lande und der Welt auch plausibel machen sollen? Spannungen mit Frankreich wegen Marokko konnte man kaum ernsthaft als Grund ins Feld führen.

Was die Verschlechterung der deutschen Position anbetraf, hatte Schlieffen vollkommen recht. Deutsch-englische Bündnisbesprechungen in den Jahren 1898 bis 1901 waren gescheitert; England hatte sich daraufhin am 8. April 1904 zu einer „Entente cordiale" mit Frankreich zusammengeschlossen und diese nach dem russisch-japanischen Krieg und der ersten Marokko-Krise am 31. August 1907 durch einen britisch-russischen Ausgleich in Persien, Afghanistan und Tibet zu einer „Tripleentente" erweitert, die überdies 1911/12 durch wechselseitige militärische Abmachungen ergänzt und gefestigt wurde. Deutschland war damit auf die Rückendeckung des Dreibundes angewiesen, da neben Frankreich nun auch Rußland und England zu seinen Gegnern zählten.

Aber was war dieser Dreibund wirklich wert? Inwieweit konnte er den Verlust Rußlands als Bündnispartner und das Einschwenken Englands aus seiner Position der „splendid isolation" in das Lager der Deutschland-Gegner ausgleichen? Zwar wurde der Dreibund am 28. Juni 1902 unverändert erneuert und blieb auch über 1908 hinaus bis zum Ersten Weltkrieg in Kraft. Doch verfolgte Italien ungeachtet dieser Allianz mit Deutschland und Österreich-Ungarn bereits seit 1902 insgeheim einen unabhängigen Kurs der Neutralität für den Fall eines Konflikts zwischen Deutschland und Frankreich, wie man einer Geheimnote des italienischen Außenministers Prinetti an den französischen Botschafter in Rom, Barrère, vom 1. November 1902 entnehmen kann, in der es heißt:

> Um auf endgültige Art jedes mögliche Mißverständnis zwischen unseren beiden Ländern auszuschließen, zögere ich nicht, ... folgendes zu erklären:
>
> Falls Frankreich Gegenstand eines unmittelbaren oder mittelbaren Angriffs von seiten einer oder mehrerer Mächte sein sollte, wird Italien eine strikte Neutralität beobachten.
>
> Ein gleiches gilt für den Fall, daß Frankreich infolge einer unmittelbaren Herausforderung sich gezwungen sähe, zur Verteidigung seiner Ehre oder seiner Sicherheit, von sich aus den Krieg zu erklären. In diesem Falle muß die Regierung der Republik vorher ihre Absicht der Königlichen Regierung mitteilen, die auf solche Weise selbst instand gesetzt wird, festzustellen, daß es sich in der Tat um einen Fall unmittelbarer Herausforderung handelt.
>
> Um der freundschaftlichen Gesinnung, welche den gegenwärtigen Erklärungen zugrunde liegt, treu zu bleiben, bin ich außerdem ermächtigt, Ihnen zu bestätigen, daß von seiten Italiens irgendein Protokoll oder irgendeine militärische Bestimmung bindender vertraglicher internationaler Art nicht besteht und auch von Italien nicht vereinbart werden wird, die mit den

Viktor Emanuel III. (1869-1947), König von Italien (1900-46). Regierung Italiens als konstitutioneller Monarch. Nach dem faschistischen Marsch auf Rom 1922 Berufung Mussolinis als Regierungschef; Verlust der realen politischen Macht. 1936-41 zugleich Kaiser von Abessinien (Äthiopien), 1939-43 auch König von Albanien. 1943 im Zusammenwirken mit den Gegnern Mussolinis Übernahme des tatsächlichen Oberbefehls über die Streitkräfte und Absetzung Mussolinis als Regierungschef. Am 9. April 1944 Verzicht auf die Ausübung der Herrschaft zugunsten seines Sohnes Umberto. 1946 endgültige Abdankung und Weggang ins Exil nach Ägypten. 1947 Verweigerung seiner Rückkehr nach Italien durch die italienischen Behörden.

gegenwärtigen Erklärungen in Widerspruch stehen würde.

(Aus: Friedrich Stieve, Deutschland und Europa 1890 - 1914. Ein Handbuch zur Vorgeschichte des Weltkrieges mit den wichtigsten Dokumenten, Berlin 1928, S. 199ff.)

Was dies bedeutete, mußte Wilhelm II. bei Kriegsbeginn erfahren, als ihm der König von Italien unter dem 3. August 1914 freundlich telegrafierte:

An S. M. den deutschen Kaiser.

Ich erhalte soeben Dein Telegramm. Ich bedauere lebhaft, daß Deine edlen Bemühungen, denen sich auch die unsern anschlossen, um die schweren internationalen Folgen des Vorgehens Österreich-Ungarns abzuwenden, vergeblich gewesen sind. Von Anfang an hat meine Regierung Deine und die österreichisch-ungarische Regierung wissen lassen, daß sie, da der im Dreibundvertrag vorgesehene „casus foederis" gegenwärtig nicht zutrifft, ihre ganze diplomatische Tätigkeit aufbieten wird, um die rechtmäßigen Interessen unserer Bundesgenossen und unsere eignen zu vertreten und für die Sache des Friedens zu wirken.

Ich sende Dir den aufrichtigen Ausdruck meiner herzlichsten Wünsche für Dein Wohl und das Wohl Deutschlands.

Dein Bruder und Dein Verbündeter

Vittorio Emanuele.

(Aus: Die Deutschen Dokumente zum Kriegsausbruch, Bd. IV, Nr. 755, S. 11f.)

Italien verhielt sich also neutral, schloß sich dem Krieg Deutschlands und Österreich-Ungarns gegen die Mächte der Entente nicht an. Mehr noch: Im Jahr darauf wandte sich Italien nach einigem Schwanken offen der Entente zu, nachdem England, Frankreich und Rußland im Londoner Geheimvertrag vom 26. April 1915 Italien territoriale Gewinne im Adria-Raum und die Erweiterung seines Kolonialbesitzes in Nordafrika in Aussicht gestellt hatten, und erklärte am 23. Mai 1915 Österreich-Ungarn und am 28. August 1915 Deutschland den Krieg.

Rumänien, das durch einen Bündnisvertrag, dem sich auch Deutschland durch eine Akzessionserklärung angeschlossen hatte, mit Österreich-Ungarn verbunden war, blieb zunächst ebenfalls neutral, bevor es im August 1916, wie vorher Italien, zur Entente überwechselte. Lediglich die Türkei, mit der Deutschland noch am 2. August 1914 einen Bündnisvertrag vereinbart hatte, und Bulgarien traten im Oktober 1914 beziehungsweise im Herbst 1915 auf seiten der Mittelmächte in den Krieg ein.

Natürlich waren die Kräfte Bulgariens und der Türkei zu schwach, um eine wirksame Unterstützung und Entlastung zu bieten. Im Kern blieb nur das Bündnis zwischen Deutschland und Österreich-Ungarn, zu dessen Gunsten 1890 der Rückversicherungsvertrag mit Rußland geopfert worden war. Deutschland war damit nahezu völlig isoliert. Die gesamte Außenpolitik des Reiches seit 1890 war ein Fiasko gewesen.

Am Ende aber standen noch einmal große Worte, als der Kaiser am 4. August 1914 im Weißen Saal des Stadtschlosses zu Berlin in einer Thronrede zum Kriegsausbruch erklärte:

Geehrte Herren!

In schicksalsschwerer Stunde habe ich die gewählten Vertreter des deutschen Volkes um mich versammelt . . . In aufgedrungener Notwehr, mit reinem Gewissen und reiner Hand ergreifen wir das Schwert.

An die Völker und Stämme des Deutschen Reichs ergeht mein Ruf, mit gesamter Kraft, in brüderlichem Zusammenstehen mit unseren Bundesgenossen, zu verteidigen, was wir in friedlicher Arbeit geschaffen haben. Nach dem Beispiel unserer Väter, fest und getreu, ernst und ritterlich, demütig vor Gott und kampfesfroh vor dem Feind, so vertrauen wir der ewigen Allmacht, die unsere Abwehr stärken und zu gutem Ende lenken wolle! . . .

Sie haben gelesen, m. H., was ich zu meinem Volk vom Balkon des Schlosses aus gesagt habe. Hier wiederhole ich: Ich kenne keine Partei mehr, ich kenne nur Deutsche! Zum Zeichen dessen, daß Sie fest entschlossen sind, ohne Parteiunterschied, ohne Stammesunterschiede, ohne Konfessionsunterschied durchzuhalten mit mir durch dick und dünn, durch Not und Tod, fordere ich die Vorstände der Parteien auf, vorzutreten und mir das in die Hand zu geloben.

(Aus: Verhandlungen des Reichstags, Stenographische Berichte, 1914/16, Bd. 306, S. 1f.)

Schlußbemerkungen

Mit dem Ersten Weltkrieg endete nicht nur das 19. Jahrhundert, sondern auch das „bürgerliche Zeitalter", das 130 Jahre zuvor mit der Französischen Revolution von 1789 begonnen hatte. Unheilvoll kündigte sich in den Abnutzungsschlachten von Verdun, Somme und Marne die Heraufkunft des Massenzeitalters an, dessen menschenverachtende Kulturfeindlichkeit der spanische Philosoph José Ortega y Gasset in seinem Buch *Der Aufstand der Massen* eindrucksvoll beschrieben hat und dessen politischen Auswüchsen der Tyrannei des Totalitarismus kommunistischer und faschistischer Prägung Hannah Arendt in ihrer umfangreichen Studie *Elemente und Ursprünge totaler Herrschaft* nachgegangen ist.

Dennoch ist das 19. Jahrhundert keineswegs bloße Vergangenheit, abgelöst durch eine Epoche, in der Musketen durch Atombomben, Bücher durch Fernsehen und Fabrikarbeiter durch Industrie-Roboter ersetzt wurden. Ein Wandel hat sicherlich stattgefunden. Aber so scharf, wie es auf den ersten Blick scheint, ist die Trennung nicht. Vieles von dem, was im 19. Jahrhundert begann, geschaffen wurde oder entstand, existiert noch immer oder wirkt weiter fort. Sogar die Bürgerlichkeit hat sich, der neuen Zeit angepaßt, zum Teil erhalten; Elisabeth Noelle-Neumanns Befürchtung – vorsichtig als Frage formuliert – *Werden wir alle Proletarier?* dürfte sich trotz des unbestreitbaren Wertewandels in unserer Gesellschaft als unbegründet erweisen. Jedenfalls darf man schon heute bezweifeln, daß Karl Marx und Friedrich Engels mit ihrer „Entdeckung" recht hatten, dem Proletariat gehöre die Zukunft.

Die eingangs betonte Modernität, ja Aktualität des 19. Jahrhunderts erweist sich sogleich, wenn man sich den zentralen Aspekten der Geschichte jenes Jahrhunderts zuwendet und sie zu unserer heutigen Welt in Beziehung setzt.

Da ist zunächst die *Entwicklung des Nationalismus* und die *Herausbildung des Nationalstaates.* Der Nationalismus, der in seiner modernen Form nach 1789 in Frankreich als Appell an die Bürger entstand, ihr Schicksal selbst zu bestimmen und die Revolution, notfalls mit der Waffe in der Hand, zu verteidigen, und der sich danach im Kampf gegen Napoleon und die französische Vorherrschaft über fast ganz Europa ausbreitete, hat im 20. Jahrhundert nichts von seiner Sprengkraft verloren. Er offenbarte sich in seiner extremsten, bösartigsten Form in den nationalistischen Übersteigerungen des Nationalsozialismus. Aber auch die Sowjetunion mobilisierte im Zweiten Weltkrieg, den sie den „Großen Vaterländischen Krieg" nennt, die Bevölkerung mit dem Hinweis auf die nationale Verpflichtung der sowjetischen Bürger und Patrioten. Heute beweisen die Schwierigkeiten der Europäischen Gemeinschaft, den nationalen Egoismus ihrer Mitglieder zu überwinden, daß selbst unter gutwilligen, zum supranationalen Zusammenschluß neigenden Staaten die Hürden, die der Nationalismus noch immer aufrichtet, schwer zu überwinden sind. Und in der Dritten Welt ist bislang nicht einmal die Herausbildung der Nationalstaaten, die in Europa im wesentlichen im

19. Jahrhundert zum Abschluß kam, gelungen, da die gegenwärtigen Grenzen von den Kolonialmächten mehr oder weniger willkürlich und unter Mißachtung ethnischer, rassischer und religiöser Gesichtspunkte gezogen wurden, so daß hier die nationalen Konflikte eher noch zu- als abnehmen dürften. Aber auch in Europa gibt es Minderheitenprobleme, die mit nationaler Identität zu tun haben und zur Regionalisierung großer, zentralistischer politischer Einheiten drängen; dies gilt nicht nur für die Sowjetunion, wo inzwischen etwa die Hälfte der Bevölkerung aus Nicht-Russen besteht, sondern auch für Westeuropa, wo es von Nordirland bis zum Baskenland und hinüber nach Korsika bereits zu Separationskämpfen gekommen ist, um die Frage der nationalen Zugehörigkeit oder Autonomie zu lösen.

Ein zweiter Aspekt, der seit dem 19. Jahrhundert nichts von seiner Bedeutung verloren hat, ist der *Zusammenhang von Industrialisierung und sozialer Frage.* Die Industrialisierung, die im 19. Jahrhundert Staaten und Gesellschaften grundlegend verändert und tief in das Leben der einzelnen Menschen eingegriffen hat, ist auch heute noch ein zentrales Thema, wobei man unter „sozialer Frage" jetzt nicht mehr nur die materielle Absicherung der Industriearbeiter versteht, sondern auch die umfassendere Problematik der sozialen Auswirkungen industrieller Produktion auf Mensch und Umwelt. Ansonsten bewegen wir uns noch immer in den Bahnen, die vor mehr als hundert Jahren von Marx, Engels, Lassalle, Bebel und Liebknecht vorgezeichnet wurden: Sozialismus, Kommunismus, Gewerkschaften und Arbeiterbewegung sind Begriffe, die im 19. Jahrhundert geprägt wurden und seither unsere Phantasie beschäftigen, ohne daß wir weit über sie hinausgekommen wären oder mit ihnen viel mehr anzufangen wüßten als ihre Schöpfer.

Ein dritter Aspekt, der hier genannt werden soll, ist die *Verfassungsentwicklung* und der damit verbundene *Übergang zur demokratischen Legitimität politischer Herrschaft.* Die Macht des Absolutismus wurde in der Französischen Revolution und den napoleonischen Kriegen entscheidend gebrochen. Danach setzte sich der moderne Verfassungsstaat nahezu unangefochten durch, obwohl es in den verschiedenen Perioden der Reaktion immer wieder Rückschläge gab, besonders in Österreich und Preußen. Doch der eigentliche Streit ging nun fast nur noch um die Stellung des Monarchen zu den verfassungsmäßig verbrieften Rechten – sofern man sich entschloß, das Königtum überhaupt beizubehalten, es lediglich zu „konstitutionalisieren" und nicht gleich durch eine republikanische Staatsform zu ersetzen; denn diese beiden Modelle waren ihrer Natur nach unvereinbar, da die Republik die Abschaffung des Königtums voraussetzte. Unabhängig von konstitutionell-monarchischer oder republikanisch-demokratischer Entwicklung wurden jedoch im 19. Jahrhundert jene zentralen Verfassungsgrundsätze erarbeitet, auf denen noch heute die liberalen westlichen Demokratien im Kern beruhen. So hat beispielsweise das Grundgesetz der Bundesrepublik Deutschland seine Wurzeln in den Verfassungsdebatten der Frankfurter Nationalversammlung von 1848/49 und in der Verfassung des Deutschen Reiches vom März 1849, die freilich nie in Kraft gesetzt wurde. In diesem Zusammenhang müssen aber auch die Parlamentarisierung und die Entstehung der politischen Parteien erwähnt werden, deren heutige Grundströmungen – Liberalismus, Konservativismus und Sozialismus – sich ebenfalls bis in das 19. Jahrhundert zurückverfolgen lassen.

Schließlich sind hier noch die *außenpolitischen Konstellationsveränderungen* zu erwähnen, die sich im 19. Jahrhundert vollzogen und bis heute nachwirken. Das Metternichsche System des europäischen Gleichgewichts war eine an der Vergangenheit orientierte Ordnung, die den Keim ihrer inneren Zersetzung und endlichen Auflösung von Beginn an in sich trug. Metternich selbst spielte ja, wie später auf andere

Ermordung des Erzherzogs Franz Ferdinand und seiner Gemahlin in Sarajewo am 28. Juni 1914

Weise Bismarck, in erster Linie auf Zeitgewinn. Beide wußten um die Vorläufigkeit ihrer Bemühungen, das zerbrechliche europäische Mächtesystem zu stabilisieren; beide ahnten den Umsturz voraus und suchten Dämme aufzurichten, um ihn aufzuhalten. Ihre konservative Friedenspolitik – Metternichs Politik der Restauration nach 1815 und Bismarcks Politik der Saturiertheit nach 1871 – scheiterte an der Dynamik der ideologisch-nationalistischen und industriell-imperialistischen Entwicklung. Dieser strukturellen Dynamik fielen nicht nur die Regime der meisten europäischen Fürsten und einzelne Staaten, wie Österreich-Ungarn, zum Opfer, sondern am Ende auch Europa selbst. Die Rivalitätskämpfe und geistig-politischen Spaltungen, die sich im 19. Jahrhundert vorbereiteten und im 20. Jahrhundert in zwei Weltkriege mündeten, führten zu einem enormen Kraftverlust und ließen ein zersplittertes und ohnmächtiges Europa zurück, das seine Stellung als Zentrum der Weltpolitik einbüßte. Neue Mächte, vor allem Sowjet-Rußland und die USA, traten an die Stelle Englands, Frankreichs und Deutschlands, das seine Einheit und Großmachtrolle nur für eine kurze Zeit behaupten konnte. Und gegen Ende des Ersten Weltkrieges, im Jahre 1917, bahnte sich mit dem Doppelereignis der Oktoberrevolution in Rußland und dem Eintritt der USA in den Krieg der europäischen Mächte sogar schon die Konstellation des Kalten Krieges und der Bipolarität an, die erst nach 1945/47 wirksam werden sollte.

Schon diese wenigen exemplarischen Bemerkungen verdeutlichen, wie eng die Bezüge zwischen dem 19. und dem 20. Jahrhundert sind; häufig genug lassen sich kaum klare Trennlinien ziehen, obwohl mit den industriellen Ballungszentren, der „Vermassung", der Automation, der Entwicklung von Kernsprengköpfen und interkontinentalen Trägerwaffen sowie der Eroberung der Dritten Dimension (der Luft und des Weltraums), um nur diese zu nennen, wesentliche neue Elemente hinzugekommen sind. Die Kontinuität des Nationalismus und der Nationalstaaten, der Industrialisierung und der sozialen Frage sowie der Verfassungsentwicklung und des Kampfes um Freiheit und demokratische Legitimität politischer Herrschaft, die hier beispielhaft angeführt wurden und durch weitere Beispiele ergänzt werden könnten, läßt jedoch erkennen, daß das Alte vom Neuen keineswegs völlig verdrängt worden ist, sondern zumindest teilweise weiter besteht und mit dem Hinzugetretenen das neue Ganze bildet. Das bedeutet auch, daß ohne grundlegende Kenntnis wichtiger Vorgänge des 19. Jahrhunderts ein tieferes Verständnis unserer gegenwärtigen Welt nicht gewonnen werden kann.

Literaturhinweise

Die folgende Bibliographie erhebt keinen Anspruch auf Vollständigkeit. Sie soll vielmehr dazu dienen, dem interessierten Leser einige Hinweise auf ergänzende, weiterführende oder vertiefende Literatur zu vermitteln. Dabei wurde darauf verzichtet, sämtliche im Text genannten Titel zu wiederholen. Im allgemeinen werden nur Dokumentationen und Darstellungen aufgeführt, die einen größeren Zeitabschnitt bzw. eine umfassende Problematik im Überblick behandeln. Spezialliteratur läßt sich in der Regel diesen Werken entnehmen.

I. Dokumentationen, Quellensammlungen

Baumgart, Winfried (Hrsg.): Quellenkunde zur deutschen Geschichte der Neuzeit von 1500 bis zur Gegenwart. Bd. 3: Absolutismus und Zeitalter der französischen Revolution (1715-1815). Bearb. v. Klaus Müller, Darmstadt 1982; Bd. 4: Restauration, Liberalismus und nationale Bewegung (1815-1870). Bearb. v. Wolfram Siemann. Darmstadt 1982; Bd. 5 1/2: Imperialismus und 1. Weltkrieg. Bearb. von Winfried Baumgart, Darmstadt 1977.

Grab, Walter (Hrsg.): Die Französische Revolution. Eine Dokumentation, München 1973.

- - (Hrsg.): Die Revolution von 1848. Eine Dokumentation, München 1980.

Hohlfeld, Johannes (Hrsg.): Dokumente der Deutschen Politik und Geschichte von 1848 bis zur Gegenwart. Bd. I und II (1848-1918), Berlin o.J. (1951).

Huber, Ernst R. (Hrsg.): Dokumente zur deutschen Verfassungsgeschichte. Bd. I und II (1803-1918), 2. erw. Aufl., Stuttgart 1961-64.

Lautemann, Wolfgang u. M. Schlenke (Hrsg.): Geschichte in Quellen. Bd. 4: Amerikanische Unabhängigkeit – Französische Revolution – Napoleon. Bearb. v. Wolfgang Lautemann, München 1981; Bd. 5: Das bürgerliche Zeitalter 1815-1914. Bearb. v. Günter Schönbrunn, München 1980.

Mommsen, Wilhelm (Hrsg.): Deutsche Parteiprogramme, 3. Aufl., München 1977.

Pöls, Werner (Hrsg.): Deutsche Sozialgeschichte. Dokumente und Skizzen. Bd. I: 1815-1870, 3. Aufl., München 1979.

Ritter, Gerhard A. (Hrsg.): Das Deutsche Kaiserreich 1871-1914. Ein historisches Lesebuch, TB 4. durchges. Aufl., Göttingen 1981.

- - u. J. Kocka (Hrsg.): Deutsche Sozialgeschichte. Dokumente und Skizzen. Bd. II: 1870-1914, 3. durchges. Aufl., München 1982.

Sandweg, Jürgen u. M. Stürmer (Hrsg.): Industrialisierung und Soziale Frage im 19. Jahrhundert, München 1980.

Stürmer, Michael u. S. Ziegler (Hrsg.): Das Deutsche Kaiserreich und die europäischen Großmächte im Zeitalter des Imperialismus, München 1978.

Treue, Wolfgang (Hrsg.): Deutsche Parteiprogramme seit 1861, 4. Aufl., Göttingen 1968.

II. Überblicksdarstellungen: Allgemeines

Alter, Peter: Nationalismus, TB Frankfurt am Main 1985.

Berbig, Hans J.: Kleine Geschichte der deutschen Nation, Düsseldorf 1985.

Bergeron, Louis u.a.: Das Zeitalter der europäischen Revolution 1780-1848 (Reihe „Fischer Weltgeschichte", Bd. 26), TB 14. Aufl., Frankfurt am Main 1983.

Boockmann, Hartmut u.a.: Mitten in Europa. Deutsche Geschichte, Berlin 1984.

Buchheim, Karl: Das Deutsche Kaiserreich 1871-1918. Vorgeschichte, Aufstieg und Niedergang, München 1969.

Buchner, Rudolf: Deutsche Geschichte im europäischen Rahmen. Darstellungen und Betrachtungen, Göttingen 1975.

Bussmann, Walter: Das Zeitalter Bismarcks (Reihe „Handbuch der deutschen Geschichte“, neu hrsg. von Leo Just, Bd. 3, II), 3. durchges. u. erg. Aufl., Konstanz 1956.

Craig, Gordon A.: Geschichte Europas im 19. und 20. Jahrhundert. Bd. 1: Vom Wiener Kongreß bis zum Ausbruch des Ersten Weltkrieges 1815-1914, München 1978.

- -: Deutsche Geschichte 1866-1945. Vom Norddeutschen Bund bis zum Ende des Dritten Reiches, 50.-58. Tsd., München 1985.

Conze, Werner u. J. Kocka: Bildungsbürgertum im 19. Jahrhundert. Teil 1, Stuttgart 1985.

Dehio, Ludwig: Gleichgewicht oder Hegemonie. Betrachtungen über ein Grundproblem der neuen Staatengeschichte (1948), TB 3. Aufl., Krefeld 1974.

Deutschland. Porträt einer Nation, Bd. 1: Geschichte. Mit einer Einleitung von Richard von Weizsäcker, Gütersloh 1985.

Dietrich, Richard (Hrsg.): Europa und der Norddeutsche Bund, Berlin o. J. (1968).

Faber, Karl-G.: Deutsche Geschichte im 19. Jahrhundert. Restauration und Revolution. Von 1815 bis 1851 (Reihe „Handbuch der deutschen Geschichte“, neu hrsg. von Leo Just, Bd. 3/Ib), Wiesbaden 1979.

Frauendienst, Werner u.a.: Deutsche Geschichte der neuesten Zeit von Bismarcks Entlassung bis zur Gegenwart. 1. Teil: Von 1890 bis 1933 (Reihe „Handbuch der deutschen Geschichte“, neu hrsg. von Leo Just, Bd. 4/I), Frankfurt am Main 1973.

Gebhardt, Handbuch der Deutschen Geschichte. Bd. 3: Von der Französischen Revolution bis zum Ersten Weltkrieg, 9. neu bearb. Aufl., hrsg. von Herbert Grundmann, Stuttgart 1970.

Geiss, Imanuel u. B. J. Wendt (Hrsg.): Deutschland in der Weltpolitik des 19. und 20. Jahrhunderts, Düsseldorf 1973.

Gruner, Wolfgang: Die deutsche Frage. Ein Problem der europäischen Geschichte seit 1800, TB München 1985.

Hallgarten, George W.F.: Imperialismus vor 1914, 2 Bde., 2. durchgearb. u. erw. Aufl., München 1963.

Hartung, Fritz: Deutsche Verfassungsgeschichte vom 15. Jahrhundert bis zur Gegenwart, 9. Aufl., Stuttgart 1969.

Herzfeld, Hans: Die moderne Welt 1789-1945, Teil I: 6. Aufl., Braunschweig 1969; Teil II: 6. Aufl., Braunschweig 1976.

Hillgruber, Andreas: Die gescheiterte Großmacht. Eine Skizze des Deutschen Reiches 1871-1945, TB 4. Aufl., Düsseldorf 1984.

- -: Die Last der Nation. Fünf Beiträge über Deutschland und die Deutschen, Düsseldorf 1984.

Huber, Ernst R.: Deutsche Verfassungsgeschichte seit 1789, Bde. 1 - 4, Stuttgart 1975-1982.

Lutz, Heinrich: Zwischen Habsburg und Preußen. Deutschland 1815-1866 (Reihe „Die Deutschen und ihre Nation“, Bd. 2), Berlin 1985.

Mann, Golo: Deutsche Geschichte des 19. und 20. Jahrhunderts, TB 16. Aufl., Frankfurt am Main 1984.

- - u. A. Heuss (Hrsg.): Das neunzehnte Jahrhundert (Reihe „Propyläen Weltgeschichte“, Bd. VIII/1, 2), Frankfurt am Main/Berlin 1960.

Mommsen, Wilhelm: Geschichte des Abendlandes von der Französischen Revolution bis zur Gegenwart 1789-1945, 2. Aufl., München 1960.

Mommsen, Wolfgang J. (Hrsg. u. Verf.): Das Zeitalter des Imperialismus (Reihe „Fischer Weltgeschichte“, Bd. 28), TB 12. Aufl., Frankfurt am Main 1983.

Nipperdey, Thomas: Deutsche Geschichte 1800-1866. Bürgerwelt und starker Staat, 3. überarb. Aufl., München 1985.

Palmade, Guy (Hrsg.): Das bürgerliche Zeitalter (Reihe „Fischer Weltgeschichte“, Bd. 27), TB 7. Aufl., Frankfurt am Main 1983.

Raumer, Kurt von u. M. Botzenhart: Deutsche Geschichte im 19. Jahrhundert. Deutschland um 1800: Krise und Neugestaltung. Von 1789 bis 1815 (Reihe „Handbuch der deutschen Geschichte“, neu hrsg. von Leo Just, Bd. 3/IIa), Wiesbaden 1980.

Rürup, Reinhard: Deutschland im 19. Jahrhundert 1815-1871, TB Göttingen 1984.

Salis, Jean R. von: Weltgeschichte der Neuesten Zeit. Bd. I: Die historischen Grundlagen des 20. Jahrhunderts 1871-1904, Zürich 1951.

Schieder, Theodor: Das deutsche Kaiserreich von 1871 als Nationalstaat, Köln/Opladen 1961.

- -: Staatensystem als Vormacht der Welt 1848-1918 (Reihe „Propyläen Geschichte Europas“,

Bd. 5), Frankfurt am Main u.a. 1977.
- - (Hrsg.): Handbuch der europäischen Geschichte. Bd. 5: Europa von der französischen Revolution zu den nationalstaatlichen Bewegungen des 19. Jahrhunderts, Stuttgart 1981.
- - (Hrsg.): Handbuch der europäischen Geschichte. Bd. 6: Europa im Zeitalter der Nationalstaaten und der europäischen Weltpolitik bis zum Ersten Weltkrieg, Stuttgart 1968.
Schnabel, Franz: Deutsche Geschichte im neunzehnten Jahrhundert, 4 Bde., 5. Aufl., Freiburg i. Br. 1959 ff.
Schoeps, Hans-J.: Preußen und Deutschland. Wandlungen seit 1763, 2. veränd. Aufl., Berlin o. J. (1970).
Schmidt, Gustav: Der europäische Imperialismus, München 1985.
Schulze, Hagen: Der Weg zum Nationalstaat. Die deutsche Nationalbewegung vom 18. Jahrhundert bis zur Reichsgründung (Reihe „Deutsche Geschichte der neuesten Zeit vom 19. Jahrhundert bis zur Gegenwart", Bd. 3), TB München 1985.
Stürmer, Michael: Das ruhelose Reich. Deutschland 1866-1918 (Reihe „Die Deutschen und ihre Nation", Bd. 3), Berlin 1983.
Wehler, Hans-U.: Das deutsche Kaiserreich 1871-1918, TB 5. durchges. u. bibl. erg. Aufl., Göttingen 1983.
Willms, Johannes: Nationalismus ohne Nation. Deutsche Geschichte 1789-1914. Düsseldorf 1983 (als TB Frankfurt am Main 1985).
Ziebura, Gilbert (Hrsg.): Grundfragen der deutschen Außenpolitik seit 1871, Darmstadt 1975.

III. Das Zeitalter der Französischen Revolution

Aretin, Karl O. von: Vom Deutschen Reich zum Deutschen Bund, TB Göttingen 1980.
Andreas, Willy: Das Zeitalter Napoleons und die Erhebung der Völker, Heidelberg 1955.
Craig, Gordon A.: Das Ende Preußens, München 1985.
Fehrenbach, Elisabeth: Vom Ancien Régime zum Wiener Kongreß, München 1981.
Meinecke, Friedrich: Das Zeitalter der Deutschen Erhebung, 1795-1815 (1906), Neudruck 7. Aufl., Göttingen 1963.
Schieder, Theodor: Der Nationalstaat in Europa als historisches Phänomen, Köln 1964.
Valjavec, Fritz: Die Entstehung der politischen Strömungen in Deutschland 1770-1815. Nachdruck der 1. Ausg. München 1951, Königstein/Taunus 1978.
Vogel, Barbara (Hrsg.): Preußische Reformen 1807-1820, Königstein/Taunus 1980.

IV. Restauration und Revolution

Berding, Helmut u. H.-P. Ullmann (Hrsg.): Deutschland zwischen Revolution und Restauration. Düsseldorf 1981.
Burg, Peter: Der Wiener Kongreß. Der Deutsche Bund im europäischen Staatensystem (Reihe „Deutsche Geschichte der neuesten Zeit vom 19. Jahrhundert bis zur Gegenwart", Bd. 1), TB München 1984.
Conze, Werner (Hrsg.): Staat und Gesellschaft im deutschen Vormärz 1815-1848, 3. Aufl., Stuttgart 1978.
Griewank, Karl: Der Wiener Kongreß und die europäische Restauration 1814/15, 2. Aufl., Leipzig 1954.
Hardtwig, Wolfgang: Vormärz. Der monarchische Staat und das Bürgertum (Reihe „Deutsche Geschichte der neuesten Zeit vom 19. Jahrhundert bis zur Gegenwart, Bd. 2), TB München 1985.
Heuss, Theodor: 1848. Werk und Erbe; Stuttgart 1948.
Koch, Rainer: Deutsche Geschichte 1815-1848. Restauration oder Vormärz?, Stuttgart u.a. 1985.
Koselleck, Reinhart: Preußen zwischen Reform und Revolution. Allgemeines Landrecht, Verwaltung und soziale Bewegung von 1791 bis 1848, 3. Aufl., Stuttgart 1981.
Kühne, Jörg-D.: Die Reichsverfassung der Paulskirche. Vorbild und Verwirklichung im späteren deutschen Rechtsleben, Frankfurt am Main 1985.
Langewiesche, Dieter: Europa zwischen Restauration und Revolution 1815-1849, München 1985.

Meinecke, Friedrich: Weltbürgertum und Nationalstaat (1907), wieder in: Friedrich Meinecke, Werke Bd. V, hrsg. u. eingel. v. Hans Herzfeld, 2. Aufl., München 1969.
Näf, Werner: Zur Geschichte der Heiligen Allianz, Bern 1928.
Schieder, Wolfgang: Liberalismus in der Gesellschaft des deutschen Vormärz, Göttingen 1983.
Siemann, Wolfram: Die deutsche Revolution 1848/1849, Frankfurt am Main 1984.
Valentin, Veit: Geschichte der Deutschen Revolution von 1848 bis 1849 (1930), 2 Bde., Köln 1970.
- -: Das Hambacher Nationalfest, Berlin 1932.
Wende, Peter: Radikalismus im Vormärz. Untersuchungen zur politischen Theorie der frühen deutschen Demokratie, Stuttgart 1975.
Wentzcke, Paul: Männer und Zeiten des Vormärz. Quellen und Darstellungen zur Geschichte der deutschen Einheitsbewegung, Heidelberg 1958.
Wollstein, Günter: Das „Großdeutschland" in der Paulskirche. Nationale Ziele in der bürgerlichen Revolution 1848/1849, Düsseldorf 1977.

V. Wirtschafts- und Sozialgeschichte

Bechtel, Heinrich: Wirtschaftsgeschichte Deutschlands im 19. und 20. Jahrhundert, München 1956.
Böhme, Helmut: Deutschlands Weg zur Großmacht. Studien zum Verhältnis von Wirtschaft und Staat während der Reichsgründungszeit 1848-1881, Köln 1966.
Deutschland. Porträt einer Nation, Bd. 3: Wirtschaft, Gütersloh 1985.
Henning, Friedrich-W.: Wirtschafts- und Sozialgeschichte Deutschlands, Bd. 2: Die Industrialisierung in Deutschland 1800-1914. TB 6. Aufl., Paderborn 1984.
Hoffmann, Walter G. u.a.: Das Wachstum der deutschen Wirtschaft seit der Mitte des 19. Jahrhunderts, Heidelberg 1965.
Kehr, Eckart: Der Primat der Innenpolitik. Gesammelte Aufsätze zur preußisch-deutschen Sozialgeschichte im 19. und 20. Jahrhundert, hrsg. und eingel. von Hans-U. Wehler, 2. Aufl., Berlin 1970 (als TB Berlin 1976).
Lenz, Friedrich: Friedrich List, der Mann und das Werk (1936), Neudruck Aalen 1970.
Lütge, Friedrich: Deutsche Sozial- und Wirtschaftsgeschichte. Ein Überblick, Nachdruck der 3. Aufl. 1966, Berlin 1979.
Oncken, Hermann u.a. (Hrsg.): Vorgeschichte und Begründung des Deutschen Zollvereins, 3 Bde., Berlin 1934.
Ruppert, Wolfgang: Die Fabrik. Geschichte von Arbeit und Industrialisierung in Deutschland, München 1983.
Schramm, Percy E.: Deutschland und Übersee, Braunschweig 1950.
Treue, Wilhelm: Wirtschaftsgeschichte der Neuzeit. Bd. I: 18. und 19. Jahrhundert, 3. stark erw. Aufl., Stuttgart 1973.
Wehler, Hans-U.: Krisenherde des Kaiserreichs 1871-1918. Studien zur deutschen Sozial- und Verfassungsgeschichte, 2. erw. u. überarb. Aufl., Göttingen 1979.
- - (Hrsg.): Moderne deutsche Sozialgeschichte, TB 8. Aufl., Königstein/Taunus 1981.

VI. Politische und soziale Bewegungen, Parteien

Abendroth, Wolfgang: Aufstieg und Krise der deutschen Sozialdemokratie, 4. aktualis. Aufl., Köln 1978.
Bergstraesser, Ludwig: Geschichte der politischen Parteien in Deutschland, 11. Aufl., München 1965.
Booms, Hans: Die Konservative Partei. Preußischer Charakter, Reichsauffassung, Nationalbegriff, Düsseldorf 1954.
Buchheim, Karl: Geschichte der Christlichen Parteien in Deutschland, München 1953.
- -: Ultramontanismus und Demokratie. Der Weg der deutschen Katholiken im 19. Jahrhundert, München 1963.
Eisfeld, Gerhard: Die Entstehung der liberalen Parteien in Deutschland 1853-1879, Hannover 1969.

Epstein, Klaus: Die Ursprünge des Konservativismus in Deutschland. Der Ausgangspunkt: Die Herausforderung durch die Französische Revolution 1770-1806, dt. Berlin 1973.
Frank, Walter: Hofprediger Adolf Stoecker und die christlich-soziale Bewegung, 2. Ausg., Hamburg 1935.
Fülberth, Georg u. J. Harrer: Die deutsche Sozialdemokratie 1890-1933, Darmstadt/Neuwied 1974.
Grebing, Helga: Arbeiterbewegung. Sozialer Protest und kollektive Interessenvertretung bis 1914 (Reihe „Deutsche Geschichte der neuesten Zeit vom 19. Jahrhundert bis zur Gegenwart", Bd. 7), TB München 1985.
- -: Geschichte der deutschen Arbeiterbewegung. Ein Überblick, München 1966.
- -: Geschichte der deutschen Parteien, Wiesbaden 1962.
Heidegger, Hermann: Die deutsche Sozialdemokratie und der nationale Staat 1870-1920, Göttingen 1956.
Lönne, Karl E.: Politischer Katholizismus im 19. und 20. Jahrhundert, TB Frankfurt am Main 1984.
Luchtenberg, Paul u.a. (Hrsg.): Geschichte des deutschen Liberalismus (Schriftenreihe der Friedrich-Naumann-Stiftung, Bd. 10), Köln/Opladen 1966.
Mehring, Franz: Geschichte der Deutschen Sozialdemokratie (4 Bde., 5. Aufl. Stuttgart 1913), Neuauflage, 2 Bde., Berlin 1960.
Miller, Susanne: Das Problem der Freiheit im Sozialismus. Freiheit, Staat und Revolution in der Programmatik der Sozialdemokratie von Lassalle bis zum Revisionismusstreit, TB 2. Aufl., Frankfurt am Main 1974.
- - u. H. Potthoff: Kleine Geschichte der SPD. Darstellung und Dokumentation 1848-1983, 5. erweit. u. überarb. Aufl., Bonn 1983.
Neumann, Siegmund: Die Stufen des preußischen Konservatismus. Ein Beitrag zum Staats- und Gesellschaftsbild Deutschlands im 19. Jahrhundert, Berlin 1930.
Nipperdey, Thomas: Die Organisation der deutschen Parteien vor 1918, Düsseldorf 1961.
Politische Bewegungen in Deutschland. Entwicklungen, Aufbau, Ziele (Handbücher der Politischen Akademie Eichholz, Bd. 1), 2. überarb. Aufl., Eichholz 1967.
Potthoff, Heinrich: Die Sozialdemokratie von den Anfängen bis 1945, Bonn–Bad Godesberg 1974.
Ritter, Gerhard A.: Die Arbeiterbewegung im Wilhelminischen Reich, 2. Aufl. Berlin 1963.
- -: Die deutschen Parteien 1830-1914. Parteien und Gesellschaft im konstitutionellen Regierungssystem, TB Göttingen 1985.
Rovan, Joseph: Geschichte der deutschen Sozialdemokratie, Frankfurt am Main 1980.
Sheehan, James J.: Der deutsche Liberalismus. Von den Anfängen im 18. Jahrhundert bis zum 1. Weltkrieg 1770-1914, dt. München 1983.
Tormin, Walter: Geschichte der deutschen Parteien seit 1848, Stuttgart u.a. 1966.
Wachenheim, Hedwig: Die deutsche Arbeiterbewegung 1844-1914, Köln/Opladen 1967.
Winkler, Heinrich A.: Preußischer Liberalismus und deutscher Nationalstaat. Studien zur Geschichte der deutschen Fortschrittspartei 1861-66, Tübingen 1964.
- -: Geschichte der Arbeiter und der Arbeiterbewegung in Deutschland seit dem Ende des 18. Jahrhunderts, auf 7 Bde. berechnet, hrsg. v. Gerhard A. Ritter, Bonn 1985 ff.

VII. Die Ära Bismarck

Engelberg, Ernst: Bismarck. Urpreuße und Reichsgründer, Berlin 1985.
Eyck, Erich: Bismarck. Leben und Werk, 3 Bde., Erlenbach–Zürich 1941-44.
Fischer, Fritz: Bündnis der Eliten. Zur Kontinuität der Machtstrukturen in Deutschland 1871-1945, TB 2. Aufl., Düsseldorf 1985.
Gall, Lothar: Bismarck. Der weiße Revolutionär, Frankfurt am Main u.a. 1980 (als TB Berlin 1983).
- -: Europa auf dem Weg in die Moderne. 1850-1890, München 1984.
Geuss, Herbert: Bismarck und Napoleon III. Ein Beitrag zur Geschichte der deutsch-französischen Beziehungen 1851-1871, Köln 1959.
Goldschmidt, Hans: Das Reich und Preußen im Kampf um die Führung, Berlin 1931.
Hagen, Maximilian von: Bismarck und England, Stuttgart 1941.
- -: Bismarcks Kolonialpolitik, Stuttgart/Gotha 1923.
Hillgruber, Andreas: Bismarcks Außenpolitik, Freiburg 1972.

Kolb, Eberhard: Der Kriegsausbruch 1870. Politische Entscheidungsprozesse und Verantwortlichkeit in der Julikrise 1870, Göttingen 1970.
Löwenthal, Fritz: Der preußische Verfassungsstreit 1862-1866, München 1914.
Mommsen, Wilhelm: Bismarck. Ein politisches Lebensbild, München 1959.
Pack, Wolfgang: Das parlamentarische Ringen um das Sozialistengesetz Bismarcks 1871-1890, Düsseldorf 1961.
Palmer, Alan: Bismarck. Eine Biographie, Düsseldorf 1977 (als TB Bergisch Gladbach 1978).
Ritter, Gerhard: Bismarcks Verhältnis zu England und die Politik des Neuen Kurses, Berlin 1924.
Rothfels, Hans: Bismarcks englische Bündnispolitik, Stuttgart 1924.
Schmidt-Volkmar, Erich: Der Kulturkampf in Deutschland 1871-1890, Göttingen u.a. 1962.
Schüßler, Wilhelm: Deutschland zwischen Rußland und England. Studien zur Außenpolitik des Bismarckschen Reiches, 4. Aufl., Leipzig 1940.
Srbik, Heinrich Ritter von: Deutsche Einheit. Idee und Wirklichkeit vom Heiligen Römischen Reich bis Königgrätz, 2 Bde., München 1935.
Stern, Fritz: Gold und Eisen. Bismarck und sein Bankier Bleichröder, dt. Berlin 1978.
Stürmer, Michael (Hrsg.): Bismarck und die preußisch-deutsche Politik 1871-1890, 2. Aufl., München 1973.
- -: Die Reichsgründung. Deutscher Nationalstaat und europäisches Gleichgewicht im Zeitalter Bismarcks (Reihe „Deutsche Geschichte der neuesten Zeit vom 19. Jahrhundert bis zur Gegenwart", Bd. 4), TB München 1984.
Taylor, Alan J.P.: Bismarck. Mensch und Staatsmann, dt. München 1962.
Wehler, Hans-U.: Bismarck und der Imperialismus. Köln 1972 (als TB Frankfurt am Main 1985).

VIII. Die Epoche des Wilhelminismus

Balfour, Michael: Der Kaiser Wilhelm II. und seine Zeit, 2. Aufl., Berlin 1973 (als TB Berlin 1979).
Baumgart, Winfried: Deutschland im Zeitalter des Imperialismus (1890-1914), TB 4. erg. Aufl., Stuttgart 1982.
- -: Der Imperialismus. Idee und Wirklichkeit der englischen und französischen Kolonialexpansion 1880-1914, Stuttgart 1975.
Bayer, Theodor A.: England und der Neue Kurs 1890-1895, Tübingen 1955.
Brandenburg, Erich: Von Bismarck zum Weltkrieg (1939), Neudruck Darmstadt 1973.
Dülffer, Jost: Regeln gegen den Krieg? Die Haager Friedenskonferenzen von 1899 und 1907 in der internationalen Politik, Frankfurt am Main u.a. 1978.
Eyck, Erich: Das persönliche Regiment Wilhelms II. Politische Geschichte des Deutschen Kaiserreiches von 1890 bis 1914, Erlenbach–Zürich 1948.
Fischer, Fritz: Griff nach der Weltmacht. Die Kriegszielpolitik des Kaiserlichen Deutschland 1914-1918, Düsseldorf 1961 (als TB 2. Aufl. Königstein/Taunus 1979).
- -: Krieg der Illusionen. Die deutsche Politik von 1911 bis 1914, 2. Aufl., Düsseldorf 1970, (als TB Königstein/Taunus 1978).
Geiss, Imanuel: Das Deutsche Reich und der Erste Weltkrieg, TB München 1985.
Granfeld, Helge: Der Dreibund nach dem Sturze Bismarcks. London 1962.
Gründer, Horst: Geschichte der deutschen Kolonien, TB Paderborn 1985.
Herzfeld, Hans: Die deutsche Rüstungspolitik vor dem Weltkriege, Bonn/Leipzig 1923.
Hildebrand, Klaus: Bethmann Hollweg. Der Kanzler ohne Eigenschaften?, Düsseldorf 1970.
Holborn, Hajo: Der Zusammenbruch des europäischen Staatensystems, Stuttgart 1954.
Hubatsch, Walter: Die Ära Tirpitz. Studien zur deutschen Marinepolitik 1880-1918, Göttingen u.a. 1955.
Jakobs, Peter: Das Werden des französisch-russischen Zweibundes 1890-1914, Wiesbaden 1960.
Kehr, Eckart: Schlachtflottenbau und Parteipolitik 1894-1901. Versuch eines Querschnitts durch die innenpolitischen, sozialen und ideologischen Voraussetzungen des deutschen Imperialismus, Berlin 1930.
Kielmansegg, Peter Graf: Deutschland und der Erste Weltkrieg, 2. durchges. Aufl., Stuttgart 1980.
Kruck, Alfred: Geschichte des Alldeutschen Verbandes, Wiesbaden 1954.
Mann, Golo: Wilhelm II., München u.a. 1964.
Meinecke, Friedrich: Geschichte des deutsch-englischen Bündnisproblems 1890-1901 (1927), Nachdruck München 1972.

Monger, George: Ursachen und Entwicklung der englisch-russischen Entente 1900-1907, dt. Seeheim a.d.B. 1969.
Ritter, Gerhard, A.: Staatskunst und Kriegshandwerk. Das Problem des „Militarismus“ in Deutschland, Bd. III: Die Tragädie der Staatskunst. Bethmann Hollweg als Kriegskanzler 1914-1917, München 1964.
Schieder, Wolfgang (Hrsg.): Erster Weltkrieg. Ursache, Entstehung und Kriegsziele, Köln/Berlin 1969.
Schüßler, Wilhelm: Kaiser Wilhelm II. Schicksal und Schuld, 3. Aufl., Göttingen u.a. 1970.
- - (Hrsg.): Weltmachtstreben und Flottenbau, Witten/Ruhr 1956.
Stegmann, Dirk: Die Erben Bismarcks. Parteien und Verbände in der Spätphase des Wilhelminischen Deutschlands. Sammlungspolitik 1877-1918, Köln/Berlin 1970.
Weil, Bruno: Der Prozeß des Hauptmanns Dreyfus, 7.-9. Aufl., Berlin 1931.
Zmarzlik, Hans Günther: Bethmann Hollweg als Reichskanzler 1909-1914, Düsseldorf 1957.

*

Zur filmischen Vertiefung des Themas empfehlen wir auch die 20-teilige Fernsehreihe „Das 19. Jahrhundert“.
Über Inhalte der einzelnen Folgen und Bezugsmöglichkeiten informieren:

Zentrale Filmografie Politische Bildung, Leske Verlag + Budrich GmbH, Bd. I, Opladen 1981.
AV-Medienkatalog der Bundeszentrale für politische Bildung, Bonn, Ausgabe 1985.
Informationen zur politischen Bildung: Das 19. Jahrhundert 1. Monarchie – Demokratie – Nationalstaat, Heft 163, Bonn 1981.
Informationen zur politischen Bildung: Das 19. Jahrhundert 2. Industrialisierung – Soziale Frage, Heft 164, Bonn 1984.

*

Bildnachweis

Bildarchiv Preußischer Kulturbesitz: 80, 117, 236, 238, 243
Landesbildstelle Berlin: 45, 51, 90, 95, 246
Ullstein: 39, 40, 43, 49, 61, 71, 73, 97, 101, 106, 130, 132, 134, 144, 147, 152, 158, 160, 164, 172, 197, 235, 260, 263, 268, 269, 278, 295, 307, 318
Ullstein-A: 176, 247
Ullstein-Bildarchiv Preußischer Kulturbesitz: 53
Ullstein-Camera Press: 328
Ullstein-defd: 156
Ullstein-Hanfstaengl: 213, 256
Ullstein-PH: 31, 32
Ullstein-SchöA: 211
Ullstein-Tele-Winkler: 137